Innovation, Diffusion und Beschäftigung

Hohenheimer Volkswirtschaftliche Schriften

Band 45

PETER LANG
Frankfurt am Main · Berlin · Bern · Bruxelles · New York · Oxford · Wien

Bernhard Holwegler

Innovation, Diffusion und Beschäftigung

Die ökonomische Theorie
der Technologiediffusion
und ihr Beitrag zur Erklärung
technologischer Arbeitslosigkeit

PETER LANG
Frankfurt am Main · Berlin · Bern · Bruxelles · New York · Oxford · Wien

Bibliografische Information Der Deutschen Bibliothek
Die Deutsche Bibliothek verzeichnet diese Publikation in der Deutschen Nationalbibliografie; detaillierte bibliografische Daten sind im Internet über <http://dnb.ddb.de> abrufbar.

Zugl.: Hohenheim, Univ., Diss., 2002

D 100
ISSN 0721-3085
ISBN 3-631-50793-3

www.peterlang.de

Vorwort

Eine Dissertation kann nie die Leistung eines Einzelnen darstellen. Auch das vorliegende Werk ist das Ergebnis vielfältiger Unterstützung, die ich während der Dissertation von vielen Personen erfahren habe und denen ich deshalb zu Dank verpflichtet bin. Besonderer Dank gilt meinem Doktorvater, Herrn Prof. Dr. Harald Hagemann, dessen Engagement, wertvolle Impulse und konstruktive Kritik die Entstehung dieser Arbeit erst ermöglicht haben. Bei Herrn Prof. Dr. Klaus Herdzina möchte ich mich für die Übernahme des Zweitgutachtens und bei Herrn Prof. Dr. Peter Spahn für seine Mitwirkung am Promotionsverfahren bedanken.

Hilfreiche Anregungen und Diskussionen – sowohl im offiziellen Rahmen des Doktorandenseminars als auch in den Kaffeepausen – mit meinen Kolleginnen und Kollegen am Institut für Volkswirtschaftslehre der Universität Hohenheim haben ebenfalls einen wichtigen Beitrag geleistet. Namentlich danken möchte ich Christine Eisenbraun, Dr. Guntram R.M. Hepperle, Dr. Thomas Keil, Dr. Peter Kühnl, Prof. Dr. Gerhard Mauch, Marc Radke, Matthias Rösch, Dr. Jürgen M. Schechler, Oliver Schelling, Markus Schreyer und Prof. Dr. Hans-Michael Trautwein. Ein besonderer Dank gebührt Dr. Stephan Seiter für seine fachlichen Hinweise und insbesondere Dr. Karin Knottenbauer, die in der Endphase der Arbeit unschätzbare Motivationsarbeit geleistet und immer wieder wertvolle Hilfestellung bei technischen und inhaltlichen Fragen gegeben hat.

Der Hans-Böckler-Stiftung danke ich für die materielle und ideelle Unterstützung während des 2½-jährigen Promotionsstipendiums, das ich erhalten habe.

Mit Unterstützung der
Stiftung
Landesbank Baden-Württemberg
LB≡BW

Danken möchte ich auch der Stiftung *Ausbildung, Fort- und Weiterbildung* der Landesbank Baden-Württemberg, die mit einem großzügigen Druckkostenzuschuß die Veröffentlichung dieser Arbeit unterstützt hat.

Nicht zuletzt möchte ich meinen Eltern Inge und Gerhard Holwegler dafür danken, daß sie mich während der Entstehungszeit dieser Arbeit immer ermutigt und bestärkt haben.

Mein größter Dank gebührt jedoch meiner Frau Simone, die mich nicht nur durch sorgfältiges Korrekturlesen unterstützt hat, sondern mich in allen Höhen und Tiefen begleitet hat, durch ihren moralischen Beistand eine unverzichtbare Hilfe war und zudem häufig klaglos auf gemeinsame private Aktivitäten verzichtet hat.

Wiesbaden, im Juli 2003 Bernhard Holwegler

Inhaltsverzeichnis

Abbildungsverzeichnis

Tabellenverzeichnis

"Its hardly possible *suddenly* to increase the smallest innovation into the political oeconomy of a state, let it be ever so reasonable, nay ever so profitable, without incurring some inconveniences. A room cannot be swept without raising dust, one cannot walk abroad without dirtying one's shoes; neither can a machine, which abridges the labour of men, be introduced *all at once* into an extensive manufacture, without throwing many people into idleness."
James Steuart 1767

"...daß die zu studierenden Beschäftigungseffekte sich aus der *Diffusion neuer Technologien* ergeben und nicht aus deren potentieller Verfügbarkeit. Erst mit der Diffusion einer neuen Technologie verändern sich die Bedingungen der Produktion und erst durch die Diffusion kommt es zu Freisetzungs- und Kompensationseffekten."
Peter Kalmbach und Heinz D. Kurz 1990

1 Einleitung

1.1 Problemstellung

Die beiden vorangestellten Zitate zeigen, daß das Thema dieser Arbeit, die Auswirkungen der Technologiediffusion auf das Phänomen der technologischen Arbeitslosigkeit, seit mehr als 200 Jahren in der ökonomischen Literatur zu finden ist. Selten jedoch stand bzw. steht die Diffusion neuer Technologien im Zentrum der Auseinandersetzungen. Vielmehr scheint sie ein Beiprodukt im Streit um die Existenz und das Ausmaß technologischer Arbeitslosigkeit zu sein. Zwar wird die zunehmende Ausbreitung neuer Technologien als eine der zentralen Dynamiken erkannt, die zur ökonomischen und sozialen Signifikanz einer Innovation beitragen. Steigender Wohlstand und Beschäftigungseffekte werden jedoch nur selten in Bezug zur Diffusion von Technologien untersucht. Ganz im Gegenteil wird ein steigendes Pro-Kopf-Realeinkommen und/oder die Freisetzung von Arbeitskräften im allgemeinen dem Wesen des technologischen Fortschritts an sich zugeschrieben. Dies hängt auch damit zusammen, daß diese Wirkungen in erster Linie als makroökonomische, im Zusammenhang mit der Analyse des Strukturwandels allenfalls als mesoökonomische Phänomene des technologischen Wandels aufgefaßt werden. Die dem Freisetzungseffekt gegenübergestellten Kompensationsmechanismen sind ebenfalls makroökonomischer Natur. Demgegenüber ist die Ausbreitung einer spezifischen Technologie bzw. Technik als ein dezidiert mikroökonomisches Phänomen zu verstehen.

Vor dem Hintergrund dieser unterschiedlichen Wahrnehmung verschiedener Aspekte des technischen Fortschritts ist es nachvollziehbar, daß einerseits ein Jahrhunderte alter makroökonomischer Disput über die Beschäftigungswirkungen des technischen Fortschritts existiert, der zwar die Relevanz der Ausbreitung einzelner Technologien erkennt, ihr jedoch nur äußerst selten die gebotene Beachtung schenkt. Auf der anderen Seite hingegen hat sich eine im Vergleich dazu relativ junge Richtung der Ökonomik etabliert, die sich seit den 1950er Jahren der Analyse der Determinanten und des Verlaufs der Technologiediffusion widmet. Sie ist, bis auf wenige Ausnahmen wie z.B. die *Vintage*-Ansätze, im allgemeinen ein Zweig der Mikroökonomik. Dementsprechend leugnet sie zwar nicht die makroökonomischen Wirkungen neuer Technologien, stellt sie aber, auch hier von wenigen Ansätzen abgesehen, nicht in den Mittelpunkt des Forschungsinteresses.

Es ist daher zu beklagen, daß noch keine ernsthafte Verknüpfung beider Theoriebereiche vorgenommen wurde. Mit der vorliegenden Untersuchung wird beabsichtigt diese Lücke zu schließen. Die Ansätze zur Diffusionstheorie weisen im Ergebnis die Relevanz der techno-ökonomischen Eigenschaften der Technologie für das Ausmaß und die Geschwindigkeit ihrer Ausbreitung aus. Zugleich determinieren die Verhaltensweisen und Eigenschaften der potentiellen Anwender sowie die ökonomischen Bedingungen der Umwelt die Diffusionsgeschwindigkeit. Die Ausbreitung von Innovationen ist daher keineswegs ein exogener Prozeß, wie in der Kompensations- und Freisetzungsdebatte oft implizit vorausgesetzt wird. Die diffusionsorientierte Mikrofundierung der makroökonomischen Beschäftigungstheorie des technischen Fortschritts liefert äußerst fruchtbare Erkenntnisse hinsichtlich der relativen Bedeutung einzelner Freisetzungs- und Kompensationsmechanismen.

Die makrotheoretische Auseinandersetzung mit der Frage, ob und wie der Fortgang der technologischen Entwicklung auf die Beschäftigung wirkt, war Teil des Forschungsprogramms der klassischen Politischen Ökonomie, der sich intensiv mit dem Einsatz neuer Technologien auseinandersetzte. Die Debatte entbrannte an der Frage, ob technologischer Fortschritt in der Gesamtheit seiner Wirkungen zu einer Freisetzung von Arbeitskräften und Arbeitslosigkeit führt, oder ob nicht vielmehr eine (Über-) Kompensation einer solchen Freisetzung, eine Tendenz zur Vollbeschäftigung und letztlich wirtschaftliches Wachstum, steigender Wohlstand und zunehmendes Pro-Kopf-Einkommen induziert werden.

Schon der Merkantilist James Steuart erkannte 1767, daß die Diffusion von Innovationen in der kurzen Frist durchaus negative Konsequenzen haben kann.

Langfristig setzen sich seiner Ansicht nach jedoch die positiven Effekte des technologischen Fortschritts durch. Dieses Urteil ist um so bemerkenswerter, da auch in jüngster Zeit die Unterscheidung in kurzfristige und langfristige Wirkungen des technologischen Fortschritts nicht immer als Standard des ökonomischen Wissens gilt, wie z.B. die neoklassisch geprägte Argumentation des Sachverständigenrates zur Begutachtung der gesamtwirtschaftlichen Entwicklung in den letzten Jahresgutachten beweist. Zuletzt 1997 (Tz. 368), 1998 (Tz. 423ff) und 1999 (Tz. 332ff) mahnte der Rat eine produktivitätsorientierte Lohnpolitik an und deklarierte dadurch Lohnrigiditäten auch in der kurzen Frist als Ursache von Arbeitslosigkeit.

Auch Adam Smith (1776) war hinsichtlich der Wirkungen des technologischen Fortschritts wie Steuart geteilter Meinung. Anders als Steuart unterschied er jedoch nicht zwischen kurz- und langfristigen Effekten, sondern hauptsächlich zwischen den quantitativen und qualitativen Auswirkungen. Während Smith die zahlenmäßige Entwicklung der Beschäftigung aufgrund des technologischen Wandels durchaus positiv beurteilte, war er gegenüber den qualitativen Konsequenzen aufgrund der fortschreitenden Arbeitsteilung überaus skeptisch. David Ricardo (1821) revidierte sein positives Urteil über die Beschäftigungswirkungen des technologischen Fortschritts im berühmt gewordenen 31. Kapitel *On Machinery*, das er in die dritte Auflage der *Principles of Political Economy and Taxation* einfügte. Die von ihm bis dahin favorisierte These einer quasi-automatischen Kompensation freigesetzter Arbeitskräfte ist seiner Ansicht nach nicht immer gegeben, so daß unter Umständen temporär technologische Arbeitslosigkeit auftreten kann. Eine derartige Kompensation in der Volkswirtschaft unterstellte hingegen Jean-Baptiste Say (1803) aus zweierlei Gründen. Erstens müssen neue Maschinen unter Arbeitseinsatz konstruiert und hergestellt werden. Zweitens führt technologischer Fortschritt zu Effizienzsteigerungen und in deren Folge zu sinkenden Preisen oder steigenden Löhnen. Die solchermaßen entstehende Kaufkraftsteigerung manifestiert sich als zunehmende Güternachfrage in der Volkswirtschaft, deren Produktion für eine Kompensation jener Arbeitskräfte sorgt, die durch den auslösenden technologischen Wandel freigesetzt wurden. Arbeitslosigkeit kann in einer derartigen Sichtweise allenfalls friktionell sein. Karl Marx schließlich war ein ausgesprochener Freisetzungspessimist. Seine These der industriellen Reservearmee stellt ein Synonym für die auch in der langen Frist zu Arbeitslosigkeit führenden Freisetzung durch den technologischen Fortschritt dar.

Im Gegensatz zur Klassik stellt sich in der Neoklassik das Problem der endogenen Kompensation der durch technologischen Wandel freigesetzten Arbeitskräfte nicht. Vollkommene Substitutionalität der Produktionsfaktoren, vollkommene

Konkurrenz sowie die Einführung von Nutzenfunktionen analog zu Produktions- und Angebotsfunktionen führen zur Grenzproduktivitätsentlohnung der Produktionsfaktoren und immerwährender Vollbeschäftigung aller Produktionsfaktoren. Technologische Arbeitslosigkeit kann im Rahmen eines solchen Wirtschaftsverständnisses letztlich nur Arbeitslosigkeit mangels Faktorpreisflexibilität sein, da andernfalls der langfristigen Vollbeschäftigung nichts im Wege steht. Wesentlich gestützt wird diese Sichtweise von der unterstellten Gültigkeit des Sayschen Gesetzes, nach dem nicht nur eine länger anhaltende gesamtwirtschaftliche Überproduktion unmöglich ist, sondern jedes Angebot aufgrund der dadurch ausgelösten Faktoreinkommen sich selbst seine Nachfrage schafft, wenn von Ungleichgewichten auf einzelnen Märkten und kurzfristigen Krisen abgesehen wird.

In derselben Weise wie heute die Überlegungen der Neoklassik wieder zum *mainstream* wirtschaftswissenschaftlicher Überlegungen gehören, erfuhren im deutschsprachigen Raum die klassischen Ausführungen in den 1930er Jahren eine Renaissance. Diese Entwicklung wurde vor allem deshalb ausgelöst, weil das neoklassische Theoriegebilde offensichtliche Defizite zeigte, die Folgen der Weltwirtschaftskrise für die Beschäftigung abzubilden. Sowohl Emil Lederers (1931) dynamisches Produktionsmodell als auch Alfred Kählers (1933) Vorläufer moderner Input-Output-Analysen zeigen, daß die Annahme einer endogenen, automatischen, kurzfristigen und kostenlosen Kompensation freigesetzter Arbeitskräfte nicht unter allen Bedingungen aufrechterhalten werden kann.

Diese Sichtweise wird auch von der Traversenanalyse geteilt, die auf die Untersuchung der kosten- und zeitintensiven Anpassung des realen Kapitalstocks an technologischen Fortschritt und der sich daraus ergebenden Beschäftigungseffekte abzielt und durch die Pionierarbeiten von John Hicks (1973) und Adolph Lowe (1976) vorangetrieben wurde. Die Traversenanalyse hebt sich durch die Untersuchung der Anpassungsprozesse zum *steady state* ab von der neoklassischen Wachstumstheorie, die sich vor allem langfristigen Phänomenen wie dem Wachstum im *steady state* widmet. Die Traversenanalyse bildet einen Schnittpunkt der makroökonomischen Analyse von Wachstumsimpulsen des technologischen Wandels auf der einen Seite und den Beschäftigungseffekten des technologischen Fortschritts auf der anderen Seite. Zudem erlaubt sie zusammen mit dem *vintage*-Ansatz sowie der Input-Output-Analyse den Bogenschlag zum mikroökonomischen Phänomen der Technologieausbreitung. Denn die Untersuchung des Diffusionsprozesses erlangt vornehmlich in solchen Fristen Relevanz, die auch im Fokus dieser drei Ansätze stehen. Weder in der kurzfristigen statischen Analyse noch im langfristigen Gleichgewichtsrahmen ist Platz für eine Untersuchung der Technologiediffusion. Trotzdem kann technologischer Wandel nur dann seine Wirkungen entfalten – sowohl in den potentiell positiven Effekten (steigende Wohlfahrt, Wirtschaftswachstum, Vollbeschäftigung usw.) als auch in seinen möglichen negativen Konsequenzen (z.B. steigende Arbeitslosigkeit) – wenn er in den Produktionsprozeß einer Volkswirtschaft eingeführt wird. Daher ist die Freisetzung und Kompensation des technischen Fortschritts in der mittleren Frist zu untersuchen. Dynamische Input-Output-Analysen, die sich auch der empirischen Erhebung von Freisetzungs- und Kompensationseffekten widmen, nehmen eine produktionstheoretische Modellierung des technischen Fortschritts vor und entwickeln verschiedene Szenarien mit unterschiedlichen Diffusionsgeschwindigkeiten. Darüber hinaus finden sich jedoch nur selten theoretische Arbeiten, die die Themenkomplexe der Technologiediffusion und der technologischen Arbeitslosigkeit miteinander verknüpfen.

Um diesen Vorgang der zunehmenden Verbreitung von Innovationen, d.h. den Diffusionsprozeß, verstehen und deuten zu können, bedarf es der Kenntnisse der Gründe des Zeitpunktes und der Formen neu eingesetzter Technologien im Produktionsprozeß. Der überwiegende Teil der Theorien der Technologiediffusion besteht aus Ansätzen, in denen im allgemeinen die einzelwirtschaftliche Entscheidung der Technologieübernahme im Vordergrund steht. Neben empirischen, deskriptiven Ansätzen, die aus dem beobachtbaren Übernahmeverhalten und der daraus resultierenden Diffusionskurve mittels ökonometrischer Methoden die entscheidenden Determinanten der Technologiediffusion ableiten, finden sich Modelle, die aus Annahmen über das Entscheidungsverhalten von Individuen oder Unternehmen Diffusionskurven ableiten, die sich mit entsprechenden Ergebnissen empirischer Studien decken. Derartige mikroökonomische Erklärungsversuche der Technologiediffusion sind weit davon entfernt, eine einheitliche Theorie der Technologiediffusion zu bilden. Epidemische Ansätze, neoklassische Diffusionsmodelle, evolutorische und selbstorganisatorische Theorien sowie solche Modelle, die Netzwerkexternalitäten und Pfadabhängigkeiten analysieren, konkurrieren bzw. ergänzen sich gegenseitig in der Analyse der Technologiediffusion.

Auf makroökonomischer Ebene sind *Vintage*-Ansätze, wie sie z.B. von Robert M. Solow (1962), Robert M. Solow, James Tobin, Carl Christian von Weizsäcker und Menahem E. Yaari (1966), Leif Johansen (1959), Edmund S. Phelps (1963) sowie W.E.G. Salter (1966) entwickelt worden sind, am besten geeignet, die Evolution desjenigen Teils des Kapitalstocks nachzuzeichnen, der eine neue Technologie verkörpert. Zudem verweisen sie auf die Relevanz des gesamtwirtschaftlichen Investitionsniveaus für die Technologiediffusion neben den mikroökonomischen Entscheidungsvariablen. Aber auch in Input-Output-Analysen lassen sich die Veränderungen der Produktionsstruktur durch technischen Fortschritt nachvollziehen.

Jeder dieser Theorieansätze, ob mikroökonomisch begründet oder makroökonomisch veranlagt, stellt einen spezifischen Aspekt der Technologiediffusion in den Vordergrund des Untersuchungsinteresses und trägt einen Teil zum Puzzle der Technologiediffusion bei.

Auch ohne eine ausgereifte, entwickelte und allumfassende ökonomische Theorie der Technologieausbreitung zur Hand zu haben, lohnt sich in einer Synopse der verschiedenen Ansätze die Analyse derjenigen Determinanten, die den Verlauf und die Geschwindigkeit der Ausbreitung neuer Technologien bestimmen. Denn die systematische Erfassung der bestimmenden Faktoren der Technologiediffusion erlaubt die Freisetzungs- und Kompensationsdebatte um jenes Fundament zu bereichern, das schon so lange als entscheidend für den Saldo der Beschäftigungswirkungen neuer Technologien erkannt worden ist.

1.2 Aufbau der Arbeit

Um jenen Beitrag herauszuarbeiten, den die Theorie der Technologiediffusion zur Erklärung technologischer Arbeitslosigkeit leisten kann, wird folgende Vorgehensweise gewählt. Das anschließende zweite Kapitel ist der Definition und Abgrenzung relevanter konzeptioneller, methodischer und begrifflicher Grundlagen gewidmet. Die Abgrenzung des technologischen bzw. technischen Fortschritts, von Produkt- und Prozeßinnovationen sowie des Ausmaßes der Innovationen steht hierbei im Vordergrund. Neben der theoretische Konzeption und den stilisierten Fakten der Technologiediffusion werden die Diffusionsmodelle systematisiert. Das Kapitel schließt mit einer Definition der technologischen Arbeitslosigkeit.

Im dritten Kapitel werden mikroökonomische Ansätze zur Erklärung der Technologiediffusion ausführlich dargestellt. Nach ihren Annahmen, dem Theorierahmen und den Ergebnissen klassifiziert lassen sich auf diese Weise die verschiedenen Faktoren der Technologiediffusion aufzeigen, die durch epidemische Modelle, neoklassische Probit- und spieltheoretische Ansätze, Modelle mit nachfrageseitigen Skalenerträgen, evolutorische Ansätze sowie die Berücksichtigung des Technologieangebots formalisiert werden. Diese sechs Modelltypen stehen im Zentrum des Kapitels. Die Zusammenfassung dieser Resultate bildet das notwendige Skelett, um die Debatte der technologischen Arbeitslosigkeit um die Technologiediffusion zu erweitern.

Im vierten Kapitel werden makroökonomische Modelle vorgestellt, die einerseits geeignet sind, die Ausbreitung von Innovationen auf sektoraler und gesamtwirtschaftlicher Ebene zu modellieren, die andererseits aber auch dazu dienen, die mikroökonomischen Resultate in einen makroökonomischen Rahmen zu übersetzen. Dazu werden Kapitaljahrgangsmodelle, Investitionsmodelle, Input-Output-Analysen sowie evolutorisch geprägte Modelle herangezogen. In diesem Kapitel zeigt sich vor allem, daß die zur Realkapitalbildung notwendigen Investitionen auf gesamtwirtschaftlicher Ebene durchaus für die zeitintensive Diffusion verantwortlich sind.

Das fünfte Kapitel umfaßt eine Rückschau auf die in den letzten 200 Jahren hervorgebrachte Freisetzungs- und Kompensationsdebatte. Anders als in den einführenden Vorbemerkungen wird kein theoriegeschichtlicher Rahmen gewählt. Vielmehr wird die Diskussion anhand einer Systematisierung von sechs Kernargumenten geführt, die neben der Arbeitsfreisetzung die Kompensation aufgrund additiver Produktinnovationen, der Kaufkraftkompensation, der Maschinenherstellung, der steigenden Wettbewerbs- und Exportfähigkeit sowie der Faktorsubstitutionshypothese umfaßt. Neben der Darstellung der traditionellen Argumentation entlang der fünf Kompensationsmechanismen werden in diesem Kapitel die einzelnen Freisetzungs- und Kompensationsargumente gleichzeitig einer kritischen Überprüfung aus Sicht der Technologiediffusion unterzogen. Es zeigt sich, daß die einzelnen Argumentationsketten durchaus modifiziert und anders als bisher bewertet werden müssen, wenn sie mit dem mikroökonomischen Fundament der Technologiediffusion konfrontiert werden. So erhält die in der traditionellen Debatte wenig berücksichtigte Abhängigkeit der Freisetzungseffekte von der Technologiediffusion besonderes Gewicht. Die Produktivitäts- und Freisetzungseffekte sind somit nicht länger als direkt, unmittelbar und unstrittig zu bezeichnen. Produktinnovationen sind aus Sicht der Diffusionstheorie entgegen der traditionellen Darstellung anhand ihrer Diffusionsgeschwindigkeit statt aufgrund ihres Substitutionsgrads zu klassifizieren. Aus diffusionstheoretischer Sicht erhält die für die Maschinenherstellung relevante Traversenanalyse eine besondere Bedeutung, die gegen die übliche Betonung der unterschiedlichen Fristigkeit von Maschinenherstellung und -nutzung spricht, mit der die Relevanz der Maschinenherstellung bezweifelt wird. Auch die Argumentation bezüglich der internationalen Wettbewerbsfähigkeit erfährt eine Modifikation, wenn die Technologiediffusion statt der Innovation als kritische Determinante der internationalen Wettbewerbsfähigkeit herangezogen wird.

Den Abschluß der Arbeit bildet eine abschließende Zusammenfassung in Kapitel 6 unter der besonderen Berücksichtigung der Effekte der zeitintensiven Ausbreitung von Innovationen auf den Saldo der Beschäftigungswirkungen neuer Technologien.

2 Konzeptionelle, methodologische und begriffliche Grundlagen

2.1 Formen des technologischen bzw. technischen Fortschritts

Obwohl in der Literatur keine Unstimmigkeiten über die jeweilige Definition und Bedeutung von technischem und technologischem Fortschritt auf der einen Seite sowie von Invention, Innovation und Diffusion auf der anderen Seite bestehen, findet man häufig eine am allgemeinen Sprachgebrauch statt an der exakten Definition angelehnte Wortwahl, die daher zu Mißverständnissen führen kann. Im makroökonomischen Kontext bezeichnet technologischer Fortschritt die Vergrößerung des technischen Wissens in Form neuer Blaupausen. Darunter wird „die Weiterentwicklung gedanklicher und geistiger Konzepte" als „Erweiterung des produktionstechnisch anwendbaren Wissens" verstanden.[1] Technischer Fortschritt hingegen umfaßt den Fortschritt des produktionstechnisch angewandten Wissens.[2] Insbesondere in der angelsächsischen Literatur wird auf diese Differenzierung häufig verzichtet und technischer sowie technologischer Wandel als Synonyme gebraucht.[3] *Ex definitione* kann technologischer Fortschritt keine (Produktivitäts-, Wachstums- oder Beschäftigungs-) Effekte auslösen. Erst wenn die Blaupausen im Produktionsprozeß angewendet werden (technischer Fortschritt), können solche ökonomischen Signifikanzen auftreten. Der Begriff *technologische Arbeitslosigkeit* kann nach strenger Auslegung der Definition daher nicht existieren. Da es sich jedoch allgemein eingebürgert hat, technologische statt und im Sinne von technischer Arbeitslosigkeit zu verwenden, wird auch in dieser Arbeit durchgängig der Begriff der technologischen Arbeitslosigkeit benutzt.

Auf mikroökonomischer Ebene wird diese Differenzierung durch die Unterscheidung in Invention, Innovation und Diffusion charakterisiert. Es werden folgende Definitionen getroffen:[4]

---

1 Walter (1969), S. 237 und 240.

2 Vgl. Walter (1969), S. 237 und (1983), S. 120.

3 Vgl. Antonelli/Petit/Tahar (1992), S. 3. Ein Beispiel der neueren Literatur für die synomyme Verwendung der Begriffe im Angelsächsischen bietet Stoneman (2001), S. 4.

4 Diese Trilogie wird häufig auf Schumpeter zurückgeführt. Vgl. Ray (1974), S. 4, Stoneman (1983), S. 7f., Dosi (1991), S. 181, Antonelli/Petit/Tahar (1992), S. 2, Kromphardt/Teschner (1986), S. 236 oder Sarkar (1998), S. 131. Verfeinerte Stufen dieses Prozesses finden sich z.B. in Mansfield (1973), S. 200, Ray (1974), S. 7 und van Duijn (1983), S. 95, der sechs Phasen des technischen Fortschritts unterscheidet, sowie Soete/Arundel (1993), S. 31, die fünf verschiedene Phasen identifizieren. Silverberg (1990, S. 178) nennt die Trilogie das „lineare Modell des technischen Wandels." Allerdings ist dieses sequentielle Innovationsbild durch ein vernetztes Innovationsbild abgelöst worden,

1. Eine *Invention* ist die Generierung von Ideen für neue oder verbesserte Produkte oder Prozesse, Inventionen können auch als *technisch realisierbare Prototypen* oder als *Potential für technischen Fortschritt* bezeichnet werden.
2. Eine *Innovation* stellt die erstmalige wirtschaftliche Verwertung bzw. Anwendung einer Invention dar. Daher sind Innovationen auch als *ökonomisch realisierbare Prototypen* beschreibbar.
3. Die *Diffusion* ist die tatsächliche Nutzung und Verbreitung der Innovation auf ihrem potentiellen Markt.

Inventionen entsprechen dem technologischen Fortschritt, während Innovationen zusammen mit der Diffusion den technischen Fortschritt repräsentieren. Analog zur technologischen Arbeitslosigkeit ist gemäß der gewählten Definition und Nomenklatur der Begriff Technologiediffusion irreführend. Denn die Diffusion von Innovationen bezeichnet die Ausbreitung von technischem Fortschritt. Da sich aber wie im Falle der technologischen Arbeitslosigkeit in der Literatur die Umschreibung Technologiediffusion durchgesetzt hat, wird er trotz der Ungenauigkeit auch in dieser Arbeit verwendet.

2.2 Produkt- vs. Prozeßinnovationen

Für die Diffusion ist nicht nur die Frage relevant, wann und wie sich technologischer und technischer Fortschritt im Ablauf von Invention, Innovation und Diffusion manifestieren. Ebenso zentral sind die Formen, in denen sich technischer Wandel vollzieht. In der Regel wird zwischen Produkt- und Prozeßinnovationen unterschieden. Diese Differenzierung wird im allgemeinen auf Joseph A. Schumpeter (1934, S. 100) zurückgeführt, der Innovationen als „Durchsetzung neuer Kombinationen" definiert und an gleicher Stelle fünf Fälle unterscheidet:

1. „Herstellung eines neuen, d.h. dem Konsumentenkreise noch nicht vertrauten Gutes oder einer neuen Qualität eines Gutes.
2. Einführung einer neuen, d.h. dem betreffenden Industriezweig noch nicht praktisch bekannten Produktionsmethode, die keineswegs auf einer wissenschaftlich neuen Entdeckung zu beruhen braucht und auch in einer neuartigen Weise bestehen kann mit einer Ware kommerziell zu verfahren.
3. Erschließung eines neuen Absatzmarktes [...].
4. Eroberung einer neuen Bezugsquelle von Rohstoffen oder Halbfabrikaten [...].

---

in dem gegenseitige *feedback*-Mechanismen zwischen den einzelnen Stufen existieren. Dies ist vor allem auf die inkrementellen Verbesserungen während des Diffusionsprozesses und technologische *spill over*-Effekte zurückzuführen. Vgl. Pyka, A. (1999), S. 58ff.

5. Durchführung einer Neuorganisation, wie Schaffung einer Monopolstellung [...] oder Durchbrechung eines Monopols."

Es hat sich durchgesetzt, technischen Wandel auf die ersten zwei Fälle, Produkt- und Prozeßinnovationen, zu beschränken.[5] Keineswegs zutreffend aber ist die Einschätzung Mark Blaugs (1963, S. 13), daß die Begriffe Produkt- und Prozeßinnovationen selbsterklärend seien: Nach der Definition Schumpeters ist eine Produktinnovation ein neues Konsumgut, während eine Prozeßinnovation durch ein neues Kapitalgut repräsentiert wird. Organisatorische Verbesserungen im Prozeßablauf von Unternehmen stellen ungebundenen technischen Fortschritt dar und lassen sich nicht in Schumpeters Kategorien einordnen. Neben der Vernachlässigung des im Humankapital gebundenen technischen Wandels ist die Tatsache, daß viele Techniken sowohl Produkt- als auch Prozeßinnovationen darstellen, eine Quelle der Unschärfe.[6] Es existiert daher eine Vielzahl unterschiedlicher Definitionen.[7]

Für die vorliegende Untersuchung bieten sich zwei Möglichkeiten der Abgrenzung an. Einmal lassen sich Produkt- und Prozeßinnovationen im Sinne Schumpeters anhand der Endnachfrage kategorisieren.[8] Danach sind Produktinnovationen solche Neuerungen, die direkt den Nutzen der Konsumenten beeinflussen. Prozeßinnovationen sind hingegen alle Innovationen, die als Kapitalgüter oder Vorleistungsprodukte von anderen Unternehmen genutzt werden[9] oder aber im Humankapital verkörpert sind, sowie alle organisatorischen Innovationen.

Zum zweiten wird häufig dann von einer Prozeßinnovation gesprochen, wenn sie im gleichen Sektor oder gar im gleichen Unternehmen genutzt wird, in dem sie produziert wird. Produktinnovationen sind nach dieser Lesart solche Neuerungen, die außerhalb des produzierenden Sektors bzw. Unternehmens genutzt werden. Am häufigsten ist die sektorale Abgrenzung vorzufinden, nach der Prozeßinnovationen im gleichen Sektor entstanden sind und genutzt werden. Produktinnovationen werden hingegen in verschiedenen Sektoren hergestellt und angewendet.[10] Insbesondere in der Theorie des sektoralen Strukturwandels wird

---

5 Vgl. van Duijn (1983), S. 98.

6 So z.B. ist der PC sowohl eine Produktinnovation, wenn er im privaten Haushalt eingesetzt wird, als auch eine Prozeßinnovation, wenn er im Unternehmen Verwendung findet. Darüber hinaus besteht die Möglichkeit, daß neue Produkte gleichzeitig die Einführung neuer Produktionsprozesse implizieren (vgl. Edquist/Hommen/McKelvey (1997, S. 16).

7 Vgl. Archibugi/Evangelista/Simonetti (1994), S. 9ff.

8 Vgl. Archibugi/Evangelista/Simonetti (1994), S. 12. Wie sich später zeigen wird, ist der Diffusionsprozeß von den Übernahmeentscheidungen der potentiellen Anwender abhängig. Kaufentscheidungen von Konsumenten werden substantiell anders dargestellt als die von Unternehmen.

9 Vgl. Archibugi/Evangelista/Simonetti (1994), S. 12.

10 Vgl. Pavitt (1984), S. 345 als einen prominenten Vertreter dieser Definition.

auf diese Definition zurückgegriffen.[11] Die Einteilung läßt sich aber auch auf der Unternehmensebene vornehmen.[12] Da häufig nicht explizit erklärt wird, nach welchen Kriterien Prozeß- von Produktinnovationen unterschieden werden, ist die Trennung oft problematisch, da sie nicht mehr eindeutig ist.[13] *Tabelle 2.1* faßt die unterschiedlichen Definitionskonzepte zusammen und veranschaulicht die dadurch verursachte Abgrenzungsproblematik.

Tabelle 2.1: Alternative Abgrenzungen von Prozeß- und Produktinnovationen

<table>
<tr><th></th><th>gesamtwirtschaftliches Aggregat
Schumpeter (1934), Archibugi et al. (1994)</th><th>sektorale Abgrenzung
Pavitt (1984)</th><th>unternehmens-interne Abgrenzung</th></tr>
<tr><td>*Konsumgut: Verwendung durch private Haushalte*</td><td>Produktinnovation</td><td rowspan="3">Produktinnovation</td><td rowspan="4">Produktinnovation</td></tr>
<tr><td>*Kapitalgut:*</td><td rowspan="5">Prozeßinnovation</td></tr>
<tr><td>*- Verwendung durch Unternehmen anderer Sektoren*</td></tr>
<tr><td>*- Verwendung durch andere Unternehmen des gleichen Sektors*</td><td rowspan="3">Prozeßinnovation</td></tr>
<tr><td>*- Verwendung durch das gleiche Unternehmen*</td><td rowspan="2">Prozeßinnovation</td></tr>
<tr><td>*organisatorische Verbesserungen*</td></tr>
</table>

Quelle: eigene Darstellung.

In der mikroökonomischen Diffusionstheorie wird das Übernahmeverhalten von Unternehmen anders dargestellt als das der Konsumenten. Während die Übernahmeentscheidung von Unternehmen gemäß ihrer Produktionsfunktion, der relativen Preise, der Wettbewerbsstruktur etc. modelliert wird, übernehmen Konsumenten neue Produkte gemäß ihrer Nutzenfunktion. Die Determinanten der Diffusion von Prozeß- und Produktinnovationen unterscheiden sich erheblich.[14] Daher bietet es sich an, zumindest für die Diskussion der Diffusionsmo-

[11] Vgl. Knottenbauer (2000).

[12] Vgl. Meyer-Krahmer (1984), S. 176. Edquist/Hommen/McKelvey (2001, S. 15) geben dafür ein einfaches Beispiel: "An industrial robot is a product innovation when produced by ABB in Västerås and a process innovation when used by Volvo in Göteborg."

[13] Eine Produktinnovation auf Unternehmensebene kann durchaus sektoral eine Prozeßinnovation darstellen, wenn sie von einem Unternehmen entwickelt und von anderen Unternehmen des gleichen Sektors angewendet wird. Vgl. Pavitt (1984), Fn. 11.

[14] Vgl. Edquist/Hommen/McKelvey (1997b), S. 6.

delle die Einteilung von Produkt- und Prozeßinnovationen nach dem Nachfragetyp gemäß der Definition von Schumpeter und Archibugi *et al.* anzuwenden.

2.3 Das Ausmaß der Änderungen durch eine Innovation

Neben der Unterscheidung von Produkt- und Prozeßinnovationen hat auch die Differenzierung der Innovationen nach dem Grad der ökonomischen, organisatorischen, institutionellen oder sozialen Veränderungen, die sie hervorrufen, eine entscheidende Bedeutung für den Diffusionsprozeß. Zum einen existieren solche Innovationen, die als Produktinnovation lediglich zu einer weiteren Produktdifferenzierung einer bereits existierenden Palette von Gütern oder Dienstleistungen führen oder als Prozeßinnovationen fortlaufend die Produktionskosten existierender Produkte senken. Sie werden häufig als „gewöhnlich" oder „inkremental" bezeichnet. Auf der anderen Seite stehen zentrale, wichtige Innovationen, die die ökonomische Entwicklung der gesamten Volkswirtschaft berühren und zu Strukturbrüchen, zum Untergang bestehender Branchen und zur Entstehung neuer Branchen führen. In der Literatur finden sich hierfür Bezeichnungen wie „drastisch" oder „radikal". Weitere Konzepte sprechen von *General Purpose Technologies* oder von einem *Techno-Economic Paradigm*. Relevanz für die Diffusionstheorie erhält diese Unterscheidung insbesondere für die zu erwartende Diffusionsgeschwindigkeit der Innovationen. Dies hat indirekt Auswirkungen auf den zeitlichen Verlauf der Beschäftigungseffekte, die von solchen Innovationen ausgehen können, wie im weiteren Verlauf der Arbeit deutlich werden wird.[15] Die genannten Begriffspaare zeigen auf, wie unscharf die Abgrenzungen und Definitionen vorgenommen werden.[16]

In *Tabelle 2.2* sind einige wichtige Definitionen zusammengefaßt. Die Übersicht verdeutlicht die konzeptionellen Gemeinsamkeiten der verschiedenen Abgrenzungen. Zum einen fällt die Ähnlichkeit der Ansätze von Gerhard Mensch (1975), Joel Mokyr (1990) sowie Christopher Freeman und Luc Soete (1997) auf. Sie unterscheiden zwischen den gewöhnlichen, inkrementalen Verbesserungen und Weiterentwicklungen bestehender Technologien und den drastischen, radikalen Basisinnovationen.[17] Letztere stellen völlig neue Technologien und Innovationen dar, die die ökonomische Aktivität stark verändern und unter Um-

---

[15] Vgl. insbesondere die Abschnitte 5.2.2.

[16] Vgl. Meyer-Krahmer (1999), S. 409.

[17] Etwas unorthodox ist die Differenzierung anhand der Inventionen, die der Wirtschaftshistoriker Joel Mokyr vornimmt. Da Inventionen nicht im Produktionsprozeß eingesetzt werden und somit auch keine ökonomische Signifikanz entfalten, ist es sinnvoller, das Ausmaß einer Veränderung der Innovation als erstmaliger wirtschaftlicher Anwendung einer Invention zuzuschreiben.

ständen zu neuen Sektoren führen sowie in der Theorie der langen Wellen Wachstum und Strukturwandel bewirken.[18]

Tabelle 2.2: Ausgewählte Definitionen für das Ausmaß der Änderung einer Innovation

	Art der Innovation	
Mokyr (1990)	***Macro Invention*** - Invention ohne eindeutige Vorläufer - klare Abgrenzung von bisherigen Techniken	***Micro Invention*** - kleine, inkrementale Schritte zur Verbesserung und Anpassung existierender Techniken
Mensch (1975) Freeman/Soete (1997)	***Radikale Innovation/ Basisinnovation*** - Einführung wichtiger Innovationen führt zur Entstehung völlig neuer Industrien oder Branchen - Basisinnovationen treten in Gruppen bzw. Schwärmen am Ende einer Depression auf.	***Inkrementale Innovation/ Verbesserungsinnovation*** - Weiterentwicklungen und Verbesserungen in den schon etablierten ökonomischen Aktivitäten. - Als reine Produktdifferenzierung als Pseudoinnovationen zu bezeichnen.
Freeman/Clark/Soete (1982) Dosi (1982, 1984a) Perez (1983) Freeman/Perez (1988)	***Techno-Economic Paradigm (TEP)*** - Systemische Relation zwischen Produkten, Prozessen, Organisationen und Institutionen. - Basiert auf wenigen Schlüsseltechnologien, Produkten und Rohstoffen. - Typische Organisationsform des Wirtschaftens (z.B. Fordismus, Taylorismus).	***Technological Trajectory*** - Technologische Trakjektorien (Entwicklungsbahnen) als technologischer Fortschritt entlang des TEP.
Bresnahan/Trajtenberg (1992), Helpman/Trajtenberg (1996, 1998a), Aghion/Howitt (1998a), Lipsey/Bekar/Carlaw (1998a)	***General Purpose Technology (GPT)*** - Besondere Art einer drastischen Innovation. - Technologien mit großem Spielraum für Verbesserungen im Laufe ihrer Evolution/Diffusion. - Große Vielfalt in der Nutzung in vielen verschiedenen Prozessen/Produkten. - Große Anzahl verschiedener Anwendungsbereiche für die GPT.[1)] - Hohe technologische Komplementarität mit anderen neuen Technologien.	***Sekundäre Innovationen*** - Von GPT's induziert. - Inkrementale Verbesserungen der GPT und drastischen Innovationen. - Evolution und Diffusion mit der gleichzeitigen Verbesserung der GPT.

[1)] Lipsey/Bekar/Carlaw (1998a, S. 40) geben ein einfaches Beispiel für die Unterscheidung zwischen Vielfalt der Nutzung (*variety of use*) sowie der Reichweite bzw. Zahl Anwendungsbereiche (*range of use*): Während die Glühbirne in fast allen Bereichen der Volkswirtschaft eingesetzt und genutzt wird (große *range*), hat sie nur den einen Anwendungszweck der Beleuchtung (sehr niedrige *variety*). Im Gegensatz dazu wird der Laser (als potentielle zukünftige GPT) als Scanner (Registrierkassen), Skalpell (Chirurgie), Meßinstrument (Physik), in Computersystemen (CD-Rom-/CD-Write-Laufwerke) oder in HiFi-Anlagen (CD-Spieler) genutzt. Er besitzt also außergewöhnlich vielfältige Nutzungsbereiche.

Quelle: eigene Darstellung.

---

[18] Vgl. für einen Überblick über die Theorie der langen Wellen und die neo-schumpeterianischen Ansätze z.B. van Duijn (1983) oder Coombs/Saviotti/Walsh (1987).

Etwas weiter gefaßt hingegen sind die Konzepte der *General Purpose Technologies* von Timothy F. Bresnahan und Manuel Trajtenberg (1992) sowie, darüber noch hinausgehend, der techno-ökonomischen Paradigmen von Christopher Freeman, John Clark und Luc Soete (1982), Giovanni Dosi (1982), Charlotta Perez (1983) oder Christopher Freeman und Charlotta Perez (1988).[19] Darin soll zum Ausdruck gebracht werden, daß Schlüsseltechnologien mit starken Komplementaritäten zu anderen Technologien, mit großem Entwicklungspotential und mit der Aussicht, zukünftig in vielen Bereichen der Ökonomie auf ganz verschiedene Weise genutzt zu werden, den technologischen Wandel bestimmen.[20] Die systemische Relation der Schlüsseltechnologien, ihrer Produkte und Rohstoffe, der Organisationen und Institutionen führt zu typischen Organisationsformen des Wirtschaftens, den techno-ökonomischen Paradigmen wie z.B. die Massenproduktion. Die technologische Entwicklung innerhalb des Paradigmas vollzieht sich entlang der dadurch gezogenen Trajektorien.

Während für die mikroökonomischen Diffusionstheorien, die sich im allgemeinen mit den Fragen der einzelwirtschaftlichen (Übernahme-) Entscheidungen befassen, diese Unterscheidungen wenig relevant sind, erhalten sie besondere Bedeutung für die sektoralen und gesamtwirtschaftlichen Konsequenzen des technologischen Wandels. Die Diskussion der makroökonomischen Diffusionsmodelle sowie der Freisetzungs- und Kompensationsdebatte wird daher auf diesen Abschnitt explizit zurückgreifen.[21]

2.4 Theoretische Konzeption des technologischen Diffusionsprozesses

Eine definitorische Unschärfe in der Unterteilung in technischen oder technologischen Wandel sowie in Inventionen, Innovationen und Diffusion muß konstatiert werden, wenn die einzelnen Vorgänge aus verschiedenen Blickwinkeln betrachtet werden.[22] Wie schon die Schwierigkeiten bei der Abgrenzung von Prozeß- und Produktinnovationen gezeigt haben, sind die Trennlinien zwischen verschiedenen Innovationen aus aggregierter, gesamtwirtschaftlicher Sicht anders zu ziehen als in sektoralem oder gar einzelwirtschaftlichem Kontext. Die gleiche

[19] Freeman/Clark/Soete (1982) sprechen von „Neuen Technologischen Systemen", Dosi (1982) verwendet den Begriff der „technologischen Paradigmen". Perez (1983) faßt die einzelnen, durchaus unterschiedlichen Konzepte in ihren „techno-ökonomischen Paradigmen" zusammen (vgl. Freeman 1998, S. 137). Weitere Autoren haben mit etwas anderen Namen ganz ähnliche Definitionen vorgelegt, wie Neue Technologische Paradigmen, technologische Systeme, *technological avenues* oder ähnliches.

[20] Vgl. Lipsey/Bekar/Carlaw (1998a), S. 43.

[21] Vgl. Abschnitt 5.2.2.

[22] Vgl. Walter (1983), S. 124.

Problematik gilt für die Abgrenzung des Inventions-, Innovations- und Diffusionsprozesses. Ist die Einführung einer Invention (also die Innovation) in einem Sektor als genuiner Innovationsprozeß zu werten oder nur als Diffusion zu betrachten, wenn die Innovation in einem anderen Sektor schon angewandt wird? Zur Vermeidung derartiger Unklarheiten werden in den Theorien zur Technologiediffusion in Bezug auf den Aggregationsgrad des Diffusionsprozesses folgende Ebenen identifiziert:[23]

- Die Diffusion innerhalb eines einzelnen Unternehmens (*intra-firm diffusion*).
- Die Diffusion innerhalb eines Sektors bzw. einer Branche (*inter-firm diffusion* bzw. *intra-sectoral diffusion*).
- Die Diffusion innerhalb einer Volkswirtschaft (*inter-industry* bzw. *economy-wide diffusion*).
- Die Diffusion zwischen verschiedenen Volkswirtschaften (*international diffusion*).[24]

Jede dieser Aggregationsebenen stellt eine spezifische Fokussierung auf unterschiedliche Fragestellungen dar. Die Analyse des internationalen Diffusionsprozesses stellt vor allem unterschiedliche Wachstumsraten zwischen Volkswirtschaften und deren Konvergenz- bzw. Divergenzverhalten in den Vordergrund. Darüber hinaus beschäftigt sie sich mit dem Problemkreis zur Technologieführerschaft einer Volkswirtschaft, technologischen Lücken und ähnlichem. Auf der Ebene der Diffusion innerhalb einer Volkswirtschaft bzw. innerhalb eines bestimmten Sektors steht die Frage im Mittelpunkt des Interesses, warum Wirtschaftsakteure neue Techniken nicht zum selben Zeit*punkt* übernehmen, sondern während eines zum Teil erheblich langen Zeit*raums* nach und nach Innovationen anwenden. Auf mikroökonomischer Ebene hingegen soll geklärt werden, wieso

---

23 Vgl. Davies (1979), S. 6 und Stoneman (1983), S. 67f.

24 Diese Typologie verschiedener Diffusionsprozesse zeigt die Tendenz der ökonomischen Literatur auf, sich eher auf Prozeß- denn auf Produktinnovationen zu konzentrieren, obwohl sich der Diffusionsprozeß auf beide Neuerungen bezieht (vgl. Karshenas/Stoneman 1995, S. 265 und Edquist/Hommen/McKelvey 1997b, S. 6). Durch den Austausch der ökonomischen Akteure (Haushalte statt Unternehmen) kann daher derselbe Ebenenaufbau auch auf Produktinnovationen angewendet werden (vgl. Stoneman 2001, S. 7, der als Beispiel für eine graduelle Ausbreitung einer neuen Technologie in den Haushalten unglücklicherweise die Verdrängung der Vinylplatte durch die CD nennt, die sich aber vielmehr als Beispiel einer schnellen, fast schlagartigen Diffusion heranziehen läßt, und Karshenas/Stoneman 1995, S. 266). Eine natürliche Trennung scheint insofern zu existieren, als in der volkswirtschaftlichen Literatur vornehmlich, häufig nur implizit, Prozeßinnovationen, in der betriebswirtschaftlichen und Marketingliteratur ebenfalls oft implizit, vor allem Produktinnovationen im Mittelpunkt des Interesses stehen. Tatsächlich kann es sich durchaus um ein und dieselbe Technologie handeln, die sowohl von privaten Haushalten als Produkt der Endnachfrage als auch von Unternehmen als Kapitalgut genutzt wird. Anschauliches Beispiel hierfür ist der PC.

Unternehmen bzw. Haushalte nicht nur zu unterschiedlichen Zeitpunkten mit der Übernahme von Innovationen beginnen, sondern unterschiedlich große Anteile und Bestände der Technik aufweisen und mit unterschiedlicher Geschwindigkeit diese Bestände erreichen.

Der Diffusionsprozeß kann zunächst ganz allgemein durch die mathematische Relation in Gleichung 2.1 beschrieben werden:

$$(2.1) \qquad Z_{it} = \frac{X_{it}}{Y_{it}} \quad \text{oder} \quad Z_{jt} = \frac{X_{jt}}{Y_{jt}} \quad \text{oder} \quad Z_{kt} = \frac{X_{kt}}{Y_{kt}}$$

Die Variable Z_n mit $n = i, j, k$ bezeichnet den Anteil der neuen Technik am Gesamtbestand aller aktuell angewendeten Techniken je nach Betrachtungsebene innerhalb eines einzelnen Unternehmens i, eines Sektors j oder einer Volkswirtschaft k zum Zeitpunkt t. Sie entspricht hierbei dem Verhältnis zweier Größen X_n und Y_n. Das Meßkonzept, nach dem die Relation festgestellt wird, muß noch definiert werden. Hierzu stehen drei verschiedene, im folgenden näher zu bezeichnende Möglichkeiten zur Verfügung, die mit Z'_n, Z''_n und Z'''_n bezeichnet werden. Im Rahmen der Analyse der unternehmensspezifischen Technologiediffusion finden vor allem die zwei ersten Meßkonzepte Anwendung, für höher aggregierte Diffusionsverläufe innerhalb von Sektoren oder Volkswirtschaften wird meist die dritte Definition verwendet.

Im ersten Meßkonzept wird die Diffusion, d.h. die Veränderung der Variablen Z'_{nt} in der Zeit, über das Verhältnis der mit der neuen Technologie hergestellten Produktion X'_{nt} zum gesamten Output Y'_{nt} dargestellt. Die zunehmende Ausbreitung einer (Prozeß- bzw. Organisations-) Innovation wird also am Anteil des Outputs bzw. der Produktion beschrieben. Das zweite Meßkonzept koppelt die Ausbreitung einer Innovation, Z''_{nt}, an den Kapitalbestand, der die neue Technik verkörpert (X''_{nt}), in Relation zum gesamten Kapitalbestand des Unternehmens i, des Sektors j oder der Volkswirtschaft k (Y''_{nt}). Die Diffusion wird hier am Inputfaktor Kapital statt am Outputfaktor gemessen.

Auf der einzelwirtschaftlichen Untersuchungsebene wird implizit angenommen, daß Unternehmen mehr als eine Einheit der neuen Technologie nutzen, ansonsten läßt sich kaum von einem Diffusionsprozeß sprechen. Diese an sich realistische Annahme eines unternehmensspezifischen Diffusionsprozesses wird problematisch, wenn Diffusionsverläufe für aggregierte Gebilde, wie Sektoren oder die gesamte Volkswirtschaft, analysiert werden. In diesen Fällen wird häufig das dritte Diffusionskonzept verwendet, bei dem der Diffusionsverlauf durch die Zahl der tatsächlichen Adopteure der Innovation zum Zeitpunkt t (Z'''_{nt}, oft mit

N_t bezeichent) im Verhältnis zur Zahl der potentiellen Anwender (häufig N^*) definiert ist.

Offensichtlich abstrahiert dieses Konzept von der Diffusion innerhalb eines einzigen Unternehmens bzw. Haushalts. Daher ist als Kombination der drei Konzepte eine Definition des Output- bzw. Kapitalanteils der neuen Technologie innerhalb der Volkswirtschaft bzw. innerhalb eines Sektors vorteilhaft.[25] Der Anteil der Innovation (Z'''_{nt}) wird dann formal durch Gleichung (2.2) dargestellt:

$$(2.2) \qquad Z''''_{nt} = \frac{X_{ijt}}{Y_{ijt}} \frac{N_j}{N^*}.$$

Die Diffusion ergibt sich sowohl als zunehmende Nutzung der neuen Technologie durch das j-te Unternehmen wie auch als die zunehmende Verbreitung über alle (relevanten) Unternehmen j des Sektors bzw. der Volkswirtschaft i. Zwar kann auf diese Weise der Diffusionsverlauf in einem Sektor oder einer Volkswirtschaft exakter definiert werden. Auf der anderen Seite verschärft sich das Problem der Meßbarkeit des sektoralen bzw. gesamtwirtschaftlichen Output- bzw. Kapitalanteils, der eine neue Technologie repräsentiert. Aus diesem Grund wird auf aggregierten Ebenen häufig auf das Meßkonzept der Zahl der Anwender der neuen Technik als Approximation des tatsächlichen Nutzungsgrades zurückgegriffen.

2.5 Empirie: Stilisierte Fakten der Technologiediffusion

Der Verlauf des Diffusionsprozesses, d.h. das Verhalten der Variable Z im Zeitablauf, ist Gegenstand vieler empirischer Untersuchungen, die mittels der unterschiedlichen Definitionen des Diffusionsprozesses auf den verschiedenen Aggregationsebenen für eine Vielzahl neuer Technologien bzw. Innovationen vorgenommen werden. Alle empirischen Analysen führen ungeachtet der unterschiedlichen theoretischen Begründungen zu überraschend gleichartigen Ergebnissen. Sie können daher als stilisierte Fakten der Technologie- bzw. Innovationsdiffusion bezeichnet werden. Wie alle stilisierten Fakten in der ökonomischen Theorie sind sie vorsichtig zu interpretieren, da sie (noch) keinen theoretischen Erklärungsgehalt besitzen. Vielmehr geht es um die Darstellung qualitati-

[25] Vgl. Stoneman (1983), S 68.

ver Eigenschaften der Daten, häufig unter Vernachlässigung ungeklärter Details[26]. Im einzelnen sind folgende wiederkehrende Grundstrukturen erkennbar:[27]

1. *Die Diffusion benötigt Zeit.* Diese wohl wichtigste Erkenntnis für den Diffusionsprozeß ist nicht trivial. In der Neoklassik wird die Dimension der historischen bzw. chronologischen Zeit häufig vernachlässigt.[28] Der Grund findet sich oft in der Unterstellung, daß die Anpassungsprozesse im ökonomischen Modell schneller ablaufen, als sich der Datenkranz ändert, der damit konstant bleibt.[29] Eine andere Begründung ist die Annahme einer unendlich schnellen Anpassungsreaktion der Akteure und Variablen. Die Empirie der Technologiediffusion zeigt, daß die Ausbreitung von Innovationen mit diesen Annahmen nicht vereinbar ist. Es findet praktisch nie eine schlagartige Diffusion statt in dem Sinne, daß zu jedem Zeitpunkt t nach dem ersten Auftreten der Innovation die Zahl der Anwender $N(t)$ der maximalen Zahl aller potentiellen Anwender, der Sättigungsgrenze N^* entspricht. Während für aggregierte Gebilde, wie Sektoren oder Volkwirtschaften, dieser Sachverhalt offensichtlich ist, so gilt er doch auch für die Diffusion in einem einzelnen Unternehmen, zumindest dann, wenn das Unternehmen mehr als eine Einheit der neuen Technologie einsetzt. Auch dann wird der Anteil des Outputs, der mit neuer Technologie produziert wird, bzw. der Anteil des Kapitalstocks, der die neue Technologie inkorporiert, die Sättigungsgrenze nicht sofort vollständig errei-

26 Vgl. Breitung/Haslinger/Heinemann (1993), S. 172. Sie definieren stilisierte Fakten als „...empirische Regularitäten, die unter Vernachlässigung von Details, weitgehendem Verzicht auf theoretische Vorinformation und dem Ziel allgemeine Akzeptanz zu erlangen, ermittelt werden." (S. 176).

27 Vgl. z.B. Karshenas/Stoneman (1995), S. 266, 269, Bhattacharya/Chatterjee/Samuelson (1986), S. 224 oder Sarkar (1998), S. 134f.

28 Die Modelle bilden lediglich logische Zeitabläufe ab.

29 Vgl. Helmstädter (1994), S. 35. Vgl. hierzu auch die bekannte Untersuchung von Sato, R. (1963) über die Zeitdauer des Anpassungsprozesses in einem Swan-Solow-Wachstumsmodell. Danach vergehen etwa 100 Jahre, bis sich eine Volkswirtschaft zu 90% an den neuen Wachstumspfad angepaßt hat, wenn die damals für die US-amerikanische Wirtschaft geschätzten Daten in einer Cobb-Douglas-Produktionsfunktion Eingang finden, und eine Veränderung des proportionalen Einkommenssteuersatzes von 17% auf 18% zugrunde gelegt wird, was einer Veränderung der Sparquote von 11,66% auf 12,54% entspricht. In einem solchen Rahmen sind die ein bis zwei Jahrzehnte Diffusionszeitraum, die im allgemeinen für 90%-ige Ausbreitung neuer (Prozeß-) Technologien gemessen werden, tatsächlich zu vernachlässigen. Sato, K. (1966) hingegen geht von einer Anpassungsperiode von 25 – 37,5 Jahre aus, wenn von obigen Daten bei expliziter Berücksichtigung von gebundenem technischen Fortschritt in einem Kapitaljahrgangsmodell, von Abschreibungen und vom Sparverhalten ausgegangen wird. Für die Frage der Anpassungsgeschwindigkeit bei alternativen Zusammensetzungen des gesamten technischen Fortschritts aus gebundenem und ungebundenem technischen Fortschritt vgl. ebenfalls Lansing (1975), der die Ergebnisse von Sato, K. (1966) verwirft, und Stoneman (1977), der sie wiederum stützt.

chen. Insbesondere die Diffusion von Innovationen innerhalb bestimmter Sektoren oder Volkswirtschaften muß wohl eher in Jahrzehnten als in Jahren gemessen werden.[30] Aus obiger Beobachtung folgt, daß die *Diffusion eine steigende Funktion in der Zeit* sein muß. Diese nur allmähliche Ausbreitung und Nutzung einer Innovation muß berücksichtigt werden, wenn man den Diffusionsprozeß durch eine mathematische Funktion formalisieren will.

2. Die Diffusionskurve besitzt typischerweise einen *s-förmigen, sigmoiden Verlauf*, wie er in *Abbildung 2.1* dargestellt ist. Zunächst verläuft die Diffusionskurve konvex, sie endet jedoch konkav. Im ersten Teil der Funktion beschleunigt sich die Ausbreitung der Innovation, die Zahl der Anwender wächst mit zunehmender Geschwindigkeit. Ab einem Wendepunkt hingegen verlangsamt sich die weitere Übernahme, so daß sich die Diffusionskurve asymptotisch an die Sättigungsgrenze annähert. Im weiteren Zeitverlauf ist es denkbar, daß die Diffusionskurve absinken wird, d.h. daß die Nutzung der Technologie durchaus wieder (absolut) zurückgehen kann. Im allgemeinen wird dieser Fall jedoch auf das Auftreten und die Ausbreitung einer neuen Technologie zurückzuführen sein. Deshalb wird dieses Phänomen des Rückgangs der Technologienutzung in der Regel nicht mehr dem Diffusionsprozeß der betrachteten Technologie zugerechnet, sondern der Diffusion der nachfolgenden Innovation.

30 Vgl. Mansfield (1986), S. 318 und Metcalfe (1990), S. 17. In jüngerer Zeit scheinen sich jedoch die Diffusionszyklen tendenziell zu verkürzen (vgl. Mansfield 1986, S. 318). Dies läßt sich auch auf die zunehmende Diffusion der Informations- und Kommunikationstechnologien (IKT) zurückführen (vgl. Pianta/Vivarelli 2000, S. 1f.). Allerdings verbleibt im Zuge des zunehmenden IKT-Einsatzes das Solow-Paradoxon, nach dem „[you] can see the computer age everywhere but in the productivity statistics“ (Solow 1987, S. 36), da bis 1995 trotz sichtbarer Diffusion der IKT die Produktivitätszahlen in den USA äußerst niedrig waren. Vgl. für einen Überblick Erber *et al.* (2001) und Hagemann/Seiter/Schreyer (2001). In der Diskussion um die Freisetzungswirkungen des technischen Fortschritts in *Kapitel 5.1.3* wird das Produktivitätsparadoxon noch einmal aufgegriffen und vertieft diskutiert.

Abbildung 2.1: *S*-förmiger Verlauf der Technologiediffusion

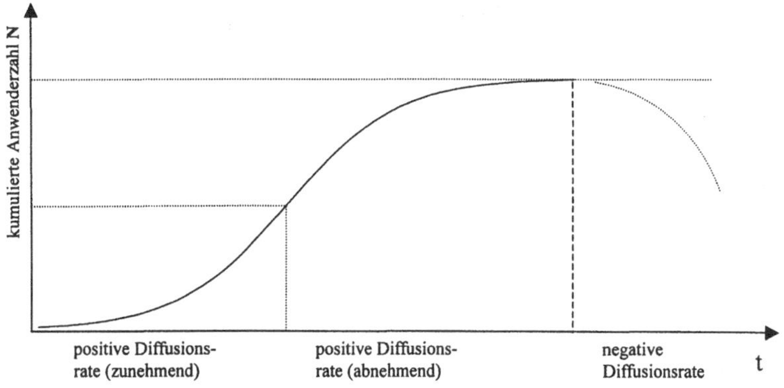

Quelle: eigene Darstellung.

3. Der *Wendepunkt* der Diffusionskurve wird im allgemeinen dann erreicht, wenn der Anteil derjenigen Individuen oder Unternehmen, die die Innovation bereits übernommen haben, weniger als die Hälfte der potentiellen Adopteure beträgt. Dieses Phänomen kann auf das Übernahmeverhalten der potentiellen Anwender zurückgeführt werden. Die Technologieanwender lassen sich entsprechend ihrer Übernahmezeitpunkte in fünf Gruppen einordnen: die Innovatoren, die frühen Anwender (Meinungsführer), die frühe Mehrheit, die späte Mehrheit und die Nachzügler. Diese Gruppierung ist in *Abbildung 2.2* dargestellt.[31] Sie zeigt die Dichtefunktion einer rechtsschiefen Diffusionskurve. Überproportional viele frühe Anwender und eine große frühe Mehrheit verursachen die rechtsschiefe Asymmetrie. Die Diffusionsverläufe einiger Innovationen weisen jedoch einen derart frühen Wendepunkt auf, daß sie den Anschein erwecken, sie besäßen ausschließlich den konkaven Teil der Diffusionskurve.[32]

---

[31] Vgl. Mahler/Stoetzer (1995), S. 14.
[32] Vgl. Jensen (1982), S. 182.

Abbildung 2.2: Rechtsschiefe Dichtefunktion der Anwender einer Innovation und ihre Übernahmezeitpunkte

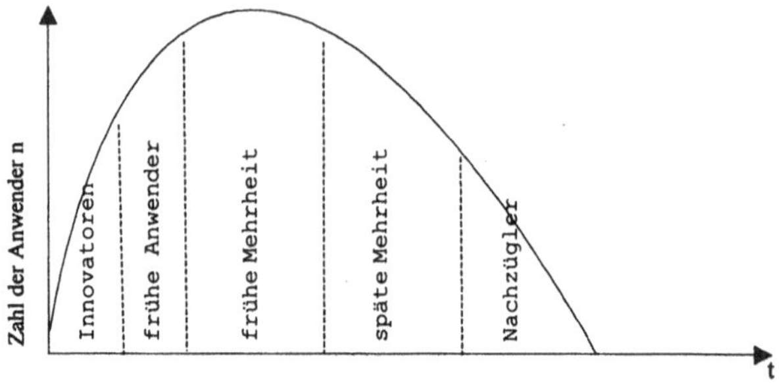

Quelle: eigene Darstellung in Anlehnung an Stoneman (1983), S. 96.

4. Die *Diffusionsgeschwindigkeit*, d.h. der Zeitraum von der ersten Übernahme bis zur asymptotischen Annäherung der Diffusionskurve an den Sättigungsgrad hängt (auch) von den Charakteristika der Innovation ab, z.B. ihrer Profitabilität. Mit steigender Profitabilität der Übernahme einer Innovation steigt die Diffusionsgeschwindigkeit und umgekehrt.

5. Dieses Faktum impliziert, daß sich die Diffusionsraten *für verschiedene Technologien* in einzelnen Sektoren, aber auch in einzelnen Unternehmen unterscheiden.

6. Aber auch in *verschiedenen Sektoren und Ländern* sind unterschiedliche Diffusionsraten für dieselben Technologien feststellbar. Nicht die Eigenschaften der Technologie allein determinieren somit die Diffusionsgeschwindigkeit. Auch die spezifischen Charakteristika der Unternehmen, Sektoren und Volkswirtschaften beeinflussen den Diffusionsprozeß.

7. Neben der Diffusionsgeschwindigkeit lassen sich auch unterschiedliche Zeitpunkte der ersten Übernahme einer Technologie und differierende Sättigungsgrade für verschiedene Innovationen, Unternehmen und Sektoren empirisch beobachten.

Die ersten fünf dieser stilisierten Fakten fassen die in empirischen Untersuchungen gefundenen typischen Diffusionsverläufe zusammen. *Abbildung 2.3* stellt einige Wachstumsfunktionen dar, die diese *stylized facts* wiedergeben. In der oberen Reihe sind jeweils die Dichtefunktionen und in der unteren Reihe die korrespondierenden Verteilungsfunktionen abgebildet. Die logistische Diffusionskurve ist symmetrisch (Wendepunkt der Verteilungsfunktion, wenn die Hälfte der potentiellen Anwender die Technologie übernommen hat, *Abbildung 2.3a*). Zusammen mit der konkaven Verteilungsfunktion (der Wendepunkt geht gegen 0, *Abbildung 2.3c*) lassen sie sich als Extrema möglicher Diffusionsverläufe bezeichnen. Die Gompertz-Kurve (*Abbildung 2.3b*) repräsentiert den typischen rechtsschiefen Verlauf der Diffusionskurve mit einem Wendepunkt < 0,5.[33]

Die stilisierten Fakten sechs und sieben zeigen, daß trotz aller Gemeinsamkeiten für verschiedene Unternehmen, Sektoren, Volkswirtschaften und Technologien durchaus sehr unterschiedliche Diffusionsverläufe zu erwarten sind. Eine allgemeine (Über-) Generalisierung solcher Diffusionskurven ist daher gefährlich[34], letztlich sollen sie nur dazu dienen, die grundlegenden Determinanten und Wirkungsketten der Technologieausbreitung zu isolieren und zu beschreiben.[35]

Eine generelle Funktion, mit der alle zwischen diesen Extremen der logistischen und exponentiellen Verläufe liegenden Diffusionsprozesse abgebildet werden könnten, existiert nicht. Letztendlich besitzt jede glockenförmige Verteilung eine s-förmige kumulative Dichtefunktion.[36]

[33] Eine anschauliche Systematisierung und Zusammenfassung der für die Beschreibung und Messung der Diffusion gebräuchlichen Modelle und damit verbundenen Diffusionskurven bietet Helmstädter (1998a), S. 24-31.

[34] Vgl. Stoneman (1991), S. 177 und Gold (1981), S. 257.

[35] Stilisierte Fakten sind nicht immer Fakten im wörtlichen Sinn. Es werden auch Annahmen, z.B. aus Gründen der formalen Darstellbarkeit, als *stylized facts* bezeichnet (vgl. Straßberger 1995, S. 200). Die Diffusionskurve enthält zweifelsohne zum Teil solche Annahmen.

[36] Vgl. Stoneman (1983), S. 70 und Mahajan/Peterson (1985), S. 10.

Abbildung 2.3: Alternative Diffusionsverläufe

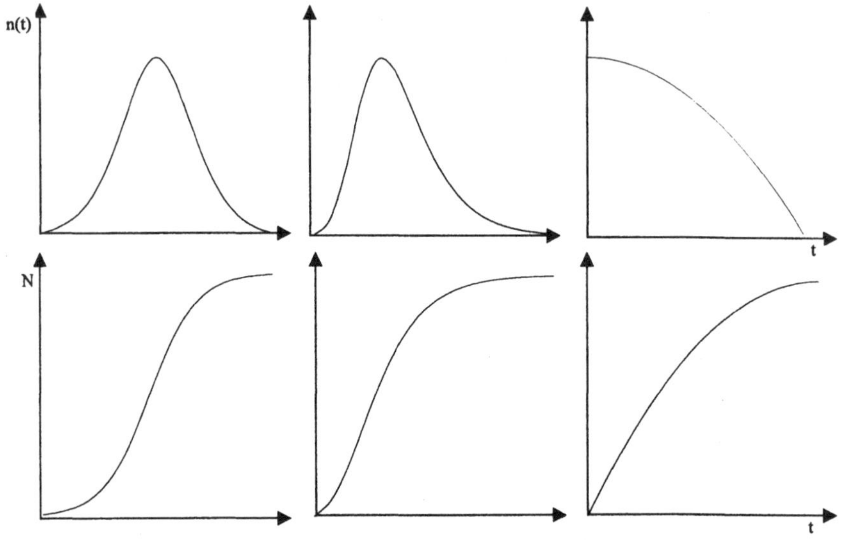

a) logistische Diffusionskurve
b) Gompertzkurve
c) konkave, exponentielle Diffusionskurve

Quelle: eigene Darstellung.

2.6 Systematisierung der Diffusionsmodelle

Ziel der Diffusionstheorien ist es, eine Erklärung für die stilisierten Fakten zu geben und die Determinanten zu bestimmen, die den Diffusionsverlauf prägen.[37] Da keine umfassende Synthese einzelner Theorien der Technologiediffusion existiert, läßt sich auch nicht von *der* Theorie der Technologiediffusion sprechen. Vielmehr konkurrieren bzw. ergänzen sich mehrere unterschiedliche Erklärungsansätze, die nach bestimmten Kriterien systematisiert werden können. Jeder dieser Ansätze konzentriert sich auf einen bestimmten Aspekt der Technologiediffusion, häufig unter Vernachlässigung anderer zentraler Determinanten. Aufgrund dieser oft nur implizit benutzten *ceteris-paribus*-Klauseln entstand eine Vielfalt an Modellen. Da (noch) kein umfassender Theorierahmen zur simultanen Erfassung aller zentralen Diffusionsvariablen zur Verfügung steht, werden sich die folgenden Kapitel auf die Darstellung der fundamentalen De-

[37] Vgl. Hall (1994), S. 267.

terminanten konzentrieren, wie sie in den wichtigsten Ansätzen der Technologiediffusion analysiert worden sind.

Einen ersten Überblick über die Vielzahl unterschiedlicher Ansätze zur Erklärung der Technologiediffusion liefert die grobe Gliederung der Modelle nach ihrer Zugehörigkeit zur Mikro- oder Makrotheorie. Entsprechend der „Arbeitsteilung“ in der Ökonomik werden in makroökonomischen Diffusionstheorien gesamtwirtschaftliche und sektorale Variablen wie Investitionsniveau, Kapitalstock, Traversen oder die wirtschaftlichen und/oder technologischen Verflechtungen thematisiert. Mikroökonomische Diffusionstheorien analysieren hingegen einzelwirtschaftliche (Übernahme-) Entscheidungen und die (gesamtwirtschaftlichen) Konsequenzen aus den individuellen Interaktionen.[38] Die makroökonomischen Erklärungsansätze sind Gegenstand des vierten Kapitels.

Das Gros der Diffusionsmodelle ist mikroökonomischer Natur und wird im dritten Kapitel diskutiert. Sie werden in nachfrageseitige und angebotsseitige Modelle unterteilt. Die Mehrzahl der Modelle sind nachfrageorientiert und vernachlässigen angebotsseitige Einflüsse auf die Technologiediffusion. Sie gehen alle von der besonderen Relevanz der Nachfrage für den Diffusionsprozeß aus und suchen die Bestimmungsfaktoren für den stilisierten Diffusionsverlauf in den Eigenschaften bzw. den Verhaltensweisen der Nachfrager und Anwender der Innovation. Seltener finden sich angebotsorientierte Ansätze, die neben der Technologienachfrage auch auf das Technologieangebot und auf Interaktionen zwischen Angebot und Nachfrage als Determinanten der Innovationsausbreitung zurückgreifen. Es handelt sich dabei in der Regel nicht um eigenständige angebotsseitige Ansätze, sondern vielmehr um die Erweiterung bekannter nachfrageseitiger Modellstrukturen um das Technologieangebot.

Noch tiefer lassen sich die mikroökonomischen Diffusionsmodelle klassifizieren, indem einerseits das mikroökonomische (Nachfrage-) Verhalten der Anwender (Nutzer, Übernehmer bzw. Käufer) und der Anbieter (Produzenten) neuer Technologien und andererseits die Modellierung der Diffusion als gleichgewichtiger bzw. ungleichgewichtiger Prozeß auf der Makroebene als Abgrenzungskriterien herangezogen werden. Das Mikroverhalten der Akteure läßt sich zum einen in das (neoklassische) rationale Optimierungsverhalten aufteilen und andererseits in ein institutionalisiertes Verhalten, das weniger mit Rationalität, sondern vielmehr mit gebundener Rationalität (*bounded rationality*), Verhaltensroutinen und Daumenregeln umschrieben werden kann.

---

38 Vgl. zur Unterscheidung zwischen ökonomischer Mikro- und Makrotheorie Spahn (1999), S. 4f.

Auf der Makroebene wird zwischen gleichgewichtigen und ungleichgewichtigen Diffusionsprozessen unterschieden, wobei für die Abgrenzung folgende Dreiteilung herangezogen wird.[39] Unter dem Begriff des Gleichgewichts werden solche Modelle subsumiert, in denen

I. die Diffusion als Abfolge von Gleichgewichten stattfindet und somit als gleichgewichtiger Prozeß modelliert wird, oder in denen
II. die Diffusion zwar in einem ungleichgewichtigen Prozeß stattfindet, das System aber einem wohldefinierten neuen Gleichgewichtspunkt zustrebt.

Als originär ungleichgewichtig wird die dritte Modellkategorie eingestuft, in denen

III. die Diffusion als offener Prozeß charakterisiert wird und multiple Gleichgewichtslösungen möglich sind.[40]

Mit der zweifachen Unterscheidung in Gleichgewichts– und Ungleichgewichtsansätze auf der makroökonomischen Ebene einerseits und in rationales Optimierungs- und institutionalisiertes Verhalten auf der mikroökonomischen Ebene andererseits lassen sich vier Kategorien eröffnen, in denen die Diffusionsansätze verortet werden können. *Tabelle 2.3* gibt diese Klassifizierung wieder.

Tabelle 2.3: Methodologische Klassifizierung der nachfrageseitigen Diffusionsmodelle

		Mikroebene	
		Optimierungsverhalten	*Institutionalisiertes Verhalten*
Makroebene	Gleichgewicht: *Steady States*	Neoklassische Modelle: *Probit*-Ansätze Spieltheoretische Modelle	Traditionelle Modelle mit Anpassungsverzögerungen: Epidemische Ansätze
	Ungleichgewicht: Traversen und selbstorganisierende Prozesse	Modelle mit steigenden Erträgen, Netzwerkexternalitäten und Pfadabhängigkeiten	Evolutorische Modelle und Selbstorganisationsmodelle

Quelle: in Anlehnung an Dosi (1991), S. 193.

39 Vgl. Knottenbauer (2000), S. 319-323, die diese Dreiteilung auf die Theorien des Strukturwandels angewendet hat. Sie läßt sich vollständig auf die Diffusionstheorien übertragen. Zu weiteren Definitionsmöglichkeiten vgl. Rothschild (1981).

40 Anderer Ansicht sind Stoneman (2001), S. 31 und Sarkar (1998), S. 132, die nur die erste Kategorie als gleichgewichtige Diffusionsprozesse einstufen.

Die Einteilung betrifft primär die nachfrageseitigen Modelle. Sie kann aber ohne weiteres auf die angebotsseitigen Ansätze übertragen werden, da sie im allgemeinen die Erweiterung der in *Tabelle 2.3* gezeigten nachfrageorientierten Modelle um das Technologieangebot darstellen.

Die traditionellen Modelle behandeln die Ausbreitung neuer Technologien als (Gleichgewichts-) Prozeß der Kategorie II, wonach das System zumindest einem wohldefinierten Gleichgewicht zustrebt. Gleichzeitig verhalten sich die Akteure in einer institutionalisierten Weise, in der Verhaltensroutinen eine wichtige Rolle spielen. Der wichtigste Vertreter dieser Kategorie ist der epidemische Ansatz, der die Informationen über eine neue Technologie in den Vordergrund stellt. Die Informationsübertragung führt zum typischen Diffusionsverlauf, während die Technologie im Zeitablauf unverändert bleibt und von einer homogenen Gruppe potentieller Anwender nach und nach übernommen wird. Die häufig auch unter dem Begriff der informationsbasierten Ansätze subsumierten epidemischen Modelle bilden sowohl theoriegeschichtlich als auch von ihrem theoretischen Erklärungswert die Anfänge der Modellierung des Diffusionsprozesses und werden daher auch als erste Kategorie in Abschnitt 3.1.1 vorgestellt.

Als neoklassische Modellansätze werden diejenigen Modelle bezeichnet, die das typische Optimierungsverhalten einzelner Wirtschaftsakteure mit dem Paradigma des gleichgewichtigen Wirtschaftsprozesses verbinden. Hierunter fallen vor allem der *Probit*-Ansatz (Abschnitt 3.1.2) und spieltheoretische Modelle (Abschnitt 3.1.3). Im ersten Fall wird unterstellt, daß Unternehmen sich hinsichtlich bestimmter Eigenschaften, wie z.B. ihrer Größe, unterscheiden. Im Zeitablauf kommt es entweder zu einer Veränderung dieser Unternehmenscharakteristika oder aber die Eigenschaften der Innovation erreichen im Laufe der Zeit bestimmte für die Übernahme notwendige Schwellenwerte. Bei rationalen Entscheidungen resultieren daraus unterschiedliche Übernahmezeitpunkte der Akteure. Daraus läßt sich der typische Diffusionsverlauf herleiten, der sich zu jedem Zeitpunkt im Gleichgewicht befindet (Kategorie I). Die Heterogenität der Wirtschaftssubjekte hat entscheidenden Einfluß auf die Diffusionskurve. Im zweiten Fall wird die Diffusionskurve aufgrund des strategischen Verhaltens der (nicht notwendigerweise heterogenen, sondern durchaus auch identischen) Akteure begründet. Auch diese spieltheoretischen Ansätze setzen rationales Verhalten im Rahmen eines gleichgewichtigen Diffusionsprozesses voraus (Kategorie I).

Neben der Annahme, die Ausbreitung einer neuen Technologie sei ein *steady-state* oder strebe einem solchen zu, existiert auch die Sichtweise der Diffusion als ungleichgewichtiger, offener Prozeß der Kategorie III. Dahinter verbirgt sich die Erkenntnis, daß Innovationen auf Traversen und in selbstorganisierenden Prozessen ein Unternehmen, einen Sektor oder die gesamte Volkswirtschaft durchdringen. Einige Diffusionsmodelle kombinieren dieses Wirtschaftsverständnis mit dem Paradigma des Optimierungskalküls. Die Technologiediffusion wird dann durch steigende Erträge der Übernahme bzw. positive Externalitäten aus der Zahl der Anwender determiniert. In solchen Ansätzen nimmt die Pfadabhängigkeit des Diffusionsprozesses eine prominente Rolle ein. Diese Art der Modellierung der Technologiediffusion wird in Abschnitt 3.1.4 näher diskutiert.

Schließlich bleiben noch solche Ansätze zu benennen, die einerseits vom ungleichgewichtigen Diffusionsprozeß ausgehen und andererseits das Verhalten der Wirtschaftssubjekte als ein institutionalisiertes verstehen. In dieser Klassifizierung finden sich vor allem evolutorische Ansätze und Selbstorganisationsmodelle. Die Indeterminiertheit der Technologiediffusion und multiple Gleichgewichte sind zentrale Ergebnisse dieser Forschungsrichtung, der sich Abschnitt 3.1.5 widmet.

Aufbauend auf dieser Klassifizierung werden in Abschnitt 3.2 die um das Technologieangebot erweiterten Modelle der jeweiligen Kategorie vorgestellt. Über diese hilfreiche Klassifizierung verschiedener Modelle zur Erklärung des Diffusionsverlaufs neuer Technologien hinaus läßt sich eine Vielzahl von Ähnlichkeiten, Parallelen und gemeinsamen Annahmen zwischen den Ansätzen und einzelnen Modellen erkennen. Verbindungen ergeben sich auch durch die nachträgliche Entwicklung verfeinerter mikroökonomischer Annahme- und Modellstrukturen zu einzelnen makroökonomischen Modellen. Diese werden durch die Gegenüberstellung der jeweiligen Modelleigenschaften deutlich. Jeder dieser Theorieansätze stellt einen spezifischen Aspekt der Technologiediffusion in den Vordergrund des Untersuchungsinteresses und trägt einen Teil zum Puzzle der Diffusionserklärung bei. In den folgenden Abschnitten wird genauer auf einzelne Modelle der vier Kategorien eingegangen, um die jeweiligen Determinanten der Diffusion herauszuschälen. Denn erst mit der Diskussion der Variablen, die einen entscheidenden Einfluß auf die Technologiediffusion besitzen, ist eine Würdigung der Bedeutung der Diffusion für die technologische Arbeitslosigkeit möglich.

2.7 Technologische Arbeitslosigkeit

Der letzte Abschnitt dieses einführenden Kapitels bezieht sich, anders als die fünf vorangegangenen Abschnitte, nicht auf Fragen der Technologie und ihrer Diffusion, sondern vielmehr auf die Beschäftigungswirkungen des technischen

Fortschritts. Die Diskussion, ob und wann technischer Fortschritt zur (Netto-) Freisetzung von Arbeitskräften oder aber zu einer (Über-) Kompensation führt, ist eine Frage der direkten und indirekten sowie primären und sekundären Beschäftigungseffekte, die sich in verschiedenen (Kompensations-) Mechanismen und Wirkungsketten manifestieren.[41] Inwieweit sich aufgrund des technischen Fortschritts Arbeitslosigkeit, eben technologische Arbeitslosigkeit[42], einstellt, ist daher nicht einfach zu beantworten. Darüber hinaus besteht eine weitere Schwierigkeit darin, technologische Arbeitslosigkeit wissenschaftlich einwandfrei von anderen Arten der Arbeitslosigkeit abzugrenzen.[43] Zum anderen ist auch die empirische Unterscheidung verschiedener Formen der Arbeitslosigkeit schwierig. Folgende Aspekte erscheinen hierbei besonders kritisch:

1. Technologische Arbeitslosigkeit ist nicht gleichzusetzen mit der primären Freisetzung von Arbeitskräften durch technischen Fortschritt. Erst wenn im Saldo der Freisetzung und der kompensatorischen Wirkungen des technischen Fortschritts Arbeitslosigkeit entsteht, läßt sie sich als technologisch bedingt charakterisieren. Allerdings ist es dabei unerheblich, ob die Arbeitslosigkeit aus einem Anstieg der Freisetzung oder aus einem Rückgang der Kompensation entsteht.[44] Es wird also auf die endogene Kompensation abgehoben.[45]
2. Darüber hinaus muß die Definition weiter präzisiert werden, indem technologische Arbeitslosigkeit an die Existenz tatsächlicher Arbeitslosigkeit gekoppelt wird. Neben den endogenen sind dann auch exogene Kompensationsmechanismen, wie sie z.B. unter beschäftigungspolitischen Gesichtspunkten, Arbeitszeitverkürzungen oder der exogenen Abnahme der Erwerbspersonen zu finden sind, zu berücksichtigen.[46] Erst wenn weder endogene noch exogene Mechanismen für eine Kompensation der Freisetzung sorgen, ist von technologischer Arbeitslosigkeit zu sprechen. Erschwerend kommt hinzu,

---

41 Die Freisetzungs- und Kompensationsargumente und ihre Kritik aus Sicht der Diffusionstheorie sind zentrale Themen des Kapitels 5.

42 Zur Frage der terminologischen Korrektheit des Begriffs *technologische* Arbeitslosigkeit vgl. Abschnitt 2.1.

43 Vgl. Mettelsiefen (1981), S. 22.

44 Vgl. Hagemann/Kalmbach (1985), S. 77. Ähnlich argumentiert Kuhlo (1965, S. 50ff) in seiner formalen Ableitung der Freisetzungs- und Wiederbeschäftigungsdefinitionen.

45 Vgl. Lederer (1981), S. 54. Vgl. zur Endogenität der Kompensation den einleitenden Abschnitt zu Kapitel 5.

46 Vgl. Hagemann (1985), S. 315, Hagemann/Kalmbach (1985), S. 73 und Welsch (1985), S. 210. Übersteigen die Freisetzungseffekte die endogenen Kompensationseffekte, läßt sich von *Nettofreisetzung* sprechen. Erst wenn sie nicht durch exogen Effekte vollständig kompensiert wird, entsteht technologische Arbeitslosigkeit. Vgl. auch Erber/Hagemann/Seiter (1998), S. 175. Ähnlich argumentiert Uhlmann (1987), S. 211f.

daß primäre Freisetzung und sekundäre Kompensation zeitlich durchaus auseinanderfallen können.[47]

3. Zudem besteht die Problematik, technologische Arbeitslosigkeit von der Mindestlohnarbeitslosigkeit abzugrenzen. Bei Annahme vollkommener produktionstechnischer Substitutionsmöglichkeiten zwischen Arbeit und Kapital, Grenzproduktivitätsentlohnung und Flexibilität der Faktorpreise ist es immer möglich, eine Faktorpreisrelation zu finden, die den Einsatz aller Faktoren gewährleistet. Außer friktioneller und saisonal bedingter Arbeitslosigkeit bleibt in diesem Fall als Grund für Unterbeschäftigung lediglich mangelnde Reallohnflexibilität.[48] Kurzfristig droht die Substitution von Arbeit durch Kapital entlang der gegebenen Produktionsfunktion in Form der Kapitalintensivierung. Dies gilt auch schon für eine unangemessene Lohnstruktur bzw. –spreizung.[49] Technologische Arbeitslosigkeit in einer solchen Sichtweise läßt sich als klassische Arbeitslosigkeit dritten Grades definieren, da in der langen Frist ein überhöhtes Lohnniveau arbeitsparenden technischen Fortschritt induziert.[50] Mittelfristig droht hingegen Kapitalmangelarbeitslosigkeit als klassische Arbeitslosigkeit zweiten Grades, da das überhöhte Lohnniveau auch die Rentabilität des Kapitals und damit das Investitionsniveau vermindert, während kurzfristig die Substitution von Arbeit durch Kapital entlang der gegebenen Produktionsfunktion in Form der Kapitalintensivierung droht.[51] Allerdings darf eine solche marginalistische Interpretation der technologischen Arbeitslosigkeit als Mindestlohnarbeitslosigkeit nicht zur Schlußfolgerung führen, daß arbeitsparender technischer Fortschritt langfristig durch Lohnsenkungen zu verhindern wäre, da die Kausalität von überhöhten Löhnen und dadurch induziertem technischen Fortschritt nicht umkehrbar ist.[52]
4. Eine besondere Schwierigkeit entsteht bei der methodischen Trennung von technologischen Ursachen der Arbeitslosigkeit auf der einen Seite sowie kon-

---

47 Vgl. Erber/Hagemann/Seiter (1998), S. 175.

48 Vgl. Hagemann/Kalmbach (1983), S. 9ff.

49 Vgl. Erber/Hagemann/Seiter (1998), S. 172.

50 Vgl. Soete (1987), S. 26 sowie Giersch (1983), S. 10 und die wiederholte Mahnung des Sachverständigenrates in verschiedenen Gutachten zur gesamtwirtschaftlichen Entwicklung, durch eine am Produktivitäts-wachstum orientierte Lohnpolitik einen Rückgang der Arbeitslosigkeit herbeizuführen, indem der Reallohnanstieg hinter dem (Arbeits-) Produktivitätswachstum zurückbleibt. (zuletzt 1997 Tz. 368, 1998 Tz. 423ff und 1999 Tz. 332ff.). Allerdings bleibt anzumerken, daß eine solche Politik allenfalls sinnvoll ist, um das Entstehen technologischer Arbeitslosigkeit zu verhindern. Sie ist nicht geeignet, eine solche Arbeitslosigkeit abzubauen (Vgl. Kromphardt 1998, S. 16 und in der abweichenden Meinung im Jahresgutachten des SVR 1999, Tz. 366-373).

51 Vgl. Hagemann (1985), S. 310.

52 Vgl. Leontief (1982), S. 149 sowie Hagemann (1985), S. 312f.

junktureller und wachstumsspezifischer Aspekte der Arbeitslosigkeit auf der anderen Seite. Dieser Themenkomplex wird häufig anhand des gesamtwirtschaftlichen Zusammenhangs zwischen Produktivitätswachstum und Produktionswachstum analysiert. Danach ist technologische Arbeitslosigkeit in dem Ausmaß Folge von technischem Fortschritt, in dem der Produktivitätsanstieg nicht durch Produktionswachstum (und/oder Arbeitszeitverkürzung und/oder Senkung der Erwerbsquote) kompensiert wird.[53] Hierbei ist streng zwischen der technologischen Ursache des Produktivitätsanstiegs und der wachstumstheoretischen Frage des Wirtschaftswachstums sowie der exogenen Komponente der Arbeitszeitverkürzung und Erwerbsquotensenkung zu trennen. Darüber hinaus ist zwischen konjunkturellen Einflüssen und langfristigen Wachstumstrends zu unterscheiden. Inwieweit ein Zusammenhang zwischen Produktions- und Produktivitätswachstum existiert, ob er langfristig stabil und exogen gegeben ist, und welche Interpretationen der Zusammenhang erlaubt, ist umstritten und Thema der Debatte um die Entwicklung der Produktivitäts-Produktions-Schere bzw. der Beschäftigungsschwelle.[54] Nach dieser Sichtweise läßt sich die Freisetzung von Arbeitskräften und die dadurch unter Umständen mögliche technologische Arbeitslosigkeit durch die einfache tautologische Beziehung von Beschäftigungsmenge L, Produktionsmenge Y und der Arbeitsproduktivität y darstellen. Da y als Quotient aus Y und L definiert ist, folgt daher:

$$(1.1) \qquad L = \frac{Y}{y} \quad \text{bzw.} \quad Y = yL.$$

Entsprechend gilt für die Wachstumsraten der Variablen:

$$(1.2) \qquad \hat{L} = \hat{Y} - \hat{y} \quad \text{bzw.} \quad \hat{Y} = \hat{y} + \hat{L}$$

Die Beschäftigungsmenge verringert sich immer dann, wenn die Arbeitsproduktivität stärker wächst als die Produktionsmenge. Wird die Arbeitsproduktivität als Stundenproduktivität gemessen und wird die Beschäftigungsmenge in die Zahl der Erwerbspersonen E und die Zahl der Arbeitsstunden h aufgeteilt, läßt sich die Gleichung noch weiter präzisieren, indem die (exogene) Variable der Arbeitszeit berücksichtigt wird. Gleichzeitig kann die Veränderung der Erwerbsquote e (Anteil der Erwerbstätigen an den Erwerbspersonen) sowie die Partizipationsrate p (Anteil der Erwerbspersonen an der Gesamtbevölkerung) inkorporiert werden:

---

[53] Vgl. Klauder (1986), S. 5.

[54] Vgl. für eine tiefergehende Analyse dieses Themenkomplexes Abschnitts 5.2.

(1.3) $\hat{E} = \hat{Y} - \hat{y} - \hat{h} - \hat{e} - \hat{p}$.

Die Veränderung der Zahl der Beschäftigten ist von den Veränderungsraten der Produktion, der Produktivität, der Arbeitszeit, der Erwerbsquote und der Partizipationsrate abhängig. Die Veränderung der Arbeitszeit wird als exogener Faktor gewertet und nicht weiter untersucht. Das Wirtschaftswachstum bzw. seine Verlangsamung hat in der jüngsten Vergangenheit zwar zum Anstieg der Arbeitslosigkeit in Deutschland beigetragen, es führt jedoch nicht zu technologischer Arbeitslosigkeit. Nur ein Anstieg der Arbeitsproduktivität, der nicht durch Produktionswachstum, Reduktion der Arbeitszeit, der Erwerbsquote oder Partizipationsrate oder aber durch (endogene) Kompensationsmechanismen[55] aufgefangen wird, führt zur technologischen Arbeitslosigkeit. Die Diffusion neuer Technologien wirkt hierbei sowohl auf die Wachstumsrate der Produktion als auch auf die der Produktivität.

Zusammenfassend bleibt festzustellen, daß der Begriff technologische Arbeitslosigkeit nur mit Schwierigkeiten definierbar ist. Arbeitslosigkeit kann nur dann eindeutig als negative Folge dem technischen Fortschritt angelastet werden, wenn sie durch den Anstieg der Produktivität verursacht wird, nicht anderen (konjunkturellen, faktorpreisinduzierten etc.) Faktoren zugeschrieben werden kann und schließlich weder durch endogene noch exogene Mechanismen kompensiert wird.

[55] Die endogenen Kompensationsmechanismen sind Gegenstand des *Abschnitts 5.3*. Im allgemeinen werden *a)* additive Produktinnovationen, *b)* das Maschinenherstellungsargument, *c)* das Kaufkraftkompensationsargument, *d)* die internationale Wettbewerbsfähigkeit und *e)* die Faktorsubstitutionsthese genannt.

3 Mikroökonomische Modelle der Technologiediffusion

3.1 Nachfrageseitige Diffusionsmodelle

3.1.1 Epidemische Ansätze: Informationsbasierte Diffusionsmodelle

Informationen über die neue Technologie sind eine unabdingbare Voraussetzung zur Übernahme durch einen ökonomischen Akteur. Ohne Kenntnis der Existenz und Eigenschaften der Innovation kann keine Diffusion stattfinden.[1] Wird diese Erkenntnis konsequent weiterverfolgt, entsteht die These, daß die Ausbreitung von Innovationen hauptsächlich von der Ausbreitung der Informationen und der Kenntnisse über die neue Technologie abhängt. Diese Überlegung ist die Kernaussage des epidemischen Ansatzes. Daher wird er zu Recht auch als informationsbasierter Ansatz bezeichnet. Die ersten Erklärungsversuche der Technologiediffusion stellen genau auf diesen Zusammenhang ab.[2] Da sie als Ausgangsbasis für verschiedene Erweiterungsansätze dienen, werden sie in diesem Abschnitt ausführlich vorgestellt.

Bevor auf das epidemische Grundmodell und seine Verfeinerungen eingegangen werden kann, sind einige definitorische Besonderheiten zu klären. Da die Informationsübertragung eine zentrale Rolle spielt, ist es notwendig, die Arten der Übertragung abzugrenzen. Im wesentlichen muß hier die interne Informationsübertragung von der externen Übermittlung unterschieden werden. Je nach Aggregationsgrad existieren zwei Abgrenzungen:

1. Nach der Definition von Per Lekvall und Clas Wahlbin (1973) sind interne Informationsübertragungswege dadurch gekennzeichnet, daß sie innerhalb der Population der potentiellen Nutzer liegen. [3] Diese Abgrenzung bezieht sich daher auf Aggregate wie Sektoren oder Volkswirtschaften. Externe Informationsquellen sind dann immer außerhalb dieser Population zu finden, dazu gehört z.B. Werbung durch die Hersteller der Innovation in Massenmedien, Einflüsse des Staates wie Wirtschafts- und Technologiepolitik sowie unternehmensunabhängige Grundlagenforschung in Universitäten, Instituten etc.[4]

---

1 Nach Rogers (1995a, S. 5) kann die Diffusion daher als ein Prozeß definiert werden, durch den eine Innovation "is communicated through certain channels over time among the members of a social system".

2 Vgl. Karshenas/Stoneman (1995), S. 270.

3 Vgl. Lekvall/Wahlbin (1973), S. 367.

4 Vgl. Mansfield (1968a), S. 126f.

2. Nach Paul Stoneman (1991) lassen sich interne und externe Informationsquellen auf das einzelne Unternehmen beziehen.[5] Informationen sind danach intern, wenn sie innerhalb des Unternehmens (bzw. des Haushaltes) entstehen. Extern sind Informationen immer dann, wenn sie ihren Ursprung außerhalb des Wirtschaftssubjektes nehmen. In der Übersetzung in den makroökonomischen Sprachgebrauch sind interne Informationen mit Lerneffekten, z.B. in Form von Forschung und Entwicklung, gleichzusetzen, während in externen Informationen allgemein zugängliche, öffentliche Informationen zu sehen sind, die zwar nicht grundsätzlich kostenlos, wohl aber zu geringeren Kosten als durch eigene Forschungstätigkeit zu beziehen sind.[6]

Für den Diffusionsprozeß auf Unternehmensebene fallen die beiden in der Literatur unglücklicherweise identisch bezeichneten Differenzierungen der Informationsquellen zusammen. In der Analyse des sektoralen bzw. gesamtwirtschaftlichen Diffusionsprozesses unterscheiden sie sich jedoch und erhalten grundsätzlich verschiedene Bedeutungen. Es wird also im weiteren Verlauf notwendig sein, die Art der Information genau zu charakterisieren, die den jeweiligen Modellansätzen zugrunde liegt.

Im epidemischen Ansatz findet die Abgrenzung von Informationen nach der ersten Definition Anwendung. In sogenannten Imitationsmodellen wird angenommen, die Informationsausbreitung funktioniere ausschließlich über interne Kanäle durch Interaktionen der Individuen innerhalb der betrachteten Population.[7] Derartige Modelle können als nachfrageorientiert charakterisiert werden, da Wirkungen außerhalb der Population potentieller Anwender, wie z.B. das Technologieangebot, nicht berücksichtigt werden. Die ausschließlich interne Informationsübertragung zwischen den potentiellen und tatsächlichen Anwendern stellt den zentralen Kern des epidemischen Modells dar, der im folgenden als epidemisches Grundmodell mit symmetrischen Diffusionskurven (wie z.B. in *Abbildung 2.3a* in Abschnitt 2.5) dargestellt wird.

Werden im Gegensatz dazu die Diffusionskurven allein aus der Informationsübertragung durch externe Quellen abgeleitet, führt dies im allgemeinen zu einer modifizierten Exponentialfunktion.[8] Häufig kommen solche Modellansätze aus dem betriebswirtschaftlichen Theoriebereich des Marketings, in dem insbeson-

---

5 Vgl. Stoneman (1991), S. 171.

6 Diese Abgrenzung der Informationsgenerierung und –verbreitung findet sich in der Makroökonomik z.B. in der Neuen Wachstumstheorie, in der öffentlich zugängliche Informationen als Wissens-*spill overs* (neben Humankapital) zur Erzeugung endogenen Wachstums dienen. Vgl. z.B. Seiter (1997) und Aghion/Howitt (1998b) für einen Überblick.

7 Vgl. Mahajan/Peterson (1985), S. 17.

8 Vgl. Mahajan/Peterson (1985), S. 16f.

dere Prognose- und Vorhersageinstrumente entwickelt werden, um erwartete Diffusionsverläufe für Produktinnovationen zu modellieren. Von einer möglichen gegenseitigen Beeinflussung der (anonymen) Konsumenten wird dabei abstrahiert. Externe Informationsbemühungen sind in dieser Lesart durchaus als angebotsseitige Faktoren zu verstehen, wenn sie vom Anbieter der Innovation ausgehen.

Wie weiter unten gezeigt wird, können beide Ansätze in einem gemeinsamen Modellrahmen zusammengeführt werden, der eine unterschiedliche Gewichtung externer oder interner Informationsquellen zuläßt und die beiden oben genannten Szenarien als Extremfälle beinhaltet. Dadurch entsteht ein flexibles Modell, das die für die makroökonomische Analyse des Diffusionsprozesses notwendige Einbindung sowohl interner nachfrageseitiger Informationsströme als auch externer angebots- bzw. wirtschaftspolitischer Einflußgrößen herstellt. Zunächst wird aber das epidemische Grundmodell diskutiert, das den Kern aller späteren Überlegungen zur Technologiediffusion bildet. Im Anschluß daran werden die wichtigsten Ergänzungen und Erweiterungen dargestellt.

3.1.1.1 Grundmodell

Die einfachsten Diffusionsmodelle ziehen eine Analogie zur Ausbreitung von biologischen Krankheiten. Der Diffusionsprozeß einer Innovation resultiert aus der Ausbreitung von Informationen über die Technologie. Diese Information ist intern, da sie annahmegemäß nur innerhalb der Population der potentiellen Käufer und Benutzer der Technologie übertragen wird. Im Grundmodell werden zusätzlich zwei weitere wesensbestimmende Annahmen gesetzt.[9] Zum einen erwerben potentielle Käufer eine Innovation immer dann, wenn sie Informationen über ihre *Existenz* erlangen. Die Kenntnis über die Existenz ist damit der stimulierende Reiz der Übernahme einer neuen Technologie.[10] Zum anderen breitet sich die Information über die Existenz neuer Technologien – mit einer bestimmten Wahrscheinlichkeitsrate – durch persönlichen Kontakt innerhalb der Population der potentiellen Anwender aus. Mit diesem Modellrahmen kann nun eine Analogie zur Seuchenlehre gezogen werden, in der die Diffusionsrate von drei Variablen abhängt:

---

[9] Vgl. Stoneman (1991), S. 171.

[10] Wie im Verlauf der Darstellung zu zeigen sein wird, ist dies ein Kernpunkt dieses Modells, der die theoretische Basis epidemischer Ansätze entscheidend schwächt. An dieser Annahme zeigt sich außerdem die Berechtigung zur Einordnung dieser Modelle in die Kategorie des institutionalisierten Verhaltens (*Tabelle 1*), da die Übernahme als Reflex auf einen externen Reiz definiert ist und keinerlei Bezug zum Optimierungskalkül aufweist.

1) Von der Größe der Bevölkerung: In der Analogie der Technologiediffusion wird diese Variable zur Zahl der potentiellen Anwender der Technologie.
2) Von der Zahl der infizierten Personen: Diese Größe wird bei der Ausbreitung von Innovationen als die Zahl der tatsächlichen Anwender übersetzt.
3) Vom Infektionsrisiko bei Kontakt mit einem Erkrankten: Die analoge Größe in der Technologiediffusion ist die Wahrscheinlichkeit, daß ein potentieller Nutzer nach einem persönlichen Kontakt mit einem tatsächlichen Anwender die Innovation erwirbt.

Werden Prozesse der Ausbreitung nach diesen Gesichtspunkten modelliert, erhält man s-förmige Diffusionskurven. Die mathematisch exakte Formulierung eines einfachen epidemisches Grundmodells zur Diffusion einer Prozeßinnovation innerhalb eines Sektors gründet sich auf folgende Annahmen:[11] Eine Prozeßinnovation tritt in einem Sektor mit maximal N^* Unternehmen auf, die die neue Technologie potentiell nutzen können. Zum Zeitpunkt t produzieren m_t Unternehmen mit der Innovation. Ein Unternehmen erwirbt die neue Technologie immer dann, wenn es Informationen über die Existenz der Technologie bekommt. Diese Kenntnis kann es nur bei persönlichem Kontakt mit einem anderen Unternehmen erhalten, das die Innovation schon nutzt. Bei einem solchen Kontakt zwischen einem potentiellen und tatsächlichen Anwender wird die relevante Information jedoch nicht zwingend übertragen, sondern mit einer konstanten Wahrscheinlichkeitsrate (Infektionsrate) β. Darüber hinaus ist die Population der Unternehmen homogen, d.h. die Unternehmen sind identisch. Aus den Annahmen folgt, daß die Wahrscheinlichkeit, daß ein beliebiges Unternehmen einen Anwender trifft, Informationen über die Existenz der neuen Technologie erhält und damit selbst die Technologie einsetzt, in einem kleinen Zeitintervall dt genau $\beta(m_t/N^*)$ beträgt.

Die durchschnittliche Zahl der „Infektionen", d.h. der Informationsübertragung von einem Erwerber der Technologie zu einem Unternehmen, das die Innovation noch nicht benutzt, beträgt in einem kleinen Zeitintervall dt damit:

$$(3.1) \qquad dm_t = \beta\left(\frac{m_t}{N^*}\right)\left(N^* - m_t\right)dt$$

Die Auflösung dieser Differentialgleichung führt zu einer logistischen Funktion, wie sie in Gleichung (3.2) dargestellt ist:

$$(3.2) \qquad \frac{m_t}{N^*} = \frac{1}{1 + e^{-(\alpha + \beta t)}}$$

---

[11] Vgl. Karshenas/Stoneman (1995), S. 270f.

Während β die Infektions- oder Wachstumsrate bezeichnet[12], stellt α die Integrationskonstante dar, die die Lage der Diffusionskurve bestimmt.[13] Die logistische Funktion (3.2) generiert einen symmetrischen Kurvenverlauf, wie er z.B. in *Abbildung 2.1* in Abschnitt 2.5 dargestellt wird. Deshalb dient sie häufig zur Verdeutlichung der S-Förmigkeit des Diffusionsverlaufs. Bei im Zeitablauf konstanter Infektionsrate β besteht anfangs, wenn nur einige wenige „Infektionen" bzw. Technologieübernahmen zu beobachten sind, eine geringe Wahrscheinlichkeit, mit einem Anwender zusammenzutreffen, über die Technologie Kenntnis zu erlangen und sie dann selbst einzusetzen. Daher ist zu Beginn des Diffusionsverlaufs die Ausbreitung sehr langsam. Im weiteren Verlauf steigt die Zahl der Übernahmen und damit auch die Wahrscheinlichkeit, Informationen über die Innovationsexistenz zu übertragen: Die Diffusionsgeschwindigkeit nimmt stetig zu. Mit dem Wendepunkt der Diffusionskurve (nachdem die Hälfte der Akteure die Technologie erworben hat) nimmt die Rate der Ausbreitung jedoch wieder ab. Denn nun wird die Wahrscheinlichkeit, einem Akteur zu begegnen, der noch nicht Kenntnis über die Innovation erlangt hat, immer geringer, die interpersonellen Kontakte zwischen den Mitgliedern der Population sind in der Mehrzahl zwischen Individuen, die die neue Technologie bereits anwenden. Die Diffusionsgeschwindigkeit sinkt also stetig, bis sich die Zahl der tatsächlichen Anwender an die Zahl der potentiellen Anwender asymptotisch annähert.

Dieses Grundmodell wird z.B. von Zvi Griliches (1957) in einer der ersten Studien über die Diffusion von Prozeßinnovationen angewendet, um die Diffusion von gekreuztem Mais in den Vereinigten Staaten empirisch zu schätzen. Gleichung (3.2) nimmt bei Griliches folgende Form an:

$$(3.3) \qquad \frac{m_t}{N^*} = \frac{N^*}{N^* + e^{-(\alpha+\beta t)}}.$$

N^* bezeichnet hierbei den Sättigungsgrad oder die endgültige Zahl der Anwender nach der Diffusion der Technologie. N^* beträgt 100% oder eins, zur Schätzung zieht Griliches einen Sättigungsgrad von 95% heran, da sich die Diffusionskurve asymptotisch an den Sättigungsgrad annähert. Mittels einer Division durch $(N^* - m_t/n)$ und Logarithmieren geht Gleichung (3.3) über in:

[12] Vgl. Romeo (1977), S. 65.
[13] Vgl. Griliches (1957), S. 504.

$$(3.4) \qquad \frac{\frac{m_t}{N^*}}{\left(N^* - \frac{m_t}{N^*}\right)} = (\alpha + \beta t).$$

Der Parameter β bezeichnet die Neigung der Diffusionskurve (Diffusionsgeschwindigkeit) und ist Ausdruck der Akzeptanz der neuen Technologie.[14] Da auch der Beginn der Diffusion eine asymptotische Annäherung an die Abszisse darstellt, läßt Griliches den Diffusionsprozeß beginnen, wenn 10% der Population die Innovation erworben hat.[15] Der Start des Diffusionsprozesses ist eine Frage der Verfügbarkeit der neuen Technologie für potentielle Käufer.[16]

Mit diesen Spezifikationen des epidemischen Modells schätzt Griliches nun das Startdatum (10%-ige Nutzung) und das Ende (95%-ige Nutzung) der Diffusion in verschiedenen Regionen der USA. Start und Geschwindigkeit der Diffusion sind von ökonomischen Variablen abhängig. So ist der Zeitpunkt des Diffusionsbeginns abhängig von der Verfügbarkeit der Innovation in der betreffenden Region. Dafür sind insbesondere angebotsseitige Ursachen verantwortlich, wie z.B. die von den Produzenten der Innovation erwartete regionale Nachfrage, die erwartete Profitabilität des Angebots, die regionale Marktgröße und –dichte und ähnliches. Die Diffusionsgeschwindigkeit (Akzeptanz) hingegen hat nachfrageseitige Ursachen.[17] So ist vor allem der relative Anstieg der Profitabilität durch die Nutzung der neuen Technologie für die Diffusionsrate verantwortlich. Die langfristigen durchschnittlichen Erträge und der durchschnittliche Anstieg der Erträge durch Anwendung der Innovation dienen als Maß für die ökonomische Überlegenheit der Innovation.[18]

Das epidemische Grundmodell besitzt verschiedene, meist vereinfachende Eigenschaften, die durchaus kritisch hinterfragt werden müssen.[19] Zum einen liefert das Modell zwar eine Erklärung der Diffusionsverläufe auf aggregierter

---

[14] Vgl. Griliches (1957), S. 507.
[15] Vgl. Griliches (1957), S. 506.
[16] Vgl. Griliches (1957), S. 506.
[17] Vgl. Griliches (1957), S. 515.
[18] Vgl. Stoneman (1983), S. 91. Diese Dichotomie zwischen angebotsseitiger Determinierung des Diffusionsbeginns und nachfrageseitig gesteuerter Diffusionsgeschwindigkeit ist naiv und theoretisch nicht aufrecht zu erhalten. Interaktionen zwischen Angebot und Nachfrage spielen zu jedem Diffusionszeitpunkt eine Rolle (vgl. auch Abschnitt 3.2). Statt Prozeßinnovationen analysiert Bain (1964) Produktinnovationen (Fernsehgeräte) und liefert ein weiteres prominentes Beispiel für die empirische Anwendung des epidemischen Modells.
[19] Vgl. Mahajan/Peterson (1985), S. 24f.

Ebene, birgt jedoch keine entscheidungslogische Begründung für das Verhalten der Akteure: Es kommt zu einem reflexartigen Erwerb der Innovation bei Kenntnis über deren Existenz. Das Verhalten der Wirtschaftsakteure wird nicht erklärt, sondern hängt weitgehend von den sozio-psychologischen Attributen der Individuen und den organisatorischen Strukturen der Population ab. Daher wurde schon zu Beginn des Kapitels dieser Ansatz unter der Modellwelt des institutionalisierten Verhaltens subsumiert. Zusätzlich zu diesen kritischen Einwänden ist es als einer der Hauptmängel dieses Modells anzusehen, daß lediglich Informationen über die *Existenz* einer Innovation verbreitet werden, auf die potentielle Anwender mit der Übernahme reagieren. In der Realität dürfte dies jedoch nicht der ausschlaggebende Engpaß verzögerter Technologieanwendungen sein.[20] Denn nicht das mangelnde Wissen über das Vorhandensein einer neuen Technologie verhindert die Anwendung, vielmehr sind mangelnde Kenntnisse über die *Eigenschaften* der Innovation, wie Kosten, Produktivitätssteigerungen etc., die kritischen Variablen der Informationssammlung.[21] Schon Griliches (1957) nutzte zwar das epidemische Grundmodell für ökonometrische Schätzungen, griff aber bei der theoretischen Begründung für die vorgefundenen Datensätze auf die Eigenschaften der Innovation, der Anwender und Anbieter zurück. Zum anderen baut das Grundmodell ausschließlich auf internen Interaktionen und Informationsübertragungen innerhalb der Population auf. Es kann daher nur die Technologie- und Informationsdiffusion aufgrund interner Quellen abgebildet werden. Dies bedeutet eine unzulässige Vereinfachung des Informationsausbreitungsmechanismus.[22]

Auf verschiedene Weise wird versucht, diese Kritikpunkte durch Weiterentwicklungen und Erweiterungen des Grundmodells zu entkräften. Die weitaus wichtigste Modellvariante, die im folgenden diskutiert wird, wurde von Edwin Mansfield entwickelt. Sein Modell setzt an der Hauptkritik am Grundmodell an, daß lediglich Informationen über die Existenz den Diffusionsprozeß determinieren. Daran anschließend wird das Modell von Per Lekvall und Clas Wahlbin

---

20 Vgl. Karshenas/Stoneman (1995), S. 271. Für manche Produktinnovationen könnte der Einfluß mangelnder Kenntnisse der Existenz auf das Übernahmeverhalten der Konsumenten plausibel erklärt werden. Das gilt jedoch nicht für Prozeßinnovationen, deren potentieller Anwenderkreis auch Davies (1979, S. 61) im allgemeinen für klein genug hält, daß Informationen über die Existenz innerhalb der Population sehr schnell weitergegeben werden. Er argumentiert an gleicher Stelle außerdem, daß es nicht nur Informationsflüsse innerhalb der Gruppe der potentiellen Anwender gibt, sondern auch externe Informationsquellen wie z.B. durch den Anbieter der Innovation. Dieser Punkt wird in Abschnitt 3.1.1.3 nochmals detailliert aufgegriffen.

21 Vgl. Davies (1979), S. 61.

22 Vgl. Antonelli/Petit/Tahar (1992), S. 29.

(1973) vorgestellt, das die Kritik durch die mangelnde Berücksichtigung externer Informationen aufgreift.

3.1.1.2 Modell von Edwin Mansfield

In seinem Ansatz versucht Edwin Mansfield (1961, 1963a, 1968b) mit Hilfe einer Modifizierung des epidemischen Grundmodells den Diffusionsprozeß von zwölf wichtigen Innovationen in vier verschiedenen Sektoren in den USA empirisch nachzuvollziehen und theoretisch zu erklären. Da Mansfield das Grundmodell entscheidend modifizieren konnte, ist es zum Standardmodell des epidemischen Ansatzes avanciert. Das Modell wurde zum theoretischen und gleichzeitig auch methodologischen Ausgangspunkt weiterer Studien. Mansfield teilt die Kritik am Grundmodell, daß dort die eigentlichen Diffusionsparameter, nämlich Informationen über die Eigenschaften der Innovation, nicht berücksichtigt werden. Auch Mansfield geht zunächst von den stilisierten Fakten der Technologiediffusion aus, besonders von den Beobachtungen der langsamen, zeitbeanspruchenden Diffusion in s-förmigen Verteilungsfunktionen, die dennoch zwischen Innovationen und Branchen stark variiert.[23] Das Modell ist ein typisch sektoraler Ansatz, bei dem die Diffusion über die Zahl der Anwender definiert ist, wie es für Analysen dieser Aggregationsebene üblich ist.[24]

Die deterministische Version des Modells basiert im Gegensatz zum epidemischen Grundmodell zunächst nicht auf der durchschnittlichen Diffusionsrate, wie sie durch Gleichung (3.1) ausgedrückt wird. Vielmehr geht Mansfield vom Anteil derjenigen Unternehmen aus, die die Technologie zum Zeitpunkt t noch

[23] Vgl. Mansfield (1968b), S. 136.

[24] Vgl. Stoneman (1983), S. 93. Als Übernehmer gelten alle Unternehmen, die die betrachtete Technologie anwenden. In welchem Ausmaß sie dies tun, ist in diesem Zusammenhang irrelevant (dies ist die zentrale Fragestellung der Analyse unternehmensspezifischer Diffusionsverläufe). Mansfield rechtfertigt dies mit dem Argument, die untersuchten Innovationen hätten von den Unternehmen auf sehr breiter Basis eingeführt werden müssen, so daß die unternehmensinternen und sektorweiten Diffusionsprozesse ineinander übergehen (vgl. Mansfield 1961, S. 744). Letztendlich kann jedoch die tatsächliche Diffusion nur approximiert werden, da die unternehmensinterne Ausbreitung vernachlässigt wird (vgl. Abschnitt 2). Mahajan/Muller/Bass (1990, S. 128) sprechen daher zurecht von einem Vertreter der Klasse der „*first purchase diffusion models*“, in denen nur die Erstanwendung einer Innovation berücksichtigt wird und Folgeinvestitionen vernachlässigt werden.

nicht nutzen, jedoch im Zeitintervall *[t; t+1]* die Innovation übernehmen werden. Diese Relation wird mathematisch durch Gleichung (3.5) beschrieben.[25]

$$(3.5)\qquad \lambda_{ij}(t)=\frac{m_{ij}(t+1)-m_{ij}(t)}{N_{ij}^{*}-m_{ij}(t)}.$$

Folgende, soweit wie möglich am Grundmodell orientierte Notationen werden verwendet: N^{*}_{ij} bezeichnet die Zahl der potentiellen Anwender der *j*-ten Innovation in der *i*-ten Branche; dies ist die Population der potentiellen Nutzer, $m_{ij}(t)$ ist die Zahl der Unternehmen, die die Innovation zum Zeitpunkt *t* schon nutzen. Für die weiteren Ausführungen wird π_{ij} definiert als die Profitabilität der Innovationsübernahme relativ zu alternativen Investitionsmöglichkeiten. Die Variable I_{ij} stellt das Investitionsvolumen zur Installation der Innovation als Relation zu den gesamten durchschnittlichen Aktiva der Unternehmen dar. Auf die im Original vorgenommene Indizierung nach Innovationen und Branchen wird zur Vereinfachung der Darstellung von nun an verzichtet.

Mansfield postuliert eine Hypothese von drei zentralen Einflußfaktoren auf den Anteil der Unternehmen, die im Intervall *[t; t+1]* die Innovation übernehmen:

1. Steigt die Zahl der Unternehmen, die die Innovation schon anwenden, $m(t)/N^{*}$, führt dies zu einem Anstieg von $\lambda(t)$. Dieser Zusammenhang bildet den Kern der epidemischen Ausbreitung neuer Technologien. Begründet wird er mit der zunehmenden Akkumulation von Informationen und Erfahrungen bei steigender Nutzung einer Innovation, die das Risiko der Innovationsübernahme vermindern. Zugleich führen Wettbewerbsdruck und *bandwagon*-Effekte zu einer steigenden Imitationsrate. Bei Innovationen, deren Profitabilität von den Unternehmen nur schlecht gemessen werden kann, wird allein die Tatsache, daß ein Großteil der Konkurrenten die Innovation übernehmen, dazu führen, daß die Innovation positiv eingeschätzt wird. Bei Unsicherheit wird die Überlegenheit der Innovation durch die Zahl der vorhandenen Nutzer approximiert.
2. Es existiert eine positive Relation zwischen der Profitabilität einer Innovation π und $\lambda(t)$. Dies ist das Ergebniss früherer Studien, vor allem jener von Gri-

[25] Letztlich bedeutet diese Definition:

$$\left(\frac{\text{(Zahl der Anwender in t + 1) - (Zahl der Anwender in t)}}{\text{potentielle Nutzer - (Zahl der Anwender in t)}}\right)$$ und kann verkürzt werden zu:

$$\left(\frac{\text{Übernehmer in [t; t + 1]}}{\text{Nichtnutzer in t}}\right).$$

liches (1957).[26] Es ist zu betonen, daß hier die relative Profitabilität gegenüber anderen Investitionsalternativen gemeint ist. Dies kann als eine Art interner Zinsfuß interpretiert werden. Unklar bleibt, ob Mansfield nur physische Investitionsalternativen in Betracht zieht oder auch Finanzanlagen in diese Überlegung einfließen läßt. Im letzteren Fall müßte eine indirekte Beziehung zwischen der Entwicklung des Marktzinses und der Diffusionsgeschwindigkeit analysiert und festgestellt werden.

3. Das zur Technologieübernahme notwendige Investitionsvolumen I wirkt negativ auf $\lambda(t)$. Unternehmen agieren um so vorsichtiger, je höher die zur Übernahme benötigten Finanzierungsmittel sind. Daher wird die Ausbreitungsgeschwindigkeit zu jedem Zeitpunkt t um so geringer sein, je höher das Finanzierungsvolumen für die Investition ist.

Die Investitionsmittel I sowie die relative Profitabilität π werden als im Zeitablauf konstant angenommen. $\lambda(t)$ variiert nicht nur für verschiedene Innovationen, sondern bei gleichem Investitionsvolumen und gleicher Profitabilität der neuen Technologie auch für verschiedene Branchen. Die drei Hypothesen lassen sich in Gleichung (3.6) zusammenfassen und formalisieren, wenn die potentiellen Anwender der Technologie als stetig verteilt angenommen werden. $\lambda(t)$ ist eine Funktion der drei postulierten Steuervariablen.

$$(3.6) \qquad \lambda(t) = f\left(\frac{m(t)}{N^*}, \pi, I, \ldots\right).$$

Durch Gleichsetzung mit Gleichung (3.5) und Multiplikation mit $(N^* - m(t))$[27] folgt, daß:

$$(3.7) \qquad m(t+1) - m(t) = (N^* - m(t)) f\left(\frac{m(t)}{N^*}, \pi, I, \ldots\right).$$

Wenn die Zeitintervalle in sehr kleinen Einheiten gemessen werden, kann Gleichung (3.7) durch die Differentialgleichung (3.8) approximiert werden:

$$(3.8) \qquad \frac{dm(t)}{dt} = (N^* - m(t)) f\left(\frac{m(t)}{N^*}, \pi, I, \ldots\right).$$

Mansfield setzt zudem die Annahme, daß der Einfluß der Zahl der Anwender, der Profitabilität und des Investitionsvolumens auf den Diffusionsprozeß durch die Funktion $\beta(m(t)/N^*)$ repräsentiert werden kann[28]:

---

[26] Vgl. Mansfield (1961), S. 746.

[27] Es gilt die Annahme, daß $(N^* - m(t)) > 0$.

(3.9) $$f\left(\frac{m(t)}{N^*},\pi,I,\ldots\right)=\beta\frac{m(t)}{N^*}$$

Zudem nähert sich die Zahl der Anwender annahmegemäß asymptotisch gegen Null, wenn t gegen minus unendlich geht:

(3.10) $$\lim_{t\to-\infty} m(t)=0\,.$$

Wird nun Gleichung (3.9) in Gleichung (3.8) eingesetzt, erhält man die typische Funktion aus dem Grundmodell (vgl. Gleichung (3.1)):

(3.11) $$\frac{dm(t)}{dt}=\beta\, m(t)\left(1-\frac{m(t)}{N^*}\right).$$

Die Lösung dieser Differentialgleichung führt zur logistischen Diffusionskurve des Grundmodells (vgl. Gleichung (3.2)):

(3.12) $$m(t)=\frac{N^*}{1+e^{-(\alpha+\beta\, t)}}\,.$$

Dabei ist α die Integrationskonstante und β das Maß der Diffusionsrate, die linear mit der Profitabilität und dem Investitionsvolumen der Innovation verknüpft ist. Der Diffusionsprozeß unterliegt somit in diesem Modell folgenden Charakteristika:

1. Die Zahl der Unternehmen, die eine Innovation übernehmen, ist eine logistische Funktion im Zeitablauf.
2. Die Diffusionsrate ist um so höher, je profitabler die Übernahme der Innovation und je geringer das zur Übernahme benötigte Investitionsvolumen ist.
3. Die Diffusionskurven unterscheiden sich für verschiedene Innovationen und verschiedene Sektoren.

Das hier vorgestellte deterministische Modell nutzt Mansfield zur ökonometrischen Erhebung und empirischen Überprüfung der Zahl der Anwender einer Innovation im Zeitablauf. Er entwickelt auch eine stochastische Version, mit der die erwartete Zahl der Anwender zum Zeitpunkt t im Diffusionsprozeß angegeben werden kann.[29] Im stochastischen Modell werden die durchschnittlichen

---

[28] Hierzu schätzt Mansfield den Term $f\left(\frac{m(t)}{N^*},\pi,I,\ldots\right)$ durch eine Taylorentwicklung bei Vernachlässigung aller dritten und höheren Terme und des quadratischen Terms $\left(\frac{m(t)}{N^*}\right)^2$.

[29] Vgl. auch Mansfield (1960).

Diffusionsverläufe ermittelt, die bei einer unendlichen Wiederholung der Technologiediffusion auftreten. Insbesondere dieses stochastische Modell bildet die Basis für eine Vielzahl von Prognosemodellen.

Die treibende Kraft der Innovationsdiffusion ist eine epidemische Informationsausbreitung, die den s-förmigen Diffusionsverlauf generiert. Zusätzliche ökonomische Faktoren, Profitabilität der Innovation und Investitionsvolumen, beeinflussen die Diffusionsgeschwindigkeit. Im Gegensatz zum Grundmodell wird eine entscheidungslogische Erklärung des Unternehmensverhaltens geliefert.[30] Denn die Innovation ist mit Risiken behaftet, die mit steigender Zahl der Anwender und damit zunehmender Kenntnis und Erfahrung über die neue Technologie sinkt, während im Grundmodell die Informationsübertragung bezüglich der Existenz der Innovation entscheidendes Merkmal des Diffusionsprozesses ist. Allerdings bleibt völlig ungeklärt, wie und warum innerhalb der Population der potentiellen Anwender Erfahrungen durch zunehmende Nutzung gesammelt und weitergegeben werden, obwohl gleichzeitig die Innovation als im Zeitablauf unverändert angenommen wird.[31] Obwohl das Mansfield-Modell beim Versuch einer expliziten entscheidungstheoretischen Fundierung des Grundmodells scheitert, stellt es doch eine entscheidende Erweiterung dar. Man kann es daher auch als psychologischen Ansatz bezeichnen, da analog zur Psychologie die Geschwindigkeit, mit der ein Unternehmen auf einen Stimulus, d.h. eine Innovation, reagiert, in Beziehung zum Ausmaß dieses Reizes steht, d.h. der Profitabilität der Innovation.[32] Diese Beziehung ist einerseits direkter Art, wenn die Profitabilität direkt auf $\lambda(t)$ wirkt, andererseits indirekter Natur, wenn die Zahl der bisherigen Anwender als Proxy für eine unbekannte (ökonomische) Überlegenheit der Innovation herangezogen wird.

[30] Vgl. Stoneman (1991), S. 172.

[31] Der Modellaufbau unterliegt hier einer Inkonsistenz. Daher bleibt es letztlich nur bei einem Versuch der entscheidungslogischen Fundierung des Übernahmeverhaltens. Aufgrund der schwachen entscheidungstheoretischen Basis bleibt auch das Modell von Mansfield den Annahmen des institutionalisierten Verhaltens verhaftet, denn die Technikwahl eines Unternehmens wird nicht explizit erklärt. Vgl. Stoneman (1983), S. 76 und Stoneman (1991), S. 173, aber auch Jensen (1983), S. 162.Vor allem die Erkenntnisse der Neuen Wachstumstheorie können einen entscheidenden Baustein beitragen. Die dort analysierten Lerneffekte und Wissens-*spill over* sind die im Modell fehlenden Glieder zur Wissensakkumulation.

[32] Vgl. Mansfield (1963a), S. 310 und Stoneman (1983), S. 95. Dies gilt insbesondere für die Erklärung des Diffusionsverlaufs innerhalb eines Unternehmens, die Mansfield aus demselben Modellrahmen entwickelt. Vgl. Mansfield (1968b), S. 190 und Stoneman (1983), S. 74.

3.1.1.3 Das Modell von Per Lekvall und Clas Wahlbin

In eine völlig andere Richtung erweiterten Per Lekvall und Clas Wahlbin (1973) das epidemische Grundmodell. Sie greifen den sowohl am Grundmodell als auch an Mansfields Modell hervorgebrachten Kritikpunkt auf, daß für die Modellierung des Diffusionsprozesses ausschließlich interne Informationsquellen berücksichtigt werden. Es geht daher in diesem Abschnitt um die in der Einleitung zu diesem Kapitel vorgenommene gedankliche Trennung der Informationsquellen einer neuen Technologie in internes, innerhalb der Population der potentiellen Anwender generiertes Wissen und externes Wissen. In den bisher vorgestellten epidemischen Modellen können Informationen über die Innovation ausschließlich innerhalb der Population entstehen und sich verbreiten. In der ökonomischen Realität spielen jedoch durchaus auch externe Informationen außerhalb der potentiellen Anwender der neuen Technologie eine Rolle. Dies ist vorstellbar in Form von Werbe- und Marketingmaßnahmen bei Produktinnovationen, Veröffentlichungen von Forschungsergebnissen, Artikeln in Fachzeitschriften etc. bei Prozeßinnovationen. Aber auch Wirtschafts- und Technologiepolitik sowie unternehmensunabhängige Grundlagenforschung sind prominente externe Informationsquellen. Die von Mansfield betonte Akkumulation von Erfahrungswerten, Kenntnissen und Fertigkeiten im Umgang mit neuen Technologien, die zur zunehmenden Ausbreitung der Innovation beiträgt, lassen sich auch auf externes Wissen übertragen.

Wird die Annahme ausschließlich externer Informationsquellen als Antithese dem epidemischen Grundmodell entgegengesetzt, läßt sich das Grundmodell folgendermaßen erweitern.[33] Die oben angewandte Diffusionsgleichung (3.1) ist dadurch gekennzeichnet, daß die Unternehmen, die eine Innovation zum Zeitpunkt t noch nicht übernommen haben, mit einer von den bisherigen Anwendern abhängigen Rate $\beta(m_t/N^*)$ Informationen über die neue Technologie erlangen. Im Gegensatz dazu ist im Modell der rein externen Beeinflussung die Gleichung nicht von der Zahl der bisherigen Anwender abhängig, sondern von einer exogenen Konstante a:

$$(3.13) \qquad dm_t = a\left(N^* - m_t\right)dt.$$

Die Auflösung dieser Differentialgleichung führt zu einer Verteilungsfunktion in Form einer modifizierten Exponentialfunktion:

$$(3.14) \qquad \frac{m_t}{N^*} = N^*\left(1 - e^{-at}\right).$$

[33] Vgl. Mahajan/Peterson (1985), S. 14f.

In diesem Ansatz wird deutlich, daß informationsbasierte, epidemische Diffusionsmodelle keinesfalls immer eine s-förmige Diffusionskurve erzeugen. Vielmehr ist die S-Förmigkeit des Diffusionsverlaufs Ergebnis der Annahme, daß Informationen ausschließlich innerhalb der Population der potentiellen Anwender generiert und ausgebreitet werden. Werden hingegen externe Informationsquellen herangezogen und interne Quellen ausgeschlossen, ergibt sich eine konkave Diffusionskurve.

Die Modellierung ausschließlich externer Informationsquellen setzt sich allerdings der Kritik einer relativ starken Realitätsferne aus.[34] Beide Ansätze sollten daher als gedankliche Extreme eines stetigen Intervalls aufgefaßt werden, innerhalb dessen eine Vielzahl unterschiedlicher Mischformen auftritt, wie symmetrische logistische Funktionen, rechtsschiefe Funktionen wie die Gompertzkurve und konkave Diffusionsfunktionen.

Um externe und interne Informationsübertragungen zu kombinieren, bezeichnen Lekvall und Wahlbin die Zahl der Kontakte potentieller Anwender mit externen Informationsquellen mit *gd(t)* im kleinen Zeitintervall *dt*. Im gleichen Zeitraum sind die Mitglieder der Population *kd(t)* Kontakten mit einem anderen Mitglied der Population ausgesetzt. Daher werden $km_t d(t)$ Kontakte mit bisherigen Anwendern im Intervall *dt* auftreten. In Verbindung mit den sonstigen Annahmen der epidemischen Modelle führt dieser Ansatz zur Differentialgleichung:

$$(3.15) \qquad dm_t = \left(\frac{N^* - m_t}{N^*}\right)(g + km_t)\,dt = \frac{(N^* - m_t)g}{N^*} + \frac{m_t(N^* - m_t)k}{N^*}\,dt.$$

Die Lösung der Differentialgleichung führt zur Funktion:

$$(3.16) \qquad \frac{m_t}{N^*} = \frac{1}{1 + c' e^{-\left(\frac{g}{N^*+k}\right)t}} - \frac{c'/c}{c' + e^{-\left(\frac{g}{N^*+k}\right)t}}, \text{ mit } c = \frac{kN^*}{g} \text{ und } c' = \frac{k(N^* - m_0)}{km_0 + g}.$$

Für den Fall g = 0, in dem der externe Einfluß völlig verschwindet, führt Gleichung (3.15) zur Differentialgleichung (3.17), die der Gleichung (3.1) des Grundmodells entspricht:

---

[34] Allerdings sind in empirischen Untersuchungen auch solche konkaven Diffusionskurven festzustellen, wie sie in diesem Modell der externen Informationsquellen hergeleitet werden. Diese empirischen Kurven könnten einen derart frühen Wendepunkt der Diffusionskurve besitzen, daß es scheint, als wären sie ausschließlich konkav.

(3.17) $$dm_t = k\left(\frac{m_t}{N^*}\right)\left(N^* - m_t\right)dt.$$

Aus (3.17) läßt sich die logistische Funktion des Grundmodells (3.2) entwickeln.

Im Falle k = 0 hingegen, wenn kein interner Einfluß vorhanden ist, geht Gleichung (3.16) in die modifizierte Exponentialfunktion über.[35] Lekvall und Wahlbin sind nun in der Lage, eine generelle Differentialgleichung aufzustellen, die alle relativen Gewichtungen zwischen internen und externen Informationsquellen berücksichtigt. Dafür definieren sie zunächst r als Koeffizienten der externen gegenüber der internen Beeinflussung der potentiellen Anwender einer neuen Technologie

(3.18) $$r = \frac{g}{\left(g + kN^*\right)}.$$

Die Gleichung (3.16) kann damit überführt werden in

(3.19) $$\frac{m_t}{N^*} = \frac{1 - e^{-\frac{gt}{rN^*}}}{1 + \frac{1-r}{r}e^{-\frac{gt}{rN^*}}}.$$

Die Erweiterungen, die Lekvall und Wahlbin in Form externer Informationsquellen dem Grundmodell hinzufügen, führen zu einer Flexibilisierung des Modells. Die Autoren zeigen, daß die Informationen über neue Technologien, die im epidemischen Ansatz eine zentrale Rolle einnehmen, durchaus entscheidend für den Diffusionsverlauf sind. Für die empirische Diffusionsforschung ist diese Modifizierung wichtig, denn die beobachtbaren mehr oder weniger stark rechtsschiefen Diffusionskurven können dadurch formal-mathematisch dargestellt werden.[36] Es bleibt jedoch zu berücksichtigen, daß die hier vorgenommene Unterscheidung zwischen internen und externen Informationsquellen sich nur auf die Gesamtheit der potentiellen Anwender bezieht. Für einzelne Unternehmen sind im Modell von Lekvall und Wahlbin beide Informationsquellen extern, wenn sie nicht im Unternehmen selbst generiert werden.

---

35 Vgl. Lekvall/Wahlbin (1973), S. 370.

36 Ein Beispiel für die empirische Anwendung der Weiterentwicklung von Lekvall und Wahlbin ist das Modell von Bass (1969), das einen typischen Vertreter der betriebswirtschaftlichen Prognosestudien für die Diffusion von Produktinnovationen darstellt und als Ausgangspunkt einiger weiterer Ergänzungen und Weiterentwicklungen im Marketingbereich dient. Vgl. hierzu z.B. Rogers (1995a), S. 79f. und Mahajan/Muller/Bass (1990).

3.1.1.4 Zusammenfassung

Die Modelle des epidemischen Ansatzes betonen insbesondere die Relevanz von Informationen für den Diffusionsprozeß.[37] Die Analyse der grundlegenden Zusammenhänge zwischen der Diffusion der Technologie und der Ausbreitung der Informationen bezüglich dieser Innovation ist das unbestrittene Verdienst des epidemischen Ansatzes. Ein weiterer Vorteil aus dem Blickwinkel der Makroökonomik ist der Aggregationsgrad des Ansatzes, der sektorale, gesamtwirtschaftliche und internationale Differenzen in der Ausbreitung neuer Technologien erfassen kann.[38] Sind es im Grundmodell Informationen über die *Existenz* der Innovation, deren Ausbreitung den Diffusionsprozeß steuern, so werden im Modell von Mansfield Informationen über die *Eigenschaften* der Innovation herangezogen, deren Mangel Ausdruck der Unsicherheit und des Risikos der Technologieübernahme ist. Grundsätzlich ist die Kenntnis der Existenz einer Technologie in den seltensten Fällen die beschränkende Variable. Insofern ist die Fokussierung auf Unsicherheit und Unkenntnis der Technologieeigenschaften tatsächlich eine Verbesserung, auch wenn die Modellierung dieser Vorgänge nicht in eine echte verhaltenstheoretische Fundierung der Übernahmeentscheidungen mündet.[39] Im Grundmodell wird die Quelle der Informationen innerhalb der Population potentieller Anwender verortet, während im Modell von Lekvall und Wahlbin in variablem Ausmaß auch externe Informationsquellen eingeführt werden. Der epidemische Ansatz bezieht seinen Reiz aus der Bedeutung für die empirische Forschung. Dort hat er die Diffusionsforschung weit vorangebracht. In der theoretischen Fundierung des Diffusionsprozesses sind die Erkenntnisgewinne jedoch gering.

Des weiteren ist zu kritisieren, daß im epidemischen Modell Informationen an sich den entscheidenden Engpaß darstellen. Die Fähigkeit der Informationsverarbeitung des einzelnen Akteurs wird vernachlässigt. Dieses Argument steht in enger Beziehung zur mangelnden entscheidungslogischen Basis in den epidemi-

[37] Vgl. Karshenas/Stoneman (1995), S. 270.

[38] Neben den bisher genannten empirischen Studien zu sektoralen (Griliches 1957, Mansfield 1961, 1968b) und gesamtwirtschaftlichen (Bain, 1994, Bass 1969) Diffusionsraten siehe zu internationalen Diffusionsvergleichen v.a. die Beiträge im Sammelband von Nasbeth/Ray (1974), insbesondere Håkanson.

[39] Mansfield entwickelt zwar aus seinem sektoralen Modell auch ein unternehmensspezifisches Diffusionsmodell (Mansfield 1963b und 1968b), doch auch dieser Ansatz kann keine entscheidungslogische Erklärung der Diffusionskurve liefern (Vgl. Bhattacharya *et al.* 1986, S. 219). Um so schwerwiegender muß das Manko bewertet werden, daß bei der starken Betonung der Relevanz von Informationen die Akteure als passive Informationsempfänger modelliert werden, die reflexartig bei Erhalt der Informationen die Innovation übernehmen (vgl. Stoneman 2001, S. 32 und Karshenas/Stoneman 1995, S. 273).

schen Modellen. Implizit besitzen alle potentiellen Anwender dieselben technologischen Fähigkeiten.[40]

Es bleiben viele offene Fragen und ungelöste Probleme. So bringt der Vorteil der aggregierten Diffusionsanalyse den gravierenden Nachteil mit sich, daß es dem epidemischen Ansatz an einer fundierten verhaltenstheoretischen Basis mangelt.

Letztlich testet auch die Erweiterung von Mansfield lediglich die Korrelation zwischen der Diffusionsrate und vermuteten Determinanten, wobei Profitabilität und Investitionsvolumen als signifikant erkannt werden. Weitere Einflußgrößen auf die Diffusionsgeschwindigkeit wie z.B. Finanz- und Liquiditätsstatus der potentiellen Anwender, persönliche Attribute des Managements[41] oder Unternehmensgröße, Marktstruktur und Konzentrationsgrad der Industrie[42] werden als nicht eindeutig entscheidend für den Diffusionsprozeß von Innovationen bestimmt. Dies gilt jedoch zunächst nur für die von Mansfield untersuchten Innovationen. Ob diese Variablen grundsätzlich nicht für die Diffusion entscheidend sind, läßt sich damit noch nicht bestimmen.

Dies wird durch folgende Kritikpunkte belegt, die am Grundmodell und den Erweiterungen zusätzlich zu den schon erwähnten Schwachpunkten anzubringen sind:[43]

1. Die Population der potentiellen Anwender besteht aus homogenen Akteuren. Der Diffusionsprozeß entsteht damit allein aus der Ausbreitung der Information mit zufälliger Verteilung der Übernahmezeitpunkte.
2. Die Zahl der potentiellen Anwender, d.h. die Sättigungsgrenze, bleibt im Zeitablauf konstant.
3. Die Innovation selbst bleibt im Zeitablauf ebenso konstant. Weiterentwicklungen der Technologie können damit nicht erfaßt werden. Gleichzeitig postuliert jedoch Mansfield, daß das Wissen über die Anwendung im Zeitablauf zunimmt. Es ist jedoch nicht rational anzunehmen, daß solche Lerneffekte ausschließlich die Anwendung betreffen und nicht in die Verbesserung der Innovation an sich fließen.
4. Der epidemische Ansatz ist statisch. Die Statik der Modelle wird verstärkt durch die Konstanz der Diffusionskoeffizienten im Zeitablauf. Die Ausbreitung neuer Technologien ist jedoch ein dynamischer Prozeß.

---

[40] Vgl. Dosi (1991), S. 187.
[41] Vgl. Mansfield (1963b), S. 302f
[42] Vgl. Mansfield (1963c), S. 557ff.
[43] Vgl. Sakar (1998), S. 135, Karshenas/Stoneman (1995), S. 272f., Altobelli (1991), S. 44f., Mahajan/Peterson (1985), S. 24f., Jensen (1982), S. 183und Gold (1981).

5. Es wird immer eine einzige autarke, systemunabhängige neue Technologie als Untersuchungsgegenstand gewählt. Komplementaritäts- und Substitutionsbeziehungen zu anderen Technologien bleiben unberücksichtigt. Insbesondere in der Zeit der zunehmenden Diffusion neuer Informations- und Kommunikationstechnologien bedeutet dieses Vorgehen ein Manko, da die Welt der Informations- und Kommunikationstechnologien eine Netzwerkökonomie darstellt, in der Komplementaritäten zwischen Technologien eine große Rolle spielen.

Die in der Zusammenfassung zusammengetragenen Punkte lesen sich wie eine Forschungsagenda für die weitere Untersuchung des Diffusionsphänomens. Tatsächlich waren und sind einige dieser Kritikpunkte Anlaß, andere, neue Ansätze zur Erklärung von Diffusionskurven zu entwickeln. Als Antwort auf einige der Kritikpunkte ist der *Probit*-Ansatz hervorgegangen, der im nächsten Abschnitt vorgestellt wird. Im Mittelpunkt steht zum einen die Homogenität der Akteure und zum anderen die mangelnde Fundierung der Übernahmeentscheidung im epidemischen Ansatz. Insofern bedeutet der *Probit*-Ansatz die Konzentration auf andere, zumindest ebenso wichtige Determinanten des Diffusionsprozesses.

3.1.2 Der *Probit*-Ansatz

Neben dem epidemischen Ansatz existiert eine zweite Kategorie gleichgewichtiger Diffusionsmodelle, wie *Tabelle 2.3* in Abschnitt 2.6 illustriert hat. Diese neoklassischen Modelle setzen voraus, daß die Diffusionsdynamik gleichgewichtig ist. Das bedeutet, daß sich zu jedem Zeitpunkt der Diffusionsprozeß in einem Gleichgewicht befindet. Zum anderen verhalten sich die Wirtschaftssubjekte vollkommen rational. Alle Entscheidungen, auch die der Technikwahl und Innovationsübernahme, werden dem Optimierungskalkül unterworfen.

Im neoklassischen Diffusionsparadigma können zwei verschiedene Ansätze unterschieden werden. Im *Probit*-Ansatz, der in diesem Abschnitt vorgestellt wird, ist die Diffusion durch unterschiedliche Eigenschaften der potentiellen Anwender einer neuen Technologie erklärt. Die spieltheoretischen Modelle (Abschnitt 3.2.3) hingegen rücken das strategische Verhalten der Akteure als diffusionsbestimmend in den Vordergrund.

Die Entwicklung vom epidemischen zum *Probit*-Ansatz folgt einer stringenten theoretischen Argumentationskette: In den erstgenannten Modellen ergab sich die Diffusion als Folge sich epidemisch ausbreitender Informationen über eine neue Technologie. Daher wird er auch als informationsbasierter Ansatz bezeichnet. Einer der Hauptkritikpunkte an diesem Ansatz ist die Begründung des Diffusionsverlaufs durch die mechanische Informationsausbreitung. Die Modelle des *Probit*-Ansatzes setzen an diesen zentralen Modellelementen an. Weniger die Eigenschaften der Innovation und der Information über die neue Technologie stehen im Vordergrund, sondern vielmehr die Eigenschaften der potentiellen Anwender.[44] Gemäß der Einordnung der *Probit*-Modelle in die neoklassische Modellwelt werden perfekte Informationen angenommen.[45] Für den Diffusionsprozeß bedeutet dies, daß sämtliche Informationen über Existenz und Eigenschaften der Innovation allen Wirtschaftssubjekten gleichzeitig zur Verfügung stehen. Diese Informationen können daher nicht für den zeitintensiven Diffusionsprozeß verantwortlich sein. Zudem stimmt zu jedem Zeitpunkt der subjektiv wahrgenommene Nutzen der Übernahme mit dem tatsächlichen, objektiven Nutzen überein.[46] Die potentiellen Anwender verhalten sich somit vollkommen rational.[47] Daß es dennoch nicht zu einer schlagartigen Diffusion, d.h. gleichzeitigen Übernahme der Innovation durch alle potentiellen Anwender kommt, sondern daß in einer derartigen Ausgangssituation die empirisch beobachtbaren zeitintensiven und s-förmigen Diffusionskurven durchaus erklärbar sind, verdeutlicht folgende Darstellung der Grundstruktur des *Probit*-Ansatzes.

3.1.2.1 Grundstruktur des *Probit*-Ansatzes

Im Mittelpunkt des *Probit*-Ansatzes stehen die Eigenschaften der potentiellen Anwender einer neuen Technologie. Die zentrale Annahme der *Probit*-Modelle lautet, daß die Technologienutzer nicht vollkommen identisch sind, sondern sich bezüglich bestimmter Eigenschaften oder Charakteristika unterscheiden[48]. Daher werden sie auch als differenzenbasierte Modelle bezeichnet.[49] Die Heterogenität der Wirtschaftssubjekte führt zum zeitintensiven Diffusionsprozeß.

Mathematisch kann dieser Zusammenhang dargestellt werden, indem zunächst angenommen wird, daß sich die potentiellen Anwender der Technologie hinsichtlich einer näher zu spezifizierenden Variablen z, z.B. der Unternehmensgröße, unterscheiden. Deren Verteilung zwischen den potentiellen Anwendern wird durch die Dichtefunktion $f(z)$ und die Verteilungsfunktion $F(z)$ bestimmt.

---

44 Vgl. Karshenas/Stoneman (1995), S. 274.

45 Vgl. Stoneman (1986), S. 166.

46 Vgl. Metcalfe (1988), S. 563.

47 Vgl. Antonelli/Petit/Tahar (1992), S. 35.

48 Davies als einer der prominenten Vertreter dieses Ansatzes bezeichnet diesen Sachverhalt für den Diffusionsprozeß als grundlegend (vgl. Davies (1979), S. 3. Auch Dosi (1991, S. 186) stellt fest, daß "the universe of potential adopters cannot be realistically assumed to be composed of identical units."

49 Vgl. z.B. Karshenas/Stoneman (1993), S. 504 und Stoneman (1997), S. 57.

Ein potentieller Anwender *i* wird die Innovation immer dann übernehmen, wenn seine Ausprägung der Variablen z_i einen bestimmten kritischen Schwellenwert z_t^* übersteigt. Es muß daher zur Übernahme der Innovation durch den Akteur *i* gelten:

$$(3.20) \qquad z_i \geq z_t^* .$$

Die Zahl der Akteure, die die Innovation zum Zeitpunkt *t* übernommen haben, wird wiederum durch *m(t)* ausgedrückt. Die Gesamtheit potentieller Nutzer sei durch N^* gegeben. Der Anteil der Technologieanwender zum Zeitpunkt *t* kann nun durch die Relation

$$(3.21) \qquad \frac{m}{N^*} = 1 - F(z)$$

bezeichnet werden. Eine andere Ausdrucksweise für diesen Zusammenhang liefert Gleichung

$$(3.22) \qquad \frac{m}{N^*} = \int_{z^*}^{\infty} f(z)\,dz .$$

Es existieren zwei unterschiedliche Möglichkeiten, wie aus diesem Modellrahmen der typische Diffusionsverlauf entstehen kann. Im Zeitablauf verschiebt sich entweder die Dichtefunktion *f(z)*, die die Verteilung der Schlüsselvariablen beschreibt, oder der kritische Schwellenwert z_t^* sinkt bei jeweiliger Gültigkeit der *ceteris paribus*-Klausel. In beiden Fällen wächst im Zeitablauf die Zahl derjenigen Individuen, für die das Übernahmekriterium (3.20) erfüllt ist, und die deshalb die Innovation übernehmen. Dadurch verändert sich die absolute und relative Größe der Anwenderzahl und begründet den Diffusionsverlauf:[50]

$$(3.23) \qquad \frac{m_t}{N^*} = \int_{z_t^*}^{\infty} f(z)\,dz \qquad \text{bei Sinken des Schwellenwertes und}$$

$$(3.24) \qquad \frac{m_t}{N^*} = \int_{z^*}^{\infty} f(z,t)\,dz \qquad \text{bei Verschiebung der Dichtefunktion .}$$

Die Eigenschaften der Dichtefunktion und die Rate der zeitlichen Veränderung des Schwellenwertes bzw. der Verteilungsfunktion bestimmen unmittelbar die Diffusionskurve und –geschwindigkeit.[51]

---

[50] Vgl. Stoneman (1986), S. 166.

[51] Vgl. Cabe (1991), S. 267.

Abbildung 3.1: Diffusionsprozeß in Folge des Absinkens des Schwellenwertes

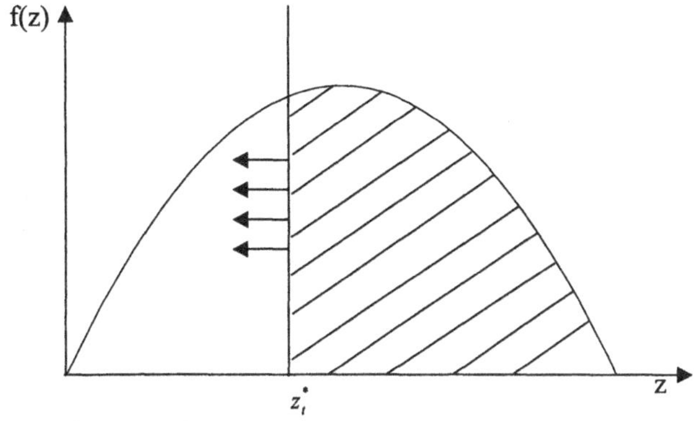

Quelle: in Anlehnung Cabe (1991), S. 268.

Abbildung 3.2: Diffusionsprozeß in Folge der Verschiebung der Dichtefunktion

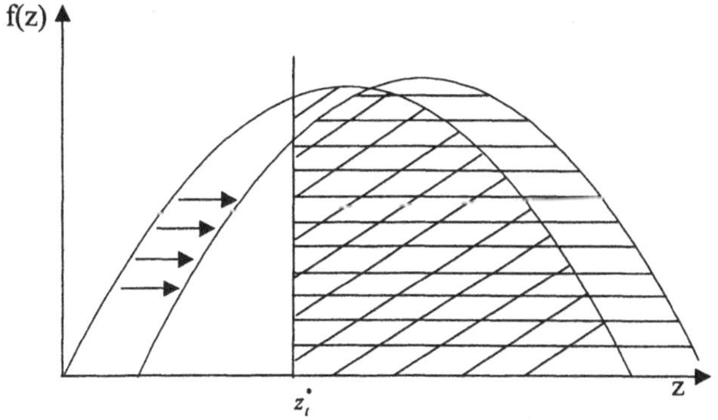

Quelle: in Anlehnung Cabe (1991), S. 269.

Die *Abbildungen 3.1* und *3.2* verdeutlichen diesen Zusammenhang, wobei die Pfeile die Veränderung im Zeitablauf angeben. Die schraffierten Flächen bezeichnen die Zahl der Anwender zum Zeitpunkt *t*, da dort $z_i \geq z_t^*$ gilt. In *Abbildung 3.1* sinkt der Schwellenwert der Schlüsselvariablen im Zeitablauf ab, immer mehr potentielle Anwender überschreiten den Schwellenwert und übernehmen die Technologie. In *Abbildung 3.2* hingegen verschiebt sich die Verteilungsfunktion der Schlüsselvariablen im Zeitablauf bei konstantem Schwellenwert, so daß auch hier für immer mehr potentielle Anwender das Übernahmekriterium erfüllt ist.

Eine sigmoide und daher mit den stilisierten Fakten vereinbare Diffusionskurve entsteht bei geeigneter Definition der Verteilungsfunktion *f(z)* und des Schwellenwertes z_t^*.[52] Für den ersten Fall des Absinkens des Schwellenwertes wird eine s-förmige Diffusionskurve in zwei Situationen generiert. Auf der einen Seite ist die Diffusionskurve s-förmig, wenn die Verteilung von z eine stetige Gleichverteilung ist. Dies wird z.B. mit der Dichtefunktion (3.25) gewährleistet:

$$(3.25) \qquad f(x) = \begin{cases} \dfrac{1}{(b-a)} & \text{im Intervall}\,[a;b] \\ 0 & \text{sonst.} \end{cases}$$

Für den Zeitpfad des Schwellenwertes z^* muß in diesem Fall eine exponentielle Form, wie z.B. in Gleichung (3.26), zugrundegelegt werden.

$$(3.26) \qquad z_t^* = b - \frac{b-a}{1-e^{-\alpha t}}.$$

Andererseits wird eine sigmoide Diffusionskurve erzeugt, wenn der Zeitpfad des Schwellenwertes z^* durch eine lineare Funktion wie in Gleichung (3.27) repräsentiert wird:

$$(3.27) \qquad z_t^* = b - \alpha t.$$

Die Dichtefunktion der Verteilung bedarf in diesem Fall einer Glockenform.[53] Analoge Ausprägungen gelten für die zeitintensive Diffusion aufgrund der Verschiebung der Verteilungsfunktion.

Das erörterte Grundmodell zeigt in allgemeiner Form, daß im Rahmen der neoklassischen Wirtschaftstheorie die stilisierten Fakten der Technologiediffusion durchaus erfaßt werden können. Die hergeleitete mathematische Darstellung ist jedoch noch nicht mit ökonomischem Leben gefüllt. Insbesondere stellt sich die Frage, welche Schlüsselcharakteristika für den Diffusionsverlauf verantwortlich sind. Darüber hinaus ist zu klären, wie die oben beschriebenen Veränderungen der Schlüsselvariablen selbst bzw. ihrer Verteilung im Zeitablauf ökonomisch

---

[52] Vgl. Cabe (1991), S. 268ff.

[53] Vgl. zu diesen mathematischen Spezifikationen der Verteilungsfunktion z.B. Hartung *et al.* (1995), S. 192ff und S. 642ff.

begründet werden können. Die Herleitung eines mathematischen Zusammenhangs allein beweist noch nicht die ökonomische Relevanz des Ansatzes. Die Erläuterung des *Probit*-Modells von David liefert den Rahmen, diese Fragen und Zusammenhänge darzustellen.

3.1.2.2 Das Modell von Paul A. David[54]

Wie in vielen Modellen des *Probit*-Ansatzes, die die Diffusion von Prozeßinnovationen analysieren, ist auch im Modell von Paul A. David die Unternehmensgröße die zentrale Stimulusvariable, die über die Übernahme einer neuen Technologie entscheidet. Er entwickelt ein Modell, das die sektorale Ausbreitung einer Prozeßinnovation analysiert. Es wird angenommen, daß die Größe der Unternehmen in einem Sektor logarithmisch normalverteilt und im Zeitablauf konstant ist.[55] Ausgangspunkt der Untersuchung ist die in einer Maschine verkörperte (*capital embodied*) Prozeßinnovation, die höhere fixe Kosten, aber geringere variable Kosten als die alte Technik besitzt. Die Fixkosten sind durch die Kapitalkosten CR gegeben. Sie bestehen aus den Anschaffungskosten C und den (kalkulatorischen) Zinskosten R. Die variablen Kosten der neuen Maschinen sind niedriger, weil sie arbeitsparenden technischen Fortschritt inkorporieren und gegenüber der alten Technik Arbeit in Höhe von L_s pro produzierter Outputeinheit einsparen.

Auf diese Weise läßt sich eine bestimmte Produktionsmenge und folglich auch eine bestimmte Unternehmensgröße identifizieren, ab der die höheren Kapitalkosten der neuen Technik durch die Kosteneinsparung aus dem geringerem Arbeitseinsatz kompensiert werden. Dieser kritische Schwellenwert soll mit X^* bezeichnet werden. Er wird durch die Gleichgewichtsbedingung (3.28) bestimmt: [56]

$$X^* w L_s = CR . \qquad (3.28)$$

In Gleichung (3.28) entsprechen die Einsparungen in den variablen Kosten genau der Zunahme der Fixkosten der neuen Technologie. Zur Berechnung der linken Seite der Gleichung wird die Arbeitseinsparung pro Outputeinheit L_s mit dem Lohnsatz w und der kritischen Ausbringungsmenge X^* multipliziert. Für die Fixkosten auf der rechten Gleichungsseite wird vereinfachend angenommen, daß die alte Technologie Anschaffungskosten in Höhe von $C = 0$ besitzt. Die

---

[54] David (1969), zitiert nach Stoneman (1983), S. 98f. und Cabe (1991), S. 266ff.

[55] Mit diesen Annahmen wird eine rechtsschiefe Dichtefunktion generiert (vgl. Hartung *et al.* 1995, S. 151f.).

[56] Vgl. Stoneman (1983), S. 98.

Zunahme der Fixkosten beträgt beim Wechsel auf die Innovation daher genau *CR*. Damit kann der kritische Schwellenwert berechnet werden als:

$$(3.29) \qquad X^* = \frac{CR}{L_s w}.$$

Wird die Faktorpreisrelation *w/CR* mit ω bezeichnet, läßt sich Gleichung (3.29) durch (3.30) ausdrücken:

$$(3.30) \qquad X^* = \frac{1}{\omega L_s}.$$

Da David, wie oben angedeutet, die Unternehmensgröße als konstant annimmt, muß sich X^* in der Zeit verändern, damit ein zeitintensiver Diffusionsprozeß entsteht. Diese Veränderung wird durch einen Anstieg der Lohnkosten relativ zu den Kapitalkosten im Zeitablauf herbeigeführt. Um diese Dynamik zu verdeutlichen, wird der kritische Schwellenwert aus Gleichung (3.30) nach der Zeit abgeleitet:

$$(3.31) \qquad \frac{\partial X^*}{dt} = -X_t^* \frac{\partial \omega}{dt} \frac{1}{\omega}.$$

Es wird, wie in Formel (3.32), angenommen, daß der Ausdruck $\frac{\partial \omega}{dt} \frac{1}{\omega}$ einen konstanten Wert γ annimmt.

$$(3.32) \qquad \frac{\partial \omega}{dt} \frac{1}{\omega} = \gamma = const.$$

In einem solchen Szenario folgen die relativen Faktorkosten ω einem exogenen exponentiellen Zeitpfad.

Im folgenden kann der Diffusionsprozeß dargestellt werden. Zunächst wird der Anteil der tatsächlichen Anwender der neuen Technik an der gesamten Population zum Zeitpunkt *t*, m_t, definiert:

$$(3.33) \qquad m_t \equiv \Pr(X_i \geq X_t^*).$$

Wenn der Anteil der Population, die die Innovation anwendet, m_t, von X_t^* abhängt, folgt zwingend, daß im Zeitablauf m_t von der Veränderung von X_t^* in der Zeit abhängt. Dieser Zusammenhang wird in Gleichung (3.34) formalisiert:

$$(3.34) \qquad m_t = \int_{X_t^*}^{\infty} f(X_i)\, dX_i \, .$$

Wird der Anteil der tatsächlichen Anwender zum Zeitpunkt t nach dem Schwellenwert X_t^* abgeleitet, folgt Gleichung (3.34):

$$(3.35) \qquad \frac{dm_t}{dX_t^*} = -f(X_t^*).$$

Der Diffusionsprozeß folgt aus der Erweiterung von (3.34) mit $\frac{dX_t^*}{dt}$:

$$(3.36) \qquad \frac{dm_t}{dt} = \frac{dm_t}{dX_t^*}\frac{dX_t^*}{dt} = f(X_t^*)\gamma X_t^* \, .$$

Wenn $f(X_t^*)$ eine logarithmische Normalverteilung und der Term γ konstant ist, wie oben angenommen, wird eine s-förmige, rechtsschiefe Verteilungsfunktion generiert, die die Diffusion der neuen Technik im Zeitablauf repräsentiert.

David gelingt es mit diesem *Probit*-Modell, aus dem neoklassischen Paradigma des rationalen, entscheidungslogisch fundierten Verhaltens bei perfekter Information die empirische Regularität eines sigmoiden Diffusionsverlaufs nachzuzeichnen. Während die S-Förmigkeit des Diffusionsverlaufs vor allem von der sorgfältigen Wahl der Verteilungsfunktion sowie des Schwellenwertes und seines Zeitpfads abhängt[57], begründet David die Zeitintensität des Diffusionsverlaufs mit den unterschiedlichen Übernahmezeitpunkten der potentiellen Anwender der Technologie aufgrund der Heterogenität dieser Population und der rationalen Entscheidungsfindung. Die Differenzierung der Nutzer bezieht sich dabei auf die (die im Zeitablauf konstante) Unternehmensgröße.[58] Der daraus abgeleitete Schwellenwert verändert sich im Zeitablauf aufgrund der restriktiven Spezifikation der Innovation: Neben der arbeitsparenden Eigenschaft, die zu sinkenden Lohnstückkosten in der Produktion führt, besitzt die Innovation höhere Kapitalkosten als ihre Vorgänger. Zudem muß der Lohnsatz einem exogenen, exponentiellen Zeitpfad folgen.

---

[57] Vgl. Stoneman (1986), S. 169.

[58] Die Konstanz der Unternehmensgröße und damit der Produktionsmenge der Unternehmen und des Sektors impliziert die Abstraktion von den Kapazitätseffekten der Investition in neue Maschinen und die darin inkorporierten Techniken.

Die Unternehmensgröße wird häufig als entscheidendes Heterogenitätsmerkmal herangezogen. Neben dem hier diskutierten Modell von Paul A. David (1969) bildet das Modell von Stephen Davies (1979), das im nächsten Abschnitt vorgestellt wird, ein wichtiges Fundament dieser Richtung, da Unternehmensgröße und Erwartungen als Schlüsselvariablen kombiniert werden.[59] Allein aufgrund von Erwartungen differenziert Richard Jensen (1982) die potentiellen Anwender. Dies wird als dritte *Probit*-Variante diskutiert. Danach werden die Modelle einschließlich der grundlegenden Annahmen des *Probit*-Ansatzes einer zusammenfassenden Kritik unterzogen.

3.1.2.3 Die Modellerweiterung von Stephen Davies

Das Modell von Stephen Davies (1979) stellt eine Weiterentwicklung des Modells von David (1969) dar. Im *Probit*-Ansatz leistet Davies einen wichtigen Beitrag zur Frage, welche Aspekte von Innovationen außer der Profitabilität, die in allen Modellen eine gewisse Rolle spielt, den Diffusionsverlauf beeinflussen.[60] Ebenso wie David geht auch Davies davon aus, daß die Unternehmensgröße entscheidenden Einfluß auf den Übernahmezeitpunkt einer Technologie hat, daß gemäß den Annahmen des *Probit*-Ansatzes die Übernahme einer neuen Technologie an eine bestimmte kritische Größe des Unternehmens gebunden ist, und daß sich entweder die Größenverteilung oder der Schwellenwert im Zeitablauf ändern. Neben diesen Grundannahmen führt er zwei weitere, zentrale Kriterien in die Analyse der Technologiediffusion ein.

1. Davies geht davon aus, daß Unternehmen Investitionsentscheidungen unter Unsicherheit treffen müssen. Bezüglich der zukünftigen Profitabilität einer neuen Technologie, die das entscheidende Übernahmekriterium darstellt, bil-

---

[59] Unternehmensgröße ist jedoch nicht die einzige Quelle der Differenzierung potentieller Anwender neuer Technologien. Lage, Transportkosten, regionale Lohnniveaus, Informationskosten usw. können ebenfalls den typischen Diffusionsverlauf generieren (vgl. Dosi 1991, S. 195). Cabe (1991, S. 266ff) diskutiert z.B. ein *Probit*-Modell zur Erklärung des Diffusionsmusters einer neuen Bewässerungsmethode in der Landwirtschaft, die zwar mehr Energie, jedoch weniger Wasser benötigt. Zu einem gegebenen Energiepreis ist dieses System erst ab einer bestimmten Brunnentiefe, aus der das Wasser empor gepumpt werden muß, effizient und damit anderen Bewässerungsanlagen überlegen. Denn erst mit zunehmender Brunnentiefe dominiert die Wassereinsparung über den Anstieg des Energieverbrauchs. Mit der Annahme einer glockenförmigen Verteilung des Merkmals „Brunnentiefe“ und dem exogenen Anstieg der Energiepreise folgt eine Veränderung der kritischen Brunnentiefe als Schlüsselvariablen in der Zeit, durch die auch hier eine typische s-förmige Diffusionskurve erzielt wird. Aber auch unterschiedliche Einschätzungen der Profitabilität werden häufig herangezogen, um innerhalb des *Probit*-Ansatz entscheidungslogisch fundierte Diffusionspfade zu entwickeln.

[60] Vgl. Hall (1994), S. 270f.

den sie daher Erwartungen. Damit kritisiert Davies insbesondere die epidemischen Modelle des Mansfield-Typs, in denen die Profitabilität stets *ex-post* bewertet wird.[61] Die Formulierung der Übernahmeentscheidung unter der Bedingung, die zukünftigen Eigenschaften der Innovation nicht vollständig zu kennen, stellt einen wichtigen Schritt zur Einbeziehung unsicherer zukünftiger Entwicklungen dar, die bisher nur wenig Beachtung fanden. Im Kern läßt sich die Kritik an der mangelnden Berücksichtigung von Erwartungen auf Nathan Rosenberg (1976) zurückführen[62], der jedoch insbesondere auf *technologische Erwartungen* abstellt, d.h. Erwartungen bezüglich der zukünftigen Rate des technologischen Wandels.[63]

2. Davies bricht mit der (vereinfachenden, vielfach jedoch auch verfälschenden) Annahme konstanter Technologien im Zeitablauf.[64] Auch dies war an den bisher diskutierten Modellen einer der zentralen Kritikpunkte. Davies nimmt an, daß die Anwendung und Produktion von Innovationen auch nach ihrer erstmaligen wirtschaftlichen Verwertung weiterentwickelt wird und zwar in Form von Lerneffekten (*learning by doing*), mit denen er sich explizit auf Kenneth J. Arrow (1962) bezieht.[65] Weder die Profitabilität noch die Kosten der Übernahme der neuen Technologie sind im Zeitablauf konstant.[66]

Die Weiterentwicklung von Innovationen ist meßbar durch Lernkurven, die neue Technologien im Zeitablauf durchlaufen. Generell unterliegen solche Lerneffekte langfristig abnehmenden Grenzproduktivitäten.[67] Davies unterscheidet jedoch zwei Kategorien von Innovationen, die er als *Typ A* und *B* kennzeichnet.

---

[61] Vgl. Davies (1979), S. 19f. Diese Kritik geht zurück auf Gold/Peirce/Rosegger (1975), S. 144f.

[62] Vgl. Stoneman (1983), S. 104.

[63] Derartige Erwartungen können in den bisher diskutierten Modellen nicht eingeführt werden, da sie von der Unveränderlichkeit der Innovation im Zeitablauf ausgehen. Sie vernachlässigen sowohl den technischen Fortschritt, dem eine Innovation unterworfen ist, als auch den technologischen Wandel in Form neuer Technologien bzw. weiterer Innovationen. Rosenbergs technologische Erwartungen beziehen sich vor allem auf diesen zweiten Erwartungstyp.

[64] Siehe zum Folgenden Davies (1979), S. 49-52.

[65] Vgl. Davies (1979), S. 49, Fn. 8.

[66] Vgl. Davies (1979), S. 53.

[67] Damit entsprechen Davies' Annahmen jenen von Arrow, der ebenfalls abnehmende Grenzerträge des *learning by doing* voraussetzt (vgl. Arrow 1962, S. 155f.).

Abbildung 3.3: Innovationen des Typs A und des Typs B

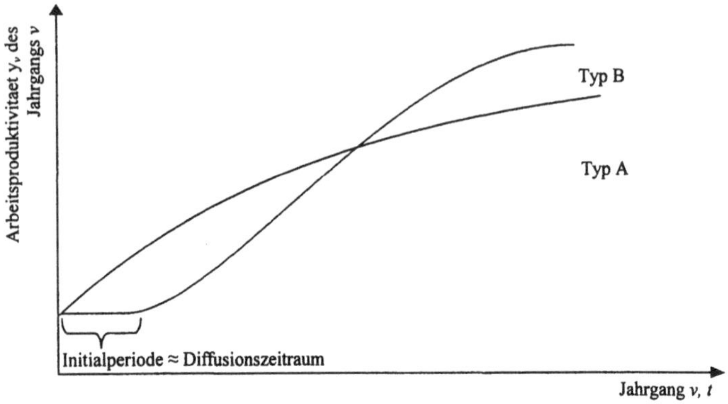

Quelle: nach Davies (1979), S. 51.

Die beiden Typen unterscheiden sich hinsichtlich ihrer Lerneffekte in der kurzen und mittleren Frist deutlich. Innovationen des Typs *A* sind technologisch einfache Neuerungen, die von Beginn an sehr hohe Lerneffekte haben, die jedoch stetig abnehmen, und damit einen konkaven Verlauf aufweisen.[68] Üblicherweise werden Lerneffekte in dieser Form dargestellt. Innovationen des Typs *B* hingegen charakterisiert Davies als höherentwickelt, raffinierter sowie mit höheren Investitionsvolumina und –zeiträumen verbunden als die *A*-Typen. Dies hat zur Folge, daß anfangs kaum Lerneffekte auftreten, da zunächst der Umgang mit solchen Technologien erlernt werden muß. Sie weisen somit zu Beginn einen konvexen bzw. konstanten Verlauf auf, den Davies als Initialperiode bezeichnet. Erst nach dieser Phase stellen sich die gewohnten abnehmenden Lerneffekte ein. *Abbildung 3.3* verdeutlicht die Unterschiede zwischen den beiden Innovationstypen. Die graphische Darstellung mißt die Lerneffekte in Form der Arbeitsproduktivität eines bestimmten Jahrgangs von Maschinen, die dieselbe Technologie inkorporieren. Später übernommene Maschinenjahrgänge sind aufgrund der realisierten Lerneffekte verbesserte Jahrgänge der Innovation.[69] Damit gelingt Davies eine der ersten graphischen Beschreibungen des häufig diskutierten *Solow-*

---

[68] Vgl. auch Stoneman (1983), S. 100.

[69] Vgl. Davies (1979), S. 69. Im Gegensatz zu den makroökonomischen *Vintage*-Ansätzen (siehe Abschnitt 4.1), wo ein Jahrgang eine bestimmte Technik repräsentiert, existieren hier mehrere Jahrgänge (Generationen) einer einzigen (inkrementell verbesserten) Technik.

bzw. *Produktivitätsparadoxons*[70], da während der Ausbreitung einer Innovation des Typs *B* keine Produktivitätsfortschritte feststellbar sind. Dies gilt insbesondere dann, wenn Initialphase und Diffusionszeitraum im wesentlichen zusammenfallen, wie es Davies postuliert.[71]

Zur Veranschaulichung der Zusammenhänge zwischen den individuellen Übernahmezeitpunkten, den daraus resultierenden Diffusionsverläufen und den Lerneffekten wird im folgenden aus den unterschiedlichen Übernahmeentscheidungen die sektorale Diffusion einer Prozeßinnovation entwickelt. Es wird angenommen, daß alle potentiellen Anwender die Existenz der Innovation kennen, jedoch Erwartungen über die Profitabilität bilden. Dies geschieht in Form der erwarteten Tilgungsperiode ER_{it}, die das Zeitintervall von der Übernahme bis zur Entsprechung von Nettoeinnahmen und Anschaffungskosten umfaßt. ER_{it} ist ein inverses Maß der erwarteten Profitabilität.[72] Die Einordnung des Modells in die neoklassische Erklärungswelt erscheint in diesem Punkt bedenklich: Das Konzept der erwarteten Tilgungsperiode entspricht der Keynesianischen Investitionsfunktion, in der die Grenzleistungsfähigkeit einer Investition errechnet wird, indem der Kapitalwert gleich Null gesetzt wird. Im Unterschied zum Modell von Davies wird bei der Keynesianischen Investitionsfunktion nicht nach der Zahl der Perioden bei gegebenem Zinsfuß gefragt, sondern nach dem internen Zinsfuß bei gegebenen erwarteten Nettoerträgen und Perioden. Zudem orientiert sich die Übernahmeentscheidung keineswegs am neoklassischen Optimalitätskalkül, sondern an einer akzeptablen maximalen Tilgungsperiode R_{it}^*.[73] Hat

---

[70] Vgl. Abschnitt 5.2.2 für die Darstellung des Produktivitätsparadoxon und die Verbindung zur Diffusionstheorie. Dies gilt, auch wenn die Diskussion dieses Phänomens meist auf Basis der totalen Faktorproduktivität geführt wird. Leider gibt Davies keine genauere Definition für seine Abgrenzung der Innovationstypen. Als Innovationen des *B*-Typs könnten jedoch z.B. Basisinnovationen oder *General Purpose Technologies* (vgl. hierzu Helpman 1998) angesehen werden. Für eine Diskussion der Begriffe der Basisinnovationen und *General Purpose Technologies* sowie eine detaillierte Darstellung des Produktivitätsparadoxons siehe Abschnitt 2.3 und Abschnitt 5.2.2.

[71] Vgl. Davies (1979). S. 69.

[72] Vgl. Davies (1979), S. 68f. Die Indizierung zeigt, daß diese Erwartungen sich für verschiedene Unternehmen *i*, aber auch zu verschiedenen Zeitpunkten *t* unterscheiden. Implizit muß jedes Unternehmen subjektive erwartete Nettoeinnahmen und einen bestimmten Abzinsungsfaktor zugrunde legen.

[73] Diese Tatsachen sind es wohl, die Dosi (1991, S. 193) dazu veranlassen, das Davies-Modell sowohl mit dem neoklassischen Optimierungskalkül als auch mit dem institutionalisierten Verhalten des traditionellen Ansatzes als kompatibel zu bezeichnen. Diese Art der Entscheidungsfindung hat aber auch große Ähnlichkeit mit dem häufig in der Evolutorik verwendeten Konzept der *bounded rationality* (vgl. Simon 1978 und Tisdell 1996). Da ein differenzenbasiertes Modell mit der Erweiterung um Erwartungen vorliegt, das große Ähnlichkeit mit dem *Probit*-Ansatz besitzt, wird es im folgenden weiterhin als neoklassisches Modell bezeichnet.

das Unternehmen i zum Zeitpunkt t die Innovation übernommen, dann ist $q_{it} = 1$, ansonsten ist $q_{it} = 0$. Für eine Übernahme muß Bedingung (3.37) erfüllt sein:[74]

$$(3.37) \qquad q_{it} = 1 \text{ falls } ER_{it} \leq R_{it}^{*} \quad .$$

Die erwarteten Tilgungsperioden ER_{it} unterscheiden sich zwischen den Unternehmen (aufgrund ihrer subjektiven Einschätzungen) und in der Zeit (aufgrund der Lerneffekte) in folgender Form:

$$(3.38) \qquad ER_{it} = \delta_1(t) S_{it}^{\beta(1)} \varepsilon_{1it} .$$

In der komplexen Formel (3.38) verbirgt sich hinter S_{it} die Unternehmensgröße als eine besonders wichtige Determinante der Profitabilitätserwartungen.[75] Unter ε_{lit} sind weitere Unternehmenseigenschaften X_{ijt} subsumiert, die ebenfalls auf den Diffusionsverlauf Einfluß nehmen (können).[76] Schließlich wird angenommen, daß die erwarteten Tilgungsperioden im Zeitablauf monoton fallen, da die Lerneffekte δ fortlaufende Verbesserungen der Innovation bedingen.[77] Darüber hinaus existieren gemäß der Unterscheidung in Innovationen des Typs A und Typs B aber unterschiedliche *Raten* für die Abnahme der erwarteten Tilgungsperioden. Typ-A-Innovationen besitzen abnehmende Lernerträge, daher wird im Zeitablauf die Rate, mit der die erwartete Profitabilität steigt, sinken und umgekehrt die Rate, mit der die erwarteten Tilgungsperioden sinken, steigen. Typ-B-Innovationen erfahren während der Initialphase und der Diffusion keine signifi-

---

[74] Die Übernahmeregel ist eine Vereinfachung der Regel, daß ein Unternehmen die Innovation zum Zeitpunkt t oder früher übernimmt, wenn gilt: $ER_{i\tau} \leq R_{i\tau}^{*}$ für $\tau \leq t$.

[75] Damit kommt, wie in vielen Varianten des *Probit*-Modells, der Verteilung der Unternehmensgröße eine zentrale Bedeutung zu. Davies (1979, S. 69) nennt ökonomische Begründungen für diese Vorgehensweise: Erstens ist die Unternehmensgröße relevant wegen möglicher (statischen) Skaleneffekte von Innovationen mit steigender Produktion. Zum zweiten verfügen große Firmen über eine bessere Aufnahme- und Verarbeitungsfähigkeit von neuen Informationen. Deshalb geht Davies davon aus, daß $\beta(1)$ üblicherweise negativ sein wird, obwohl er für die Variable die Bedingung $\beta(1) \lesseqgtr 0$ setzt. Schaden *et al* (2000, S. 83f. und S. 91) begründen die Relevanz der Unternehmensgröße für die Übernahme neuer Informations- und Kommunikationstechnologien mit der steigenden Komplexität der internen und externen Unternehmensbeziehungen, mit dem daraus resultierenden steigenden Koordinierungsaufwand und mit dem daraus folgenden höheren Bedarf an Informations- und Kommunikationstechnologien mit zunehmender Unternehmensgröße.

[76] Die mathematische Formulierung hierfür lautet $\varepsilon_{1it} = \prod_{j=1}^{r} X_{ijt}^{\gamma(j)} > 0$.

[77] Die entsprechende Gleichung für diese Annahme lautet $\delta_1(t) > 0 \text{ mit } \frac{(d\delta_1/dt)}{\delta_1} < 0 \text{ für alle } t$.

kanten Lerneffekte. Deshalb wird es für solche Technologien keine meßbare Veränderung der Rate geben, mit der die erwartete Tilgungsperiode sinkt. Gleichung (3.39) faßt diesen Gedankengang zusammen:

$$(3.39) \qquad \frac{d\left(\frac{d\delta_1/dt}{\delta_1}\right)}{dt}\begin{cases} >0 & \text{für Innovationen des Typs A} \\ =0 & \text{für Innovationen des Typs B} \end{cases}$$

Zur Entwicklung der erwarteten Tilgungsperiode in der Zeit und zwischen Unternehmen verhält sich die akzeptable maximale Tilgungsperiode R_{it}^* analog, die ebenfalls unter anderem von der Unternehmensgröße abhängt, jedoch im Zeitablauf monoton ansteigt:[78]

$$(3.40) \qquad R_{it}^* = \delta_2(t) S_{it}^{\beta 2} \varepsilon_{2it}.$$

Mit welchem Vorzeichen die Unternehmensgröße S auf R_{it}^* wirkt, ist unsicher.[79]

Weitere Determinanten sind in ε_2 subsumiert.[80] Im Zeitablauf nimmt die Zuwachsrate der maximalen akzeptablen Tilgungsperiode für Innovationen des Typs A ab, für Typ-B-Innovationen bleibt sie, zumindest für den Diffusionszeitraum, konstant. Es gilt also das Analogon zur erwarteten Tilgungsperiode:

---

[78] Daß im Zeitablauf die akzeptable maximale Tilgungsperiode zunimmt, begründet Davies (1979, S. 65) mit abnehmendem Risikozuschlag bei zunehmenden Lerneffekten in der Zeit. Zudem mag gemäß der schon von Mansfield vorgebrachten Hypothese die Übernahme mit zunehmender Anwendung durch die Konkurrenz sicherer erscheinen, aber auch als notwendiger erachtet werden. Es gilt $\delta_2(t) > 0$ mit $\frac{(\delta_2/dt)}{\delta_2} > 0$ für alle t.

[79] Als Gründe für die Hypothese, daß die akzeptable maximale Tilgungsperiode (d.h. die minimale erwartete Profitabilität) invers von der Unternehmensgröße abhängt, nennt Davies (1979, S. 66) unter anderem: (1) für ein großes Unternehmen ist eine gescheiterte Übernahme relativ ungefährlicher als für kleine, (2) für ein großes Unternehmen sind die Finanzierungskosten geringer und (3) große Unternehmen haben einen höheren Anteil an innovationsfreundlichen Managern. Andererseits spricht für eine positive Korrelation zwischen Unternehmensgröße und akzeptabler Tilgungsperiode, daß große Unternehmen tendenziell eher als Kapitalgesellschaften organisiert sind, deren Unternehmensleitung nicht identisch mit den Eigentümern ist und hochprofitable Innovationen u.U. nicht übernimmt, da sie vor allem für das Management zusätzliche Organisationsaufgaben bedeuten. Also gilt $\beta(2) \lesseqgtr 0$.

[80] ε_2 ist analog zu ε_1 definiert: $\varepsilon_{2it} = \prod_{j=1}^{u} X_{ijt}^{\gamma(j)} > 0$

$$(3.41) \qquad \frac{d\left(\frac{d\delta_2/dt}{\delta_2}\right)}{dt}\begin{cases} <0 & \text{für Innovationen des A-Typs} \\ =0 & \text{für Innovationen des B-Typs} \end{cases}$$

Ein Unternehmen trifft die Entscheidung zur Übernahme einer Innovation, wenn die erwartete Tilgungsperiode kleiner oder gleich der von ihm akzeptablen maximalen Tilgungsperiode ist. Beide Werte unterscheiden sich nicht nur zwischen den Unternehmen eines Sektors, sondern sind auch von der Unternehmensgröße abhängig und verändern sich im Zeitablauf. Aufgrund dieser Tatsache läßt sich eine kritische Unternehmensgröße $S_{krit.}$ berechnen, die erreicht werden muß, damit ein Unternehmen eine Prozeßinnovation übernimmt. Zunächst folgt aus der Übernahmebedingung (3.37):

$$(3.42) \qquad q_{it} = 1 \text{ falls } \frac{ER_{it}}{R_{it}^*} > 1.$$

Mit einigen vereinfachenden Annahmen kann der Quotient aus erwarteter Tilgungsperiode und akzeptabler maximaler Tilgungsperiode durch die Unternehmensgröße S, die weiteren Determinanten ε und die Veränderung des Quotienten im Zeitablauf ausgedrückt werden:[81]

$$(3.43) \qquad \frac{ER_{it}}{R_{it}^*} = \frac{1}{\delta(t) S_{it}^{\beta} \varepsilon_{it}}.$$

Damit lautet die Übernahmeentscheidung, daß ein Unternehmen i eine Innovation zum Zeitpunkt t übernimmt oder schon übernommen hat, wenn seine Größe die kritische Unternehmensgröße erreicht oder überschritten hat:

$$(3.44) \qquad q_{it} = 1 \quad \text{wenn } S_{krit} \leq S_{it}.$$

[81] Die getroffenen Annahmen sind:

- $\beta = \beta_1 - \beta_2$ mit $\beta > 0$. Es ist ebenfalls möglich, daß β negativ ist. Dies ändert jedoch nur das Vorzeichen, nicht jedoch den Betrag der kritischen Unternehmensgröße und auch nicht die Übernahmeentscheidung. Daher wird diese Unterscheidung in dieser Darstellung nicht weiter verfolgt.
- $\varepsilon_{it} = \varepsilon_{2it} / \varepsilon_{1it} > 0$,
- $\delta_t = \delta_2(t)/\delta_1(t) > 0$, mit $(d\delta/dt)/\delta > 0$ für alle t.

Für die Entwicklung des Entscheidungsquotienten im Zeitablauf folgt daraus für die A- und B-Innovationen:

$$d[(d\theta/dt)/\theta]/dt \begin{cases} < o & \text{für Innovationen des A-Typs} \\ =1 & \text{für Innovationen des B-Typs} \end{cases}$$

Die kritische Unternehmensgröße wiederum verändert sich im Zeitablauf und wird außerdem für jedes individuelle Unternehmen von den übrigen möglichen Determinanten ε_{it} beeinflußt. Daher kann sie definiert werden als:

$$(3.45) \qquad S_{krit} = \frac{1}{(\theta_t \varepsilon_{it})^{\frac{1}{\beta}}}.$$

In einem abschließenden Schritt muß nun noch geklärt werden, wie sich die Verteilung der kritischen Unternehmensgröße im Zeitablauf ändert, um die sektorale Diffusion einer Innovation darstellen zu können. Hierzu argumentiert Davies, daß S_{krit} entscheidend von den übrigen Determinanten ε_{it} abhängt. Werden sie als unabhängig und ausreichend zahlreich betrachtet, ist es zulässig anzunehmen, sie seien logarithmisch normalverteilt über die Population der Unternehmen in einem Sektor.[82] Damit ist aber auch die kritische Unternehmensgröße logarithmisch normalverteilt. Mit den getroffenen Annahmen über die Entwicklung des Schwellenwertes über die Zeit in Abhängigkeit des vorliegenden Innovationstyps ist es nun einfach, in der bekannten Vorgehensweise des *Probit*-Ansatzes die Diffusionskurve abzuleiten. Die Veränderung des Schwellenwertes im Zeitablauf generiert mit der logarithmisch normalverteilten Schlüsselvariablen den Diffusionsverlauf. Dabei entstehen für die beiden Innovationstypen jeweils unterschiedliche Diffusionskurven. Technologisch hochentwickelte und kostspielige Innovationen des Typs *A* diffundieren gemäß einer rechtsschiefen Funktion, während die einfacheren Technologien des Typs *B* sich in einer symmetrischen Diffusionskurve ausbreiten.[83] Davies liefert damit eine plausible Erklärung, warum in der empirischen Diffusionsforschung sowohl symmetrische als auch rechtsschiefe Diffusionsverläufe festgestellt werden können.

Zudem erlaubt das Modell die Analyse von Erwartungen. Sie dienen zwar in erster Linie zusammen mit der Unternehmensgröße zur Differenzierung der Übernahmezeitpunkte und sind nicht als explizit formulierte Entscheidungshypothese originäre Quelle der zeitintensiven Diffusion. Dennoch stellt das Modell einen der ersten analytischen Versuche dar, Diffusionsmodelle in dieser Hinsicht zu erweitern. Im folgenden Modell von Richard Jensen (1983) wird das Problem der Erwartungen für die individuelle Entscheidungsfindung aufgegriffen und als Ursache der zeitintensiven Diffusion neuer Technologien dargestellt.

---

[82] Vgl. Davies (1979), S. 74.

[83] Vgl. Davies (1979), S. 78f.

3.1.2.4 Eine entscheidungslogische Fundierung durch Richard Jensen

Auf die im differenzenbasierten Ansatz relevante Heterogenität der Population stellt auch der Ansatz von Richard Jensen (1982) ab.[84] Über das Modell von Stephen Davies hinaus fokussiert Jensen allerdings die Problematik der Unsicherheit und Erwartungen. Sein Ziel ist es, mit einem entscheidungstheoretischen Modell aus der Übernahmeentscheidung der einzelnen Unternehmen die typische sektorale Diffusionskurve einer Prozeßinnovation zu erklären.[85] Daher liefert Jensen die bisher fehlende explizite entscheidungslogische Fundierung der *Probit*-Modelle.[86] Wie auch Davies geht Jensen davon aus, daß potentielle Anwender einer Innovation keine vollständige Kenntnis über die zukünftige Profitabilität der Technologie haben. Die Übernahmeentscheidung wird daher als ein Entscheidungsproblem unter Unsicherheit mit der Möglichkeit des Lernens beschrieben.[87] Durch Abwarten oder Aufschieben der Technologieübernahme sowie Sammeln von Informationen über die neue Technologie ist es den potentiellen Anwendern indes möglich, die Unsicherheit abzubauen.

Der Diffusionsverlauf von Innovationen wird in zwei Schritten formalisiert, indem zunächst das Entscheidungsmodell eines einzelnen Unternehmens entwickelt wird, aus dem die sektorale bzw. industrie- oder branchenweite Diffusionskurve und –rate in einem zweiten Schritt abgeleitet werden kann. Dem Modell liegen folgende Annahmen zugrunde. Die Übernahme einer exogen entwickelten Prozeßinnovation in den Produktionsprozeß verändert den Unternehmenswert in ungewisser Weise: er kann ansteigen oder fallen. Da die zukünftige Profitabilität der Innovation unsicher ist, muß jedes Unternehmen Erwartungen bilden. Die Unsicherheit kann im Zeitablauf abgebaut werden, indem Informationen über die (Un-) Vorteilhaftigkeit der Innovation akkumuliert werden[88], die in externen Quellen wie z.B. Zulieferern, Zeitschriften oder Journalen verfügbar

---

[84] Jensen selbst sieht sich jedoch weniger in der Tradition des *Probit*-Ansatzs als in jener der epidemischen Modelle (vgl. Jensen 1982, S. 182f.), da er den zentralen Aspekt der Information berücksichtigt und der epidemische Ansatz häufig auch als informationsbasierter Ansatz bezeichnet wird.

[85] Vgl. Jensen (1982), S. 183. Ein ganz ähnliches Modell präsentiert Tonks (1983), der allerdings aus der einzelwirtschaftlichen Übernahmeentscheidung keine sektorale oder gesamtwirtschaftliche Diffusionskurve ableitet. Prinzipiell ist es möglich, auch die Diffusion von Produktinnovationen abzubilden (vgl. Jensen 1988, S. 232). Tonks (1984 und 1986) entwickelt ein entscheidungstheoretisches Modell, in dem Konsumenten Informationen hinsichtlich der Produktqualität erlangen.

[86] Vgl. Reinganum (1989), S. 894.

[87] Vgl. Jensen (1982), S. 183.

[88] Vgl. Reinganum (1989), S. 894.

sind.[89] Zu jedem Entscheidungszeitpunkt t besitzt das Unternehmen die Wahl, die Innovation entweder zu übernehmen oder abzuwarten. Die Übernahme ist irreversibel und verursacht fixe Kosten. Wenn das Unternehmen abwartet, erhält es zusätzliche Informationen über die Profitabilität der Innovation, verliert aber andererseits für eine Periode die möglichen Gewinne aus der Nutzung der Innovation. Durch periodische Informationen bei Nichtübernahme der Innovation lernt das Unternehmen ausgehend von seinen subjektiven Einschätzungen der Profitabilität nach Bayes'schen Regeln.[90] Die in jeder Periode notwendige Unternehmensentscheidung läßt sich als optimale Übernahmeregel darstellen, nach der das Unternehmen die Innovation übernimmt, wenn die bisherige Schätzung der Profitabilität hinreichend hoch ist, und abwartet, wenn dies nicht der Fall ist. Gemäß der Struktur des *Probit*- bzw. differenzenbasierten Ansatzes unterscheiden sich die Unternehmen hinsichtlich ihrer anfänglichen Einschätzung der Innovation und erreichen den kritischen Wert der Profitabilitätsschätzung zu unterschiedlichen Zeitpunkten, wenn die periodischen Informationen öffentlichen Charakter besitzen. Daher wird eine typische, zeitintensive Diffusion der Innovation zu beobachten sein.[91]

Ausgangspunkt der formalen Darstellung des Modells ist ein Gleichgewicht, in dem alle Unternehmen mit auf null normierten Gewinnen produzieren. Die Untersuchung beginnt mit der exogenen Neuentwicklung eines alternativen Produktionsprozesses (Innovation), die zu den Kosten C erworben werden kann. Setzt eines der Unternehmen die neue Technologie ein, erwirtschaftet es mit der Wahrscheinlichkeit θ den Ertrag $R_1 = r_1/(1-\varepsilon)$ bzw. mit der Wahrscheinlichkeit $1-\theta$ den Ertrag $R_0 = r_0/(1-\varepsilon)$. Dabei bezeichnet r die Profitrate und ε die Abzinsungsrate. Annahmegemäß gilt, daß $r_0 < r_1$ ist. Daraus folgt, daß auch $R_0 < R_1$ ist. Der Parameter θ ist dem Unternehmen unbekannt. Es ist jedoch bekannt, daß er einen der beiden möglichen Werte θ_1 oder θ_2 annimmt; mit $1 > \theta_1 > \theta_2 > 0$. Zusammen mit den fixen Anschaffungskosten C ergibt sich der erwartete Ertrag aus der Technologieübernahme mit:

[89] Vgl. Jensen (1982), S. 185. Diese Informationsquellen sind außerhalb des Unternehmens gelegen. Diese Definition externer und interner Informationen unterscheidet sich von der in epidemischen Modellen benutzten Abgrenzung, nach der sich externe Informationsquellen außerhalb der Population potentieller Anwender befinden. Siehe Abschnitt 3.1.1 zu diesem Problemkreis.

[90] Einen detaillierten Überblick über die Lernstruktur gemäß dem Theorem von Bayes bietet Harsanyi in einer dreiteiligen Artikelserie (1967, 1968a und 1968b).

[91] Vgl. Reinganum (1989), S. 894. Aufgrund dieser für differenzenbasierte Modelle typischen Annahme wird der Ansatz von Jensen auch in dieser Gruppe subsumiert, da sie dem *Probit*-Ansatz aus diesem Grund näher steht als den epidemischen Modellen. Vgl. Fn. 84.

(3.46) $\theta_1 R_1 + (1-\theta_1)R_0 - C$.

Darüber hinaus ist die Innovation profitabel, wenn $\theta = \theta_1$ bzw. unprofitabel, wenn $\theta = \theta_2$ gilt. Dieser Zusammenhang wird durch Gleichung (3.47) ausgedrückt:

(3.47) $\theta_1 R_1 + (1-\theta_1)R_0 - C \quad > 0 > \quad \theta_2 R_1 + (1-\theta_2)R_0 - C$.

Das Entscheidungsproblem, vor dem das Unternehmen steht, besteht in der Einschätzung der Wahrscheinlichkeit θ. Tritt die Innovation zum ersten Mal auf, bilden die Entscheidungsträger die anfängliche Schätzung $g \in [0, 1]$, daß die Innovation profitabel und damit $\theta = \theta_1$ ist.[92] Führt diese Erwartung zur Ablehnung der Übernahme in Periode i, erhalten sie Informationen in Form eines kostenlosen Signals. Daraus ergibt sich erstens, daß abweichend von der ursprünglichen Erwartung g das Unternehmen in jeder Periode i eine aktuelle Einschätzung der Vorteilhaftigkeit der Innovation q vornimmt. Die Darstellung erfolgt über die Gleichung (3.48), in der p die Erwartung einer profitablen Innovation ($\theta = \theta_1$) darstellt:

(3.48) $q(p) = p\theta_1 + (1-p)\theta_2$.

Der zweite Aspekt betrifft die Qualität des periodischen Signals. Es nimmt den Wert *1* an, falls die Information die Profitabilität der Innovation anzeigt. Andererseits ist es *0*, falls die Information gegen die Innovation spricht. Das Signal wird daher als eine Bernoulli-Zufallsvariable Z_i formuliert, wobei die Wahrscheinlichkeit, daß $Z_i = 1$ beträgt, durch den unbekannten Parameter θ repräsentiert ist. Die Erwartungsveränderung des Unternehmens bei einer einzigen zusätzlichen Information, h, wird von der ursprünglichen Einschätzung g und der Ausprägung des Informationssignals bestimmt. Gleichung (3.49) formalisiert diese Abhängigkeit, wobei ein positives Signal zur Profitabilitätsbewertung h_1 führt und ein negatives Signal h_0 ergibt:

(3.49) $h_1(p) = \frac{p\theta_1}{q(p)}$ und $h_0(p) = \frac{p(1-\theta_1)}{1-q(p)}$.

92 Diese mit dem Auftreten der Innovation gebildete Erwartung wird exogen vorgegeben. Sie ist von der Einstellung der Entscheidungsträger im Unternehmen und von den Erfahrungen mit ähnlichen Innovationen in der Vergangenheit abhängig (vgl. Jensen 1982, S. 185). Die Annahmen über die Verteilung der anfänglichen Erwartungen über die Unternehmen in einem Sektor sind entscheidend für den sektoralen Diffusionsverlauf.

Das Unternehmen lernt nach Bayes'schen Regeln. Für eine gegebene Sequenz $Z_1,\ldots, Z_n$ erhält das Unternehmen n Beobachtungen. Sind davon k positiv, ergibt sich die aktuelle Einschätzung, daß die Innovation profitabel ist, nach Gleichung (3.50):

$$(3.50) \qquad p(n,k,d) = \left[1 + \left(\frac{\theta_2}{\theta_1}\right)^k \left(\frac{1-\theta_2}{1-\theta_1}\right)^{n-k} \frac{(1-d)}{d}\right]^{-1}.$$

Das Entscheidungsproblem des Unternehmens ist es, die optimale Länge des Abwartens zu finden, abhängig vom erwarteten Ertrag aus der Übernahme und dem abgezinsten erwarteten Ertrag der nächsten Information. Die optimale Übernahmeregel wird hergeleitet, indem der maximale erwartete Ertrag E^*_t in Abhängigkeit von p formuliert wird. Dieser ist die Lösung für die dynamische Programmierung in (3.51):

$$(3.51) \qquad E^*(p) = \max\left\{E^a(p), E^w(p)\right\},$$

mit dem erwarteten Ertrag aus der Übernahme $E^a(p)$ und dem erwarteten Ertrag aus weiterem Abwarten $E^w(p)$, die wie folgt definiert sind:

$$(3.52) \qquad E^a(p) = q(p)R_1 + (1-q(p))R_0 - C$$

$$(3.53) \qquad E^w(p) = \varepsilon\left[q(p)E(h_1(p)) + (1-q(p))E(h_0(p))\right].$$

Die optimale Übernahmestrategie ist die Übernahme der Innovation zum ersten Zeitpunkt n, zu dem die aktuelle Einschätzung $p(n,k,d)$ die kritische Größe p^* erreicht. Dort übertreffen die erwarteten Erträge der Übernahme $E^a(p)$ die des Abwartens $E^w(p)$. Die kritische Größe p^* ist eine steigende Funktion von g, k, r_1, r_0, und ε ist eine abnehmende Funktion von C.

Für die Ableitung der sektoralen bzw. branchenweiten Diffusionskurve im zweiten Schritt wird eine Branche betrachtet, die aus einem Kontinuum von Unternehmen zusammengesetzt ist, die zum selben Zeitpunkt eine Innovation wahrnehmen und dieselben Informationen erhalten, da die Beobachtungen aus einer gemeinsam nutzbaren, externen Quelle stammen. Das einzige Unterscheidungsmerkmal der ansonsten identischen Unternehmen besteht in den unterschiedlichen ursprünglichen Einschätzungen über die Profitabilität der Innovation. Aus Gleichung (3.50) kann abgeleitet werden, daß ein beliebiges Unternehmen aus diesem Kontinuum die Innovation nach n Beobachtungen übernehmen wird, falls Gleichung (3.54) erfüllt ist:

$$(3.54) \qquad g \geq g^*(n,k,p^*).$$

Die Größe g^* stellt somit ein Mindestmaß ursprünglicher Einschätzungen hinsichtlich der Innovation in Abhängigkeit der kritischen Wahrscheinlichkeit p^*, der Zahl der Beobachtungen n und der Zahl der positiven Signale k dar.

Falls die ursprünglichen Erwartungen der Unternehmen g über das Intervall [0;1] nach einer kumulativen Verteilungsfunktion $F(g)$ verteilt sind, ergibt sich der Anteil derjenigen Unternehmen, die zur Periode n für eine gegebene Beobachtungssequenz und eine gegebene kritische Wahrscheinlichkeit p^* übernommen haben, als:

(3.55) $$d(n,k,p^*) = \int_{g_m(n,k,p^*)}^{1} dF(g) \qquad \text{(Diffusionskurve).}$$

Die Diffusionsgeschwindigkeit ist abhängig von den Anschaffungskosten C, der Profitrate r_i und dem Diskontfaktor ε.[93] Die Diffusion ist damit um so schneller, je höher der durchschnittliche Optimismus innerhalb der Branche ist.[94] Die stilisierte rechtsschiefe, s-förmige Diffusionskurve entsteht durch die typischen Annahmen der *Probit*-Modelle bezüglich der Verteilung der Schlüsselvariablen g und der kritischen Größe p^*, wie sie schon bei den Modellen von David und Davies diskutiert wurden.[95] Die Heterogenität der Unternehmen bezüglich der anfänglichen (Profitabilitäts-) Erwartungen an die Innovation ist zusammen mit dem Lernen – durch die Sammlung von Informationen als Implikation aus dem Optimalitätskalkül – die treibende Kraft des Diffusionsprozesses.[96]

Entsprechend der empirisch beobachtbaren zeitintensiven Ausbreitung einer Innovation innerhalb einer Branche ist es durchaus möglich, daß die sofortige Übernahme einer Innovation bei ihrem ersten Auftreten suboptimal ist, wenn die eigenen Erwartungen gegen eine Übernahme sprechen. Abwarten ist immer dann sinnvoll, wenn das Unternehmen hinsichtlich der Innovation skeptisch, aber lernbereit ist. Die Wahrscheinlichkeit einer Übernahme zu einem bestimmten Zeitpunkt ist für ein Unternehmen um so größer, je vorteilhafter die anfängliche Einschätzung ist. Auch ein Unternehmen, das der Innovation anfänglich ablehnend gegenübersteht, wird sie nicht unwiderruflich ablehnen. Aufgrund der Lernbereitschaft wird zu einem bestimmten Zeitpunkt jedes Unternehmen eine

---

93 Vgl. Jensen (1982), S. 189. Die Diffusionsgeschwindigkeit ist positiv abhängig von der erwarteten Profitabilität. Sie ist mit r_i und ε positiv und mit C negativ korreliert.

94 Vgl. auch Lindner/Fischer/Pardey (1979), S. 190.

95 Vgl. Jensen (1982), S. 190f. Die Diffusionskurve ist dann sigmoid, wenn entweder die Verteilung der anfänglichen Einschätzungen eine stetige Gleichverteilung und die Veränderung der kritischen aktuellen Einschätzung exponentiell ist, oder wenn eine glockenförmige Verteilung der Schlüsselvariablen (anfängliche Einschätzungen) bei linearer Veränderung des Schwellenwertes (aktuelle Erwartungen) vorliegt (vgl. Abschnitt 3.1.1.1).

96 Feder/O'Mara (1982) kommen in einem ganz ähnlichen Modell zu analogen Ergebnissen.

tatsächlich profitable Innovation übernehmen. Der Umkehrschluß, daß eine unprofitable Innovation in einer Branche nie übernommen wird, kann jedoch nicht abgeleitet werden, da einige Unternehmen solche Technologien aufgrund übertrieben optimistischer Einschätzungen anwenden werden.[97]

Der Ansatz von Jensen steht stellvertretend für eine Vielzahl von Modellen, die sich mit dem Lernverhalten der potentiellen Technologieanwender auseinandersetzen.[98] Immer ist die Unsicherheit über die tatsächliche zukünftige Vorteilhaftigkeit der Innovation die treibende Kraft, präzisere Informationen zu erhalten. Kevin McCardle (1985) erweitert den Ansatz um die Tatsache, daß das Bemühen um Informationen und deren Verarbeitung grundsätzlich nicht kostenlos ist.[99] Ein Unternehmen muß die Informationssammlung und –verarbeitung entweder extern einkaufen, oder aber durch eigene Forschungs- und Entwicklungsarbeit erwirtschaften.[100] In einem solchen Szenario ist die Entscheidung für oder gegen eine neue Technologie auch von den Informationskosten abhängig. Neben den Alternativen der Technologieübernahme und des Abwartens tritt eine weitere Verhaltensmöglichkeit der unwiderruflichen Ablehnung auf, falls die Profitabilitätseinschätzungen relativ zu den Informationskosten so niedrig sind, daß sie einen kritische Grenze unterschreiten.[101] Für die sektorale Diffusion folgt daraus, daß nicht die gesamte Population potentieller Nutzer eine Technologie übernimmt, da ein Teil der Population während der Technologieabschätzung die Innovation unwiderruflich ablehnt, auch wenn sie sich später als profitabel herausstellen würde,. Der typische Diffusionsverlauf kann daher nicht mehr ohne weiteres abgeleitet werden.

---

97 Vgl.Reinganum (1989), S. 896.

98 Nicht immer wird ein probabilistischer Ansatz, wie ihn Jensen benutzt, herangezogen. Es ist auch möglich, den Ertrag einer Innovation als unbekannten (tatsächlichen) Mittelwert mit der Varianz als Maß der Unsicherheit auszudrücken, wie es z.B. Stoneman (1981), Feder/O'Mara (1982), Tsur/Sternberg/Hochman (1990) tun. Das Prinzip des Lernens nach dem Theorem von Bayes bleibt aber dasselbe. Eine etwas einfachere Modellierung der Reduktion von Unsicherheit in einem Mittelwert-Varianz-Ansatz bieten Stoneman/Ochoro (1980). Für einen Überblick im agrarökonomischen Kontext siehe Feder/Just/Zilberman (1985).

99 Vgl. Reinganum (1989), S. 896.

100 Vgl. Jensen (1988), S. 232f. In diesem Modell steht ausschließlich der Kostenaspekt des Lernens im Vordergrund. Ob Unternehmen bei eigenen F&E-Anstrengungen unterschiedliche Erfahrungen machen, steht daher nicht zur Debatte. Alle Wirtschaftssubjekte erhalten weiterhin dieselben Signale. Diese restriktive Annahme wird erst im nächsten Abschnitt aufgehoben.

101 Vgl. McCardle (1985), S. 1374.

3.1.2.5 Zusammenfassung

Der *Probit*-Ansatz liefert im Vergleich zum epidemischen bzw. informationsbasierten Ansatz einen anderen Blickwinkel zur Analyse der Technologiediffusion. Nicht die Informationsausbreitung zwischen vollkommen identischen, homogenen potentiellen Anwendern einer Technologie steht im Vordergrund, sondern die Heterogenität der potentiellen Anwender. Sie unterscheiden sich bei der Analyse von Prozeßinnovationen hinsichtlich einer Schlüsselvariablen, meist der Unternehmensgröße, die gemäß einer bestimmten Verteilungsfunktion über die Population verteilt ist. Die Innovation wird nur dann übernommen, wenn die Schlüsselvariable einen kritischen Wert erreicht hat. Im Zeitablauf ändern sich entweder die Verteilungsfunktion oder der kritische Übernahmewert, so daß die typische Diffusionsfunktion erzeugt wird. Daher wird dieser Ansatz zutreffend auch *Rangfolgen-* bzw. *differenzenbasierter* Ansatz genannt.[102]

Im Modell von Davies und insbesondere im Ansatz von Jensen tritt neben der Unternehmensgröße als Schlüsselvariable aber auch ein zentrales Element des epidemischen Ansatzes in den Vordergrund: die Ausbreitung und Präzisierung von Informationen. Während in den epidemischen, informationsbasierten Modellen die Struktur der Informationsausbreitung in den Vordergrund gerückt und die einzelwirtschaftliche Entscheidung als *black box* ausgeklammert wird, sind die dem neoklassischen Maximierungskalkül unterworfenen *Probit*-Ansätze in der Lage, mit dem Theorem von Bayes die Lernfortschritte und optimalen Übernahmeentscheidungen einzelner Wirtschaftsakteure nachzubilden.[103] Auch wenn Unsicherheit, Erwartungen und Lernen bei weitem nicht die einzigen Determinanten des Diffusionsverlaufs im differenzenbasierten Ansatz darstellen, zeigt sich auch hier die grundlegende Einsicht, daß technologischer Fortschritt ein Vorgang der Informationsgewinnung ist, der *ex definitione* mit Unsicherheit verknüpft ist.[104]

Die Argumentationsweise des *Probit*-Ansatzes in den hier vorgestellten Modellen bezieht sich nur auf die Diffusion innerhalb eines Sektors bzw. eines Industriezweiges. Die Diffusion innerhalb eines einzelnen Unternehmens läßt sich ebenfalls mit Lerneffekten nach Bayes'schen Regeln erklären.[105] Differenzen in

---

[102] Vgl. z.B. Karshenas/Stoneman (1993), S. 504.

[103] Vgl. Brodbeck (1989), S. 1. Es muß daher Stoneman (1983, S. 104) widersprochen werden, der behauptet, daß "learning is given a very minor role, if any role, in these [Probit-] models...(although Davies does allow some internal learning to lead to changes in $\overline{R}$ [der kritischen Tilgungsperiode])".

[104] Vgl. Knight (1921), S. 266.

[105] Wird von der unternehmensspezifischen Diffusion abstrahiert und implizit angenommen, daß jedes Unternehmen nur eine einzige Maschine erwirbt bzw. daß mit der Übernahme

der Diffusionsgeschwindigkeit zwischen verschiedenen Innovationen oder zwischen verschiedenen Sektoren oder Volkswirtschaften mit unterschiedlicher Größenverteilung der Unternehmen zu begründen, erlaubt dieser Ansatz indes nicht.[106]

Sowohl die informationsbasierten als auch differenzenbasierten Modelle haben verdeutlicht, daß das Ausmaß und die Ausbreitung von Informationen zentrale Variablen in der Technologiediffusion sind. Darüber hinaus sind weitere zentrale Determinanten relevant, wie die spieltheoretischen Ansätze zeigen, die im nächsten Abschnitt vorgestellt werden. Sie gehören zusammen mit dem *Probit*-Ansatz zur neoklassischen Erklärungswelt der Ausbreitung neuer Technologien und rücken das strategische Verhalten der potentiellen Anwender in den Blickpunkt des Interesses.

3.1.3 Spieltheoretischer Ansatz

Der spieltheoretische Ansatz wurde vor allem durch zwei Artikel von Jennifer F. Reinganum (1981a und b) begründet. Er geht, wie der epidemische Ansatz, aber im Gegensatz zum *Probit*-Ansatz, von der Homogenität der Population der potentiellen Anwender aus. Ein zweites konstituierendes Merkmal dieses Ansatzes, diesmal im Gegensatz zum epidemischen Ansatz, ist die Annahme vollkommener Information.[107] Im spieltheoretischen Ansatz soll gezeigt werden, daß weder die Heterogenität des *Probit*-Ansatzes noch die unvollkommenen Informationen

---

einer Innovation der gesamte Output mit dieser Technologie produziert wird, kann auch für die *Probit*-Modelle das Argument Mansfields (1968b, S. 744) herangezogen werden, daß viele Innovationen durch Unteilbarkeiten gekennzeichnet sind und damit die erste Einführung die vollständige unternehmensweite Anwendung approximiert. Andernfalls muß auch hier von *„first purchase diffusion models“* (Mahjan/Muller/Bass (1990), S. 128) gesprochen werden. Für die Analyse der unternehmensweite Diffusion im allgemeinen vgl. Stoneman/Battisti (1997) und für Lernmodelle vgl. Stoneman (1981), Tonks (1986) und Tsur/Sternberg/Hochman (1990).

[106] Vgl. Nasbeth/Ray (1974) für internationale Vergleichsstudien und die Erklärung für Differenzen im Diffusionsverlauf. Das bei der Diskussion des Modells von Griliches (1957) vorgebrachte Argument, daß die Determinanten der regional unterschiedlichen Diffusionsverläufe – aufgrund von Profitabilitätsdifferenzen – nicht die zeitliche Diffusion in einer spezifischen Region erklären, erhält hiermit seine Umkehrung. Die Analyse des Diffusionsverlaufs liefert keine Aussagen über Differenzen des Diffusionsverlaufs zwischen Firmen, Sektoren, Ländern und Technologien und umgekehrt.

[107] Vgl. Hall (1994), S. 269.

bzw. Informationsübertragungen benötigt werden, um den typischen Diffusionsverlauf zu generieren.[108]

Wie aber kann unter diesen Bedingungen die bekannte s-förmige, zeitintensive Diffusionskurve erzielt werden? In den beiden oben diskutierten Ansätzen kommt es unter solchen Umweltbedingungen zur unverzüglichen, gleichzeitigen Übernahme neuer Technologien durch alle potentiellen Anwender. Beide Modellrahmen ignorieren jedoch die strategische Bedeutung einer Technologieübernahme auf das Verhalten der Konkurrenten. Diese Nichtberücksichtigung ist nur unter der Annahme von vollkommener Konkurrenz und Mengenanpassung plausibel. Anders ausgedrückt ist dort der Nutzen aus der Innovationsübernahme unabhängig von der Zahl der bisherigen Anwender.[109] Der spieltheoretische Ansatz unterstellt einen endogenen Zusammenhang zwischen der Zahl der Anwender und dem Nutzen der Innovationsübernahme eines potentiellen Anwenders. Solche Externalitäten führen zu einer Situation, in der die Übernahmeentscheidung eines Akteurs auf den Nutzen anderer Anwender und deren Entscheidungsfindung wirkt.[110] Beath *et al.* (1994, S. 167) beschreiben treffend die Natur strategischen Handelns, das sich aus einem derartigen Szenario ergibt:

> „The danger of postponing the date of adoption is that it may actually reduce profit because, during the delay, a rival may decide to adopt the innovation."[111]

Am nachfolgend dargestellten Standardmodell werden diese strategischen Entscheidungszusammenhänge deutlich.

3.1.3.1 Das Standardmodell von Jennifer F. Reinganum

In zwei Schritten entwickelt Jennifer F. Reinganum (1981a und b) das Standardmodell spieltheoretischer Diffusionsanalysen. Neben den schon erwähnten konstituierenden Annahmen der perfekten Information und der identischen Wirtschaftssubjekte wird der Rahmen für das strategische Spiel der Technologieübernahme durch folgende Ausgangssituation bestimmt: In einem Gleichgewicht zum Zeitpunkt $t = 0$ produzieren alle Unternehmen mit der aktuellen *best-*

---

[108] Vgl. Reinganum (1989), S. 897, aber auch Stoneman (1991). Unabhängig von diesem Forschungsziel ist es im spieltheoretischen Ansatz durchaus möglich, strategisches Handeln mit einer Welt der Unsicherheit und differierenden Unternehmen (z.B. hinsichtlich der Übernahme- und Implementierungskosten einer Innovation) zu verknüpfen, wie es z.B. Reinganum (1983) versucht.

[109] Vgl. Stoneman (1987), S. 60.

[110] Vgl. Gomulka (1990), S. 91f.

[111] Beath/Katsoulacos/Ulph (1994), S. 167

practice-Technologie. Es tritt eine kostenreduzierende Prozeßinnovation auf, die durch eine Maschine verkörpert wird. Zum Zeitpunkt dieses ersten Auftretens müssen die Unternehmen ihren Übernahmezeitpunkt festlegen, falls sie beabsichtigen die Innovation anzuwenden (*precommitment*).[112] Diese Entscheidung hängt von zwei Faktoren ab: Zum einen sind die abgezinsten Übernahmekosten und die Ertragsraten der Übernahme Determinanten der Investitionsentscheidung. Zum anderen werden die Ertragsraten von den (Übernahme-) Entscheidungen der Konkurrenten wesentlich beeinflußt, deren Gewinnsituation wiederum vom Verhalten der Gegenüber bestimmt wird.[113] Die strategische Interaktion des spieltheoretischen Aufbaus wird im *trade off* deutlich, denen die Unternehmen ausgesetzt sind: Kann die produktionskostensenkende Innovation vor den anderen Unternehmen eingesetzt werden, sind Extraprofite zu deren Lasten möglich.[114] Auf der anderen Seite sinken die Übernahmekosten, bestehend aus Anschaffungs- sowie Implementierungs- und Anpassungskosten, wenn die Übernahme verzögert wird.[115]

---

[112] Als Übernahmezeitpunkt der neuen Technologie wird in diesem Zusammenhang jener Zeitpunkt definiert, an dem die Übernahme und Installation der Maschine komplettiert ist. Dies steht im Gegensatz zur bisherigen Definition der Übernahme als Zeitpunkt der ersten Anwendung. Im Modell von Reinganum müssen sich die Unternehmen zum Zeitpunkt des Auftretens der Innovation entscheiden, ob und bis wann, d.h. bis zu welchem Übernahmezeitpunkt, die neue Technologie vollständig in den Produktionsprozeß implementiert ist. Erst dann wird die gesamte Produktion auf die neue Technologie umgestellt. Es wird daher auch hier von der unternehmensinternen Diffusion abstrahiert und nur die sektorale Diffusion analysiert (vgl. Stoneman 1986, Fn. 6). Eine Änderung des zeit- und kostenintensiven Anpassungspfades an die neue Technologie nach dem *precommitment* ist kostenintensiv. Reinganum nimmt an, ein Pfadwechsel ist prohibitiv teuer (vgl. Reinganum 1989, S. 897). Trotz der Darstellung des Übernahmeprozesses als Anpassungspfad liegt ein Gleichgewichtsmodell vor. In dieser Kategorie sind alle spieltheoretischen Ansätze zu verorten (vgl. Hall 1994, S. 270).

[113] Vgl. Reinganum (1981a), S. 395 und Hall (1994), S. 269.

[114] Diese Phänomen wird auch als *rent-grabbing effect* bezeichnet (vgl. Beath/Katsoulacos/Ulph (1995), S. 167).

[115] Vgl. Reinganum (1981a), S. 395. Die ökonomische Begründung des Phänomens sinkender Kosten bei späterer Übernahme sind allgemein gehalten: "...the discounted sum of purchase price and adjustment costs may decline with the lengthening of the adjustment process as various quasi-fixed factors become more easily variable." (Reinganum 1981a, S. 395). Nach Quirmbach (1986, S. 34) wird die Erklärung Reinganums der zentralen Bedeutung dieses Zusammenhangs für das Modell nicht gerecht. Beath/Katsoulacos/Ulph (1995, S. 167) führen Lerneffekte und inkrementelle Verbesserungen der Technologie als Auslöser für niedrigere Kosten einer späteren Technologieübernahme an. Eine explizite Formalisierung des Konzeptes des *learning by doing* von Arrow (1962) zur Generierung einer s-förmigen Diffusionskurve liefern Jovanovic/Lach (1989). Sie abstrahieren allerdings völlig vom spieltheoretischen Rahmen des strategischen Verhaltens der Akteure. Insgesamt kann die Kritik Quirmbachs daher nicht aufrecht erhalten werden.

In einem ersten Schritt läßt sich ein derartiges Szenario in einem Duopol mit zwei identischen Unternehmen formalisieren (Reinganum 1981 a), das in einem zweiten Schritt auf *n* Unternehmen erweitert wird (Reinganum 1981b). Im Duopol existieren unterschiedliche Profitraten π_1, π_2 und π_3 für die beiden Unternehmen in verschiedenen Spielverläufen und –perioden. Sie hängen davon ab, zu welchem Zeitpunkt und in welcher Reihenfolge die Neuerung übernommen wird. *Tabelle 3.1* faßt die möglichen Fälle zusammen. T_1 bezeichnet den Zeitpunkt, zu dem das Unternehmen 1 die Innovation übernimmt, in T_2 nutzt das Unternehmen 2 die neue Technologie.

Tabelle 3.1: Profitraten aus der Technologieübernahme bei unterschiedlichen Übernahmezeitpunkten im Modell von Reinganum

Szenario	*Profitrate für Unternehmen* 1	*Profitrate für Unternehmen* 2	*Formalisierung*
Keines der beiden Unternehmen hat die Innovation übernommen	π_0	π_0	$0 \le t \le \min\{T_1, T_2\}$
Spieler 1 hat die neue Technologie übernommen, Spieler 2 jedoch nicht	π_1	π_2	$T_1 \le t < T_2$
Spieler 2 hat die neue Technologie übernommen, Spieler 1 jedoch nicht	π_2	π_1	$T_2 \le t < T_1$
Beide Unternehmen nutzen die Innovation	π_3	π_3	$\infty > t \ge \max\{T_1, T_2\}$

Quelle: in Anlehnung an Reinganum (1981a), S. 396.

Im Zeitpunkt $t = 0$ produzieren beide Unternehmen mit der Profitrate $\pi = 0$. Jenes Unternehmen, das die Innovation zuerst übernimmt, unterliegt während der alleinigen Nutzung der neuen Technologie der Profitrate π_1, während sich der Konkurrent mit der geringeren Profitrate π_2 begnügen muß. Im neuen Gleichgewicht produzieren beide Unternehmen mit der Innovation und erhalten den identischen Ertrag π_3.

Die Profitraten in *Tabelle 3.1* ergeben sich ausschließlich aus der kostensenkenden Wirkung der Technologieübernahme. Die Übernahmekosten der neuen Technologie sind noch nicht berücksichtigt. Sie fallen in Höhe von *c(t)* an. Es wird angenommen, daß sie im Zeitablauf mit abnehmender Rate sinken, da Lerneffekte und inkrementelle Verbesserungen auftreten sowie quasi-fixe Kostenbestandteile variabel werden. Mit zunehmender Übernahmedauer, das bedeutet bei der spezifischen Definition der Technologieübernahme bei einem späteren Übernahmezeitpunkt, sinken die Installations- und Anpassungskosten, wobei ausgeschlossen wird, daß die Übernahmekosten durch Aufschieben der

Übernahme unendlich stark gesenkt werden können.[116] Es existiert daher eine optimale Anpassungsperiode. Die Nutzenfunktion $V^1(T_1, T_2)$ für das Unternehmen *1* ist damit in Form von Gleichung (3.56) gegeben. Die Gewinnfunktion $g^1(T_1, T_2)$ gilt dann, wenn Unternehmen *1* die Innovation vor Unternehmen *2* übernimmt. Im umgekehrten Fall wird der Gewinn des Unternehmens *1* durch $g^2(T_1, T_2)$ beschrieben.

$$(3.56) \qquad V^1(T_1,T_2) = \begin{cases} g^1(T_1,T_2) & \text{wenn } T_1 \leq T_2 \\ g^2(T_1,T_2) & \text{wenn } T_1 > T_2 \end{cases}$$

Die Gewinnfunktionen $g^1(T_1, T_2)$, wenn das Unternehmen *1* vor Unternehmen *2* die Innovation übernimmt, und $g^2(T_1, T_2)$ für den umgekehrten Fall werden durch die Profitraten der *Tabelle 3.1*, d.h. von den spezifischen Ertragszuwächsen abhängig von der jeweiligen Übernahmekonstellation und den Übernahmekosten $c(T)$ bestimmt und durch die Gleichungen (3.57) und (3.58) präzisiert:

$$(3.57) \qquad g^1(T_1,T_2) = \int_0^{T_1} \pi_0\, e^{-rt}\, dt + \int_{T_1}^{T_2} \pi_1\, e^{-rt}\, dt + \int_{T_2}^{\infty} \pi_3\, e^{-rt}\, dt - c(T_1)$$

$$(3.58) \qquad g^2(T_1,T_2) = \int_0^{T_2} \pi_0\, e^{-rt}\, dt + \int_{T_2}^{T_1} \pi_2\, e^{-rt}\, dt + \int_{T_1}^{\infty} \pi_3\, e^{-rt}\, dt - c(T_2)$$

Wegen der Symmetrie des Spiels gelten für das zweite Unternehmen analoge Nutzen- und Gewinnfunktionen, z.B. $V^2(T_2,T_1) \equiv V^1(T_1,T_2)$. Für einen gegebenen Übernahmezeitpunkt des zweiten Spielers T_2 sind die Nutzenfunktionen des ersten Spielers $g^1(T_1, T_2)$ und $g^2(T_1, T_2)$ strikt konkav. Dadurch wird es möglich, jeweils einen ertragsmaximalen Übernahmezeitpunkt T^* und ein T^{**} zu ermitteln, der für den ersten Spieler $g^1(T_1, T_2)$ respektive $g^2(T_1, T_2)$ für einen gegebenen Übernahmezeitpunkt des zweiten Spielers T_2 maximiert.

In Abhängigkeit des Übernahmezeitpunkts des Konkurrenten existieren daher zwei optimale Übernahmezeitpunkte gemäß des Gewinnzuwachses aus der Technologieübernahme und der Übernahmekosten, wie aus *Abbildung 3.4* deutlich wird. In T^* übernimmt Unternehmen *1* die Technologie zeitlich vor Unternehmen *2*, in T^{**} nach Unternehmen *2*. Dieser Zusammenhang wird in *Abbildung 3.5* dargestellt.

[116] Vgl. Reinganum (1981b), S. 620.

Abbildung 3.4: Gewinnmaximale Übernahmezeitpunkte T* und T**

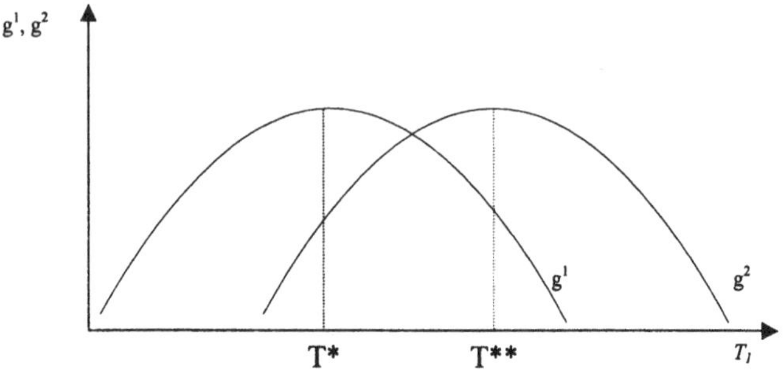

Quelle: nach Reinganum (1981a), S. 401.

Die Ertragsmaximierungsüberlegung ist aufgrund der möglichen Gewinnsituationen maßgeblich davon beeinflußt, welcher Spieler die Innovation zuerst anwendet. Der andere Spieler befindet sich jeweils in einer Situation, in der er die Extraprofite der Erstübernahme nicht realisieren kann. Im gleichen Zeitpunkt wie sein Gegenüber oder kurz danach die Innovation zu übernehmen ist irrational, da hohe Übernahmekosten ohne Extraprofit gemäß Gleichungen (3.57) und (3.58) eine schlechte Ertragssituation bedingen. Die Gewinnfunktion unter der Nebenbedingung, der zweite Anwender zu sein, ist dann maximal, wenn der Spieler die Innovation übernimmt, wenn die Installationskosten im Zeitablauf (aufgrund der Lerneffekte etc.) ausreichend stark gesunken sind. Daraus kann eine optimale Reaktionsstrategie auf das Verhalten des Konkurrenten entwickelt werden, die durch die zwei Maxima in *Abbildung 3.5* repräsentiert werden. Es läßt sich beweisen, daß zwei Nash-Gleichgewichte existieren, bei denen entweder der erste Spieler oder der zweite Spieler jeweils früher als der andere die Neuerung übernimmt.[117] Die Spielstrategien sind in *Abbildung 3.5* graphisch dargestellt, wobei $\phi_1(T_2)$ und $\phi_2(T_1)$ jeweils als die optimale Reaktion des Spielers *i* auf das Übernahmeverhalten des Konkurrenten definiert ist. Nicht feststellbar ist hingegen, welches Unternehmen als erstes und welches nachfolgend die Innovation übernehmen wird. Aus der zeitlichen Abfolge der Übernahme ergibt sich ein zeitintensiver Diffusionsprozeß.

[117] Vgl. Reinganum (1981a), S. 198ff.

Abbildung *3.5*: Nash-Gleichgewichte der Technologieübernahme im Duopol

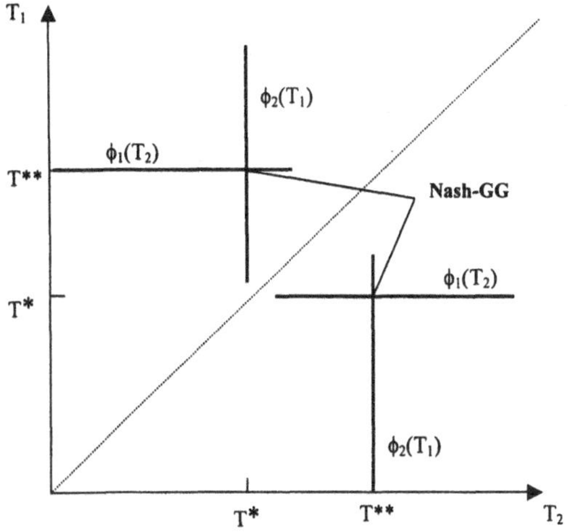

Quelle: nach Reinganum (1981a), S. 402.

Eine echte Diffusion liegt erst dann vor, wenn, wie in der zweiten Stufe des Modells, mehr als zwei Spieler analysiert werden. Dann existieren *n! Nash*-Gleichgewichte, in denen jeweils in einer Reihenfolge die Unternehmen die Innovation nacheinander übernehmen.[118] Die Folge ist ein zeitintensiver Diffusionsprozeß. Allerdings kann die typische S-Förmigkeit aus dem spieltheoretischen Ansatz nicht direkt abgeleitet werden. Auch Aussagen darüber, welches der identischen Unternehmen zu einem bestimmten Zeitpunkt die Innovation übernimmt, können nicht getroffen werden.[119] Dennoch läßt sich in diesem Modellrahmen zeigen, daß die Ausbreitung neuer Technologien auch dann einen zeitraubenden Prozeß darstellt, wenn eine Welt aus identischen Akteuren und perfekten Information zugrunde gelegt wird. Das wichtigste stilisierte Faktum ist somit auch durch strategisches Verhalten erklärbar.

In Reinganums Modellrahmen sinkt der gleichgewichtige Nutzen, den ein Unternehmen aus der Technologieübernahme erhält, monoton mit dem Rang des Unternehmens in der Reihenfolge der Übernahme.[120] Dies ist gleichbedeutend mit dem Rückgang der Erträge aus der Übernahme mit zunehmender Zahl der

---

[118] Vgl. Reinganum (1981b), S. 622 und Fudenberg/Tirole (1985), S. 385.
[119] Vgl. Beath/Katsoulacos/Ulph (1995), S. 167f.
[120] Vgl. Fudenberg/Tirole (1985), S. 385.

Anwender[121], und als negativer Netzwerkeffekt daher vergleichbar mit Netzwerkexternalitäten, bei denen ein positiver Effekt steigender Erträge aus der zunehmenden Zahl der Anwender entsteht.[122] Daraus läßt sich ebenfalls die typische zeitintensive sektorale Diffusion ableiten.[123]

3.1.3.2 Kritik und Weiterentwicklungen des Standardmodells

Im wesentlichen sind zwei Kritikpunkte am spieltheoretischen Standardmodell anzumerken. Der erste Punkt bezieht sich auf das Konzept der Selbstbindung (*precommitment*), nachdem alle Unternehmen zum Zeitpunkt des ersten Auftretens der Innovation in $t = 0$ ihren Übernahmezeitpunkt festlegen. Zwar wird ihre Nutzenfunktion vom Verhalten der Konkurrenten determiniert, da sie aber die Übernahme zum selben Zeitpunkt festlegen, können die Unternehmen auf die Entscheidungen der Konkurrenten nicht reagieren. Echte strategische Interaktion wird durch diese Annahmen unterdrückt.[124] Sogar völlig ohne das strategische Verhalten des spieltheoretischen Rahmens weisen Boyan Jovanovic und Saul Lach (1989) nach, daß *learning by doing* in der Tradition Arrows (1962) zusammen mit *spill over* Effekten bei identischen Akteuren eine s-förmige Diffusionskurve erzeugen kann.

Der Modellrahmen von Reinganum eignet sich jedoch, vom *precommitment* abzurücken und explizite Reaktionen der Spieler auf das Verhalten der Konkurrenten zuzulassen. Drew Fudenberg und Jean Tirole (1985) entwickeln das Standardmodell der Spieltheorie zur Technologiediffusion in diese Richtung weiter. Danach sind Informationslücken, die eine Reaktion auf das Verhalten der Konkurrenten verhindern, verantwortlich für das *precommitment*. Die reziproke Annahme des Fehlens solcher Informationslücken läßt eine unmittelbare Antwort auf das Verhalten der Wettbewerber zu.[125] Unternehmen haben dann die Möglichkeit zur präventiven Übernahme der Technologie (*preemtive adoption*), um einem Konkurrenten zuvorzukommen. Rational ist eine solche Entscheidung immer dann, wenn, wie im Standardmodellrahmen und auch hier, eine frühe Übernahme einen höheren Nutzen mit sich bringt (ungeachtet der Möglichkeit,

---

[121] Vgl. Karshenas/Stoneman (1993), S. 504.

[122] Vgl. Beath/Katsoulacos/Ulph (1995), S. 171 und Reinganum (1989), S. 900.

[123] Siehe hierzu Abschnitt 3.1.4.

[124] Vgl. Fudenberg/Tirole (1985), S. 386, die kritisieren, daß "while precommitment equlibria in general fail to capture what is meant by 'strategic behaviour', in this instance, they seem especially suspect. The firm which is able to precommit itself to adopt first does best, yet any firm can adopt first in equilibrium. The strategic interactions suppressed by precommitment would resurface in a competition to be the first to precommit."

[125] Vgl. Fudenberg/Tirole (1985), S. 384.

daß eine späte Übernahme zu geringeren Übernahmekosten führt). Eine Konsequenz aus dieser Annahme ist eine schnellere Diffusion der Technologie.[126]

Noch einen Schritt weiter geht der zweite Kritikpunkt. Es läßt sich argumentieren, daß im spieltheoretischen Standardmodell nicht das strategische Verhalten die zeitintensive Diffusion generiert, sondern vielmehr die sich im Zeitablauf verändernden Nutzen und Kosten der Diffusion die entscheidenden Determinanten des Modells darstellen.[127] Reinganum interpretiert das Modell dahingehend, daß das "asymmetrische" Ergebnis, im Sinne zeitintensiver Diffusionsprozesse bei verschiedenen Übernahmezeitpunkten der Akteure, im "symmetrischen" Spielaufbau (identische Spieler) durch strategisches Verhalten bedingt sei. Im Kontext des zweiten Kritikpunktes wird jedoch gezeigt, daß das "asymmetrische" Ergebnis jedoch vielmehr als Folge von Asymmetrien in den Gewinnstrukturen der Unternehmen auftritt.[128] Zugleich führt diese Sichtweise zu weitergehenden Schlußfolgerungen. Denn der Diffusionsverlauf ist nicht durch das strategische Verhalten in einer spieltheoretischen Welt entstanden, sondern vielmehr durch *heterogene* Unternehmen, die sich verschiedenen Profitsituationen ausgesetzt sehen und daher aus rationalen Erwägungen unterschiedliche Übernahmezeitpunkte wählen. Damit rückt auch der spieltheoretische Rahmen, der von der Annahme der Homogenität potentieller Technologieanwender ausgegangen ist, in die Nähe des differenzenbasierten *Probit*-Ansatzes. Zwar läßt sich nicht von einer *Ex-ante*-Heterogenität, dem konstituierenden Merkmal des *Probit*-Anatzes, sprechen, aber eine *Ex-post*-Heterogenität der Wirtschaftssubjekte ist Gegenstand dieses Prozesses.[129] Es wird die Sichtweise gestärkt, daß Reinganums Standardmodell negative Externalitäten aus der Technologieübernahme beschreibt. Das Analogon der positiven Externalitäten im Sinne von steigenden Erträgen aus der Technologieübernahme wird im Abschnitt 3.1.4 diskutiert. Zunächst jedoch scheint es vorteilhaft, in einem Exkurs die Frage der *ex-ante* und *ex-post* Heterogenität bei Unsicherheit näher zu beleuchten.

---

[126] Vgl. Hall (1994), S. 270.

[127] Vgl. Quirmbach (1986), S. 36 und 42.

[128] Vgl. Quirmbach (1986), S. 42. Der Begriff der Asymmetrie wird in diesem Zusammenhang synonym mit dem Begriff der Heterogenität verwendet, wie er z.B. im *Probit*-Ansatz gebraucht wird.

[129] Vgl. Quirmbach (1986), S. 34 und Reinganum (1989), S. 900.

3.1.3.3 *Exkurs*: Ein Modell *ex-ante* homogener Akteure mit Unsicherheit

Die Diskussion des Modells von Reinganum zeigt, daß die Annahme identischer potentieller Anwender eines der grundlegenden Merkmale des spieltheoretischen Ansatzes ist. Dennoch wird deutlich, daß in spieltheoretischen Ansätze die Ausbreitung neuer Technologien nicht zwingend aufgrund strategischen Handelns generiert wird, sondern daß auch hier heterogene Akteure, wie sie für den *Probit*-Ansatz kennzeichnend sind, den Diffusionsverlauf prägen. Allerdings existieren diese Differenzen im spieltheoretischen Ansatz, insbesondere bei Reinganum, nicht unabhängig von der Diffusion bzw. der Technologie, sondern entstehen im Verlauf der Technologieübernahme. Die Heterogenität der Unternehmen ist daher endogen und *ex-post*, im Gegensatz zum *Probit-Ansatz* mit exogenen, *ex-ante* existierenden Differenzen.

Die beiden Kriterien der Endogenität und der *ex-post* entstehenden Differenzen sind konstituierende Merkmale eines Modells von Bhattacharya, Chatterjee und Samuelson (1986), das in seinem Aufbau daher mit dem spieltheoretischen Standardmodell von Reinganum identisch ist. Es enthält in seiner Grundform zunächst keine spieltheoretischen Anlagen, strategische Interaktionen lassen sich aber berücksichtigen.[130] Mit Hilfe dieses Modells läßt sich der spieltheoretische Aufbau identischer Akteure mit dem Modell von Jensen (1982) vergleichen, das als entscheidungslogische Fundierung des *Probit*-Ansatzes in Abschnitt 3.1.2.4 vorgestellt wurde. Sowohl im Modell von Bhattacharya *et al.* als auch im Ansatz von Jensen haben die Unternehmen mit der Unsicherheit der zukünftigen Profitabilität der neuen Technologie zu kämpfen. Im Modell von Jensen erhalten sie pro Periode, in der die Technologie noch nicht übernommen wurde, (für alle identische) Informationen aus externen Quellen wie z.B. von Herstellern, aus Journalen und ähnlichem. Aufgrund der unterschiedlichen anfänglichen *ex-ante* Erwartungen der Unternehmen bezüglich der Profitabilität der Innovation existieren unterschiedliche Übernahmezeitpunkte und daher eine zeitintensive Diffusion der Innovation. Das Modell von Bhattacharya *et al.* weist konträre Eigenschaften auf. Die Autoren gehen von identischen anfänglichen Einschätzungen der unsicheren Profitabilität der Innovation aus. Im Zeitablauf sammeln Unternehmen Informationen aufgrund interner Quellen wie eigene F&E- Anstrengungen, so daß sich im weiteren Diffusionsverlauf differierende unternehmensspezifische Einschätzungen der Profitabilität herausbilden. Daher besteht eine *ex-post* Heterogenität der Unternehmen, die zu unterschiedlichen Übernahmezeitpunkten führt.[131] Sowohl Jensen als auch Bhattacharya *et al.*

[130] Vgl. Bhattacharya/Chatterjee/Samuelson (1986), S. 220.

ten führt.[131] Sowohl Jensen als auch Bhattacharya *et al.* beschreiben das gleiche Phänomen, nämlich die entscheidungslogische Fundierung des sektoralen Diffusionsprozesses unter Unsicherheit.

In der formalen Grundstruktur des Modells von Bhattacharya *et al.* stehen einem Unternehmen grundsätzlich drei Möglichkeiten zur Auswahl, auf das Auftreten einer Prozeßinnovation mit unsicherer Profitabilität zu reagieren. Entweder übernimmt es unverzüglich und irreversibel die Innovation. Oder das Unternehmen lehnt die Übernahme der neuen Technologie unwiderruflich ab. Schließlich kann das Unternehmen die Übernahmeentscheidung zurückstellen, um weitere Forschung über die Profitabilität vorzunehmen und Informationen zu gewinnen, die möglicherweise die Wahrscheinlichkeit der Übernahme einer unprofitablen Innovation bzw. die Ablehnung einer profitablen Innovation abbaut. Es entstehen hierbei Forschungskosten in Höhe von c. Die Innovation läßt sich durch den Ertragswert[132] der Übernahme beschreiben. Er kann durch eine normalverteilte Zufallsvariable Z beschrieben werden, deren Mittelwert μ unbekannt und deren Varianz σ^2 als Ausmaß der Unsicherheit bekannt ist. Der Ertrag aus der Übernahme der Innovation ist dann durch kZ gegeben.[133]

Die Strategie des Unternehmens besteht darin, den erwarteten Ertrag abzüglich der Kosten zu maximieren.[134] Das Unternehmen hat anfänglich eine Einschätzung der Profitabilität in Form eines bestimmten Mittelwerts μ_0 und der Varianz σ_0^2. Sofern eine Übernahmeentscheidung zurückgestellt wird und F&E-Bemühungen getätigt werden, lassen sie sich als Experiment darstellen, das zur Realisation der Zufallsvariablen Z in Bezug auf μ führt. Kann in jeder Periode t ein Experiment durchgeführt werden, ermittelt das Unternehmen auf diese Weise nach t Perioden ebenso viele unabhängige Realisationen von Z.[135] Aktualisiert

---

[131] Dieses Szenario bildet das Grundmodell. Es kann erweitert werden, indem die F&E-Aktivitäten eines Unternehmens Einfluß auf die Informationen anderer Unternehmen haben (*spill overs* , ähnlich den Externalitäten des endogenen Wachstums in der Neuen Wachstumstheorie) oder wenn die Zahl der bisherigen Anwender Einfluß auf die Profitabilität der Übernahme hat (in der Theorielinie von Reinganum und den Pfadabhängigkeitsmodellen).

[132] Der Ertragswert ist definiert durch die Gewinne aus der Übernahme abzüglich der Installationskosten (vgl. Bhattacharya/Chatterjee/Samuelson (1986), S. 221). Implizit wird damit angenommen, es läge eine in Maschinen bzw. Kapital verkörperte Prozeßinnovation vor.

[133] Die Variable k fungiert als Skalenvariable und Multiplikator, da die Innovation über viele Perioden hinweg genutzt wird.

[134] Da die Übernahmekosten schon in X enthalten sind, handelt es sich bei diesen Kosten um die Forschungsaufwendungen c.

[135] Diese Realisationen $Z_1, Z_2,... Z_t$ werden durch den Term $\sum_{i=1}^{t} Z_i \equiv Z(t)$ ausgedrückt.

das Unternehmen die ursprüngliche Einschätzung nach Bayes'schen Regeln[136], dann repräsentieren Gleichung (3.59) und (3.60) den Mittelwert und die Varianz von Z nach t Perioden:

$$(3.59) \qquad \mu_t = \frac{\mu_0 \sigma_0^{-2} + \sigma^{-2} Z(t)}{\sigma_0^{-2} + t\sigma^{-2}} \qquad \text{und}$$

$$(3.60) \qquad \sigma_t^2 = \frac{1}{\sigma_0^{-2} + t\sigma^{-2}}.$$

Damit kann das Optimierungsproblem mittels Approximation an einen Gauss`schen Diffusionsprozeß gelöst werden. Für kleine Forschungskosten c relativ zur Skalenvariablen k, d.h. für ein großes Verhältnis k/c, bei einer großen Anzahl von Perioden t ergibt sich folgende optimale Entscheidungsregel:

$$(3.61) \qquad \text{Falls } \mu_0 \frac{\sigma^2}{\sigma_0^2} + Z(t) \geq \frac{k}{4c(\sigma_0^{-2} + t\sigma^{-2})} \qquad \text{übernehme die Innovation,}$$

$$(3.62) \qquad \text{falls } \mu_0 \frac{\sigma^2}{\sigma_0^2} + Z(t) \leq \frac{-k}{4c(\sigma_0^{-2} + t\sigma^{-2})} \qquad \text{lehne die Innovation ab,}$$

ansonsten warte ab und experimentiere weiter.

Danach sollte zu jedem Zeitpunkt t die Innovation dann übernommen werden, wenn die kumulierten Ergebnisse der Experimente die ursprüngliche Ansicht über die mittlere Profitabilität über einen Schwellenwert gehoben haben. Hingegen sollte die Innovation abgelehnt werden, wenn die kumulierten Ergebnisse die Schätzung unter einen Schwellenwert gedrückt haben.[137] Die Schwellenwerte sind so beschaffen, daß eine optimale Balance zwischen dem Risiko einer falschen Entscheidung und den Kosten der Weiterführung der Forschung erreicht wird. Eines der interessantesten Ergebnisse ist der betragsmäßige Rückgang der Schwellenwerte im Zeitablauf.[138] Die Präzision der Information aus den Experimenten steigt mit der Zeit und verringert dadurch die Unsicherheit bzw. das Risiko einer falschen Entscheidung. Die Unternehmen lernen im Zeitablauf. Diese Lerneffekte können *learning by experimenting* genannt werden.

---

[136] Das Modell entspricht der schon beschriebenen Kategorie jener Ansätze, die Lernen unter Unsicherheit in den Mittelpunkt der Analyse rücken.

[137] Zwei ganz ähnliche Schwellenwerte errechnet McCardle (1985) in seiner Erweiterung des Jensen-Modells. Er führt kostenbehaftete Informationen ein. Hier sind die Informationskosten in Form von F&E-Anstrengungen ebenfalls nicht kostenlos. Daß eine analoge Entscheidungsregel auftritt, ist somit aufgrund des ähnlichen Modellaufbaus zu erwarten.

[138] Bhattacharya/Chatterjee/Samuelson (1986), S. 223.

Aus diesem unternehmensindividuellen Optimierungsverhalten kann nun die sektorale bzw. branchenweite Diffusion der Innovation hergeleitet werden, wobei zunächst eine gegenseitige Interaktion der potentiellen Übernehmer ausgeschlossen wird.[139] Das Modell ist mit einer Diffusionskurve, die den stilisierten Fakten entspricht, kompatibel und kann daher als entscheidungstheoretische Grundlage der Technologiediffusion herangezogen werden.[140] Im Gegensatz zu Jensen (1982) haben die Unternehmen dieselben anfänglichen Einschätzungen über die Innovation und sind damit *ex-ante* homogen. Die zeitlich gestreckte Übernahme entsteht durch die unterschiedlichen Ergebnisse der unternehmensspezifischen F&E-Anstrengungen. Bhattacharya *et al.* erhalten zudem folgende Ergebnisse, die zum Teil schon in den epidemischen Modellen angenommen, aber nicht immer bewiesen wurden:

- Ein Anstieg der mittleren Profitabilität μ beschleunigt die Diffusion.
- Ein Anstieg der Relation c/k, d.h. ein relativer Anstieg der Forschungskosten im Vergleich zum Multiplikator der Erträge bei Übernahme der Innovation, verlängert den Zeitraum, bis die Technologie zum ersten Mal angewandt wird, beschleunigt aber den darauffolgenden Diffusionsprozeß.
- Eine Reduktion von σ^{-2}, d.h. eine Verringerung der Unsicherheit, führt zu einer schnelleren Diffusion, da daraus eine höhere Präzision der Forschungsexperimente folgt.

Das Modell von Bhattacharya *et al.* ist somit ebenfalls in der Lage, die Diffusion einer Prozeßinnovation bei Unsicherheit und homogenen Akteuren zu beschreiben. *Ex post* kommt es zu einer Differenzierung der Unternehmen aufgrund der unterschiedlichen Informationen, die sie durch ihre Forschung erhalten. Daher übernehmen sie die neue Technologie zu unterschiedlichen Zeitpunkten.

Am Vergleich zwischen Jensen und Bhattacharya *et al.* lassen sich die Gemeinsamkeiten und Unterschiede der neoklassischen Modelle mit Lernverhalten gut darstellen. *Tabelle 3.2* zeigt diese Gegenüberstellung. Die neoklassische Erklärungswelt der Unsicherheit wird durch Lernen nach Bayes'schen Regeln formalisiert. Der entscheidende Unterschied zwischen den beiden Modellen besteht in

---

[139] Die Profitabilität hängt nicht von der Zahl bzw. vom Anteil derjenigen Unternehmen ab, die schon eine Übernahme- bzw. Ablehnungsentscheidung getroffen haben.

[140] Das Modell ist nicht in der Lage, wie Jensen (1982) direkt aus der Entscheidungsregel für ein einzelnes Unternehmen die Diffusionskurve für eine Vielzahl von Unternehmen zu entwickeln, da die Entscheidungsregel keine kumulative Verteilungsfunktion darstellt, sondern aus stochastischen Realisationen der Zufallsvariablen Z entsteht. Die Autoren legen daher eine typische logistische Diffusionskurve zugrunde und schätzen dann das Modell für verschiedene Ausprägungen von μ, σ^{-2}, c und k. Insofern kann, wie auch bei Reinganum, direkt aus dem Modell nur die zeitintensive Diffusion abgeleitet werden.

zweierlei Hinsicht. Zum ersten sind die anfänglichen Erwartungen der Akteure in völlig unterschiedlicher Art und Weise modelliert.

Tabelle 3.2: Vergleich der Modelle von Jensen und Bhattacharya *et al.*

Jensen (1982)	Bhattacharya *et al.* (1985)
• Differenzenbasiertes Modell - *ex-ante* Heterogenität der Unternehmen - unterschiedliche anfängliche Beurteilung der Profitabilität der Innovation	• Spieltheoretischer Modellrahmen - ex-ante Homogenität der Unternehmen - identische anfängliche Beurteilung der Profitabilität der Innovation
• *Externer*, für alle identischer Informationsfluß durch FuE	• *Interner*, privater Informationsfluß durch FuE
• Diffusion / unterschiedliche Übernahmezeitpunkte wegen - heterogener Erwartungen - identischer Lernerfahrungen	• Diffusion / unterschiedliche Übernahmezeitpunkte wegen - identischer Erwartungen - heterogener Lernerfahrungen
➔ *Ex-ante* Heterogenität ➔ **Spill over, Externalitäten**	➔ *Ex-post* Heterogenität

Quelle: eigene Darstellung

Während Jensen gemäß dem differenzenbasierten Ansatz von der Heterogenität der Unternehmen in ihren Einschätzungen ausgeht, übernehmen Bhattacharya *et al.* den spieltheoretischen Rahmen der völligen Homogenität dieser Erwartungen. Während der Lernmechanismus grundsätzlich identisch ist, liegt der zweite wichtige Unterschied in den Annahmen über die Ausbreitungsmöglichkeiten der gewonnenen zusätzlichen Informationen. Jensen geht davon aus, daß Informationen außerhalb des Unternehmens entstehen und damit auch allen Unternehmen zur Verfügung stehen. Aufgrund dieser Externalitäten und *spill overs* haben alle Unternehmen identische Lernerfahrungen. Bhattacharya *et al.* hingegen gehen davon aus, daß kein Informationsfluß zwischen den Unternehmen besteht. Im Zeitablauf differieren also die Unternehmen, da sie unterschiedliche Lernerfahrungen machen. Daher kommt es zu einer *ex post* Heterogenität der potentiellen Anwender.

Der Vergleich der Modelle, die das Lernverhalten von potentiellen Technologieanwendern untersuchen, zeigt die grundsätzliche Schwierigkeit, eine umfassende Theorie der Technologiediffusion zu entwickeln. Eine Vielzahl zum Teil gegenläufiger Effekte wie Lernen, Unsicherheit, heterogene Unternehmen, Investitionskosten usw. haben Einfluß auf die Diffusion.[141] Wie die bisher diskutierten Modellvarianten sowohl im epidemischen als auch im differenzenbasierten Ansatz zeigen, können diese Prozesse unabhängig voneinander sigmoide Diffusi-

---

[141] Cabe (1991, S. 272) bezeichnet die Darstellung der einzelnen einem Diffusionsprozeß zugrundeliegenden Prozesse treffend als "a catalog of diffusion processes".

onskurven erzeugen. Die fundamentale Kritik, daß in der Realität wohl kaum einzelne Diffusionsprozesse mit *ceteris paribus*-Bedingungen auftreten, sondern daß viele der genannten Effekte gleich- und wechselseitig am Werke sind[142], kann damit aber nicht überwunden werden.

3.1.3.4 Zusammenfassung

Spieltheoretische Modelle der Technologiediffusion zeigen auf, wie durch strategisches Verhalten und Interdependenzen zwischen den Akteuren unterschiedliche Übernahmezeitpunkte und damit zeitintensive Diffusionsverläufe von neuen Technologien entstehen können. Es bedarf hierzu nicht zwingend der Annahmen der Heterogenität der potentiellen Anwender aus dem differenzenbasierten Ansatz, vielmehr sind die typischen neoklassischen Annahmen des *Probit*-Ansatzes hier auch mit homogenen Akteuren vereinbar. Es zeigt sich jedoch die Schwierigkeit, diese beiden als neoklassisch bezeichneten Theoriestränge eindeutig voneinander zu trennen. Einige Dynamiken wie z.B. privates Lernen durch systematische Forschungs- und Entwicklungsleistung können aus *ex-ante* homogenen Akteuren *ex-post* heterogene Wirtschaftssubjekte schaffen. Die spieltheoretischen Ansätze verdeutlichen, daß das Verhalten der einzelnen potentiellen Anwender neuer Technologien und insbesondere die Interdependenzen dieser Verhaltensweisen entscheidenden Einfluß auf den Diffusionsverlauf nehmen können. Die Facetten strategischen Verhaltens sind daher nicht zu vernachlässigende Determinanten der Technologiediffusion.[143] An dieser Stelle bietet es sich an, zusätzlich zum abschließenden Kommentar zu den spieltheoretischen Modelle die gesamte Bandbreite gleichgewichtiger Diffusionsansätze zu würdigen, wie sie in den Abschnitten 3.1.1 bis 3.1.3 vorgestellt wurden. In *Tabelle 3.3* sind daher die neoklassischen Gleichgewichtsansätze, d.h. differenzenbasierte und spieltheoretische Modelle, zusammen mit den epidemischen Ansätzen systematisiert. Es kann einerseits zwischen der Heterogenität und Homogenität der potentiellen Anwender unterschieden werden, andererseits zwischen der exogenen oder endogenen Steuerung der Diffusionsdynamik. Unter den exogenen Variablen sind vor allem Veränderungen spezifischer marktlicher, regionaler oder Unternehmenscharakteristika (wie Unternehmens- bzw. Produktionsgröße etc.) und Veränderungen der Inputpreise hervorzuheben. Diese Determinanten werden in den Standardmodellen des differenzenbasierten bzw. *Probit*-Ansatzes subsumiert und setzen heterogene potentielle Anwender voraus.

---

[142] Vgl. z.B. Stoneman (1987), S. 154 oder Griliches (1957), S. 1464.

[143] Bei der Diskussion von Netzwerkexternalitäten als Bestimmungsgründe des Diffusionsverlaufs wird ebenfalls die Bedeutung der Interdependenzen zwischen den Handlungsoptionen der Wirtschaftssubjekte deutlich.

Darüber hinaus stellt das Wachstum der Endnachfrage eine weitere exogene Diffusionsdynamik für Prozeß- und Produktinnovationen dar.

Die Informationsausbreitung, die im epidemischen Ansatz in Form persönlicher Kontakte thematisiert wird, ist eine wichtige exogene Variable des Diffusionsprozesses, wenn von identischen Anwendern ausgegangen wird. Interdependenzen zwischen den (homogenen) Anwendern, wie sie in den spieltheoretischen Ansätzen formuliert werden, sind ebenfalls als exogene Diffusionsdynamiken zu charakterisieren.

Tabelle 3.3: Taxonomie der nachfrageseitigen Gleichgewichtsmodelle der Technologiediffusion

		Schlüsselcharakteristik der potentiellen Anwender	
		heterogen	*homogen*
Art der Diffusionsdynamik	*exogen*	Diffusion vorangetrieben durch: - Wachstum der Endnachfrage [a] - Veränderung der Unternehmens- bzw. Produktionsgröße [b] - Veränderung der Inputpreise [b]	Diffusion vorangetrieben durch: - Informationsausbreitung durch (persönlichen) Kontakt [e] Interdependente potentielle Anwender mit: - *precommitment* (Reinganum '81) [f] - strategische Interaktion (Fudenberg/Tirol '85) [f]
	endogen	Diffusion vorangetrieben durch: - Lerneffekte im Angebot der Innovation (*learning-by-doing*) [c] - Lerneffekte in der Nutzung der Innovation (*learning-by-using*) [c] - Lernen durch F&E (Jensen '82) [d] - Spillover-Effekte, Externalitäten	Diffusion vorangetrieben durch: - Lerneffekte im Angebot der Innovation (*learning-by-doing*) [c] - Lerneffekte in der Nutzung der Innovation (*learning-by-using*) [c] - Lernen durch F&E (Bhattacharay *et al.* '86) [d]

a) Dies betrifft insbesondere Produktinnovationen, aber auch Prozeßinnovationen, wenn die Nachfrage nach dem Endprodukt steigt.
b) "Klassisches" Szenario des *Probit*-Modells.
c) Lerneffekte in diesem Sinn führen zu einer Reduktion der Produktionskosten bzw. einer Erhöhung der Qualität der Innovation.
d) Lernen als geplante Anstrengung zur Erfassung unsicherer (Profitabilitäts-) Eigenschaften der Innovation.
e) Typisches epidemisches Diffusionsmodell.
f) "Klassisches" Szenario des spieltheoretischen Ansatzes.

Quelle: in Anlehnung an Dosi (1991), S. 197, eigene Erweiterung.

Endogene Determinanten der Technologiediffusion kommen vor allem in Form von Lerneffekten, sei es *learning by doing, learning by using* oder F&E-

Anstrengungen, zum Ausdruck. Sind die potentiellen Nutzer heterogen, lösen die Lerneffekte aufgrund ihres Charakters als öffentliches Gut Externalitäten aus, die den Diffusionsprozeß steuern (Jensen 1982). Bei der Annahme homogener Anwender entfallen diese Externalitäten. Lerneffekte führen dann wegen ihres privaten Charakters zu einer *ex-post* Heterogenität (Bhattacharya *et al.* 1985). Solche Lerneffekte weisen darüber hinaus auf die jeder Innovation inhärente Unsicherheit hin. In fast allen diskutierten Modellen wird dieser Bereich erfaßt. Die Relevanz der Unsicherheit steht auch bei der Analyse anderer dynamischer Wirtschaftsprozesse wie z.B. in der Wachstums- oder Konjunkturtheorie im Mittelpunkt des Interesses. Im Kontext der Technologiediffusion entsteht die zeitintensive Ausbreitung von Innovationen häufig wegen der Unsicherheit über die Eigenschaften neuer Technologien. Je schneller potentielle Anwender Sicherheit darüber erhalten, desto schneller können sie Entscheidungen über die Anwendung treffen. Die zeitliche Verteilung technologischer Arbeitslosigkeit hängt demnach entscheidend von den Eigenschaften der Technologie als auch der potentiellen Anwender ab.

Die dargestellten gleichgewichtigen, nachfrageorientierten Diffusionsmodelle neuer Technologien sind überwiegend mikroökonomischer Natur. Gleichwohl weisen sie auf die makroökonomische Dimension der zeitlichen Verteilung möglicher Beschäftigungseffekte von Innovationen hin. Hier können Diffusionstheorien zusätzliche Erkenntnisse bieten. Die Diffusionsgeschwindigkeit hat zentralen Einfluß auf den Zeitpunkt bzw. Zeitraum, in dem technologische Beschäftigungseffekte auftreten. Die unterschiedliche Ausprägung dieser Faktoren wiederum erklärt die unterschiedlich schnelle Diffusion von Innovationen in verschiedenen Industrien, Sektoren und Volkswirtschaften. Damit lassen sich die Ursachen unterschiedlich starker Freisetzungs- und Kompensationseffekte in verschiedenen Sektoren und Volkswirtschaften analysieren.

In *Tabelle 2.3* aus Abschnitt 2.6 wird neben den Gleichgewichtsmodellen ein zweiter Strang von Diffusionsmodellen charakterisiert, der von einem Ausbreitungsprozeß neuer Technologien im Ungleichgewicht ausgeht. Sie sind Gegenstand der folgenden beiden Abschnitte. Die Abgrenzung zwischen gleichgewichtigen und ungleichgewichtigen Diffusionsszenarien ist indes nicht einfach. So könnte, anders als in dieser Arbeit, argumentiert werden, daß dem epidemischen Ansatz ein Ungleichgewicht während des Diffusionsprozesses zugrunde liegt, da den homogenen potentiellen Anwendern aufgrund von Informationsasymmetrien unterschiedliche Übernahmezeitpunkte zugeordnet sind.[144]

[144] Diese Ansicht wird z.B. von Metcalfe (1988, S. 560f.) vertreten.

Es ist jedoch sinnvoller, solche Ansätze als gleichgewichtig zu definieren, die sich entweder ständig im Gleichgewicht befinden bzw. durch eine Sequenz sich verschiebender statischer Gleichgewichte geprägt sind (z.B. neoklassische Modelle) oder die zumindest einem wohldefinierten neuen Gleichgewichtswert zustreben (wie der epidemische Ansatz).[145] Demgegenüber werden ungleichgewichtige Diffusionsmodelle als jene Modelle abgegrenzt, die einerseits die Übergangsdynamik als ungleichgewichtigen Prozeß modellieren und die andererseits kein *a priori* bekanntes eindeutiges neues Gleichgewicht generieren, sondern vielmehr mit multiplen Gleichgewichten assoziiert werden.[146]

Nach der *Tabelle 2.3* werden auch die Ungleichgewichtsansätze, wie es schon für die Gleichgewichtsansätze geschehen ist, nach dem Verhalten der Wirtschaftsakteure unterschieden. Auf der einen Seite sind solche Modelle zusammengefaßt, die den Wirtschaftssubjekten das typische neoklassische Optimierungs- und Maximierungsverhalten unterstellen. Sie problematisieren vor allem das Phänomen der Wahl zweier oder mehrerer konkurrierender Technologien, steigender Erträge der Übernahme, Netzwerkexternalitäten und Pfadabhängigkeiten. Andererseits verbindet eine Klasse von Modellen die makroökonomische Ungleichgewichtstheorie mit dem institutionalisierten Verhalten von Individuen. Dies sind überwiegend evolutorische und Selbstorganisationsmodelle. Der Übergang zwischen Verhaltensweisen, die durch neoklassisches Rationalitätskalkül oder durch gebundene Rationalität (*bounded rationality*) geprägt sind, ist jedoch fließend.

Im folgenden Abschnitt wird die Idee der Netzwerkexternalitäten und der Pfadabhängigkeit im Zusammenhang mit der Diffusion von Innovationen vorgestellt. Da in allen Modellen dieser Kategorie nicht nur eine einzige, sondern mehrere Technologien analysiert werden, bietet es sich an, das Kapitel hauptsächlich im Kontext konkurrierender Technologien vorzustellen. Den evolutorischen Ansätzen ist der übernächste Abschnitt gewidmet.

3.1.4 Konkurrierende Technologien, Netzwerkexternalitäten und Pfadabhängigkeit

3.1.4.1 Grundlagen

Die im bisherigen Verlauf dieses Kapitels angesprochenen Gleichgewichtsansätze, gleich ob epidemisch, differenzenbasiert oder spieltheoretisch, fokussieren

[145] Vgl. zu dieser Sichtweise des epidemischen Ansatzes David (1986), S. 379.
[146] Vgl. Abschnitt 2.6.

die Analyse auf eine einzelne Innovation[147], deren Diffusionsverlauf empirisch nachvollzogen, prognostizierten oder theoretisch begründet werden soll. Diese Vorgehensweise hat durchaus ihre Berechtigung, vertieft sie doch die Erkenntnisse über das einzelwirtschaftliche Übernahmeverhalten bei Auftritt einer neuen Technologie und damit das sektorale oder gesamtwirtschaftliche Ausbreitungsverhalten der Innovation. Gleichzeitig blendet sie jedoch die triviale Tatsache aus, daß eine Innovation in der Regel auf existierende Produkt-, Produktions- und Organisationsstrukturen trifft, gegen die sich die neue Technologie durchsetzen muß.[148] Die Diffusion einer neuen Technologie ist daher im allgemeinen ein Vorgang, der relativ zu bestehenden Technologien zu betrachten ist.[149] Ebenso ist es möglich und vorstellbar, daß Innovationen zur selben Zeit auftreten und sich aus diesem Grunde in einer Konkurrenzsituation zueinander befinden.[150]

Schon bei der Formulierung der stilisierten Fakten der Technologiediffusion wurde erklärt, daß der Ausbreitungsverlauf einer Technologie durchaus rückläufig sein kann und daher die Diffusionskurve eine negative Steigung annehmen kann. Die abnehmende Nutzung einer Technologie wird jedoch immer als Auswirkung der Ausbreitung einer neuen Technologie gedeutet. Diese Sichtweise impliziert daher, daß die Diffusion einer neuen Technologie letztendlich die Substitution einer bestehenden Technologie auslöst. Dies gilt nicht nur für Prozeßinnovationen, für die das Argument leicht nachvollziehbar ist, sondern auch für Innovationen in Form neuer Produkte, bei denen substitutive Produktinnovationen in einem direkten Verdrängungswettbewerb zu existierenden Produkten stehen. Aber auch für additive Produktinnovationen[151] muß der Aspekt der Produktkonkurrenz berücksichtigt werden, da sie über die Budgetrestriktion der Haushalte (und über die allgemeine Gewinnmaximierung der Unternehmen) in indirektem Zusammenhang mit anderen Gütern und Dienstleistungen stehen. Genuin zusätzliche Nachfrage nach neuen Produkten kann nur durch Produktivitätsfortschritte, d.h. technischen Fortschritt in Form von Prozeßinnovationen, bzw. durch Wachstumsprozesse ausgelöst werden.

Die Konkurrenzsituation zwischen alter und neuer Technologie, die beim Auftritt einer Innovation entsteht, wird nicht in allen Modellen zur Technologiediffusion deutlich gemacht. Auch entscheidungslogische Modelle wie von Jensen (1982) oder Bhattacharya *et al.* (1986), die die Analyse der einzelwirtschaftli-

[147] Vgl. Antonelli *et al.* (1992), S. 42 und Stoneman/Kwon (1994), S. 420.
[148] Vgl. Metcalfe (1988), S. 561.
[149] Vgl. Grübler (1991), S. 451.
[150] Vgl. Hall (1994), S. 271.
[151] Vgl. zu den additiven Produktinnovationen Abschnitt 5.3.

chen Übernahmeentscheidung einer neuen Technologie zum Ziel haben, verweisen nicht explizit auf die bestehenden Produktionstechnologien. Einzig der spieltheoretische Analyserahmen, wie in Reinganum (1981a, b) entwickelt, geht explizit von einer gleichgewichtigen Ausgangssituation aus, in der alle Unternehmen mit der aktuellen *best-practice* Technologie produzieren. Allerdings wird der Zusammenhang zwischen der alten und der neuen Technologie nicht weiterverfolgt.

Die Analyse der Technologiediffusion und –entwicklung im Kontext mehrerer Technologien und Innovationen weist einige interessante Besonderheiten auf. So ist zum Beispiel häufig zu beobachten, daß konkurrierende Technologien endogenen Verbesserungen und Produktivitätsforschritten unterliegen. Gemäß dem *sailing ship*-Effekt entwickeln sich etablierte Technologien insbesondere dann weiter, wenn sie mit neuen effizienteren Innovationen konfrontiert werden.[152] Neben solchen Aspekten wird innerhalb der orthodoxen Modelle in verschiedenen Ansätzen versucht, die fehlende Integration mehrerer konkurrierender Technologien zu beheben.[153] Hier aber soll zunächst von diesen beiden Ansätzen abstrahiert werden. Vielversprechender als die Integration konkurrierender oder komplementärer Technologien in die traditionellen Ansätze ist die Analyse des zentralen Zusammenhangs zwischen der Technologie- bzw. Technikwahl einerseits und Netzwerkexternalitäten sowie steigenden Erträgen der Technologie-

---

[152] Vgl. Metcalfe (1988, S. 562 und 1990, S. 27). Das Konzept des Segelschiffes kam erst dann zur technologischen Vollendung, als es längst in (unterlegener) Konkurrenz zum Dampfschiff stand. Ganz ähnlich ist die Entwicklung der Dampflokomotive, deren technologischer Höhepunkt reifte, als sie sich mit den besseren Diesel- und Elektrolokomotiven messen mußte. Vgl. auch Rosenberg (1972), S. 23 und Kline/Rosenberg (1986), S. 285.

[153] Ausgehend von einem *Probit*-Ansatz entwickelt Metcalfe (1988) eine s-förmige Diffusionskurve für mehrere miteinander konkurrierende Technologien (*multi-technology approach*). Für einen kurzen Überblick über diesen Ansatz vgl. auch Antonelli *et al.* (1992), S. 45f. Stoneman (1990), Stoneman/Kwon (1994) und Stoneman/Toivanen (1997) analysieren die Aspekte von komplementär verbundenen Technologien und deren Diffusion. Stoneman (2001), S. 67-77 faßt die Ergebnissse dieser Modelle zusammen. Jensen (1983) versucht in einem entscheidungslogischen Ansatz mit Bayes'schen Lernregeln (ähnlich zu seinem Ansatz in Jensen 1982) die Wahl zwischen zwei Technologien zu formalisieren, von denen nicht bekannt ist, welche von beiden profitabler sein wird. Ähnliches versucht Feder (1982) im agrarökonomischen Bereich. Arthur/Lane (1993) verknüpfen Bayes'sches Lernen, die Wahl zwischen zwei Produktinnovationen mit dem Informationsfluß aus dem persönlichen Kontakt mit Anwendern der Technologien im Sinne des epidemischen Ansatzes. Sie weisen *feedback*-Effekte nach, wenn ein potentieller Anwender sich für jenes Produkt entscheidet, für das er mehr Informationen sammeln kann und wenn die Wahrscheinlichkeit, solche Informationen zu erhalten, von der Zahl der bisherigen Nutzer abhängt. Das Modell stellt daher eine Brücke zwischen den epidemischen Ansätzen und den in diesem Abschnitt diskutierten Netzwerkexternalitäten her.

übernahme andererseits.[154] Vor allem die Informations- und Kommunikationstechnologien, die seit etwa 20 Jahren immer schneller das wirtschaftliche und soziale Leben in unserer Gesellschaft durchdringen und prägen und in Schlagwörtern wie der *new economy* zum Ausdruck kommen, sind von solchen Externalitäten geprägt.[155]

Im ökonomischen Sinn bestehen *Netzwerke* in der Übertragung aus der Graphentheorie aus Wirtschaftssubjekten (Knoten), die untereinander ökonomische Verbindungen, z.B. marktliche Tranksaktionen, unterhalten.[156] Unter dem Begriff *Netzwerkexternalitäten* werden besondere Eigenschaften vieler Technologien subsumiert, die innerhalb ökonomischer Netzwerke in endogene Externalitäten münden. Darunter versteht man im allgemeinen solche externen Effekte, bei denen der Nutzen aus der Technologieanwendung von der Zahl der übrigen Anwender und damit von der aktuellen bzw. erwarteten Größe des Netzwerks abhängt (*direkte* Netzwerkexternalitäten) oder von der Zahl der im Netzwerk nutzbaren Technologien bzw. deren Lerneffekte bestimmt wird (*indirekte* Netzwerkexternalitäten).[157] Modelle, die diesen Sachverhalt abbilden, unterliegen daher steigenden Skalenerträgen der Übernahme bzw. nachfrageseitigen Skaleneffekten.[158] Die Folge solcher Eigenschaften sind positive *feedback*-Effekte und Pfadabhängigkeit, d.h. die Abhängigkeit des Systems von historischen Ereignissen.[159] Trotz des zum Teil unterstellten mikroökonomischen Optimierungsverhaltens der Akteure[160] münden die hier diskutierten Ansätze nicht in eindeutig definierte *steady states*. Vielmehr sind multiple Gleichgewichte möglich, von denen die Monopolstellung einer der Technologien das wahrscheinlichste Szenario darstellt, aber auch Konkurrenzsituationen mit unterschiedlichen Marktanteilen der Innovationen sind möglich.

Netzwerkexternalitäten entstehen sowohl in realen als auch virtuellen Netzwerken. Unter *realen* Netzwerken versteht man Kommunikationsnetze oder auch

---

[154] Vgl. Ayres/Ezekoye (1991), S. 145f.

[155] Netzwerkexternalitäten sind jedoch nicht ausschließlich ein Phänomen des ausgehenden 20. Jahrhunderts. Siehe Shapiro/Varian (1999), S. 206ff für einen historischen Überblick.

[156] Vgl. Erber/Hagemann (2001a), S. 277ff, die den Begriff der ökonomischen Verbindungen kritisch diskutieren.

[157] Vgl. Antonelli *et al.* (1992), S. 42.

[158] Vgl. Arthur (1994) für den Begriff der *increasing returns of adoption* und Shapiro/Varian (1999), S. 14 sowie Farrell/Saloner (1986a), S. 940 für den Begriff der *demand side economies of scale*.

[159] Vgl. Hall (1994), S. 272.

[160] Dies gilt nur so weit, wie die Modelle ein neoklassisches Rationalitätskalkül der Individuen unterstellen. Dosi (1991, S. 193) ordnet z.B. das im folgenden diskutierte Modell von Arthur weder dem rationalen Verhalten noch der gebundenen Rationalität zu, da es mit beiden Annahmen über das Rationalitätskalkül der Akteure vereinbar ist.

Eisenbahnnetze, in denen die ökonomischen Verbindungen im Netzwerk auf physische Weise (Eisenbahnschienen, Telefonanschlüsse etc.) besteht. Sie sind durch *sunk costs* in Investitionen gekennzeichnet, die aufgebracht werden müssen, um eine Verbindung des physischen Kapitals oder eine Kommunikationsverbindung des Humankapitals im Netz herstellen zu können.[161] Virtuelle Netzwerke hingegen beruhen auf gemeinsamen Standards und Kompatibilitäten.[162] Als Beispiel lassen sich z.B. die Übereinkunft des Rechts- oder Linksverkehrs im Straßenverkehr oder die Möglichkeit des Datenaustausches aufgrund eines gemeinsamen Computerstandards anführen.

Solche Technologien, die ein ökonomisches Netzwerk bilden oder darin eingebettet sind und daher Netzwerkexternalitäten unterliegen, werden Netzwerkgüter oder Netzeffektinnovationen genannt. Als Systemgüter werden sowohl komplementäre Technologien, die zusammen ein Technologiesystem bilden, als auch das System selbst bezeichnet.[163] Ein Paradebeispiel hierfür liefern PC-Systeme, bei denen die Wertschätzung der Hardware von der nutzbaren Software (und umgekehrt) sowie innerhalb der Software der Nutzen des Betriebssystems von der Zahl der darauf programmierten Anwendungssoftware abhängt.[164] Deswegen wurde für solche Komplementaritäten auch der Ausdruck des Hardware-Software-Paradigmas geprägt.[165]

Am einfachsten können Netzwerkexternalitäten am Beispiel der direkte Externalitäten dargestellt werden. Häufig dient das Telefonnetz als einführendes Exempel. Dort entstehen positive Netzwerkexternalitäten dadurch, daß der Wert des Telefons für den einzelnen Anwender davon abhängt, wie viele andere Anschlüsse erreichbar sind. Der Nutzen des Telefonnetzes insgesamt wird offensichtlich von der Zahl der Anwender beeinflußt. Je mehr Individuen sich am Telefonnetz beteiligen, desto höher wird der Nutzen des Einzelnen. Diese positiven Netzwerkexternalitäten führen zu steigenden Erträgen der Übernahme. Negative Externalitäten aus der Zahl der Anwender sind aufgrund von Überfüllungseffekten bei Erreichen von Kapazitätsgrenzen möglich.[166] Von solchen negativen Externalitäten soll hier jedoch abstrahiert werden.

---

[161] Vgl. Erber/Hagemann (2001a), S. 283.

[162] Vgl. Shapiro/Varian (1999), S. 13 und Erber/Hagemann (2001a), S. 283.

[163] Vgl. Weiber (1995), S. 41. Als Synonym für komplementäre Technologien werden häufig auch die Begriffe der multiplen Technologien bzw. der *joint inputs* verwendet. Vgl. Stoneman (2001), S. 67ff.

[164] Vgl. für eine formale Analyse Chou/Shy 1990.

[165] Vgl. Katz/Shapiro (1985), S. 424 und Katz/Shapiro (1994), S. 94f.

[166] Vgl. Erber/Hagemann/Seiter (1999), S. 49. Eine kurze formale Analyse negativer Netzwerkexternalitäten liefern Dybvig/Spatt (1983), S. 245ff.

Auch indirekte Netzwerkexternalitäten führen zu einem Anstieg des Nutzens mit steigender Zahl der Anwender. Eine Ursache ist die zunehmende Zahl komplementärer Technologien, die in einem Technologiesystem zusammengefaßt sind. Der Nutzen einer einzelnen Technologiekomponente ist positiv mit der Zahl, der Qualität und/oder dem Preis der Komplementärtechnologien korreliert, die wiederum davon abhängen, wie viele Anwender das System vorweisen kann.[167] Ein weiterer Grund für steigende Erträge der Übernahme auf der Nachfrageseite in solchen Systemen läßt sich in angebotsseitigen Skaleneffekten der Komplementärtechnologien finden, die bei steigender Anwenderzahl zu Preissenkungen oder Qualitätsverbesserungen des gesamten Systems und der darin verbundenen Komponenten führen. Solche Skaleneffekte der Komplementärgüter bzw. -dienstleistungen lassen sich in statische und dynamische Formen aufteilen.

Statische Skalenerträge sind von der Produktionsmenge abhängig. Mit steigendem Output sinken die Stückkosten aufgrund hoher Fixkosten der Produktion, mit sinkenden Produktionsmengen kehren sich die Größenvorteile wieder um. Dieses Phänomen ist in vielen Bereichen der Ökonomie nachweisbar. Doch besonders deutlich tritt es im Informationssektor auf: Die Produktion von Informationen ist mit wesentlich mehr Kosten verbunden als ihre Reproduktion (Vervielfältigung), die tatsächlich oft vernachlässigbar gering ist. Der Fixkostenanteil ist hier besonders hoch.[168] *Dynamische Skaleneffekte* sind nicht umkehrbar. Sie treten ebenfalls mit steigender Produktionsmenge auf, bilden sich jedoch nicht zurück, wenn der Output wieder sinkt. Sie sind von der kumulierten historischen Produktionsmenge abhängig. Die dynamischen Skalenerträge entstehen durch Lernprozesse, die entweder bei der Herstellung der Produkte (*learning by doing*) auf der Produktionsseite oder bei der Anwendung der Produkte (*learning by using*) auf der Nachfrageseite existieren.[169]

Das Funktionsprinzip der nachfrageseitigen Skalenerträge läßt sich in einfacher Weise anhand eines Grundmodells erklären, in dem zwei neue Technologien auftreten.[170]

---

[167] Vgl. Gandal (1995), S. 599.

[168] Vgl. Church/Gandal (1993), S. 245, ausführlicher Howitt (1996).

[169] Vgl. Erber/Hagemann/Seiter (1999), S. 52.

[170] Die Analyse zweier konkurrierender Technologien zeigt ein Problem der Diffusionstheorie und insbesondere der Empirie auf: Diffusion bedeutet letztendlich das erfolgreiche Durchsetzten von neuen gegenüber bestehenden Technologien. Insofern unterliegt die Darstellung der Technologiediffusion einer Verzerrung zugunsten erfolgreicher Technologien, da sich die Diffusionsansätze erfolgloser Innovationen empirisch nur sehr eingeschränkt analysieren lassen. Die Wirtschafts- und Technikgeschichte erzählt daher, wie die Geschichte an sich, immer die Geschichte des Gewinners. In der Literatur um die Netzwerkexternali-

3.1.4.2 Das Grundmodell: Steigende Skalenerträge der Übernahme

W. Brian Arthur (1988, 1989, 1990) entwickelt zwei Versionen eines einführenden Modells zur Formalisierung nachfrageseitiger Skalenerträge. In der etwas einfacheren Version[171] haben zunächst identische Akteure mit homogenen Präferenzen[172] die Wahl zwischen zwei exogen gegebenen Technologien *A* und *B*. Beide Innovationen unterliegen direkten Netzwerkexternalitäten, d.h. der Nutzen aus der Technologieübernahme ist von der Zahl der bereits existierenden Anwender abhängig.[173] Unabhängig von der Zahl der Anwender stiften beide Technologien einen gewissen Basisnutzen.[174] Es wird angenommen, daß Technologie *A* einen höheren Basisnutzen als *B*, jedoch geringere Netzwerkexternalitäten besitzt, wie in *Tabelle 3.4* anhand eines Zahlenbeispiels dargestellt wird.

Tabelle 3.4: Ertragsreihe zweier alternativer Technologien bei homogenen Anwendern im Arthur-Modell

Anwenderzahl	*0*	*10*	*20*	*30*	*40*	*50*	*60*	*70*	*80*	*90*	*100*
Ertrag der Technologie *A*	10	11	12	13	14	15	16	17	18	19	20
Ertrag der Technologie *B*	4	7	10	13	16	19	22	25	28	31	34

Quelle: Arthur (1989), S. 119.

Für den ersten Anwender ist ausschließlich der Basisnutzen bei der Technologiewahl entscheidend, dieser wird sich daher für Technologie *A* entscheiden. Alle nachfolgenden Anwender wählen ebenfalls Technologie *A*, da hier der Gesamtertrag aus Basisnutzen und Netzwerkexternalität immer höher sein wird als der Basisnutzen der Technologie *B*, deren alleiniger Nutzer sie zunächst wären. Obwohl Technologie *B* bei einer Anwenderzahl größer 30 aufgrund der höheren Externalitäten einen höheren Gesamtnutzen liefern würde, kann ein Wechsel zu

---

täten existiert eine Reihe von Beiträgen, die anhand historischer Fallstudien wie Schreibmaschinen- und Computertastaturen oder Videosystemen das Scheitern von Innovationen beschreiben. Häufig dreht es sich um den Nachweis einer *lock in*-Situation.

171 Vgl. Arthur (1989), S. 117ff.

172 In der zweiten Version wird diese restriktive Homogenitätsannahme gelockert.

173 Da ausschließlich die historische Anwenderzahl ausschlaggebend ist, wird deutlich, daß von Erwartungen völlig abstrahiert wird. Es wird sich unten zeigen, daß auch im Kontext der Netzwerkeffekte Erwartungen eine prominente Rolle zukommt.

174 Ein Beispiel für eine solche Nutzenanordnung bieten z.B. Textverarbeitungsprogramme für Personal Computer: Neben einem Basisnutzen aus der Möglichkeit der Texterstellung existieren Netzwerkexternalitäten in Abhängigkeit der Zahl der Anwender aufgrund der Möglichkeit zum kompatiblen Datenaustausch.

Technologie *B* nicht stattfinden. Es etabliert sich eine historische *lock in*-Situation. Sie wird durch die Pfadabhängigkeit des Systems herbeigeführt, bei dem die Ereignisse im Zeitablauf, wie hier die Übernahme der Technologie *A*, Einfluß auf den Endzustand nehmen.[175] Einzelwirtschaftlich ist die Wahl der Technologie *A* für alle Anwender rational, gesamtwirtschaftlich wäre in diesem Beispiel die Nutzung der Technologie *B* rational. Daher kann ein ineffizientes Gleichgewicht nicht ausgeschlossen werden. Denn aufgrund des einzelwirtschaftlichen rationalen Übernahmekalküls und dem Vorliegen von Netzwerkexternalitäten bzw. steigender Erträge der Übernahme können durchaus Technologien unterlegen sein, die bei der gleichen Anwenderzahl, wie sie die erfolgreiche Technologie aufweist, deutliche Nutzenvorteile erschließen würden.[176]

---

[175] Vgl. Setterfield (1995), S. 23f.

[176] Den Umkehrschluß zu ziehen und zu behaupten, daß bei Vorliegen von Netzwerkexternalitäten häufig inferiore *lock in*-Situationen auftreten, ist hingegen unzulässig. Bei fast allen historischen Beispielen, die als Beleg für solche Situationen auftreten, wird häufig mißachtet, daß die konkurrierenden Technologien und Produkte sich durchaus in technisch kleinen, die Kundenpräferenz betreffend jedoch ausschlaggebenden Eigenschaften unterscheiden. Da nie die reine *technologische* Vorteilhaftigkeit bzw. Machbarkeit über die Effizienz einer Innovation entscheidet, sondern vielmehr die *marktliche* Superiorität das Maßband darstellt, ist eine Überprüfung inferiorer Technologiemonopole so gut wie unmöglich. Schon Schumpeter (1934, S. 17f) erkannte, daß wirtschaftliche von technischer Effizienz zu unterscheiden ist. Ausschlaggebend ist für ihn die Zweckmäßigkeit im Sinne des kommerziellen Vorteils: „[...] die Technik entwickelt nur Produktionsmethoden für verlangte Güter. Aber die wirtschaftliche Wirklichkeit führt dieselben nicht notwendig in allen Konsequenzen und in der technisch vollkommensten Weise durch, sondern ordnet diese Durchführung den wirtschaftlichen Gesichtpunkten unter. [...] Die wirtschaftlich besten und technisch vollkommensten Kombinationen fallen somit zwar nicht notwendig, aber doch sehr häufig auseinander, und zwar nicht bloß infolge von Unkenntnis und Indolenz, sondern infolge der Anpassung der Wirtschaft an richtig erkannte Verhältnisse.“ Schumpeters Zweckmäßigkeit ist ein Synonym für den hier, aber auch in der Literatur überwiegend benutzten Begriff der Profitabilität. Kline/Rosenberg (1986, S. 276f.) stellen fest, daß „ technical success (or any purely mechanical measure of performance) is only a necessary and not sufficient condition in establishing economic usefulness. [...] both technical and market needs must be satisfied in a successful innovation“. Die prominentesten Beispiele für den Versuch des Nachweises inferiorer *lock ins* sind Computertastaturen (QWERTY-Phänomen, vgl. David 1985,), Videogeräte (VHS-Standard, vgl. Arthur 1990) sowie Wechselstrom- vs. Gleichstromstandards (vgl. David/Bunn 1988). Aber auch für Leichtwasserreaktoren in der Atomphysik (vgl. Cowan 1990) wurde versucht, eine Inferiorität nachzuweisen. Für die allgemeine Kritik an der Möglichkeit des *lock ins* in die unterlegene Technologie vgl. Liebwoitz/Margolis (1990, 1994 und 1995b). Daß Netzwerkexternalitäten die *Möglichkeit* des Marktversagens in sich tragen, ist unbestritten. Für die Technologiepolitik ergeben sich daraus besondere Probleme (vgl. hierzu Rohlfs 1974, Dybvig/Spatt 1983 und Thum 1995), die sich auch auf die Diffusion beziehen. Der Förderung neuer Technologien sind enge Grenzen gesetzt, da zum einen die möglichst gute Abschätzung zukünftiger Entwicklungspotentiale eine lange Forschung und Entwicklung bedingt, zum anderen aber

Bezüglich des Diffusionsprozesses ist festzustellen, daß im Vergleich zu den bisher diskutierten Modellen ein anderes Erklärungsziel im Vordergrund steht. Ist oben die Erklärung der zeitintensiven Diffusion, d.h. unterschiedlicher Übernahmezeitpunkte der Individuen eigentliches Ziel der Analyse, wird hier die zeitintensive Diffusion als gegeben angenommen. Ihre Annahme ist Voraussetzung zur Erklärung von Netzwerkexternalitäten und *lock in*-Effekten bei konkurrierenden Technologien, da die potentiellen Anwender sequentiell auftreten und nacheinander die Technologiewahl vornehmen. Dennoch läßt sich feststellen, daß auch bei der Technologiewahl unter Netzwerkeffekten der Diffusionsverlauf den stilisierten Fakten der S-Förmigkeit entspricht.[177]

In Abschnitt 3.1.3.1 wurde argumentiert, daß das spieltheoretische Grundmodell von Reinganum (1981a und b) Elemente negativer Netzwerkexternalitäten enthält. In diesem Modell nimmt der Nutzen der Technologieübernahme immer mehr ab, je später die Technologie übernommen wird. Der Vergleich des Ansatzes von Reinganum mit der Welt der positiven Netzwerkexternalitäten gelingt am besten mit dem in diesem Abschnitt vorgestellten einfachen Modell von Arthur mit homogenen Akteuren. Im Prinzip ist der Vergleich der beiden Ansätze gerechtfertigt, da sie *feedback*-Effekte inkorporieren.[178] Zwei entscheidende Unterschiede in den Modellannahmen erschweren die Analogiebildung. Zum einen ist bei Arthur zu jedem Zeitpunkt der Nutzen der Technologieübernahme für alle Anwender identisch. Dieser soziale Nutzen des Netzwerks steigt mit zunehmender Anwenderzahl. Bei Reinganum hingegen unterscheiden sich die individuellen Nutzen nach der Rangliste der Übernahme. Der höhere Ertrag der frühen Übernahme (wegen der Extraprofite, da die Wettbewerber die produktionskostensenkende Innovation noch nicht einsetzen) wird durch spätere Anwender (die einen geringeren Ertrag aus der Übernahme ziehen, weil sie die Technologie später übernehmen) nicht verändert. Zum zweiten werden im spieltheoretischen Modell von Reinganum ausschließlich Prozeßinnovationen analysiert, die von Unternehmen eingesetzt werden. Das Modell von Arthur läßt sich jedoch nicht nur auf Prozeß- , sondern auch auf Produktinnovationen anwenden.

Ein etwas anderes Ergebnis als die zwingende Festlegung auf die erste gewählte Technologie ergibt sich, wenn die Annahme der Homogenität der Individuen, wie in der folgenden zweiten Version des Grundmodells, aufgehoben wird. Statt

---

anderen aber Netzwerkexternalitäten für eine frühe Festlegung des technologischen Standards sprechen.

177 Vgl. Shapiro/Varian (1999), S. 178 und Rogers (1995b), S. 29, 31ff.

178 Im Arthur-Modell sind sie positiv, während im Ansatz von Reinganum negative Rückkopplungen auftreten.

dessen hegen die potentiellen Anwender Präferenzen bezüglich der konkurrierenden Technologien. *R-Typen* bevorzugen die Technologie *A*. Sie ziehen (a_r) als Basisnutzen aus der Technologie *A* und (b_r) als Basisnutzen aus der Technologie *B*. Es gilt daher $(a_r) > (b_r)$. *S-Typen* präferieren die Technologie *B*. Für solche Anwender bietet die Technologie *A* den Basisnutzen (a_s) und die Technologie *B* den Nutzen (b_s), es gilt annahmegemäß $(a_s) < (b_s)$. Die direkten Netzwerkexternalitäten aus der Größe der Anwenderzahl (n) betragen für R-Typen rn_A bzw. rn_B für Technologie *A* bzw. Technologie *B*. Analog erfahren S-Typen bei der jeweiligen Technologie Netzwerkexternalitäten in Höhe von sn_A bzw. sn_B. Annahmegemäß gilt, daß r und $s > 0$ sind. Dies führt zu steigenden Skalenerträgen der Übernahme.[179] Der Ertrag aus der Übernahme einer der beiden Technologien wird in *Tabelle 3.5* für die einzelnen Präferenztypen zusammengefaßt.

Tabelle 3.5: Auszahlungsmatrix zweier Technologien bei heterogenen Anwendern im Arthur-Modell

	Technologie A	Technologie B
R-Typen	$U_{R(A)} = [a_r + rn_A]$	$U_{R(B)} = [b_r + rn_B]$
S-Typen	$U_{S(A)} = [a_s + sn_A]$	$U_{S(B)} = [b_S + sn_B]$

Quelle: Arthur (1988), S. 594.

Die sequentielle Übernahme einer Technologie durch einzelne Akteure führt nun zur Pfadabhängigkeit dieses Ansatzes und eröffnet multiple Gleichgewichte. Abhängig von der zufälligen Verteilung der persönlichen Präferenzen, die in einem *random walk* auftreten, können beide Technologien nebeneinander existieren oder eine der beiden ein vollständiges Monopol ausfüllen. Ein Monopol der Technologie *A* entsteht z.B. dann, wenn nicht nur R-Typen, sondern auch S-Typen trotz ihrer Präferenz für Technologie *B* ebenfalls Technologie *A* übernehmen. Dies ist genau dann der Fall, wenn der Nutzenzuwachs aus der Netzwerkexternalität aufgrund der Anwenderzahl der Technologie *A* den Nutzenentgang aus der Übernahme der nicht präferierten Technologie (über-) kompensiert. Es ist dann die kritische Masse erreicht, die ein Monopol der Technologie *A* ermöglicht.[180] Die Quintessenz dieser Modellstruktur liegt in der Pfad-

[179] Für $r, s = 0$ und $r, s < 0$ lassen sich konstante bzw. sinkende Skalenerträge abbilden.

[180] Bassanini/Dosi (1998) beweisen formal, daß *increasing returns of adoption* weder notwendige noch hinreichende Bedingung für ein Technologiemonopol sind. Wenn die Anwender hinreichend heterogen sind, also die Präferenzen (bezüglich des Basisnutzens) sich

abhängigkeit der Technologiewahl. Nicht allein das (institutionalisierte oder Optimierungs-) Verhalten und die spezifischen Eigenschaften der Technologie determinieren den Diffusionspfad einer Innovation, sondern auch zufällige, historische Ereignisse haben Einfluß auf die Diffusionskurve. *Ex ante* kann nicht angegeben werden, welches Gleichgewicht sich einstellen wird. Es existieren multiple Gleichgewichte. Erst *ex post* ist es möglich herauszufinden, ob und welche Innovation sich aufgrund des historischen Ergebnisses des *random walk*[181] in einem Technologiemonopol durchgesetzt hat. *Abbildung 3.6* stellt die Abfolge zufälliger Präferenzentscheidungen, die häufig genug zugunsten der Technologie *A* ausfallen dar, so daß der historische Prozeß schließlich in ein *lock in* der Technologie *A* mündet.

Abbildung 3.6: Stochastischer pfadabhängiger Prozeß der Technologiewahl (*random walk*)

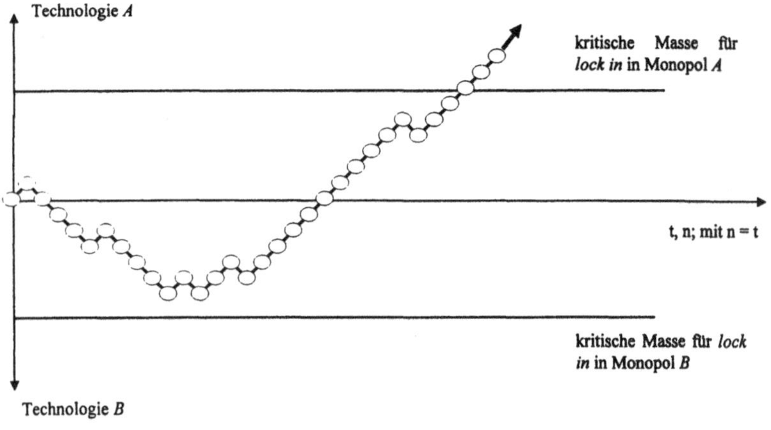

Quelle: in Anlehnung an Arthur (1989), S. 120.

Die Annahme der Heterogenität der potentiellen Anwender rückt diese Modellversion in die Nähe des differenzenbasierten Ansatzes. Dort allerdings war die Verteilung der Schlüsselvariablen über die Wirtschaftssubjekte gegeben. Hier kann *a priori* keine Aussage über die Verteilung der Präferenzen über die sequentiell auftretenden Akteure gemacht werden, weswegen multiple Gleichgewichte möglich sind. Während Situationen, in denen beide Technologien genutzt

---

hinreichend stark unterscheiden, ist eine Koexistenz beider Technologien durchaus möglich.

[181] Vgl. Hall (1994), S. 272.

werden, offensichtlich labil sind, da jederzeit kritische Massen für ein *lock in* erreicht werden können, erscheinen Technologiemonopole als stabil und dauerhaft. Wird aber die implizite Annahme konstanter Parameter (bezüglich der Netzwerkexternalitäten, Basisnutzen, Präferenzen etc.) aufgegeben, sind Technologiewechsel durchaus möglich. Die Möglichkeit der Überfüllung von realen Netzwerken wie Kommunikationsnetzen als negative Externalität bei zunehmender Anwenderzahl zeigt, wie die Wertschätzung eines Netzwerkgutes bei dynamischer Analyse veränderbar ist.[182]

3.1.4.3 Etablierte versus neue Technologien

Im Modell von Arthur werden zwei Technologien analysiert, die beide gleichzeitig entwickelt wurden und auf dem Markt auftreten.[183] Das Auftreten eines *lock in* in eine der beiden Technologien, so wird argumentiert, ist wahrscheinlich, wenn die kritische Masse für ein Monopol erreicht und durchbrochen wird. Unabhängig von der Kritik an den im Zeitablauf konstanten Parametern lassen sich keine Aussagen darüber machen, ob und wie lange ein solches *lock in* Bestand haben wird. Die Frage also, wie und unter welchen Bedingungen ein Technologiemonopol wieder durchbrochen werden kann, wenn es erst einmal entstanden ist, bleibt unbeantwortet. Sie läßt sich analysieren, in dem eine Produkt- oder Prozeßinnovation in Konkurrenz zu einer etablierten Technologie tritt. Beide Technologien sollen Netzwerkexternalitäten unterliegen. Ein Wechsel vom Monopol der alten Technologie zur Innovation ist nun nicht ohne weiteres möglich. Farrell und Saloner (1986a und 1987) analysieren diese Veränderung des Modellrahmens gegenüber dem Modell von Arthur und leisten einen Beitrag zur Realitätsnähe der Theorie der Netzwerkexternalitäten.

Auch sie stellen zwei Versionen ihres Modells vor. In einem ersten Szenario untersuchen sie formal, wie sich neue Anwender (aus einem kontinuierlichen Strom) zwischen einer alten, etablierten Technologie und einer inkompatiblen Innovation entscheiden.[184] Das entspricht weitgehend dem Grundmodell von Arthur, wobei eine der beiden Technologien einen zeitlichen Vorsprung hat. Die potentiellen Anwender entscheiden sich für diejenige Technologie, die ihnen den größten Gesamtnutzen bietet. Da die etablierte Technologie einen höheren Nutzen aufgrund der schon existierenden Anwenderzahl, d.h. positive Netzwerkexternalitäten bietet, ist die Wahrscheinlichkeit für ein *lock in* aufgrund der in-

---

[182] Vgl. Erber/Hagemann/Seiter (1999), S. 49.

[183] Witt (1997, S. 10) bezeichnet diese Annahme als *virgin market condition*, da von etablierten Produkten und Prozessen vollständig abstrahiert wird.

[184] Vgl. Farrell/Saloner (1986a), S. 941.

stallierten Basis, wie Farrell und Saloner diesen Sachverhalt umschreiben, in diese Technologie recht groß. Die erforderliche kritische Masse der alten Technologie ist niedriger als die der Innovation.[185] Es ist zwar unwahrscheinlich, aber nicht völlig ausgeschlossen, daß sich die neuen Anwender für die neue Technologie entscheiden und somit einen Technologiewechsel herbeiführen. Ein Aufbrechen des *lock ins* hängt davon ab, wie hoch der Basisnutzen der Innovation relativ zur etablierten Technologie ist und wie schnell bei anfänglich geringen Anwenderzahlen positive Netzwerkexternalitäten gebildet werden.

Das zweite Szenario rückt von der vereinfachenden Annahme ab, daß immerwährend neu hinzukommende Anwender zwischen den Technologien wählen. Es wird das sehr viel interessantere und realistischere Problem analysiert, daß eine gegebene Zahl von Anwendern der alten Technologie jeweils nacheinander in einer sequentiellen Reihenfolge vor der Entscheidung stehen, entweder weiterhin die alte Technologie zu nutzen oder aber zur neuen Technologie zu wechseln.[186] In beiden Fällen werden Investitionen in Kapital- oder Konsumgüter getätigt, die die jeweilige Technologie inkorporieren. Der Wechsel eines Anwenders zur neuen Technologie führt zu einer Zunahme deren Attraktivität, da Netzwerkexternalitäten vorliegen. Der Nutzen der alten Technologie sinkt dementsprechend. Für die Akteure wird in einer solchen Situation neben dem gegenwärtigen Nutzen der Technologie nun auch der erwartete zukünftige Nutzen relevant: Selbst wenn die alte Technologie zum Entscheidungszeitpunkt einen höheren Nutzen stiften sollte als die Innovation, ist nicht vorauszusehen, welche zukünftigen Veränderungen der Netzwerkexternalitäten auftreten werden.[187] Unsicherheit wird zu einer wichtigen Determinante der Technologiewahl. Dies betrifft vor allem frühe Investoren, die befürchten müssen aus der Wahl der neuen Technologie einen geringen Nutzen zu ziehen, da die Anwenderzahl ihrer Technologie zu gering bleibt.[188] Aus diesem einzelwirtschaftlichen Kalkül folgt die Gefahr, daß eine neue Technologie, obwohl sie von allen Anwendern präferiert wird, nicht oder nur verzögert übernommen wird, da die Akteure die Entschei-

---

[185] Vgl. Farrell/Saloner (1987), S. 12.

[186] Interessant ist an diesem Szenario vor allem die Bezugnahme auf die Investitionstheorie: Ein Technologiewechsel kommt für ein Unternehmen nur dann in Frage, wenn Erweiterungs- oder Ersatzinvestitionen anstehen (vgl. Farrell/Saloner 1986, S. 943 und 1987, S. 13). Der Übernahmezeitpunkt ergibt sich für jeden einzelnen Anwender insbesondere bei Prozeßinnovationen nicht mehr exogen, sondern durch Outputwachstum, Abschreibung (ökonomische Obsoleszenz) und das Auftreten neuer Technologien (technologische Obsoleszenz).

[187] Vgl. zu den Erwartungen für Netzwerke und ihre Externalitäten auch Shapiro/Varian (1999), S. 14ff.

[188] Vgl. David/Greenstein (1990), S. 10.

dung zu wechseln von sich schieben und den anderen überlassen.[189] Die Folge solcher strategischer Verhaltensweisen ist auf der einen Seite übermäßig schneller Technologiewechsel (*excess momentum*), wenn das Wissen über die Superiorität der Innovation (bei gleicher Anwenderzahl) Allgemeinwissen darstellt, das alle Individuen kennen. Auf der anderen Seite diffundiert eine Innovation übermäßig langsam (*excess inertia*), wenn die Akteure nicht sicher sein können, daß die Information der Überlegenheit der Innovation allen bekannt ist.[190]

Eine weitere Ursache für die verzögerte Ausbreitung der neuen Technologie liegt darin begründet, daß sich die ersten Anwender in eine temporäre Inkompatibilität fügen müssen, bis das neue Netzwerk durch sequentiellen Technologiewechsel aufgebaut ist. Einzelne Anwender sind versucht, diese Pionierleistung andern aufzubürden und den Technologiewechsel erst bei ihrem nächsten Investitionsintervall durchzuführen.[191] Die Entscheidung abzuwarten, und damit unter Umständen entgegen individueller Überzeugung in die inferiore alte Technologie zu investieren, ist einzelwirtschaftlich durchaus rational. Das Ergebnis ist allerdings gesamtwirtschaftlich suboptimal, denn die aggregierte Diffusion einer Innovation verlangsamt sich durch dieses Verhalten.

Der Diffusionsprozeß ist anders als in den bisherigen Modellen der Netzwerkexternalitäten nicht mehr (allein) vom historischen *random walk* der zufällig auftretenden sequentiellen Übernahmeentscheidungen abhängig, sondern wird von Erwartungen determiniert.

In der Abgrenzung zu den historisch verursachten Externalitäten als *backward externalities* lassen sich die Erwartungen um künftig auftretende Externalitäten als *forward externalities* bezeichnen.[192] *Abbildung 3.7* zeigt diese Situation graphisch, in der Erwartungen ein *lock in* der Technologie *B* generieren und nicht ein Monopol der Technologie *A*, wie es bei einem stochastischen Übernahmeprozeß der Fall ist. Wenn kein historisch relevanter, pfadabhängiger Aufbau der installierten Basis notwendig ist, um ein *lock in* herbeizuführen, entscheiden sich

---

[189] Farrell/Saloner (1986, Fn. 9) bezeichnen dieses Phänomen als Pinguin-Effekt, da Pinguine die zur Nahrungsaufnahme notwendigen Aufenthalte im Wasser oft verzögern, da sie gefährliche Raubtiere fürchten und daher anderen die Rolle des Versuchskaninchens aufbürden wollen.

[190] Vgl. Blankart/Knieps (1994), S. 455.

[191] Vgl. Farrell/Saloner (1986a), S. 954.

[192] Vgl. Choi (1994), S. 382.

selbst erfüllende Prophezeiungen (*self fulfilling prophecies*) über den Ausgang einer Technologiewahl.[193]

Abbildung 3.7: Erwartungsabhängige Technologiewahl

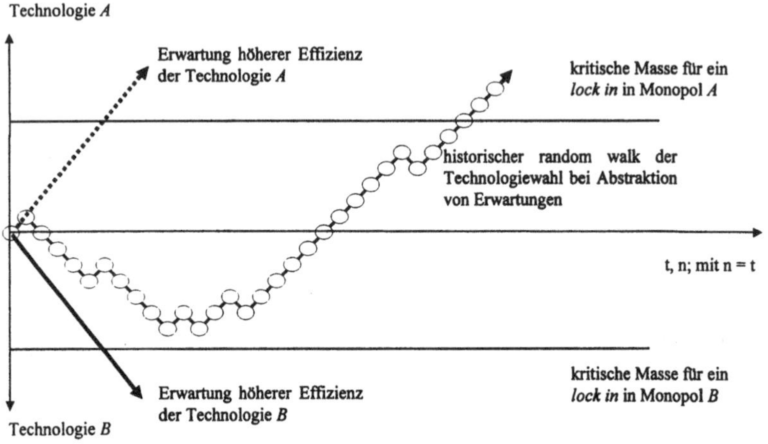

Quelle: in Anlehnung an Braun (1996), S. 15

3.1.4.4 Diffusionsdynamik bei Netzwerkexternalitäten

Die Diffusion von Technologien mit Netzwerkexternalitäten unterscheidet sich von der Ausbreitung traditioneller Innovationen im Hinblick auf die kritische Masse und die Rolle von Erwartungen. Bezüglich des ersten Punktes zeigt das Modell von Arthur, daß die erfolgreiche Diffusion, und damit das Durchsetzen gegenüber der Konkurrenztechnologie, vom Erreichen der kritischen Masse abhängt.[194] In einer intuitiven Anwendung des *lock in*-Phänomens auf die empirische s-förmige Diffusionskurve ist zu erwarten, daß die erste Phase der anfänglichen, nur langsam zunehmenden Übernahme der Technologie länger als bei konventionellen Innovationen anhält, da anfangs zwei oder mehrere Technologien nach persönlicher Präferenz nachgefragt werden, solange keine kritische Masse erreicht worden ist. Ist dies allerdings der Fall, wird sich die Technologie sehr schnell durchsetzen, die Diffusionsraten werden also rapide ansteigen. Ein

[193] Vgl. Krugman (1991), S. 651, der gleichzeitig zeigt, daß die Dominanz der Erwartungen bei der Technikwahl von folgenden Faktoren abhängt: Erwartungen wiegen um so schwerer, je kleiner der Diskontfaktor ist und je größer die Netzwerkeffekte sind. Siehe Braun (1996, S. 16f.) für eine kurze Diskussion dieses Arguments.

[194] Vgl. Preißl (1995), S. 83.

solches Diffusionsszenario entspricht einer *linksschiefen* Diffusionskurve.[195] Dies ist genau das Gegenteil dessen, was die Empirie für (traditionelle) Innovationen ermittelt hat. Dort sind Diffusionsverläufe in der Regel rechtsschief, manche Technologien weisen gar einen konkaven Ausbreitungspfad auf (siehe Abschnitt 2.3).

Steigende Erträge der Übernahme sind dennoch mit den stilisierten Fakten der Technologiediffusion vereinbar. Die Auswirkung kritischer Massen, Netzwerkexternalitäten und Pfadabhängigkeiten auf die Technologiediffusion in Form des langsamen Erreichens der kritischen Masse und der folgenden schnellen Übernahme läßt sich auch anhand der typischen s-förmigen Diffusionskurve darstellen. Die Anlaufphase sowie die asymptotische Annäherung an den Sättigungsgrad verläuft bei einem Netzwerk- bzw. Systemgut langsamer als bei einer Innovation ohne Netzwerkeffekte. In der Phase der schnellen Ausbreitung hingegen ist die Diffusionsrate von Netzeffektgütern sehr viel höher. In diesem Bereich um den Wendepunkt verläuft die Diffusionskurve von Innovationen, die Netzwerkexternalitäten unterliegen, deutlich schneller als die von orthodoxen Innovationen. In *Abbildung 3.8* ist der Vergleich der beiden Diffusionsverläufe anhand einer symmetrischen s-förmigen Diffusionskurve dargestellt. Im dem Fall, daß sich eine Innovation gegenüber einer etablierten Technologie mit Netzwerkeffekten durchsetzen muß, verlängert sich tendenziell die erste Anlaufphase, die benötigt wird, um die kritische Masse zu erreichen.

Die unterlegene Technologie läßt sich bei dieser Darstellungsform nicht verfolgen. Die in diesem Abschnitt vorgestellten Modelle verdeutlichen aber, daß bei Konkurrenz von Technologien häufig die Übernahme der unterlegenen Innovationen abgebrochen wird. Es wird dadurch auch deutlich, daß die Modellierung der Technologiediffusion, in theoretischer und insbesondere in empirischer Hinsicht, eine Verzerrung zugunsten erfolgreicher Innovationen aufweist. Tatsächlich sind auch Technologien beobachtbar, die sich in begrenztem Rahmen entwickeln und danach wieder zurückgedrängt werden, ohne sich vollständig durchzusetzen.

[195] Vgl. Weiber (1995), S. 61.

Abbildung 3.8: S-förmige Diffusionskurve von Netzwerkgütern

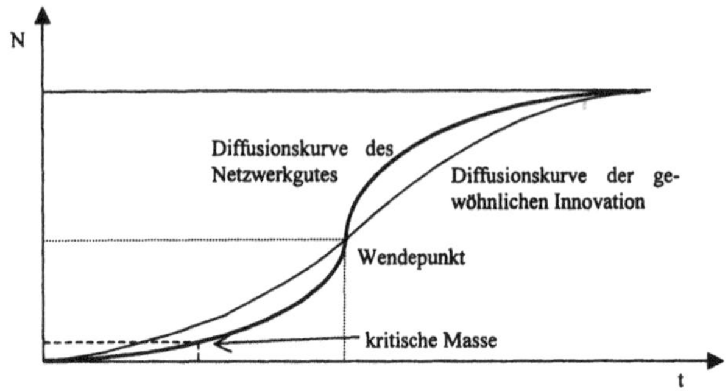

Quelle: in Anlehnung an Rogers (1995b), S. 31.

Eine weitere Eigenheit der Netzwerkexternalitäten, die den Diffusionsverlauf von Technologien beeinflußt, ergibt sich in Verbindung mit Erwartungen. In allen bisher vorgestellten Theorierichtungen wird die Bedeutung von Unsicherheit und der Erwartungsbildung für den Diffusionsprozeß betont. Gemäß der Natur positiver *feedback*-Effekte polarisieren Erwartungen den Diffusionsverlauf. Dieser ist übermäßig schnell, wenn alle die Überlegenheit der Innovation kennen. Die Diffusion ist hingegen übermäßig langsam, wenn nicht erwartet werden kann, daß alle potentiellen Anwender *a priori* um die Superiorität der Innovation wissen.[196]

Im Zuge der weiteren Ausbreitung der Informations- und Kommunikationstechnologien ist von einer zunehmenden Bedeutung von Netzwerkeffekten auszugehen, die die Diffusion von vielen Technologien auch außerhalb des eigentlichen IKT-Bereichs beeinflussen. Die Möglichkeit, konkurrierende Technologien explizit zu modellieren, erweitert zudem den analytischen Rahmen der Diffusionstheorie. Auf der anderen Seite darf die Tendenz zur Monopolbildung nicht überbewertet werden. Insbesondere im Hinblick auf die internationale Diffusion bleibt zu beachten, daß ein Technologiemonopol nur dann möglich ist, wenn die potentiellen Anwender hinreichend homogen sind. Sprachliche und kulturelle

[196] Offensichtlich besteht in diesem Falle ein Kommunikationsproblem, das durch einen Diffusionsagenten (z.B. den Staat) gelöst werden kann. Er muß die Informationsasymmetrien verhindern bzw. auflösen. Vgl. Farrell/Saloner (1985) für eine formale Analyse. Doch auch eine Intervention kann bei Technologiekonkurrenz auf Netzwerkmärkten mit unsicherer Profitabilität der Innovationen nicht die Wahl der optimalen Technologie garantieren. Vgl. Cowan (1991), S. 801. Zur Frage der Technologiepolitik im Zusammenhang mit Standardisierung und Technologiemonopolen siehe Thum (1995).

Barrieren sind aber durchaus geeignet, regionale *cluster* zu bilden, in denen sich differierende Technologien und Standards etablieren.[197]

Zusammenfassend ergeben sich folgende vier besondere Eigenschaften für die Diffusion von Technologien, die Netzwerkexternalitäten unterliegen:

1. Es besteht, wie oben schon angedeutet, eine Tendenz zur Monopolbildung für eine Technologie. Die Märkte für Netzeffektgüter werden häufig als *tippy* bezeichnet, da sie schnell zugunsten der einen oder aber anderen Technologie kippen können.[198]
2. Technologien und technologische Systeme mit Netzwerkeffekten zeigen daher oft das Phänomen des *lock in*, das nur durch zum Teil erhebliche *switching costs* durchbrochen werden kann. Denn der Wechsel zu einer neuen Technologie muß von allen getragen bzw. muß zumindest von allen erwartet werden. Ob und wie schnell bei Vorliegen von Netzwerkexternalitäten ein Wechsel von einer etablierten Technologie zu einer Innovation möglich ist, wird durch die Höhe der *switching costs* in der Relation zum relativen Nutzengewinn bestimmt.
3. Ein *lock in* entsteht durch pfadabhängige *feed back*-Effekte, da die historische Zahl der Anwender, die installierte Basis, den Nutzen der Technologie bzw. des Systems determiniert (*backward externalities*).[199]
4. Für Netzwerkgüter entfalten Erwartungen in das zukünftige Verhalten der Wirtschaftssubjekte (*forward externalities*) besondere Relevanz.

---

[197] Vgl. Bassanini/Dosi (1998), S. 13ff. Historische Evidenz bietet das Paradebeispiel in der Literatur der Netzwerkgüter, die Schreibmaschinentastatur. Während viele Autoren versucht haben, an der QWERTY-Anordnung der englischen Schreibmaschinen- und PC-Tastatur ein inferiores *lock in* abzuleiten, heißt diese Anordnung in französischsprachigen Regionen AZERTY und im deutschsprachigen Raum QWERTZ. Die regionalen Unterschiede lassen sich mit sprachlichen Barrieren und (Schreib-) Bedürfnissen (Präferenzen) erklären, die groß genug waren, ein weltweites Technologiemonopol der Schreibmaschinentastatur zu verhindern. Innerhalb der *cluster* hingegen hat sich jeweils ein *lock in* gebildet. Ein Beispiel für sehr geringe weltweite Unterschiede in den Präferenzen hingegen liefert der Videomarkt, wo sich ein globales Monopol der VHS-Technologie etabliert hat.

[198] Shapiro/Varian (1999), S. 187. Es bleibt anzumerken, daß sich das Monopol auf die Technologie bezieht. Damit ist nicht notwendigerweise eine Monopolstellung eines beherrschenden Unternehmens gemeint. Allerdings besteht die Tendenz, daß ein Unternehmen die alleinigen Rechte an einer Technologie besitzt. Die aktuelle Diskussion um das marktbeherrschende Unternehmen Microsoft und das *lock in* ihrer Betriebs- und Anwendungssoftware zeigt die Schwierigkeit, das Phänomen des Technologiemonopols bei Netzwerkeffekten anhand der Wettbewerbstheorie angemessen zu analysieren. Vgl. Radke (2001) für einen Überblick.

[199] Für eine kritische Auseinandersetzung mit der Frage der Pfadabhängigkeit im Kontext der Netzwerkexternalitäten vgl. Liebowitz/Margolis (1995a).

3.1.5 Evolutorische Diffusionsmodelle

3.1.5.1 Merkmale der Evolutorik

Als weitere Kategorie nachfrageseitiger Diffusionsmodelle (siehe die methodologische Klassifizierung der Diffusionsmodelle in *Tabelle 2.1*) bleiben die evolutorischen Diffusionsmodelle vorzustellen. Mehr noch als die gleichgewichtsorientierten und/oder neoklassisch geprägten Modelle stehen evolutorische Ansätze der Technologiediffusion in der Tradition Schumpeters.[200] Der auf Schumpeter zurückzuführenden Einordnung der Technologiediffusion in die Dreiteilung der Invention, Innovation und Diffusion folgen alle bisher diskutierten Ansätze.[201] Darüber hinaus beziehen sich die evolutorischen Theorien der Diffusion, wie der innovationstheoretische Teil der evolutorischen Ökonomik allgemein, auf die Schumpetersche Theorie der ökonomischen Entwicklung.[202]

Um evolutorische Ansätze der Ausbreitung von Innovationen einordnen zu können, bietet es sich an, zunächst die Methodik der innovations- und diffusionstheoretischen Richtung innerhalb der evolutorischen Ökonomik darzustellen.[203] Mit drei Kernpunkten, die im folgenden genauer zu untersuchen sind, läßt sie sich charakterisieren und von der vorherrschenden Analysemethode der Ökonomik, der Neoklassik, abgrenzen:

1. Die Evolutorik betont die dynamische Entwicklung der Wirtschaft, die im allgemeinen keinem Gleichgewicht im Sinne eines *steady states* zustrebt. Als Ausgangspunkt dieser Überlegung wird häufig Schumpeter und seine Theorie der wirtschaftlichen Entwicklung herangezogen.[204]
2. Sie bedient sich der These der begrenzten Rationalität, die im Gegensatz zur Annahme der vollkommenen Rationalität der Wirtschaftssubjekte nicht ma-

---

[200] Vgl. Nelson (1995), S. 68.

[201] Vgl. Abschnitt 2.

[202] Vgl. Witt (1995), S. 161. Weitere Überblicke über das Forschungsprogramm der Evolutorik bieten Nelson/Winter (1982), Nelson (1995), Saviotti/Metcalfe (1991) und Dosi/Nelson (1994).

[203] Die evolutorische Ökonomik in ihrer Gesamtheit, die auch chaos-, spiel- und institutionentheoretische sowie synergetische und selbstorganisatorische Ansätze mit einschließt, läßt sich anhand der folgenden recht engen Beschreibung des innovations- und diffusionstheoretischen Teils dieses Forschungsprogramms und der Betonung Schumpeterscher Einflüsse nicht erfassen. Eine Negativliste umreißt evolutorische Modelle als solche, die weder vollkommen deterministisch noch ausschließlich zufällig sind. Vgl. Knottenbauer (2000), S. 272.

[204] Vgl. Schumpeter (1993 und 1934)

ximierende sondern befriedigende Verhaltens- und Daumenregeln in den Vordergrund rückt.[205]

3. Die dritte konstituierende Eigenschaft der Evolutorik ist die (lose) Analogie zum biologischen Modell der ökonomischen Selektion und die Darstellung der wirtschaftlichen Entwicklung als Selektionsprozeß.[206]

Die Evolutorik läßt sich somit als Alternative zur neoklassischen Konzeption des wirtschaftlichen Wachstums als Gleichgewichtsprozeß und zugleich als generelle Kritik an der neoklassischen Ökonomik verstehen.[207]

Obwohl Schumpeter, um damit auf den ersten Punkt näher einzugehen, mit seiner Theorie der schöpferischen Zerstörung im wesentlichen auf die Erklärung von Konjunkturzyklen abzielte, lieferte er doch einen wichtigen Baustein der evolutorischen Ökonomik.[208] Bedeutsam ist insbesondere seine Theorie des Unternehmertums.[209] Auf der einen Seite existieren herausragende Persönlichkeiten in Form der Pionierunternehmer, die angesichts sinkender Unternehmergewinne neue Produkte, Prozesse, Organisationsstrukturen sowie Rohstoff- und Absatzmärkte in den wirtschaftlichen Produktionsprozeß einsetzen und daher temporäre Monopolgewinne oder Extraprofite erwirtschaften. Auf der anderen Seite existiert eine Vielzahl von Imitatoren, die angesichts der neuen Chancen und des steigenden Wettbewerbsdrucks die Innovationen übernehmen. Dadurch sinken die Monopolgewinne der Pionierunternehmer, die ihrerseits wiederum versuchen Innovationen umzusetzen. Zum einen bedeutet ein solches Paradigma die Abkehr von der Idee homogener Akteure und des repräsentativen (durchschnittlichen) Individuums. Zum zweiten ist es aber auch die erste Abwendung vom Gleichgewichtsgedanken der Neoklassik, der nach dem (exogenen) Auftreten einer Prozeßinnovation im Falle der vollkommenen Konkurrenz die stationäre, stabile Situation propagiert, in der alle Unternehmer mit der neuen Technologie produzieren. Denn der Pionierunternehmer beurteilt die Gewinnsituation im Gleichgewicht im neoklassischen Sinne als unbefriedigend, wenn alle Markteil-

---

205 Dieses Konzept wird mit den Ökonomen March, Cyert und vor allem Simon verbunden (vgl. Witt 1995, S. 161). Für eine Überblick über das Konzept der *bounded rationality* siehe Tisdell (1996).

206 Evolutorik ist keinesfalls die einfache Übertragung biologischer Evolutionsbegriffe auf die Ökonomik. Das Verhältnis zwischen Biologie und Ökonomik umreißen Dosi/Nelson (1994), Fn.6: „Note, here and throughout, that, while using sometimes biological analogies for illustrative convenience, we are not at all claiming any precise isomorphism between biological and economic theories of evolution."

207 Vgl. Nelson/Winter (1974), S. 886f, Saviotti/Metcalfe (1991), S. 4 und Sarkar (1998), S. 140.

208 Zur Schumpeterschen Tradition der Evolutorik vgl. insbesondere Kromphardt/Teschner (1986) sowie Witt (1995), S. 156-159.

209 Vgl. Witt (1995), S. 156.

nehmer dieselben Produktionsmethoden anwenden und das neoklassische Ideal der vollkommenen Konkurrenz erreicht ist.[210] In dieser Situation erzielt er ausschließlich den im stationären, komparativ-statischen Gleichgewicht herrschenden Unternehmerlohn. Er strebt aber nach einem dynamischen Unternehmergewinn in Form eines Extraprofites und versucht daher im Prozeß der schöpferischen Zerstörung einem solchen statischen Szenario zu entfliehen. Während die (endogene) Innovation der Pionierunternehmer als dynamisierende Kraft zu beschreiben ist, besteht aufgrund der durch die Imitation ausgelösten Diffusion der Innovationen eine Tendenz zum stationären Szenario vollkommen wegkonkurrierter Profite, das die Neoklassik als Gleichgewicht bezeichnet. Diese Neigung zur Statik enthält selbst den (dynamischen) Keim zum Ungleichgewicht aufgrund neuer Innovationen. Dieser Zustand läßt sich recht gut mit dem Begriff des *„perpetual disequlibrium“*[211] beschreiben. Das Konzept der schöpferischen Zerstörung ist damit geschlossen.

Während Schumpeter den Pionierunternehmer heroisiert und ihm die Schlüsselrolle für den Impuls zur wirtschaftlichen Entwicklung zuspricht, werden in der Evolutorik die Imitatoren als ebenso wichtig erachtet. Innovation und Imitation sind zwei Wege des einzelwirtschaftlichen Strebens nach Profit durch Anwendung anderer Produktionsmethoden. Während die Innovation, die Investition in noch unbekannte Neuerungen risikoreich ist, aber Extraprofite ermöglicht, ist die Imitation wohlbekannter Technologien sicherer, jedoch in ihrer Gewinnmöglichkeit begrenzt. Innovation oder Imitation sind durch ein Ertrags-Risiko *trade-off* gekennzeichnet und miteinander verknüpft.

Das zweite konstituierende Merkmal der diffusionstheoretischen Evolutorik, die Theorie der begrenzten Rationalität, richtet sich gegen die neoklassische Annahme eines Optimierungsverhaltens der Individuen. Nicht das häufig vorausgesetzte einzelwirtschaftliche Gewinnmaximierungskalkül bestimmt das Verhalten der Unternehmer, sondern vielmehr Verhaltensroutinen und Daumenregeln, die einen befriedigenden Gewinn, Marktanteil o.ä. garantieren. Sie werden nur dann geändert, wenn die zufriedenstellenden Zielgrößen nicht mehr erfüllt werden. Im Sinne eines „lokalen Suchens“ werden Verhaltensänderungen nur vorgenommen, um die befriedigende Erfüllung der geplanten Größen zu gewährleisten, wobei möglichst viele Routinen und Verhaltensmuster beibehalten werden.[212] Dies schließt die Tatsache mit ein, so kann argumentiert werden, daß sogar als profitabel erkannte Innovationen nicht übernommen werden, wenn die bisher

---

[210] Vgl. Kromphardt/Teschner (1996), S. 235.
[211] Iwai (1984a), S. 187.
[212] Vgl. Kromphardt/Teschner (1986), S. 240.

genutzte Technologie als ausreichend erachtet wird.[213] Eng damit verbunden ist der Aspekt des unvollkommenen Wissens der Akteure. Für die zukünftige wirtschaftliche Entwicklung impliziert diese Unvollkommenheit Unsicherheit, Risiko und die Indeterminiertheit wirtschaftlicher Prozesse.[214] Auch in dieser Sichtweise, wie schon im Prozeß der schöpferischen Zerstörung, haben identische Unternehmer bzw. repräsentative Akteure keinen Platz, denn es existiert eine Vielfalt an Verhaltensweisen, Erwartungen und Kenntnissen.

Das dritte Merkmal, das Prinzip der ökonomischen Selektion als Anleihe aus der biologischen Evolution fußt auf diesen zwei zentralen Annahmen über die Funktionsweise der Ökonomie (Dynamik, Innovationanstrengungen zur Erzielung von Extraprofiten, Imitationsanstrengungen zur Teilhabe an neuen Gewinnmöglichkeiten) und der Verhaltensweise der Wirtschaftssubjekte (gebundene Rationalität, Daumenregeln). Ergebnis beider Überlegungen ist die Vielfalt sowohl hinsichtlich der im Wirtschaftsleben eingesetzten Produktions- und Organisationsmethoden (Varietät der Technologien und Techniken) als auch bezüglich der Unternehmen.[215] Aufgrund der bisher genutzten Technologien haben Unternehmen spezifische Fähigkeiten erlangt, die sie von anderen unterscheiden. Die historische Kumulation von Technologien, Wissen und Fähigkeiten führt zu spezifischen Lernmechanismen für jedes Unternehmen. Die Marktstruktur, Technologiestruktur, Technikwahl, Zahl und Art der Unternehmen sind endogen durch den dynamischen Evolutionsprozeß determiniert. Der Prozeß und daher auch das Ergebnis der Entwicklung sind irreversibel, sowohl in den mikroökonomischen Determinanten als auch in den makroökonomischen Variablen.[216] Ein Element des Ordnens in der Entwicklung der Vielfalt bieten ökonomische Selektionsmechanismen. Es werden sich diejenigen Unternehmen durchsetzen, die die größte Profitabilität, die geringsten Stückkosten oder (je nach Definition) die geringsten Preise in Relation zum Durchschnitt aufweisen. Sie nutzen die effizientesten Technologien und sind am wettbewerbfähigsten. Umgekehrt verschwinden die ineffektiven Unternehmen vom Markt. Mit ihnen werden die ineffizienten Produktions- und Organisationsmethoden aufgegeben. Der Prozeß der schöpferischen Zerstörung, mit dem Schumpeter die Konjunkturzyklen endogenisieren wollte, führt aus Sicht der Diffusionstheorie zur Einbettung der Diffusion in die gesamtwirtschaftliche Entwicklungsdynamik. Der Schumpetersche Wettbewerb und die natürliche Selektion halten die Dynamik des wirtschaftlichen Handelns

---

213 Vgl. Antonelli/Petit/Tahar (1992), S. 47.

214 Vgl. Gowdy (1985), S. 320.

215 Vgl. Silverberg/Dosi/Orsenigo (1988), S. 1034. Es muß beachtet werden, daß Heterogenität aus evolutorischen Prozessen als dynamisches Geschehen fundamental von der statischen Heterogenität neoklassischer Ansätze zu unterscheiden ist.

216 Zum Begriff der Irreversibilität in der Ökonomik vgl. grundlegend Dosi/Metcalfe (1991).

aufrecht und zwingen zur Suche nach Innovationen und zur Übernahme der effizientesten Technologien (Imitation). Die Diffusion (als Imitationsprozeß) ist in einem solchen Theorierahmen endogen bestimmt.

Zusammenfassend lassen sich die Merkmale evolutionstheoretischer Ansätze zur Diffusionstheorie mit drei weiteren Eigenschaften beschreiben, die auch für die evolutorische Ökonomik insgesamt Gültigkeit besitzen:[217]

1. *Dynamische*, irreversible Prozesse determinieren die Diffusion von Innovationen. Wie schon in der Theorie der Netzwerkexternalitäten ist die Evolutorik von der Bedeutung der historischen Zeit bestimmt, im Gegensatz zur Relevanz der logischen Zeit im mechanistischen Bild der Neoklassik.
2. Die *Vielfalt* von Unternehmen, Produkten, Produktionsweisen und -techniken, Verhaltensweisen etc. in evolutorischen Modellen schließt das Konzept des repräsentativen Unternehmens aus.
3. Der Tendenz zur Vielfalt ist durch ökonomische Selektionsmechanismen eine Tendenz des Ordnens und der Beschränkung der Vielfalt entgegengesetzt.

Als analytisches Instrument, das die Bewegungsgleichung im evolutorischen Denken formalisiert, dient die *Fisher-Gleichung*[218], die in Gleichung (3.63) wiedergegeben ist.[219] In ihr sind die drei oben genannten Eigenschaften wiedergegeben:

$$(3.63) \qquad \frac{df_i}{dt} = A\left(E_i - E^*\right)f_i \quad \text{mit} \quad i = 1,\ldots,n \quad \text{und} \quad A < 0.$$

Es bezeichnet f_i den Marktanteil des Unternehmens *i*. E_i repräsentiert ein Maß der Leistungsfähigkeit und Wettbewerbsfähigkeit des Unternehmens *i*, während E^* den gewichteten Durchschnittswert dieser Maßzahl darstellt.[220] A bezeichnet einen positiven, konstanten Anpassungsfaktor. Ist die relative Wettbewerbsfähigkeit E_i eines Unternehmens *i* größer als der sektorale Durchschnitt E^*, steigt der Marktanteil des Unternehmens, df_i / dt ist positiv. Umgekehrt sinkt der Marktanteil des Unternehmens, falls es weniger wettbewerbsfähig als der Industriedurchschnitt ist. Die Veränderung des Marktanteils ist um so schneller,

---

[217] Vgl. Knottenbauer (2000), S. 271.

[218] Diese Gleichung ist benannt nach dem Biologen und Mathematiker R.A. Fisher, der sie erstmals formuliert hat (Fisher 1958). Vgl. Nelson/Winter (1982), S. 160f., Silverberg/Dosi/Orsenigo (1988), S. 1035f. Hall (1994), S. 276, Metcalfe (1994), S. 328-331 sowie Metcalfe (1998), S. 40-71.

[219] Vgl. Hall (1994), S. 276.

[220] Es ist $E^* = \sum_i f_i E_i$. Die relative Wettbewerbsfähigkeit wird im allgemeinen durch die Profitabilität des Unternehmens, den Preis für seine Güter, die Stückkosten oder, seltener, die Lieferzeit relativ zum Durchschnitt ausgedrückt.

- je größer der absolute Wert des Marktanteils f_i ist,
- je größer die Differenz zwischen der relativen Wettbewerbsfähigkeit des Unternehmens i und der durchschnittlichen Wettbewerbsfähigkeit $(E_i - E^*)$ ist und
- je größer der Anpassungsparameter A ist.

Zwei Eigenschaften dieser Gleichung der natürlichen Selektion sind interessant:

1) Mit zunehmendem Marktanteil eines Unternehmens i steigt auch das Gewicht f_i, mit dem seine Wettbewerbsfähigkeit E_i in den sektoralen Durchschnitt E^* einfließt. Dadurch steigt E^*, die Differenz zwischen E_i und E^* sinkt. Gleichzeitig sinkt die Wachstumsrate des Marktanteils.
2) Es zeigt sich, daß ausgehend von identischen Marktanteilen jenes Unternehmen die größten Zuwachsraten des Marktanteils aufweist, das die größte Wettbewerbsfähigkeit besitzt. Da aber dadurch der Branchendurchschnitt ansteigt, verlangsamt sich diese Wachstumsrate. Dennoch geht E_i in E^* über, wenn das Unternehmen i Monopolist wird.

Repräsentiert E eine bestimmte Innovation, die die Wettbewerbsfähigkeit entscheidend determiniert, zeigt dieser Prozeß die zunehmende Diffusion einer Technologie, die den anderen überlegen ist. Entweder tritt diese Selektion dadurch auf, daß jene Unternehmen, die die Innovation nicht einsetzen, vom Markt verschwinden, oder die Auswahl wird vorangetrieben, indem alle Unternehmen die Technologie übernehmen. Der Diffusionsprozeß kommt langfristig zum Stillstand, wenn keine neuen Technologien auftreten.[221] Die Fisher-Gleichung faßt daher die Tendenz der Selektion, die die evolutorische Tendenz zur Vielfalt beschränkt, in eine mathematische Formulierung. Für ein vollständiges evolutorisches Modell der Technologiediffusion, das in der Lage ist den Diffusionsprozeß endogen zu erklären, bedarf es neben der durch die Fisher-Gleichung repräsentierten Selektion auch des Prinzips des Schumpeterschen Wettbewerbs, dem Streben nach Innovationen.

Die intuitive Interpretation der Fisher-Gleichung zeigt, daß evolutorische Diffusionsmodelle in der Lage sind, die zeitintensive Diffusion von Innovationen gemäß den stilisierten Fakten nachzuzeichnen. Darüber hinaus zeichnet sich der

---

[221] Metcalfe (1994, S. 328f.) gelingt es die Fisher-Gleichung in wenigen Worten zusammenzufassen: „... the rate of change of average behaviour within a population of competing firms is governed by the degree of variety in behaviour within that population. Implicit in this view are the four central themes of the evolutionary perspective: that it is *differences in behaviour* between firms which drive the evolutionary process; that these differences are *evaluated economically* within a population of competing behaviours; that this evaluation generates *selective pressure* to change the relative importance of each distinct form of behaviour ... and that these behaviours are subject to *inertia* ..." [*eigene Hervorhebung*].

evolutorische Theorierahmen dadurch aus, daß sich die logische Konsequenz der zeitintensiven Ausbreitung, die zumindest zeitweise gleichzeitige Nutzung mehrerer Technologien, direkt aus der Theoriestruktur ergibt, und nicht im Widerspruch mit den Modellannahmen steht.[222] Die empirisch nachgewiesene Technologievielfalt zu einem bestimmten Zeitpunkt impliziert auch eine Vielfalt unterschiedlich (arbeits-) produktiver Unternehmen in einem Sektor, die den Ausgangspunkt für ein Modell von Katsuhito Iwai bietet (1984a und b), das im nächsten Abschnitt vorgestellt wird.[223]. Es hat, wie die meisten evolutorischen Diffusionsmodelle, die Ausbreitung von Prozeßinnovationen als Untersuchungsgegenstand.[224]

3.1.5.2 Das Diffusionsmodell von Katsuhito Iwai

Das von Katsuhito Iwai vorgestellte Diffusionsmodell umfaßt mehrere Stufen.[225] In einem ersten Schritt wird die in der Realität beobachtbare Technologievielfalt formalisiert. Anschließend wird der Prozeß der ökonomischen Selektion dargestellt und das Imitationsverhalten genauer untersucht. Schließlich wird in einem dritten Schritt das Innovationsverhalten in einem Sektor integriert. Ein dynamisches Modell entsteht, in dem die Diffusion von Technologien als endogener Prozeß gezeichnet wird.

Die Vielfalt an Produktionsmethoden läßt sich wie folgt in einfacher Weise formalisieren.[226] Es sind M Unternehmen am Produktionsprozeß beteiligt, die ein homogenes Gut herstellen.[227] Die Unternehmen unterscheiden sich ausschließlich bezüglich der verwendeten Produktionsmethode (Technik). Die Produktionsmethoden wiederum werden nach den Stückkosten c differenziert, die sie verursachen. Produktionstechniken sind um so profitabler, je geringer ihre

---

[222] Die neoklassisch geprägten Diffusionsmodelle haben jeweils eine neoklassische Modellannahme aufgegeben, um den zeitintensiven Diffusionsverlauf zu generieren (Homogenität der Akteure bzw. der Informationen).

[223] Weitere evolutorische Diffusionsmodelle finden sich bei Silverberg, Dosi und Orsegnio (1988), Silverberg (1990) sowie in Soete und Turner (1984).

[224] Eine Ausnahme bildet das Modell von Reati (1995, 1998). In dieser evolutorischen Version und Modifikation des Strukturwandelmodells von Pasinetti (1981, 1993) wird die Diffusion sowohl von Prozeß- als auch von Produktinnovationen analysiert.

[225] Vgl. Hall (1994), S: 277-287.

[226] Vgl. Iwai (1994a), S. 161ff.

[227] Iwai verwendet ursprünglich einen sektoralen Ansatz, in dem eine Branche bzw. ein Sektor analysiert wird. Er läßt sich aber auch als einsektorales gesamtwirtschaftliches Modell interpretieren, wenn die typischen Annahmen zur Eingutökonomie angewendet werden.

Stückkosten c sind.[228] Sie lassen sich in eine aufsteigende Reihenfolge bringen, in der c_n die effizienteste Technik (*best-practice*), c_l hingegen die schlechteste Methode darstellt.

$$c_n < c_{n-1} < \ldots < c_i < \ldots < c_1$$

Die gesamtwirtschaftliche Techniknutzung läßt sich anhand der relativen Häufigkeitsverteilung $f_t(c)$ bzw. der Summenhäufigkeitsverteilung $F_t(c)$ der einzelnen Produktionsmethoden mit ihren Stückkosten darstellen.[229] Es gilt:

(3.64) $$F_t(c) \equiv f_t(c_i) + f_t(c_{i+1}) + \ldots + f_t(c_n).$$

Die Summenhäufigkeitsverteilung subsumiert alle Produktionsmethoden mit Stückkosten c_i oder niedriger, d.h. die Technik i und alle effizienteren Techniken. *Abbildung 3.9* zeigt die Verteilungsfunktionen. Es wird die Ähnlichkeit des Modellaufbaus mit dem *Probit*-Ansatz deutlich, der ebenfalls mit Hilfe einer Verteilung einer Schlüsselvariablen den Diffusionsverlauf herleitet.

Im Zeitablauf verändert sich die Vielfalt und Zusammensetzung der Produktionsmethoden. Die Veränderung wird einerseits durch den Imitationsprozeß (Veränderung der Verteilungs*form*), andererseits durch den Innovationsprozeß (Veränderung der *Lage* der Verteilung) gesteuert.[230] Die Interaktion beider dynamischer Kräfte führt zum Diffusionsprozeß neuer Produktionstechniken.

---

[228] Es sollen limitationale Produktionsprozesse vorliegen. Dadurch sind die Stückkosten von der Outputmenge unabhängig. Sie sind bis zur Kapazitätsgrenze konstant. Vgl. Iwai (1994b), S. 323.

[229] Es gilt $F_t(c) = 0$ für $c < c_n$ und $F_t(c) = 1$ für $c \geq c_l$.

[230] Vgl. Hall (1994), S. 278f.

Abbildung 3.9: Relative Häufigkeits- und Summenhäufigkeitsverteilung der Stückkosten

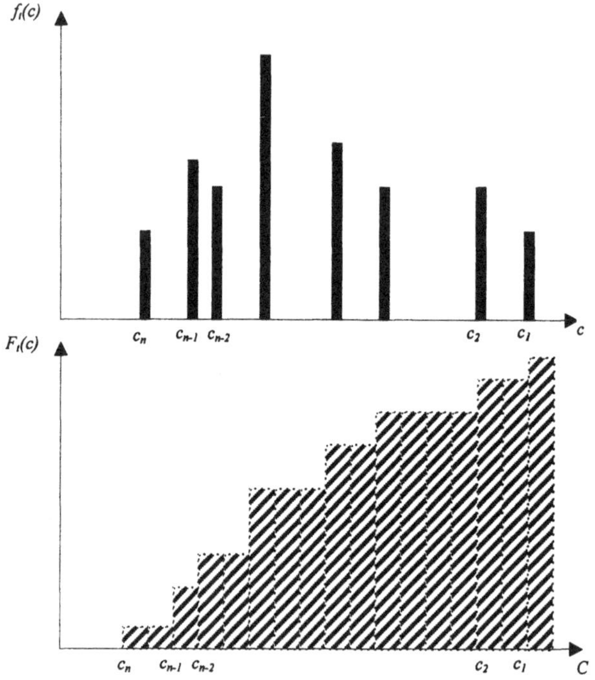

Quelle: Iwai (1984a), S. 164

Zunächst jedoch soll der Imitationsprozeß analysiert werden. Dabei wird von der Einführung neuer Techniken abstrahiert. Es wird zudem unterstellt, daß die Wahrscheinlichkeit, daß ein Unternehmen eine bestimmte Produktionsmethode imitieren und übernehmen kann, proportional von der Häufigkeit abhängt, mit der die Methode von anderen Unternehmen verwendet wird.[231] Die Hypothese

---

[231] Selbstverständlich wird ein Unternehmen nur an einer Technik mit geringeren Stückkosten interessiert sein. Die formale Beschreibung der Wahrscheinlichkeit, daß ein Unternehmen mit den Stückkosten c_i im kleinen Zeitintervall $[t; t+\Delta t]$ eine bessere Produktionsmethode übernimmt, lautet $\mu f_t(c_i)\Delta t$ für $c < c_i$ bzw. 0 für $c \geq c_i$. Der Effizienzparameter μ der Imitation wird als konstant und exogen gegeben angenommen. Wie im epidemischen Ansatz muß von der Diffusion innerhalb eines Unternehmens völlig abstrahiert werden: Wird eine Produktionstechnik übernommen, wird die gesamte Produktionskapazität ohne Verzögerung und ohne Kosten umgestellt.

der Imitation entspricht exakt der Diffusionshypothese im epidemischen Ansatz.[232] Im Zeitintervall $[t;\ t+\Delta]$ steigt die Summenhäufigkeitsverteilung der Unternehmen mit Stückkosten c_i, ausgedrückt durch $[F_{t+\Delta t}(c_i) - F_t(c_i)]$, wenn ein Unternehmen mit höheren Stückkosten die Technik mit den Stückkosten c_i oder niedriger übernimmt. Dadurch steigt jedoch die Wahrscheinlichkeit, daß auch andere Unternehmen mit Stückkosten $c > c_i$ in der Lage sind, die Technik zu imitieren. Die Zahl dieser relativ ineffizienten Unternehmen nimmt ab. Die Häufigkeitsverteilung dieser Unternehmen summiert sich zu $1 - F_t(c_i)$. Der erwartete, und bei Gültigkeit des Gesetzes der großen Zahl auch der tatsächliche Zuwachs bei den Unternehmen mit Stückkosten c_i oder niedriger, ausgedrückt durch $[F_{t+\Delta t}(c_i) - F_t(c_i)]$, ist also einerseits von der Bewegungsdynamik $\{\mu f_t(c_i)\Delta t\}$, andererseits vom Bestand $\{1 - F_t(c_i)\}$ abhängig. Die Gleichung für die Veränderung der Summenhäufigkeitsverteilung der Unternehmen mit Stückkosten c_i setzt sich wie folgt zusammen:

$$(3.65) \qquad F_{t+\Delta t}(c_i) - F_t(c_i) = \mu F_t(c_i)[1 - F_t(c_i)]\Delta t\,.$$

Gleichung (3.65) läßt sich durch Division mit Δt, das anschließend gegen null geht, mit der Differentialgleichung (3.66) approximieren:

$$(3.66) \qquad \frac{dF_t(c_i)}{dt} = \mu F_t(c_i)[1 - F_t(c_i)].$$

Analog läßt sich für jede Produktionsmethode die zugehörige Differentialgleichung berechnen. Es handelt sich daher um eine Serie von Differentialgleichungen, deren Auflösung (Gleichung 3.67) jeweils eine logistische, s-förmige Wachstums- bzw. Diffusionskurve darstellt:[233]

$$(3.67) \qquad F_t(c_i) = \frac{1}{\left[1 + \left(\frac{1}{F_T(c_i)} - 1\right)\exp[-\mu(t-T)]\right]}.$$

Da das Innovationsverhalten und seine Interaktion mit der Imitation noch nicht berücksichtigt werden, entspricht die Modellierung der Technologiediffusion dem epidemischen Ansatz. Der entscheidende, innovative Unterschied liegt darin, daß nicht die Ausbreitungsdynamik einer einzelnen Technologie nachvollzo-

---

[232] Die integrative Kraft der Evolutorik offenbart sich bereits in diesem Modell, in dem sowohl differenzenbasierte als auch epidemische Strukturen im Modellaufbau inkorporiert sind. Sie wird noch deutlicher bei der Übertragung des mikroökonomischen Diffusionsgedankens auf die makroökonomische Theorie des technologischen Fortschritts.

[233] $F_T(c_i)$ repräsentiert die Summenhäufigkeitsverteilung zu einem gegebenen Zeitpunkt $T \leq t$ in der Vergangenheit.

gen wird, sondern die simultane Ausbreitung aller Produktionsmethoden, wie sie im Sektor bzw. in der Branche gleichzeitig und nebeneinander existieren.[234] Die Bewegungsgleichungen weisen darauf hin, daß jede Technik einer s-förmigen Diffusionskurve folgt.[235] Ineffiziente Techniken mit hohen Stückkosten werden im Zeitablauf durch bessere Produktionsmethoden abgelöst. Wird von der Generierung von Innovationen abstrahiert, wie es in dieser Stufe des Modells getan wird, dann dominiert letztlich im Selektionsprozeß die Technik mit den geringsten Stückkosten. Der gesamte Output wird mit dieser besten Technik hergestellt. Das Modell eignet sich daher hervorragend zur Darstellung des Diffusionsverlaufs konkurrierender Technologien, wie sie im vorangegangenen Abschnitt thematisiert worden sind. In *Abbildung 3.10* sind die simultane Diffusionsbewegung der Produktionsmethoden und das Imitationsverhalten dargestellt, die zu einem stationären Zustand führen, in dem nur die effizienteste (*best-practice-*) Technik mit den geringsten Stückkosten der Produktion angewendet wird. Die Anteile der jeweiligen Produktionstechnik am gesamten Output werden in dieser Graphik im Gegensatz zu den bisher dargestellten Diffusionskurven nicht als vertikaler Abstand zur Abszisse gemessen, sondern als vertikale Differenz zwischen den einzelnen Diffusionskurven. Der Output aller Techniken insgesamt summiert sich daher zu jedem Zeitpunkt zu eins, allerdings in jeweils unterschiedlicher Zusammensetzung, in der alte Techniken immer mehr an Signifikanz verlieren, da Unternehmen aufgrund des Wettbewerbsdrucks auf effizientere Produktionsmethoden umsteigen (oder aber weil Unternehmen mit der alten Technik vom Markt verschwinden, wenn sie die Technik beibehalten, da sie immer mehr Wettbewerbsfähigkeit einbüßen und somit Marktanteile verlieren).[236]

Die Gleichgewichtslösung entspricht der Vorhersage der Fisher-Gleichung. Das Ergebnis des evolutorischen Modellierens des Diffusionsprozesses korrespondiert sowohl mit der Logik des epidemischen Modells, der neoklassischen Welt als auch mit der Idee der Netzwerkexternalitäten.[237] Der stationäre Zustand kann sich aber nur dann einstellen, wenn vom Schumpeterschen Wettbewerb, dem

---

[234] Vgl. Iwai (1984a), S. 168.

[235] Das evolutorische Diffusionsmodell repräsentiert genau jene Kritik, die Metcalfe (1981, S. 349f.) am epidemischen Modell führt: „Instead of a single diffusion curve, we have an envelope of successive diffusion curves, each appropriate to a given set of innovation and adoption environment."

[236] Vgl. für eine Formalisierung des Imitationsprozesses Iwai (2000).

[237] In der Neoklassik würde der erreichte Zustand als Gleichgewicht bezeichnet. Wegen der völlig unterschiedlichen Bedeutung des Gleichgewichtsbegriffs in der Evolutorik und der Neoklassik läßt sich daher nur die Aussage treffen, daß sowohl die neoklassischen Diffusionsmodelle als auch das evolutorische Teilmodell von Iwai zu einem stationären Zustand führen, in dem nur eine Technik angewendet wird. Vgl. Metcalfe (1994), S. 330

Innovationsdrang, abstrahiert wird. Es handelt sich in diesem Sinne also nur um eine Teillösung der Technologieausbreitung. Derselbe *ceterus paribus* Vorwurf gilt allerdings auch für die anderen Ansätze der Technologiediffusion.

Abbildung 3.10: Technologiediffusion aufgrund des Imitationsprozesses

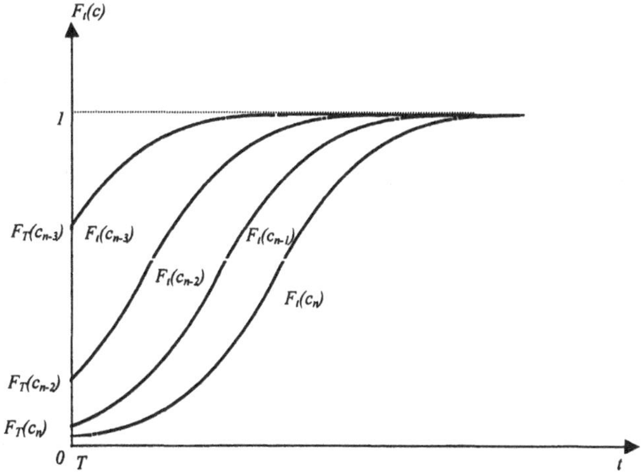

Quelle: Iwai (1984), S. 168.

Die „Tendenz zur technologischen Uniformität" (Iwai 1984a, S. 169) findet also nur in Abwesenheit des innovativen Verhaltens von (Pionier-) Unternehmen statt. Im folgenden Modellteil wird das Auftreten von Innovationen berücksichtigt. Der Zeitpunkt der erstmaligen Anwendung der Neuerung wird durch $T(c_{n+1})$ bezeichnet, die Innovation selbst ist durch Stückkosten c_{n+1} charakterisiert.[238] Zum Zeitpunkt der ersten Nutzung $T(c_{n+1})$ entsteht eine neue Verteilungsfunktion. Ihre Summenhäufigkeitsverteilung zu diesem Zeitpunkt entspricht $1/M$, da genau eines der M Unternehmen die Technik einsetzt:

$$(3.68) \qquad F_{T(c_{n+1})}(c_{n+1}) = \frac{1}{M}.$$

Die Innovation ist gleichzeitig von Beginn ihres Erscheinens an Gegenstand der Imitationsbemühungen anderer Unternehmen. Eine neue s-förmige Diffusionskurve (3.69) für $t \geq T(c_{n+1})$ etabliert sich:

[238] Die Innovation zeichnet sich dadurch aus, daß ihre Stückkosten geringer sind als die der bisher effizientesten Produktionsmethode: $c_{n+1} < c_n$.

(3.69) $$F_t(c_{n+1}) = \frac{1}{[1+(M-1)\exp[-\mu(t-T(c_{n+1}))]]}.$$

Wird angenommen, daß immer nur diejenigen Unternehmen eine Innovation einführen können, die schon die *best-practice*-Technik anwenden, verändert sich das Diffusionsszenario, wie es durch das Imitationsverhalten geprägt ist, nur geringfügig. Es wird ihm lediglich eine neue Diffusionskurve $F_t(c_{n+1})$ hinzugefügt, die zum Zeitpunkt $T(c_{n+1})$ mit der anfänglichen Masse $1/M$ beginnt.[239] Entsprechend gilt dieser Ablauf für alle nachfolgenden neuen Produktionsmethoden $F_t(c_N)$, die zum jeweiligen Zeitpunkt $T(c_N)$ auftreten. Die Abfolge der Diffusionsverläufe in *Abbildung 3.10* wird dadurch regelmäßig fortgeschrieben. In *Abbildung 3.11* ist dieser Vorgang visualisiert. Grundsätzlich bleibt die Diffusionsdynamik auch dann erhalten, wenn die restriktive Hypothese aufgegeben wird, daß nur die effizientesten Unternehmen mit der besten Produktionsmethode eine Innovation einführen können.[240] Zwei gegenläufige Kräfte sorgen für die Evolution der Diffusionskurven. Zum einen tendiert das System zu einem statischen Gleichgewicht, in dem ausschließlich die beste Produktionstechnik genutzt wird. Dafür ist die ökonomische Selektion im Imitationsprozeß verantwortlich. Auf der anderen Seite sorgt der Innovationsprozeß für eine Vielfalt unterschiedlich effizienter Technologien und treibt quasi das statische Gleichgewicht voran, so daß es nicht erreicht wird. Beide Kräfte tarieren sich in einer dynamischen Interaktion aus. Die durchschnittliche Produktivität des Sektors ist daher immer geringer als die Produktivität der besten Produktionsmethode, da immer auch mehrere ältere Techniken zur Produktion eingesetzt werden. Nach Maßgabe der voranschreitenden Entwicklung von Innovationen sinken die sektoralen Stückkosten insgesamt.[241] Dieser Zusammenhang wird im folgenden näher untersucht.

---

239 Der Verlauf der einzelnen Diffusionskurven selbst verändert sich bei der spezifischen Annahme über das Innovationsverhalten, daß nur ein Unternehmen mit *best-practice*-Technik eine Innovation übernehmen kann, nicht. Wenn ein Unternehmen von der Technik c_n auf c_{n+1} wechselt, sinkt die Häufigkeit der ersten um $1/M$, die der zweiten steigt um $1/M$. Die kumulierte Häufigkeit in der Summenhäufigkeitsverteilung $F_t(c_n)$ verändert sich dadurch nicht, umfaßt sie doch *per definitione* die Technik c_n und alle anderen mit niedrigeren Stückkosten, also auch die neue Methode mit c_{n+1}. Das Argument gilt analog für alle anderen Diffusionsverläufe.

240 Allerdings verlaufen die Diffusionskurven nicht mehr stetig, da Unternehmen, die von einer ineffizienten Technik auf die Innovation wechseln, diskrete Sprünge im Diffusionsverlauf in der Höhe von $1/M$ hervorrufen.

241 Dieses Ergebnis stimmt mit der Analyse der *vintage*-Modelle überein. Vgl. Abschnitt 4.1.

Abbildung 3.11: Technologiediffusion aufgrund des Imitations- und Innovationsprozesses

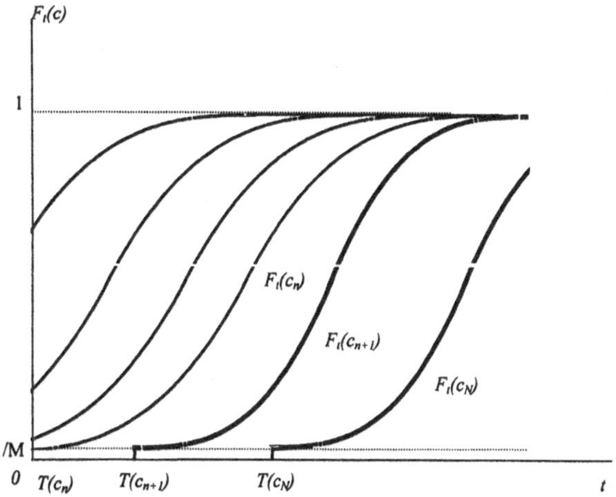

Quelle: Iwai (1984a), S. 170.

Um die langfristige Ausbreitung des technologischen Fortschritts in einem Sektor bzw. einer Branche zu analysieren, bedient sich Iwai einer näheren Spezifikation des Innovationsprozesses, nach dem aufgrund von Inventionen die *potentiellen* Stückkosten der Produktion sinken. Unternehmen haben in jeder Periode die kleine Chance, eine Invention erfolgreich in den Produktionsprozeß einzuführen und damit innovativ tätig zu sein.[242] Mit Hilfe dieser (überaus einfachen) Innovationsfunktion ist es möglich, zusammen mit der Imitationsfunktion die langfristige Verteilung der Unternehmen zwischen aktueller *best practice*-Technik und der marginalen *worst practice*-Methode zu ermitteln. Da in einem gegebenen Strom Innovationen auftreten und ebenso alte Techniken aus dem Produktionsprozeß verschwinden, läßt sich die langfristige Technikverteilung als ein dynamisches, gleitendes Gleichgewicht beschreiben. Analog zu den *vintage*-Ansätzen werden die aktuell eingesetzten Produktionsmethoden durch ein *cost gap* in den Stückkosten beschrieben. Dieser ist für die *best practice*-Technik gleich null und für die marginale, gerade noch eingesetzte Produktionstechnik am größten, sie wird auf eins normiert. Die dadurch ermittelte langfristi-

[242] Diese konstante Wahrscheinlichkeit ist (sehr viel) kleiner als die Fähigkeit Imitationen durchzuführen und wird durch eine Poissonverteilung wiedergegeben. Dieses mathematische Verfahren wird in den Ansätzen der Neuen Wachstumstheorie und in neoschumpeterianischen Modellen angewendet. Siehe für eine Einführung Aghion/Howitt (1998b).

ge Verteilung zwischen bester und schlechtester Produktionsmethode folgt einer stabilen langfristigen logistischen Verteilungskurve.[243] Mittels einer Dichtefunktion läßt sich dieses Ergebnis dahingehend interpretieren, daß langfristig die meisten Unternehmen eine Technik der mittleren Effektivität, Produktivität bzw. Profitabilität nutzen. Es existieren jeweils in abnehmender Häufigkeit sowohl bessere als auch schlechtere Produktionsmethoden. In der langen Frist vermag sich nicht nur eine einzelne Technologie im Zeitablauf auszubreiten, sondern das Imitations- und Innovationsverhalten steuert den Ablauf sequentiell auftretender Neuerungen. Die Situation mag zwar als stabil bezeichnet werden in dem Sinne, daß sich eine persistente Verteilung der Kostenlücken einstellt. Die Existenz anhaltender Kostenlücken deutet aber auch auf ein langfristiges Ungleichgewicht hin, das als langfristiger (statistischer) Durchschnitt der Verteilung der Kostenlücken interpretiert werden kann und im Zeitablauf nicht verschwindet.[244] Im orthodoxen, neoklassischen Verständnis existiert allerdings ein langfristiges Ungleichgewicht, da die überwiegende Mehrzahl der Unternehmen nicht an der Grenze der Produktionsmöglichkeiten (nicht im Sinne potentieller Inventionen, sondern im Sinne tatsächlich verfügbarer Innovationen) agiert. Die langfristige Situation läßt sich als „*perpetual disequilibrium*" (Iwai 1984a, S. 187) bezeichnen. Das Modell erfüllt eine zentrale Forderung an die Theorie der Technologiediffusion, die bisherige Ansätze nicht leisten konnten: die Analyse des technologischen Fortschritts als Abfolge verschiedener aufeinanderfolgender Technologien und ihrer Diffusion.

In einem abschließenden Schritt untersucht Iwai die Ausbreitungsdynamik neuer Technologien in Form des Kapazitätswachstums der einzelnen Unternehmen. Bisher war es nicht möglich, Aussagen über die Wachstumsraten der einzelnen Unternehmen und des Sektors insgesamt zu treffen, da nur der Anteil – und seine relative Veränderung – der Unternehmen untersucht wurde, die eine bestimmte Produktionstechnik verwenden. Nun wird der Anteil der verschiedenen Produktionsmethoden am Kapitalstock als Diffusionsmaß herangezogen. Den relativen Häufigkeitsverteilungen $f_t(c_i)$ werden korrespondierende Funktionen des Kapitalstockanteils $s_t(c_i)$ gegenübergestellt, die den Anteil der Produktionskapazität $k_t(c_i)$ am gesamten Kapitalstock K_t darstellen, der die jeweilige Produktionsmethode i mit Stückkosten c_i nutzt:

[243] Form, Lage und Neigung der Verteilungskurve sind abhängig von den Imitations-, Innovations- und Inventionsparametern. Sie ist unterschiedlich stark linksschief für die Hypothesen, daß entweder alle oder nur die effizientesten Unternehmen innovativ tätig werden.

[244] Vgl. Hall (1994), S. 286.

$$(3.70) \qquad s_t(c_i) = \frac{k_t(c_i)}{K_t} \quad \text{mit} \quad K_t = \sum_{i=1}^{n} k_t(c_i).$$

Die Summenhäufigkeitsverteilung $S_t(c_i)$ wird analog zu $F_t(c_i)$ definiert. Die Verwandschaft dieses Vorgehens mit dem *vintage*-Ansatz ist nicht zu übersehen.[245] Durch die Annahme, die Unternehmen seien Preisnehmer, läßt sich eine einfache Investitionsfunktion herleiten.[246] Setzt ein Unternehmen aufgrund erfolgreicher Innovation oder Imitation eine neue Produktionsmethode ein, fallen die Stückkosten. Bei gegebenem Produktpreis steigen die Gewinne, und die Kapitalinvestitionen werden erhöht. Die Wachstumsrate des Kapitalstocks eines Unternehmens mit den Stückkosten c_i läßt sich dann über Gleichung (3.71) formalisieren:[247]

$$(3.71) \qquad \frac{\frac{dk_t(c_i)}{dt}}{k_t(c_i)} = \gamma(\ln P(t) - \ln C_i) + X,$$

wobei γ eine positive Konstante darstellt und X alle anderen Variablen zusammenfaßt, die das Investitionsvolumen beeinflussen (v.a. Zinsraten). Existiert keine Möglichkeit zur Innovation, entwickeln sich die verschieden effizienten Kapitalstockanteile analog zur Diffusion der Produktionsmethoden, wie sie in *Abbildung 3.11* dargestellt ist. Der sektorale bzw. gesamtwirtschaftliche Kapitalstock wird im Zuge des technischen Fortschritts auf die beste Produktionsmethode umgestellt, die gewichteten durchschnittlichen Kapitalstückkosten im Sektor bzw. in der Gesamtwirtschaft c^* gehen in die niedrigsten Kapitalstückkosten c_n über. Die Diffusion der *best-practice*-Technik erfordert Zeit, auch deshalb, weil Unternehmen selbst bei Existenz der *best-practice*-Methode in Kapitalgüter investieren, die ältere Techniken mit höheren Stückkosten repräsentieren.[248] Die

---

245 Vgl. Silverberg/Dosi/Orsenigo (1988, S. 1037f.) für eine explizite Verbindung ihres evolutorischen Modells mit dem Konzept verschiedener Kapitaljahrgänge.

246 Die Anbieter eines Gutes sind Preisnehmer bei vollkommener Konkurrenz. Dazu bedarf es bekanntlich der Voraussetzung vieler Unternehmen, die ein homogenes Gut herstellen. Vgl. Iwai (1984b), S. 325.

247 Es sei angenommen, daß die Gewinnspanne $\frac{P(t) - c_i}{P(t)}$ approximiert wird durch $(\ln P(t) - \ln c_i)$. Dies ist der Fall, wenn $P(t)$ und c_i nahe beieinander liegen, d.h. wenn eine kompetitive Wirtschaft vorliegt. Wird weiterhin angenommen, daß die Kapitalproduktivität (Output/Kapazität [Kapitalstock]) im Zeitablauf und zwischen den Unternehmen nur wenig variiert, gibt die Gewinnspanne näherungsweise die Profitrate des Unternehmens wieder. Vgl. Iwai (1984b), S. 326.

248 Dies ist der entscheidende Unterschied zu den makroökonomischen *vintage*-Ansätzen, wo Investitionen immer in die beste Technologie vorgenommen werden. Dort gilt für die ein-

Dynamik entspricht der in der Evolutorik zentralen Fisher-Gleichung, wie die Formalisierung in Gleichung (3.72) zeigt.

$$(3.72)\qquad \frac{d\dot{c}^*(t)}{c^*(t)} = \frac{\frac{dc(t)}{dt}}{c^*(t)} = -\gamma\sum_{i=1}^{n}\left(\ln c_i - \ln c^*(t)\right)^2 s_t(c_i).$$ [249]

Die Analyse des technischen Fortschritts anhand der Anteile am Kapitalstock, die ihn repräsentieren, erlaubt die Trennung zwischen der Entwicklung der Technik und der Entwicklung einzelner Unternehmen und ihrer Marktanteile.[250] Die Diffusion der besten Technik bleibt bestehen. Auch das Selektionsprinzip des Überlebens der Wettbewerbsfähigsten gilt weiterhin. Unternehmen haben aber die Möglichkeit, durch die Übernahme besserer Produktionsmethoden ihre Wettbewerbsfähigkeit zu verbessern. Die Ausbreitungsdynamiken sowie die Kostenlückenanalyse aus dem ersten Teil des Modells bleiben erhalten. Das Imitations- und Innovationsverhalten der Unternehmen und daraus folgend die Investitionsfunktion werden jedoch explizit formuliert. Wie oben ist auch hier das Ergebnis, daß das Prinzip der ökonomischen Selektion eine Tendenz zu einem (neoklassischen) langfristigen stationären Zustand induziert, in dem alle Unternehmen die beste verfügbare Technologie imitiert und übernommen haben. Gleichzeitig gilt aber auch die Tendenz zum langfristigen Ungleichgewicht aufgrund von Innovationen und der Vielfalt angewandter Methoden. Das stabile, fortdauernde Ungleichgewicht, in dem die Masse der Unternehmen mit suboptimalen Technologien produziert, bestätigt sich ebenfalls.

Trotz der Verbesserungen, die das Modell gegenüber den oben vorgestellten Ansätzen bietet, sind einige Kritikpunkte anzumerken[251], von denen zwei besondere Relevanz besitzen. Zum einen ist die Investitionsfunktion überaus einfach modelliert. Effizienzsteigerungen aufgrund von Lerneffekten, die in anderen

zelwirtschaftliche Investitionsentscheidung die Gewinnmaximierung der vollkommenen Rationalität. Hier, im evolutorischen Kontext der gebundenen Rationalität ist es für ein Unternehmen durchaus plausibel, bei Existenz einer neuen Technik weiterhin in die ältere, bisher genutzte Produktionsmethode zu investieren, wenn sie noch befriedigende Gewinn- bzw. Kostengrößen erfüllt. Darüber hinaus kann es bei Unsicherheit über die zukünftige Profitabilität der neuen Technik durchaus rational sein, in bekannte, ältere Techniken zu investieren. Vgl. Abschnitt 3.2.5.1.

249 Für die Herleitung vgl. Hall (1994), S. 280-282 und Iwai (1984b), S. 325-330. Die mit Stern versehene Variable *c* bezeichnet die gewichteten durchschnittlichen Stückkosten des gesamtwirtschaftlichen Kapitalstocks.

250 Bisher wurde angenommen, die Wirtschaftsakteure übernehmen Technologien nach Maßgabe ihrer Ausbreitung oder verschwinden mit alten Technologien, wenn sie diese beibehalten. Diese *black box* des Unternehmerverhaltens wird nun geöffnet.

251 Vgl. Hall (1994a), S. 287.

Ansätzen als zentrale Determinanten für technologischen Fortschritt und die Diffusion von Technologien erkannt werden, bleiben unberücksichtigt.[252] Zum anderen bleibt offen, wie sich der gesamtwirtschaftliche Kapitalstock entwickelt und wie die Preise im System determiniert sind. Vor allem der letzte Punkt kann nicht beantwortet werden, weil das Technologieangebot nicht explizit modelliert wird.

3.1.5.3 Zusammenfassung

Aufgrund ihrer Dynamik entfalten evolutorische Diffusionsmodelle, das zeigt das Beispiel des Modells von Iwai, eine große Flexibilität in der Analyse dynamischer Phänomene. Sie sind daher besonders zur Untersuchung der Ausbreitung neuer Technologien geeignet und sind in vielen Bereichen den traditionellen Theorien überlegen, wie die Diskussion des epidemischen Ansatzes und der neoklassischen Diffusionsmodelle zeigt. Der am Modell von Iwai angemerkten Kritik wird teilweise in anderen evolutorischen Diffusionsmodellen begegnet. Silverberg *et al.* inkorporieren beispielsweise Lerneffekte als eine der treibenden Kräfte der Diffusion.[253]

Die Evolutorik verknüpft die Ausbreitung einer Technologie mit dem Prinzip der ökonomischen Selektion. Darunter wird ein wettbewerblicher Prozeß verstanden, in dem sich die beste Technologie, Produktionsmethode oder Verhaltensweise durchsetzt und langfristig zum Gleichgewichts- und Referenzpunkt wird.

Alle Diffusionsmodelle tragen zwar relevante Teile zum Bild der Technologiediffusion bei. In der Regel benutzen sie jedoch restriktive *ceteris paribus* Bedingungen. Evolutorische Modelle sind noch am ehesten in der Lage als integrativer Rahmen zu fungieren, in dem relativ viele Determinanten simultan analysiert werden können. Doch auch sie sind nicht vollständig in der Lage dem Ideal einer Diffusionstheorie zu entsprechen, wie es von Coombs *et al.* (1987, S. 114) formuliert wurde:

> „A theory which could in principle *model* the processes of technological innovation and technological change should be able to provide a realistic and accurate representation of technology, of the firm, which in a more general sense would be the institution where

---

[252] Siehe dazu den epidemischen Ansatz sowie die Modelle von Jensen und Bhattacharya *et al.*

[253] Einen kurzen Überblick über das Modell liefert Hall (1994), S. 289-295. Für eine ausführliche Diskussion vgl. Abschnitt 4.3.

innovations are generated and adopted, and the selection environment in which the firm operates" [*Hervorhebung im Original*].

Daß dieses Ziel im Hinblick auf die Technologiediffusion (noch) nicht erreicht wurde, auch nicht von evolutorischen Ansätzen, liegt unter anderem daran, daß in den oben vorgestellten Modellen von der Bereitstellung neuer Technologien völlig abstrahiert wird. Während des gesamten Diffusionsverlaufs wird das Technologieangebot nicht als restriktive Determinante der Technologieausbreitung analysiert. Es existieren jedoch einige Ansätze, die versuchen dieses Defizit zu beheben. Sie werden im nächsten Abschnitt detaillierter vorgestellt.

3.2 Diffusionstheorien und Technologieangebot

Die offensichtliche Nachfragelastigkeit der überwiegenden Mehrzahl der Diffusionsmodelle führt zu einem besonderen Paradoxon. Alle Modelle verweisen auf die Profitabilität der Übernahme als eine zentrale Determinante der Technologienachfrage. In den epidemischen Modellen wurde die Rolle der Profitabilität für die Übernahme in eine direkte Beziehung zur Ausbreitungsdynamik der Technologie gesetzt.[254] Aber auch in den anderen Ansätzen wird, wenn nicht explizit, so doch zumindest indirekt bzw. implizit, die Verbindung zwischen Profitabilität der Innovation und der Übernahme vorausgesetzt.[255] Dieses Vorgehen hat zur Folge, daß die Profitabilität als exogene Determinante der Übernahme behandelt wird. Denn mindestens ein Aspekt der Profitabilität, nämlich der Preis der Technologie, ist exogen, wenn das Technologieangebot nicht berücksichtigt wird.[256] Aufgrund dieses Sachverhaltes ist in allen Modellen unbestrittenes Faktum der Technologiediffusion, daß mit steigender Profitabilität der Innovation die Diffusionsgeschwindigkeit tendenziell zunimmt. Ein automatisch zunehmendes Angebot der Technologie, die die zunehmende Nachfrage befriedigt, ist jedoch nur unter bestimmten Voraussetzungen möglich, die in den nachfrageseitigen Modellen nicht diskutiert und thematisiert werden.[257]

---

[254] Vgl. Silverberg *et al.* (1988), S. 1064 und Abschnitt 3.3.2.2.

[255] So in den Modellen von Reinganum, Jensen, Bhattacharya *et al.*, aber auch bei Arthur und Farrell/Saloner sowie Iwai.

[256] Eine einfache Definition der Profitabilität liefert Metcalfe (1981, S. 107). Der Vorteil von Innovationen wird danach durch die *technischen Eigenschaften* sowie durch den *Preis* relativ zu konkurrierenden Technologien determiniert.

[257] Löst z.B. ein sinkender Preis die zunehmenden Profitabilität der Übernahme aus, bedarf es Skalenerträge in der Produktion der Technologie, um eine sinkende Profitabilität des Angebots zu vermeiden.

Die Einbeziehung des Technologieangebotes darf daher nicht vernachlässigt werden. Dabei geht es weniger um die Frage, zu welchem Zeitpunkt und unter welchen Bedingungen Innovationen entstehen.[258] Vielmehr muß geklärt werden, in welcher Menge und zu welchem Preis Innovationen bereitgestellt werden, die als Produkte oder Prozesse nachgefragt werden. Darüber hinaus ist das Technologieangebot auch aufgrund der Anlage und des Gegenstandes dieser Arbeit zu berücksichtigen. Einmal ist es nur durch die Einbeziehung des Technologieangebots und der Endogenisierung der ökonomischen Eigenschaften der Innovation sowie der ökonomischen Bedingungen der Ausbreitung möglich, die Technologiediffusion aus einer breiteren makroökonomischen Perspektive des Wachstums bzw. des Strukturwandels zu analysieren.[259] Die makroökonomische Sichtweise ist wiederum notwendig, um den Einfluß der Technologiediffusion auf die technologische Arbeitslosigkeit zu analysieren. Zum zweiten hat eines der zentralen Kompensationsargumente, das Maschinenherstellungsargument, die Produktion von Innovationen zum Inhalt.

Prinzipiell ist es möglich, alle oben vorgestellten Ansätze um das Angebot und die Produktion der Innovationen zu erweitern. Gort und Klepper (1982) zeigen in ihrer historischen Analyse, daß bei Produktinnovationen die Diffusion nicht nur mittels der Zahl der Anwender, sondern auch anhand der Zahl der Anbieter bzw. Produzenten der Innovation nachgezeichnet werden kann. Wird der Diffusionsverlauf in fünf Stufen aufgeteilt, ähnelt der Verlauf der Dichtefunktion der Anbieter (Zahl der Anbieter im Zeitablauf) erstaunlich der Dichtefunktion der Nachfrager (siehe *Abbildung 2.2* in Abschnitt 2.5).[260] Im nächsten Abschnitt wird ein Modell von Stanley Metcalfe (1981) vorgestellt, in dem der Diffusionsprozeß als ein Resultat sowohl der Entwicklung der Nachfrage als auch der Produktionskapazität entsteht.[261] Dazu wird in einem epidemischen Ansatz die Preisbildung endogenisiert. Die Einbeziehung des Angebots im *Probit*-Ansatz wird Thema des darauffolgenden Abschnittes sein. Schließlich wird auch in der Welt der nachfrageseitigen Skalenerträge das Technologieangebot berücksichtigt. Im dritten Abschnitt werden daher Strategien des Technologie*sponsoring* angesprochen, die ein Technologiemonopol festigen oder bei Auftritt einer Innovation aufbrechen.

[258] Die Analyse der Invention geht über den Rahmen dieser Arbeit hinaus.
[259] Vgl. Soete/Turner (1984), S. 612.
[260] Vgl. Gort/Klepper (1982), S. 639.
[261] Vgl. Metcalfe (1988), S. 562.

3.2.1 Angebotsseitige Aspekte im epidemischen Ansatz

Das Standardmodell des epidemischen Ansatzes nimmt Stanley Metcalfe (1981) als Grundlage zur Einführung des Innovationsangebots in die Analyse der Technologiediffusion. Die Vernachlässigung des Technologieangebotes kommt darin zum Ausdruck, daß der Preis für die Innovation im Zeitablauf konstant und die Produktion der Innovation vollkommen elastisch ist.[262] Ausgangspunkt ist die Wachstumsrate der physischen Nachfrage nach einer Prozeßinnovation, definiert als Anpassungsprozeß bzw. Übergang zum neuen Gleichgewichtszustand, in dem die neue Technologie genutzt wird:

$$(3.73) \qquad gd(t) = b[m(p) - y(t)] \quad \text{mit} \quad y(0) = z.$$

Die Wachstumsrate der Nachfrage zum Zeitpunkt t ist abhängig von der gleichgewichtigen Marktnachfrage $m(p)$ und der Nachfrage $y(t)$ zum Zeitpunkt t. Der Parameter b bezeichnet den Übernahmekoeffizenten, während z die Initialnachfrage in $t = 0$ darstellt. Der Anpassungspfad der Nachfrage nach der neuen Technologie, wie er in (3.73) dargestellt ist, hängt naturgemäß vom neuen Gleichgewicht ab, auf das er sich zubewegt. Dieses Gleichgewicht ist aber nicht exogen gegeben, sondern wird durch $m(p)$ repräsentiert, der gleichgewichtigen Nachfragekurve.[263] Sie ist in linearer Form vom Preis der Innovation p abhängig:

$$(3.74) \qquad m(p) = c - ap(t).$$

Sinkt der Preis, steigt die gleichgewichtige Nachfragemenge, da die Technologie profitabler wird und in weiteren Produktionsprozessen eingesetzt wird. Da das neue Gleichgewicht vom Preis abhängt, wird auch der Diffusionsverlauf als Übergang zum neuen Gleichgewicht von ihm beeinflußt. Die Preisentwicklung ist wiederum nicht exogen, sondern endogen durch die Interaktion von Angebot und Nachfrage bestimmt.

Das Technologieangebot wird wie folgt bestimmt: Zum einen sinkt die Profitabilität die Innovation anzubieten mit fallendem Preis. Dahinter verbirgt sich die Annahme konstanter Skalenerträge. Zusätzlich ist das Angebot von der Produktionstechnologie und den Preisen für die Inputfaktoren bestimmt. Die Produktionsstruktur wird durch den Kapitalkoeffizienten v und die Kapitalintensität l be-

---

[262] Vgl. Metcalfe (1981), S. 354.

[263] Dies ist der entscheidende Unterschied zum epidemischen Standardmodell, in dem die Sättigungsgrenze exogen durch die Zahl der potentiellen Anwender gegeben ist.

schrieben.[264] Die Profitrate *r* wird in Gleichung (3.75) definiert, wobei *d* die Abschreibungsrate und *w* den Lohnsatz für den zusammengesetzten Input *l* bezeichnet.

(3.75) $$r = \frac{p(t) - w(t)l - dv}{v}.$$

Mit zunehmender Produktion der Innovation steigt die Entlohnung der Inputfaktoren *l*, *w(t)* ist linear von Produktionsniveau *x(t)* abhängig, dabei werden konstante Skalenerträge zugrunde gelegt:

(3.76) $$w(t) = w_0 + w_1 x(t).$$

Analog zur Wachstumsrate der Nachfrage bedarf es der Wachstumsrate der Kapazität. Sie ist eine Funktion des Gewinnanteils, der in Erweiterungsinvestitionen fließt, π, und dem Verschuldungsgrad μ:[265]

(3.77) $$gs(t) = \pi(1 + \mu)r(t).$$

Einsetzen und Umformen der Gleichungen (3.75) bis (3.77) ergibt folgende Form für die Wachstumsrate der Kapazität:[266]

(3.78) $$gs(t) = \frac{p(t) - h_o - h_1 x(t)}{k}.$$

Bei gegebener Produktionstechnologie, beschrieben durch *v* und *l*, ist die Kapazitätswachstumsrate eine logistische, s-förmige Kurve, die sich asymptotisch dem Sättigungsgrad nähert, bei dem die Selbstkosten dem Preis der Innovation entsprechen. Sowohl Angebots- als auch Nachfrageseite werden durch s-förmige (Diffusions-) Kurven gesteuert, bei denen der Preis für die Innovation die entscheidende Rolle spielt. In einer geschlossenen Volkswirtschaft führt das Opti-

---

[264] Es wird eine limitationale Produktionsstruktur vorausgesetzt, in der die Kapitalintensität *l* die Relation der Inputfaktoren von Kapital (Rohmaterial) und Arbeit pro Einheit Output ausdrückt.

[265] Der Verschuldungsgrad μ bezeichnet die Relation zwischen externen und internen Finanzierungsmitteln der Investitionen, oder einfacher das Verhältnis zwischen Fremdkapital und Eigenkapital bei der Investitionsfinanzierung.

[266] Es bezeichnen in dieser Gleichung: $h_0 = w_0 l + dv$ die Selbstkosten bei einem Output von null, $h_l = w_l l$ die marginalen Selbstkosten und $1/k = \pi(1+\mu)/v$ den Gewinn, der bei gegebenem Verschuldungsgrad benötigt wird, um die Produktionskapazitäten um eine Einheit zu erhöhen (vgl. Metcalfe 1981, Fn. 27).

mierungsverhalten der Akteure zu einer tendenziellen Übereinstimmung beider Wachstumsraten.[267] Es gilt:

$$(3.79) \quad g(t) = gd(t) = gs(t) \quad \text{und} \quad y(t) = x(t).$$

Einsetzen und Umformen erzeugt die logistische, s-förmige Diffusionskurve (3.80) für die Innovation:[268]

$$(3.80) \quad g(t) = B[C - x(t)] \quad mit \quad x(0) = z; \quad B = \frac{b(1 + ah_1)}{1 + abk} \quad und \quad C = \frac{c - ah_o}{1 + ah_1}$$

Der balancierte Diffusionspfad hängt vom Output, von den Preisen, den Kosten und dem Gewinn ab. Der für das Angebot wie auch die Nachfrage gemeinsam gültige Sättigungsgrad *C* ist variabel, er wird von der Produktionstechnologie, den Inputfaktoren und ihrer Entlohnung sowie von der Lage der gleichgewichtigen Marktnachfrage (3.74) bestimmt. Der Diffusionsprozeß als Übergang zum neuen Gleichgewicht wird durch den Koeffizienten *B* gesteuert. Er repräsentiert die Wachstumsdynamik von Angebot und Nachfrage in den Koeffizienten *b* und *k*. Die Ausbreitung der neuen Technologie folgt einem s-förmigen, logistischen Diffusionspfad. Mit ihm steigen die Produktionskapazitäten und die Nachfrage, die sich ebenfalls asymptotisch an den Sättigungsgrad annähern. Die Profitrate verhält sich wie im Schumpeter'schen Prozeß der kreativen Zerstörung. Während sie am Anfang des Prozesses, wo eine große Anpassungslücke zwischen Gleichgewichtsbestand und Anfangsbestand der Innovation *(C – z)* existiert, einen positiven Wert annimmt, sinkt sie während des Diffusionsprozesses kontinuierlich.[269] Die Profitabilität der Produktion von Prozeß- und Produktinnovationen stellt somit ebenso wie die Profitabilität der Übernahme eine wichtige restriktive Variable dar.

Kritik läßt sich am Modell deswegen üben, weil die Entscheidung, in Produktionskapazitäten zur Herstellung der Innovationen zu investieren, nicht explizit getroffen wird. Wie so häufig in epidemischen Ansätzen wird der Frage der Entscheidungslogik nicht nachgegangen.[270] Im *Probit*-Ansatz optimieren die Wirt-

---

[267] Sowohl Überkapazitäten als auch Produktionsengpässe sind in diesem Szenario suboptimal. Metcalfe (1981, S. 108) spricht daher von einem *„balanced transition path"* bei dem nicht zu jedem Zeitpunkt, aber in der Tendenz eine Übereinstimmung zwischen Produktionskapazität und Nachfrage vorliegt.

[268] Die exogenen Variablen der Finanzierungsform, der technologischen Eigenschaften der Innovation als auch der Produktion der Innovation werden konstant gehalten.

[269] Vgl. Metcalfe (1981), S. 354. Die Profitrate ist Ausdruck der Extraprofite der innovativen Unternehmer, die in das Angebot einer Innovation investieren.

[270] Vgl. Stoneman (1983), S. 126. Immerhin wird aber das Investitionsvolumen von der Finanzierungsrestriktion bestimmt.

schaftssubjekte gemäß der neoklassischen Rationalitätshypothese ihr Verhalten. Auch die Veränderung der Produktionskapazitäten im Zeitablauf sind daher auf Maximierungsentscheidungen der Technologieanbieter zurückzuführen. Paul Stoneman und Norman J. Ireland untersuchen diese Hypothese in einem erweiterten *Probit*-Ansatz, der im nächsten Abschnitt diskutiert wird.

3.2.2 Inkorporation des Technologieangebots im *Probit*-Ansatz

Im differenzenbasierten Ansatz wird die zeitverzögerte Diffusion dadurch verursacht, daß unterschiedliche Eigenschaften der Anwender (z.B. die Unternehmensgröße im Modell von David 1969) existieren, und daß durch die exogene Veränderung einer Schlüsselvariablen (z.B. exogener Anstieg der Lohnkosten im Modell von David 1969) im Zeitablauf nach und nach die Übernahme einer Prozeßinnovation (mit arbeitssparendem technischen Fortschritt) für alle Unternehmen rational und profitabel machen. Paul Stoneman und Norman J. Ireland (1983) übernehmen in ihrer Analyse der Angebotsseite bei der Diffusion einer Prozeßinnovation die Differenzierung der Unternehmen nach ihrer Größe.[271] Die Nachfrage nach der Innovation hängt von der kritischen Unternehmensgröße X^* ab, deren Erreichen oder Überschreiten die Übernahme einer Innovation rentabel erscheinen läßt. Sie ist abhängig vom relativen Preis der Technologie:

$$(3.81) \qquad X^* \equiv \frac{hp}{w} \quad mit \quad w = w_0 \gamma(t).^{272}$$

Während h eine Konstante und p den Preis der Innovation repräsentiert, bezeichnet w alle anderen Inputkosten im innovierenden Sektor. Unter Vernachlässigung von Ersatzinvestitionen (keine Abschreibung) und unter der Annahme, daß jedes Unternehmen unabhängig von der Größe nur eine einzige Einheit der Technologie (keine unternehmensinterne Diffusion) kauft, kann bei N potentiellen Anwendern die Zahl der Unternehmen, die die Innovation nutzen, als x berechnet werden.[273] Die Auflösung nach p führt zur inversen Nachfragekurve, der

[271] Die Notation ist an die Darstellung des Modells von David (1969) in Abschnitt 3.1.2.2 angelehnt.

[272] Im Gegensatz zum Modell von David sind hier nicht, wie in Abschnitt 3.1.2.2, die bei der Installation der Technologie anfallenden Fixkosten das entscheidende Kriterium der Übernahme, sondern der Preis p. Es ist das Ziel, diesen Preis zu endogenisieren. Vgl. Stoneman (1983), S. 128.

[273] Dabei gilt $x = ND = N[1-f(X^*)]$. Der Anteil der Unternehmen, die zum Zeitpunkt t die Innovation nutzen, d.h. eine Unternehmensgröße von mindestens X^* besitzen, ist durch D gegeben. Wenn die Unternehmensgröße X_i gemäß der Summenhäufigkeitsverteilung $F(X_i)$ bzw. der relativen Häufigkeitsverteilung $f(X_i)$ über die Unternehmen in einem Sektor oder

sich die Anbieter der Innovation zum Zeitpunkt *t*, in dem *x* Unternehmen die Innovation schon nutzen, gegenübersehen. Sie gibt darüber Auskunft, zu welchem Preis die nächste Einheit der Innovation verkauft werden kann.[274]

(3.82) $p = g(x)\gamma(t).$

Die Anbieter der Technologie agieren gemäß der inversen Nachfragefunktion (3.82) gewinnmaximierend. Sie produzieren unter Berücksichtigung des Outputs der Konkurrenz und den Kostenbedingungen. Darüber hinaus soll die Diffusion der Technologie gleichgewichtig sein, d.h. die Veränderung des Technologiebestandes *dx/dt* entspricht zu jedem Zeitpunkt *t* der aktuellen kumulierten Produktion der Anbieter *q*. Die Kostenfunktion des *i*-ten Anbieters bei *j* Wettbewerbern ist in Gleichung (3.83) formalisiert:

(3.83) $C_i = C(x_i, x_j, q_i, t).$[275]

Es zeigt sich, daß die gesamtwirtschaftliche bzw. sektorale Diffusion einer Technologie in diesem Modell von der Marktstruktur des Innovationsangebotes abhängt. Herrscht im Kapitalgutsektor, in dem die Innovation hergestellt wird, ein Monopol, maximiert der Monopolist seine Zielfunktion durch Wahl der Outputmenge über die Zeit.[276] Stoneman und Ireland zeigen, daß das Modell folgende Eigenschaften aufweist:[277] Die Ausbreitung der Innovation ist zeitintensiv und dauert solange an, bis das neue Gleichgewicht etabliert ist. Während der Diffusionsphase sinkt sowohl die Wachstumsrate der Nachfrage als auch der Preis für die Innovation.[278] Das wichtigste Ergebnis des Modells zeigt, daß Lerneffekte im anbietenden Unternehmen notwendig sind, um einen s-förmigen, sigmoiden Diffusionspfad zu erzeugen. Exogene Faktoren sind nicht notwendig, um die zeitverzögerte Ausbreitung der Prozeßinnovation zu begründen. Der im Ausgangsmodell von David (1969) angenommene exogene Zeitpfad des Lohn-

---

in einer Volkswirtschaft verteilt sind, ist *D* definiert als:

$D = \int_{X^*}^{\infty} f(X_i)dX_i = 1 - F(X^*).$

274 Vgl. Stoneman (1983), S. 128.

275 Der aggregierte Output der Anbieter x ergibt sich als Summe der Produktion der Unternehmen: $x = x_i + x_j$. Die gewählte Form der Kostenfunktion erlaubt Lerneffekte mit zunehmender Produktionsmenge. Es sollen aber keine *spill over* existieren ($C_{ij} = 0$). Zudem wird angenommen, daß die Produktionskosten mit zunehmendem Output steigen ($C_{qi} > 0$). Vgl. Stoneman/Ireland (1983), S. 69.

276 Zusätzlich wird vorausgesetzt, daß $C_t = 0$ sei (kein technologischer Fortschritt bei der Innovationsproduktion). Mit der Annahme, auf der Nachfrageseite sei $\gamma = 0$, wird der Diffusionsprozeß vollständig endogenisiert.

277 Vgl. Stoneman (1983), S. 129f.

278 Vgl. Stoneman/Ireland (1983), S. 10ff.

anstiegs ist bei Berücksichtigung der Angebotsseite daher weder notwendig noch hinreichend, um die stilisierten Fakten der zeitintensiven Diffusion zu begründen. Darüber hinaus zeigt das Modell, daß *Skaleneffekte*, hier in dynamischer Form als Lerneffekte, auf der Angebotsseite eine zentrale Rolle einnehmen. Sie sind in der Lage, einerseits den Rückgang des Preises für die Technologie im Diffusionsprozeß auszulösen und auf der anderen Seite diesen Preisrückgang zu kompensieren, um die Profitabilität der Technologiebereitstellung aufrecht zu erhalten.

Wird hingegen ein oligopolistisch organisierter Kapitalgütersektor modelliert, muß auf den im Standardmodell von David (1968) angenommenen exogenen Anstieg der Löhne zurückgegriffen werden. Die Ergebnisse in diesem Szenario lassen sich wie folgt zusammenfassen.[279] Die Gleichgewichtsmenge der Innovation wird ebenso wie im Modell von Metcalfe (1981) endogen bestimmt. Sie ist sowohl von der Zahl der Unternehmen abhängig, die die Prozeßinnovation nachfragen, N, als auch von der Zahl der Anbieter im Kapitalgutsektor n. Die Diffusionsgeschwindigkeit ist von der Zahl der Anwender oder Anbieter hingegen unabhängig. Der Preis der Innovation und damit die Gewinnmargen der Anbieter ist um so geringer, je größer die Zahl der Produzenten im Anbieteroligopol ist.

Auch im *Probit*-Modell ist der Angebotssektor eine entscheidende Determinante im Diffusionsprozeß. Der gleichgewichtige Zeitpfad der Technologiediffusion in einem neoklassisch geprägten differenzenbasierten Ansatz bedarf der Ergänzung um den Angebotssektor.[280] Unterschiedliche Ergebnisse sind für verschiedene Marktstrukturen zu konstatieren. Während ein Angebotsmonopol Lerneffekten bedarf, damit eine sigmoide Ausbreitung der Technologie entsteht, wird in einem Oligopol die Diffusionsdynamik durch die exogene Veränderung (Anstieg) der Lohnkosten aufrecht gehalten. Die Zahl der Nutzer und Anbieter bestimmt dabei die Gleichgewichtsmenge.

3.2.3 Technologieangebot und Netzwerkexternalitäten

Ein besonderes Gewicht erhält die Frage nach dem Angebot von Innovationen bei Vorliegen von Netzwerkeffekten. Sowohl im Falle direkter als auch bei Existenz indirekter Netzwerkexternalitäten unterliegt der Markt einer Tendenz zum Monopol einer Technologie. Obwohl ein Technologiemonopol nicht mit dem eines Unternehmens gleichzusetzen ist, führen nachfrageseitige Skaleneffekte

[279] Vgl. Stoneman (1983), S. 132f.
[280] Vgl. Ireland/Stoneman (1986), S. 301.

oft zu unvollkommenem Wettbewerb.[281] Die häufig oligopolistisch organisierte Angebotsseite hat daher großes Interesse an strategischer Beeinflussung des Marktes. Ganz offensichtlich ist der Wunsch der Anbieter ihre Netzwerke größtmöglich zu gestalten.[282] Eine Technologie wird „gesponsort", wenn Preise unterhalb der marginalen Kosten gesetzt werden, Patente und andere Eigentumsrechte eingesetzt, Kompatibilitätsentscheidungen getroffen sowie andere Markteintrittsbarrieren errichtet werden.[283] Ziel des strategischen Handelns ist die Bewahrung eines *lock in* oder bei einer Innovation im Gegenteil der Aufbruch des *lock in* einer Konkurrenztechnologie.[284] Während die Frage der Preissetzung vor allem bei Vorliegen direkter Netzwerkeffekte eine Rolle spielt, ist insbesondere für indirekte Netzwerkexternalitäten bei komplementären Produkten und einzelnen Komponenten von Systemgütern die Kompatibilitätsentscheidung eine strategische Größe zur Marktbeeinflussung.[285] Denn die Kompatibilität von Netzwerk- und Systemgütern ist meist keine technische Größe, sondern eine ökonomisch-strategische Variable.[286] Darüber hinaus sind die Beeinflussung der Erwartungen über die zukünftige Entwicklung der Anwenderzahlen und die Preisbildung Elemente des strategischen Verhaltens der Technologieanbieter.[287]

Die Entscheidung über die Kompatibilität von Systemgütern ist zunächst eine Frage der Marktstruktur. Große, dominante Anbieter tendieren zur Abschottung ihrer Netzwerke.[288] Kleine Anbieter hingegen bevorzugen die Herstellung der Kompatibilität zu Konkurrenztechnologien, um den ersten Anwendern den

281 Vgl. Katz/Shapiro (1994), S. 100 und 107. Diese Eigenschaft bei Netzwerkexternalitäten wird häufig mit der Tendenz zur *de facto* Standardisierung beschrieben.

282 Vgl. Katz/Shapiro (1994), S. 100f.

283 Vgl. Katz/Shapiro (1985, S. 425; 1986, S. 823 und 1994, S. 100ff).

284 Um eine derartige Situation von zufällig gewachsenen, historisch entstandenen Technologiemonopolen (*historical lock in*) zu unterscheiden, spricht man bei strategischem Herbeiführen bzw. Bewahren der Monopole vom *managed lock in*. Vgl. Erber/Hagemann (2001a), S. 285.

285 Vgl. Katz/Shapiro (1985), S. 425.

286 Es läßt sich unterscheiden zwischen horizontaler Kompatibilität (zwischen konkurrierenden Technologien wie im Modell von Arthur) und vertikaler Kompatibilität (zwischen aufeinanderfolgenden Generationen einer Technologie oder zeitlich versetzten Innovationen wie im Modell von Farrell und Saloner (1986a und 1987). Vgl. Katz/Shapiro (1994), S. 109.

287 Vgl. Katz/Shapiro (1986), S. 824f.

288 Allerdings wird die Standardisierungs- bzw. Monopolbildung durch Heterogenität der Anwender und Produktdifferenzierung eingeschränkt. Bei der Diskussion des Arthur-Modells (Abschnitt 3.1.4) wird darauf hingewiesen, daß die Stärke der Präferenzen über die Lage der kritischen Masse entscheidet. Zur Frage des *trade off* zwischen Standardisierung und Technologievielfalt vgl. Farell/Saloner (1986b).

Technologiewechsel zu erleichtern.[289] Etwas detaillierter untersuchen Katz und Shapiro (1992) das Kompatibilitäts- und Preissetzungsverhalten sowie das Timing der Produkteinführung eines Anbieteroligopols für Technologien mit Netzwerkexternalitäten. Ausgangspunkt ist das Modell von Farrell und Saloner (1986a und 1987), in dem eine neues Netzwerkgut auf eine etablierte Technologie mit Netzwerkexternalitäten trifft.[290] Zusätzlich wird angenommen, daß die Innovation qualitativ besser und/oder mit geringeren Kosten zu produzieren ist. Sind beide Technologien kompatibel, wird sich ab der Einführung der Innovation jeder der sequentiell auftretenden Käufer für die neue Technologie entscheiden. Bei Inkompatibilität wird sich die neue, bessere Generation dann durchsetzten, wenn das künftige Wachstum des Marktes (der Konsumenten) die profitable Größe des neuen Netzwerks garantiert. Der Anbieter der alten Technologie kann jedoch durch Preissenkung einen Wechsel verhindern. Wechselt nämlich bei Markteinführung kein Anwender zur neuen Technologie, wird dies auch in Zukunft keiner tun. *Penetration Pricing* unterhalb der marginalen Produktionskosten ist aber auch eine Option für den Anbieter der Innovation, um erste Anwender zu erreichen, die die Technologie wechseln.[291] Um für den Anwender die Entscheidung des Technologiewechsels auf die Innovation unabhängiger von der Erwartung über die zukünftige Entwicklung der Netzwerkgröße zu machen, und somit die Etablierung der neuen Technologie zu fördern, ist eine einseitige, rückwärtsgewandte Kompatibilität vorteilhaft.[292]

Bei indirekten Netzwerkexternalitäten in Form des Software/Hardware-Paradigmas ist der Nutzen des Hardware-Gutes von der Zahl, der Qualität sowie vom Preis der Komplementärgüter abhängig, die wiederum an die Zahl der Nutzer gekoppelt sind. In solchen Fällen kann die strategische Selbstbindung die Erwartungen in einen zukünftig hohen Anwendernutzen durch eine Vielzahl von Komplementärprodukten erhöhen. Strategische Verträge bzw. *joint ventures* mit Produzenten der Komplementärgüter oder vertikale Integration der Hardware- und Softwareproduktion sind mögliche Optionen.[293]

Ein erfolgreicher Wechsel hinreichend vieler Anwender in ein neues, (teilweise) inkompatibles Netzwerk ist davon abhängig, ob die kritische Masse übersprungen werden kann. Zwei grundsätzliche Bedingungen müssen dafür erfüllt sein. Zum einen dürfen die *switching costs* nicht prohibitiv hoch sein, und zum anderen ist der Furcht zu begegnen, als einer der ersten Anwender der Innovation

[289] Vgl. Katz/Shapiro (1985), S. 425.
[290] Vgl. Abschnitt 3.1.4.3.
[291] Vgl. Katz/Shapiro (1994), S. 104.
[292] Vgl. Shapiro/Varian (1999), S. 190f.
[293] Vgl. Katz/Shapiro (1994), S. 102.

letztlich im falschen Netzwerk gestrandet zu sein. Zusammenfassend und ergänzend zu den schon genannten Möglichkeiten stehen dem Netzwerksponsor folgende Strategien zur Verfügung, um diese Bedingungen zu erfüllen:[294]

- Es ist möglich das Netzwerk zu öffnen. Dadurch wird unabhängigen Anbietern von Komplementärprodukten der Markteintritt ermöglicht, so daß in einem kompetitiven Markt viele Softwarekomponenten angeboten werden. Die Wahrscheinlichkeit, daß zukünftig nach der Etablierung des *lock in* Monopolrenten abgeschöpft werden, ist relativ gering.
- Hohe Investitionskosten für den Anwender, die im Falle des unterlegenen Netzwerkes *sunk costs* darstellen, lassen sich vermeiden, wenn der Netzwerksponsor sein Produkt vermietet statt verkauft. Die Nutzer der Technologie können die Gefahr mindern auf den falschen Zug gesetzt zu haben.[295]
- Selbstbindung in Form vertikaler Integration und *joint ventures* ist um so erfolgreicher, je größer das System der Anbieter ist und je langfristiger die Kooperationsverträge geschlossen werden, da auf diese Weise ein deutliches Signal bezüglich der Erwartungsbildung der Anwender gesetzt wird.
- Ein weiteres Signal der Selbstbindung stellen Investitionen des Sponsors in sein Produkt in Form von *sunk costs* dar. Zukünftige Preisbildung nahe an den marginalen Kosten wird dadurch glaubwürdiger.
- Auch die Reputation bzw. die Glaubwürdigkeit eines Unternehmens kann als Signal für zukünftig niedrige Preise eingesetzt werden.
- Analog zum *penetration pricing* als Instrument des Netzwerkaufbaus dient die Gefahr konkurrierender Netzwerkgüter als Grenze für Monopolpreise im *lock in*. Denn die Möglichkeit der Etablierung einer zukünftigen Konkurrenztechnologie wird durch die *switching costs* determiniert und nicht allein durch die Hardware- und Softwarepreise im existierenden Monopol. Die Kosten des Technologiewechsels sind aber auch vom Ausmaß der Kompatibilität abhängig. Wie oben dargestellt, ist die Frage der Standardisierung (zumindest teilweise) eine der strategischen Variablen des Produzenten der Technologie.

Es hat sich gezeigt, daß in der Welt der Netzwerkexternalitäten dem Technologieangebot eine entscheidende Rolle zukommt, wenn die Technologiediffusion erklärt werden soll. Aufgrund der Pfadabhängigkeit und der Relevanz historischer Ereignisse sind Technologiemonopole und *lock in*-Situationen im Sinne

---

[294] Vgl. Katz/Shapiro (1994), S. 102.

[295] Das entgegengesetzte Phänomen, nämlich die Subventionierung von Komplementärprodukten, konnte bis zum April 2001 im Wettbewerb um die Mobilfunknetze beobachtet werden. Die Netzbetreiber subventionierten lange Zeit die Mobilfunktelephone in der Hoffnung, daß sich die Investitionen durch hohe Kundenzahlen und steigende Gesprächsminuten rentieren.

der durchgreifenden Diffusion der Technologie in besonderem Maße vom Verhalten des Angebotssektors abhängig.

Aber auch im epidemischen und differenzenbasierten Ansatz hat die Berücksichtigung des Angebotssektors beachtenswerte Ergebnisse erzielt. Der s-förmige Diffusionsverlauf bleibt erhalten; er ist schließlich als stilisiertes Faktum eines der Erklärungsziele der Diffusionstheorien. In der epidemischen und neoklassischen Erklärungswelt werden jedoch sowohl der Preis, der als ein Teil der Profitabilität der Innovation eine treibende Kraft der Ausbreitung ist, als auch das neue Gleichgewicht endogenisiert. Die Interaktion von Angebot und Nachfrage bestimmt den Diffusionspfad und die –geschwindigkeit. Die Netzwerkexternalitäten inhärente Tendenz zu Technologiemonopolen und *lock in* Situationen bleibt auch bei Berücksichtigung des Technologieangebotes bestehen. Das strategische Verhalten der Produzenten beeinflußt den Diffusionspfad und das erreichbare Gleichgewicht erheblich.

3.3 Zusammenfassung

In diesem Kapitel steht die mikroökonomische Erklärung der Technologiediffusion im Vordergrund. Ziel der Analyse ist es, die Ausbreitung der Technologie als zeitintensiven Prozeß darzustellen und die Determinanten des Prozesses herauszuarbeiten. Auch wenn die verschiedenen Ansätze sich nicht ohne weiteres in einem gemeinsamen Theorierahmen zusammenfassen lassen, liefert die Vielzahl der untersuchten Determinanten der Diffusion ein recht gutes Bild der Bestimmungsgründe für die Ausbreitung von Technologien. Die vier vorgestellten Modellansätze fokussieren auf jeweils einen bestimmten Aspekt der Technologicdiffusion:

1. Die *epidemischen Modelle* zeigen, daß die (erwartete) Profitabilität für die Ausbreitung von Technologien eine entscheidende Rolle spielt.[296] Dabei wird die Diffusion der Technologie durch die Diffusion von *Informationen* über die (Profitabilitäts-) Eigenschaften der Technologie gesteuert. Es wird jedoch auf die Analyse der einzelwirtschaftlichen Entscheidung zur Technologieübernahme und auf die Bestimmung der einzelnen Komponenten der Profitabilität verzichtet.[297]

---

[296] Vgl. Silverberg/Dosi/Orsenigo (1988), S. 1064.

[297] In einer äußerst einfachen Aufteilung besteht die Profitabilität auf der einen Seite aus den Anschaffungs- und Installationskosten und auf der anderen Seite aus dem Nutzen (bei Produktinnovationen) bzw. der Kostenreduktion der Produktion (bei Prozeßinnovationen).

2. Auf die rationalen Übernahmeentscheidungen der potentiellen Anwender zielen die *Gleichgewichtsmodelle* der Technologiediffusion ab.[298] Im *differenzenbasierten Ansatz* werden für verschiedene Übernahmezeitpunkte die Unterschiede der Anwender (wie z.B. die Unternehmensgröße bei Prozeßinnovationen) als Erklärung herangezogen. Aber auch strategische Interaktionen wie im *spieltheoretischen Ansatz* lassen sich dafür verantwortlich machen, daß trotz der Rationalität der Akteure Technologien zu unterschiedlichen Zeitpunkten übernommen werden.
3. Die Modelle der *Netzwerkexternalitäten* rücken die Frage der Konkurrenz zwischen Technologien in den Vordergrund der Analyse. Sie zeigen, daß nachfrageseitige Skaleneffekte zu einer Tendenz der Standardisierung bzw. des Technologiemonopols führen. Durch diese *lock in* Effekte werden Märkte polarisiert. Es hat sich gezeigt, daß unter solchen Umständen kein wohldefiniertes neues Gleichgewicht existiert, sondern vielmehr multiple Gleichgewichte möglich sind.
4. Die *evolutorischen Ansätze* zeigen, daß gebundene Rationalität und Endogenität der Marktstrukturen wichtige Merkmale des ungleichgewichtigen Diffusionsprozesses sind.[299] Sie zeigen darüber hinaus, daß Diffusion und Innovation interaktive Prozesse darstellen, die voneinander abhängen. Die häufig in der Diffusionstheorie vorgenommene lineare Dreiteilung von Invention, Innovation und Diffusion ist daher trügerisch.[300] Fleck (1988) spricht daher vom Innovations- und Diffusionsprozeß als der "*Innofusion*" bzw. der „*Diffusation*".[301]

- *Forschung und Entwicklung* (*F&E*): Bedarf die (unsichere) Information über die Eigenschaften einer Technologie der Auswertung, liegt es gemäß der Rationalitätshypothese nahe, eigene Ressourcen für die Informationsverarbeitung aufzuwenden. F&E-Bemühungen sind rationale Verhaltensweisen, um von passiver Informationsaufnahme zur aktiven Informationssuche zu wechseln.[302] Das Modell von Bhattacharya *et al.* (1985) ist ein Beispiel, wie unternehmensinterne F&E nach Bayesschen Regeln Unsicherheit bezüglich der künftigen Profitabilität einer Technologie abbaut und Übernahme- bzw. Ablehnungsentscheidungen unterstützt. Es ist zu beachten, daß nicht F&E-Aufwendungen zur Entdeckung neuer Technologien (Invention, Innovation)

---

[298] Vgl. Silverberg/Dosi/Orsegnio (1988), S. 1064. In einer solchen Sichtweise wird die sektorale bzw. gesamtwirtschaftliche Diffusionstheorie aus der einzelwirtschaftlichen Adoptionstheorie hergeleitet. Vgl. Metcalfe (1988), S. 561.

[299] Vgl. Silverberg/Dosi/Orsenigo (1988), S. 1064.

[300] Vgl. OECD (1992), S. 48.

[301] Zitiert nach Freeman (1994), S. 481.

[302] Vgl. David (1986), S. 386.

gemeint sind. Die Ausbreitung von Innovationen wird ausschließlich von solchen F&E-Aufwendungen beeinflußt, die die Unsicherheit bezüglich der Eigenschaften bekannter Technologien beseitigen sollen. Die Frage der F&E-Anstrengungen ist daher nicht nur auf die Innovation, sondern auch auf die Diffusion, insbesondere auf das Problem der Informationsausbreitung und der Imitationskostensenkung, anzuwenden.[303]

Abbildung 3.12: Mikroökonomische Determinanten der Technologiediffusion

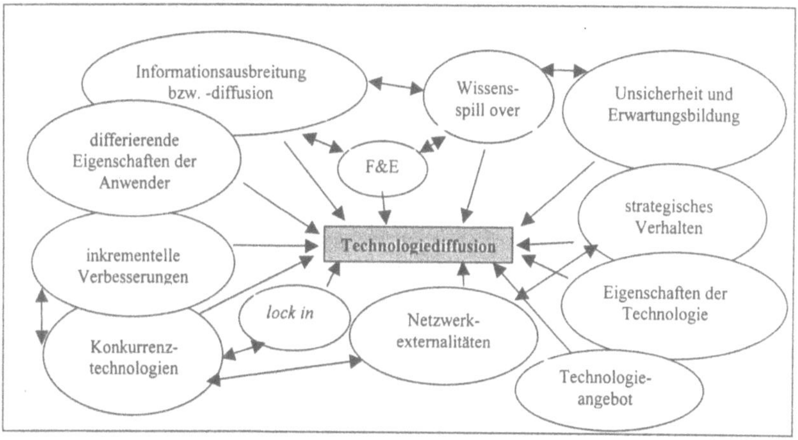

Quelle: eigene Darstellung.

- *Spill over-Effekte*: zumindest ein Teil der Erkenntnisse, die im Laufe des Diffusionsprozesses über die Eigenschaften von neuen Technologien gewonnen werden, sind frei verfügbar. Als Externalitäten beeinflussen sie die Erwartungen und den Kenntnisstand aller potentieller Anwender. Das Modell von Jensen (1982) formalisiert derartige *spill over*-Effekte, durch die Erwartungen und damit auch das Übernahmeverhalten beeinflußt werden. Jovanovic und Lach (1989) entwickeln ein Modell, in dem aus *learning by doing* in Verbindung mit dem sektoralen bzw. gesamtwirtschaftlichen *spill over* der gewonnenen Kenntnisse eine s-förmige Diffusionskurve generiert werden kann.
- *Differierende Eigenschaften der Anwender:* Die Heterogenität der potentiellen Anwender von Innovationen ist eine der zentralen Quellen des zeitintensiven Diffusionsprozesses. Im allgemeinen wird mit Hilfe differenzenbasier-

[303] Vgl. David (1986), S. 382f.

ter Ansätze die sektorale Ausbreitung neuer Technologien untersucht. Zumeist wird die Größenverteilung der Unternehmen in einem Sektor als differierende Eigenschaft identifiziert. Aber auch andere Charakteristika der potentiellen Adopteure verursachen die zeitverzögerte Übernahme von Innovationen, wie z.B. unterschiedliche Erwartungen und Einschätzungen bezüglich der unsicheren zukünftigen Profitabilität der neuen Technologie. Im Modell von Jensen (1982) werden derartige differierende Erwartungen modelliert.

- *Strategisches Verhalten*: Insbesondere bei Prozeßinnovationen kann nicht immer davon ausgegangen werden, daß im Diffusionsprozeß die Imitatoren, d.h. Anwender von Innovationen, in einem Markt mit vollkommener Konkurrenz organisiert sind. In Oligopolen und monopolistischen Konkurrenzsituationen ist jedoch das strategische Verhalten der Akteure relevant, die das Verhalten ihrer Wettbewerber berücksichtigen. Die Modelle von Reinganum (1981) sowie von Fudenberg und Tirole (1985) zeigen, daß auch das strategische Verhalten zur beobachteten zeitintensiven Technologiediffusion führen kann.
- *Netzwerkexternalitäten und Lock in*: Insbesondere Innovationen im Bereich der Informations- und Kommunikationstechnologien unterliegen nachfrageseitigen Skaleneffekten, die den Nutzen der Innovation mit steigender Anwenderzahl erhöhen. Solche (direkten oder indirekten) Netzwerkexternalitäten beeinflussen den Diffusionsverlauf derartiger Technologien nachhaltig. Der s-förmige Verlauf der Ausbreitung bleibt weiterhin feststellbar. Die Technologien unterliegen jedoch der Tendenz der Technologie- bzw. Standardisierungsmonopole. Sich selbst verstärkende, kumulative Prozesse bewirken, daß steigende Anwenderzahlen ein *lock in* verursachen, dessen Aufbrechen aufgrund zunehmender *switching costs* schwierig ist.
- *Konkurrenztechnologien:* Obwohl die Konkurrenz zwischen verschiedenen Technologien den Regelfall der ökonomischen Realität darstellt[304], wird sie häufig vernachlässigt. Unterliegen die Technologien nachfrageseitigen Skaleneffekten, ist *ex ante* kein eindeutiges Gleichgewicht feststellbar. Strategisches Verhalten der Anbieter kann zusätzlich starken Einfluß auf die Technologiewahl besitzen. Darüber hinaus spielen beim Vorliegen kumulativer Prozesse aufgrund von Netzwerkexternalitäten Erwartungen und Unsicherheiten über zukünftige Entwicklungen eine prominente Rolle. Dies gilt vor allem dann, wenn nicht allein neu hinzukommende Anwender eine Technologie *wählen* müssen, sondern wenn Anwender einer etablierten Technologie über den *Wechsel* zur neuen Technologie entscheiden müssen, wie es im Modell von Farrell und Saloner (1987) formalisiert wird.

---

[304] Vgl. Kline/Rosenberg (1986), S. 285.

- *Inkrementelle Verbesserungen*: Obwohl alle in dieser Arbeit vorgestellten Diffusionsmodelle von der Konstanz der Innovation im Zeitablauf ausgehen, zeigen angebotsseitige und nachfrageseitige Lerneffekte (*learning by doing* und *learning by using*) einen entscheidenden Einfluß auf den Diffusionsverlauf. Jede Innovation wird unausgereift auftreten und während des Diffusionsprozesses laufend verbessert.[305] Die Schwierigkeit der expliziten Formalisierung fortlaufender Verbesserungen einer Technologie während des Diffusionsprozesses ist sicherlich Begründung dafür, daß dieser Aspekt im allgemeinen vernachlässigt wird. Darüber hinaus repräsentiert die Unsicherheit und die Erwartungsbildung über die zukünftigen techno-ökonomischen Eigenschaften der Technologie das Phänomen der inkrementellen Verbesserungen.
- *Technologieangebot:* Neben der Rolle der Nachfrage und der Frage der Übernahmeentscheidung einer Innovation darf die Rolle des Technologieangebotes für den Ausbreitungsverlauf neuer Technologien nicht vernachlässigt werden. Der Preis der Technologie als wichtige Komponente der Profitabilität ist das endogene Ergebnis der Interaktion zwischen Angebot und Nachfrage. Die Diffusion ist sowohl von der Profitabilität der Übernahme als auch von der Profitabilität des Angebotes abhängig, wie die Analyse von Metcalfe (1981) gezeigt hat. Lerneffekte oder Veränderungen der Lohnkosten sind auch bei der Produktion von Innovationen für die zeitintensive Ausbreitung verantwortlich.[306] Für Technologien, die dem Phänomen der Netzwerkexternalitäten unterliegen, spielen darüber hinaus *gemanagte lock ins* und gesponsorte Märkte eine Rolle.
- *Eigenschaften der Technologie:* Unterscheiden sich die techno-ökonomischen Eigenschaften von Innovationen, dann differieren auch ihre Diffusionsverläufe. Die mangelnden Kenntnisse der Charakteristika sind eine der wichtigsten Quellen der Unsicherheit bezüglich der Technologie. Die Eigenschaften von Innovationen haben direkte Auswirkungen auf die Form des

[305] Vgl. David (1986), S. 384 und Metcalfe (1988), S. 562. Kline/Rosenberg (1986, S. 283) umschreiben diesen Tatbestand: „[...] it is a serious mistake to treat an innovation as it were a well-defined, homogeneous thing that could be identified as entering the economy at a precise date – or becoming available at a precise point in time. That view [...] is encouraged by the Patent Office [...]. But inventions as economic entities are very different form inventions as legal entities. The fact is that most innovations go through rather drastic changes over their lifetimes – changes that may, and often do, totally transform their economic significance. The subsequent improvements in an invention after its first introduction may be vastly more important, economically, than the initial availability of the invention in its original form."

[306] Dies ist das Ergebnis der obigen Analyse von Stoneman/Ireland (1983).

Diffusionsverlaufs.[307] Der oft sehr schnellen Ausbreitung (und dem ebenso schnellen Verschwinden) modischer Attribute von Produktinnovationen wird eher der gleichgewichtige Ansatz der Neoklassik entsprechen als die langfristige Diffusion technologisch-sozialer Infrastrukturen (techno-ökonomische Paradigmen), die die Variablen des Systems verändern und daher eher ungleichgewichtiger, evolutorischer Natur sind.

- *Erwartungen und Unsicherheit*: Wie die bisherige Zusammenfassung der Variablen der Technologiediffusion gezeigt hat, enthalten fast alle Determinanten Aspekte der Unsicherheit und der Erwartungsbildung. Sowohl der Innovationsprozeß als die Kreation von Neuem als auch die Diffusion, d.h. die dynamische Ausbreitung des Neuen, sind *per se* höchst unsicher.[308] Wirtschaftssubjekte müssen daher Erwartungen über die zukünftige Entwicklung bilden. Sollen Erwartungen explizit formuliert werden, ist es sinnvoll, eine wichtige Differenzierung einzuführen.[309] Auf der einen Seite spielen Erwartungen über die zukünftige Preis-, Kosten- und/oder Profitabilitätsentwicklung der *betreffenden*, zur Disposition und Übernahme stehenden Innovation eine wichtige Rolle für den Diffusionsprozeß. Es hat sich gezeigt, daß neben der Erwartungsbildung das Phänomen der Unsicherheit relevant ist. Über Lerneffekte sowie F&E-Aufwendungen versuchen potentielle Anwender, die Genauigkeit ihrer Einschätzungen zu verbessern. Auf der anderen Seite stehen Erwartungen hinsichtlich *neuer* Produkte oder Prozesse, deren potentielles Auftreten die aktuelle Innovation obsolet machen. Diese zweite Art der Erwartungen hat schon Schumpeter (1993, S. 161) erkannt und beschrieben:

> „Ein neuer Maschinentyp ist im allgemeinen nur ein Glied in einer Kette von Verbesserungen und kann bald veralten. In einem solchen Fall wäre es offensichtlich nicht rationell [sic!], der Kette Glied um Glied zu folgen, ohne Rücksicht auf die jedesmal zu erleidenden Kapitalverluste. Die eigentliche Frage ist daher, bei welchem Glied der Konzern tätig werden soll. Die Antwort muß eine Art von Kompromiß [...] darstellen [...]. Aber sie wird in der Regel eine gewisse Wartezeit bedingen, damit man sehen kann, wie die Kette verläuft."

Rosenberg (1976, S. 524) hat solche Erwartungen in zukünftig nachfolgende Innovationen als *technologische Erwartungen* bezeichnet. Werden sie genau-

---

[307] Vgl. Grübler (1991), S. 452.

[308] Vgl. Kline/Rosenberg (1986), S. 275.

[309] Vgl. Hall (1994), S. 271. Dieselbe Unterscheidung treffen auch Ireland/Stoneman (1986), S. 284.

er analysiert und formalisiert, wie von Balcer und Lippman (1984), stellt sich heraus, daß sie entscheidenden Einfluß auf den Diffusionsverlauf von Innovationen besitzen. Der sich herausbildende Schwellenwert in Form einer technologischen Lücke gibt an, wie groß der (Produktivitäts- bzw. Kosten-) Unterschied zwischen der *best practice* Technik (der Innovation) und der im Unternehmen eingesetzten Produktionstechnik ist. Wird dieser Schwellenwert überschritten, lohnt es sich für das Unternehmen, die Innovation zu übernehmen. Ist die technologische Lücke zur Technologiefront jedoch gering und erreicht daher den Schwellenwert nicht, vermeidet das Unternehmen die Übernahme der Innovation und die damit einhergehenden *switching costs*.[310] Dieser Schwellenwert ist unter anderem davon abhängig, welche Erwartungen die potentiellen Anwender einer Innovation über die zukünftige Entwicklung nachfolgender Prozeßinnovationen hegen. Der Schwellenwert steigt, wenn eine höhere Innovationsgeschwindigkeit erwartet wird. Denn dann lohnt es sich eher, eine Innovation zu überspringen und die nächste Generation abzuwarten. Der Diffusionsprozeß verlangsamt sich entsprechend.[311] Die Diffusion kann sich aber auch beschleunigen, wenn die Unsicherheit über Zeitpunkt und Ausmaß der Profitabilität zukünftiger Innovationen steigt. Es wird offensichtlich, daß die Ankündigung einer neuen (zukünftigen) Innovation in der Lage ist, den Diffusionsprozeß der aktuellen Technik dementsprechend zu verlangsamen.[312] Ein Zitat von Joan Robinson (1972, S. 86) faßt die Problematik der Erwartungen in wenigen Worten zusammen:

> „Wenn sich Neuerungen sehr rasch verbreiten, ziehen die fortschrittlichen Unternehmer aus ihrer Fortschrittlichkeit nur geringen Vorteil, denn der Mehrgewinn infolge des Kostenvorteils wird durch die Nachahmer rasch beseitigt. Ein Unternehmer mit einem neuen Konzept, das große Investitionen voraussetzt, ist vor ein Dilemma gestellt. Er wird die Neuerung nur dann einführen, wenn er sicher sein kann, aus ihr genügend Quasi-Rente zur Amortisation der Investition zuzüglich zumindest der gegebenen Profitrate zu ziehen. Wenn andere Unternehmer bald noch bessere Neuerungen einführen, wird er eine Preissenkung mitmachen müssen, ohne den Vorteil verringerter Kosten zu genießen. Am liebsten wäre ihm, daß niemand eine Neuerung einführt, aber wenn es schon dazu kommt, dann will er der Neuerer sein."

[310] Balcer/Lippman begründen mit Hilfe von Erwartungen ähnlich wie Iwai (1984a, b), daß in einem Sektor bzw. in einer Volkswirtschaft zum Großteil eine durchschnittlich produktive aggregierte Technik angewendet wird. Zum gleichen Ergebnis kommen die makroökonomischen *Vintage*-Ansätze.

[311] Vgl. Balcer/Lippman (1984), S. 295.

[312] Vgl. Balcer/Lippman (1984), S. 295.

- *Unverkörperte vs. verkörperte Innovationen*: Es besteht ein substantieller Unterschied in der Diffusion unverkörperter Innovationen und der Ausbreitung von Technologien, die in Maschinen und Kapitalgütern gebunden sind.[313] Unter unverkörpertem technischen Fortschritt werden Innovationen subsumiert, die nicht an Investitionen in den Kapitalstock gebunden sind.[314] Der Begriff umfaßt daher in erster Linie die Übertragung von Wissen und Informationen über neue Technologien und ihre Eigenschaften. Das einfachste und bekannteste Modell der Technologiediffusion, die diese Sichtweise repräsentiert, ist der epidemische Ansatz. Es läßt sich zeigen, daß die Ausbreitung des Wissens über Innovationen und ihrer Charakteristika von zwei zentralen Bausteinen bestimmt wird.[315] Zum einen sind Externalitäten und Wissens-*spill over* für die Informationsdiffusion verantwortlich. Sie entstehen aufgrund der besonderen Eigenschaft von Wissen der teilweisen Ausschließbarkeit und der Nicht-Rivalität.[316] Im Innovationsprozeß werden daher Teile dieses Wissens öffentlich zugänglich. Zum zweiten, und nicht minder wichtig, beeinflußt die Verarbeitungs- und Absorptionskapazität der potentiellen Anwender den Diffusionsverlauf. Darunter fallen auch die F&E-Anstrengungen, die ein Anwender durchführt, um erhaltene Informationen zu erweitern und Unsicherheiten abzubauen.[317] Die Diffusion von kapitalgebundenen Innovationen ist von den Marktstrukturen, den Erwartungen, den Eigenschaften sowie den Unterschieden der Innovationen als auch der Anwender bestimmt. Neben diesen eher traditionellen Determinanten der Technologiediffusion[318] muß ein besonderes Augenmerk auf die Verknüpfung zwischen Investition und Diffusion gerichtet werden. Dieses bisher weitgehend vernachlässigte Phänomen wird insbesondere im makroökonomischen *Vintage*-Ansatz thematisiert und erlaubt den Brückenschlag zum nächsten Kapitel. Die Diffusion wird im Lichte dieses Zusammenhangs deshalb gebremst, weil

[313] Vgl. OECD (1992), Kapitel 2. Die Unterscheidung zwischen *embodied* und *disembodied technical progress* geht auf Solow (1960) zurück (vgl. von Weizsäcker 1966, S. 14).

[314] Vgl. von Weizsäcker 1966, S. 14.

[315] Vgl. OECD (1992), S. 50.

[316] Vgl. Romer (1990), S. 339ff.

[317] Damit muß der in makroökonomischen Arbeiten über technischen Fortschritt oft vertretenen Ansicht widersprochen werden, daß unverkörperter technischer Fortschritt gänzlich ohne Investitionen auftritt (siehe beispielhaft für diese Sichtweise von Weizsäcker 1966, S. 14 und in neuerer Zeit Meijers 1994, S. 29.). Es wird lediglich von den Investitionen in Kapitalgüter abstrahiert, um die Bedeutung des Informationsflusses zu betonen. Investitionen (z.B. in F&E) zur Verarbeitung und Weiterentwicklung von Informationen sind daher nicht ausgeschlossen. Abstrahiert man von Investitionen in Informationen, folgt daraus zwangsläufig die Annahme, technologisches Wissen sei kostenlos öffentlich verfügbar und übertragbar (vgl. Walter 1983, S. 120).

[318] Vgl. OECD (1992), S. 49.

die Übernahme neuen Kapitals Investitionskosten verursacht. Die Existenz des bestehenden Kapitalstocks und die darin enthaltenen *sunk costs* stehen dann im Verhältnis zur neu anzuschaffenden Maschinerie.[319] Die Analyse technologischer Arbeitslosigkeit wird im allgemeinen im makroökonomischen Kontext geleistet. Die mikroökonomischen Diffusionsmodelle ignorieren aber makroökonomische Aspekte.[320] Die Bewertung der Kompensations- und Freisetzungsdebatte aus Sicht der Technologiediffusion bedarf deshalb eines makroökonomischen Rahmens. Die stilisierten Fakten und die Determinanten der Ausbreitung neuer Technologien müssen möglichst in makroökonomische Erklärungsansätze übersetzt werden, um sie nutzbar zu machen. Dieses Vorhaben wird im folgenden vierten Kapitel geleistet.

[319] Vgl. OECD (1992), S. 55.
[320] Vgl. Meijers (1994), S. 57.

4 Makroökonomische Erklärungsansätze der Technologiediffusion

Traditionell ignoriert die makroökonomische Wachstumstheorie die Bedeutung der Technologiediffusion für die gesamtwirtschaftliche Rate des technischen Fortschritts.[1] Die Fortschritte der Produktqualität und der Produktivität werden aber nicht allein von der Innovationsrate determiniert, sondern auch von der Geschwindigkeit und dem Ausmaß ihrer Anwendung.[2] Demgegenüber geht die Wachstumstheorie im allgemeinen von der tatsächlichen Ausbreitung ohne Zeitverzögerung aus, die bestenfalls, wie im *Vintage*-Ansatz, durch die Investitionsrate begrenzt ist.[3] Doch gerade die Diffusion in einem signifikanten und keinesfalls zu vernachlässigenden Zeitraum stellt eines der wichtigsten Ergebnisse mikroökonomischer Diffusionsanalysen dar. Der Grund für die Nichtbeachtung dieser Tatsache durch die Makrotheorie liegt vor allem in der neoklassischen Tradition, die Dimension der chronologischen bzw. historischen Zeit auszublenden.[4] Im allgemeinen wird angenommen, daß die ökonomischen Anpassungsprozesse schneller ablaufen als die Änderungen des Datenkranzes der Ökonomie.[5] Rücken, wie in der makroökonomischen Wachstumstheorie üblich, langfristige *steady state*-Entwicklungen in den Vordergrund der Analyse und werden kurz- und mittelfristige Anpassungsprozesse vernachlässigt[6], ist die Hypothese unendlich schneller Anpassungsreaktionen der Akteure und Variablen als Ausfluß der neoklassischen Theorie plausibel. Für die mittelfristige Analyse der zeitintensiven Ausbreitung von Innovationen kann sie jedoch nicht aufrecht erhalten werden.

Ziel der vorliegenden Arbeit ist es, die Ergebnisse der (mikro-) ökonomischen Forschung zur Technologiediffusion für die makroökonomische Debatte der technologischen Arbeitslosigkeit nutzbar zu machen. Als hilfreich erweist sich, daß trotz des recht düster gezeichneten Bildes makroökonomischer Formulierungen der Innovationsdiffusion einige Ansätze existieren, die entweder als eigenständige Erklärungsansätze für die zeitintensive Innovationsausbreitung aufzufassen sind, oder aber in der Lage sind, die Resultate mikroökonomischer Diffusionsanalysen abzubilden und zu berücksichtigen. Zur ersten Kategorie gehö-

---

1 Vgl. Soete/Turner (1984), S. 613.

2 Vgl. David (1986), S. 376.

3 Vgl. Soete/Turner (1984), S. 613.

4 Vgl. hierzu auch Abschnitt 2.5.

5 Vgl. Helmstädter (1994), S. 35.

6 Vgl. Walter (1969), S. 151. Konjunkturelle Probleme lassen sich in den neoklassischen Wachstumsmodellen á la Solow (1956) und Swan (1956) nicht mehr darstellen, da aufgrund der reinen Angebotsorientierung die mangelnde Übereinstimmung von Ersparnis und Investition nicht analysiert werden kann (vgl. Kalmbach 1972, S. 24).

ren ohne Zweifel die *Vintage*-Ansätze, die vor allem W.E.G. Salter (1966) für die Fragen der Technologiediffusion erschlossen hat. Sie werden im ersten Abschnitt dieses Kapitels diskutiert. Die Kapitaljahrgangsmodelle stellen die Bedeutung des Investierens für die Nutzung und Ausbreitung von (kapitalgebundenen) Innovationen in den Vordergrund. Darüber hinaus läßt sich der Zusammenhang zwischen Investition und Diffusion auch ohne den expliziten Rückgriff auf *Vintage*-Ansätze modellieren. Ein solches Beispiel wird im Anschluß an die *Vintage*-Modelle im ersten Abschnitt diskutiert. Zur zweiten Gruppe gehört die Input-Output-Analyse, die im zweiten Abschnitt vorgestellt wird. Innerhalb der makroökonomischen Evolutorik existieren darüber hinaus Modelle, die die stilisierten Fakten der Technologiediffusion berücksichtigen. Es finden sich dort aber auch Ansätze, die die Ausbreitung von Innovationen in makroökonomischem Kontext analysieren. Der dritte Abschnitt hat derartige evolutorische Modelle zum Inhalt. Im letzten Abschnitt werden die makroökonomischen Ansätze der Technologiediffusion kritisch gewürdigt.

4.1 Diffusion und Investition

Häufig treten technische Neuerungen in Form von Prozeßinnovationen auf, die in Maschinen bzw. im Kapitalstock inkorporiert sind. Um sie in den Produktionsprozeß einzuführen, bedarf es der Investition in den Kapitalstock, der die Innovation repräsentiert.[7] Die mikroökonomischen Diffusionsmodelle abstrahieren im allgemeinen von der Notwendigkeit zur Analyse des gesamtwirtschaftlichen Investitionsvolumens. In den *Vintage*-Ansätzen wird dieser Zusammenhang problematisiert. Deshalb werden in der ökonomischen Literatur als genuine makroökonomische Erklärungsansätze der Technologiediffusion einzig die *Vintage*-Ansätze anerkannt.[8] Ihnen liegt die Annahme zugrunde, technischer Fortschritt sei exogen und kapitalgebunden. Daraus folgen zwei Konsequenzen. Zum einen ist technischer Wandel auf Prozeßinnovationen in Form von Kapitalgütern beschränkt. Zum zweiten besteht der Kapitalstock aus heterogenen Jahrgängen, die den jeweils geltenden Stand des technischen Wissens inkorporieren. Jüngste Jahrgänge sind am effizientesten, da sie den neuesten technischen Fortschritt repräsentieren. Dementsprechend sind ältere Maschinen (-jahrgänge) weniger effizient, da sie mit älterem technischen Wissen verknüpft sind.

---

7 Zur Problematik der Abgrenzung von Prozeß- und Produktinnovationen vgl. Abschnitt 2.2 mit *Tabelle2.1*.

8 Vgl. Stoneman (1983), S. 113f., Cabe (1991), S. 277f. und Antonelli/Petit/Tahar (1992), S. 71ff.

Darüber hinaus läßt sich der Zusammenhang zwischen Investition und Diffusion in einem allgemeineren Modell formalisieren. Es wird in Abschnitt 4.1.4 vorgestellt. Im Anschluß werden jedoch zunächst die Grundlagen der *Vintage-Ansätze* diskutiert, um im darauffolgenden Abschnitt die Investitionen als Diffusionsvehikel in einem Kapitaljahrgangsmodell darstellen zu können. Das Kapitel schließt mit einer Zusammenfassung in Abschnitt 4.1.5.

4.1.1 Grundlagen der *Vintage*-Ansätze

Die *Vintage*-Ansätze leisten einen Beitrag zur Analyse der Diffusionsdeterminanten, indem sie die Notwendigkeit der Investition in den Kapitalstock betonen, wenn Innovationen in Form neuer Maschinerie eingesetzt werden sollen. Treffend beschreibt Walter (1983, S. 117) den Zusammenhang zwischen Investitionen und technischem Fortschritt, wenn er ausschließlich kapitalgebunden ist:

> „..., so hängt das Ausmaß an jeweils *angewandtem* Wissen, also realisierter technischer Fortschritt, von der Höhe der Bruttoinvestitionen ab“ [*Hervorhebung im Original*].

Ungeachtet der Hervorhebung durch den Autor liest sich der Halbsatz bei Betonung des Wortes *Ausmaß*, als ob er nicht in einem Abriß der Wachstumstheorie stünde, sondern vielmehr für eine Arbeit über die Technologiediffusion geschrieben wäre. Aus Sicht der Diffusionsanalyse erfüllt die Investitionstätigkeit zwei Aufgaben. Erstens treten Investitionen als *Fortschrittsvehikel* auf. Sie erfüllen damit jenen Zweck, der ihnen in den *Vintage*-Ansätzen zugeschrieben wird. Da in diesen makroökonomischen Modellen jedoch nicht explizit zwischen Innovation und Diffusion unterschieden wird, ist *Fortschritt* aus Sicht der Diffusionstheorie genauer zu definieren. Gemeint ist die *Innovation*, die erste ökonomische Anwendung. Investitionen lassen sich somit als *Innovationsvehikel* bezeichnen. Zweitens sind sie gleichzeitig *Diffusionsvehikel* und daher für das Ausmaß der Anwendung von Innovationen verantwortlich. Sowohl erstes Auftreten als auch zunehmende Ausbreitung sind an die Investitionstätigkeit gebunden. In den *Vintage*-Ansätzen wird diese Trennung nur unzureichend berücksichtigt, da ihr Erklärungsziel langfristige *steady states* und weniger kurz- bis mittelfristige Anpassungsprozesse sind.[9] Ziel dieses Kapitels ist es, das Augenmerk auf die Investitionen in ihrer Form als Diffusionsvehikel zu lenken.

Den Ausgangspunkt bilden die traditionellen Ansätze der *Vintage*-Theorie. Innerhalb dieser Theorierichtung haben sich unterschiedliche Annahmen darüber

---

[9] Vgl. zur Unterscheidung von Invention, Innovation und Diffusion Abschnitt 2.1.

herausgebildet, unter welchen produktionstheoretischen Bedingungen die Übertragung des technologischen Fortschritts in angewandte Produktionsmethoden stattfindet. Sie unterscheiden sich nach den Annahmen über die Substituierbarkeit der Produktionsfaktoren Kapital und Arbeit. Im allgemeinen werden drei Modelle unterschieden, in denen entweder zu jedem Zeitpunkt vollständige Substitutionalität oder vollständige Limitationalität herrscht, oder aber bei der Installation die Kapitalintensität frei wählbar (Substitutionalität), danach aber unveränderlich festgelegt (Limitationalität) ist.[10] Wie der folgende Überblick über die drei Modellversionen zeigt, führen die verschiedenen Annahmen zu unterschiedlichen Ergebnissen.

Ex ante und ex post Substitutionalität

Im sogenannten *putty-putty* Modell untersucht Robert M. Solow (1962) die Installation technischen Fortschritts in jeweils neueste Kapitaljahrgänge, wenn Kapital und Arbeit sowohl vor der Einführung der Maschinen als auch danach vollkommen substituierbar sind, die Kapitalintensität mithin völlig flexibel ist. Anstelle einer gesamtwirtschaftlichen Produktionsfunktion mit homogenem Kapitalstock existieren unterschiedlich effiziente Kapitaljahrgänge. Wird der Produktionsfaktor Arbeit weiterhin als homogen betrachtet, gilt einerseits ein gesamtwirtschaftlich einheitlicher Lohnsatz $w(t)$. Andererseits lassen sich die unterschiedlichen Kapitaljahrgänge nach einem Effizienzindex gewichten, da die Arbeitsproduktivität der Arbeiter vom Jahrgang der Maschine abhängt, an dem sie beschäftigt sind. Damit wird die Formulierung einer Produktionsfunktion mit den Produktionsfaktoren (homogene) Arbeit A und (äquivalentes, effizienzgewogenes)[11] Kapital $J(t)$ ermöglicht. Der äquivalente Kapitalstock J besteht aus der Zahl aller Maschinen $I(v)$ des jeweiligen existierenden Kapitaljahrgangs v, die mit ihrer Produktivität bzw. Effizienz gewichtet sind. Gemäß dem exogen gegebenen technologischen Fortschritt λ ist eine im Zeitpunkt t installierte Maschine um $(1+\lambda)$ effizienter als ein Kapitalgut des Zeitpunktes $t-1$.[12]

Im Zuge des exogen voranschreitenden technologischen Fortschritts werden neueste Maschinen eingeführt, die eine höhere Grenzproduktivität der Arbeit aufweisen. Zugleich steigt dadurch der gesamtwirtschaftliche Lohnsatz. Die angenommene *ex post* Substitutionalität erlaubt die fortlaufende Verringerung der Arbeitsintensität an älteren Maschinen. Sie garantiert einerseits, daß die Grenzproduktivität der Arbeit an früheren Kapitaljahrgängen dem gesamtwirtschaftlichen Lohnsatz entspricht, und andererseits, daß die neuesten Maschinen mit Ar-

---

[10] Vgl. für einen Überblick über die drei Fälle von Weizsäcker (1966) und Walter (1969).
[11] Vgl. Walter (1983), S. 117.
[12] Vgl. Walter (1969), S. 136.

beitskräften besetzt werden können. Wird darüber hinaus in diesem einfachen, einführenden Modellrahmen von der physischen Abnutzung abstrahiert, verbleiben ältere Kapitaljahrgänge unbegrenzt im Produktionsprozeß und werden mit immer weniger Arbeit kombiniert.[13] Die ökonomische Lebensdauer aller Maschinen ist daher unendlich hoch.

Ex ante und ex post Limitationalität

Eine augenscheinlich völlig gegensätzliche Ausgangsposition, nicht nur gegenüber dem Modell von Robert M. Solow (1962), sondern auch gegenüber der generellen Substitutionalitätsannahme der Produktionsfaktoren in der Neoklassik, nehmen Robert M. Solow, James Tobin, Carl Christian von Weizsäcker und Menahem E. Yaari (1966) ein. Sie analysieren Innovationen, die vollkommen limitational sind und deren Kapitalintensität nicht frei wählbar ist, weder während der Konstruktion noch nach der Installation (*clay-clay*). Steigt mit fortschreitendem technischen Wandel die Arbeitsproduktivität der neuesten Jahrgänge, müssen alte Maschinen ausgemustert werden, da ihre Arbeitsintensität nicht flexibel ist. Abgesehen von ihrer physischen Lebensdauer, die auch hier zunächst als unendlich lang angenommen wird, besitzen Kapitaljahrgänge eine ökonomische Lebensdauer, denn die ältesten noch betriebenen Maschinen im Grenzjahrgang m besitzen die Eigenschaft, daß die Arbeitsproduktivität dem gesamtwirtschaftlichen Lohnsatz entspricht.[14] Noch älteres Kapital wird ausgemustert. Umgekehrt besitzen die gegenüber dem Grenzjahrgang jüngeren Maschinen eine Quasirente, da die Arbeitsproduktivität an diesem Kapitalstock höher ist als der gesamtwirtschaftliche Lohnsatz. Die Produktionsfunktion läßt sich aufgrund der limitationalen Produktionsmethoden allein aus der Zahl der im Produktionsprozeß eingesetzten Maschinen $I(v)$ des Jahrgangs v, gewichtet mit ihrer (Arbeits-) Produktivität $y(v)$ beschreiben.[15]

Trotz der Limitationalität der einzelnen Maschine kommt es zu einer mittelbaren bzw. temporalen Substitutionalität der Produktionsfaktoren, da aufgrund des technischen Fortschritts die Arbeitsproduktivität und damit auch die Kapitalintensität der neuesten Maschinen und folglich der gesamtwirtschaftliche Lohnsatz steigt und ältere, arbeitsintensivere Jahrgänge ausscheiden.

---

[13] Vgl. Rose (1995), S. 187.

[14] Für eine einfache Herleitung und Darstellung dieses Modells vgl. auch von Weizsäcker (1966), S. 18-34. Arbeit wird weiterhin als homogener Produktionsfaktor aufgefaßt.

[15] Vgl. von Weizsäcker (1966), S. 19.

Ex ante Substitutionalität und ex post Limitationalität

Einen Ausgleich der beiden Extrempositionen und gleichzeitig eine gewisse Annäherung an die ökonomische Realität bieten die *putty-clay* Modelle von Leif Johansen (1959) und Edmund S. Phelps (1963), die davon ausgehen, daß während der Konstruktion neuer Maschinen die Arbeitsintensität wählbar ist. Es gilt also Substitutionalität der Produktionsfaktoren *ex ante*. Nach der Installation lassen sich die Faktorproportionen nicht mehr variieren. Es besteht Limitationalität *ex post*. Der wesentliche Unterschied zum *putty-putty*-Ansatz liegt in der Einbeziehung von Erwartungen in die Investitionsentscheidung der Unternehmen. Daraus resultiert ein Entscheidungsdilemma. Müssen die Unternehmer die Kapitalintensität vor der Installation der neuen Maschinen festlegen, können sie nur bei Kenntnis der zukünftigen Änderungen der Faktorpreisverhältnisse optimal planen. Die Faktorpreisrelation ist unter anderem aber von der Investitionsrate und von der in den Maschinen festgelegten Kapitalintensität und damit von der eigenen Investitionsentscheidung abhängig.[16] In der Darstellung des Modells von W.E.G. Salter (1966) im nachfolgenden Abschnitt wird das Entscheidungsproblem nochmals aufgegriffen.

Wichtige Unterschiede zwischen den mikro- und makroökonomischen Erklärungswelten der Technologiediffusion lassen sich anhand der drei zentralen Ansätze zur Modellierung von Kapitalstockjahrgängen aufzeigen. Im grundlegenden differenzenbasierten Modell von Paul A. David (1969) wird die einzelwirtschaftliche Übernahmeentscheidung für den Ausbreitungsprozeß als relevant identifiziert. Andererseits wird in diesem Modell auf einen exogen gegebenen, stetig ansteigenden Zeitpfad des Lohnsatzes verwiesen, um die Übernahme bei immer kleineren Unternehmen zu erklären. Im *Vintage*-Ansatz hingegen läßt sich der Anstieg des Lohnsatzes endogenisieren und vom (exogen gegebenen) technischen Fortschritt bestimmen. In analytischer Hinsicht ist das Makromodell dem Mikroansatz in diesem Punkt überlegen.[17] Im epidemischen Modell von Edwin Mansfield ist das Investitionsvolumen eine der drei Determinanten, die auf die Diffusionsgeschwindigkeit einwirken. Es muß allerdings exogen vorgegeben werden, betrifft nur eine einzelne Innovation und wird nicht explizit formalisiert.[18] Auch hier leistet der makroökonomische *Vintage*-Ansatz erheblich mehr. Andererseits steht, zumindest im *putty-clay*-Fall, die *Vintage*-Analyse vor dem oben geschilderten Entscheidungsdilemma. Auf gesamtwirtschaftlicher Ebene kann dieses Entscheidungsparadoxon nicht gelöst werden. Einzelwirt-

[16] Vgl. Walter (1983), S. 119.

[17] Vgl. Phelps (1963, S. 275-282) für ein *putty-clay*-Modell mit endogenisierter relativer Veränderungsrate des Lohnsatzes.

[18] Vgl. Abschnitt 3.1.1.2.

schaftlich hingegen handelt es sich um ein exogenes Phänomen, wenn unter der Annahme vollständiger Konkurrenz das einzelne Unternehmen die Faktorpreise nicht beeinflussen kann. Im Rahmen der mikroökonomischen Unsicherheits- und Erwartungsanalyse kann das Problem daher angemessen berücksichtigt werden.

4.1.2 Diffusion im *Vintage-Ansatz* I: Investitionen als Diffusionsvehikel

W.E.G. Salter (1966) entwickelt einen Ansatz aus heterogenen Kapitaljahrgängen, in denen die Bruttoinvestitionen das Vehikel für die Einführung und Ausbreitung neuer Techniken darstellten. Das zentrale Kapitel vier, in dem er die Grundlagen seines *Vintage*-Ansatzes legt, nennt er bezeichnenderweise *A Model of the Delay in the Utilisation of New Techniques of Production*. Ein Hauptaugenmerk seiner Analyse liegt daher auf der zeitintensiven Diffusion neuer Techniken, dem wichtigsten stilisierten Faktum der Technologiediffusion. Darin unterscheidet sich das Modell von den auf langfristig-gleichgewichtige wachstums- und kapitaltheoretische Fragestellungen ausgerichteten Modellen des vorangegangenen Abschnittes. Ausgangspunkt ist die in vielen Industrien zu beobachtende signifikante Differenz in der Arbeitsproduktivität zwischen den modernsten Produktionstechniken und dem industrieweiten Durchschnitt.[19]

Das Modell unterstellt *ex post* limitationale Produktionsmethoden, so daß nach der Installation von Maschinen die Faktorproportionen nicht mehr veränderbar sind.[20] In den Grundzügen differiert der Aufbau des Modells unterschiedlich effizienter Kapitaljahrgänge nicht wesentlich von den im vorangegangenen Abschnitt vorgestellten Modellen.[21] Allerdings ist das Modell von einem expliziten Bezug auf eine sektorale bzw. industrieweite Ebene und der expliziten Berücksichtigung der (exogenen) Nachfrage zur Bestimmung der Outputpreise geprägt. Die Struktur des Kapitalstocks und seine Zusammensetzung aus verschieden effizienten Jahrgängen wird in *Abbildung 4.1* visualisiert, in der die Effizienz eines Kapitaljahrgangs durch den Arbeitskoeffizienten ($u = A/Y$) gemessen wird, der an den unterschiedlich alten Maschinen erzeugt wird. Die Maschinen neue-

---

[19] Vgl. Salter (1966), S. 6. Eine ähnliche empirische Beobachtung hatte auch Iwai (1984a, b) zu seinem evolutorischen Diffusionsmodell veranlaßt (vgl. Abschnitt 3.1.5.2).

[20] Hahn/Matthews (1964, S. 838) und Meijers (1994, S. 30) unterstellen dem Modell Substitutionalität *ex ante*. Solow *et al.* (1966, S. 79) bezeichnen allerdings das Modell von Salter ebenso wie ihr eigenes als *clay-clay*-Modell. Auch Walter (1969, S. 114) verortet das Modell bei der Diskussion des *clay-clay*-Ansatzes.

[21] Allerdings zitiert Salter (1966) die wachstums- und kapitaltheoretischen Arbeiten zum *Vintage*-Ansatz nicht: 1966 erschien die unverändert wiederaufgelegte zweite Auflage der Arbeit, die Salter in erster Auflage 1960 veröffentlichte.

ster Technik der Periode t, die den Output Y_t produzieren, besitzen dementsprechend den niedrigsten Arbeitskoeffizienten. Der älteste Jahrgang m repräsentiert die älteste eingesetzte Produktionstechnik und der mit ihm produzierte Output Y_m wird mit dem höchsten Arbeitskoeffizienten hergestellt. Die gesamte Produktion der Industrie bzw. des Sektors Y ergibt sich aus der Addition der Outputanteile aller eingesetzten Kapitaljahrgänge:

$$(4.1) \qquad Y(t) = \sum_{i=t}^{m} Y_i .$$

Da der Arbeitskoeffizient den Kehrwert der Arbeitsproduktivität $y = Y/A$ darstellt, entspricht *Abbildung 4.1* vollständig der üblichen Vorgehensweise von *Vintage*-Modellen.

Abbildung 4.1: Die Struktur der Kapitalstockjahrgänge im Vintage-Ansatz

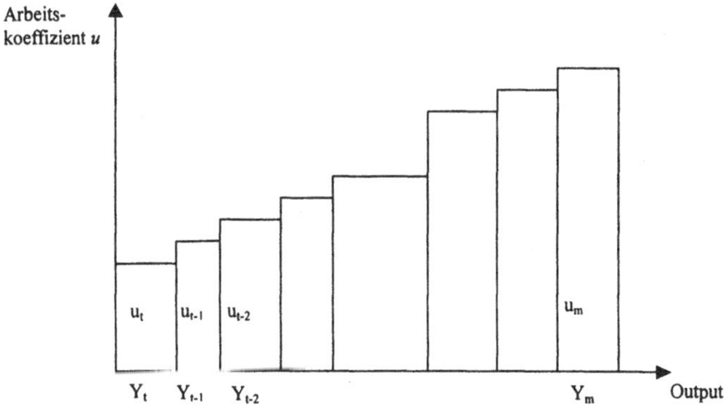

Quelle: Salter (1966), S. 53.

In *Abbildung 4.2* ist die gleichgewichtige Veränderung des Kapitalstocks und seiner Struktur im Zeitablauf dargestellt. Auf der Ordinate werden statt des Arbeitskoeffizienten u der Preis des produzierten Gutes P, der Lohnsatz w und der Zinssatz bzw. die Realrendite r abgetragen. In der Periode t existiert in einer Industrie, in einem Sektor bzw. in einer Volkswirtschaft folgendes Gleichgewicht. Im Kapitalstock der Periode t ist die neueste Produktionstechnik inkorporiert. Er beinhaltet Arbeitskosten $u_t w$, die durch das Rechteck $\overline{ACEF}$ repräsentiert werden. Seine Kapitalkosten $x_t r$ entsprechen dem Rechteck $\overline{CDEG}$, wobei x_t den

Kapitalkoeffizienten bezeichnet. Zusammen determinieren Kapital- und Arbeitskosten den Preis P_t des Outputs, für den gilt:[22]

$$(4.2) \qquad P_t = \frac{A}{Y} w + \frac{K}{Y} r = u_t w + x_t r .$$

Die gesamte Produktion der Industrie oder der Volkswirtschaft wird durch die Strecke $\overline{AB}$ bezeichnet. Es sind gleichzeitig noch ältere Kapitaljahrgänge am Produktionsprozeß beteiligt, die niedrigere Arbeitsproduktivitäten aufweisen. Die ältesten genutzten Maschinen sind durch den Kapitalstock Y_m repräsentiert, dessen Arbeitsproduktivität y_m dem gesamtwirtschaftlichen (Real-) Lohsatz w/P entspricht:

$$(4.3) \qquad y_m = \frac{w}{P_t} .$$

Diese Identität folgt aus den Überlegungen zu den *putty-clay*- und *clay-clay*-Modellen im vorangegangenen Abschnitt. Durch Umformung der Gleichung (4.3) ist es möglich, aus der makroökonomischen Übereinstimmung von Lohnsatz und Arbeitsproduktivität des Grenzjahrgangs eine etwas andere Formulierung dieser Identität aus einzelwirtschaftlicher Sicht abzuleiten.[23] Das einzelne Unternehmen bezeichnet den Grenzjahrgang als denjenigen, mit dessen Maschineneinsatz kein Verlust, aber auch kein Gewinn erwirtschaftet wird. Der Arbeitskoeffizient u_m des Grenzjahrgangs m wird in *Abbildung 4.2* durch die Stekke $\overline{BH}$ repräsentiert. Er muß, multipliziert mit dem Lohnsatz w, dem Outputpreis P entsprechen:

$$(4.4) \qquad P_t = u_m w .$$

Die Produktionskosten entsprechen dem Outputpreis.[24] Eine interessante Schlußfolgerung aus diesen Überlegungen läßt sich bezüglich der Investitionen ableiten. Für die ökonomische Bewertung des Grenzjahrgangs spielen dessen Kapitalkosten keine Rolle. Vielmehr sind die Kapitalkosten des neuesten Jahrgangs relevant, da sie den Outputpreis P mitbestimmen. Für alle älteren Kapital-

---

[22] Die Variable $u = \frac{A}{Y}$ bezeichnet den Arbeitskoeffizienten , während $x = \frac{K}{Y}$ den Kapitalkoeffizienten symbolisiert.

[23] Vgl. Salter (1966), S. 68.

[24] Silverberg (1991, S. 495) ist anderer Ansicht über die Richtigkeit der beiden Ansätze zur Bestimmung der ökonomischen Lebensdauer von Maschinen, nämlich daß der Lohnsatz der Arbeitsproduktivität entspricht und daß der Outputpreis den (variablen Lohn-) Produktionskosten entspricht.

jahrgänge gilt, daß ihre Kapitalkosten als *sunk costs* nicht in die Entscheidung sie auszumustern einfließen.[25] Vielmehr werden sie an den Kapitalkosten für die neueste Produktionstechnik, d.h. an den aktuellen Investitionskosten, gemessen.[26] Der Sektor befindet sich in einem temporären Gleichgewicht, solange keine Innovationen auftreten.[27]

Abbildung 4.2: Technischer Fortschritt und die Veränderung der Kapitalstockjahrgänge

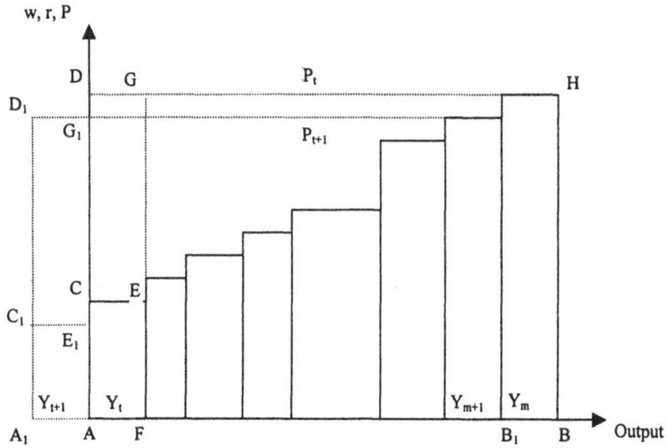

Quelle: in Anlehnung an Salter (1966), S. 59.

Mit fortschreitendem (exogenen) technischen Wandel wird in Periode $t+1$ eine neue Produktionstechnik verfügbar. Sie besitzt einen Arbeitskoeffizienten in Höhe von $\overline{A_1C_1}$. Es wird solange in die neue Technik investiert, bis der Outputpreis auf P_{t+1} gefallen ist. Gleichzeitig werden die ältesten Produktionsmethoden *m* obsolet. Der nächst effizientere Kapitaljahrgang $m+1$ wird neuer Grenzjahrgang. Ein neues Gleichgewicht etabliert sich, in dem der Sektor den Output

[25] „Capital costs are relevant solely for production decisions to build a new plant. In this *ex ante* sense alone are obsolescence, amortisation and profits, costs. Once gross investment becomes capital equipment in existence, these capital costs become rents and, as rents, have no influence on output or investment decisions" (Salter 1966, S. 63). Damit ist der Bogen zu den Quasirenten aus den makroökonomischen *putty-clay* Modellen von Jorgenson (1959) und Phelps (1963) geschlagen.

[26] Vgl. Salter (1966), S. 55ff und 61ff.

[27] Es wird von physischer Abnutzung abstrahiert. Wird sie berücksichtigt, treten Ersatzinvestitionen auf, so daß schließlich der gesamte (konstante) Output mit der *best-practice* Technik hergestellt würde.

$\overline{A_1B_1}$ produziert. Es hängt von der Nachfrageelastizität bezüglich des Preisrückgangs ab, ob und wieviel zusätzlicher Output im neuen Gleichgewicht produziert und damit wieviel in die neue Produktionstechnik investiert wird.

Die Existenz langlebigen Kapitals, das den technischen Fortschritt verkörpert, führt zur zeitverzögerten Diffusion neuer Produktionstechniken, die sich durch die Lücke zwischen *best-practice* Technik und dem industrieweiten, sektoralen bzw. gesamtwirtschaftlichen Durchschnitt manifestiert. Die *best-practice*-Technik besitzt die höchste im Produktionsprozeß beobachtbare Arbeitsproduktivität, während der Durchschnitt aus der Summe der mit ihren Arbeitsproduktivitäten gewichteten älteren Produktionsmethoden gebildet wird. Der Abstand zwischen höchstmöglicher Produktivität und der durchschnittlichen Produktivität ist in diesem *Vintage*-Ansatz ein Maß für die Diffusionsgeschwindigkeit von Neuerungen. Innovationen breiten sich nur langsam über mehrere Perioden aus. Zudem koexistieren auf gesamtwirtschaftlicher Ebene immer mehrere Techniken gleichzeitig. Das *Vintage*-Modell von Salter zeichnet diesen Zusammenhang nach. Es ist daher geeignet, die Diffusion von Innovationen auf makroökonomischer Ebene zu beschreiben, da es das wichtigste stilisierte Faktum der zeitverzögerten Ausbreitung neuer Techniken beinhaltet.

Aus Sicht der Diffusionstheorie stellt sich zusätzlich die Frage, welche Faktoren die Diffusionsgeschwindigkeit neuer Techniken bestimmen. Auch diese Frage kann anhand des Modells von Salter (1966) analysiert werden.[28] Ausgangspunkt ist der Vergleich zweier Volkswirtschaften (bzw. Industrien), die beide Nettoinvestitionen in Höhe von null aufweisen. Der (exogene) technische Fortschritt ist für beide identisch. Die höhere Produktivität besitzt jene Volkswirtschaft, die eine höhere Ersatzinvestitionsrate aufweist, denn ihr Kapitalstock hat eine geringere Lebensdauer und ist daher moderner. *Abbildung 4.3* zeigt zwei Volkswirtschaften A und B. In A existieren nur geringe Ersatzinvestitionen, daher wird in jeder Periode nur wenig in neue Techniken investiert. Die Balken, die die Kapitaljahrgänge repräsentieren, sind entsprechend eng. Es werden relativ viele (alte) Produktionstechniken ($t - m$) eingesetzt, und dementsprechend gering ist die durchschnittliche Produktivität des Kapitalstocks bzw. dementsprechend hoch ist der durchschnittliche Arbeitskoeffizient $\bar{u}$. In B hingegen herrscht eine hohe Ersatzinvestitionsrate. Daher sind alte Jahrgänge relativ früh obsolet, es werden nur wenige ältere Techniken eingesetzt ($n - m$). In jeder Periode wird

[28] Vgl. Salter (1966), Kap. 5.

relativ viel in den neuen Kapitalstock investiert. Die Modernität des Kapitalstocks einer Volkswirtschaft ist von der Ersatzinvestitionsrate abhängig.[29]

Abbildung 4.3: Struktur des Kapitalstocks in Abhängigkeit von der Ersatzinvestitionsrate

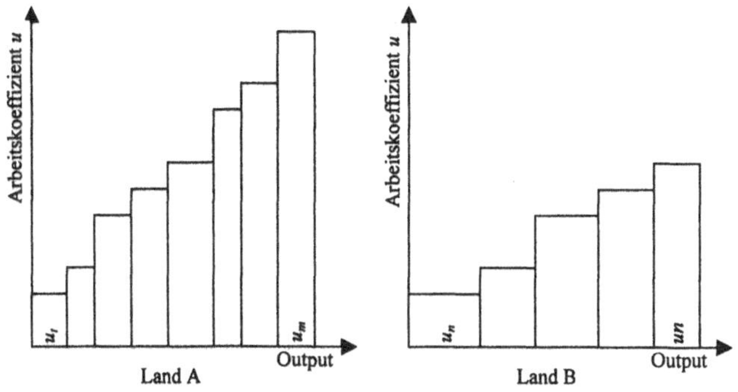

Quelle: Salter (1966), S. 67.

Die Erkenntnis der wachstumstheoretischen *Vintage*-Modelle, daß in einer Volkswirtschaft ohne Arbeitskräftewachstum (konstantes Arbeitskräftepotential) die gesamtwirtschaftliche Produktion nicht steigt (d.h. konstantes Pro-Kopf-Einkommen), wenn bei und trotz *kapitalgebundenem* technologischen Fortschritt(s) die (Brutto-) Investitionen null betragen[30], wird auch hier bestätigt. Bei einer Nettoinvestitionsrate von null wird der Kapitalstock nicht ausgeweitet, er wird jedoch nach der Inventionsrate, die das Maximum der Modernisierungsrate bezeichnet, ersetzt und mit höherer Produktivität ausgestattet. Die exogen gegebene Fortschrittsrate des technologischen Wandels kann nicht überschritten werden. Die Bruttoinvestitionen determinieren die *capital modernization*, die als Erhöhung der Arbeitsproduktivität bei konstantem Kapitalstock neben den beiden klassischen Formen des *capital widening* (Erhöhung des Kapitalstocks bei zunehmender Bevölkerung bei konstanter Kapitalintensität) und des *capital deepening* (Erhöhung des Kapitalstocks mit zunehmender Kapitalintensität) in Jahrgangsmodellen auftreten können.[31] Das Ausmaß der Kapitalmodernisierung läßt sich als Diffusionsrate interpretieren.

---

[29] Vgl. hierzu auch Massell (1962), S. 246.
[30] Vgl. von Weizsäcker (1966), S.33f.
[31] Vgl. Solow *et al.* (1966), S. 79.

Die variablen Lohnstückkosten der *best-practice* Technik in Periode t setzen sich zusammen aus dem Arbeitskoeffizienten u_t und dem gesamtwirtschaftlichen Lohnsatz w:

$$(4.5) \qquad \frac{L_t}{Y} = u_t w .$$

Der Preis P determiniert den Grenzjahrgang m, indem er dessen Obergrenze für die variablen Lohnstückkosten darstellt (vgl. *Abbildung 4.2*). Die Differenz der beiden Lohnstückkosten bezeichnet die Kapitalkosten pro Outputeinheit Q_t/Y, die nötig sind, um den modernen Kapitalstock unter den Bedingungen der vollkommenen Konkurrenz aufzubauen:

$$(4.6) \qquad \frac{Q_t}{Y} = u_m w - u_t w .$$

Im Gegensatz zu den alten Kapitaljahrgängen muß die *best-practice* erst investiv aufgebaut werden. Die Kapitalkosten pro Outputeinheit setzen sich zusammen aus dem Zinssatz r, dem „Investitionspreis" für eine Kapitaleinheit der neuesten Technik und dem Kapitalkoeffizienten x, der angibt, wie viele Kapitaleinheiten benötigt werden, um eine Outputeinheit zu produzieren:

$$(4.7) \qquad \frac{Q_n}{Y} = xr .$$

Durch Gleichsetzen der Gleichungen (4.6) und (4.7) erhält man:

$$(4.8) \qquad u_{n-t} - u_n = x\frac{r}{w} .$$

Gleichung (4.8) zeigt, daß die Zahl der Arbeitskoeffizienten und damit die Zahl der Produktionsmethoden, die in einer Volkswirtschaft bzw. in einem Sektor zu einem Zeitpunkt t existieren, vom Kapital- bzw. Investitionskoeffizienten x und der Faktorpreisrelation r/w abhängt. Die Modernität des Kapitalstocks, seine durchschnittliche Produktivität und die Diffusionsgeschwindigkeit der Prozeßinnovationen sind von diesen beiden Variablen x und r/w abhängig. Dieses Ergebnis interpretiert Salter (1966, S. 69) wie folgt:

> "The reason why relative factor prices influence the speed of the adjustment process is, of course, that the cost of new capital equipment is the barrier to the immediate general use of new techniques, and higher operating costs [d.h. die variablen Lohnkosten] are the price paid for retaining outmoded methods."

Es bietet sich an dieser Stelle an, auf die Unterscheidung zwischen der Substitutionalität und der Limitationalität *ex ante* einzugehen. Ob nämlich fixe oder flexible Faktorproportionen bei der Konstruktion und Installation neuer Maschinen vorausgesetzt werden, hat Einfluß darauf, ob und wie stark die Faktorpreisrelation auf die Modernität des Kapitalstocks und die Diffusionsgeschwindigkeit neuer Techniken wirkt. Der in Gleichung (4.8) hergestellte Zusammenhang gilt nur unter bestimmten Voraussetzungen bezüglich der Flexibilität der Faktorproportionen *ex ante*. Daher müssen die Implikationen aus dieser Gleichung genauer untersucht werden.

4.1.2.1 Investitionen bei *ex ante* Limitationalität

Sind die Faktorproportionen neuer Kapitaljahrgänge fixiert und durch die Entwicklung des technologischen Wandels exogen gegeben, ist diese Entscheidung als technisches Fixum der unternehmerischen Entscheidung entzogen. Die intuitiv und vorläufig gezogenen Schlußfolgerungen gelten in diesem Fall uneingeschränkt: Die Modernität des Kapitalstocks sowie die Geschwindigkeit und Reichweite der Diffusion neuer Techniken wird vom Kapitalkoeffizienten x und der Faktorpreisrelation r/w bestimmt. Eine hohe Sparquote impliziert aufgrund der im Gleichgewicht ebenso hohen Investitionsquote ein niedriges Durchschnittsalter des Kapitalstocks, d.h. hohe Modernität und schnelle Obsoleszenz.[32] In einer solchen Situation muß der Zinssatz niedrig sein: Sind Investitionen in Kapitalgüter relativ billig gegenüber den Lohnkosten, dann ist der Kapitalstock modern und neue Techniken werden schnell in den Produktionsprozeß übernommen. Sind aber die Zinssätze gegenüber dem Lohnsatz relativ hoch, ist aufgrund der hohen Investitionskosten die schnelle Anpassung des Kapitalstocks unprofitabel, und es werden mehr alte Kapitaljahrgänge eingesetzt. Der Tatbestand des *capital modernizing* durch Investitionen trifft in diesem Szenario ohne Einschränkungen zu.

Unproblematisch ist dieser Fall vor allem deshalb, weil die Determinanten x und r/w der Gleichung (4.11), die ja die Modernität des Kapitalstocks mißt, unabhängig gegebene und einem exogenen Zeitpfad folgende Variablen sind:

$$(4.9) \qquad u_t - u_m = f\left(x, \frac{r}{w}\right).$$

Die bekannte Aussage neoklassischer Wachstumstheorien, daß eine einmalige Erhöhung der Investitionsquote und damit im Gleichgewicht der Sparquote kei-

[32] Vgl. Walter (1969), S. 146.

nesfalls zu einer (langfristig) höheren Wachstumsrate führt, da die Altersstruktur des Kapitalstocks nur von der langfristigen Wachstumsrate des technologischen Fortschritts (und der Arbeitsbevölkerung) sowie den Abschreibungsraten abhängt, bleibt von den oben gemachten Aussagen unberührt.[33] Eine anhaltend zunehmende Modernisierung läßt sich nur durch eine ständig steigende Investitionsquote erreichen.[34] Die Diffusionstheorie interessiert sich jedoch weniger für das langfristige *steady-state*-Wachstum. In der kurz- bzw. mittelfristigen Übergangs- und Anpassungsphase an gleichgewichtige Wachstumspfade haben Veränderungen des Investitionsvolumens sehr wohl Auswirkungen auf die sektorale bzw. gesamtwirtschaftliche Wachstumsrate und auf die Zusammensetzung des Kapitalstocks. Der Modernisierungseffekt in den *Vintage*-Ansätzen kann zwar nur temporärer Natur sein.[35] Für die Diffusionstheorie bildet dieser begrenzte Zeitraum den Mittelpunkt der Analyse.

4.1.2.2 Investitionen bei *ex ante* Substitutionalität

Die Annahme der Substitutionalität *ex ante* impliziert einerseits, daß die in der mikroökonomischen Analyse des Diffusionsprozesses eine zentrale Rolle einnehmenden Erwartungen auch im makroökonomischen *Vintage*-Kontext zu berücksichtigen sind. Andererseits gewinnt das in den einleitenden Grundlagen zu diesem Abschnitt dargestellte Entscheidungsdilemma an Bedeutung.

Die entscheidende Änderung gegenüber der Annahme limitationaler Produktionsmethoden *ex ante* liegt darin, daß die Faktorproportionen zukünftiger Maschinen im Rahmen der unternehmerischen Investitionsentscheidung festgelegt werden. Die Effizienz der Kapitalstockjahrgänge ist daher außer vom technologischen Fortschritt ebenfalls von der Kapitalintensität bzw. vom Arbeitsbesatz einer Maschine abhängig.[36] In der *Abbildung 4.2* wird das Szenario der Substitutionalität *ex ante* bei der Einführung einer neuen Produktionstechnik dadurch visualisiert, daß das Rechteck $\overline{A_1C_1E_1A}$, das die Arbeitskosten der neuen Maschinen bezeichnet, und die Fläche $\overline{C_1D_1G_1E_1}$, die die Kapitalkosten repräsentiert, nicht mehr exogen gegeben, sondern in ihrem Verhältnis frei wählbar sind. In einer Situation niedriger Zinsen wählen die Unternehmen eine hohe Kapital-

---

33 Vgl. Phelps (1962), S. 549 und Walter (1969), S. 139.

34 Vgl. Phelps (1962), S. 559 und Seiter (1997), S. 56.

35 Vgl. Walter (1969), S. 141.

36 Vgl. Walter (1969), S. 148. Die Kapitalintensität k ist definiert als $k = \frac{K}{A}$, während der Arbeitsbesatz a den Kehrwert von k darstellt: $a = \frac{1}{k} = \frac{A}{K}$.

intensität der neuen Maschinen. Die Gesamtkosten bestehen daher aus relativ hohen Kapitalkosten und relativ niedrigen Arbeitskosten.[37] Es dauert daher länger bis der fallende Preis *P* des Outputs[38] die Arbeitskosten erreicht und die Maschine obsolet macht. Einem niedrigen Zinssatz ist somit eine höhere Lebensdauer des Kapitals zugeordnet. Der Effekt der *capital modernization* wird (teil- bzw. über-) kompensiert durch einen gegenläufigen Effekt des *capital lengthening.*[39] Dadurch wird die hohe Diffusionsgeschwindigkeit bei niedrigen Zinsen gebremst.

Für die Frage, wie stark sich der *capital lengthening*-Effekt bemerkbar macht, ist nicht nur die momentan herrschende Faktorpreisrelation relevant. Vielmehr müssen die Unternehmen auch die zukünftig zu erwartende Entwicklung der Faktorpreisrelation und der Lohnentwicklung berücksichtigen.[40] Die aufgrund der Erwartungen realisierte Kapitalintensität wiederum hat Auswirkungen auf die Entwicklung der Faktorpreisrelation – das oben genannte Entscheidungsparadoxon tritt in Kraft.

Im Hinblick auf die diffusionstheoretisch wichtigen Aussagen über die Kapitalmodernität muß der Zusammenhang zwischen Investitions- (= Spar-) volumen bzw. -quote, korrespondierendem Zinssatz und Diffusionsgeschwindigkeit präzisiert werden: Je geringer die Möglichkeiten zur Planung künftiger Kapitalintensitäten sind, desto eher führt ein niedriger Zinssatz bei hoher Investitionsquote zu einer hohen Diffusionsgeschwindigkeit und modernem Kapitalstock.

4.1.3 Diffusion im *Vintage*-Ansatz II: Verknüpfung mit dem epidemischen Modell

Kapitalstockjahrgangsmodelle bieten aus diffusionstheoretischer Sicht interessante Einblicke in die makroökonomische Ausbreitung kapitalgebundener Investitionen. Vor allem die Analyse des Zusammenhangs zwischen makroökonomischem Investitionsniveau, durchschnittlicher Modernität des Kapitalstocks und der Diffusionsgeschwindigkeit stellt einen Fortschritt dar, den die mikroökonomisch geprägten Diffusionsmodelle nicht leisten. Aufgrund der langfristigen, gleichgewichtigen Ausrichtung von *Vintage*-Modellen existieren aber auch Ein-

---

37 Vgl. von Weizsäcker (1966), S. 40.

38 Vgl. Gleichungen (4.5) und (4.6) für den inversen Zusammenhang zwischen Outputpreis und Lohnsatz bei steigender Arbeitsproduktivität.

39 Vgl. Phelps (1963), S. 265.

40 „Die Unternehmen nehmen bei ihrer Investitionsplanung gewissermaßen einen Teil der zukünftigen Lohnerhöhung bereits vorweg mit der Absicht, den Zeitpunkt der Obsoleszenz ihres Kapitals hinauszuschieben“ (Walter 1969, S. 150).

schränkungen und Kritikpunkte bezüglich ihrer Eignung für die diffusionstheoretische Analyse.[41] Die Analyse des makroökonomischen Zusammenhangs zwischen der Ausbreitung von Innovationen und dem Investitions- und Produktionsvolumen wird in einem *trade off* mit der Vernachlässigung einzelwirtschaftlicher Entscheidungen erkauft, denn Investitionen werden annahmegemäß immer in die neueste Technik getätigt. Die Vernachlässigung der unternehmerischen Investitionsentscheidung muß aus Sicht der Diffusionstheorie als wichtiges Manko der *Vintage*-Ansätze aufgefaßt werden, da weder die Diffusionsmodelle noch empirische Untersuchungen für die Annahme sprechen, daß Unternehmen grundsätzlich und immer in die neueste und beste verfügbare Technik investieren.[42] Wenn dieser Zusammenhang aber nicht zwingend gilt, muß auch die Eindeutigkeit der Kausalität in *Vintage*-Ansätzen hinterfragt werden, nach der die Bruttoinvestitionen die Modernität des Kapitalstocks bestimmen.

Meijers (1994) kombiniert ein *putty-clay*-Modell des kapitalgebundenen Fortschritts mit einem epidemischen Diffusionsmodell. Die zentrale Konsequenz aus diesem Vorgehen besteht darin, daß Kapitalstockjahrgänge und Techniken getrennt zu betrachten sind. Zwar fließen die Investitionen eines Jahrgangs immer in den mit diesem Jahrgang bezeichneten Kapitalstock, er umfaßt aber verschiedene Techniken. Nicht alle Firmen investieren in die neueste Technik innerhalb eines gegebenen Kapitaljahrgangs. Die Rate des technischen Fortschritts, das heißt die Einführung neuer Techniken in den Produktionsprozeß, ist von der Diffusionsrate im Sinne der Ausbreitung neuer Techniken in der Volkswirtschaft getrennt. Im Modell von Salter hingegen werden diese beiden Variablen gleichgesetzt. Wie sich unten zeigen wird, löst sich der eindeutige Zusammenhang zwischen Investitionshöhe und Diffusionsgeschwindigkeit dadurch auf. Die Ausgangssituation im Modell von Meijers bildet die Annahme, daß aufgrund des exogenen technologischen Fortschritts in jeder Periode eine Prozeßinnovation entwickelt und verfügbar wird. Auf der einen Seite wird die Ausbreitung der Nutzung der einzelnen Technik in Form des Diffusionsprozesses nachgezeichnet. Auf der anderen Seite wird die Entwicklung des Kapitalstocks, seine Zusammensetzung aus einzelnen Produktionstechniken und seiner durchschnittlichen Produktivität modelliert.

---

[41] Dies gilt vor allem für die in den Grundlagen skizzierten Modelle. Das Modell von Salter ist aufgrund seiner Ausrichtung zwar besser für die Analyse von Diffusionsprozessen geeignet. Der Verlauf der Ausbreitung neuer Techniken ist aber ebenfalls nicht im Fokus der Untersuchung.

[42] Vgl. Brozen (1951), S. 241ff., Denison (1954), Stoneman (1983), S. 115, Soete/Turner (1984), S. 617f., Klodt (1985), S. 163, Metcalfe (1990), S. 22 und Meijers (1994), S. 38.

Gemäß des epidemischen Diffusionsmodells wird die Ausbreitung von Prozeßinnovationen von zwei Faktoren abhängig gemacht.[43] Zum einen steigt die Diffusionsgeschwindigkeit mit zunehmender erwarteter Profitabilität der Innovation. Sie wird ausgedrückt durch die relative erwartete Profitabilität pro produzierter Outputeinheit π_τ^i der Technik i zum Zeitpunkt τ. Zum zweiten steigt die Diffusionsgeschwindigkeit mit der zunehmenden Nutzung der Innovation, da mehr Informationen und Erfahrungen verfügbar sind und die Übernahme weniger riskant wird. Als Maß für die verfügbaren Informationen wird die Produktionskapazität der Technik gewählt.[44] Die Variable kn_τ^i bezeichnet den Wissensstand bezüglich der Technik i zum Zeitpunkt τ relativ zum Wissen über alle verfügbaren Techniken. Mit zunehmendem Informationsstand sinkt die Unsicherheit in Form des erwarteten Risikos der Übernahme mit abnehmender Rate. Darüber hinaus wird angenommen, daß die Informationen den Charakter eines öffentlichen Gutes besitzen und allen Unternehmen kostenlos und vollständig verfügbar sind.[45] Die Unternehmen differieren bezüglich ihrer Risikoaversität. Risikofreudige Unternehmen übernehmen Innovationen sofort bei ihrer Verfügbarkeit. Risikoaverse Unternehmen hingegen investieren erst dann in eine neue Technik, wenn das Risiko einen maximalen Schwellenwert erreicht hat. Zu einem bestimmten Zeitpunkt t wird daher ein gewisser Anteil des (gesamtwirtschaftlichen bzw. sektoralen) Investitionsvolumens in die Installation von Maschinen fließen, die nicht die *best-practice*-Technik, sondern eine ältere Produktionsmethode repräsentieren. Die Unsicherheit und das Übernahmerisiko wird als Varianz der erwarteten Profitabilität ausgedrückt.

Die Variable $x_{\tau,t}^{c\,i}$ bezeichnet die relative Produktionskapazität der Technik i, die in der Periode τ installiert wurde.[46] Wird sie als Maßeinheit für die Investitionsaktivität herangezogen, setzt sich das relative Investitionsvolumen in die Tech-

[43] Vgl. Meijers (1994), S. 82. Die Wahl des epidemischen Ansatzes zur Kombination von Diffusions- und *Vintage*-Modellen ist vorteilhaft, da dort die Technologiewahl nicht als explizites entscheidungslogisches Verhalten modelliert wird. Vgl. Abschnitt 3.1.1.

[44] Es sind durchaus auch andere Meßkonzepte vorstellbar. Für kapitalgebundene Prozeßinnovationen wäre auch die Annahme möglich, daß die Informationen an die relative Größe des Kapitalstocks geknüpft sind. Vgl. Soete/Turner (1984), S. 619.

[45] Vgl. Meijers (1994), S. 86. Diese Annahme ist für die bessere Formalisierbarkeit des Modells notwendig, aber durchaus anfechtbar. In der Zusammenfassung der mikroökonomischen Determinanten des Diffusionsprozesses in Abschnitt 3.3 hat sich gezeigt, daß solche Informationen durchaus auch einen ausschließbaren Teil besitzen.

[46] Die Variable $x_{\tau,t}^{c\,i}$ ist definiert als $x_{\tau,t}^{c\,i} = \frac{X_{\tau,t}^i}{X_{\tau,t}^c}$. Sie zeigt nicht das absolute Investitionsvolumen, sondern die relative Verteilung der Techniken bezüglich ihrer Produktionskapazität (vgl. Meijers 1994, S. 87).

nik *i* für eine gegebene Periode τ aus dem Wissensstand über die Technik und der erwarteten Profitabilität der Technik zusammen:

(4.10) $$x_{\tau,\tau}^{c\,i} = s_\tau \left(kn_\tau^i\right)^{\alpha_1} \left(\pi_\tau\right)^{\alpha_2}.$$ [47]

Aus der Gleichung (4.10) folgt eine s-förmige Diffusionskurve für eine bestimmte Technik, wenn unter anderem angenommen wird, daß die Zahl der genutzten Techniken und die Verteilung der erwarteten Profitabilität einer Technik konstant und der Quotient aus α_1/α_2 ausreichend groß ist. Damit läßt sich die Ausbreitung einer einzelnen Technik im Aggregat nachvollziehen. Sie ist zeitintensiv und gemäß der getroffenen Annahmen s-förmig.

Dieses Diffusionsszenario wird in ein komplexes *putty-clay*-Kapitaljahrgangsmodell überführt, das auf Basis einer CES-Produktionsfunktion sowohl gebundenen als auch ungebundenen, jeweils arbeiteinsparenden oder kapitaleinsparenden technischen Fortschritt berücksichtigt.[48] Die wichtigste Änderung des *Vintage*-Modells ergibt sich daraus, daß nun ein Teil der Investitionen in Kapitalgüter nach Maßgabe der Erwartungsverteilung der Profitabilität, der Verteilung der Risikoaversität und dem gesamtwirtschaftlichen Investitionsniveau nicht in die beste verfügbare Technik getätigt werden, sondern für ältere, weniger effiziente Techniken aufgewendet wird. Es existieren daher nicht nur *t-m* verschiedene Kapitaljahrgänge wie im *Vintage*-Ansatz, sondern die einzelnen Kapitaljahrgänge sind noch tiefer zu unterteilen nach dem Jahr ihrer Installation, da zum Zeitpunkt *t* auch in ältere Technik, z.B. aus (*t-2*) investiert wird. *Abbildung 4.4* veranschaulicht diesen Zusammenhang. Dort ist in Anlehnung an das *Schaubild 4.2* die Entwicklung des Kapitalstocks im reinen *Vintage*-Modell (oben) der Entwicklung des Kapitalstocks im *Vintage*-Modell mit Diffusion (unten) gegenübergestellt. Im reinen *Vintage*-Ansatz, der in der oberen Hälfte der *Abbildung 4.4* dargestellt ist, stimmt die im Kapitaljahrgang inkorporierte Technik mit dem Jahrgang der Installation überein. Tritt daher eine neue Technik *9* auf, sinkt der Preis des Outputs von p_8 auf p_9 und der gesamte Jahrgang *1* wird obsolet und ausgemustert. Der gesamte Output verändert sich von $\overline{x_8 x'_1}$ auf $\overline{x_9 x'_2}$.

Ein ganz anderes Bild bietet sich bei der Verknüpfung des *Vintage*-Ansatzes mit der epidemischen Theorie der Innovationsdiffusion, die in der unteren Hälfte der

[47] Der Skalenfaktor s_τ führt dazu, daß die Summe der relativen Produktionskapazitäten aller eingesetzten Techniken eins entspricht ($\sum_i x_{\tau,\tau}^{c\,i} = 1$). Es gilt $0 \leq \alpha_1 \leq 1$ und $\alpha_2 \geq 0$.

[48] Vgl. Meijers (1994), S. 73. Für die Darstellung des *Vintage*-Modells vgl. Muysken/van Zon (1987), S. 102-117.

Abbildung 4.4 gezeigt wird. Auf der einen Seite wird nicht zu jedem Zeitpunkt zwingend in die *best practice*-Technik investiert, und zum anderen steigt die Produktivität einer Technik in Abhängigkeit des Installationszeitpunktes, da sie Lerneffekten im Zeitablauf unterliegt. Ein Jahrgang *t* bezeichnet nun nur noch den Zeitpunkt bzw. die Periode der Installation von Maschinen, aber nicht mehr gleichzeitig den Produktivitätsrang des Jahrgangs. Der Zeitpunkt der Installation wird durch die obere Zahlenreihe an jedem Kapitalstockjahrgang ausgedrückt. Innerhalb des Jahrgangs muß nach der Technik unterschieden werden, die die Maschinen repräsentieren.

Abbildung 4.4: Entwicklung des Kapitalstocks im Vintage-Modell mit und ohne Berücksichtigung der Diffusion

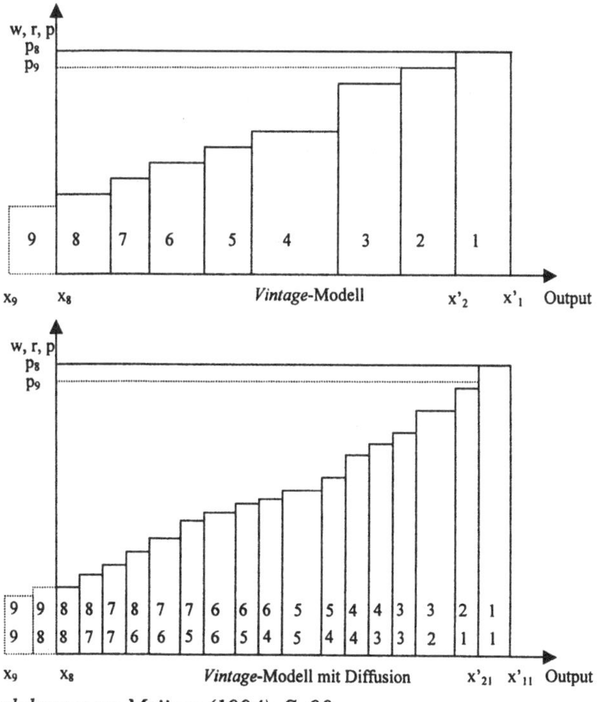

Quelle: in Anlehnung an Meijers (1994), S. 99.

Die Technik ist durch die untere Zahlenreihe definiert. Effizienz der Technik und Zeitpunkt der Installation determinieren gemeinsam die (Arbeits-) Produktivität des einzelnen Kapitalstocks. Der Kapitalstock $\genfrac{}{}{0pt}{}{8}{8}$ repräsentiert die Technik der Periode *8*, die in der Periode *8* installiert wurde. Er stellt daher das effizienteste verfügbare Kapital dar. Der Kapitalstock ${}^{8}_{7}$ wurde ebenfalls in der Periode *8* aufgebaut. In ihm ist aber die Technik der Periode *7* inkorporiert. Im Schaubild sind die einzelnen Kapitalstöcke nach ihrer Arbeitsintensität geordnet, nicht nach der Periode, in der sie installiert wurden oder aus der die Technik stammt. Wird in der Periode *9* eine neue Technik verfügbar, sinkt im *Vintage*-Diffusions-Modell der Outputpreis von p_8 auf p_9. Zum einen wird aber nur ein Teil des in Periode *9* installierten Kapitals diese neue Technik *9* inkorporieren. Ein anderer Teil des neuen Kapitals repräsentiert ältere Technik, zum Beispiel aus der Periode *8*. Zum anderen scheiden lediglich die Maschinen ${}^{1}_{1}$ aus, ein viel kleinerer Teil des Kapitalstocks als im reinen *Vintage*-Ansatz. Der Teil der Maschinen des Jahrgangs *1*, die in der Periode *2* installiert wurden, ist aufgrund der zwischen den Perioden *1* und *2* aufgetretenen Lerneffekte effizienter als die in der Periode *1* installierten Maschinen. In diesem Beispiel ist er in Periode *9* noch effizient genug, um weiterhin genutzt zu werden. Der Output ändert sich bei Berücksichtigung der Diffusion im *Vintage*-Ansatz von $\overline{x_8 x'_{11}}$ auf $\overline{x_9 x'_{21}}$.

Die Zusammenführung des mikroökonomischen (epidemischen) Diffusionsmodells mit dem makroökonomischen *Vintage*-Ansatz führt zu einigen Unterschieden im Vergleich zum reinen *Vintage*-Ansatz, wie er z.B. im Modell von Salter zugrunde gelegt wird.[49] Es kann festgestellt werden, daß sich die Heterogenität des Kapitalstocks erhöht. Das Ergebnis ähnelt dem des evolutorischen Modells von Katsuhito Iwai.[50]

Die zentrale Konsequenz stellt die Relativierung derjenigen Aussagen dar, die im *Vintage*-Ansatz in Bezug auf die Investitionstätigkeit gemacht wurden. Dort hat sich herausgestellt, daß ungeachtet der einzelwirtschaftlichen Entscheidungsgründe die gesamtwirtschaftliche oder sektorale Investitionstätigkeit unabdingbare Voraussetzung für die Technologiediffusion ist. Hier hingegen zeigt sich, daß ein hohes Investitionsniveau allein nicht die zügige Ausbreitung von Innovationen garantiert. Investitionsaktivität ist eine notwendige, aber nicht hinreichende Bedingung für die Ausbreitung von Innovationen. Denn auch bei hohem Investitionsniveau muß zusätzlich geklärt werden, in welche Technik die Investitionsmittel fließen. Diese Frage läßt sich mit den Resultaten der mikroökonomischen Diffusionsforschung beantworten. Nur bei ausreichend hoher relativer Profitabilität der Innovation und bei hinreichend niedriger Unsicherheit bezüglich der zukünftigen Profitabilität wird in die neue Technik investiert. Ansonsten ist es für Unternehmen rational, in etwas ältere und daher weniger effi-

---

[49] Vgl. Meijers (1994), S. 100ff.

[50] Vgl. Abschnitt 3.2.5.2.

ziente, dafür aber sichere Techniken zu investieren. Dadurch wird ein geringerer Kapitalstock akkumuliert, der die neue Technik inkorporiert. Die Informationen über die neue Technik werden langsamer gesammelt, die Unsicherheit wird langsamer abgebaut. Der Diffusionsprozeß der neuen Technik verlangsamt sich insgesamt, wenn am Beginn der Ausbreitung relativ wenig in sie investiert wird. Es ist eine pfadabhängige Diffusionskurve zu beobachten, da die zukünftige Diffusionsgeschwindigkeit von der Informationsmenge abhängt, die wiederum durch den historischen Kapitalstock determiniert ist.[51]

Die Abschwächung des Zusammenhangs zwischen Investitionshöhe und Modernität des Kapitalstocks bei der Berücksichtigung des epidemischen Diffusionsmodells im Kapitaljahrgangsmodell legt es nahe, Investition und Diffusion ohne den expliziten Rückgriff auf den *Vintage*-Ansatz zu analysieren. Im folgenden Abschnitt wird ein solches Vorgehen vorgestellt.

4.1.4 Zum Zusammenhang von Investition und Diffusion

Die Kapitaljahrgangsmodelle haben gezeigt, daß das (gesamtwirtschaftliche) Investitionsvolumen und –verhalten entscheidenden Einfluß auf die Ausbreitung neuer Technologien besitzt. Relativiert wurde diese Aussage durch die Verknüpfung des *Vintage*-Ansatzes mit dem epidemischen Diffusionsmodell, nach der zusätzlich geklärt werden muß, in welche Technik investiert wird. Der Zusammenhang zwischen Investition und Diffusion läßt sich in einem allgemeineren Investitions-Diffusions-Modell verbinden, das auf den expliziten Rückgriff auf die Kapitaljahrgangsmodelle verzichtet. Ausgangspunkt ist die aus der Investitionstheorie bekannte Akzeleratorhypothese, nach der Investitionen als Anpassung an den optimalen bzw. gewünschten Kapitalstock interpretierbar sind.[52]

Zur Modellierung des technischen Fortschritts in einem solchen Investitionsmodell ist es zunächst notwendig, zwei Formen des Kapitals zu unterscheiden. Zum einen existiert der alte bzw. traditionelle Kapitalstock, der mit K_a bezeichnet wird. Zum anderen inkorporiert neuer Kapitalstock Prozeßinnovationen und ist daher moderner und effizienter. Er wird durch die Variable K_m ausgedrückt. Beide zusammen bilden die gesamte Produktionskapazität $K = K_a + K_m$. In einem solchen Szenario stellen sich gemäß der Akzeleratorhypothese zwei Investitionsentscheidungen. Erstens ist das gewünschte Gesamtvolumen des Kapitalstocks K^w zu ermitteln. Zweitens ist die gewünschte Zusammensetzung des Kapitalstocks aus altem und neuem Kapital, $K^w = K^w{}_a + K^w{}_m$, zu bestimmen. Entscheidend für die Diffusion der neuen Technik ist die gewünschte

[51] Vgl. Meijers (1994), S. 101.
[52] Vgl. Antonelli/Petit/Tahar (1992), S. 73.

scheidend für die Diffusion der neuen Technik ist die gewünschte Zusammensetzung des Kapitals aus traditionellen und modernen Maschinen.[53] Die Analyse von Investition und Diffusion besteht daher aus zwei Bereichen:

1. Zum einen wird das (gesamtwirtschaftliche oder sektorale) *Gesamtvolumen* der gewünschten Produktionskapazität K^w determiniert. Sie läßt sich mit Hilfe der Investitionstheorie bestimmen. Cristiano Antonelli *et al.* legen hierzu eine flexible Akzeleratorhypothese zugrunde.[54] Danach ist das Nettoinvestitionsvolumen von der Entwicklung der erwarteten gesamtwirtschaftlichen Nachfrage abhängig.[55] Darüber hinaus wird angenommen, daß die Unternehmen nicht in der Lage sind, innerhalb einer Periode den tatsächlichen Kapitalstock an den neuen Kapitalstock anzupassen, und daß der gewünschte Kapitalkoeffizient x^w nicht konstant ist.[56] Der tatsächliche Kapitalstock in Periode t, K_t, wird in einem solchen Fall durch den gewünschten Kapitalstock in Periode t und dem tatsächlichen Kapitalstock in der Vorperiode bestimmt. Die Variable μ ist ein Maß für die Anpassungsgeschwindigkeit.

   (4.11) $$K_t = \mu K_t^w + (1-\mu)K_{t-1}$$

2. Zum anderen bedarf es der Bestimmung der *Zusammensetzung* des in Punkt 1 bestimmten Kapitalstocks. Sie wird vom gewünschten Diffusionsgrad der neuen Technik D^w bestimmt.[57] Da dadurch der Anteil der Innovation am Kapitalstock determiniert ist, wird gleichzeitig der Anteil der alten Technik und damit die Kapitalstruktur eindeutig beschrieben. Die (mikroökonomische) Diffusionstheorie liefert die Analyse des Diffusionsgrades, der dem dortigen Begriff der Sättigungsgrenze entspricht.

Der gewünschte Kapitalstock und seine Struktur läßt sich damit wie folgt als Funktion der gewünschten Produktionskapazität und dem gewünschten Diffusionsgrad der neuen Technik beschreiben:

(4.12) $$K^w = (K^w, D^w)$$

[53] Die gedankliche Trennung von gewünschtem Kapitalstock und gewünschter Zusammensetzung bedeutet nicht, daß es sich um zwei unabhängige Variablen handelt. Da der neue Kapitalstock effizienter als der alte ist, führt ein höherer Anteil an modernem Kapital zu einer höheren Produktionskapazität insgesamt.

[54] Antonelli/Petit/Tahar (1992), S. 74.

[55] Diese Grundaussage trifft die traditionelle Akzeleratorhypothese. Vgl. z.B. Dornbusch/Fischer/Startz (2001), S. 345f. oder Siebke/Thieme (1999), S. 122.

[56] Die zusätzlichen Annahmen sind konstituierend für die flexible bzw. graduelle Akzeleratorhypothese. Vgl. Dornbusch/Fischer/Startz (2001), S. 335f.

[57] Vgl. Antonelli/Petit/Tahar (1992), S. 80.

Darüber hinaus sind einige Definitionen und Annahmen notwendig, um Investitionstheorie und Diffusionstheorie miteinander zu verbinden.[58] Sowohl das gesamtwirtschaftliche Investitionsvolumen I als auch der gesamtwirtschaftliche Kapitalstock K wird jeweils in Kapazitätsgrößen gemessen und besteht aus den jeweiligen Größen bezüglich der alten und neuen Technik:

$$(4.13) \qquad K = K_a + K_m \quad \text{sowie} \quad I = I_a + I_m$$

Der Diffusionsgrad als Maßzahl für die Ausbreitung der neuen Technik läßt sich gemäß der Diffusionstheorie als Verhältnis zwischen dem modernen Kapitalstock, der die neue Technik inkorporiert, und dem gesamten Kapitalstock zum Zeitpunkt t messen. Die analoge Formulierung gilt für den gewünschten Ausbreitungsgrad D^w:

$$(4.14) \qquad D_t = \frac{K_{mt}}{K_t} \quad \text{und} \quad D_t^w = \frac{K_{mt}^w}{K_t^w}$$

Der für das Modell relevante gewünschte Ausbreitungsgrad läßt sich durch eine Mikrofundierung der Diffusionstheorie bestimmen.[59] Danach läßt sich eine Wahrscheinlichkeit m_t bestimmen, mit der in eine die neue Technik repräsentierende Maschine investiert wird, falls eine Investition vorgenommen wird:

$$(4.15) \qquad m_t = \frac{I_{mt}}{I_t}$$

Die Variable m_t bietet Raum für zwei Interpretationsmöglichkeiten:

1. Zum einen läßt sich die Übernahmewahrscheinlichkeit m_t als eine Verhaltensvariable beschreiben.[60] Danach ist m_t als „Modernisierungsneigung" interpretierbar.[61] Die Unternehmen wählen gemäß der mikroökonomischen Übernahmeentscheidung, wie unten näher zu beschreiben ist, zu jedem Zeitpunkt den nach ihrer Modernisierungsneigung gewünschten Diffusionsgrad der neuen Technik.

---

[58] Vgl. Antonelli/Petit/Tahar (1992), S. 80.

[59] Vgl. Antonelli/Petit/Tahar (1992), S. 80.

[60] Diese Interpretation nehmen, wenn auch nicht explizit, Antonelli *et al.* vor.

[61] Antonelli/Petit/Tahar (1992), S. 80 bezeichnen die Variable als „*propensity to modernize*".

2. Zum anderen kann die Übernahmewahrscheinlichkeit m_t auch als technische Variable bzw. Koeffizient interpretiert werden. Dann ist die Wahrscheinlichkeit zur Übernahme der neuen Technik exogen gegeben.[62]

Für die mikroökonomische Fundierung der Variablen m_t bieten sich vor allem zwei Diffusionsmodelle an. Gemäß dem *epidemischen Ansatz* ist diese Übernahmewahrscheinlichkeit m_t vom Diffusionsniveau, d.h. von der Zahl der Anwender bzw. vom Kapitalstock der neuen Technik, abhängig.[63] Aus dem *differenzenbasierten Ansatz* folgt die Abhängigkeit von m_t vom relativen Preis der neuen Technik.[64] Daher läßt sich die Übernahmewahrscheinlichkeit in folgender Gleichung formalisieren, in der D_{t-1} das Diffusionsniveau der Vorperiode sowie c_a und c_m die Investitionskosten der alten bzw. der modernen Technik bezeichnen:[65]

$$(4.16) \qquad m_t = g\left(D_{t-1}, \frac{c_m}{c_a}\right)$$

Mit diesem Modellaufbau ist es möglich, den Zusammenhang zwischen Investition und Diffusion formal zu analysieren. Antonelli *et al.* unterscheiden hierzu drei Fälle:[66]

a. Im ersten Fall ist zu jedem Zeitpunkt der Kapitalstock in seiner gewünschten Struktur (d.h. die Determinanten K^w und D^w) sowie der Anpassungsprozeß an diese gewünschten Größen bekannt. In einer solchen Situation ist die Übernahmewahrscheinlichkeit m_t zu jedem Zeitpunkt eindeutig bestimmt.
b. Im zweiten Fall ist die gewünschte Produktionskapazität $K^w{}_t$ und die Modernisierungsneigung m_t gegeben. Daraus kann auf den gewünschten und tatsächlichen Diffusionsgrad D_t und $D^w{}_t$ geschlossen werden.

[62] Die Bewertung von m_t entspricht somit der Kontroverse um den Akzelerator bzw. den Kapitalkoeffizienten in den postkeynesianischen Wachstumsmodellen von Domar (1946) und Harrod (1939). Vgl. z.B. Walter (1983), S. 11ff.

[63] Vgl. Abschnitt 3.1.1. Es ist offensichtlich, daß in diesem Modell die Ausbreitung der Innovation ausschließlich als Anteil am gesamten Kapitalstock zu messen ist. Andere Meßkonzepte wie die Zahl der Anwender scheiden aus.

[64] Vgl. Abschnitt 3.1.2.

[65] Vgl. Antonelli/Petit/Tahar (1992), S. 81. Die mechanistische Ausbreitungsformel des epidemischen Ansatzes spricht für die Interpretation von m_t als exogene Variable, während der relative Preis der Techniken im differenzenbasierten Ansatz für die Deutung von m_t als Verhaltensvariable spricht. Es bleibt anzumerken, daß beiden Ansätzen jeweils eine gewisse Bedeutung im Diffusionsprozeß zukommt, daß sie aber für sich genommen den Ausbreitungsprozeß von Innovationen nicht vollständig erklären können.

[66] Vgl. Antonelli/Petit/Tahar (1992), S. 80.

c. Sind wiederum, wie im dritten Fall angenommen, die Variablen m_t und $D^w{}_t$ gegeben, läßt sich die gewünschte Produktionskapazität $K^w{}_t$ bestimmen.

Antonelli *et al.* liefern für alle drei Fälle eine formale Darstellung.[67] Hier soll jedoch nur das erste Szenario dargestellt werden, in dem das gewünschte Produktionskapazitätsvolumen und die gewünschte Produktionsstruktur bekannt sind. Für die Anpassung an den gewünschten Kapitalstock bzw. den gewünschten Anteil der neuen Technik wird die flexible Akzeleratorhypothese zugrunde gelegt.

$$(4.17) \qquad D_t = \mu_t D_t^w + (1-\mu_d) D_{t-1}$$

$$(4.18) \qquad K_t = \mu_c K_t^w + (1-\mu_c) K_{t-1}$$

Zusätzlich wird berücksichtigt, daß gemäß der Identitätsgleichung von Investition und Kapitalstock das Investitionsvolumen in die neue Technik als Differenz zwischen dem gewünschten neuen Kapitalstock in Periode t und dem um die Abschreibungsrate δ korrigierten tatsächlichen Stock der neuen Maschinen in der Vorperiode ausgedrückt werden kann:

$$(4.19) \qquad I_t^m = K_{mt}^w - (1-\delta_m) K_{mt-1}$$

Die gleiche Überlegung gilt analog für das gesamte Investitionsvolumen:

$$(4.20) \qquad I_t = K_t^w - (1-\delta) K_{t-1}$$

Schließlich läßt sich der gewünschte neue Kapitalstock als Produkt von gewünschtem gesamten Kapitalstock und gewünschtem Diffusionsgrad beschreiben:

$$(4.21) \qquad K_{mt}^w = K_t^w D_t^w$$

Es ist nun möglich, die Übernahmewahrscheinlichkeit m_t, d.h. die Wahrscheinlichkeit der Beschaffung von neuen Maschinen bei der Investition in den Kapitalstock, allein durch den gewünschten Kapitalstock K^w und seine Zusammensetzung, d.h. den gewünschten Diffusionsgrad D^w, zu bestimmen, indem die Gleichungen (4.19) bis (4.20) in Gleichung (4.15) eingesetzt werden:[68]

---

[67] Vgl. Antonelli/Petit/Tahar (1992), S. 81-84.

[68] Die Variable $k^w{}_t$ bezeichnet die gewünschte Wachstumsrate der Produktionskapazität: $k_t = \frac{K_t^w}{K_{t-1}}$. Die Abschreibungsraten sind durch δ gegeben, während die Anpassungsgeschwindigkeit an die gewünschten Größen mit μ bezeichnet wird.

(4.22) $$m_t = \frac{k_t^w D_t^w - (1-\delta_m) D_{t-1}}{\mu_c k_t^w + (\delta_c - \mu_c)}$$

Danach ist die Variable m_t als Maßzahl der Diffusionsgeschwindigkeit außer von der Anpassungsgeschwindigkeit μ und der Abschreibungsrate δ im wesentlichen von den zwei Faktoren abhängig, die am Anfang dieses Abschnittes in der gedanklichen Trennung des Zusammenhangs zwischen Investition und Diffusion formuliert wurden, nämlich vom Kapitalvolumen und der Kapitalstruktur:

1. Zum einen steuert die gewünschte Wachstumsrate der *Produktionskapazität* die Übernahmewahrscheinlichkeit m_t. Gemäß des Akzeleratorprinzips wird die gewünschte Produktionskapazität vom Produktionsvolumen und damit von der gesamtwirtschaftlichen Nachfrage gesteuert.[69]
2. Zum anderen ist m_t von der gewünschten *Kapitalstruktur*, d.h. dem gewünschten Diffusionsgrad abhängig. Er korrespondiert mit dem Sättigungsgrad in den mikroökonomischen Modellen und wird dort als exogen und darüber hinaus in aller Regel als im Zeitablauf konstant angenommen. Das makroökonomische Investions-Diffusions-Modell ist daher in der Lage, die häufig vorgebrachte Kritik an den mikroökonomischen Diffusionsmodellen bezüglich der Exogenität und Konstanz des Sättigungsgrades zu überwinden, der, wie die Diffusionsgeschwindigkeit und die Form der Ausbreitung selbst, vom Ausmaß der Diffusion (epidemischer Ansatz) und von der Kostenstruktur der Investitionskosten (differenzenbasierter Ansatz) bestimmt wird. Wird darüber hinaus angenommen, daß die Innovation nicht nur eine Prozeßverbesserung, sondern auch ein neues Produkt darstellt, wird der Diffusionsgrad letztlich auch von der Nachfragestruktur nach neuen und alten Produkten determiniert.

Ein interessanter Zusammenhang läßt sich aus den Gleichungen (4.19) und (4.20) ableiten, die das Investitionsvolumen als Differenz zwischen bestehendem und gewünschtem neuen Kapitalstock beschreibt. Der gleiche Zusammenhang gilt für den alten Kapitalstock. Wird nach dem gewünschten Kapitalstock aufgelöst, lassen sich mehrere Investitions- und Modernisierungsszenarien darstellen:[70]

1. In obigem Beispiel werden zwei völlig unabhängige Techniken analysiert. Daher ist es möglich, in beide Techniken gleichzeitig zu investieren:

---

[69] Vgl. Stoneman (1983), S. 208 und Antonelli/Petit/Tahar (1992), S. 82.
[70] Vgl. Antonelli/Petit/Tahar (1992), S. 85f.

$$K_{mt}^{w} = (1-\delta_m) K_{m_{t-1}} + I_{m_t}$$
$$K_{at}^{w} = (1-\delta_a) K_{a_{t-1}} + I_{a_t}$$

Dieses Szenario ist Grundlage der Verknüpfung des epidemischen Diffusionsmodells mit dem *Vintage*-Ansatz im letzten Abschnitt.

2. Es ist jedoch auch möglich anzunehmen, daß Investitionen in einer Periode nur in die neueste Technik vorgenommen werden:

$$K_{mt}^{w} = (1-\delta_m) K_{m_{t-1}} + I_{m_t}$$
$$K_{at}^{w} = (1-\delta_a) K_{a_{t-1}}$$

Diese Annahme wird in den reinen Kapitaljahrgangsmodellen getroffen. Insbesondere aus Sicht der Evolutionstheorie (aber auch in der Verknüpfung des *Vintage*-Ansatzes mit der epidemischen Diffusionstheorie) ist dies eine unzulässige Vereinfachung.[71] Während es in neoklassischen Kapitaljahrgangsmodellen irrational erscheint, in veraltete Techniken zu investieren, ist dies aus evolutorischer Sicht bei gebundener Rationalität durchaus möglich, wenn die alte Technik weiterhin befriedigende Ergebnisse zeigt. Der in diesem Abschnitt dargestellte formale Zusammenhang zwischen Investition und Diffusion ist hingegen in der Lage, bei vollkommen rationaler Verhaltensweise der Wirtschaftsakteure die Möglichkeit des gleichzeitigen Investierens in neue und alte Techniken zu erklären, indem er den Zusammenhang zwischen Kapitalstruktur (und damit Diffusionsgrad) und (relativen) Investitionskosten der neuen bzw. alte Kapitalstöcke aufzeigt.

Das Investitions-Diffusions-Modell ist ebenso wie die Kapitaljahrgangsmodelle und ihre Verknüpfung mit dem epidemischen Diffusionsmodell in der Lage, die überaus wichtige Rolle der gesamtwirtschaftlichen Investitionen zu beschreiben. Es bedarf dabei nicht des Rückgriffs auf den *Vintage*-Ansatz. Zur Erklärung des Investitionsverhaltens wurde von der flexiblen Akzeleratorhypothese ausgegangen. Es ist jedoch auch möglich, andere Investitionstheorien heranzuziehen.

Es zeigt sich aber, daß nicht allein das Volumen des Kapitalstocks und daher der Investitionen entscheidenden Einfluß auf die Diffusion von Innovationen haben. Auch die Struktur des Kapitalstocks ist relevant. Sie wird nicht allein vom Investitionsvolumen gesteuert, sondern ist davon abhängig, welche Anteile an alten und neuen Produktionstechniken die Unternehmer wünschen. Die Zusammen-

[71] Vgl. Abschnitt 3.1.5. Anderer Meinung sind Antonelli/Petit/Tahar (1992, S. 85), die alle Alternativen *a priori* für plausibel halten.

setzung des Kapitalstocks läßt sich als Diffusionsgrad von neuen Techniken ausdrücken und ist sowohl vom Ausbreitungsgrad (epidemische Diffusion) als auch von den Investitionskosten (differenzenbasierte Diffusion) abhängig. Diese Variablen werden in der mikroökonomischen Diffusionstheorie erklärt.

Auch dieses Modell kommt daher zum Ergebnis, daß Investitionen zwar eine notwendige, aber keine hinreichende Bedingung für die Technologiediffusion darstellen. Neben dem Investitionsvolumen ist auch relevant, in welche Techniken investiert wird. Die Annahme, es werde zwingend immer in die neueste Technik investiert, wie sie häufig makroökonomischen Modellen zugrunde liegt, erweist sich auch unter der Annahme vollkommener Rationalität als unzulässige Verkürzung.

4.1.5 Zusammenfassung

Zwar sind die in diesem Abschnitt diskutierten Modelle nicht in der Lage, s-förmige Diffusionskurven zu generieren, dennoch gelingt es ihnen, das wichtigste stilisierte Faktum der zeitverzögerten Diffusion wiederzugeben. Darüber hinaus identifizieren sie eine Determinante der Technologiediffusion, die in den mikroökonomisch orientierten Ansätzen bisher nicht explizit zur Sprache kam: Die Diffusion ist bei der Existenz kapitalgebundener Innovationen untrennbar von dem in einem Sektor bzw. in einer Volkswirtschaft vorherrschenden (Brutto-) Investitionsniveau abhängig. Bruttoinvestitionen sind das Vehikel, mit dem neue Techniken in den Produktionsprozeß eingeführt werden. Ihr Ausmaß ist demnach ausschlaggebend, wie schnell Innovationen umgesetzt und auf einem signifikanten Niveau genutzt werden. Sie beeinflußt ebenfalls den Anteil des Produktivitätsanstiegs, der potentiell möglich wäre, wenn der gesamte Kapitalstock die jeweils neueste Technik inkorporieren würde.[72] Die einzelwirtschaftlichen Diffusionsdeterminanten aus *Abbildung 3.12* in Abschnitt 3.3 mögen ihre jeweilige Berechtigung besitzen. Sie können die Diffusion einer Innovation jedoch nicht beschleunigen, wenn das makroökonomische Investitionsniveau niedrig ist. Allerdings ist das aggregierte Investitionsniveau eine notwendige, aber nicht hinreichende Bedingung des Diffusionsprozesses. Fließen nicht alle Investitionen zwingend in die neueste Technik, ist es von den einzelwirtschaftli-

[72] Für die Frage der Freisetzung von Arbeitskräften im Zuge des technischen Fortschritts spielt die Entwicklung der Arbeitsproduktivität eine entscheidende Rolle. In den Kapitaljahrgangsmodellen wird die Struktur des Kapitalstocks anhand der Arbeitsproduktivität gemessen. Daher läßt sich eine Verbindung zwischen der Freisetzung von Arbeitskräften, der Produktivitätsentwicklung und der Investitionstätigkeit ziehen. Allerdings sind *Vintage*-Ansätze ausnahmslos Vollbeschäftigungsmodelle. Eine direkte Analyse technologischer Arbeitslosigkeit innerhalb des Kapitaljahrgangsmodells ist daher unmöglich.

chen Determinanten abhängig, in welchem Maße die Investitionsmittel für die neueste Technik genutzt werden und in welchem Verhältnis sie in ältere Produktionstechniken fließen. Sowohl die Verknüpfung des Kapitaljahrgangmodells mit dem epidemischen Diffusionsmodell als auch das allgemeinere Investitions-Diffusions-Modell haben diesen Zusammenhang gezeigt.

Unabhängig davon, ob Elemente der Diffusionstheorie explizit im Rahmen der Kapitaljahrgänge berücksichtig werden oder nicht, besitzen die *Vintage*-Ansätze und das Investitions-Diffusions-Modell einen unstrittigen Vorteil.[73] In den mikroökonomischen Ansätzen der Innovationsausbreitung wird die s-förmige Diffusionskurve hergeleitet und begründet. Damit wird aber nur die zunehmende Nutzung der Technologie analysiert. Die Ausmusterung der Maschinen wird in expliziter Form nicht berücksichtigt. Im *Vintage*-Ansatz hingegen wird die (ökonomische) Obsoleszenz des Kapitals endogenisiert, sofern *ex post* fixe Faktorproportionen angenommen werden.

Neben dem kapitalgebundenen technischen Wandel ist es auch vorstellbar, daß technischer Fortschritt im Produktionsfaktor Arbeit inkorporiert ist und durch Investitionen in das Humankapital, durch Bildung und Ausbildung in den Produktionsprozeß gelangt.[74] Im theoretischen und methodologischen Grundsatz stellt eine solche Vorgehensweise keinen entscheidenden Fortschritt gegenüber den Kapitaljahrgangsmodellen dar.[75] Dennoch müssen sie zumindest erwähnt werden, wenn das Phänomen des gebundenen technischen Fortschritts diskutiert wird. Ein erster Ansatzpunkt zur Berücksichtigung von humankapitalgebundenem technischen Fortschritt ist die Erweiterung des kapitalgebundenen technischen Fortschritts um den Einfluß des Humankapitals. Ausgangspunkt ist die Überlegung, daß die Übernahme neuer Produktionstechniken vom (Aus-) Bildungsniveau der Entscheidungsträger (Management, Unternehmer) abhängig ist.[76] Die Lücke zwischen dem (exogen gegebenen) technologischen Fortschritt und dem im Produktionsprozeß tatsächlich eingesetzten technischen Fortschritt

---

[73] Vgl. Meijers (1994), S. 102.

[74] Klodt (1985, S. 153) spricht in diesem Zusammenhang von „arbeitsgebundenem technischen Fortschritt."

[75] Vgl. Seiter (1997), S. 57.

[76] Vgl. Nelson/Phelps (1966), S. 70f. Danach läßt sich argumentieren, daß gut ausgebildete Unternehmer eher in der Lage sind, neue wenig bekannte Produktionstechniken richtig zu evaluieren und daß sie daher Innovationen eher umsetzen als weniger gut ausgebildete Unternehmer, die auf die Ergebnisse der tatsächlichen Nutzung warten. Der gleiche Aspekt tritt auch in Bezug auf die Nutzer von (Produkt-) Innovationen auf, die den effizienten Umgang mit neuen Produkten beherrschen müssen. Dieser Zusammenhang wird als *product-skill-complementarity* bezeichnet. Vgl. Erber/Hagemann (2002), S. 28ff.

ist dann abhängig von der in der Volkswirtschaft getätigten (Aus-) Bildung.[77] Die Modernität des Kapitalstocks, in dem der technische Fortschritt inkorporiert ist, ist nicht allein von den Investitionen in das Kapital, sondern auch von den Investitionen in das Humankapital abhängig. Über das Ausmaß des kapitalgebundenen technischen Fortschritts und über die Diffusionsgeschwindigkeit von Innovationen entscheidet hier unter anderem auch die „Humankapitalintensität".[78] Inwieweit die Annahme der ausbildungsbedingten Übernahme neuer Techniken die Realität widerspiegelt, ist fraglich[79], zumal die Hypothese nicht entscheidungslogisch fundiert ist. Die Kombination von Investitionen in Kapital und Humankapital ist jedoch eleganter als die analoge Anwendung der Analyse des kapitalgebundenen technischen Fortschritts auf humankapitalgebundenen technischen Wandel.

Einen ganz anderen Ansatz zur Integration der kapital- und humankapitalgebundenen Investitionen liefern Nicholas Kaldors *technical progress function* und Kenneth J. Arrows Theorie des *learning by doing.*[80] Während Arrows (humankapitalgebundene) Wissensfortschritte in Form von „geronnenem" Wissen und Erfahrung in Zusammenhang mit den Bruttoinvestitionen steht, ist der Ausgangspunkt von Kaldors Theorie das Unvermögen, Bewegungen auf der Produktionsfunktion aufgrund der Kapitalintensivierung von Verschiebungen der Produktionsfunktion durch technischen Fortschritt zu trennen.[81] Diese Problematik ist auch in Salters Jahrgangsmodell vorhanden. In der *technical progress function* soll dieser Widerspruch aufgelöst werden, da die Investitionen sowohl Vehikel zur Diffusion von Innovationen als auch selbst Ursprung von Wissensfortschritten sind. Auch hier sind die Bruttoinvestitionen entscheidend für das Wachstum der Arbeitsproduktivität.[82] Ursache für den positiven Zusammenhang zwischen der Wachstumsrate der Arbeitsproduktivität und dem Kapitalstock ist der *technical dynamism* in einer Volkswirtschaft, einem vagen und nicht näher definierten Begriff, der die volkswirtschaftliche Fähigkeit zum technologischen Fortschritt und seiner Diffusion erfassen soll. Zu diesem Zusammenhang schreibt Kaldor (1957, S. 595f):

---

[77] Vgl. Phelps/Nelson (1966), S. 72. Bei strikter Auslegung ist allein das Bildungsniveau der Entscheidungsträger relevant, nicht die durchschnittliche Bildung in der Volkswirtschaft.

[78] Phelps/Nelson (1966), S. 72.

[79] Vgl. Hirschleifer (1966), S. 81.

[80] Von den mikroökonomischen Bedingungen der Übernahmeentscheidung wird abstrahiert. Vgl. Antonelli (1995), S. 3.

[81] Vgl. für eine Diskussion der *technical progress function* Seiter (1997), S. 159-166.

[82] Dies gilt zumindest für die spätere Version des Modells von Kaldor und Mirrlees (1962). In seiner ursprünglichen Version hat Kaldor zunächst einen Zusammenhang zwischen der Arbeitsproduktivität und dem Nettoinvestitionsvolumen postuliert.

> „Hence the speed at which a society can "absorp" capital [...] depends on it technical dynamism, its ability to invent and introduce new techniques of production. A society where technical change and adaption proceeds slowly, where producers are reluctant to abandon traditional methods and to adopt new techniques, is necessarily one where the rate of capital accumulation is small. The converse of this proposition is also true: the rate at which a society can absorb and exploit new techniques is limited by its ability to accumulate capital [...] Our TT' curve thus reflects not only „inventiveness" in the strict sense, but the degree of technical dynamism of the economy in a broader sense – which includes not only the capacity to think of new ideas, but the readiness of those in charge of production to adopt new methods of production."

Die diffusionstheoretisch relevanten *Vintage*-Ansätze lassen sich als Modelle charakterisieren, in denen die Investitionen als Diffusionsvehikel aufgefaßt werden, während die *technical progress function* und das Konzept des *learning by doing* als Modelle beschreibbar sind, die Investitionen als Innovationsursache und –diffusion zugleich ansehen. Beide stellen den Zusammenhang zwischen Ausbreitungsgeschwindigkeit und -ausmaß einer Innovation und den Bruttoinvestitionen her. Sie lenken das Augenmerk daher auf eine zentrale Bedingung für die Diffusion neuer Techniken, nämlich die ausreichende Investitionstätigkeit in einer Volkswirtschaft.

4.2 Die Input-Output-Analyse

Der Input-Output-Analyse gelingt es, einen weiteren Aspekt der Technologiediffusion in den Mittelpunkt ökonomischer Untersuchungen zu rücken, nämlich die unter Umständen unterschiedlich schnelle Diffusion neuer Technologien zwischen verschiedenen Sektoren, die noch nicht in angemessener Weise analysiert werden konnte. Die obige Diskussion der Ausbreitung von Innovationen stellt auf die Einteilung der Diffusion in verschiedene Aggregationsgrade ab, nach der zwischen der einzelwirtschaftlichen, sektoralen und gesamtwirtschaftlichen Diffusion unterschieden wird.[83] Damit geht gleichzeitig die Annahme einher, daß die Innovationsausbreitung innerhalb eines Sektors mit der Diffusion zwischen den Unternehmen dieses Sektors identisch sei. In einem derartigen Vorgehen wird intra-sektorale Diffusion mit der Ausbreitung zwischen Unternehmen gleichgesetzt. In gleicher Weise wird vorausgesetzt, daß die gesamtwirtschaftli-

[83] Vgl. Abschnitt 2.3.

che Diffusion gleichbedeutend sei mit der Ausbreitung zwischen Sektoren, da bisher auf eine mehrsektorale Betrachtung verzichtet wurde.

Die in Abschnitt 3 vorgestellten mikroökonomisch orientierten Diffusionsmodelle haben gezeigt, daß die Diffusion innerhalb eines Sektors nicht durch das gleichmäßige Ausbreiten einer Innovation zwischen den Unternehmen des Sektors geprägt ist, sondern daß ganz im Gegenteil die sektorale Diffusion durch die unterschiedlich schnelle Übernahme der einzelnen Unternehmen geprägt wird. In den Mikromodellen werden die Ursachen und Determinanten für die heterogene Übernahmestruktur zwischen den Unternehmen dargestellt. Dieselben Überlegungen lassen sich auch auf die gesamtwirtschaftliche Aggregationsebene übertragen. Denn auch auf dieser Ebene ist aufgrund der empirischen Beobachtung sowie den Erkenntnissen der Theorie des Strukturwandels zu erwarten, daß die Diffusion von Innovationen nicht mit einer gleichmäßigen, proportionalen Ausbreitung zwischen allen Sektoren einhergeht, sondern daß in einzelnen Sektoren eine schnellere und durchgreifendere Ausbreitung stattfindet als in anderen Bereichen.[84] Häufig kann sogar beobachtet werden, daß die Technologiediffusion von einem Sektor ausgeht und dann auf andere Sektoren übergreift und nicht in allen Sektoren zum gleichen Zeitpunkt beginnt. Dieser Aspekt der Innovationsdiffusion, der die Verknüpfung zwischen technischem und strukturellem Wandel bezeichnet, wurde bisher nicht analysiert.[85] Die Input-Output-Analyse lenkt das Augenmerk auf die horizontale Verflechtung sektoraler Produktionsprozesse und Güterströme. Die Input-Output-Analyse dient als Ausgangspunkt und Instrument, um den intersektoralen Charakter des gesamtwirtschaftlichen Diffusionsprozesses über mehrere, differierende Sektoren herauszuarbeiten.

Vor der Diskussion der intersektoralen Technologiediffusion im Rahmen der Input-Output-Analyse ist es jedoch im anschließenden Abschnitt sinnvoll, zunächst kurz diejenigen Konzepte innerhalb der Input-Output-Analyse vorzustellen, mit deren Hilfe technischer Wandel in den Produktionsstrukturen beschrieben wird.[86] Zum ersten wird versucht, mit Hilfe der *Komponentenzerlegung* Änderungen der Outputstruktur auf einzelne Einflußgrößen wie Veränderung der Endnachfrage oder technischen Fortschritt zurückzuführen. Zum zweiten signalisieren in Modellen mit *variablen Inputkoeffizienten* die Veränderungen der Koeffizienten unter anderem veränderte Produktionstechniken, deren Ursache Prozeßinnovationen sind.

---

[84] Die unterschiedliche Evolution einzelner Sektoren ist Ziel des Forschungsprogramms der Theorie des Strukturwandels. Vgl. dazu grundlegend Knottenbauer (2000).

[85] Vgl. deBresson (1991), S. 242.

[86] Vgl. Holub/Schnabl (1994), S. 312ff.

Im darauffolgenden Abschnitt wird ein drittes Konzept, die *Technologieverflechtungsmatrix*, vorgestellt. Damit verläßt die Input-Output-Analyse die Frage nach dem technischen Wandel und widmet sich dem Nachweis der Ausbreitung von einzelnen Innovationen aufgrund der Technologieverflechtung. Dazu wird entweder die Lieferstruktur solcher Güter und Dienstleistungen verfolgt, die neue Techniken inkorporieren, oder der Grad an F&E-Aufwendungen oder F&E-Arbeitsintensität als stellvertretende Variable der Innovationsintensität von Gütern gemessen. Technologieverflechtungs- und Innovationsmatrizen sind insbesondere dann sinnvoll einsetzbar, wenn kapitalgebundene Neuerungen durch (Kapital-) Güterströme zwischen den Sektoren transferiert werden. Sie dienen darüber hinaus als Ausgangspunkt für eine Theorie der sektoralen Diffusion von Innovationen, die im letzten Abschnitt dieses Kapitels 4.2 vorgestellt wird.

4.2.1 Technischer Wandel in der Input-Output-Analyse

4.2.1.1 Grundlagen

Ausgangspunkt der Input-Output-Analyse sind Input-Output-Tabellen, die die Güter- und Dienstleistungsströme einer Volkswirtschaft zwischen den Sektoren repräsentieren. Die Volkswirtschaft wird in n Sektoren aufgeteilt. Darüber hinaus wird angenommen, daß in jedem Sektor nur ein Gut produziert wird und daß alle Güter entweder Konsum- oder Kapitalgüter sind. Sie fließen entweder in den Haushaltssektor oder als Vorleistung (zirkulierendes Kapital) bzw. Fixkapital in die Güterproduktion anderer Sektoren. Die Volkswirtschaft läßt sie als Matrix wie in Gleichung (4.11) darstellen, die alle Zirkulationswege von Gütern und Vorleistungen innerhalb der Volkswirtschaft umfaßt.

$$(4.23)\qquad \begin{bmatrix} \mathbf{a}_{11} & \mathbf{a}_{12} & \cdots & \mathbf{a}_{1n} \\ \mathbf{a}_{21} & \mathbf{a}_{22} & \cdots & \mathbf{a}_{2n} \\ \vdots & \vdots & \ddots & \vdots \\ \mathbf{a}_{n1} & \mathbf{a}_{n2} & \cdots & \mathbf{a}_{nn} \end{bmatrix} \begin{bmatrix} \mathbf{X}_1 \\ \mathbf{X}_2 \\ \vdots \\ \mathbf{X}_n \end{bmatrix} + \begin{bmatrix} \mathbf{Y}_1 \\ \mathbf{Y}_2 \\ \vdots \\ \mathbf{Y}_n \end{bmatrix} = \begin{bmatrix} \mathbf{X}_1 \\ \mathbf{X}_2 \\ \vdots \\ \mathbf{X}_n \end{bmatrix}$$

Der Gesamtoutput eines Sektors i, X_i, setzt sich zusammen aus den physischen Vorleistungs- und Fixkapitallieferungen an die n Sektoren $a_{ij} \cdot X_i$, und der Endnachfrage nach den Gütern des Sektors Y_i. Dabei werden die in den Produktionsprozeß einfließenden Güter durch die (als nichtnegativ definierten) Inputkoeffizienten a_{ij} beschrieben. Sie umfassen alle Vorleistungs- und Fixkapitallieferungen aus den Sektoren i, die für die Produktion einer Einheit des Gutes j notwendig sind:

(4.24) $$a_{ij} = \frac{X_{ij}}{X_j} \quad \text{mit} \quad a_{ij} \geq 0.$$

Zusammen mit der Annahme, daß in jedem Sektor ein Gut produziert wird, repräsentieren die Inputkoeffizienten die Vorstellung, daß in stilisierter Weise in einem Sektor mit einer einzigen Produktionstechnik ein einziges homogenes Gut hergestellt wird.[87]

Wird $\mathbf{x}$ als Spaltenvektor der sektoralen Bruttoproduktionsmengen und $\mathbf{y}$ als Spaltenvektor der Endnachfrage, mit jeweils n Elementen, definiert, läßt sich die Matrix (4.11) unter Berücksichtigung der Einheitsmatrix $\mathbf{I}$ in Gleichung (4.13) überführen:

(4.25) $$\mathbf{A}\,\mathbf{x} + \mathbf{y} = \mathbf{x} \quad \text{bzw.} \quad (\mathbf{I} - \mathbf{A})\,\mathbf{x} = \mathbf{y}.$$

Das lineare Gleichungssystem ist für eine gegebene Endnachfrage $\mathbf{y}$ eindeutig lösbar, wenn Gleichung (4.14) gilt:

(4.26) $$\mathbf{x} = (\mathbf{I} - \mathbf{A})^{-1}\,\mathbf{y}.$$

Die inverse Matrix $\mathbf{(I\text{-}A)^{-1}}$ wird als Leontief-Inverse bezeichnet.[88] Deren Koeffizienten geben an, wie viele direkte und indirekte Güterströme von Sektor i an Sektor j zusätzlich fließen müssen, damit Sektor j ein Gut mehr für die Endnachfrage bereitstellen kann. Darüber hinaus werden die Spaltensummen der Leontief-Inversen als sektorale Leontief-Multiplikatoren bezeichnet, da sie angeben, wie viele Güter alle Sektoren gemeinsam zusätzlich erzeugen müssen, damit Sektor j ein zusätzliches Gut an die Endnachfrage liefern kann. Für eine einmalige Nachfrageveränderung $\Delta\mathbf{y}$ läßt sich daher auch schreiben:[89]

(4.27) $$\Delta\mathbf{x} = (\mathbf{I} - \mathbf{A})^{-1}\,\Delta\mathbf{y}.$$

Eine Nachfrageänderung löst analog zum Keynesianischen Einkommensmultiplikator kumulierte Änderungen des Gesamtoutputs aus, wobei zunächst nur direkte sektorale Outputänderungen auftreten, die wiederum indirekte Outputänderungen weiterer Sektoren nach sich ziehen (*spill over* und *feedback*-Effekte). Gleichung (4.27) gibt an, wie stark der Gesamtoutput steigen muß, um eine

---

87 Vgl. Richter (1985), S. 302.

88 Die Matrix **A** wird als Inputmatrix bezeichnet, während **(I-A)** die Technologiematrix darstellt. Vgl. Senger (1974), S. 11, Fn. 6.

89 Vgl. Holub/Schnabl (1994), S. 103.

einmalig gestiegene Nachfrage zu befriedigen. Die Leontief-Inverse wird daher auch als Matrix der kumulativen Inputkoeffizienten bezeichnet.[90]

In der einfachsten Version der Input-Output-Analyse, dem statischen offenen Mengenmodell, werden konstante, linear-limitationale Produktionstechnologien zugrunde gelegt, die sich in konstanten Inputkoeffizienten niederschlagen und technischen Fortschritt innerhalb einer gegebenen Input-Output-Tabelle grundsätzlich ausschließen. Sie führt zur Proportionalitätsannahme, da die gesamte Volkswirtschaft konstanten Skalenerträgen unterliegt.[91] Technischer Wandel wird mit Hilfe der Technik der Komponentenzerlegung sowie der Einführung variabler Koeffizienten in die Input-Output-Analyse eingeführt.

4.2.1.2 Technik der Komponentenzerlegung

Eine Methode, technischen Wandel in der Input-Output-Analyse zu quantifizieren, liefert die Technik der Komponentenzerlegung. Ausgehend von einer *ex post* beobachtbaren oder *ex ante* prognostizierten bzw. angenommenen Entwicklung einer gesamtwirtschaftlichen Größe wie Output oder Beschäftigung soll die Veränderung auf die ursächlichen bzw. auslösenden Veränderungen einzelner Determinanten bzw. Komponenten zurückgeführt werden. Im Hinblick auf die Technologiediffusion ist z.B. die Frage interessant, wie sich die Änderung des Outputs auf einen Technikeffekt im Form veränderter Inputkoeffizienten (technischer Wandel) oder auf einen Nachfrageeffekt in Form veränderter Endnachfragevektoren aufteilen läßt.[92] In seiner additiven Form geht die Komponentenzerlegung von einer einfachen multiplikativen Verknüpfung $a = bc$ aus. Verän-

---

[90] Vgl. Penzkofer/Schmalholz/Scholz (1989), S. 121.

[91] Der volkswirtschaftliche Produktionsprozeß vollzieht sich gemäß einer Leontief-Produktionsfunktion (vgl. Holub/Schnabl 1994, S. 336). Im statischen offenen Modell wird die historische Zeit vernachlässigt; alle Stromgrößen beziehen sich auf die gleiche Zeitperiode (statisches Modell). Darüber hinaus wird angenommen, daß die Endnachfragekomponenten völlig exogen sind (offenes Modell). Es ist möglich, die Nachfragekomponenten teilweise, oder in einem geschlossenen Modell vollständig, zu endogenisieren. Ebenso existieren dynamische Modelle, die Veränderungen in der Zeit berücksichtigen können.

[92] Vgl. für eine derartige Komponentenzerlegung im statischen offenen Leontief-Modell Richter (1991), S. 69ff. Die Komponentenzerlegung läßt sich nicht nur auf diese Fragestellung anwenden. Im Rahmen der Input-Output-Analyse lassen sich auch privater Konsum, Investitionen, Exporte, Importe oder die Beschäftigung in einzelne Strukturkomponenten zerlegen. Vgl. z.B. IFO (1981), S. 18-26.

derungen der Variablen *a* zwischen zwei Perioden sind gegeben als Gleichung (4.16), die den zentralen Zusammenhang der Komponentenzerlegung aufzeigt:[93]

$$(4.28)\quad \begin{aligned}\Delta a &= a_1 - a_0 = b_1 c_1 - b_0 c_0 \\ \Delta a &= \Delta b\, c_0 + \Delta c\, b_0 + \Delta b\, \Delta c\end{aligned}.$$

Es zeigt sich, daß die Veränderung der Variablen *a* ist von drei Komponenten abhängig ist:

a) von der Veränderung der Variablen *b*, gewichtet mit dem Anfangsbestand c_0,
b) von der Veränderung der Variablen *c*, gewichtet mit dem Anfangsbestand b_0 und
c) vom gemeinsamen Beitrag der Veränderungen von *b* und *c*, $\Delta b \Delta c$, der *Joint-Effekt* genannt wird.[94] Darin kommt die mathematische Formulierung der impliziten *ceteris paribus* Annahme zum Ausdruck, nach der bei der Veränderung von *b* die Konstanz von *c* und bei der Veränderung von *c* die Konstanz von *a* vorausgesetzt wird.[95] Daher ist die jeweilige Veränderung der unabhängigen Variablen mit dem unveränderten Anfangsbestand der anderen Variablen gewichtet. Wenn sich tatsächlich jedoch beide Determinanten gleichzeitig verändern, erscheint der Joint-Effekt.[96]

Wird in der Periode *0* eine gegebene Koeffizientenmatrix $\mathbf{A_0}$ und ein gegebener Endnachfragevektor $\mathbf{y_0}$ mit dem gleichgewichtigen Outputvektor $\mathbf{x_0}$ als Lösung festgestellt und in Periode *1* die wiederum exogen gegebene Koeffizientenmatrix $\mathbf{A_1}$ und der Endnachfragevektor $\mathbf{y_1}$ ermittelt, ergibt sich der neue Outputvektor $\mathbf{x_1}$ wie folgt:[97]

$$(4.29)\quad \begin{aligned}\Delta\mathbf{x} &= \mathbf{x}_1 - \mathbf{x}_0 \\ &= [\mathbf{I}-\mathbf{A}_1]^{-1}\mathbf{y}_1 - [\mathbf{I}-\mathbf{A}_0]^{-1}\mathbf{y}_0\end{aligned}$$

$$= \underbrace{\left([\mathbf{I}-\mathbf{A}_1]^{-1} - [\mathbf{I}-\mathbf{A}_0]^{-1}\right)\mathbf{y}_0}_{a} + \underbrace{\Delta\mathbf{y}[\mathbf{I}-\mathbf{A}_0]^{-1}}_{b} + \underbrace{\left([\mathbf{I}-\mathbf{A}_0]^{-1} - [\mathbf{I}-\mathbf{A}_1]^{-1}\right)\Delta\mathbf{y}}_{c}$$

93 Für die Umformung der Gleichung muß gelten $\Delta b = b_1 - b_0$ und $\Delta c = c_1 - c_0$. Daraus folgt, daß $b_1 = b_0 + \Delta b$ und $c_1 = c_0 + \Delta c$. Einsetzen führt zu $\Delta a = (b_0 + \Delta b)(c_0 + \Delta c) - b_0 c_0$. Dieser Ausdruck wird anschließend ausmultipliziert.

94 Vgl. Holub/Schnabl (1994), S. 210.

95 Vgl. Senger (1974), S. 9 und Richter (1991), S. 72.

96 IFO (1981), S. 2f.

97 Vgl. Holub/Schnabl (1994), S. 217f. und Knottenbauer (2000), S. 154f.

Der Anteil der Veränderung des Outputs, der auf die Änderung der Produktionstechnik und damit der Inputkoeffizienten in der Matrix **A** zurückgeht, wird durch den Ausdruck *a* bestimmt. Die Teilformel *b* hingegen bezeichnet denjenigen Anteil der Outputänderung, der auf die Veränderung der Endnachfrage **y** zurückgeführt werden kann. In *c* ist der gemeinsame *Joint*-Effekt beider Variablen zusammengefaßt. Die auftretenden *Joint*-Effekte sind an der Technik der Komponentenzerlegung überaus kritisch zu bewerten, da sie mit steigender Zahl an Teilkomponenten überproportional zunehmen. Der explizite Ausweis der *Joint*-Effekte scheint die beste Lösung darzustellen.[98] Eine weitere Schwierigkeit der Komponentenzerlegung ist darin zu sehen, daß die Teilkomponenten weder direkt noch indirekt interdependent sein dürfen.[99] Analog zu einer statisch-komparativen Analyse ermöglicht die Komponentenzerlegung den Vergleich zweier statischer Input-Output-Matrizen zu verschiedenen Zeitpunkten. So ist es möglich, bei Kenntnis der Outputänderung und der Veränderung der Endnachfrage auf die Änderungen in der Inputkoeffizientenmatrix und den dadurch ausgedrückten technischen Wandel zu schließen. Damit ist innerhalb der Input-Output-Analyse ein erstes Modell entstanden, mit dem Veränderungen der Inputkoeffizienten nachgewiesen werden können.

Ein derartiges Vorgehen ähnelt der Messung des technischen Fortschritts als Residuum im *growth-accounting* neoklassischer Wachstumsmodelle. Die Änderungen der Teilkomponenten sind exogen gegeben und werden nicht erklärt; sie sind auch nicht Erklärungsgegenstand der Komponentenzerlegung. Die reine quantitative Bestimmung des Ausmaßes von Veränderungen, die auf technischen Fortschritt zurückgeführt werden kann, ist keine Ursachenanalyse.[100] Die Inputkoeffizientenmatrix ist daher als eine *black-box* anzusehen. Die Technik der Komponentenzerlegung stellt ein partial-analytisches Instrument dar[101], das eine erste Annäherung an die Analyse der Technologiediffusion im Rahmen der Input-Output-Analyse darstellt. In der Technik der Komponentenzerlegung er-

[98] Vgl. Holub/Schnabl (1994), S. 225. Alternative Vorgehensweisen, wie die völlige Vernachlässigung der *Joint*-Effekte, die vollständige Zurechnung zu einer der Teilkomponenten oder die proportionale bzw. lineare Aufteilung der *Joint*-Effekte auf die Komponenten, unterliegen einer mehr oder minder starken Willkür und einer ungerechtfertigten Über- bzw. Untergewichtung einzelner Teilkomponenten.

[99] Vgl. IFO (1981), S. 17. Um mit der Technik der Komponentenzerlegung in exakter Weise die Frage beantworten zu können, ob und in welchem Maße Outputänderungen auf technischen Fortschritt (Änderung der Inputkoeffizienten) oder auf Veränderungen der Endnachfrage zurückzuführen sind, darf keine der beiden Determinanten von der anderen oder einer gemeinsamen dritten Variablen abhängig sein.

[100] Vgl. IFO (1981), S. 18.

[101] Vgl. Knottenbauer (2000), S. 157.

scheint technischer Wandel als ein Teil des strukturellen Wandels und ist nur schwer von anderen Ursachen des Strukturwandels zu unterscheiden.[102]

4.2.1.3 Input-Output-Modelle mit variablen Inputkoeffizienten

Aus Sicht der Diffusionstheorien ist die Annahme konstanter Inputkoeffizienten und damit konstanter Produktionstechnologien die kritische Determinante, die eine fruchtbare Nutzung der Input-Output-Analyse zur Darstellung von Diffusionsprozessen neuer Techniken und Technologien verhindert. Wird augrund dieser Annahme des statischen Modells in jedem Sektor nur ein einziger Produktionsprozeß angewendet, ist technischer Wandel in Form einer neuen, aufgrund des technologischen Fortschritts exogen gegebenen Leontief-Produktionsfunktion die einzige Ursache für eine Veränderung der Inputkoeffizienten. Für jede (exogen) gegebene Technik existiert nur ein einziges kostenminimales Faktoreinsatzverhältnis, das technisch bedingt und unabhängig vom Faktorpreisverhältnis ist.[103] In *Abbildung 4.5a* ist dieser Fall graphisch dargestellt. Eine derart gestaltete Konstanz solcher Inputkoeffizienten läßt sich in der Empirie jedoch nicht feststellen.[104] Daher sind Input-Output-Modelle, die die Veränderlichkeit der Inputkoeffizienten in den Mittelpunkt der Untersuchung rücken, gegenüber dem statischen offenen Mengenmodell und der daraus abgeleiteten Komponentenzerlegung wesentlich besser in der Lage, technischen Fortschritt zu analysieren. Variable Inputkoeffizienten basieren ebenfalls auf der Annahme sektoraler linear-limitationaler Produktionsprozesse. Es wird allerdings von der Vorstellung Abstand genommen, daß in jedem Sektor zwingend nur eine einzige (limitationale) Produktionsmethode zur Verfügung steht. Vielmehr stehen den Unternehmen eines Sektors gemäß dieser Prämisse nicht nur eine einzige, sondern mehrere, in sich jeweils limitationale, Produktionsmethoden zur Verfügung. Im Produktionsprozeß lassen sich mehrere solcher Methoden gleichzeitig einsetzen.[105] Es besteht also die Möglichkeit zur Prozeßmischung (*process-mix*). Mit zunehmender Zahl limitationaler Produktionsprozesse geht die Limitationalität der Produktion in die Substitutionalität der (sektoralen, gesamtwirtschaftlichen) Produktionsfunktion über. *Abbildung 4.5b* verdeutlicht diesen Aspekt gegenüber dem statischen Modell.

---

[102] Vgl. Holub/Schnabl (1994), S. 313.

[103] Vgl. Holub/Schnabl (1994), S. 337.

[104] Vgl. Evers (1974), S. 201ff und Helmstädter *et al.* (1983), S. 125ff.

[105] Bei einer sektoralen Analyse wie in der Input-Output-Analyse genügt es anzunehmen, verschiedene Unternehmen in einem Sektor produzierten mit jeweils unterschiedlichen Produktionsmethoden.

Abbildung 4.5: **Limitationale Produktionstechnik bei Annahme konstanter Koeffizienten vs. eine Serie limitationaler Produktionstechniken bei Annahme variabler Koeffizienten**

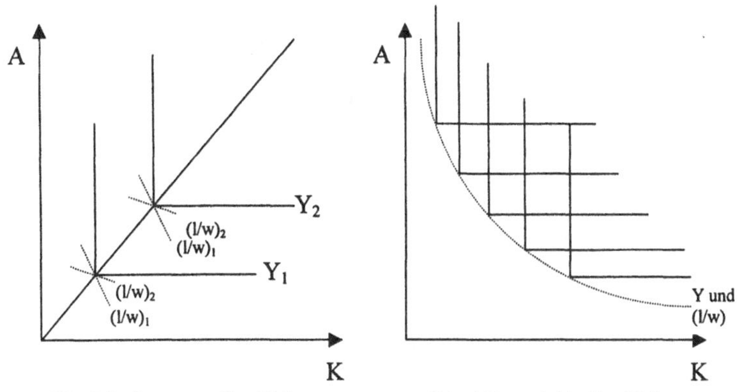

Abb. 4.5a: konstante Koeffizienten — *Abb. 4.5b*: variable Koeffizienten

Quelle: eigene Darstellung.

Die beobachtbare relative Variabilität der Koeffizienten bedarf jedoch der produktionstheoretischen Fundierung, die auf drei verschiedene Faktoren zurückzuführen ist:[106]

1. Autonomer technischer Fortschritt in Form von Prozeßinnovationen.
2. Induzierter technischer Fortschritt aufgrund von Faktorpreisänderungen.
3. Induzierter technischer Wandel aufgrund exogener Nachfrageänderungen.

ad 1) Im Zuge der Einführung einer sektoralen Prozeßinnovation in einem Sektor *j* verändern sich die benötigten Faktorinputs in diesem Sektor, d.h. die Inputkoeffizienten reduzieren sich. Dies hat aufgrund der horizontalen Vorleistungsverflechtungen Auswirkungen auf die benötigten Vorleistungsmengen vieler anderer Sektoren *i*. Im Maße dieser horizontalen Vorleistungsverflechtung ändert sich in den herstellenden Sektoren deren Output und damit unter Umständen das kostenminimale Faktoreinsatzverhältnis, so daß in den Sektoren *i* eine andere limitationale Produktionstechnik eingesetzt wird. Durch technischen Fortschritt in einem Sektor *j* werden somit Änderungen der Inputkoeffizienten in vielen anderen Sektoren *i* induziert. Allerdings ist autonomer, exogener technischer Fortschritt in einem bestimmten Sektor nicht

[106] Vgl. Holub/Schnabl (1994), S. 342.

die einzige Ursache für den Wandel der eingesetzten Produktionstechniken und damit der Inputkoeffizienten anderer Sektoren.

ad 2) Exogene Faktorpreisänderungen führen unter der Annahme des *process mix* immer dann zum Einsatz anderer Produktionstechniken, wenn sie eine Änderung des Faktoreinsatzverhältnisses nach sich ziehen. Augrund der horizontalen Vorleistungsverflechtungen ergeben sich Veränderungen vieler (im Extremfall aller) Inputkoeffizienten. Das Faktoreinsatzverhältnis ändert sich stetig mit dem Faktorpreisverhältnis, wenn substitutionale Produktionstechniken zugrunde gelegt werden. Sie ist sprunghaft, wenn limitationale Produktionsmethoden angenommen werden, wie sie in *Abbildung 4.5b* dargestellt sind.[107] Eine Analyse von Preisänderungen ist auch im Input-Output-Preismodell möglich. Da dort bei Wertänderung der Koeffizienten deren Mengenkonstanz angenommen wird, ist dieser Ansatz allerdings wenig geeignet, technischen Wandel abzubilden.[108]

ad 3) Veränderungen der sektoralen Endnachfrage sind für Änderungen der Inputkoeffizienten in einer Input-Output-Matrix verantwortlich, wenn in der Herstellung des sektoralen Gutes hinsichtlich seiner Verwendung als Vorleistungs- und Endprodukt unterschieden wird.[109] Ändert sich die Zusammensetzung in der Weiterverwendung des Gutes (*product-mix*), verändert sich zwingend die Gewichtung der verwendeten Produktionstechniken und damit der Inputkoeffizienten. Aufgrund der zirkulären Produktionsverflechtung pflanzen sich solche Veränderungen in der Mehrheit der Sektoren fort. Solche *product-mix*-Effekte können auch ausschließlich innerhalb der Vorleistungsverflechtung auftreten, ohne daß die Endnachfragestruktur davon betroffen ist.[110] Sie lassen sich dann aber als Veränderung des *process-mix* darstellen.[111] *Process-mix*- und *product-mix*-Änderungen repräsentieren Begriffe der Input-Output-Analyse, die zu deuten sind als das Phänomen der Produktinnovationen in einem Sektor, die als Prozeßinnovationen in einem

[107] Ob und wie schnell sich das Einsatzverhältnis der Produktionsfaktoren aufgrund einer relativen Preisänderung verändert, ist vom Ausmaß der Preisänderung und der Zahl der limitationalen Produktionsmethoden abhängig. Je nach vorliegender Zahl der zur Verfügung stehenden Produktionstechniken ist es bei Annahme der Limitationalität möglich, sowohl Stabilität als auch Variabilität der Inputkoeffizienten zu beschreiben. Vgl. Knottenbauer (2000), S. 166.

[108] Vgl. für einen Überblick über Input-Output-Preismodelle Holub/Schnabl (1994), S. 275-293.

[109] Diese Spezifizierung greift nicht die grundlegende Annahme der Input-Output-Analyse an, daß Güter prinzipiell als Vorleistungsprodukt in andere Sektoren fließen oder als Endprodukt aus dem Wirtschaftskreislauf ausscheiden.

[110] Vgl. Richter (1991), S. 113ff.

[111] Vgl. Holub/Schnabl (1994), S. 342.

innovationen in einem Sektor, die als Prozeßinnovationen in einem anderen Sektor erscheinen, wenn sie dort in die Produktion einfließen.[112]

Weitere Ursachen für Veränderungen der Koeffizienten haben ihren Ursprung außerhalb des technischen Fortschritts. Sie entstehen zum Teil aufgrund der Annahmen und Analysetechniken der Input-Output-Analyse, wie z.B. den Effekten, die aus der Aggregation der Input-Output-Tabellen entstehen, oder wie Skaleneffekte, die durch die Annahme linear-limitationaler Produktionsprozesse aus der Menge der theoretisch möglichen Ursachen ausgeschlossen werden.[113]

Es zeigt sich, daß Prozeßinnovationen nur einen Faktor unter mehreren innerhalb des technischen Wandels darstellen, die für die Veränderung der Inputkoeffizienten verantwortlich sind. Produktinnovationen verändern die Zuliefer- und Vorleistungsströme in unterschiedlichem Ausmaß in der gesamten Volkswirtschaft aufgrund der zirkulären Verflechtung. Neben in Kapital- und Konsumgütern gebundenem technischen Wandel erlangt ungebundener technischer Fortschritt in Form von *spillover*-Effekten von Wissen und Informationen zunehmende Bedeutung. Zudem gilt, daß technischer Wandel lediglich eine Ursache für strukturelle Änderungen in den Input-Output-Tabellen darstellt und daher schwierig zu isolieren ist.

Die Frage nach dem Verlauf der Koeffizientenänderung als Hinweis für den Wandel der Produktionstechnik in verschiedenen Sektoren hat gleichwohl ihre eigene Berechtigung, weil veränderte Koeffizienten indirekt Einfluß auf die Notwendigkeit haben, neue oder andere Produktionstechniken einzusetzen. Induzierte Veränderungen der Faktorpreis- und Faktoreinsatzverhältnisse haben, wie die mikroökonomischen Ansätze der Technologiediffusion in Abschnitt 3 gezeigt haben, wichtigen Einfluß auf die Übernahmeentscheidung einzelner Entscheidungsträger und damit auf den sektoralen, intersektoralen und gesamtwirtschaftlichen Diffusionsverlauf von Innovationen. In der einzelwirtschaftlichen Entscheidungslogik verbergen sich hinter dem Begriff der Profitabilität genau die in den Input-Output-Modellen mit variablen Inputkoeffizienten nachgezeichneten autonomen und induzierten Faktorpreis- und Faktoreinsatzverhältnisse, die für die Wahl der kostenminimalen Produktionstechnik – unabhängig davon, ob sie limitational oder substitutional ist – bestimmend sind. Mit den Input-Output-Modellen mit variablen Koeffizienten ist die Diffusionsforschung daher zumindest in die Lage versetzt, die Voraussetzungen für intersektorale Diffusionsverläufe zu erklären.

---

112 Vgl. *Tabelle 2* in Abschnitt 2.2 zur Problematik der Abgrenzung von Produkt- und Prozeßinnovationen.

113 Vgl. Richter (1985), S. 308 und Richter (1991), S. 113.

4.2.2 Diffusion im Input-Output-Ansatz: Technologieverflechtungsmatrizen

4.2.2.1 Grundlagen

Es hat sich gezeigt, daß die Ableitung des technischen Fortschritts im allgemeinen und die sektorale Ausbreitung einer einzelnen Innovation im besonderen anhand der Inputkoeffizienten bzw. technischen Koeffizienten direkt aus der Input-Output-Analyse äußerst schwierig ist. Zum Teil ist dies darauf zurückzuführen, daß die in einem Sektor vorherrschenden Produktionsprozesse nur bedingt aus den Inputkoeffizienten einer Input-Output-Tabelle ablesbar sind.[114] Der den Koeffizienten zugrundeliegende ökonomische Vorleistungsbegriff ist nicht kongruent mit den (technischen) Begriffen der Produktionsmethoden, -prozessen und -techniken, da aus den gleichen Vorleistungsströmen verschiedene Produkte hergestellt werden können und aus unterschiedlichen Vorleistungen die Produktion ein und desselben Gutes möglich ist.[115] Zusätzlich schränkt die mangelnde Abgrenzung einzelner Innovationen vom allgemeinen technischen Fortschritt und die ungenügende Unterscheidung des technischen Wandels von anderen Ursachen des Strukturwandels die Eignung der originären Input-Output-Analyse für die Zwecke der Diffusionstheorie in kritischer Weise ein. Denn eine Veränderung der Inputkoeffizienten ist nicht automatisch gleichzusetzen mit technischem Fortschritt.

Aufgrund dieser Schwierigkeiten ist es naheliegend, auf andere Größen zurückzugreifen, die in besserer Weise die Wirkungen und Ausbreitungswege neuer Techniken beschreiben. Eine dieser Alternativen ist es, nach Indikatoren zu suchen, mit deren Hilfe es möglich wird, in Vorleistungs- und Kapitalgütern verkörperte Innovationen und deren Ausbreitung nachzuweisen. Ausgangspunkt für ein derartiges Vorgehen ist die Überlegung, daß sich das für technischen Fortschritt notwendige technische Wissen (*know-how*) aus drei Quellen speist:[116]

1. Unternehmensinterne Innovationsaufwendungen in weiterem Sinne sind die Basis für technischen Fortschritt, der innerhalb des Unternehmens selbst generiert wird. Neben den klassischen F&E-Aufwendungen und F&E-Personalaufwendungen werden auch Aufwendungen für Konstruktion, Design, Patente, Lizenzen, Gebrauchsmuster, Produktionsvorbereitung und Rationalisierungsmaßnahmen unter den Innovationsaufwendungen subsu-

[114] Vgl. Richter (1995), S. 190.
[115] Vgl. Richter (1995), S. 181, der verschiedene Beispiele für die Inkongruenz aufführt.
[116] Vgl. Straßberger/Stäglin (1995), S. 23.

miert.[117] Unternehmensinterne Innovationsaufwendungen umfassen alle Aktivitäten zur tatsächlichen Nutzung einer Innovation, nicht nur zur Entwicklung der Innovation an sich. Das Konzept entspricht damit dem Anspruch der Diffusionstheorie wesentlich besser als der klassische Indikator der F&E-Aufwendungen. Die in dieser ersten Gruppe verorteten F&E-Aufwendungen werden im Rahmen der traditionellen Innovationsforschung als Indikator für die Innovationsintensität von Unternehmen, Sektoren oder Volkswirtschaften herangezogen, in denen diese Aufwendungen entstehen.[118] Insbesondere in den Arbeiten von Scherer (1982a und b), die als grundlegend für die Entwicklung von Technologieverflechtungsmatrizen zu nennen sind, werden intersektorale Technologieausbreitungen anhand der Patentaktivitäten und der ökonomischen Bewertung der Patente mit ihren durchschnittlichen F&E-Kosten gemessen.

2. Externes Wissen ist für die Innovations- und insbesondere die Imitationsaktivität eines Unternehmens ebenso wichtig wie interne Quellen.[119] Dies zeigte sich schon als Resultat der mikroökonomischen Diffusionsmodelle. In *ungebundener* Form überschreitet technisches Wissen durch Fachkräfte, Veröffentlichungen und Imitation von Forschungsergebnissen Unternehmens- und sektorale Grenzen, wenn es ein Mindestmaß der Charaktereigenschaften öffentlicher Güter besitzt (Nichtauschließbarkeit und Nichtrivalität). Wird z.B. davon ausgegangen, daß der Beginn der Diffusion einzelner Innovationen mit zunehmendem Interesse des Fachpublikums begleitet wird, ist ein Anstieg der damit verbundenen wissenschaftlichen und/oder technischen Literatur verbunden. Die Veröffentlichung ungebundenen technischen Wissens durch Literaturpublikationen wird durch bibliometrische Methoden und Zitier-Indizes gemessen.[120]
3. Externes Wissen wird aber auch dann ein Unternehmen bzw. einen Sektor erreichen, wenn es an fixe Kapital- oder zirkulierende Vorleistungsgüter und –dienstleistungen *gebunden* ist.[121] In der Diffusionsforschung bietet es sich an, dieses im dritten Punkt subsumierte gebundene technische Wissen im Rahmen der Input-Output-Analyse durch Technologieverflechtungsmatrizen nutzbar zu machen. Die intersektorale Diffusion neuer Techniken und Produkte wird demnach entscheidend durch die intersektoralen Lieferverflechtungen bestimmt. Werden allein die F&E- bzw. Innovationsaufwendungen der innovierenden oder imitierenden Wirtschaftssubjekte betrachtet, läßt sich

---

[117] Vgl. Penzkofer/Schmalholz/Scholz (1989), S. 66.
[118] Vgl. Meyer-Krahmer/Wessels (1989), S. 563.
[119] Vgl. Straßberger/Stäglin (1995), S. 24.
[120] Vgl. IFO (1981), S. 225.
[121] Vgl. Straßberger/Stäglin (1995), S. 25.

dieser Aspekt nicht erfassen, und es lassen sich keine Aussagen über den intersektoralen Diffusionsverlauf machen. Darüber hinaus wird der Technologiegehalt der Güter und Dienstleistungen anderer Sektoren unterschätzt, da der Innovationsgehalt der Kapitalgüter und Vorleistungen nicht gemessen wird, die zu ihrer Herstellung aus anderen Sektoren bezogen wurden.[122]

Für die Aufbereitung von Technologieverflechtungsmatrizen werden verschiedene Indikatoren herangezogen, die annäherungsweise Auskunft darüber geben, welche Sektoren als Technologiegeber fungieren und welche Sektoren der Volkswirtschaft als Technologienehmer zu charakterisieren sind.[123] Neben den Innovationsaufwendungen und den F&E-Aufwendungen, die oben schon definiert wurden, sind weitere input- oder outputbezogene Variablen denkbar. Als Input in die Produktion von Innovationen fließen Patent- und Lizenzaufwendungen sowie F&E-Personalkosten. Der Innovationsoutput läßt sich über den Anteil neuer Produkte am Umsatz oder über die Zahl der angemeldeten Patente in einem Sektor messen. Alle Indikatoren besitzen spezifische Vor- und Nachteile, allen gemeinsam ist aber, daß sie nur näherungsweise den Innovationsgehalt der Lieferstruktur messen.[124]

Der wohl am häufigsten herangezogene Indikator der Technologieverflechtung sind die meist sektoral vorliegenden F&E-Ausgaben.[125] Daher ist es naheliegend, am Beispiel der F&E-Aufwendungen das Prinzip der Technologieverflechtungsmatrix aufzuzeigen, das grundsätzlich auch für alternative Indikatoren gilt. Neben der Verknüpfung einer Stromgröße wie die Innovationsaufwendungen im weiteren Sinne mit der Input-Output-Analyse, wie es z.B. das Ifo-Institut vorgeschlagen hat[126], läßt sich auch die Bestandsgröße „F&E-Kapitalstock" für die Erstellung einer Technologieverflechtungsmatrix heranziehen. Die Darstellung in dieser Arbeit orientiert sich an dem vom DIW genutzten Ansatz des F&E-Kapitalstocks. In enger Analogie zum physischen Kapitalstock werden hierzu die jährlichen F&E-Aufwendungen zu einem F&E-Kapitalstock addiert. Es lassen sich wiederum zwei Zurechnungsarten des F&E-Kapitalstocks auf die Sektoren einer Volkswirtschaft unterscheiden. In der *direkten* Zuordnung wird er gemäß den Outputkoeffizienten auf die empfangenden Sektoren verteilt. Im Gegensatz dazu wird in der *gesamten* Zuordnung (direkte und indirekte Zurech-

122 Vgl. Straßberger/Stäglin (1995), S. 25.
123 Vgl. Schnabl (2000), S. 10f.
124 Für eine umfassende Kritik der einzelnen Indikatoren vgl. Marengo/Sterlacchini (1990), S. 20f, Gerstenberger (1991), S. 102-104 und Schnabl (2000), S. 11-14. Weitere Methoden der Konstruktion von Technologieverflechtungsmatrizen und ihre Kritik finden sich in Los (1995), S. 12-19.
125 Vgl. Schnabl (2000), S. 159.
126 Vgl. Penzkofer/Schmalholz/Scholz (1989), S. 118f.

nung) das F&E-Kapital auf die Endnachfragebereiche aufgeteilt. Beide Methoden werden im folgenden kurz vorgestellt und anschließend mit den Ergebnissen anderer Technologieverflechtungsansätze verglichen.

Der F&E-Kapitalstock (FEK) wird nach folgender Gleichung aus den vom Stifterverband regelmäßig erhobenen sektoralen F&E-Aufwendungen (FEA) gewonnen:

$$(4.30) \qquad FEK_{it} = (1-\delta)\, FEK_{it-1} + FEA_{it-1}\,.$$

Danach besteht der F&E-Kapitalstock des Sektors i in der Periode t aus dem mit der Abschreibungsrate δ verminderten Bestand des Vorjahres zuzüglich den Aufwendungen in F&E der Vorperiode.[127] In Ermangelung genauerer Erhebungen bezüglich der Rate der sektoralen Wissensentwertung wird im allgemeinen für die Abschreibungsrate ein für alle Sektoren identischer Wert $\delta = 0{,}15$ herangezogen.[128] Die in den einzelnen Sektoren akkumulierten F&E-Kapitalstöcke lassen sich nun mit den im folgenden beschriebenen Zuordnungsverfahren der dieses Wissen nutzenden Sektoren zuordnen.

4.2.2.2 Die direkte Zuordnung des F&E-Kapitalstocks auf die Sektoren

In der direkten Zuordnung wird der F&E-Kapitalstock gemäß der Outputstruktur bzw. der Outputkoeffizienten der zu diesem Zweck herangezogenen Input-Output-Tabelle auf die empfangenden Sektoren umgewidmet. Der in einem Sektor erzeugte F&E-Kapitalstock wird gemäß der Outputstruktur auf die abnehmenden Sektoren sowie die Endnachfragebereiche verteilt. Den Sektoren wird daher derjenige Teil des volkswirtschaftlichen F&E-Kapitalstocks zugerechnet, der dem Anteil an den bezogenen Gütern des gesamten Outputs entspricht. Die inländische Übertragung des in den Gütern gebundenen technischen Fortschritts D_{ij} von Sektor i an Sektor j wird gemäß der folgenden Gleichung erfaßt:

$$(4.31) \qquad D_{ij}^{d} = FEK_i \frac{x_{ij}^{d}}{X_i} = FEK_i \cdot o_{ij}\,.$$

[127] Vgl. Meyer-Krahmer/Wessels (1989), S. 566f.

[128] Vgl. Meyer-Krahmer/Wessels (1989), S. 567. Der Wert für die Abschreibungsrate geht auf eine Untersuchung der OECD (Patel/Soete 1987) zurück. Der Ansatz impliziert, fälschlicherweise, die proportionale Wissensentwertung über alle Sektoren der Volkswirtschaft. Es ist davon auszugehen, daß in wissensintensiven Sektoren und bei schnellem technischen Fortschritt die Wissensentwertung erheblich schneller voranschreitet.

Die Variable FEK_i bezeichnet den F&E-Kapitalstock des i-ten Sektors und kann als Diagonalmatrix des F&E-Kapitals interpretiert werden.[129] Die Variable x^d_{ij} stellt die (inländische) Lieferung von Vorleistungen des Sektors i an Sektor j dar, X_i bezeichnet den Output des Sektors i,, und o_{ij} repräsentiert den Outputkoeffizienten. Werden die sektoralen F&E-Kapitalstöcke auf den sektoralen Output X_i bezogen, erhält man die inländische Diagonalmatrix der F&E-Kapitalkoeffizienten $\mathbf{D^d}$.[130] Die Diagonalwerte, d.h. die intrasektorale Wissensübertragung bzw. die eigene Nutzung des sektoralen F&E-Kapitals, wird in Gleichung (4.31) nicht berücksichtigt, um Doppelzählungen zu verhindern.[131] Graphisch läßt sich dieses Vorgehen der direkten Zurechnung in *Abbildung 4.6* verdeutlichen.

Abbildung 4.6: Direkte Zurechnung des inländischen F&E-Kapitalstocks: Vorleistungen

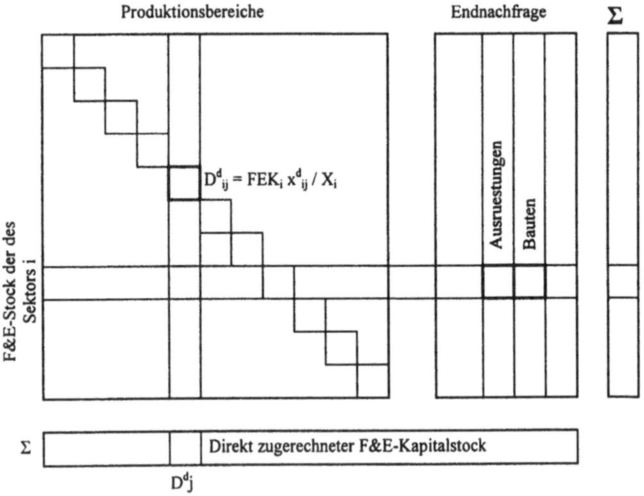

Quelle: Straßberger/Stäglin (1995), S. 30.

Unter den Endnachfragekomponenten sind auch Ausrüstungs- und Bauinvestitionen subsumiert. Sie werden zu einem großen Teil auch von den Produktionssektoren nachgefragt und enthalten ebenso wie das zirkulierende Kapital (Vor-

[129] Vgl. Schnabl (2000), S. 59.
[130] Vgl. Straßberger/Stäglin (1995), S. 43.
[131] Vgl. Straßberger/Stäglin (1995), S. 30 und Schnabl (2000), S. 165.

leistungsströme) technisches Wissen. Mit Hilfe einer Investitionsmatrix ist es möglich, in analoger Weise das F&E-Kapital der Investitionen den investierenden Sektoren zuzuordnen und weiterzuverteilen. Die inländische Übertragung des in Investitionsgütern gebundenen technischen Fortschritts vom Sektor *i* auf Sektor *j*, $Dinv^d_{ij}$, wird gemäß folgender Gleichung ermittelt:[132]

$$(4.32) \qquad Dinv^d_{ij} = FEK_i \frac{inv^d_{ij}}{X_i}$$

Die Variable inv^d_{ij} bezeichnet hierbei die Lieferung inländischer Investitionsgüter von Sektor *i* nach Sektor *j*, während X_i wiederum den Produktionswert des Sektors *i* bezeichnet. Dieser Vorgang ist in *Abbildung 4.7* graphisch dargestellt.

Abbildung 4.7: Direkte Zurechnung des inländischen F&E-Kapitalstocks: Investitionen

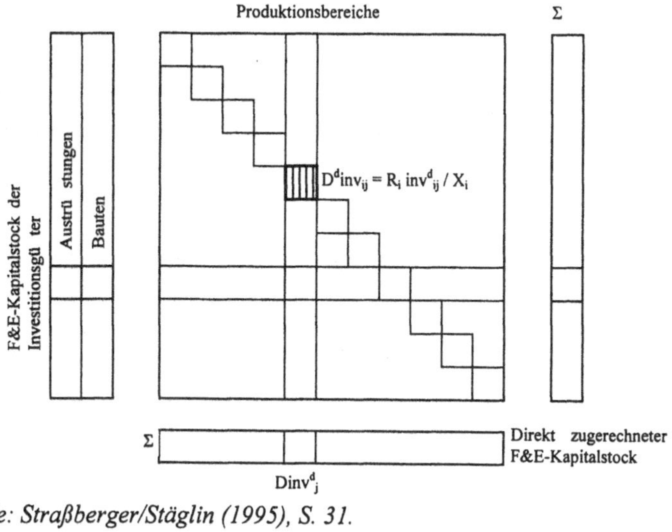

Quelle: Straßberger/Stäglin (1995), S. 31.

Inländische Sektoren profitieren nicht allein von binnenwirtschaftlichen Wissensübertragungen aufgrund von Investitions- und Vorleistungsverflechtungen. Auch importierte Vorleistungs- und Investitionsgüter inkorporieren F&E-Kapital, das dem empfangenden Sektor zur Verfügung steht. Daher wird in analoger Weise zu inländischen Technologieverflechtungen mit Hilfe von Import-

[132] Vgl. Straßberger/Stäglin (1995), S. 42.

matrizen Wissensübertragungen über importierte Vorleistungs- und Investitionsgüter erfaßt. Formal wird dies durch die beiden folgenden Gleichungen dargestellt.[133] Die Variablen $D^m{}_{ij}$ und $Dinv^m{}_{ij}$ bezeichnen nun die aus dem Ausland übertragenen F&E-Kapitalstöcke aufgrund Importlieferungen von Vorleistungen $x^m{}_{ij}$ bzw. von Investitionsgütern $inv^m{}_{ij}$ vom Auslandssektor i an den inländischen Sektor j.

$$(4.33) \qquad D_{ij}^{m} = x_{ij}^{m} \sum_{k} \left(\frac{a_{ik}}{X_{ik}} FEK_{ik} \right)$$

$$(4.34) \qquad Dinv_{ij}^{m} = inv_{ij}^{m} \sum_{k} \left(\frac{a_{ik}}{X_{ik}} FEK_{ik} \right)$$

Zusätzlich bezeichnen a_{ik} den Importanteil des Landes k im Sektor i, FEK_{ik} den F&E-Kapitalstock des Sektors i im Land k sowie X_{ik} den Output des Sektors i im Land k.

Der zugerechnete Kapitalstock eines Sektors j, $FEK^T{}_{j,}$ ergibt sich nun nicht mehr aufgrund der dort akkumulierten F&E-Kapitalbestände, sondern aus der Berücksichtigung der F&E-Kapitalübertagung aufgrund der Vorleistungs- und Investitionsgüterverflechtung. Hierzu werden die einzelnen Komponenten addiert:

$$(4.35) \qquad FEK_{j}^{T} = \sum_{j \neq i} D_{ij}^{d} + \sum_{j \neq i} Dinv_{ij}^{d} + \sum_{j} D_{ij}^{m} + \sum_{j} Dinv_{ij}^{m}$$

Die direkte Zurechnung ergibt ein erstes Bild des in unterschiedlicher Weise auf die Sektoren verteilten technischen Fortschritts. Es zeigt sich, daß technisches Wissen vor allem in den Sektoren des Verarbeitenden Gewerbes entsteht und daß nicht-industrielle Sektoren erheblich von diesem technischen Fortschritt aufgrund der Vorleistungs- und Invesititionsverflechtung profitieren.[134]

---

[133] Vgl. Straßberger/Stäglin (1995), S. 43.

[134] In Abschnitt 4.2.2.4 wird näher auf die empirischen Ergebnisse von Technologieverflechtungsanalysen eingegangen. Die Technologieverflechtung kann damit auch als Indiz für die Richtigkeit der Hypothese Kaldors (1966) gelten, daß aufgrund steigender Skalenerträge im industriellen Sektor (*Manufacturing Sector*) positive Einflüsse vom Wachstum in diesem sekundären Sektor auf die gesamtwirtschaftliche Wachstumsrate ausgehen. Vgl. auch Seiter (1997), S. 182f.

4.2.2.3 Gesamte Zurechnung des F&E-Kapitalstocks auf die Endnachfrage

Eine direkte und indirekte Zurechnung erfolgt dann, wenn der gesamte F&E-Kapitalstock den Endnachfragekomponenten zugerechnet wird. Hinter dieser Überlegung steht die Erkenntnis, daß die Produktion insgesamt entweder direkt oder aber indirekt als Vorleistungs- oder Investitionsinput für die Endnachfrage im Sinne der letzten Verwendung hergestellt wird.[135] Dies wird möglich, wenn die inländische Diagonalmatrix der F&E-Kapitalkoffizienten $\mathbf{D}^d$ (sektorale F&E-Kapitalstöcke FEK_i bezogen auf den sektoralen Output X_i) aus der direkten Zurechnung mit der Leontief-Inversen $(\mathbf{I}\text{-}\mathbf{A})^{-1}$ multipliziert wird.[136] Dabei bezeichnet **I** die Einheitsmatrix und **A** die Matrix der Inputkoeffizienten.

(4.36) $$\mathbf{B}^d = \mathbf{D}^d (\mathbf{I} - \mathbf{A})^{-1}$$

Da die inverse Leontief-Matrix angibt, wieviel Outputeinheiten des Sektors i direkt oder indirekt zur Erzeugung einer Endnachfrageeinheit des Sektors j benötigt werden, beschreiben die Koeffizienten b_{ij} der resultierenden Matrix $\mathbf{B}^d$ den F&E-Kapitalstock des Sektors i, der zur Produktion einer Endnachfrageeinheit des Sektors j benötigt wird.[137] Wird die Matrix $\mathbf{B}^d$ mit der Matrix der Endnachfragekomponenten **Y** verknüpft, entsteht die Matrix **F**, die alle Stufen der horizontalen Vorleistungsverflechtung enthält. Deren Koeffizienten f_{ij} bezeichnen den vom Sektor i direkt und indirekt, d.h. insgesamt, bereitgestellten F&E-Kapitalstock, den alle Produktionssektoren benötigen, damit in Sektor j eine Endnachfrageeinheit hergestellt werden kann.[138]

(4.37) $$\mathbf{F} = \mathbf{B}^d \cdot \mathbf{Y} = \mathbf{D}^d (\mathbf{I} - \mathbf{A})^{-1} \cdot \mathbf{Y}$$

In analoger Weise lassen sich die ausländischen F&E-Kapitalstöcke errechnen, die durch importierte Vorleistungen in die Endnachfrageproduktion eingehen, indem man die Spaltensummen der importierten F&E-Kapitalstöcke ($\Sigma_{i \neq j} D^m{}_{ij}$) durch die sektorale Gesamtverwendung teilt und die daraus resultierende Diagonalmatrix $\mathbf{D}^m$ mit der Leontief-Inversen multipliziert:[139]

(4.38) $$\mathbf{B}^m = \mathbf{D}^m (\mathbf{I} - \mathbf{A})^{-1}$$

---

[135] Vgl. Schnabl (2000), S. 60.
[136] Vgl. Straßberger/Stäglin (1995), S. 43.
[137] Vgl. Meyer-Krahmer/Wessels (1989), S. 579.
[138] Vgl. Meyer-Krahmer/Wessels (1989), S. 580.
[139] Vgl. Straßberger/Stäglin (1989), S. 44.

Wird die Matrix $\mathbf{B}^m$ wiederum mit der Matrix der Endnachfragekomponente **Y** multipliziert, erhält man die zur Matrix **F** analoge Matrix **G**:[140]

$$\mathbf{G} = \mathbf{B}^m \cdot \mathbf{Y} \quad (4.39)$$

4.2.2.4 Empirische Resultate der sektoralen Technologieverflechtung

Unabhängig von der Wahl des Indikators und des gewählten Zeithorizonts ergeben sich in der empirischen Analyse der Technologieverflechtungen grundsätzlich ähnliche Ergebnisse, wie sie sich sowohl im intertemporalen als auch im internationalen Vergleich wiederfinden: Einige typische Sektoren sind Technologiegeber, während andere in der Mehrzahl zu den Technologienehmern gehören. In der Bundesrepublik Deutschland sind vor allem die Sektoren Elektrotechnik, chemische Industrie, Maschinenbau, Straßenfahrzeuge und Luft- und Raumfahrttechnik als Technologiegeber identifizierbar (siehe Spalte 2 in *Tabelle 4.1*).[141] Als technologienehmende Sektoren lassen sich die chemische Industrie und die Elektrotechnik identifizieren, die eine sehr hohe intrasektorale Verflechtung besitzen. In Sektoren wie der Textilindustrie, Ernährung, Herstellung von Kunststoffwaren, Reparatur von KFZ und in der Holzverarbeitung ist das von anderen Sektoren bezogene technische Wissen, das in den Vorleistungs- und Investitionsgütern inkorporiert ist, wesentlich wichtiger als der eigene F&E-Kapitalstock. Es zeigt sich daher, daß Technologienehmer nicht zwingend Sektoren ohne technischen Fortschritt sind. Er wird jedoch überwiegend nicht selbst generiert, sondern von anderen Sektoren oder vom Ausland bezogen.[142]

Fast identische Ergebnisse liefert die Analyse der Technologieverflechtung mit Hilfe des Konzepts der Innovationsaufwendungen, das neben den klassischen F&E-Aufwendungen und F&E-Personalaufwendungen auch Aufwendungen für Konstruktion, Design, Patente, Lizenzen, Gebrauchsmuster, Produktionsvorbereitung und Rationalisierungsmaßnahmen umfaßt. In den Untersuchungen des Ifo-Instituts, das diese Methode anwendet,[143] finden sich dieselben technologiegebenden Sektoren (Elektrotechnik, chemische Industrie, Maschinenbau, Straßenfahrzeuge und Luft- und Raumfahrttechnik) wie in der F&E-

[140] Vgl. Meyer-Krahmer/Wessels (1989), S. 580.

[141] Vgl. Schnabl (2000), S. 161-175. Auf diese fünf Sektoren konzentrieren sich etwa vier Fünftel des F&E-Kapitalstocks in der Bundesrepublik Deutschland von 1986 (vgl. Meyer-Krahmer/Wessels 1989 S. 576).

[142] Vgl. Meyer-Krahmer/Wessels (1989), Marengo/Sterlacchini (1990), Straßberger/Stäglin (1995) und Leoncini/Maggioni/Montresor (1996).

[143] Vgl. Scholz (1990) und Scholz/Penzkofer (1995), S. 16.

Kapitalstockanalyse des DIW.[144] Dies überrascht um so mehr, da die Zurechnung der Innovationsaufwendungen allein auf die Produktionsbereiche unter Vernachlässigung der direkten und indirekten Zurechnung der Innovationsaufwendungen durchgeführt wurde.[145] Grundlage dieser Analysemethode ist der Subsystem-Ansatz, basierend auf vertikal integrierte Sektoren.[146] Darin wird ausgedrückt, wieviel Innovationsaufwendungen aus allen am Produktionsprozeß beteiligten Sektoren (dem Subsystem) notwendig sind, um eine Einheit eines Endnachfragegutes *j* herzustellen. In einer Subsystemmatrix geben die Spalten diese Auskunft, während die Zeilen angeben, für welche Endnachfragegüter (Produktionsprozesse, Subsysteme) die Innovationsaufwendungen eines Sektors verwendet werden.

Im internationalen Vergleich auf der Grundlage des Subsystemansatzes läßt sich eine relativ große Ähnlichkeit der intersektoralen Innovationsströme zwischen Deutschland und Italien feststellen.[147] Auch ein Vergleich von Erhebungen zu Innovationsverflechtungen in den USA, in Großbritannien und in Italien, mit jeweils unterschiedlicher Methodik, zeigt eine große Übereinstimmung der Technologienehmer- und Technologiegeberverflechtungen (siehe Spalten 3-5 in *Tabelle 4.1*).[148] Eine solche Tendenz zur Konzentration der Entwicklung von Neuerungen in Schlüsselsektoren und die Ausbreitung in bestimmte Technologienehmersektoren wird oft als Nationales Innovationssystem bezeichnet.[149] Darunter wird das gesamte institutionelle Netzwerk in allen Sektoren verstanden, das für die Entstehung, den Import, die Anpassung und die Diffusion von neuen Technologien in seiner Gesamtheit verantwortlich ist.[150] In *Tabelle 4.1* sind abschließend einige Ergebnisse der in diesem Abschnitt erwähnten Studien zusammengefaßt. Die sehr große Ähnlichkeit der Technologieverflechtung in Deutschland, den USA und Großbritannien werden dabei besonders deutlich,

[144] Vgl. Schnabl (2000), S. 172.
[145] Vgl. Scholz/Penzkofer (1995), S. 16 und 18.
[146] Vgl. Schnabl (1995), S. 47, der eine Einführung in den Subsystemansatz gibt. Das Konzept des Subsystems geht zurück auf Sraffa (1960, S. 89) und Pasinetti (1973, S. 5f). Vgl. Knottenbauer (2000), S. 191-212 für eine Darstellung des Konzepts der vertikal integrierten Sektoren in den Arbeiten Pasinettis.
[147] Vgl. Leoncini/Maggioni/Montresor (1996).
[148] Vgl. Marengo/Sterlacchini (1990). Schnabl (2000), S. 173ff. bietet einen kurzen Überblick über diese Erhebung.
[149] Vgl. Straßberger/Stäglin (1995), S. 39.
[150] Vgl. Freeman (1987), S. 1 (zitiert nach Schnabl 2000, S. 185). Das Konzept des Innovationssystems ist daher weiter gefaßt als die intersektoralen Technologieströme, die darin aber eine wichtige Determinante darstellen (vgl. Archibugi/Howells/Michie 1999, S. 6 und Dosi 1999, S. 35). Einen Überblick bietet Lundvall (1992).

auch wenn die zitierte Studie von Meyer-Krahmer und Wessels (1989) nur das Verarbeitende Gewerbe untersucht.

Tabelle 4.1: Technologienehmer- und -geberverflechtungen in ausgewählten Ländern

Land *Erhebung*	Deutschland (1986)[1] *F&E-Kapitalstock*	USA (1976/77)[2] *Patente*	Großbritannien (1945-83)[2] *Innovationen*	Großbritannien (1945-83)[2] *F&E-Beschäftigte*
Technologiegeber	Elektrotechnik chem. Industrie Maschinenbau Straßenfahrzeuge Luft- u. Raumfahrt	Elektronik Elektrotechnik chem. Industrie Maschinenbau Kraftfahrzeuge Luft- u. Raumfahrt sonst. Produktion	Elektronik Elektrotechnik chem. Industrie Maschinenbau Luft- u. Raumfahrt Instrumente Metalle Nahrungsmittel sonst. Produktion	Elektronik Elektrotechnik chem. Industrie Maschinenbau Instrumente Nahrungsmittel Gummi/Plastik
Technologie-nehmer	chem. Industrie Elektrotechnik Reparatur v. KFZ Textilgewerbe Kunststoffwaren	Gummi/Plastik Papier/Druck Bau/öff. Dienstl. Bergbau Transport Metalle Nahrungsmittel Landwirtschaft	Kraftfahrzeuge Gummi/Plastik Papier/Druck Textilien Bau/öff. Dienstl. Transport Landwirtschaft	Kraftfahrzeuge Papier/Druck Textilien Bergbau Landwirtschaft Transport Bau/öff. Dienstl. Luft- u. Raumfahrt

1) *Quelle: Meyer-Krahmer/Wessels (1989)*, nur Verarbeitendes Gewerbe, intrasektorale Technologieverflechtungen werden ebenfalls berücksichtigt.
2) *Quelle: Marengo/Sterlacchini (1989), zitiert nach Schnabl (2000), S. 175.*

4.2.2.5 Kritik

Das Konzept der Technologieverflechtungsmatrizen ist ein Instrument zur Erfassung der intersektoralen Ausbreitung neuer Technologien. Zum einen ist es in der Lage, aufgrund der Berücksichtigung des Technologiegehaltes der Vorleistungsverflechtung die tatsächliche Innovationsaktivität einzelner Sektoren näherungsweise darzustellen. Auf der anderen Seite läßt sich mit diesem Ansatz nachweisen, in welchen Sektoren technischer Fortschritt generiert wird und welche Sektoren aufgrund von Vorleistungs- und Kapitalgüterströmen davon besonders profitieren. Es ist damit möglich, die intersektorale Diffusion von Technologien nachzuzeichnen.

Trotz der in der Empirie festzustellenden Robustheit des Ansatzes hinsichtlich der Verwendung unterschiedlicher Indikatoren und Bewertungsmethoden sind einige Kritikpunkte anzubringen. Zum einen sind die Indikatoren nur in indirekter Weise in der Lage den Innovationsgehalt der Kapital- und Vorleistungsströme wiederzugeben. Technologiegeber- und Technologienehmerverflechtungen sind daher immer nur approximierte Zerrbilder der Wirklichkeit. Die Indikatoren geben immer nur über einen bestimmten Blickwinkel der Realität Auskunft.[151]

Darüber hinaus sind Technologieverflechtungsmatrizen einer grundsätzlichen methodologischen Kritik ausgesetzt, die in ähnlicher Weise in der gesamten Input-Output-Analyse für die Abbildung des technischen Fortschritts mittels Inputkoeffizienten gilt. Technologieverflechtungsmatrizen bedienen sich der (Output-) Koeffizienten der *ex post* erhobenen Input-Output-Tabellen. Technischer Fortschritt verursacht aber eine Änderung genau dieser Koeffizienten. Die Verflechtung neuer Techniken läßt sich dann aber nicht durch die Koeffizienten der alten Techniken abbilden.[152]

Schließlich muß kritisch angemerkt werden, daß die Technologieverflechtungsmatrizen auf der Annahme der Proportionalität des Produktionsprozesses aufbauen. Deutlich wurde dies schon bei der Erhebung des F&E-Kapitalstocks, der proportional in allen Sektoren unabhängig von der Höhe der sektoralen Wissensakkumulation mit 15% per annum abgeschrieben wird. Dieselbe methodische Kritik betrifft auch die mit den Vorleistungs- und Kapitalgüterlieferungen proportionale F&E-Übertragung.[153] Diese Annahme ist jedoch nicht sehr realitätsnah.[154] Untersuchungen für Baden-Württemberg haben gezeigt, daß die proportionale Verrechnung der Technologieintensität gemäß der Outputkoeffizienten zu erheblichen Fehlschätzungen führen können.[155]

Trotz dieser Kritikpunkte sind Technologieverflechtungsmatrizen im Rahmen der Input-Output-Analyse gut geeignet, sektoralen technischen Fortschritt zu definieren, zu erfassen und zu messen. Die Idee der Technologienehmer- und Technologiegeberverflechtung als einem aus der Empirie entstandenen Konzept läßt sich darüber hinaus zu einer Theorie der sektoralen Technologiediffusion weiterentwickeln. Dazu werden Annahmen über die sektorale Ausbreitung von Innovationen getätigt, die sich als stilisierte Fakten aus der Beobachtung historischer Diffusionsverläufe ergeben haben. Ein solches Modell wird im nächsten Abschnitt vorgestellt.

---

[151] Vgl. Schnabl (2000), S. 175.
[152] Vgl. Gerstenberger (1991), S. 104.
[153] Vgl. Straßberger/Stäglin (1995), S. 37.
[154] Vgl. Gerstenberger (1995), S. 103f., der als Beispiel den unterschiedlichen F&E-Gehalt der Güterströme aus der Keramikindustrie an die Luft- und Raumfahrttechnik oder den Maschinenbau (sehr hohe F&E-Intensität) und die Konsumgüterproduktion der Keramikindustrie (niedrige F&E-Intensität) aufführt.
[155] Vgl. Kaiser /Münzenmaier (1995).

4.2.3 Sektorale Diffusion neuer Technologien

Ein Ansatz für eine Theorie der sektoralen Technologiediffusion ist die Arbeit von deBresson (1991). Ausgangspunkt sind die Koeffizienten von Technologieverflechtungsmatrizen, die das Ausmaß der Technologieübertragung angeben, die vom innovierenden Sektor zum anwendenden Sektor geflossen ist.[156] Die sektoralen Diffusionswege lassen sich in der Technologieverflechtungsmatrix auf Felder mit positiven Koeffizienten beschränken. Diese Vorgehensweise folgt einerseits aus der technischen Definition der Koeffizienten, zum anderen ist sie Konsequenz folgender theoretischer Überlegungen. Wird die Annahme des epidemischen Ansatzes der Informationsübertragung durch persönliche Kontakte zwischen den Subjekten einer Population auf die sektorale Ebene übertragen, dann kommt es in einem Sektor *j* wahrscheinlich dann zur Innovation, wenn diese bereits im Sektor *i* eingeführt ist und eine direkte Angebots- bzw. Nachfragebeziehung zwischen den beiden Sektoren besteht.

Es lassen sich drei Gründe aufführen, weshalb solche sektoralen Beziehungen die Ausbreitung von Innovationen ermöglichen bzw. erleichtern:[157]

1. Der *demand pull* steuert technische Neuerungen dorthin, wo die Nachfrage nach Innovationen hoch ist.
2. Die Transaktionskosten zwischen etablierten Anbieter- bzw. Nachfragersektoren sind niedrig, da das technische Verständnis und die absorptiven Fähigkeiten zwischen den Sektoren hoch sind sowie die Informationskommunikation und -verarbeitung gut funktioniert.
3. Es sind Lerneffekte aus dem Kontakt mit aktuellen Anwendern von Innovationen zu erwarten (*learning by contact*).

Im Gegensatz zum mikroökonomischen epidemischen Ansatz, der als Modell für die Ausbreitung *innerhalb* eines Sektors angesehen werden kann, wird auf intersektoraler Ebene keine Diffusionsmechanik beschrieben, deren individuelle Übernahmewahrscheinlichkeit sich via geeigneter Dichtefunktion zu einer aggregierten Übernahmesicherheit wandelt. Vielmehr steigt die Wahrscheinlichkeit einer intersektoralen Diffusion bei Vorliegen solcher direkter Lieferbeziehungen zwischen den Sektoren. Andere Diffusionswege sind vorstellbar, z.B. wenn sich Innovationen aufgrund des *technology push* ausbreiten. Es läßt sich dennoch aus dem oben gesagten schließen, daß hohe Input- bzw. Outputkoeffizienten auf eine hohe Übertragungswahrscheinlichkeit von Innovationen hindeuten, da sie für kurze und kostengünstige Diffusionswege stehen. Daraus folgt ein

---

[156] Vgl. Los (1995), S. 4.
[157] Vgl. deBresson (1991), S. 245.

wahrscheinlicher Ausbreitungspfad, der sich am „geringsten Widerstand“[158] orientiert. In diesem Sinne lassen sich die Outputkoeffizienten der Technologieverflechtungsmatrizen durch den gesamten Output des Sektors dividieren und als Wahrscheinlichkeiten interpretieren, mit denen eine Innovation vom Sektor *i* in den Sektor *j* diffundiert.[159]

Das Konzept des *learning by doing* sowie die Berücksichtigung (inkrementeller) Verbesserungen der Innovation im Zeitablauf vervollständigen das Modell und bieten eine Erklärung für das empirische Phänomen, daß Innovationen regelmäßig in bestimmten Sektoren zuerst angewendet werden und erst später in andere diffundieren. Dadurch werden die wahrscheinlichen intersektoralen Diffusionswege neuer Technologien weiter eingeschränkt. Denn die Sektoren haben ganz unterschiedliche Anforderungen (im Sinne von technisch-ökonomischen Schwellenwerten analog zum differenzenbasierten Diffusionsmodell), denen eine Innovation genügen muß, damit sie übernommen wird. Aufgrund der Lerneffekte sowie der inkrementellen Verbesserungen ist die Innovation in der Lage, im Zeitablauf immer höhere Schwellenwerte zu erreichen, die für ihre Anwendung im korrespondierenden Sektor notwendig sind. Gemäß der Hypothese von deBresson läßt sich ein stilisierter wahrscheinlicher intersektoraler Diffusionsweg erstellen, dem eine Vielzahl von Innovationen folgen. In *Tabelle 4.2* ist dieser Diffusionsweg mit einigen kurzen historischen Beispielen dargestellt.

Tabelle 4.2: Wahrscheinlicher intersektoraler Diffusionsweg von Innovationen

intersektorale Diffusionssequenz	*Dampfmaschine*	*Halbleiter*
Demonstrationssektor (Forschung, Gesundheitswesen, Militär)	staatl. Laboratorium 1637-1697	Germaniumtransistoren im militärischen Bereich (1952)
Instrumente	Wasserpumpe auf der Themse ab 1701, 1726	Silikontransistoren in Flugzeugfunkanlagen (1954)
Werkzeugmaschinen		seit 1972 Mikroprozessoren - in Werkzeugmaschinen
Maschinenbau	Dampfmaschinen für Minen (ab 1735)	- im Maschinenbau (Industrieroboter)
Verarbeitendes Gewerbe	Zucker- und Getreidemühlen (ab 1781, 1803)	- im Automobilbau etc.
Energie, Transport, Kommunikation	Dampflokomotiven (ab 1830)	- in Automobilen, Telefonen etc.
Konsumgüterindustrie		- in vielerlei Haushaltsgeräten

Quelle: deBresson (1995).

158 deBresson (1995), S. 685.
159 Vgl. deBresson (1991), S. 249.

In *Abbildung 4.8* ist der wahrscheinliche Diffusionsweg im Zeitablauf und die Sequenz der Sektoren, die eine Innovation durchläuft, dargestellt. Zu jedem Sektor ist auf der Ordinate der im jeweiligen Sektor geltende Schwellenwert abgebildet. Vom rein technischen Aspekt am Anfang des Diffusionsverlaufs gewinnen zunehmend ökonomische Gesichtspunkte Relevanz für die Eigenschaften der Innovation. Daraus wird ersichtlich, welche Schwellenwerte die neue Technologie erreichen muß, damit sie in den verschiedenen Sektoren akzeptiert wird.

1. Einzug in die Volkswirtschaft halten Innovationen häufig im sogenannten *Demonstrationssektor*, wo allein die technische Machbarkeit in Form eines Existenzbeweises genügt, um dort zu bestehen.[160] Meist sind der Staat oder staatlich geförderte Institute bzw. Arbeitsgemeinschaften an der Demonstration der technischen Machbarkeit beteiligt, wie Transrapid, Schneller Brüter usw. zeigen. Aber auch das Gesundheitswesen und militärische Einrichtungen zählen dazu. Die Eintrittssektoren einer Innovation werden daher unter dem Begriff der Demonstrationssektoren zusammengefaßt.
2. Bei geeigneten Verbesserungen der Innovation wird häufig nicht nur die technische Machbarkeit, sondern auch die technische Zuverlässigkeit bewiesen. Dann ist jene Schwelle erreicht, die die Innovation interessant für den Sektor *Instrumente* macht.
3. Für die Anwendung der Innovation im *Werkzeugmaschinensektor* bedarf es zusätzlich des Nachweises der technischen Effizienz, daß langfristig die Ausgaben geringer sind als die Erlöse (in physischen Einheiten gemessen).[161]
4. Im *Maschinenbau* wird eine Innovation eingeführt, wenn zu erwarten ist, daß sie darüber hinaus langfristig ökonomisch überlegen sein wird, auch wenn sie kurzfristig nicht profitabel eingesetzt werden kann. Damit beginnen die ökonomischen Aspekte der Profitabilität die technische Seite zu dominieren.
5. Im *Verarbeitenden Gewerbe* wird eine Innovation nur dann eingesetzt, wenn dies ökonomisch effizient ist. Sowohl die fixen als auch die variablen Kosten der neuen Technik werden den variablen Kosten der bestehenden Maschinen gegenübergestellt.[162]
6. Im *Energiesektor, Transport- und Kommunikationssektor* werden Innovationen meist nur dann übernommen, wenn sie hinreichend kompatibel zu bestehenden Systemen sind. Komplementaritätsaspekte sind in diesen Sektoren auch wegen des starken Netzwerkcharakters und der daraus resultierenden Externalitäten relevant, denen diese Sektoren unterliegen.

---

[160] Vgl. Schnabel (2000), S. 30.
[161] Vgl. deBresson (1991), S. 250.
[162] Diese Investitions- bzw. Übernahmeentscheidung ist die Entscheidungsgrundlage im *Vintage*-Ansatz.

7. In den *Konsumgütersektor* schließlich diffundieren neue Technologien nur dann, wenn sie auch in kurzer Frist Kostenvorteile bzw. neuartigen Nutzen bieten.

Abbildung 4.8: Intersektorale Diffusion aufgrund differierender Schwellenwerte

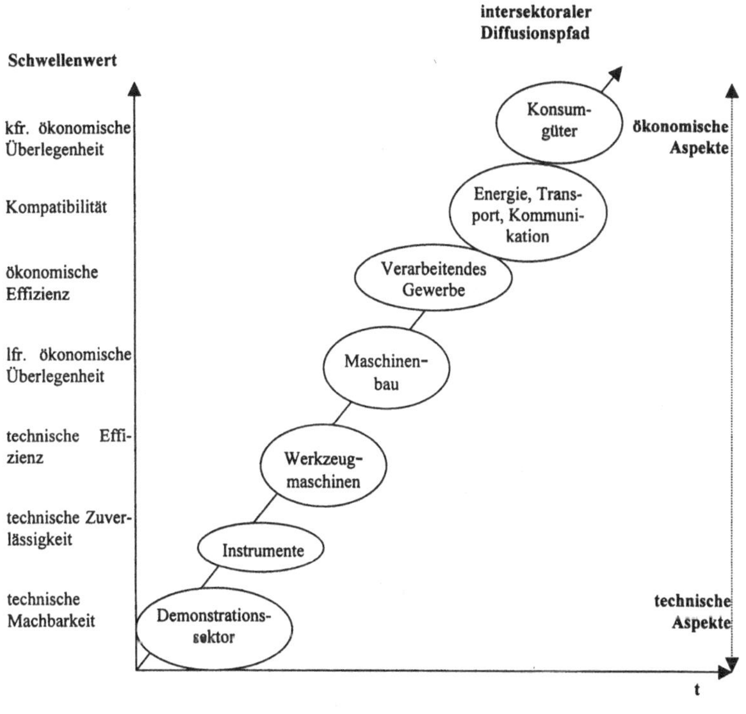

Quelle: eigene Darstellung.

Lerneffekte und inkrementelle Verbesserungen der Innovation führen zu einer zunehmenden Attraktivität für eine Vielzahl von Sektoren. Stehen anfangs vor allem technische Attribute wie Machbarkeit, Verläßlichkeit und Effizienz im Vordergrund, bedarf es im späteren intersektoralen Diffusionsverlauf vor allem ökonomischer Anreize für die Übernahme. Sie sind zunächst langfristiger Natur, doch spätestens für die Diffusion im Konsumgütersektor sind kurzfristige Profitabilitätsvorteile notwendig. An dieser Theorie lassen sich z.B. die Schwierigkeiten des Transrapids einfach erläutern. Schon seit Jahren beweist dieses Massenverkehrsmittel seine technische Machbarkeit auf der staatlich geförderten

Versuchsstrecke im Emsland. Sein Einsatz im Transportsektor in Europa ist jedoch fraglich, da ihm die in diesem Sektor geforderte Komplementarität mit den etablierten Systemen (Eisenbahnen) fehlt, die in diesem Sektor besonders starken Netzwerkexternalitäten unterliegen.[163] Diese ökonomisch begründete Eigenschaft wurde im Demonstrationssektor nicht verlangt. Folgerichtig scheint die Installation des Transrapids in China, wo eine erste kommerzielle Strecke gebaut wird, höhere Profitabilitätschancen zu besitzen, da er dort mit keinem ausgeprägten etablierten und modernen Eisenbahnsystem konkurriert.

Neben der Ableitung eines theoretischen Modellrahmens aus dem Konzept der Technologieverflechtungsmatrizen ermöglicht dieser Ansatz erstmals die genaue Definition des abstrakten Profitabilitätsbegriffs, der in den mikroökonomischen Modellen der einzelwirtschaftlichen Entscheidung der Technologieübernahme zugrunde gelegt wurde. Er kann nun für jeden analysierten Sektor mit ökonomischem und technischem Gehalt gefüllt werden.[164] Damit leistet die makroökonomische intersektorale Theorie der Technologiediffusion einen entscheidenden Beitrag für die Anwendbarkeit der mikroökonomischen intrasektoralen Diffusionsmodelle.

4.2.4 Zusammenfassung

Die Input-Output-Analyse hat einen spezifischen Aspekt der Technologiediffusion als Untersuchungsgegenstand, der in der Vielzahl der Theorien, die sich mit diesem Thema befassen, ansonsten nur selten explizit dargelegt wird. Während es nicht an Modellen der unternehmensspezifischen, sektoralen, gesamtwirtschaftlichen und internationalen Ausbreitung von Innovationen mangelt, wird in der Input-Output-Analyse der intersektorale Diffusionsverlauf in den Vordergrund gerückt.

Dies wird möglich, weil die Inputkoeffizienten eines Input-Output-Modells die sektoralen Produktionstechniken repräsentieren. Allerdings sind sie im weitverbreiteten statischen offenen Mengenmodell konstant, repräsentieren linear-limitationale Produktionsmethoden und sind mit konstanten Skalenerträgen ver-

---

[163] Vgl. Abschnitt 3.1.4 für eine ausführliche Diskussion der Technologiediffusion unter den Aspekten der Netzwerkexternalitäten.

[164] Für den empirischen Nachweis unterschiedlicher Profitabilitätsanforderungen vgl. Ray (1989), S. 17, der an gleicher Stelle schreibt: „These are many factors influencing the adoption and later diffusion of new techniques. Overall probability offered by the new process is probably of prime importance. This may originate in different areas of input and/or output such as labour saving, energy efficiency, improved yield, higher quality etc.; *and each of them may carry a weight that can be very different by industry, by country*, and even by company within the same industry and country" [eigene Hervorhebung].

bunden. Mit Hilfe der Technik der Komponentenzerlegung wird versucht, im Kontext der Technologiediffusion die Änderung des Outputs auf einen Technikeffekt im Form veränderter Inputkoeffizienten oder auf einen Nachfrageeffekt in Form veränderter Endnachfragevektoren zurückzuführen. Schwierig bleibt jedoch die Behandlung der auftretenden Joint-Effekte.

Wird die Annahme konstanter Inputkoeffizienten als Repräsentanten konstanter Produktionstechniken – aus Sicht der Diffusionstheorie eine schwerwiegende Einschränkung – aufgehoben, geben variable Inputkoeffizienten den sektoralen Durchschnitt mehrerer gleichzeitig eingesetzter limitationaler oder subsitutionaler Produktionsprozesse wieder. Technischer Fortschritt kann nun autonom in Form von Prozeßinnovationen auftreten, die den Inputkoeffizienten in direkter Weise beeinflussen. Darüber hinaus führt derartiger technischer Fortschritt zu Faktorpreisänderungen, die ihrerseits in anderen Sektoren aufgrund der zirkulären Vorleistungsverflechtungen den Einsatz anderer Produktionsmethoden induzieren (induzierter technischer Fortschritt). Schließlich ist technischer Fortschritt aufgrund von exogenen Nachfrageänderungen möglich.

Die intersektorale Ausbreitung von Innovationen läßt sich anhand von Technologieverflechtungsmatrizen, die aus der Input-Output-Analyse abgeleitet werden, sehr gut abbilden. Danach verkörpern die in der Input-Output-Tabelle repräsentierten Kapitalgüter- und Vorleistungsströme technisches Wissen, technischen Fortschritt bzw. Innovationen. Wird anhand geeigneter Indikatoren – F&E-Aufwendungen, Innovationsaufwendungen, Patente etc. – der Gehalt an technischem Fortschritt gemessen, lassen sich Aussagen darüber treffen, welche Sektoren als Technologiegeber auftreten, innerhalb welcher technischer Fortschritt generiert wird, und welche Sektoren als Technologienehmer fungieren, die mit Hilfe der Kapitalgüter- und Vorleistungsströme Innovationen aus den Gebersektoren erhalten. Mit der Erkenntnis, daß die Koeffizienten einer Technologieverflechtungsmatrix die Wahrscheinlichkeit repräsentieren, mit der Innovationen vom i-ten zum j-ten Sektor diffundieren sowie der Überlegung, daß sektorale Angebots- und Nachfragebeziehungen die intersektorale Diffusion von Innovationen wahrscheinlicher machen, läßt sich die Technologieverflechtungsmatrix zu einer Theorie der sektoralen Technologiediffusion erweitern. Intersektorale Diffusionspfade sind dadurch gekennzeichnet, daß die Eintrittssektoren nur geringe Anforderungen an die Innovation stellen. Zunächst ist nämlich lediglich im Demonstrationssektor die technische Machbarkeit zu beweisen. Durch Lerneffekte und inkrementelle Verbesserungen der Innovation ist es möglich, die immer höheren Anforderungen der nachfolgenden Sektoren zu erfüllen, um auch dort angewendet zu werden. Der abstrakte Profitabilitätsbegriff der mikroökonomischen Ansätze wird mit konkreten Inhalten gefüllt und darüber hinaus für unterschiedliche Sektoren differenziert. Die sektorale Theorie der Technologiediffusion leistet somit einen bedeutenden Beitrag zum Verständnis der Ausbreitung von Innovationen.

4.3 Der evolutorische Ansatz eines makroökonomischen Diffusionsmodells[165]

4.3.1 Vorbemerkungen

Die intersektorale Ausbreitung neuer Technologien ist, wie der vorangegangene Abschnitt verdeutlicht, in starkem Maße von Verbesserungen der Technologie und von Lerneffekten im Umgang mit der Technologie abhängig, die Innovationen für einzelne Sektoren erst nutzbar machen. Trotzdem wurden solche Produktivitäts- und Profitabilitätssteigerungen als exogen gegeben vorausgesetzt und als *black box* hingenommen. Zusätzliche Erkenntnisse zur Technologiediffusion aufgrund der Verbesserungen, die Innovationen im Zeitablauf erfahren, bieten makroökonomische Modelle der Evolutorik.[166]

Inkrementelle Verbesserungen existierender Technologien, die zur intersektoralen Ausbreitung notwendig sind, werden im Sprachgebrauch und in der Logik der Input-Output-Analyse durch die Veränderung der Koeffizienten in Input-Output-Tabellen repräsentiert.[167] Sie führen zur Veränderung der Liefer- und Vorleistungsströme, da Endnachfragevektoren und Faktoreinsatzverhältnisse in den Produktionsprozessen verändert werden. Radikale Innovationen hingegen hinterlassen in Input-Output-Tabellen auch Spuren in Form neuer Zeilen und Spalten.[168] Dies gilt insbesondere dann, wenn durch ihre Einführung in die Volkswirtschaft neue Sektoren entstehen.[169] Häufig wird angenommen, daß die inkrementellen Verbesserungen von radikalen Innovationen entlang bestimmter Entwicklungslinien verlaufen, die mit Begriffen wie „technologische Trajektorien", „techno-ökonomische Trajektorien" und „technologische Paradigmen bzw. Regime" umschrieben werden.[170] Ohne auf die jeweiligen Besonderheiten der

---

[165] Siehe Abschnitt 3.1.5.1 für eine Darstellung des evolutorischen Forschungsprogramms, soweit es für die Diffusionstheorie Relevanz besitzt.

[166] Vgl. Silverberg/Dosi/Osengio (1988), S. 1034.

[167] Vgl. Freeman (1984), S. 490.

[168] Vgl. Freeman (1988), S. 51, Freeman/Perez (1988). Vgl. für die Differenzierung von inkrementalen und radikalen Innovationen Abschnitt 2.3

[169] Sowohl Prozeß- als auch Produktinnovationen sind in der Lage Veränderungen der Sektorenaufteilung auszulösen (vgl. Knottenbauer 2000, S. 35).

[170] Vgl. Saviotti/Metcalfe (1991), S. 25. Vgl. für die Abgrenzung der Begriffe Abschnitt 2.3.

Begriffe näher einzugehen, läßt sich das Konzept der Trajektorien wie folgt ganz allgemein definieren.[171] Technologien entwickeln sich in geordneten Bahnen, die von den technischen Eigenschaften der Technologie, den angewandten Problemlösungsverfahren sowie den kumulierten Erfahrungen bezüglich der Technologie begrenzt werden. Ein derartiges technologisches Paradigma umfaßt die Definition des zu lösenden Problems, die dazu nötigen Aufgaben, die zu benutzenden Materialien[172] sowie die zu entwickelnden und zu verbessernden Basisideen (z.B. Basisinnovationen).[173] Innerhalb des techno-ökonomischen Paradigmas entwickeln sich einige wenige zentrale Schlüsseltechnologien, die mit typischen Rohstoffen und Materialien auf eine charakteristische Produktions- und Organisationsweise in das Paradigma kennzeichnenden politischen, gesellschaftlichen und institutionellen Strukturen hergestellt werden.[174] Als technologische Trajektorie versteht man dann den Rahmen, der sich für den technologischen Fortschritt entlang des Paradigmas bzw. der Trajektorie für die darin erfaßten Schlüsseltechnologien bzw. radikalen Innovationen ergibt. Der technologische Fortschritt besteht seinerseits aus den inkrementellen Verbesserungen dieser Innovationen.[175] In einem evolutorischen Modell von Silverberg, Dosi und Orsegnio (1988) lassen sich die inkrementellen Verbesserungen innerhalb einzelner Trakjektorien auf der einen Seite und der Wechsel zwischen technologischen Trajektorien auf der anderen Seite analysieren.

4.3.2 Der Modellaufbau

Gemäß dem evolutorischen Forschungsprogramm ist das Phänomen der Vielfalt der Wirtschaftsakteure im Hinblick auf ihre Verhaltensweisen, Erfahrungen, Erwartungen und Kenntnisse sowie in Bezug auf die im Produktionsprozeß eingesetzten Techniken ein konstituierendes Merkmal.[176] Ausgangspunkt einer evo-

[171] Vgl. Antonelli/Petit/Tahar (1992), S. 15f.

[172] Vgl. Dosi (1988), S. 1127.

[173] Diese Definition ist sehr offen und evolutionstheoretisch formuliert. Vgl. Abschnitt 2.3 für eine etwas andere Definition und für die Abgrenzung von der ebenfalls häufig benutzten Definition der *General Purpose Technology*.

[174] Vgl. Schreyer (2000), S. 26.

[175] Eine etwas andere Beschreibung solcher Innovationen, die nicht als reine Verbesserungen zu werten sind, liefert der oben genannte Begriff der *General Purpose Technology*, kurz *GPT*, aus den neo-schumpeterianischen Wachstumsmodellen, die sich durch ihre vielseitige Verwendung in vielen verschiedenen Branchen sowie ihren großen Entwicklungsspielraum und ihre starke Komplementaritätsbeziehungen zu anderen Technologien auszeichnen. Vgl. Helpman/Trajtenberg 1996, S. 1, die Beiträge in Helpman (1998) und Abschnitt 2.3.

[176] Vgl. Abschnitt 3.2.5.1 für einen umfassenden Überblick über die Merkmale der evolutorischen Ökonomik.

lutionstheoretischen Analyse der Ausbreitungsprozesse von Prozeßinnovationen ist daher die hohe Varietät sowohl der eingesetzten Produktionstechniken als auch der Unternehmen. Insbesondere unterscheiden sich Firmen hinsichtlich ihrer technologischen Fähigkeiten neue Techniken zu entwickeln, umzusetzen und zu imitieren. Formal läßt sich dieser Zusammenhang mit der Fisher-Gleichung (4.24), einer zentralen Bewegungsgleichung der Evolutorik, darstellen. Sie ist identisch mit Gleichung (3.63), die in Abschnitt 3.2.5.1 eingehend diskutiert wurde:

$$(4.40) \qquad \frac{df_i}{dt} = A\left(E_i - E^*\right)f_i \quad \text{mit} \quad i = 1,\ldots,n \quad \text{und} \quad A < 0.$$

Es bezeichnet f_i den Marktanteil des Unternehmens i, dessen Entwicklung in der Zeit von der Differenz der Wettbewerbsfähigkeit des Unternehmens E_i zur durchschnittlichen sektoralen Wettbewerbsfähigkeit $E^* = \sum_i f_i E_i$ abhängt. Diese Differenz wird mit dem Marktanteil f_i, gewichtet. Die Variable A repräsentiert einen konstanten Anpassungsparameter.[177] Der Marktanteil f_i des Unternehmens i steigt dann, wenn seine Wettbewerbsfähigkeit größer ist als die durchschnittliche Wettbewerbsfähigkeit des Sektors. Die Veränderung des Marktanteils ist um so größer, je größer die Differenz zur durchschnittlichen Wettbewerbsfähigkeit und je größer der Parameter A ist. Mit dem Anstieg des Marktanteils steigt das Gewicht, mit der die Wettbewerbsfähigkeit des Unternehmens i (E_i) in die durchschnittliche Wettbewerbsfähigkeit (E^*) eingeht. Dadurch verringert sich die Differenz ($E_i - E^*$), und der Anstieg des Marktanteils verringert sich. Die gleiche Bewegungsdynamik gilt für Unternehmen mit relativen Wettbewerbsnachteilen. Da lediglich die Dynamik der Marktanteile und ihrer Entwicklungen bestimmt wird, bleibt das absolute Niveau der sektoralen Nachfrage unbestimmt. Ihr Wachstum ist im Modell exogen gegeben.

Sind die Wettbewerbsfähigkeiten E_i im Zeitablauf konstant, wird dasjenige Unternehmen mit der höchsten Wettbewerbsfähigkeit alle anderen verdrängen. Die relative Wettbewerbsfähigkeit eines Unternehmens ist jedoch Ergebnis seiner Preis- und Investitionspolitik sowie der Reaktion auf sich verändernde Marktbedingungen.[178] Daher muß der abstrakte Begriff der relativen Wettbewerbsfähigkeit sinnvoll definiert werden. Silverberg *et al.* spezifizieren ihn durch eine Kombination aus Preiswettbewerb auf der einen Seite und der Produktionskapazität auf der anderen Seite. Beide Wettbewerbsfaktoren wirken auf die Nachfra-

[177] Bei Vorliegen vollständiger Konkurrenz strebt A gegen unendlich. Vgl. Silverberg (1987), S. 120.

[178] Vgl. Silverberg (1987), S. 121.

ge und daher auf den Marktanteil eines Unternehmens. Da nicht der absolute, sondern der relative Preis die Nachfrage nach dem Output eines Unternehmens bestimmt, wird er über den Logarithmus des Preises ausgedrückt und geht mit negativen Vorzeichen in die Gleichung (4.41) ein, da ein niedrigerer Preis als der Durchschnitt zu einer höheren Wettbewerbsfähigkeit führt.[179] Auf der anderen Seite kann ein Unternehmen mit Wettbewerbsvorteilen seinen Marktanteil nur soweit ausdehnen, wie es die Kapazitätsgrenze zuläßt. Steigt die Nachfrage darüber hinaus, nimmt die Lieferverzögerung zu. Steigt sie über den sektoralen Durchschnitt an, verliert das Unternehmen Marktanteile, auch wenn es in Bezug auf den Güterpreis wettbewerbsfähig ist. In die Bestimmung der einzelwirtschaftlichen Wettbewerbsfähigkeit E_i geht daher der relative Lieferverzug dd_i des Unternehmens mit negativem Vorzeichen ein, der mit dem konstanten Faktor B gewichtet wird:[180]

$$\text{(4.41)} \qquad E_i = -\ln P_i - B \cdot dd_i .$$

Ein Unternehmen i ist relativ wettbewerbsfähiger als der sektorale Durchschnitt und erhöht seinen Marktanteil f_i, wenn die Summe aus den beiden Differenzen zwischen sektoralem Durchschnittswert und unternehmensspezifischem Wert bezüglich des Outputpreises und der Lieferverzögerung positiv ist, wie das Einsetzen von (4.41) in (4.42) verdeutlicht:

$$\text{(4.42)} \qquad \frac{df_i}{dt} = A\left[\left(\ln P^* - \ln P_i\right) + B\left(dd^* - dd_i\right)\right] f_i .$$

Sowohl die Preissetzung als auch die Lieferverzögerung eines Unternehmens unterliegen ihrerseits spezifischen Bewegungsgleichungen, die im folgenden erläutert werden.

4.3.2.1 Dynamik der Preisveränderungen

Die erste Determinante für die Bestimmung der relativen Wettbewerbsfähigkeit ist der relative Preis für die Güter eines Unternehmens. Demzufolge wird der Marktanteil über die Differenz zwischen dem einzelwirtschaftlichen Güterpreis und dem sektoralen Durchschnittspreis bestimmt. Die Veränderung des unter-

---

179 Vgl. Silverberg (1987), S. 121.

180 Vgl. Silverberg/Dosi/Orsenigo (1988), S. 1037.

nehmensspezifischen relativen Outputpreises p_i in der Zeit ist wiederum durch Gleichung (4.43) gegeben:[181]

$$\frac{dp_i}{dt} = C(p_{ci} - p_i) + D(E_i - E^*). \qquad (4.43)$$

Der erste, mit der Konstanten C gewichtete Teil der Preisentwicklung besteht aus der Differenz des laufenden Preises p_i des Unternehmens zum *mark-up* Preis p_{ci}, der von den Stückkosten abhängig ist. Je größer die Monopolmacht eines Unternehmens ist, desto höher ist der *mark-up* Preis p_{ci}, den es anstrebt.[182] Je niedriger der aktuelle Preis im Vergleich zum erwünschten *mark-up* Preis liegt, desto schneller wird er ansteigen. Dieser erste Teil der Preisentwicklung gibt die kurzfristige Entwicklung der Preissetzung in einem Oligopol wieder.[183]

Die zweite Determinante der Preisentwicklung ist mit der Konstanten D gewichtet und repräsentiert den langfristigen Einfluß der relativen Wettbewerbsfähigkeit auf den laufenden Güterpreis eines Unternehmens. Ein relativer Wettbewerbsnachteil, z.B. aufgrund hoher Produktionskosten, führt bei gegebenem *mark-up* zu steigenden Outputpreisen und einem weiteren Verlust der relativen Wettbewerbsfähigkeit und von Marktanteilen. Unternehmen in einer derartigen Situation sind gezwungen, ihre Preise zu senken, um den Verlust von Marktanteilen über alle Maßen zu verhindern.[184] Je größer der Wettbewerbsnachteil des Unternehmens gegenüber dem sektoralen Durchschnitt ist, desto stärker ist der daraus resultierende Preisrückgang.[185] Die Relation zwischen den Konstanten C und D gibt den relativen Einfluß des Wettbewerbdrucks gegenüber dem *mark-up pricing* bei der Entwicklung des unternehmensspezifischen Outputpreises an.

4.3.2.2 Dynamik der Produktionskapazität im *Vintage*-Ansatz

Die Lieferverzögerung eines Unternehmens dd_i ist abhängig von der Differenz zwischen der Outputkapazität und dem Wachstum der sektoralen Nachfrage. Letztere sei exogen gegeben. Die Lieferverzögerung steigt an, wenn die Outputkapazität langsamer wächst als die – unbefriedigten – Bestellungen. Steigt die Lieferverzögerung über den sektoralen Durchschnitt an, verliert das Unterneh-

[181] Allein die relative Preise sind relevant und werden durch ihre *Logarithmen* ausgedrückt. Der Einfachheit halber werden sie durch den Kleinbuchstaben p repräsentiert. Vgl. Silverberg/Dosi/Orsenigo (1988), S. 1041.
[182] Vgl. Hall (1994), S. 291.
[183] Vgl. Silverberg (1987), S. 131.
[184] Vgl. Silverberg/Dosi/Orsenigo (1988), S. 1040.
[185] Vgl. Hall (1994), S. 291.

men Marktanteile, auch wenn es wettbewerbsfähige Preise bietet. Der Abbau der Lieferverzögerung bei konstanter Nachfrage bzw. die Konstanz der relativen Lieferverzögerung bei wachsender Nachfrage kann nur durch die Erhöhung der Outputkapazität O_i gewährleistet werden. Sie wird durch das Produkt aus Kapitalstock K_i und des Auslastungsgrades z_i bestimmt:

(4.44) $$O_i = z_i K_i .$$

In gewissen Grenzen ist es einem Unternehmen möglich, die Lieferverzögerungen durch die Ausweitung der Produktion mittels höherer Auslastung des gegebenen Kapitalstocks zu kontrollieren. Spätestens bei Vollauslastung des Kapitalstocks ist eine Erhöhung der Produktion nur durch eine Vergrößerung des Kapitalstocks möglich. Formal stellen Silverberg *et al.* diesen Zusammenhang dar, indem sie in Gleichung (4.45) die Nettoveränderungsrate N_i des Kapitalstocks eines Unternehmens i von einer gewünschten individuellen Steigerungsrate des Produktionsvolumens r_i abhängig machen. Diese Variable erfaßt eine Voraussage über die Entwicklung der Produktion des Unternehmens in Abhängigkeit von der künftigen Entwicklung der gesamten Wirtschaft, vom relativen Wachstums des Sektors und von der Wettbewerbssituation des Unternehmens.[186]

(4.45) $$N_i = r_i K_i \qquad \text{mit} \qquad \frac{r_i}{dt} = F\left(z_i - z_o\right).$$

Die gewünschte Veränderungsrate der Produktionskapazität r_i wird im Zeitablauf nach der Differenz der Kapazitätsauslastung u_i von der gewünschten Kapazitätsauslastung z_o angepaßt.[187] Das Nettoinvestitionsvolumen wird via gewünschter Expansionsrate r_i und gewünschter Kapazitätsauslastung z_o durch die Zuversicht bzw. den Pessimismus hinsichtlich künftiger Entwicklungen, der Erwartung zukünftigen technischen Fortschritts sowie Daumenregeln bezüglich des Amortisationszeitraums und der Nachfrageentwicklung bestimmt.

Darüber hinaus existiert eine exogen gegebene Rate des technischen Fortschritts, der in den neuesten Maschinen und Kapitaljahrgängen verkörpert ist. Jahrgangskapitalmodelle repräsentieren die makroökonomische Interpretation dieses Sachverhalts.[188] Das mikroökonomische bzw. betriebswirtschaftliche Analogon findet sich in der Literatur zur optimalen Ersatzinvestitionspolitik.[189] Die Pro-

[186] Vgl. Silverberg (1987), S. 126.
[187] Vgl. Silverberg/Dosi/Orsenigo (1988), S. 1039.
[188] Vgl. Abschnitt 4.1 für eine ausführliche Diskussion der Jahrgangskapitalmodelle.
[189] Für Überblickswerke vgl. z.B. Terborgh (1949) oder Smith (1961). Es kann jedoch gezeigt werden, daß die Entscheidung zur Ersatzinvestition im *Vintage*-Ansatz (variable Stückkosten des Grenzjahrgangs entsprichen den totalen Kosten der neuen Maschinen) nicht voll-

duktionskapazität ist daher nicht allein vom Volumen des Kapitalstocks abhängig, sondern ebenso von seiner Effizienz, die mit dem Einsatz neuerer Jahrgänge und der Ausmusterung älterer Jahrgänge zunimmt.

In den Jahrgangskapitalmodellen, bei Vorliegen fixer Faktoreinsatzproportionen *ex post*, wird ein eindeutiges Investitionsvolumen von neuen Maschinen zusammen mit dem Ersatzinvestitionszeitpunkt für den Grenzjahrgang aus der exogenen Rate des technischen Fortschritts sowie der exogenen Entwicklung der Preise bzw. der Nachfrage festgelegt. Im vorliegenden Modell ist die gleichzeitige Bestimmung des Nettoinvestitionsvolumens sowie das Ausmaß der Ersatzinvestitionen nicht möglich. Neben der gewünschten Kapitalauslastung bedarf es der Amortisationsregel (4.46), die die Ausmusterungszeitpunkte $T_{di}(t)$ der Jahrgänge gemäß ihrer Nutzungsdauer durch Auflösen nach $T_{di}(t)$ bestimmt:

$$(4.46) \qquad \frac{P(t)}{c(T_{di}(t) - c(t))} = b_i .$$

Die Variable $P(t)$ bezeichnet den Preis für eine Einheit des neuesten Kapitals, während die $c(T_{di})$ die Stückkosten der Produktion des betrachteten Kapitaljahrgangs zum Ausmusterungszeitpunkt $T_{di}(t)$ bzw. $c(t)$ die Stückkosten zum laufenden Zeitpunkt t repräsentieren. Die vom Unternehmen i angestrebte Amortisationsdauer wird durch b_i ausgedrückt. Der Umfang der Kapitalverschrottung S_i ist daher eine Funktion dieser Verschrottungsentscheidung. Das Nettoinvestitionsvolumen N_i ergibt sich arithmetisch aus der Bruttoinvestition und dem Ausmusterungsvolumen:[190]

$$(4.47) \qquad \frac{dK_i}{dt} = N_i = r_i K_i = G_i - S_i .$$

Das gesamte in Periode t installierte Kapital besteht aus dem Jahrgang t. Der Kapitalstock eines Unternehmens in einer Periode t, $K_i(t)$, ist hingegen aus verschiedenen Kapitaljahrgängen t' zusammengesetzt. Er läßt sich durch Aggregation der Jahrgänge t' zum Zeitpunkt t, $K(t,t')$, ermitteln:[191]

ständig mit der einzelwirtschaftlichen optimalen Ersatzinvestitionsentscheidung übereinstimmt (Ersatz einer Maschine, wenn die abgezinsten Kosten ihrer Weiternutzung, die Opportunitätskosten verlorener potentieller Gewinne eingeschlossen, gemäß einer gegebenen erwarteten Rate des technischen Fortschritts, minimiert werden). Vgl. hierzu Clark (1980). Insofern erscheint die Gleichsetzung der makroökonomischen Kapitaljahrgangsmodelle mit den mikroökonomischen Ansätzen zur optimalen Ersatzinvestition kritisch.

190 Vgl. Hall (1994), S. 291.

191 Vgl. Silverberg (1987), S. 124.

$$(4.48) \qquad K_i(t) = \int_{T_i}^{t} K_i(t,t')\,dt'.$$

Die Variable *K(t,t')* repräsentiert unterschiedlich produktive Maschinen des gleichen Typs bzw. der gleichen Technologietrajektorie. Unternehmen sind darüber hinaus in der Lage, gleichzeitig die Technologien mehrerer Trajektorien einzusetzen. Die Formalisierung der Steuerung der Wettbewerbsfähigkeit aufgrund der relativen Lieferverzögerung der Unternehmen entspricht daher einer Investitionstheorie, die in der Tradition des *Vintage*-Ansatzes steht. Die Dynamik sich verändernder Marktanteile wird in der Produktionssphäre durch zwei Transmissionsmechanismen gesteuert. Die Wettbewerbsfähigkeit eines Unternehmens wird auf der einen Seite durch das Wachstum des Kapitalstocks via Lieferverzögerungen und auf der anderen Seite durch die Stückkosten der Produktion via Preiswettbewerb determiniert.[192]

Die Produktionskosten, die durch die Stückkosten c_i wiedergegeben werden, bestehen ausschließlich aus den Arbeitskosten, die sich in Selbstkosten und Gemeinkosten aufteilen lassen.[193] Die Selbstkosten pro Stück sind aus dem Produkt von Nominallohn und durchschnittlichem Arbeitseinsatz pro Outputeinheit zusammengesetzt. Der Kapitalstock subsumiert unterschiedliche Jahrgängen *t'*, deren Arbeitsbesatz durch den jeweiligen Arbeitskoeffizienten *u(t')* ausgedrückt wird. Der durchschnittliche Arbeitskoeffizient eines Unternehmens u_i zum Zeitpunkt *t* ergibt sich als gewichteter Arbeitskoeffizient aller Koeffizienten der in *t* eingesetzten Kapitaljahrgänge *t'*:

$$(4.49) \qquad u_i = \frac{\int_{T_i}^{t} u_i(t')\,K_i(t,t')\,dt'}{K_i(t)}.$$

Im Zeitablauf werden effizientere Kapitaljahrgänge installiert und ältere, marginale Jahrgänge ausgemustert; daher wird u_i im Zeitablauf fallen. Dieses Ergebnis entspricht der Diffusion neuer Techniken im *Vintage*-Modell von W.E.G. Salter (1966).[194] Exogen gegebener technischer Fortschritt führt zur Einführung neuer, effizienterer Jahrgänge und dem Ausscheiden des Grenzjahrgangs, der Arbeitskoeffizient fällt und die Arbeitsproduktivität steigt an. Im evolutorischen Sprachgebrauch entspricht dieses Szenario der inkrementellen Verbesserung einer Technologie im Rahmen ihrer Trajektorie gemäß des technischen Fort-

[192] Vgl. Hall (1994), S. 291.
[193] Vgl. Silverberg/Dosi/Orsenigo (1988), S. 1039.
[194] Vgl. für eine ausführliche Darstellung dieses Ansatzes Abschnitt 4.1.2.

schritts. Das Modell erklärt die Diffusion und Verbesserungen der Produktionstechniken (die im Modell der sektoralen Diffusion für die Ausbreitung notwendig sind) einer einzelnen Technologie gemäß der gegebenen Trajektorie. Darüber hinaus läßt sich die Evolution der Marktanteile gemäß der relativen Wettbewerbsfähigkeit der einzelnen Unternehmen anhand verschiedener Simulationsläufe des Modells nachvollziehen.[195] Eine Aussage darüber, wie sich eine neue Technologie ausbreitet, wenn alle Unternehmer eine bestehende ausgereifte Technologie nutzen, ist bisher nicht möglich.[196] Diesem Problem wendet sich der dritte Teil des Modells zu, der für die Diskussion des Solow- bzw. Produktivitätsparadoxon entscheidende Impulse gibt.[197]

4.3.2.3 Diffusion einer neuen technologischen Trajektorie

Zur Darstellung des zunehmenden Einsatzes einer neuen Trajektorie wird von folgendem Szenario ausgegangen. Es existieren zwei Technologien, deren Trajektorien jeweils die maximal mögliche Produktivität beschreiben, die mit dem Einsatz der neuesten Jahrgänge der Technologie erzielt werden kann. Die Trajektorien weisen aufgrund einer exogen gegebenen Rate inkrementeller technischer Verbesserungen im Zeitablauf eine steigende Produktivität auf. Es wird angenommen, daß die Trajektorie der Technologie *B* immer eine höhere Produktivität aufweist als die der Technologie *A*. Beide besitzen annahmegemäß identische Produktivitätsanstiege im Zeitablauf, d.h. die Trajektorien bilden zwei Parallelen mit gleicher Steigung, wenn, wie in *Abbildung 4.9*, die (Arbeits-) Produktivität auf der Ordinate gegenüber der Zeit auf der Abszisse abgetragen wird.

Die tatsächlich von den Unternehmen realisierte Produktivität hängt davon ab, inwieweit sie die eingesetzte Technologie beherrschen, und wird durch ein spezifisches Fähigkeitsniveau (*skill level*) zwischen 0% und 100% ausgedrückt.[198] Es wird angenommen, daß alle Unternehmen die ausgereifte Technologie *A* mit einem Fähigkeitsniveau von 100% beherrschen und einsetzen und sich daher immer auf der Trajektorie der Technologie *A* befinden. Zum Zeitpunkt t^* tritt nun die Technologie *B* auf. Mit ihr ist ein höheres Produktivitätsniveau als mit der Trajektorie von *A* erreichbar, wenn sie mit maximaler Effektivität und einem 100%-igen Fähigkeitsniveau eingesetzt werden kann. Das volle Potential ist je-

---

195 Vgl. Silverberg (1987), S. 133-142.

196 Damit wird die Frage der Technologie- bzw. Technikwahl aufgeworfen, die auch im Konzept der Netzwerkexternalitäten eine prominente Rolle spielt (vgl. Abschnitt 3.1.4). Auch im evolutorischen Modell von Iwai (vgl. Abschnitt 3.1.5) steht das dynamische Gleichgewicht zwischen verschiedenen Technologien im Vordergrund.

197 Vgl. insbesondere Abschnitt 5.2.2.1.

198 Vgl. Silverberg/Dosi/Orsenigo (1988), S. 1041.

doch nur nutzbar, wenn die spezifischen Erfahrungen, Kenntnisse und Fertigkeiten im Umgang mit dieser Technologie erworben werden. Wenn ein Unternehmen daher zum Zeitpunkt t^* die Technologie *B* einsetzt, kann es dies nur mit einer Produktivität weit unterhalb der maximal möglichen tun, wie z.B. Punkt *C* in *Abbildung 4.9* illustriert. Unter Umständen sinkt die unternehmensspezifische Produktivität unter das Niveau, das mit Technologie *A* realisiert wurde. Mit zunehmender Nutzungsdauer und daraus resultierend mit zunehmender Erfahrung ist es dem Unternehmen möglich, sich der Trakjektorie der neuen Technologie, d.h. dem maximal möglichen Produktivitätspfad der Technologie, anzunähern, wie durch die Kurve *CC'* dargestellt wird. *Abbildung 4.9* läßt sich darüber hinaus durch geeignete Aggregation auch als Evolution der sektoralen Produktivität interpretieren.[199] Mit welcher Rate Unternehmen den Umgang mit der neuen Technologie erlernen, d.h. wie schnell sie die Trajektorie der maximalen Produktivität erreichen, ist ihnen unbekannt. Sie wissen lediglich, welche laufende Produktivität sie mit dem Einsatz der neuen Technologie erreichen können. Daher müssen sie Erwartungen darüber bilden, wie schnell sie den Umgang mit der neuen Technologie erlernen können und welche Erwartungen andere Unternehmen darüber bilden. Die Investitionsentscheidung eines einzelnen Unternehmens dreht sich daher nicht allein um die Frage, im Rahmen welcher Technologie die aktuell effizienteste *best-practice*-Technik akquiriert werden kann, sondern auch um die Erwartung zukünftiger Entwicklungspotentiale der neuen Technologie.

Es besteht einerseits die Gefahr, den Anschluß an die neue Technologie mangels eigener Erfahrung mit ihrem Umgang (internes Lernen) zu verlieren, wenn die alte Technologie zu lange eingesetzt wird. Andererseits ist es aber auch möglich, die neue Technologie zu einem späteren Zeitpunkt mit geringeren eigenen Entwicklungskosten zu übernehmen, wenn auf genügend öffentlich verfügbares Wissen zurückgegriffen werden kann. Beide Arten des Lernens sind im Modell möglich.[200]

---

[199] In der sektoralen bzw. gesamtwirtschaftlichen Interpretation erlaubt das Modell eine Erklärung für das Produktivitätsparadoxon, daß sich trotz der hohen Innovationsrate innerhalb der Informations- und Kommunikationstechnologien und deren zunehmenden Diffusion die Arbeitsproduktivität nur erstaunlich langsam zunimmt. Vgl. Abschnitt 5.2.2.

[200] Vgl. Hall (1994), S. 293. Das Modell greift viele der in den mikroökonomischen Diffusionsmodellen entwickelten Entscheidungskriterien auf. Sowohl Erwartungen als auch die im Vergleich der Modelle von Jensen (1982) und Bhattacharya *et al.* (1985) als überaus relevant erachtete Trennung zwischen öffentlicher Wissensgenerierung aufgrund von Externalitäten und privater Forschungsanstrengung sind im obigen Modell subsumiert. Für eine ausführlich Diskussion der einzelwirtschaftlichen Entscheidungslogik der Technologieübernahme vgl. Abschnitt 3.1.1.3.

Abbildung 4.9: Die Produktivitätsentwicklung der technologischen Trajektorien A und B

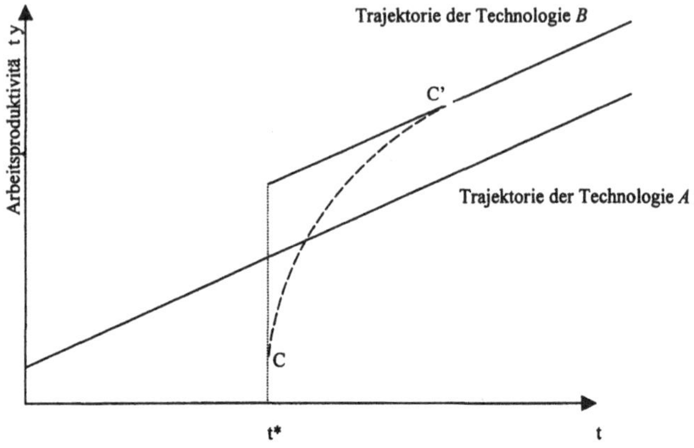

Quelle: in Anlehnung an Hall (1994), S. 292.

Öffentlich verfügbare Kenntnisse s_p über eine Technologie entstehen aufgrund von Externalitäten aus internen Erfahrungen und stehen sowohl den Anwendern der Technologie zur Verfügung als auch den Nichtanwendern.[201] Es wächst in zeitlicher Verzögerung nach Maßgabe der mit den Marktanteilen gewichteten Summe der internen Fähigkeitsniveaus s und läßt sich durch die Differenz der beiden Fähigkeitsniveaus, multipliziert mit der Konstanten F ausdrücken:

$$(4.50) \qquad \frac{ds_p}{dt} = F\left(s - s_p\right) \qquad \text{mit} \qquad s = \sum f_i s_i \,.$$

Das individuelle Fähigkeitsniveau s_i eines Unternehmens wächst mit der Rate der öffentlichen Kenntnisse, wenn keine eigenen Lernanstrengungen unternommen werden:

$$(4.51) \qquad \frac{ds_i}{dt} = \frac{ds_p}{dt} \qquad \text{wenn} \qquad s_i = s_p \,.$$

[201] Es werden die üblichen Wege der Wissensübertragung angenommen, wie z.B. Arbeitskräfte- und Managementwechsel zwischen den Unternehmen für gebundenes Wissen sowie Publikationen, Universitäten und Hochschulen usw. für kodifiziertes Wissen. Vgl. Silverberg/Dosi/Orsenigo (1988), S. 1041f. Das durch die öffentliche Wissensbasis erlangbare Fähigkeitsniveau s_p bewegt sich im Intevall [0, 1].

Internes Lernen entspricht dem Konzept der Lernkurve und läßt sich nur dann realisieren, wenn ein Unternehmen mit der neuen Technologie produziert. Bezeichnet s_i das intern aufgebaute Fähigkeitsniveau des Unternehmens i, das die neue Technologie nutzt, P_i das laufende Produktionsvolumen sowie CP_i das kumulierte Produktionsvolumen mit der neuen Technologie, läßt sich die Bewegungsgleichung von s_i wie folgt darstellen:[202]

$$\text{(4.52)} \quad \frac{ds_i}{dt} = G\left(\frac{P_i}{CP_i + H}\right)s_i(1 - s_i), \quad \text{wenn} \quad s_i > s_p.$$

Die Variable H ist eine proportionale Konstante zum Kapitalstock. Gleichung (4.52) läßt sich umformen in:[203]

$$\text{(4.53)} \quad \frac{\frac{ds_i}{dt}}{s_i(t)} = G\left(\frac{P_i}{CP_i + H}\right)(1 - s_i(t)).$$

Gleichung (4.53) zeigt, daß die Wachstumsrate des internen Fähigkeitsniveaus eines Unternehmens nicht nur von der konstanten Lerngeschwindigkeit G und dem Umfang der Produktion mit der neuen Technologie P_i abhängt. Die Wachstumsrate ist um so geringer, je größer der kumulierte Output ist, der mit der Technologie produziert wurde (CP_i) und je mehr bereits in den Kapitalstock der neuen Technologie investiert wurde (H). Die interne Lernkurve folgt daher dem Ertragsgesetz.

Die beiden Formen des Fähigkeitserwerbs lassen sich miteinander verbinden, indem sie per Erwartungsbildung in die Investitionsentscheidung der Unternehmen aufgenommen werden. Die Variablen C_1 und C_2 bezeichnen die Stückkosten der Produktion unter der Technologie A und B, während P_1 und P_2 die Installationskosten für eine Effizienzeinheit der Technologien A bzw. B repräsentieren. Die Unternehmen haben Kenntnis über die aktuellen Produktionskosten unter der jeweiligen Technologietrajektorie. Die tatsächliche Produktivität eines Unternehmens ist gemäß seinem Fähigkeitsniveau s_i ($0 \leq s_i \leq 1$) ein (Bruch-) Teil der maximal möglichen Produktivität auf der Trakjektorie. Dementsprechend sind die laufenden Produktionskosten ein Vielfaches der Kosten bei Vollausschöpfung der Technologie.[204] Zwar kennen die Unternehmen die

[202] Vgl. Silverberg/Dosi/Orsenigo (1988), S. 1041.

[203] Vgl. Hall (1994), S. 293.

[204] Bei einem Fähigkeitsniveau s_i von 25% beträgt die Produktivität des Unternehmens nur ein Viertel der maximal möglichen. Um einen gegebenen Output zu produzieren, bedarf es des vierfachen Inputs. Die Produktionskosten sind daher viermal höher als bei Nutzung der

Stückkosten der Produktion und damit die laufende Produktivität, nicht aber die darin verborgenen Fähigkeitsniveaus und zukünftigen Produktivitätsentwicklungen. Die zukünftige Produktivitätsentwicklung der neuen Technologie wird durch einen Antizipationsbonus X_i erfaßt. Er ist größer eins für Unternehmen, die in der Zukunft Produktivitätssteigerungen der neuen Technologie erwarten, und ist um so höher, je größer das erwartete Entwicklungspotential ist, je größer die erwarteten Lerneffekte sind und je geringer die erwartete Zahl von Wettbewerbern ist, die die Technologie ebenfalls anwenden werden. Zusammen mit den Installations- bzw. Investitionskosten läßt sich nun ein Vergleich der beiden Technologien vornehmen. Die Installationskosten der neuen Technologie P_2 sind zu Beginn größer als P_1, fallen jedoch im Zeitablauf. Die Entscheidung für eine Investition in die neue Technologie fällt gemäß Gleichung (4.54):

$$\frac{P_1 - P_2}{C_1 - \frac{C_2}{s_i X_i}} \leq b_i . \tag{4.54}$$

Nach dieser Entscheidungsregel wird die Differenz der Installationskosten mit der Differenz der Produktionskosten von alter und neuer Technologie, gewichtet mit dem Antizipationsbonus, verglichen.[205] Ist die Relation dieser beiden Differenzen kleiner oder gleich der gewünschten Amortisationsdauer b_i, wird in die neue Technologie investiert.[206] Anders ausgedrückt wird die neue Technologie präferiert, wenn ihre mit dem Antizipationsbonus gewichtete Produktivität höher als die der alten Technologie ist, und entweder

1. die neue Technologie geringere Installationskosten besitzt, oder
2. die neue Technologie zwar höhere Investitionskosten birgt, die aber aufgrund der geringeren Amortisationsdauer der Investition überkompensiert werden können.[207]

---

ausgereiften Technologie mit 100%-igem Fähigkeits- und Kenntnisstand. Vgl. Hall (1994), S. 294.

205 Da die alte Technologie annahmegemäß mit höchster Effizienz und einem Fähigkeitsniveau von 100% eingesetzt wird, braucht sie, im Gegensatz zur neuen Technologie, nicht mit s_i gewichtet werden.

206 Vgl. Hall (1994), S. 294, der an der gleichen Stelle ein Beispiel für diese Gleichung gibt. Wenn $P_1 = 100$ und $P_2 = 150$ ist, $C_1 = 80$ und $C_2 = 40$ beträgt, $s_i = 0{,}3$ und $b_i = 10$ (Perioden) annimmt, dann muß $Xi = 1.67$ betragen, damit die neue Technologie eingesetzt wird. Das Unternehmen muß erwarten, daß die Produktivität der neuen Technologie in Zukunft 167% der laufenden Produktivität beträgt. Dann kompensiert der erwartete Produktivitätsanstieg die höheren Produktionskosten und das sehr viel niedrigere laufende Fähigkeitsniveau bei Einsatz der neuen Technologie, obwohl sie geringere Produktionskosten besitzt.

207 Vgl. Silverberg/Dosi/Orsenigo (1988), S. 1042.

Die Entscheidung eines Unternehmens für oder gegen die Übernahme der neuen Technologie nach Gleichung (4.38) ist lediglich die Momentaufnahme zu einem Zeitpunkt t in einem dynamischen Modell. Da die Installations- und Produktionskosten für die neue Technologie P_2 und C_2 im Zeitablauf fallen, werden *ceteris paribus* zunehmend auch solche Unternehmen die Technologie übernehmen, deren Antizipationsbonus geringer ist als der ursprünglich notwendige. Aufgrund der öffentlich verfügbaren Kenntnisse steigt das Fertigkeitsniveau s_i bezüglich der neuen Technologie auch für solche Unternehmen, die sie noch nicht einsetzen. Im Zeitablauf steigt daher *ceteris paribus* die Zahl der Unternehmen, die die neue Technologie anwenden.[208]

Die Dynamiken des Modells lassen sich jedoch nur schwer erfassen, da sie mathematisch kaum handhabbar sind.[209] Simulationen sind daher die einzige Möglichkeit, die Strukturveränderungen im Modell, wenn auch nur rudimentär, aufzuzeigen. Es wird davon ausgegangen, daß sich die Unternehmen ausschließlich bezüglich ihres Antizipationsbonus X_i unterscheiden und ansonsten identisch sind, und daß sowohl die Nachfrage als auch die Nominallöhne exogen gegeben sind und die Produktivitäten der beiden Technologien mit einer (exogen gegebenen) konstanten Rate wachsen. Folgende Mechanismen lassen sich identifizieren:[210]

1. Unmittelbar nach der Einführung einer neuen Technologie besteht die Tendenz zu sinkender durchschnittlicher Produktivität der Unternehmen, wenn alle Jahrgänge beider Technologien aggregiert werden. Erstanwender sind besonders stark betroffen, da sie überdurchschnittlich stark unter den niedrigen anfänglichen Fähigkeitsniveaus zu leiden haben. Die eingesetzten Jahrgänge der neuen Technologie weisen eine sehr niedrige Produktivität auf. Auch die sektorale Produktivität wird tendenziell temporär sinken, da der Produktivitätsrückgang der ersten Anwender der neuen Technologie auf das Aggregat wirkt.

2. Mit steigender Erfahrung der frühen Anwender steigt ihr internes Fähigkeitsniveau und ihre durchschnittliche Produktivität. Mit zunehmender Investitionstätigkeit in die neue Technologie steigt auch die sektorale Produktivität. Da in dieser Phase die Produktivität der Anwender der neuen Technologie über die der Produzenten mit alter Technologie steigt, erhöht sich dementsprechend ihr Marktanteil. Im sektoralen Aggregat macht sich neben der

[208] Vgl. Hall (1994), S. 295.
[209] Das Modell läßt sich als eine Anzahl Differential-Differenzen-Gleichungen mit Altersstruktureffekten beschreiben. Vgl. Silverberg/Dosi/Orsenigo (1988), S. 1043.
[210] Vgl. Hall (1994), S. 296f.

steigenden Produktivität auch die steigende Gewichtung bemerkbar. Anfangs jedoch ist es möglich, daß Erstanwender Marktanteile verlieren, da sie aufgrund der unterdurchschnittlichen Produktivität höhere Preise und längere Lieferverzögerungen aufweisen als der sektorale Durchschnitt. Letzteres motiviert sie wiederum, ihren Kapitalstock auszudehnen – mit Maschinen der neuen Technologie, so daß der anfängliche Wettbewerbsverlust überkompensiert werden kann.

3. Da mit steigenden internen Fähigkeitsniveaus ebenfalls die öffentlich verfügbaren Kenntnisse über die neue Technologie ansteigen, können späte Übernehmer aufholen und die zunehmende Wissensbasis als Sprungbrett nutzen, falls sie die notwendigen internen Kenntnisse schnell erwerben können.

4. Die relative Wettbewerbsfähigkeit und damit der Marktanteil eines Unternehmens ist letztlich in besonderer Weise von der Rate des internen Lernens abhängig. Übernimmt ein Unternehmen die neue Technologie wegen eines hohen Antizipationsbonus frühzeitig, weist aber einen niedrigen konstanten Koeffizienten für die Lerngeschwindigkeit *G* auf, dann leidet es an hohen Entwicklungskosten und verliert dauerhaft Marktanteile. Umgekehrt ist es Unternehmen mit hoher Lerngeschwindigkeit trotz später Übernahme möglich schnell aufzuholen und Markanteile hinzuzugewinnen, wenn sie von der steigenden öffentlich verfügbaren Wissensbasis profitieren können. Eine hohe Lerngeschwindigkeit bestätigt die frühe Übernahme der neuen Technologie aufgrund optimistischer Erwartungen und eines Antizipationsbonus. Insbesondere dann, wenn nur wenig Externalitäten und *spill over* des internen Wissens auftreten, haben es späte Anwender überaus schwer, ihre ursprünglichen Marktanteile zu verteidigen und bei einem wachsenden Markt konstant zu halten. Eine niedrige Lerngeschwindigkeit hingegen führt insbesondere bei starken Wissensexternalitäten bei früher Übernahme unter Umständen zum Verschwinden des Unternehmens.

5. Das evolutorische Element in diesem Modell zeigt sich darin, daß weder die Unternehmen noch der Beobachter *a priori* weiß, welche frühen Anwender langfristig Marktanteile gewinnen oder verlieren, und welche der späten Anwender von dieser Strategie profitieren können.

Aus der Evolution der sektoralen Struktur und der Marktanteile der Unternehmen ist es darüber hinaus möglich, den Diffusionsverlauf der neuen Technologie abzuleiten.[211] Als Indikator kann entweder die Zahl der Anwender oder aber der Anteil der Produktionskapazität der neuen Technologie herangezogen werden.

[211] Vgl. Hall (1994), S. 297.

In beiden Fällen entsteht eine s-förmige Diffusionskurve. Wird als Diffusionsgeschwindigkeit der Zeitraum herangezogen, der benötigt wird, bis der Anteil der neuen Technologie an der Produktionskapazität von 10% auf 90% angewachsen ist, zeigt sich, daß die Diffusionsgeschwindigkeit mit steigenden Raten der internen und öffentlichen Wissensakkumulation ansteigt. Allerdings unterliegt diese Zunahme dem Ertragsgesetz.

Die Besonderheit des Modells ist darin zu sehen, daß trotz der Komplexität und der Vielfalt der sektoralen Entwicklungsrichtungen die Ausbreitung von Prozeßinnovationen, den bekannten und empirisch feststellbaren sigmoiden Verlauf nimmt.[212] Es ist als besondere Leistung der Autoren zu sehen, daß sie in ihrem Modell eine Vielzahl einzelner Aspekte der Technologiediffusion inkorporieren. Dies betrifft sowohl Elemente der einzelwirtschaftlichen Investitionsentscheidung als auch private und öffentliche Forschungsanstrengungen, Produktivitätssteigerungen einzelner Kapitaljahrgänge und inkrementellen technischen Fortschritt entlang der Trajektorien bekannter Technologien und die Generierung neuer Trajektorien sowie nicht zuletzt die Frage des Produktivitätsparadoxons während der Anpassung an eine neue Trajektorie eines neuen techno-ökonomischen Paradigmas.[213]

4.3.3 Zusammenfassung

Das in diesem Abschnitt vorgestellte makroökonomische Diffusionsmodell überzeugt, weil es in der Lage ist, sowohl einige der mikroökonomischen Aspekte der einzelwirtschaftlichen Übernahmeentscheidung als auch Teile der makroökonomischen Technologiediffusion wie Jahrgangskapitalmodelle in einem Ansatz zusammenzufassen. Darüber hinaus verweist es auf Wissensexternalitäten als wichtige Diffusionsdeterminanten, die sich auch als grundlegende Erkenntnis der Neuen Wachstumstheorie bezüglich der Generierung von endogenem technischen Fortschritt bezeichnen lassen. Daher steht es zu Recht an letzter Stelle in der Reihe der Diffusionsmodelle, die in diesem ersten Teil dieser Arbeit vorgestellt wurden.

Der erste Teil des Modells untersucht die dynamische Entwicklung der relativen Wettbewerbsfähigkeit und des Marktanteils der Unternehmen in einem Sektor. Zunächst wird davon ausgegangen, daß nur eine einzige Technologie zur Verfügung steht, die sich nach einer exogen gegebenen Rate des technischen Fortschritts entlang ihrer Trajektorie entwickelt. Diese Evolution ist in *Abbildung*

---

[212] Vgl. Hall (1994), S. 298.
[213] Vgl. Abschnitt 5.2.2.

4.10 zusammengefaßt. Danach wird die relative Wettbewerbsfähigkeit und damit, gemäß der Fisher-Gleichung, der Marktanteil eines Unternehmens durch den relativen Lieferverzug dd_i und den relativen Preis p_i bestimmt. Ersteres ist Ergebnis der Bruttoinvestitionsrate, die wiederum vom Nettoinvestitionsvolumen und vom Ausmusterungsvolumen alter Maschinen abhängt. Die Nettoinvestitionen ergeben sich einerseits aus dem technischen Fortschritt und der davon abhängigen Produktivität der neuen Maschinen und andererseits aus der gewünschten Veränderungsrate der Produktionskapazität r_i, d.h. der Differenz der tatsächlichen Sachkapazitätsauslastung z_i und der gewünschten z_o. Während der angestrebte Auslastungsgrad von den Erwartungen des Unternehmens bestimmt ist, entwickelt sich die tatsächliche Auslastung nach einem *feed-back*-Mechanismus gemäß der relativen Wettbewerbsfähigkeit. Darüber hinaus ist er von der exogenen Wachstumsrate der (sektoralen) Nachfrage abhängig. Der relative Preis, den das Unternehmen für seine Produkte setzt, ist zum einen mit dem *mark-up pricing* über die Produktionskosten bestimmt. Über die Höhe des *mark-up* entscheidet die Monopolmacht des Unternehmens und damit sein Marktanteil, so daß sich ein zweiter *feed-back* Mechanismus etabliert. Zum anderen wird der relative Preis durch die relativen Preisvor- bzw. –nachteile des Unternehmens bestimmt. Dahinter verbirgt sich in erster Linie die relative Kostensituation des Unternehmens. Ein dritter *feed-back* Mechanismus entsteht, weil die Produktionskosten vor allem durch die relative Effizienz des unternehmensspezifischen Kapitalstocks K_i und seiner Altersstruktur determiniert werden.

Im zweiten Teil des Modells wird der gegebenen Technologie *A* und ihrer Entwicklung gemäß der Trajektorie zum Zeitpunkt t^* eine neue Technologie *B* gegenübergestellt, die zwar dieselben (exogenen) Produktivitätswachstumsraten aufweist, zu jedem Zeitpunkt aber ein höheres Produktivitätsniveau ermöglicht. Ob das maximale Effizienzniveau, das durch die Trajektorie repräsentiert wird, tatsächlich erreicht wird, hängt vom Fähigkeitsniveau des Unternehmens im Umgang mit der Technologie ab. Während die Technologie *A* von allen Unternehmen mit 100%-igen Fähigkeitsniveaus beherrscht wird, muß der Umgang der neuen Technologie erst durch eigene Erfahrungen (internes Lernen) oder durch öffentlich verfügbares Wissen (öffentliches Lernen) angeeignet werden. *Abbildung 4.9* visualisiert diesen Zusammenhang am Beispiel zweier Unternehmen *i* und *j*. Jedes Unternehmen bildet einen spezifischen Antizipationsbonus X_i bzw. X_j bezüglich der neuen Technologie, der von der Erwartung zukünftiger Produktivitätsentwicklungen und der Zahl zukünftiger Anwender abhängt.

Abbildung 4.10: Bestimmung der relativen Wettbewerbsfähigkeit eines Unternehmens i

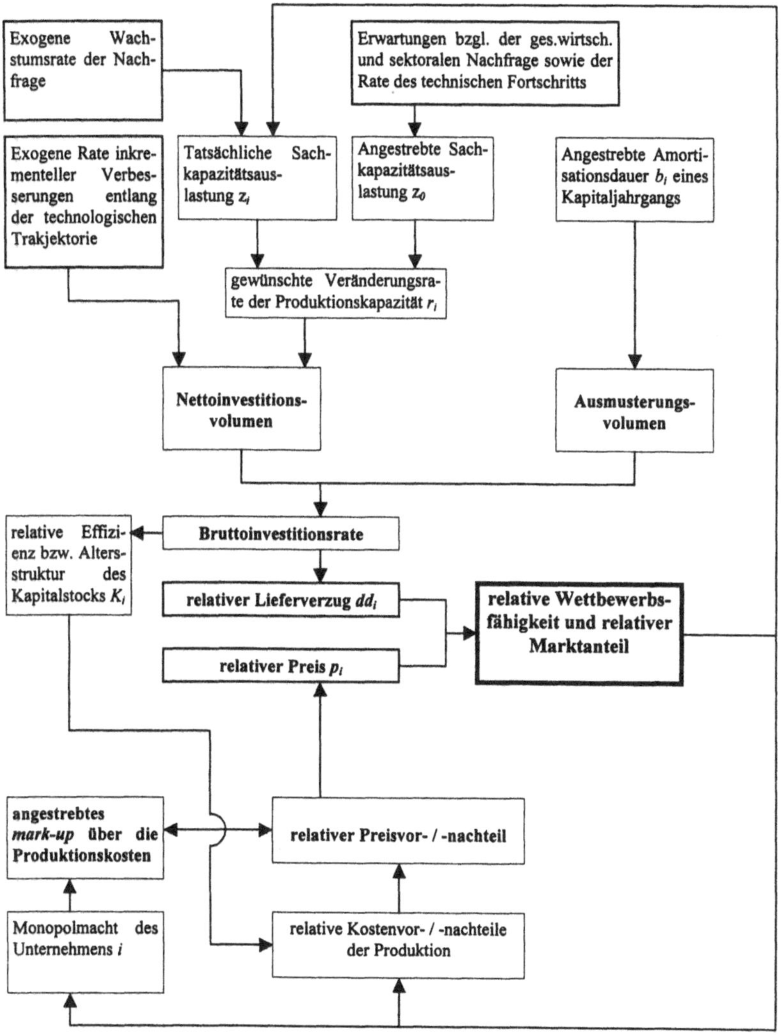

Quelle: eigene Darstellung.

Wird sie übernommen, wie für Unternehmen *i* dargestellt, weil sie aufgrund der relativen Installationskosten, der relativen Produktionskosten, gewichtet mit dem Antizipationsbonus, und der gewünschten Amortisationsdauer als vorteilhaft angesehen wird, beeinflußt dies die relative Wettbewerbsfähigkeit des Unternehmens. Wegen des anfänglich geringen Fähigkeitsniveaus im Umgang mit der neuen Technologie ist ein Rückgang der Produktivität einzelner Unternehmen, aber auch des sektoralen Durchschnitts, zu erwarten. Mit zunehmender Nutzungsdauer sowie zunehmender laufender und kumulierter Produktionsmenge steigt, je nach individueller Lerngeschwindigkeit unterschiedlich schnell, das Fähigkeitsniveau. Der Umgang mit der neuen Technologie wird effizienter. Aufgrund der *spill over* Effekte partizipieren auch Unternehmen von diesem Produktivitätsanstieg, die die Technologie noch nicht übernommen haben. Dies ist durch die hervorgehobenen Pfeile in *Abbildung 4.11* veranschaulicht. Es steigt die Wahrscheinlichkeit einer Übernahme auch durch bisherige Anwender der alten Technologie, wie z.B. durch Unternehmen *j*. Anwender der neuen Technologie erfahren einen zunehmenden Anstieg der relativen Wettbewerbsfähigkeit, da sie mit zunehmender Produktivität die neue Technologie nutzen. Insgesamt steigt die sektorale Produktivität an, und die Technologie wird nach und nach von allen Unternehmen übernommen. Die tatsächlichen Produktivitätsfortschritte nähern sich asymptotisch der exogen gegebenen Fortschrittsrate an, mit der sich die Trajektorie der neuen Technologie im Zeitablauf bewegt.

In der mikroökonomischen Analyse des Modells zeigt sich, daß nicht vorausgesagt werden kann, welche Unternehmen ihre Marktanteile ausbauen können und welche zu den Verlierern gehören.[214] Frühe Anwender haben die Chance des *forging ahead*, indem sie durch Wissens- und Produktivitätsvorsprünge an Marktmacht gewinnen. Sie begeben sich gleichzeitig in die Gefahr des *falling behind*, da sie bei optimistischen Erwartungen und langsamen internen Lernerfolgen zu ineffizient sind. Andererseits haben späte Übernehmer die Möglichkeit des *catching up*, da sie kostenlos auf die öffentliche Wissensbasis zurückgreifen können. Das einzelwirtschaftliche Verhalten der Unternehmen entspricht dem der *Probit*-Ansätze, die Lernen und Erwartungen als zentrale Übernahmedynamik in den Vordergrund stellen. Das Modell von Silverberg *et al.* ist dabei als eine Synthese der Modelle von Jensen (1982) mit internen Lerneffekten und Bhattacharya *et al.* (1985) mit externen Wissens-*spill overs* zu sehen.[215]

---

[214] Vgl. Silverberg (1990), S. 184.

[215] Für einen detaillierten Vergleich der beiden Modelle siehe Abschnitt 3.1.2.4 sowie Abschnitt 3.1.3.3.

Abbildung 4.11: Die Evolution der Technologie B aufgrund individueller Adoptionsentscheidungen

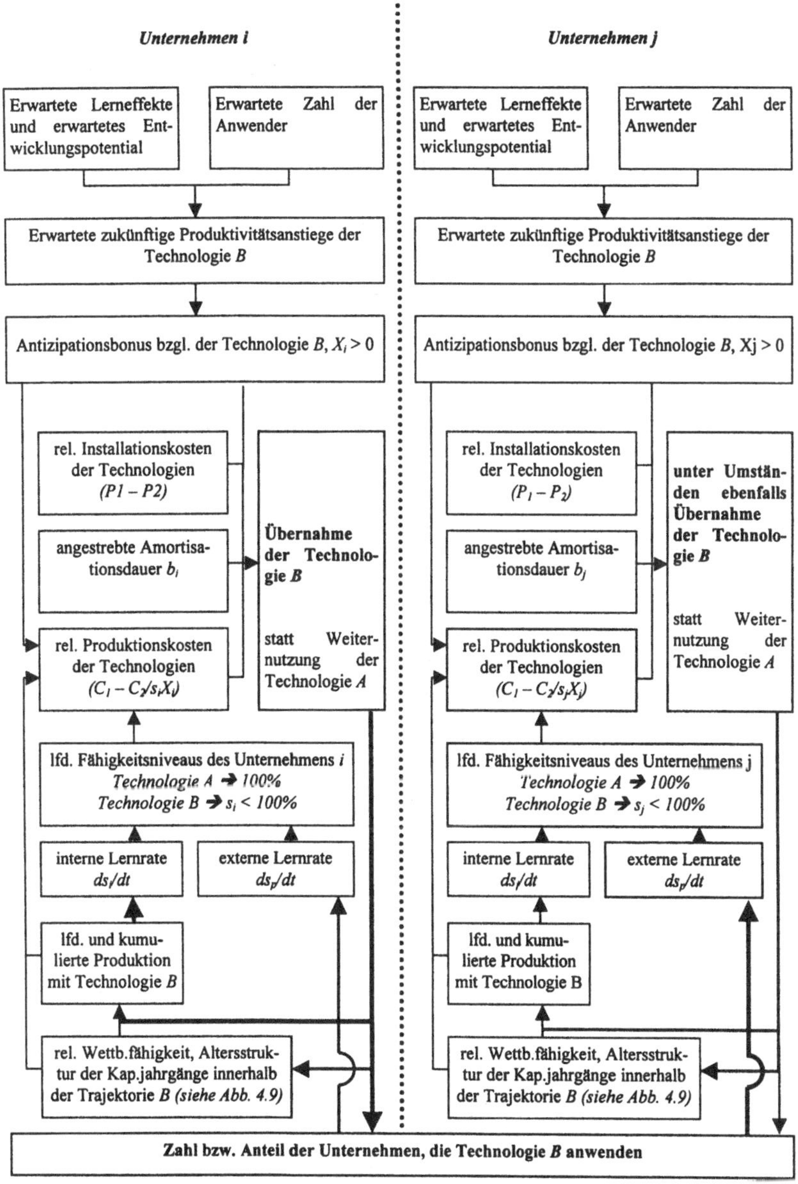

Quelle: eigene Darstellung.

In makroökonomischer Sicht überrascht die Ähnlichkeit des Modells mit den Ergebnissen der Neuen Wachstumstheorie, nach denen Wissensexternalitäten die entscheidende Dynamik zur endogenen Generierung von technischem Fortschritt zugeschrieben werden. Allerdings sind in diesem evolutorischen Modell sowohl das Auftreten einer neuen Technologie als auch die inkrementellen Verbesserungen der Technologien entlang ihrer Trajektorien exogen gegeben. Die asymptotische Annäherung der Produktivität und Effizienz einer Technologie an ihre Trajektorie als maximaler Produktivitätspfad wird durch endogene *spill overs* und interne Lernanstrengungen erreicht. Dies gilt sowohl für die einzelwirtschaftliche Evolution, sofern die Unternehmen auf dem Markt verbleiben, als auch für die sektorale Produktivitätsentwicklung. Darüber hinaus eignet sich das Modell auch zur Beschreibung und Erklärung des Produktivitätsparadoxons, da es den Rückgang der Wachstumsraten der Arbeitsproduktivität (da das Modell auf die Arbeitsproduktivität und nicht auf die Wachstumsraten zurückgreift, kommt es zu einem absoluten Rückgang der Produktivität) im Übergang von einer Trajektorie zur anderen und die anschließend zunehmenden Wachstumsraten endogenisiert.

4.4 Kritische Würdigung

Die makroökonomischen Modelle und Ansätze haben zusätzliche Erkenntnisse zur Diffusion von Technologien und Techniken beigetragen. Dies ist vor allem den Jahrgangskapitalmodellen, der Input-Output-Analyse und den makroökonomisch orientierten evolutorischen Modellen zuzuschreiben. Die *Vintage*-Ansätze haben gezeigt, daß Investitionen eine zentrale Determinante der Technologiediffusion darstellen. Mehr noch als in einigen mikroökonomischen Ansätzen, in denen die Übernahmeentscheidung auch vom notwendigen Investitionsvolumen abhängig ist, verweisen sie darauf, daß Technologien in aller Regel an Maschinen und Sachkapital gebunden sind. Um sie in den Produktionsprozeß einzuführen, bedarf es daher der Investition in Kapitalgüter. Für die sektorale und gesamtwirtschaftliche Ausbreitung neuer Technologien ist daher neben der einzelwirtschaftlichen Entscheidung zur Übernahme der Technologie[216] das sektorale und gesamtwirtschaftliche Investitionsvolumen eine wichtige Bestimmungsgröße.

Es wird durch diese Sichtweise keinesfalls geleugnet, daß neues Wissen nicht allein in Maschinen, sondern auch und unter Umständen sogar zu einem größe-

[216] Die einzelwirtschaftlichen Beweggründe, die zur Übernahme oder Ablehnung einer neuen Technologie zu einem bestimmten Zeitpunkt führen, werden in den mikroökonomischen Diffusionsmodellen des Abschnitts 3 erklärt.

ren Teil in Humankapital verkörpert ist. Damit ist eine zusätzliche Problematik der Komplementarität der Produktionsfaktoren angesprochen, die der Bindung des technischen Fortschritts an Sachkapital nicht widerspricht. Vom Investitionsvolumen bleibt es abhängig, inwieweit neue Techniken und Technologien, die in einem Maschinenjahrgang verkörpert sind, in den Kapitalstock eingehen. Wird auf Humankapital abgehoben, läßt sich derselbe Zusammenhang für Investitionen in Humankapital bilden.

Wird realistischerweise davon ausgegangen, daß *ex post* fixe Faktoreinsatzproportionen und mithin limitationale Produktionsprozesse gelten, entscheidet das Bruttoinvestitionsvolumen über das Ausmaß, mit dem neue Maschinen und neuester Kapitaljahrgang in die Produktion eingehen, wie viele unterschiedlich effiziente Jahrgänge am Produktionsprozeß beteiligt sind und wie lange die ökonomische Lebensdauer der Kapitaljahrgänge ist. Wird von einer Nettoinvestitionsrate von Null ausgegangen, läßt sich die Brutto- bzw. Ersatzinvestitionsrate als Modernisierungsrate der Volkswirtschaft bezeichnen. Je höher die Bruttoinvestitionsrate ist, desto mehr Kapital des neuesten Jahrgangs wird gebildet. Dementsprechend früh werden alte Kapitaljahrgänge obsolet und dem Produktionsprozeß entzogen. Nur wenige moderne Kapitaljahrgänge, die in entsprechend großem Volumen installiert sind, prägen die Produktionssphäre in einer derartigen Situation. Konsequenz daraus ist eine relativ hohe durchschnittliche Produktivität. Umgekehrt zeigt sich das Bild bei einer niedrigen Ersatzinvestitionsrate. In jeder Periode wird nur wenig in neueste Maschinen investiert. Alte Jahrgänge verbleiben relativ lange im Produktionsprozeß, so daß viele Produktionstechniken zum Einsatz kommen. Die durchschnittliche Produktivität ist entsprechend niedrig. Der Vergleich dieser beiden Szenarien, in denen durchaus jeweils ein gleich großer, aufgrund der fehlenden Nettoinvestitionen im Zeitablauf konstanter Kapitalstock vorliegen kann, zeigt, daß das Ausmaß der Kapitalmodernisierung durchaus als Diffusionsrate interpretiert werden kann, deren entscheidender Parameter in makroökonomischer Sicht das Investitionsvolumen darstellt.

Dem *Vintage*-Ansatz ist es allerdings nicht möglich, alle stilisierten Fakten der Technologiediffusion nachzuzeichnen. Vor allem der sigmoide Diffusionsverlauf einzelner Techniken läßt sich nicht ermitteln. Jedoch wird das Faktum der unterschiedlich schnellen Diffusion verschiedener Sektoren und Volkswirtschaften – trotz der ähnlichen Ausbreitungskurven – einfach und umfassend erklärt: Das aggregierte Investitionsvolumen, zu dem zwar das einzelne Unternehmen beiträgt, das aber von ihm als exogen gesehen werden muß, wenn hinreichend viele Unternehmen existieren, dient als plausible Determinante für die unterschiedlich schnelle Ausbreitung und Modernisierung von Volkswirtschaften.

Die Input-Output-Analyse lenkt das Augenmerk auf die intersektorale Ausbreitung von Innovationen. Dieser Aspekt geht immer dann verloren, wenn ausschließlich die sektorale Diffusion analysiert wird oder aber die gesamtwirtschaftliche Dimension der Technologiediffusion interessiert. Der Nachweis des allgemeinen technischen Fortschritts anhand der Veränderungen der Koeffizienten in Input-Output-Tabellen wird mit zwei Methoden geführt. Zum ersten werden Veränderungen der in statischen Modellen aufgrund limitationaler Produktionsprozesse als konstant angenommenen Koeffizienten im intertemporalen Vergleich von Input-Output-Tabellen mit der Methode der Komponentenzerlegung auf die exogene Veränderung der Endnachfrage oder die exogene Veränderung der Produktionstechnik aufgeteilt. Bei beiden Methoden ändern sich die intersektoralen Kapital- und Vorleistungsströme und daher die Koeffizienten. Problematisch bleibt die Behandlung der sogenannten Joint-Effekte, die die gemeinsame Veränderung der einzelnen Komponenten darstellen. Zum zweiten wird bei der Annahme variabler Inputkoeffizienten davon ausgegangen, daß verschiedene in sich limitationale Produktionsprozesse zur Herstellung von Gütern und Dienstleistungen zur Verfügung stehen. Bei technischem Fortschritt, z.B. der Einführung einer Innovation in einem Sektor, reduzieren sich unter Umständen bestimmte Vorleistungslieferungen, so daß aufgrund von Faktorpreisänderungen auch in vielen anderen Sektoren andere Produktionsprozesse eingesetzt werden und sich daher die Koeffizienten ändern. Technischer Fortschritt in Form von Prozeßinnovationen führt zur Veränderung des *process mix*. Wird davon ausgegangen, daß Vorleistungs- und Endprodukte mit unterschiedlichen Produktionsprozessen hergestellt werden, führt technischer Fortschritt in Form von Produktinnovationen zur Veränderung des *product mix* und damit zur Änderung der Inputkoeffizienten.

Darüber hinaus läßt sich die intersektorale Diffusion einer einzelnen Innovation anhand von Technologieverflechtungsmatrizen ableiten. Voraussetzung dafür ist die Überlegung, daß technischer Fortschritt in Kapitalgütern und Vorleistungen verkörpert ist. Wird daher der Technologiegehalt der Vorleistungs- und Kapitalgüterströme gemessen, ist es möglich, Technologiegeber- und Technologienehmersektoren zu identifizieren. Diese Messung geschieht üblicherweise anhand von Indikatoren wie F&E-Aufwendungen, Innovationsaufwendungen oder Patente. Kritisch zu sehen ist jedoch die Inkongruenz des Begriffs der Vorleistung und des Inputkoeffizienten, der eine Produktionsmethode repräsentiert. Denn aus den gleichen Vorleistungsströmen können verschiedene Produkte hergestellt werden, und identische Güter lassen sich mit verschiedenen Vorleistungsströmen produzieren. Obwohl Technologieveflechtungsmatrizen nur eine Näherung an die tatsächlichen intersektoralen Ausbreitungswege von Innovationen darstellen, dienen sie als Ausgangspunkt für eine erklärende Theorie der sektoralen Technologiediffusion, die über die beschreibende Eigenschaft der Input-Output-Analyse hinausgeht.

Dabei wird angenommen, daß die Koeffizienten der Technologieverflechtungsmatrix als Wahrscheinlichkeit gedeutet werden können, daß eine Innovation von einem Sektor zum anderen diffundiert. Darüber hinaus haben die Sektoren unterschiedliche Anforderungen an die Eigenschaften von Innovationen. Während im Demonstrationssektor ausschließlich die technische Machbarkeit gefordert ist, und er daher im allgemeinen als Eintrittssektor für Innovationen gilt, wird die Innovation im Sektor Instrumente nur bei technischer Zuverlässigkeit eingesetzt. Im Werkzeugmaschinensektor ist zusätzlich technische Effizienz verlangt. Mit zunehmender Ausbreitung steigt die ökonomische Seite gegenüber der technischen Beurteilung der Innovation. Der Maschinenbau übernimmt eine Innovation, wenn deren langfristige ökonomische Überlegenheit gesichert ist, während im Verarbeitenden Gewerbe ökonomische Effizienz eine Rolle spielt. In der letzten Diffusionsstufe, der Konsumgüterindustrie, ist schließlich die kurzfristige ökonomische Überlegenheit das entscheidende Übernahmekriterium.

Der entscheidende Vorteil der sektoralen Diffusionstheorie ist darin zu sehen, daß sie in differenzierter Weise für die verschiedenen Sektoren einer Volkswirtschaft den abstrakten Profitabilitätsbegriff der Innovation aus der mikroökonomischen Diffusionsanalyse mit ökonomischem Inhalt füllt. Sie leistet einen entscheidenden Beitrag zum Verständnis der Innovationsdiffusion. Auf der anderen Seite setzt sie die inkrementelle Verbesserung der Innovation im Zeitablauf während ihrer Ausbreitung zwischen den Sektoren voraus, ohne diese zum Gegenstand der Analyse zu machen.

Im evolutorischen Modell von Silverberg *et al.* werden diese inkrementellen Verbesserungen von Technologien entlang ihrer Trajektorie zusammen mit dem Wechsel zwischen zwei Technologien thematisiert. Darüber hinaus ist das Modell in der Lage, die makroökonomischen Aspekte des *Vintage*-Ansatzes mit den mikroökonomischen Entscheidungsregeln bei Lernen zu verbinden. Es kann daher als eines der komplettesten Diffusionsmodelle betrachtet werden. Die Erkenntnis, daß die vielfältigen und reichhaltigen Determinanten der Technologiediffusion sich nicht in einem einzigen umfassenden Ansatz subsumieren lassen, behält allerdings weiterhin Gültigkeit.

5 Die Freisetzung und Kompensation von Arbeitskräften durch neue Technologien

5.1 Einleitung

Die Debatte um die Beschäftigungswirkungen moderner Technologien wird seit jeher beherrscht von der Kontroverse um die „Janusköpfigkeit"[1] des technischen Fortschritts. Auf der einen Seite führt er mittels Effizienzsteigerungen der Produktionsprozesse zu einem Anstieg der (Arbeits-) Produktivität. Geht mit ihr keine entsprechende Erhöhung der Produktion einher, besteht die Gefahr der (technologischen) Arbeitslosigkeit.[2] Freisetzungspessimisten unter den Ökonomen betonen die Dominanz dieser Seite der Beschäftigungsmedaille des technischen Fortschritts. Auf der anderen Seite existieren (endogene) Mechanismen, von denen sich die Kompensationsoptimisten die Wiederbeschäftigung von freigesetzten Arbeitskräften erhoffen, häufig in quasi-automatischer Eigenschaft. Die Debatte der letzten zwei Jahrhunderte kann auf fünf Kompensationsmechanismen reduziert werden, die in abgewandelter Form immer wieder angeführt werden[3]:

1. Additive Produktinnovationen,
2. das Kaufkraftkompensationstheorem,
3. das Maschinenherstellungsargument,
4. die erhöhte internationale Wettbewerbsfähigkeit und
5. die Faktorsubstitutionsthese.

In diesem Zusammenhang stellt sich jedoch das Problem, daß die ökonomische Relevanz des technischen Fortschritts, auch und gerade für die Beschäftigung, vom Grad und der Geschwindigkeit seiner Ausbreitung abhängig ist. Wird die

---

[1] Hagemann (1985), S. 292.

[2] Nach der im allgemeinen herangezogenen Definition bewirkt der technische Fortschritt entweder einen höheren Output bei konstantem (Arbeits- und Kapital-) Input oder aber eine Reduktion der Produktionsfaktoren bei konstantem Sozialprodukt (vgl. Walter 1977, S. 569). Darin spiegelt sich die Neigung der ökonomischen Literatur zur Beachtung von Prozeß- und zur Vernachlässigung von Produktinnovationen wider. Allerdings ist die Abgrenzung nicht einfach, da viele Produktinnovationen gleichzeitig Prozeßinnovationen darstellen. Vgl. auch Abschnitt 2.2.

[3] Vgl. Hagemann (1985), S. 300. Diesen fünf endogenen Kompensationsmechanismen kann eine weitere, allerdings exogene, Wirkungskette gegenübergestellt werden: Auch Arbeitszeitverkürzungen sind unter Umständen in der Lage, technologisch bedingte Freisetzungen von Arbeitskräften zu kompensieren. Vgl. Hagemann (1985), Fn. 11 und Klauder (1988), S. 114. Dieser Aspekt wird jedoch im weiteren aufgrund ihres exogenen Charakters nicht näher diskutiert.

Erkenntnis der Zeitdimension akzeptiert, muß nach dem geeigneten Analyserahmen für Beschäftigungseffekte aus technischem Wandel gefragt werden.[4] Wird der kurzfristige Zeithorizont gewählt, kommt es gemäß der Neoklassik, in ihrer extremsten Version, zu einer nahezu zeitlosen, quasi-automatischen Kompensation freigesetzter Arbeitskräfte, wenn Faktorpreisentlohnung gemäß der Grenzproduktivität, vollständige Substituierbarkeit der Produktionsfaktoren und beliebige Verformbarkeit des Kapitals vorliegen.[5] Adolph Lowes berühmtes Zitat, nach dem in der Freisetzungs- und Kompensationsdebatte die Frage grundlegend ist,

> „...whether a free market is endowed with a systematic mechanism that assures compensation within the Marshallian short period..."[6],

beschreibt diesen Aspekt treffend.[7] In der Keynesschen Theorie hingegen findet die Frage nach technologischer Arbeitslosigkeit keinen Platz. Immerhin geht John Maynard Keynes in seiner Analyse der kurzen Frist explizit von einer gegebenen Produktionstechnik aus.[8]

In der langen Frist werden fortschrittsinduzierte Beschäftigungseffekte in der Regel im Rahmen der traditionellen strukturkonstanten Analyse des *Steady State* und des *Golden Age* diskutiert.[9] Technologische Arbeitslosigkeit kann in einem solchen Modellrahmen nur dann auftreten, wenn Produktivitäts- und Produktionswachstum temporär oder gar säkular auseinanderfallen.[10] Allerdings ist, in den Worten E. Helmstädters,

> „[...] langfristig noch [...] jede technologische Arbeitslosigkeit abgebaut worden."[11]

Wird also die lange Frist genügend ausgedehnt, ist die Kompensation freigesetzter Arbeitskräfte unproblematisch. Die Konzentration auf Vollbeschäftigungspfade des wirtschaftlichen Wachstums läßt sich dabei auch auf die günstige Beschäftigungssituation zurückführen, die in der Zeit der Entwicklung dieser

---

4 Vgl. Mettelsiefen (1981), S. 26f., Hagemann (1983), S. 246 und Mettelsiefen/Barens (1987), S. 13ff.

5 Vgl. Hagemann (1983), S. 247. Dieser Zusammenhang liegt der Faktorsubstitutionsthese zugrunde.

6 Lowe (1976), S. 250.

7 Vgl. Hagemann (1983), S. 246.

8 Vgl. Hagemann/Kalmbach (1983), S. 12f. und Freeman/Soete (1985), S. 20.

9 Vgl. Hagemann (1983), S. 247.

10 Vgl. Mettelsiefen (1981), S. 26.

11 Helmstädter (1998b), S. 134. Dieses Zitat läßt sich um die Worte Lederers ergänzen (1981, S. 53), daß „... es [...] richtig [ist], daß über kurz oder lang, wenn man sich genug Zeit läßt, die Arbeitslosigkeit verschwinden wird...".

Modelle geherrscht hat. Aber auch in der Neuen Wachstumstheorie, deren Erklärungsziel die Endogenisierung des technischen Fortschritts ist, die aber immerhin ihren Ursprung Mitte der 1980er Jahre in einer Zeit nimmt, in der Arbeitslosigkeit ein drängendes wirtschaftspolitisches Problem darstellte, wird technologische Arbeitslosigkeit im allgemeinen nicht problematisiert.[12]

Eine dritte Alternative bietet die Traversenbetrachtung, bei der der zeitliche Übergangsprozeß von einer Produktionstechnik auf eine neue im Mittelpunkt der Analyse steht. Sie wurde vor allem durch die Arbeiten von John R. Hicks (1973) und Adolph Lowe (1976) begründet. Konstituierend für diesen Ansatz ist die Betrachtung der technologischen Umstrukturierung als zeit- und kostenintensiver Übergangsprozeß. Hier wird genau jenes Bild gezeichnet, das auch der Analyse der Technologiediffusion zugrunde liegt und in die Schumpetersche Dreiteilung des technischen Wandels in Invention, Innovation und Diffusion mündet. Diese Unterscheidung ist in der oben kurz skizzierten langfristigen (*steady state*-) Modellierung hinfällig. In der kurzen Frist hingegen existiert bei der Vernachlässigung der drei Phasen des Innovationsprozesses (Invention, Innovation und Diffusion) das Problem, daß nicht erst die tatsächliche Nutzung, sondern bereits die Innovation oder gar Invention selbst Beschäftigungseffekte auslösen.[13] Sowohl die Diffusion von Technologien als auch die Kompensation von freigesetzten Arbeitskräften unterliegen dem gemeinsamen Charakteristikum der Zeitintensität. Das Urteil von Harald Hagemann bezüglich der Kompensation kann daher ohne Abstriche auf die Technologiediffusion übertragen werden:

> „Da ein entscheidendes Charakteristikum für den eigentlichen Kompensationsprozeß die reale zeitliche Dimension [...] ist, ist weder die kurzfristige, statische noch die langfristige Steady State-Perspektive geeignet.“[14]

Die Einsicht, daß das Ausmaß der Freisetzung und der Kompensation von Arbeitskräften durch technischen Fortschritt auch von der Diffusionsgeschwindigkeit der Innovationen abhängig ist, begleitet die Kontroverse seit jeher, wie die einleitenden Zitate am Anfang der Arbeit verdeutlichen. Auch in der jüngsten Debatte um technologische Arbeitslosigkeit war und ist sie präsent, ohne jedoch zu einer systematischen Analyse zwischen Technologiediffusion und technologischer Arbeitslosigkeit zu führen. Allenfalls in der Input-Output-Analyse zur

---

[12] Vgl. Petit (1994), S. 381 und Erber/Hagemann (2001b), S. 332.

[13] Vor diesem Hintergrund ist das an den Anfang der Arbeit gestellte Zitat von Kalmbach und Kurz (1990, S. 81) zu interpretieren, daß die *Diffusion neuer Technologien* Beschäftigungseffekte auslöse und nicht schon ihre bloße Verfügbarkeit.

[14] Hagemann (1983), S. 248.

empirischen Erhebung der Freisetzungs- und Kompensationseffekte und des Nettoeffekts der neuen Technologien wird das Konzept der zeitintensiven Diffusion angewendet. Allerdings werden dort willkürlich gesetzte Diffusionsverläufe *ex ante* festgelegt.[15] Das Ziel dieses Kapitels ist es daher, sowohl die Wirkungsketten der Freisetzung durch technischen Fortschritt als auch die Argumente der (quasi-automatischen) Kompensation – über deren quantitatives Ausmaß, Zusammensetzung und Geschwindigkeit noch immer keine Einigung erzielt wurde – vor dem Hintergrund der Diffusionstheorie kritisch zu beleuchten.

5.2 Die Freisetzung von Arbeitskräften

Die Freisetzung von Arbeitskräften ist ein allgemein akzeptiertes Resultat des technischen Fortschritts.[16] Für den überwiegenden Teil der Literatur der Freisetzungs- und Kompensationsdebatte gilt immer noch Kählers vor knapp 70 Jahren getroffene Feststellung:

> „Tatsächlich bestreiten die Freisetzungstheoretiker die Möglichkeit der Wiederaufsaugung der freigesetzten Arbeitskräfte ebensowenig, wie die Kompensationstheoretiker die momentane und lokale Freisetzung leugnen. *Der Streit wird nur über die Bedingungen der Kompensation geführt.*"[17] (Hervorhebung im Original).

Dennoch lohnt die Auseinandersetzung mit der fortschrittsinduzierten Arbeitsfreisetzung aus diffusionstheoretischer Sicht. Die Freisetzung ist Konsequenz aus den Produktivitätssteigerungen, die durch den Einsatz von Innovationen ausgelöst werden. Das Ausmaß des Produktivitätsanstiegs ist unmittelbar an die Diffusionsgeschwindigkeit gebunden, da die Reichweite und das Ausmaß des Innovationseinsatzes den durchschnittlichen Produktivitätsanstieg in einer Volkswirtschaft oder in einem Sektor bestimmen. Die Diffusionsgeschwindigkeit als Maß der Kapitalmodernisierung determiniert daher die Entwicklung der Produktivität, wobei die (exogen gegebene oder endogen bestimmte) Rate des technischen Fortschritts als deren Obergrenze anzusehen ist.[18]

Die Freisetzung von Arbeitskräften birgt die Gefahr in sich, technologisch bedingte Arbeitslosigkeit hervorzurufen. Ob und unter welchen Umständen tatsächlich technologische Arbeitslosigkeit entsteht, ist nicht allein von der Freisetzungsrate des technischen Fortschritts abhängig, wie der kurze Überblick über

---

[15] Vgl. Kalmbach (1991), S. 93.
[16] Vgl. Mettelsiefen (1981), S. 16.
[17] Kähler (1933), S. 7.
[18] Vgl. zu diesem Zusammenhang auch Abschnitt 4.1.2.

die Freisetzungs- und Kompensationstheorien und ihre jeweiligen Argumente im obigen Abschnitt gezeigt hat.[19] Die Frage, unter welchen Bedingungen fortschritts- und produktivitätsbedingte Freisetzung tatsächlich Unterbeschäftigung induziert, führt zur Debatte um den Verdoorn-Zusammenhang, das Okunsche Gesetz und die Beschäftigungsschwelle. Daher sollen im nächsten Abschnitt die Produktivitätswirkungen des technischen Fortschritts einer näheren Betrachtung unterzogen werden. Anschließend werden diese Freisetzungs- bzw. Produktivitätswirkungen aus Sicht der Diffusionstheorie kritisch gewürdigt. Der Abschnitt über die Freisetzungseffekte des technischen Fortschritts wird mit einer Zusammenfassung abgeschlossen.

5.2.1 Produktivitätswirkungen des technischen Fortschritts

5.2.1.1 Die Beschäftigungsschwelle

Schon seit dem Ende der sechziger Jahre des letzten Jahrhunderts wird versucht, aufgrund der Überlegungen zur Produktions-Produktivitäts-Schere die Freisetzungs- und Einsparungspotentiale in einer Volkswirtschaft zu berechnen.[20] Mitunter wird der Begriff der Produktions-Produktivitäts-Schere als Synonym für die Freisetzungshypothese gebraucht[21], da aufgrund des technischen Fortschritts, so die Annahme, die Gefahr besteht, daß die Produktivität schneller wächst als die Produktion.[22] Die sich in einem solchen Fall öffnende Schere ist nach dieser Lesart gleichbedeutend mit Freisetzung und mangelnder Kompensation der Arbeitskräfte. Nach der in Abschnitt 2.7 gewählten Definition der technologischen Arbeitslosigkeit ist eine solche Auslegung nicht haltbar. Letztlich wird durch eine Öffnung der Produktions-Produktivitäts-Schere nur die Existenz und das Ausmaß der hypothetischen Freisetzung berechnet, deren tatsächliche Manifestation als technologische Arbeitslosigkeit nicht zwingend folgt.[23]

Eine korrekte Interpretation des Phänomens konstatiert zunächst die z.B. in der Bundesrepublik Deutschland empirisch feststellbare Öffnung der Schere seit Mitte der 1960er Jahre in der Form, daß das Produktionswachstum gegenüber dem Produktivitätswachstum (Arbeitsstundenproduktivität) zurückgeblieben

---

[19] Darüber hinaus sei auf den Abschnitt 2.7 verwiesen, in dem einige grundlegende Überlegungen zum Begriff und zur Definition der technologischen Arbeitslosigkeit angestellt wurden.

[20] Vgl. für ein Beispiel die *ifo*-Studie in Uhlmann/Huber (1971).

[21] Vgl. z.B. Klauder (1986), S. 2.

[22] Zur formalen Darstellung dieses Zusammenhangs vgl. Kalmbach (1983), S. 298ff.

[23] Vgl. Hagemann/Kalmbach (1985), S. 74.

ist.[24] Ob daraus technologische Arbeitslosigkeit entsteht, wird von der Entwicklung exogener Größen wie Arbeitszeit und Erwerbspersonen mitbestimmt.[25]

Ausgangspunkt der Überlegung ist der tautologische Zusammenhang zwischen der Beschäftigungsmenge L (gemessen als Zahl der geleisteten Arbeitsstunden), der Produktionsmenge Y und der Arbeitsproduktivität y. Da y als Quotient aus Y und L definiert ist, folgt:

$$(5.1) \qquad L = \frac{Y}{y} \quad \text{bzw.} \quad Y = yL .$$

Entsprechend gilt für die Wachstumsraten der Variablen:

$$(5.2) \qquad \hat{L} = \hat{Y} - \hat{y} \quad \text{bzw.} \quad \hat{Y} = \hat{y} + \hat{L} .$$

Die Beschäftigungsschwelle ist dann gegeben, wenn die Wachstumsrate der Arbeitsproduktivität derjenigen der Produktion entspricht.[26] Die Beschäftigungsmenge ändert sich in einer solchen Situation nicht. Aus den Definitionsgleichungen (5.1) und (5.2) allein lassen sich aber ohne weiteres noch keine weitergehenden Aussagen ableiten.

Zunächst ist es sinnvoll, die Arbeitsproduktivität y als Stundenproduktivität und nicht als Personenproduktivität zu definieren.[27] Die Stundenproduktivität ist als Produktionsvolumen je Arbeitsstunde H definiert, also $y_H = Y / H$. Multipliziert mit der Arbeitszeit je Erwerbstätigen E, gemessen durch $h = H / E$, ergibt sich die Personenproduktivität (Produktionsvolumen je Erwerbstätigen) $y_E = Y / E$. Es gilt also die Identität $L = E \cdot H$.[28] Die Zahl der Erwerbstätigen ändert sich bei einer Öffnung der Produktions-Produktivitäts-Schere also nur bei einer Konstanz der Arbeitszeit. Die Darstellung der Beschäftigungsschwelle mit Hilfe der Stundenproduktivität bietet den Vorteil, den Effekt von Arbeitszeitveränderungen auf die Produktivität zu berücksichtigen.[29] Sinkt nämlich H bei konstanter Stundenproduktivität, sinkt gleichzeitig die Personenproduktivität. Gleichung (5.2) läßt sich daher wie folgt erweitern, wenn die Veränderungsrate der Beschäftigungsmenge durch die Veränderungsrate der Erwerbstätigen ersetzt wird:

$$(5.3) \qquad \hat{E} = \hat{Y} - \hat{y} - \hat{h} .$$

---

[24] Vgl. Erber/Hagemann/Seiter (1998), S. 177.
[25] Vgl. Erber/Hagemann/Seiter (1998), S. 178.
[26] Vgl. Pusse (1990, S. 100 und 1998, S. 51).
[27] Vgl. Welsch (1983), S. 348.
[28] Vgl. Erber/Hagemann/Seiter (1998), S. 176
[29] Vgl. Kalmbach (1983), S. 306 und Seiter (1997), S. 216.

Darüber hinaus lassen sich konjunkturelle Einflüsse berücksichtigen, wie sie im Okunschen Gesetz zum Ausdruck kommen. Das Gesetz beschreibt eine empirisch nachweisbare Übereinstimmung von Produktionsentwicklung und Veränderung der Arbeitslosigkeit.[30] Wird die Personenproduktivität herangezogen, entsteht das Problem, daß im Aufschwung die zunehmende Produktion mit den gegebenen Arbeitskräften und unterausgelasteten Kapazitäten bewerkstelligt werden kann, da in konjunkturell schlechten Zeiten Arbeitskräfte „gehortet"[31] werden. Die Arbeitsproduktivität steigt mit dem Output. Im Abschwung läßt sich das umgekehrte Phänomen beobachten.[32]

5.2.1.2 Der einfache Verdoorn-Zusammenhang

Weitere Interpretationsmöglichkeiten bieten sich in der indirekten Bestimmung der Beschäftigungsschwelle über den Verdoorn-Zusammenhang, nach dem das Produktivitätswachstum um so größer ist, je höher das Outputwachstum ist:[33]

(5.4) $$\hat{y} = a + b\hat{Y}.$$

Danach besteht ein linearer Zusammenhang zwischen Arbeitsproduktivitätswachstum und Outputwachstum, wobei die Variable a die autonome Wach-

---

[30] Vgl. für einen Überblick Hagemann/Seiter (1999a).

[31] Vgl. Schalk/Lüschow/Untiedt (1997), S. 5.

[32] Vgl. Hof (1994), S. 130 und Seiter (1997), S. 215f. Es lassen sich weitere tautologische Beziehungen herleiten, die auch den Einfluß des Arbeitsangebots auf den Zusammenhang zwischen Produktion, Produktivität und Beschäftigung, wie z.B. die Partizipationsrate, berücksichtigen (vgl. Kalmbach 1983, S. 305, Schalk 1991, S. 206, und Döpke 2001, S. 21). Die Gleichung
$$Y = \frac{Y}{H} \cdot \frac{H}{E} \cdot \frac{E}{P} \cdot \frac{P}{N} \cdot N$$
beschreibt eine solche Erweiterung, wobei H die Anzahl der gearbeiteten Stunden in der Volkswirtschaft, E die Zahl der Erwerbstätigen, P die Zahl der Erwerbspersonen und N die Gesamtbevölkerung bezeichnet. Daraus folgt für die Veränderung der Wachstumsraten: $\hat{Y} = \hat{y}_H + \hat{h} + \hat{e} + \hat{p}$. Neben den bisher bekannten Größen der Stundenproduktivität y_H und der Arbeitszeit je Erwerbstätigen h gehen nun auch die Erwerbsquote $e = E/P$ und die Partizipationsrate $p = P/N$ in die Analyse ein. So legt der Koeffizient des Okun'schen Gesetzes nahe, daß ein die Beschäftigung steigerndes Produktionswachstum (über dem Wachstum des Produktionspotentials bzw. der „normalen" Wachstumsrate) nicht zu einem proportionalen Rückgang der Arbeitslosenquote führt, da die Partizipationsrate zunimmt (vgl. Hagemann/Seiter 1999, S. 820 und Schalk/Untiedt 2000, S. 26ff).

[33] Grundsätzlich ist es möglich, den Zusammenhang zwischen Wachstum und Beschäftigung statt über den Verdoorn-Zusammenhang über das Okun'sche Gesetz abzuleiten (vgl. Buscher *et al.* 2000, S. 12). Da aber die Produktivität keinen direkten Eingang in die Gleichung erhält, ist sie für die Fragestellung der Produktivitätswirkungen des technischen Fortschritts nur bedingt geeignet.

stumsrate der Arbeitsproduktivität bezeichnet und bY für die produktionswachstumsabhängige Komponente des Arbeitsproduktivitätswachstums steht, wobei b als Verdoorn-Koeffizient bezeichnet wird.[34] Sowohl im originären Artikel von Verdoorn (1949 bzw. 1993) als auch in der Wiederentdeckung Kaldors (1966) wird der Zusammenhang auf das Verarbeitende Gewerbe beschränkt. Wird der Verdoorn-Zusammenhang in die Identität (5.2) unter der Prämisse der Beschäftigungsschwelle, nach der die Veränderung des Arbeitsvolumens gleich null sein soll, eingesetzt, läßt sich das beschäftigungsneutrale Produktionswachstum über die Variablen a und b aus dem Verdoorn-Zusammenhang ausdrücken:

$$(5.5) \qquad \hat{Y}_{BS} = \frac{a}{1-b}.$$

In *Abbildung 5.1* wird deutlich, daß die Beschäftigungsschwelle mit zunehmendem autonomen Produktivitätsfortschritt (Verschiebung der Produktivitätsfunktion nach oben) und mit wachsendem Verdoorn-Koeffizienten (steilere Produktivitätsfunktion) ansteigt.

Abbildung 5.1: Die Beschäftigungsschwelle

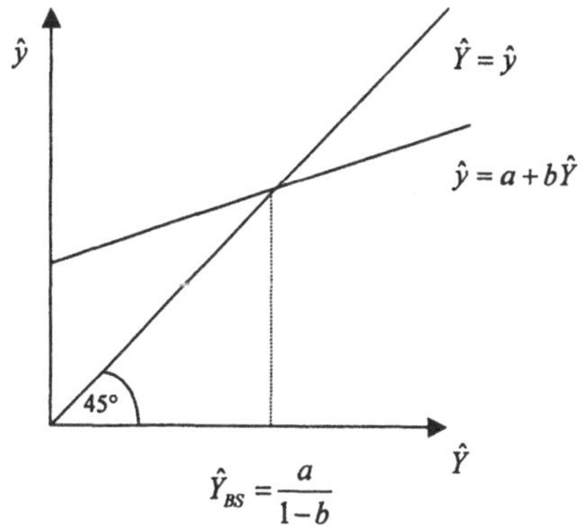

Quelle: eigene Darstellung.

Darüber hinaus ergibt sich für die Beschäftigungsschwelle, daß die Zunahme des Wirtschaftswachstums nicht vollständig in die Ausdehnung des Arbeitsvolumens bei konstanter Arbeitsproduktivität eingehen kann. Vielmehr steigt gleichzeitig die Arbeitsproduktivität mit dem Wirtschaftswachstum an.[35] Einen

---

[34] Vgl. Hagemann/Seiter (1999b), S. 1228.

[35] Vgl. Hagemann/Seiter (1999b), S. 1230.

kurzen Überblick über die Entwicklung der Beschäftigungsschwelle in der Bundesrepublik Deutschland und den USA gibt *Tabelle 5.1*. Danach schwankt die Beschäftigungsschwelle je nach Zeitintervall und Berechnungsmethode für die Bundesrepublik Deutschland zwischen 0,7 und 2,5. Mit dieser Rate muß also die Volkswirtschaft mindestens wachsen, damit keine negative Veränderung der Beschäftigungsmenge auftritt. In den USA ist die Beschäftigungsschwelle für die angegebenen Zeiträume signifikant niedriger.[36]

Tabelle 5.1: Die Beschäftigungsschwelle in der Bundesrepublik Deutschland und in den USA

Zeitraum	*Deutschland*	*USA*
1980-1989[1)]	0,70	-
1981-1990[2)]	1,15	0,67
1991-1996[2)]	1,85	0,50
1983-1997[3)]	2,0[4)]	-
1971-1997[3)]	2,0[4)]	-
1965-1994[5)]	2,5	-0,80

[1)] *Quelle: Hof (1994), S. 135,* [2)] *Quelle: Buscher* et al. *(2000), S. 72,* [3)] *Quelle: Schalk/Untiedt (2000), S. 20,* [4)] *Westdeutschland,* [5)] *Quelle: Löbbe (1998), S. 110.*

An dieser Stelle soll die Kontroverse, inwieweit es notwendig ist, den Verdoorn-Zusammenhang bei der Berechnung der Beschäftigungsschwelle zu berücksichtigen, nicht näher beleuchtet werden.[37] Für die Frage der Freisetzung von Arbeitskräften aufgrund der Technologiediffusion interessiert vielmehr die theoretische Interpretation des Verdoorn-Zusammenhangs.[38] Nach Gleichung (5.3) besteht das Produktivitätswachstum aus einer autonomen Komponente a und aus einer durch das Produktionswachstum bedingten Komponente bY, mit b als dem

---

[36] Vgl. für weitere empirische Ergebnisse z.B. Buttler/Hof (1977), Uhlmann (1978), Klauder (1986 und 1990), Hof (1994) und Erber (1994). Eine aktuelle Zusammenfassung bietet Seiter (1997), S. 215-220.

[37] Vgl. Kalmbach (1983), der die Ableitung der Beschäftigungsschwelle aus dem Verdoorn-Zusammenhang gegenüber der tautologischen Herleitung favorisiert, sowie Uhlmann (1987, S. 216), der die Berücksichtigung des Verdoorn-Zusammenhangs zur Feststellung von Kausalitäten in der Beschäftigungsschwelle bejaht, aber seine Verwendung für Prognosezwecke verwirft, und schließlich Erber/Hagemann/Seiter (1998, S. 181) für eine kritische Sichtweise der Verwendung des Verdoorn-Zusammenhangs wegen der dadurch verursachten empirischen Überschätzung der Beschäftigungsschwelle.

[38] Insbesondere Kaldor (z.B. 1966) hat sich intensiv mit der theoretischen Analyse des Verdoorn-Zusammenhangs auseinandergesetzt. Für eine ausführliche Darstellung der Debatte um den Verdoorn-Zusammenhang vgl. Seiter (1997).

sogenannten Verdoorn-Koeffizienten. Für die Frage der Freisetzung von Arbeitskräften durch die Ausbreitung neuer Techniken ist insbesondere die Frage der Kausalität im Verdoorn-Zusammenhang und darüber hinaus der Einfluß der Kapitalbildung von Interesse. Während sich die erste Frage anhand des einfachen Verdoorn-Zusammenhangs beantworten läßt, wird die Frage des Kapitals im folgenden Unterabschnitt im Rahmen des erweiterten Verdoorn-Zusammenhangs erörtert.

Zunächst zur Frage der Wirkungsrichtung im Verdoorn-Zusammenhang. Aus der empirischen Feststellung einer langfristig mehr oder weniger starken Korrelation lassen sich keine Aussagen über Kausalitäten ableiten.[39] In der Umkehrung des Zusammenhangs würde das Produktionswachstum durch das Produktivitätswachstum induziert sein. Ein solches Szenario wäre an sich durchaus vorstellbar und entspricht der Logik (neoklassischer) Wachstumsmodelle mit exogen gegebener Rate des technischen Fortschritts. Induzierter technischer Fortschritt, der sowohl in Kaldors *technical progress function* als auch in der Neuen Wachstumstheorie das Herzstück endogenen technischen Fortschritts darstellt, wäre dann aber nicht mehr möglich.[40] Wird vorausgesetzt, daß technischer Fortschritt in hohem Maße endogen ist, ist es daher plausibler anzunehmen, daß das Wachstum der Produktion auf die Produktivität wirkt. Eine solche Kausalität läßt sich theoretisch besser erklären. Vor allem steigende Skalenerträge sind dafür verantwortlich, daß eine Zunahme des Outputs mit einer unterproportionalen Zunahme der Arbeitsnachfrage bewerkstelligt werden kann, so daß die Produktivität steigt.[41] Neben den statischen und damit umkehrbaren

---

[39] Vgl. Blattner (1982), S. 604.

[40] Vgl. Seiter (1997), S. 184 und das dort zitierte Beispiel Kaldors (1966, S. 209), daß die nationalen Töchter multinationaler Automobilhersteller unterschiedliche Produktivitätssteigerungen aufweisen, die gegen ein autonomes Wachstum der Arbeitsproduktivität im Sinne des Verdoorn-Zusammenhangs (d.h. autonomer technischer Fortschritt) sprechen. Es läßt sich gegen diese Interpretation des Beispiels jedoch einwenden, daß auch autonomes Produktivitätswachstum aus technischem Fortschritt resultiert, der an Investitionen in Kapital und Humankapital gebunden ist. Sowohl Veränderungsraten als auch Niveau des Kapital- und Humankapitalstocks können jedoch zwischen Ländern sehr stark variieren, so daß unterschiedliche Wachstumsraten der Arbeitsproduktivität durchaus vorstellbar sind. Zudem unterscheiden sich die Rahmenbedingungen wie Investitionserwartungen und -finanzierungskosten im internationalen Vergleich in hohem Maße. „Autonom" im Sinne des einfachen Verdoorn-Zusammenhangs ist daher nicht gleichzusetzen mit „ungebunden".

[41] Vgl. Seiter (1997), S. 182. Diese Aussage bezieht sich auf den langfristigen Trend. Im Konjunkturzyklus sind keinesfalls steigende Skalenerträge für dieses Phänomen notwendig, wie die Überlegungen zum Okun'schen Gesetz gezeigt haben. Vielmehr genügen unterausgelastete Kapazitäten bei steigender Produktion im Aufschwung, die mit gegebener Beschäftigung und steigender Arbeitsproduktivität als „statistische Schimäre" (Seiter 1997, S. 216) erzeugt werden.

Größenvorteilen der Massenproduktion existieren auch dynamische, im Zeitablauf nicht mehr umkehrbare Skalenerträge aufgrund von Lerneffekten, Produktionsexternalitäten und/oder Netzwerkexternalitäten. Letztlich lassen sich dynamische Skalenerträge in Kaldors Sichtweise auf die zunehmende Arbeitsteilung zurückführen.[42] In dieser Interpretation ist der Verdoorn-Koeffizient produktionstechnisch bedingt.

5.2.1.3 Der erweiterte Verdoorn-Zusammenhang

Der Verdoorn-Zusammenhang stellt lediglich auf einen Zusammenhang zwischen Produktivität und Wachstum ab. Neben den darin zum Ausdruck kommenden steigenden Skalenerträgen werden im allgemeinen der technische Fortschritt und Substitutionseffekte als wichtigste Gründe dafür genannt, daß ein Anstieg des Produktionswachstums nicht zu einem gleich großen Beschäftigungsanstieg führt, sondern zugleich einen Anstieg der Arbeitsproduktivität induziert.[43] Zunächst intuitiv einsichtig scheint die Feststellung, daß *technischer Fortschritt* die Arbeitsproduktivität erhöht.[44] Dennoch ergeben sich zwei Fragen, deren Beantwortung für den Freisetzungsmechanismus relevant sind:

1. Aus Sicht der Diffusionstheorie bleibt zunächst offen, in welchem (zeitlichen) Ausmaß sich die Produktivitätswirkungen entfalten.[45]
2. Ebenso wird im einfachen Verdoorn-Zusammenhang nicht geklärt, in welcher Form Innovationen in den Produktionsprozeß eingeführt werden.[46] Insbesondere bei in Kapitalgütern gebundenem technischen Fortschritt ergibt sich ein erklärungsbedürftiges Problem.

Mit dem zweiten Kritikpunkt wird die Frage aufgeworfen, inwiefern die Kapitalbildung einen Einfluß auf den Verdoorn-Zusammenhang ausübt. Die Kapitalbildung im Rahmen der Verdoorn-Gleichung ist ebenfalls relevant für die Erklärung des Zusammenhangs zwischen Produktivität und Produktion aufgrund von *Substitutionseffekten* zwischen Kapital und Arbeit. Während sich technischer Fortschritt als Verschiebung der Produktionsfunktion auffassen läßt, entspricht die Substitution von Kapital und Arbeit der Bewegung auf einer gegebenen Produktionsfunktion und findet seinen Niederschlag in einer Veränderung der Kapitalintensität. Im einfachen Verdoorn-Zusammenhang sind diese Parameter im Absolutglied a enthalten, das als autonomer Produktivitätsfortschritt im Sinne

---

[42] Vgl. Seiter (1997), S. 183.
[43] Vgl. Pusse (1975), S. 232ff. oder Hof (1991), S. 281.
[44] Genau deshalb ergibt sich die Problematik der Freisetzung.
[45] Dieser Problematik widmet sich der nachfolgende Abschnitt.
[46] Vgl. Schnur (1990), S. 106.

einer *catch all*-Variablen für alle nicht explizit in der Gleichung enthaltenen Variablen interpretiert werden kann, wenn eine Cobb-Douglas-Produktionsfunktion zugrunde gelegt wird.[47]

Für die explizite Berücksichtigung des Kapitalstocks in einem erweiterten Verdoorn-Zusammenhang bieten sich verschiedene Spezifikationen an. Erstens läßt sich die Veränderungsrate des Kapitalstocks in einer eigenen Variablen darstellen, wie Gleichung (5.6) zeigt:[48]

$$(5.6) \qquad \hat{y} = a + b\hat{Y} + c\hat{K}.$$

Diese Version des erweiterten Verdoorn-Zusammenhangs besitzt, insbesondere unter dem Aspekt der Technologiediffusion, den zusätzlichen Erklärungsgehalt darüber, wie sich das Produktionspotential (der Kapitalstock) verändert und auf das Produktivitätswachstum wirkt. Vor allem die Überlegung, daß technischer Fortschritt in Kapitalgütern gebunden ist und über Investitionen in den Kapitalstock in den Produktionsprozeß eingeführt werden, spricht für diese Vorgehensweise. Die Bruttoinvestitionsrate entscheidet in einem solchen Kapitaljahrgangsmodell über die durchschnittliche Modernität des Kapitalstocks und damit über die durchschnittliche Arbeitsproduktivität.[49] Es läßt sich jedoch festhalten, daß die empirischen Schätzungen der Gleichung (5.6) für die Bundesrepublik Deutschland unbefriedigend sind.[50] Aus Sicht der Diffusionstheorie ist aber dieses Ergebnis überaus interessant. Die mangelnde Korrelation zwischen der Wachstumsrate der Produktivität und der des Kapitalstocks läßt sich als einen ersten Hinweis auf das Vorliegen einer zeitintensiven Diffusion neuer Technologien deuten, so daß Produktivitätsanstiege aus bedeutenden Innovationen und ihre Kapitalbildung zeitlich auseinanderfallen. Zudem kann als Erklärung dienen, daß nicht immer Investitionen zwingend in die neueste Technik, sondern rationalerweise auch in ältere Produktionsprozesse getätigt werden.[51]

Aufgrund der für die Bestimmung der Beschäftigungsschwelle wenig signifikanten Resultate bei der Berücksichtigung des Kapitalstocks bzw. seiner jährlichen Veränderung wird häufig eine zweite Version des erweiterten Verdoorn-

[47] Vgl. Hof (1991), S. 285.

[48] Vgl. Hof (1994), S. 139. Im allgemeinen wird die Veränderung des jahresdurchschnittlichen Bruttoanlagevermögens für die empirische Schätzung herangezogen. Dabei läßt sich unterscheiden, ob der Wohnungsbau mitberücksichtigt wird oder nicht (vgl. Seiter 1997, S. 201).

[49] Vgl. zu dem Aspekt ausführlich Abschnitt 4.1.

[50] Vgl. Hof (1994), S. 138. Nur für sehr lange Zeitintervalle werden signifikante Ergebnisse erzielt.

[51] Vgl. Abschnitt 4.1.3.

Zusammenhangs gewählt, in der die Kapitalintensität explizit berücksichtigt wird. Gleichung (5.7) formalisiert dieses Vorgehen:

$$(5.7) \qquad \hat{y} = a + b\hat{Y} + c\hat{k}\,.$$

Wenn Investitionen in den Kapitalstock keine technische Modernisierung (keinen gebundenen technischen Fortschritt) mit sich bringen, führt die zunehmende Kapitalakkumulation zu einer steigenden Kapitalausstattung je Arbeitsplatz und zu einer steigenden Kapitalintensität *k*, die als Substitution von Arbeit durch Kapital interpretiert werden muß. Bei konstantem Kapitalkoeffizienten *v* steigt, über die Zunahme der Produktion, folglich die Arbeitsproduktivität.[52] Die Veränderung der Kapitalintensität wird aber auch vom Charakter des technischen Fortschritts bestimmt. Sie steigt insbesondere dann an, wenn arbeitsparender technischer Fortschritt vorliegt, der seinerseits entweder exogen oder aber durch das Faktorpreisverhältnis induziert sein kann.[53] In diesem Dilemma spiegelt sich das Problem wider, daß es kaum möglich ist, exakt zwischen Bewegung auf der Produktionsfunktion (Substitution von Kapital und Arbeit, Veränderung der Kapitalintensität) und der Verschiebung der Produktionsfunktion selbst (technischem Fortschritt) zu unterscheiden. Die Empirie liefert für die Bundesrepublik Deutschland insbesondere für mittelfristige Zeitintervalle signifikante Einflüsse der Entwicklung der Kapitalintensität auf das Produktivitätswachstum.[54]

Eine dritte Möglichkeit, den um die Kapitalbildung erweiterten Verdoorn-Zusammenhang zu spezifizieren, wurde von Kaldor (1967) gewählt, indem er die Bruttoinvestitionsquote zur Abbildung der Wachstumsrate des Kapitalstocks heranzieht.[55] In Gleichung (5.8) wird das Vorgehen verdeutlicht:

---

[52] Vgl. Welsch (1983), S. 353. Hier zeigt sich besonders deutlich die Kollinearität zwischen Produktionswachstum und Kapitalbildung, die bei allen Versionen des erweiterten Verdoorn-Zusammenhangs existiert. Vgl. Seiter (1997), S. 201, der an gleicher Stelle eindrucksvoll nachweist, daß die Verwendung der Wachstumsrate der Kapitalintensität ($\hat{k} = \hat{K} - \hat{L}$) in einer Cobb-Douglas-Produktionsfunktion die Berücksichtigung der Wachstumsrate der Beschäftigungsmenge $\hat{L}$ nach sich zieht und zu einer Fehlspezifikation der verwendeten Gleichung (5.7) führen kann, da für sie gilt: $\hat{y} = a + b\hat{Y} + c(\hat{K} - \hat{L})$.

[53] Vgl. Welsch (1983), S. 353.

[54] Vgl. Hof (1994), S. 139. Allerdings sollte davon ausgegangen werden, daß in kurzer Frist die Substituierbarkeit von Kapital und Arbeit eingeschränkt ist und erst in längerer Frist zunehmend möglich ist. Darüber hinaus muß einschränkend angemerkt werden, daß eine signifikante Korrelation von $\hat{y}$ und $\hat{k}$ noch keine Aussagen darüber möglich macht, ob arbeitsparender technischer Fortschritt oder reine Substitutionseffekte vorliegen.

[55] Vgl. für einen Überblick über die Ergebnisse Kaldors Regressionen Seiter (1997), S. 200.

(5.8) $$\hat{y} = a + b\hat{Y} + c\frac{I}{Y}.$$

Jedoch liefern die Bruttoinvestitionen nur dann eine brauchbare Erklärung für die Entwicklung des Kapitalstocks, wenn die Konstanz des Kapitalkoeffizienten v, eine der stilisierten Fakten Kaldors, vorausgesetzt wird. Allen drei Vorgehensweisen der Erweiterung des Verdoorn-Zusammenhangs um die Kapitalbildung ist gemeinsam, daß das Absolutglied a nur noch den autonomen technischen Fortschritt bezeichnet. Es zeigt sich, daß dessen Einfluß bei expliziter Berücksichtigung des Kapitals sinkt.[56]

Als Fazit dieses Abschnitts bleibt festzuhalten, daß technischer Fortschritt nur dann zu einer Freisetzung von Arbeitskräften führt, wenn bei steigender Produktivität kein korrespondierendes Wirtschaftswachstum vorhanden ist, und *aus diesem Grund* die Beschäftigungsschwelle unterschritten wird. Die These, daß die Öffnung der Produktions-Produktivitätsschere in der Bundesrepublik Deutschland durch mangelndes Wirtschaftswachstum verursacht ist, wird durch die Analyse der Beschäftigungsschwelle und des Verdoorn-Zusammenhangs gestützt, die zeigt, daß die Öffnung bei etwa gleichbleibenden Wachstumsraten der Arbeitsproduktivität durch einen signifikanten Rückgang der Wachstumsraten der Produktion ausgelöst wurde. Die Existenz technologischer Arbeitslosigkeit kann damit, zumindest für die Bundesrepublik Deutschland zwischen den 1970er und 1990er Jahren, nicht abgeleitet werden.[57] Für ein Schließen der Produktions-Produktivitätsschere ist demnach zunehmendes Produktions-wachstum notwendig. Der dazu benötigte Anstieg der Investitionen und das Wachstum des Kapitalstocks induzieren, wie im erweiterten Verdoorn-Zusammenhang deutlich wurde, jedoch eine Erhöhung der Arbeitsproduktivität. Der Verdoorn-Zusammenhang zeigt darüber hinaus, daß bei Ausblendung konjunktureller Produktivitätsveränderungen vor allem steigende Skalenerträge, die Kapitalbildung sowie Substitutionseffekte auf die Höhe der Beschäftigungsschwelle wirken. Eine Manifestation der Freisetzung von Arbeitskräften oder gar Bildung technologischer Arbeitslosigkeit bei Produktivitätsfortschritten läßt sich nicht konstatieren.

Aus Sicht der Diffusionstheorie muß die Freisetzung von Arbeitskräften durch Produktivitätssteigerungen aufgrund des technologischen Fortschritts in einem

[56] Allerdings läßt sich feststellen, daß in empirischen Untersuchungen häufig ein negatives Vorzeichen für a ermittelt wird. Daher müssen die Ergebnisse bezüglich ihrer Meßfehler bzw. zugrundeliegenden Modellannahmen (z.B. Cobb-Douglas-Produktionsfunktionen) mit einiger Vorsicht genossen werden. Vgl. Seiter (1997), S. 203.

[57] Vgl. Erber/Hagemann/Seiter (1998), S. 177.

etwas anderen Blickwinkel als in jenem des Verdoorn-Zusammenhangs gesehen werden. Wenn, wie in der Diskussion um die Öffnung der Produktions-Produktivitäts-Schere gezeigt wurde, nicht ein Anstieg der Arbeitsproduktivität sondern mangelndes Wirtschaftswachstum dafür ursächlich ist, und wenn, wie im erweiterten Verdoorn-Zusammenhang deutlich wurde, empirisch kaum signifikante Korrelationen zwischen dem Wachstum des Kapitalstocks und einem Anstieg der Arbeitsproduktivität festgestellt werden können, dann stellt sich die Frage, ob die zeitintensive Diffusion eine prominente Rolle für die Freisetzungswirkungen des technischen Fortschritts spielt. Die relativ langsame Ausbreitung von Innovationen und die damit verbundene verzögerte ökonomische Wirkung ist eines der wichtigsten Ergebnisse der Diffusionstheorie. Nachdem im bisherigen Abschnitt zur Freisetzung vor allem die formal-logischen Zusammenhänge zwischen Produktivitäts – und Produktionswachstum mit Hilfe der Beschäftigungsschwelle und des Verdoorn-Zusammenhangs dargestellt wurden, wird der Zusammenhang zwischen der zeitintensiven Ausbreitung neuer Innovationen und den verzögerten Produktivitätswirkungen im nächsten Abschnitt erörtert.

5.2.2 Das Produktivitätsparadoxon und die zeitintensive Diffusion von Techniken

Überlegungen zum Produktivitätsparadoxon werden seit etwa 15 Jahren angestellt. Ausgangspunkt sind die deutlichen Rückgänge des Wachstums von Produktion und Arbeits- und totaler Faktorproduktivität seit Beginn der siebziger Jahre des letzten Jahrhunderts.[58] Unter dem Begriff des *productivity slowdown* entwickelte sich eine kontroverse Diskussion um die Ursachen. Gleichzeitig war ebenfalls seit Anfang der 1970er Jahre ein Innovationsschub insbesondere in den sich rasant entwickelnden Informations- und Kommunikationstechnologien feststellbar. Die Verwunderung, warum sich die innovativen Technologien nicht in den gesamtwirtschaftlichen Produktivitäts- und Produktionsdaten niederschlugen, faßte Solow in seinem berühmten Zitat zusammen:

> „You can see the computer age everywhere but in the productivity statistics."[59]

---

[58] Diese Trends waren in allen OECD-Ländern feststellbar. Der Rückgang der Arbeitsproduktivitätswachstumsraten war in den USA jedoch besonders ausgeprägt. Europäische OECD-Staaten litten hingegen unter einem relativ stärkerem Rückgang des Produktionswachstums gegenüber der Reduktion der Produktivitätswachstumsraten. Dieses Phänomen wurde unter dem Schlagwort *jobless growth* bekannt.

[59] Solow (1987), S. 36

Seither entspannt sich eine intensive Diskussion um das Solow- bzw. Produktivitätsparadoxon.[60] Obwohl oder gerade weil seit der zweiten Hälfte der 1990er Jahre in den USA ein trendmäßiger Anstieg der Arbeitsproduktivität festzustellen ist, nachdem schon seit 1991 ein langanhaltender Wirtschaftsaufschwung zu konstatieren war, ist die Debatte um die Gründe des *productivity slowdown*, des *productivity paradox* und dem *productivity rebound*[61] nicht verstummt. Insbesondere drei Argumente werden immer wieder ins Feld geführt, die als Gründe für das beobachtete Produktivitätsparadoxon dienen können:

1. Statistische Meß- und Erfassungsprobleme seien dafür verantwortlich, daß die Produktivitätsfortschritte der neuen Technologien nicht oder nicht richtig meßbar seien.[62]
2. Trotz der massiven Investitionen in die Informations- und Kommunikationstechnologien ist der Anteil dieser Innovationen am gesamten Sachkapitalstock bis in die Mitte der 1990er Jahre relativ gering.[63]
3. Wegen der gesamtwirtschaftlichen Bedeutung der Informations- und Kommunikationstechnologien können diese Innovationen nur mit einiger Zeitverzögerung ihr enormes Produktivitätspotential entfalten, da umfangreiche institutionelle, organisatorische und produktionstechnische Anpassungen an die neuen Technologien notwendig sind. Im Übergang zum neuen techno-ökonomischen Regime sind daher keine signifikanten Produktivitätssteigerungen zu erwarten.[64]

An dieser Stelle ist es weder möglich noch zweckmäßig, alle drei Argumentationsketten ausführlich zu diskutieren.[65] Für die Frage der Produktivitätswirkungen von neuen Technologien bietet vor allem das letzte Argument interessante Perspektiven.[66] Daher soll es in diesem Abschnitt etwas näher beleuchtet werden. Zu den beiden erstgenannten Argumenten bestehen jedoch einige Verbindungslinien, so z.B. das in der (mikroökonomischen) Diffusionstheorie bekannte Phänomen der Jahrzehnte andauernden Ausbreitung neuer Technologien. Dies trifft für radikale Innovationen wie die Informations- und Kommunikationstech-

---

[60] Vgl. für einen Überblick über die Diskussion Erber *et al.* (2001), Hagemann/Seiter/Schreyer (2001) und Schreyer (2000).

[61] Oliner/Sichel (2000), S. 3.

[62] Vgl. z.B. Stiroh (1999), S. 89.

[63] Vgl. z.B. Oliner/Sichel (1994, 2000), Jorgenson/Stiroh (1995, 2000).

[64] Vor allem David (1989, 1990a, 1990b, 1991, 2000) sowie Freeman/Soete (1990) haben diese Argumentationslinie entwickelt.

[65] Für ausführliche Besprechungen des Solow-Paradoxons siehe die oben zitierte Literatur.

[66] Auch die Frage, inwieweit drei unabhängige, konkurrierende Erklärungsansätze vorliegen oder drei komplementäre Sichtweisen des gleichen Phänomens (vgl. David 2000, S. 6) ist nicht die zentrale Fragestellung dieses Abschnitts.

nologien in besonderer Weise zu, so daß der relativ geringe Kapitalstock, trotz massiver Investitionen, aus Sicht der Diffusionstheorie nicht allzu sehr verwundern kann. Darüber hinaus läßt sich argumentieren, daß die IKT sich auch in einer Vielzahl neuer Produkte und Dienstleistungen manifestieren, die Strukturbrüche in den statistischen Output- und Preisindexmessungen verschärfen können.[67]

5.2.2.1 Produktivität und Diffusion von *General Purpose Technologies* am Beispiel von Dynamo und IKT

Die Hypothese, daß die Produktivitätsentwicklung nur mit einer langen Zeitverzögerung auf das Auftreten und die zunehmende Ausbreitung von IKT reagiert, wurde von Paul A. David (1989, 1990a, 1990b, 1991) Anfang der 1990er Jahre entwickelt. Eine Grundlage für diese These ist die Annahme, die IKT seien ein System zusammenhängender Technologien, die als „techno-ökonomisches Regime" bzw. als „*General Purpose Engines*" fungieren.[68] Beide Konzepte, die techno-ökonomischen Paradigmen (TEP), in den Worten von Giovanni Dosi (1982), und die *General Purpose Technologies* (GPT) im Konzept von Timothy F. Bresnahan und Manuel Trajtenberg (1992), sind sich einander ähnlich.[69] Die in neo-schumpeterianischen Wachstumsmodellen häufig verwendeten GPT besitzen folgende Eigenschaften:[70]

- Sie sind Technologien mit großem Spielraum für künftige Verbesserungen und Leistungssteigerungen,
- sie werden in einer großen Vielfalt verschiedener Produkte und Prozesse verwendet (*variety of use*),
- sie besitzen eine große Anzahl verschiedener Anwendungsbereiche (*range of use*)[71],
- sie besitzen starke Komplementaritäten zu anderen neuen Technologien.

In der Geschichte der ökonomischen Entwicklung finden sich viele Beispiele für GPT.[72] In den Informations- und Kommunikationstechnologien zählen die Schrift, der Buchdruck sowie die aktuellen computergestützten IKT dazu. In der Energiegewinnung sind Windrad, Dampfmaschine, Generator bzw. Elektromo-

---

67 Vgl. David (2001), S. 50.

68 David (1990a), S. 355.

69 Vgl. Abschnitt 2.3 für einen vergleichenden Überblick. Für die Entwicklung der Halbleitertechnologie als zentraler Bestandteil der IKT im Rahmen der Evolution einer neuen Trajektorie vgl. Dosi (1984b).

70 Vgl. Bresnahan/Trajtenberg (1995), S. 4ff und Lipsey/Bekar/Carlaw (1998a), S. 38ff.

71 Vgl. *Tabelle 2.2* für die Unterscheidung zwischen *variety* und *range of use*.

72 Vgl. Lipsey/Bekar/Carlaw (1998a), S. 28.

tor und Verbrennungsmotor als GPT identifizierbar. Im Transportwesen werden die Eisenbahn und das Automobil unter den GPT subsumiert.

Im historischen Vergleich der Ausbreitung des Generators und der computergestützten IKT lassen sich beispielhaft gemeinsame Entwicklungen der makroökonomischen Variablen und der Diffusion der Technologien herausarbeiten, die die typischen Entwicklungszyklen von GPT beleuchten.[73] Insbesondere folgende Parallelen sind für den Vergleich relevant:

1. Lange nach dem ersten Auftreten zentraler Elektrizitätskraftwerke in New York und London 1881 läßt sich ein dramatischer Rückgang der Wachstumsraten der Arbeitsproduktivität in der damals am weitesten industrialisierten Volkswirtschaft, England, feststellen: Zwischen 1900 und 1913 erreichten sie die niedrigsten Werte seit dem 18. Jahrhundert. Auch in den USA sank das Wachstum der Arbeitsproduktivität nach 1890. Darüber hinaus ähneln sich die Produktivitätszahlen in den USA für den Aufschwung nach den Zweiten Weltkrieg und für den *slowdown* nach 1973 frappierend der Entwicklung nach dem amerikanischen Bürgerkrieg bis 1892 und dem dann einsetzenden Rückgang.[74]
2. Die Diffusion des elektrischen Antriebs entwickelte sich äußerst langsam. Es vergingen etwa 40-50 Jahre, bis diese GPT ihren Niederschlag in den üblichen Produktivitätsstatistiken fand.[75] Im Jahr 1899, fast 20 Jahre nach den entscheidenden Innovationen, betrug der Anteil elektrischer Generatoren am gesamten mechanischen Antrieb (Wasser-, Dampfkraft und Elektrizität) im Verarbeitenden Gewerbe der USA nur 5%, 1919 etwa 50%, 1939 etwa 86%.[76] Die Ausbreitung der Computerausrüstung betrug im Vergleich dazu 1979 etwa 1,5% der Ausrüstungsgüter und stieg auf 4,5% im Jahre 1985 und 13,8 % im Jahre 1990 sowie 1992 auf 18,4%.[77] Dic Begründung des Produktivitätsparadoxons, daß der IKT-Kapitalstock zu gering sei, um signifikante Produktivitätseffekte zu entfalten, erhält demnach auch im Rückblick auf die Ausbreitung der elektrischen Energie Unterstützung.

Für die Hypothese der Anpassungs- und Übergangsphase bzw. des *„diffusion lag"*[78] ist entscheidend, daß die erste Anwendung der vielversprechenden GPT im produktionstechnischen und organisatorischen Umfeld der alten Technologie

---

73 Vgl. Helpman/Trajtenberg (1998b), S. 56.

74 Vgl. David (1991), S. 322-325, der noch weitere Übereinstimmungen wie Arbeitsmarktsituation und Finanzsektor nennt.

75 Vgl. David (2000), S. 77.

76 Vgl. David (2000), S. 77 und David (1991), S. 327.

77 Vgl. Jorgenson/Stiroh (1995)

78 David (1990a), S. 358.

stattfindet. Ihr volles Produktivitätspotential können sie aber erst bei Anpassung des Umfeldes entfalten.[79] Augenfällig ist dies im Rückblick auf den Generator. Er ersetzte die Dampfmaschine als zentrale Energiequelle in einer Fabrik, die über Transmissionsriemen alle Maschinen antrieb. Eine bloße Substitution der alten Energiegewinnung durch die neue reduzierte zwar kurzfristig die Energiekosten erheblich, signifikante Produktivitätsfortschritte konnten sich jedoch erst entfalten, als jede einzelne Maschine mit einem eigenen Elektromotor betrieben wurde.[80] Diese Maschinen erlaubten flexiblere Fabrikbauten sowie flexiblere Auslastungen und ermöglichten die Entstehung der Fließbandproduktion, eine bis heute vorherrschende Produktionsweise im industriellen Sektor. Die Entwicklung komplementärer Prozeß- und organisatorischer Innovationen ist demnach notwendige Bedingung für die volle Produktivitätswirkung einer GPT.[81] Im Falle des Generators läßt sich konstatieren, daß eine wesentliche komplementäre Technologie die Fabrikarchitektur darstellte. Deren Anpassung erforderte aufgrund der Langlebigkeit der Bauten eine entsprechend lange Zeitdauer. In den an die alte Technologie der Wasser- bzw. Dampfkraft angepaßten Bauten konnte der Elektromotor seine Produktivitätswirkungen nicht voll entfalten. Darüber hinaus mußte das Zusammenspiel der neuen GPT mit den neu zu entwickelnden komplementären Innovationen und den komplementären Prozeß- und Organisationsstrukturen erlernt werden. Die von der Ausbreitung der GPT abhängigen inkrementellen Effizienzverbesserungen bergen Aspekte von positiven *feedbacks*, Netzwerkexternalitäten, *lock in*-Situationen und der Pfadabhängigkeit, aber auch Konsequenzen aus dem strategischen Verhalten der Akteure, wie sie in der spieltheoretischen Analyse der Technologiediffusion im Vordergrund stehen, in sich, die zu einer verzögerten Ausbreitung beitragen.[82] Vor allem die Unsicherheit über die zukünftigen Entwicklungspotentiale, die Gefahr der ökonomischen Obsoleszenz bestehender und zukünftiger Kapitalstöcke sowie Überlegungen zum Verhalten der Wettbewerber bremsen die Übernahme der

[79] Vgl. Freeman (2001), S. 122.

[80] Ähnliche Beispiele finden sich bei der Erfindung der Dampfmaschine, die anfangs dazu benutzt wurde, an Wasserrädern das Wasser emporzupumpen, um damit das Wasserrad anzutreiben (vgl. Rosenberg 1972, S. 24).

[81] Tatsächlich läßt sich auch im Sprachgebrauch in der Literatur zu den IKT feststellen, daß in den 1950er und 1960er Jahren die Ansicht vorherrschte, per IKT mit neuen arbeitsparenden und produktivitätssteigernden Prozessen innerhalb der Massen- und Fließbandproduktion technischen Fortschritt zu vollziehen. Worte wie ***Automatisierung*** und ***vorangeschrittene Mechanisierung*** repräsentieren diese Sichtweise. Erst in den 1980er Jahren setzte sich der Begriff der *IKT* durch, mit dem die Komplementärität neuer Produkte, Dienstleistungen, Märkte, Organisationsformen sowie arbeit- und kapitalsparender technischer Fortschritt verbunden sind. Vgl. Freeman/Soete (1990), S. 226.

[82] Vgl. David (1991), S. 328. Siehe Abschnitt 3.1.3 für die spieltheoretische Diffusionstheorie und Abschnitt 3.1.4 für eine ausführliche Diskussion der Neztwerkexternalitäten.

neuen Technologie. Eine geringere Diffusionsgeschwindigkeit reduziert die inkrementellen Verbesserungen der GPT, die ihrerseits den Diffusionsprozeß verlangsamen, da für eine erfolgreiche Diffusion eine kritische Masse erreicht werden muß.[83]

Die These der verzögerten Umsetzung der Produktivitätspotentiale von Paul A. David ist in der Makroökonomik zwar empirisch nachweisbar, es werden aber keine Erklärungen dafür geliefert, wie es durch die zunehmende Diffusion und Nutzung der neuen Technologie zu inkrementellen Verbesserungen kommt. Es lassen sich jedoch mehrere Wirkungsketten identifizieren, die die inkrementellen Verbesserungen explizit beschreiben. Zum einen läßt sich die bekannte Theorie des *learning by doing* von Kenneth J. Arrow (1962) ausführen, nach der durch (Brutto-) Investitionen die Rahmenbedingungen für Lerneffekte geschaffen werden. In seinem Modell sind Investitionen auf der einen Seite notwendig, um Produktivitätsfortschritte durch Lerneffekte zu ermöglichen, auf der anderen Seite resultiert aus den Lerneffekten positives Pro-Kopf-Wachstum bzw. steigende Arbeitsproduktivität *ohne exogenen technischen Fortschritt.*[84] In die Welt der diffundierenden GPT übertragen heißt das: Die zunehmende Ausbreitung von Investitionen in die neue Technologie führt zu endogenen Verbesserungen und höheren Arbeitsproduktivitäten dieser Technologie auch *ohne Auftreten neuer, exogener General Purpose Technologien.* Auch das Konzept des *learning by using* von Nathan Rosenberg (1982), nach dem die Nutzer einer Technologie ihre Verbesserungswünsche an die Produzenten kommunizieren, ermöglicht die Generierung der inkrementellen Produktivitätszuwächse.

Zum zweiten eignet sich das mikroökonomische Diffusionsmodell des *Probit*-Ansatzes in seiner Erweiterung von Stephen Davies (1979) zur Erklärung des *diffusion lag.* Er unterscheidet zwei Innovationstypen: technologisch einfache Neuerungen bezeichnet er als Typ A. Aufgrund ihrer relativ einfachen Handhabung besitzen sie anfangs hohe Lerneffekte, die stetig abnehmen. Sie unterliegen einer konkaven Lernkurve und entfalten am Beginn ihrer Diffusion die höchsten Produktivitätszuwächse. Innovationen des B-Typs hingegen sind hochentwickelt und komplex und bedürfen höherer Investitionsvolumen und längerer Investitionszeiträume als die des A-Typs. Am Beginn ihrer Diffusion erfahren sie daher kaum Lerneffekte. Sie werden erst nach einer Initialperiode realisiert, in der keine Produktivitätsanstiege zu verzeichnen sind.[85] Davies geht davon aus, daß sich

83 Vgl. David (1991), S. 328f. und Hurst/Uppenberg (2001), S. 16.

84 Vgl. für einen kurzen Überblick über das Konzept des *learning by doing* Seiter (1997), S. 81-88.

85 Vgl. für eine ausführliche Darstellung des Modells Abschnitt 3.1.2.3. *Abbildung 3.3* veranschaulicht die Lerneffekte der beiden Innovationstypen.

im allgemeinen die Diffusionsphase und die Initialperiode entsprechen.[86] Die Innovationen des B-Typs unterliegen daher einem erheblichen Diffusionslag. Davies' Innovationen des B-Typs lassen sich deshalb durchaus auch als *General Purpose Technologies* interpretieren.[87]

Drittens läßt sich das Lernverhalten der Unternehmen in den Modellen von Richard Jensen (1985) und Sudipto Bhattacharya *et al.* (1982) anführen. In beiden Ansätzen lernen die Anwender neuer Technologien in rationaler Weise nach Bayes'schen Regeln, indem sie Forschung und Entwicklung betreiben. Mit den F&E-Anstrengungen suchen die Unternehmen nicht nach neuen Technologien, sondern nach den meist unbekannten Eigenschaften von neuen Technologien. Sie führen zum besseren Verständnis der Technologie, seiner Eigenschaften und Risiken. Entweder ziehen die Unternehmen private Lerneffekte aus ihrer F&E-Tätigkeit (wie im Modell von Bhattacharya *et al.*) oder aber es entstehen Wissensexternalitäten und *-spill over* (wie im Modell von Jensen).[88]

Viertens sind die Modelle der Netzwerkexternalitäten und Pfadabhängigkeiten geeignet, die Verzögerung der Produktivitätszuwächse aus der zeitintensiven Diffusion zu erklären. Mangelnde Investitionen in die neue Technologie, welche die Ausbreitung und Lerneffekte steuern, sind immer dann zu erwarten, wenn eine etablierte Technologie Netzwerkexternalitäten in dem Maße entwickelt hat, daß ein Durchbrechen des *lock-in* verhindert oder erschwert wird.[89] Die langsame Diffusion solcher Technologien wird in *Abbildung 3.8* in Abschnitt 3.1.4.4 dargestellt. Auch hier läßt sich eine Verbindung zu den *General Purpose Technologies* schlagen, denn in vielen Fällen werden die Netzwerkexternalitäten durch komplementäre Produkte ausgelöst. Liegt eine solche Hardware-Software-Kombination vor, sind positive Netzwerkexternalitäten erst dann zu erwarten, wenn geeignete Komplementärprodukte vorliegen. Eine der grundlegenden Eigenschaften der *General Purpose Technologies* ist das Vorliegen solcher vielfältigen Komplementärtechnologien.[90]

Fünftens eignen sich die evolutorischen Diffusionsmodelle für die Diskussion des Produktivitätsparadoxons, wie das mikroökonomische von Katsuhito Iwai (1984) sowie die Kapitaljahrgangsmodelle, insbesondere das von Wilfred E.G.

---

[86] Vgl. Davies (1979), S. 69.

[87] Damit dürfte Stephen Davies 1979 die erste Interpretation des Solow-Paradoxons sowie eine der wenigen mikroökonomisch fundierten Erklärungsansätze gelungen sein.

[88] Vgl. Abschnitt 3.1.2.4 für das Modell von Jensen und Abschnitt 3.1.3.3 für das Modell von Bhattacharya *et al.* *Tabelle 3.3* in Abschnitt 3.1.3.4 bietet darüber hinaus einen Überblick über die möglichen Lerneffekte in mikroökonomischen Diffusionsmodellen.

[89] Vgl. zu den Netzwerkexternalitäten Abschnitt 3.1.4.

[90] Vgl. auch Abschnitt 2.3.

Salter (1966), in denen die geringere durchschnittliche, aggregierte Arbeitsproduktivitätsentwicklung im Vergleich zur neuesten *best-practice*-Technologie erörtert werden.[91] Als Konsequenz läßt sich daher der „Produktivitätslag" zwischen *best-practice* Technik und der gesamtwirtschaftlichen Durchschnittsproduktivität als eine weitere wichtige Erklärung des Produktivitätsparadoxons anführen.[92] Wie die Verknüpfung der Kapitaljahrgangsmodelle mit dem epidemischen Diffusionsmodell[93] und das evolutorische Diffusionsmodell von Iwai gezeigt haben, ist die (Brutto-) Investitionsrate notwendige, aber nicht hinreichende Bedingung zur Modernisierung des gesamtwirtschaftlichen (oder sektoralen) Kapitalstocks. Ein Anstieg der Bruttoinvestitionen führt nur dann zu einem Anstieg der durchschnittlichen Arbeitsproduktivität, wenn die gesamten Investitionen immer in die neueste Technik getätigt werden. Das Paradoxon, daß bei intensiver Investitionstätigkeit die Produktivität nicht zeitgleich ansteigen kann, läßt sich also auch durch kapitalgebundene Innovationen erklären: Eine verzögerte Reaktion der Arbeitsproduktivität ist dann zu erwarten, wenn entweder nicht alle Investitionen in die neueste Technik fließen oder aber wenn der Kapitalstock, der die neue Technik repräsentiert, nur einen kleinen Anteil am aggregierten Kapital einnimmt.[94]

Die beiden letztgenannten Modelle und ihre Implikationen fließen in das makroökonomische Diffusionsmodell von Gerald Silverberg *et al.* (1988)[95] ein, das explizit einen Rückgang und erst später eine Zunahme der aggregierten Arbeitsproduktivität beim Übergang zwischen zwei technologischen Paradigmen modelliert und endogenisiert. Obwohl sich beide Paradigmen entlang ihrer exogen gegebenen Trajektorie bewegen, die den Anstieg der Arbeitsproduktivität der Paradigmen aufgrund ihrer Entwicklung, Verbesserung und Lerneffekte beschreibt, kommt es im Wechsel nicht zu einem friktionslosen Übergang zwischen den beiden Entwicklungsbahnen. Vielmehr erfahren die Unternehmen einen Rückgang ihrer Produktivität aufgrund der mangelnden Erfahrung im Umgang mit den neuen Technologiesystemen, so daß auch die durchschnittliche aggregierte Produktivität zunächst sinken muß, bevor sich die Arbeitsproduktivität durch Lerneffekte und Wissensexternalitäten asymptotisch der neuen Trajektorie annähern kann. *Abbildung 4.9* in Abschnitt 4.3.2 stellt diesen Vorgang

---

91 Vgl. Abschnitt 3.1.5.2 zu Iwai und die Abschnitte 4.1.2 und 4.1.3 zu Salter.

92 Vgl. Freeman/Soete (1990), S. 233f.

93 Vgl. Abschnitt 4.1.3

94 Beide Aspekte treffen auf das Produktivitätsparadoxon der 1980er und der ersten Hälfte der 1990er Jahre zu. Nur ein Teil der Investitionen, wenn auch ein signifikanter, inkorporiert neue IKT, so daß der IKT-Kapitalsstock nur einen relativ kleinen Teil des aggregierten Kapitalstocks darstellt.

95 Vgl. Abschnitt 4.3.

graphisch dar. Die dort verwendete absolute Produktivität als Maßzahl läßt sich ohne Probleme durch ihre Wachstumsrate ersetzen, um den Rückgang und den darauffolgenden Anstieg der Wachstumsraten der Arbeitsproduktivität darzustellen.

Das sektorale Diffusionsmodell von Chris deBresson (1991) schließlich ist ebenfalls in der Lage, die langsam stattfindenden Verbesserungen im Zeitablauf – diesmal im intersektoralen Diffusionskontext – darzustellen.[96] Innovationen folgen einem wahrscheinlichen stilisierten intersektoralen Diffusionsweg, da die verschiedenen Sektoren unterschiedliche Anforderungen an die techno-ökonomischen Eigenschaften der Technologie stellen. Im Eintrittssektor, in dem die Innovation zum ersten Mal auftritt, ist häufig lediglich der Nachweis der technischen Machbarkeit gefragt, auch weil der Eintrittssektor sehr oft entweder staatlich geförderte Grundlagenforschung beinhaltet oder im militärischen Bereich liegt. Er läßt sich daher auch als Demonstrationssektor bezeichnen. Im Zeitablauf erfährt die Technologie inkrementelle Verbesserungen, z.B. aufgrund von Lerneffekten. Daher ist es ihr möglich, die Anforderungen weiterer Sektoren zu erfüllen, die in zunehmendem Maße ökonomische Profitabilität und Kompatibilität mit existierenden Technologien fördern. Das Produktivitätsparadoxon läßt sich daher auch im sektoralen Diffusionskontext erklären. Damit *General Purpose Technologies* in den meisten Branchen der Volkswirtschaft zum Einsatz kommen, sind vielfältige inkrementelle Verbesserungen sowie Profitabilitäts- und Produktivitätsfortschritte notwendig. In diesem Sinne ist nicht ein Anstieg der Produktivitätswachstumsraten zu erwarten, *weil* eine Innovation weite Verbreitung gefunden hat. In umgekehrter Kausalität läßt sich argumentieren, daß eine neue Technologie, z.B. eine GPT, in allen Bereichen der Volkswirtschaft Verwendung findet, weil sie im Zeitablauf jenen Profitabilitäts- und Produktivitätsfortschritten unterworfen war, die zur Anwendung in immer mehr Sektoren notwendig sind.

Aus der Entwicklung der beiden Technologien, Generator und IKT, lassen sich einige stilisierte Tatsachen erkennen, die durchaus in der Lage sind, Teile des modernen Produktivitätsparadoxons zu erklären.[97] Wenn sie mit den Ergebnis-

---

96 Vgl. Abschnitt 4.2.3.

97 Vgl. andererseits zu den substantiellen Unterschieden zwischen dem Generator und den IKT David (1990b), S. 159, der feststellt: „[c]omputers are no dynamos" und David (1990a), S. 360. Vor allem lassen sich Informationen nicht mit der Elektrizität vergleichen. Zurecht verweist David (2000), S. 81 darauf, daß sich zwar Vergleiche aus der historischen Entwicklung der beiden GPT ziehen lassen, sich daraus aber keine Voraussagen über die zukünftige Entwicklung der IKT und der Arbeitsproduktivität ableiten lassen. Gordon (2000, S. 60ff.) bezweifelt daher die Vergleichbarkeit von Elektromotor und IKT, da die Computertechnologie einem nie gesehenen Preisverfall unterliegt. Die langsame

sen der Diffusionsforschung kombiniert werden, sind sie auch in der Lage zu erläutern, aus welchen Gründen Produktivitätsfortschritte im Zuge der Diffusion neuer Technologien unter Umständen in einem Zeitraum von mehreren Jahrzehnten verteilt auftreten. Die aus Produktivitätsfortschritten möglicherweise resultierenden Freisetzungseffekte sind ebenso im Zeitablauf verteilt. Formal läßt sich dies mit einem einfachen Diffusionsmodell aufzeigen. Folgende Annahmen werden hierzu getroffen.[98] Erstens verläuft die Diffusion gemäß einem logistischen Diffusionspfad, der durch Gleichung (5.9) ausgedrückt wird.[99]

$$(5.9) \qquad D_t = \frac{1}{1+e^{-\lambda t}} \quad \text{bzw.} \quad \frac{dD_t}{dt} = \lambda\, D_t\left(1 - D_t\right).$$

Zweitens wird angenommen, daß die aggregierte Arbeitsproduktivität y_t vom Ausmaß der Diffusion D_t der neuen GPT abhängt, wobei der Suffix *o* die alte und der Suffix *n* die neue Technologie bezeichnet:[100]

$$(5.10) \qquad y_t = \frac{y_t^o}{1-D_t} + \frac{y_t^n}{D_t}.$$

Gemäß der dritten Annahme entwickelt sich die alte Technologie weder weiter noch verfällt sie im Zeitablauf, ihre Arbeitsproduktivität bleibt mithin konstant. Die Effizienz und Arbeitsproduktivität der neuen Technologie nimmt hingegen

---

Diffusion der Elektromotoren ist gemäß dieser Interpretation vor allem auf ihren hohen Preis zurückzuführen. Die Theorie des *diffusion lag* läßt sich in einem solchen Szenario nicht aufrecht erhalten. Jovanovic/Rousseau (2002, S. 4) greifen die in Moore's Gesetz formulierte exponentielle Effizienzsteigerung von Mikroprozessoren auf und führen sie auf Lerneffekte in Form von *learning by doing* zurück. Sowohl für die Elektrizität als auch für Automobile finden sie einen ähnlich starken qualitätsbereinigten Preisverfall wie für Computer – allerdings in etwa doppelt so langen Zeiträumen von etwa 70 Jahren (Elektrizität) und 90 Jahren (Automobil) im Vergleich zum Computer (40 Jahre).

98 Vgl. David (1991), *Technical Appendix A*.

99 Vgl. Gleichungen (3.1) und (3.2) für eine ausführliche Herleitung einer solchen logistischen Diffusionskurve (hier wurde der Sättigungsgrad $n = 1$ gesetzt sowie die Integrationskonstante α und die Wachstumsrate β in der Wachstumsrate λ subsumiert).

100 Die Arbeitsproduktivität ist zusammengesetzt aus den Arbeitsproduktivitäten der alten und neuen Technologien, die mit ihrem jeweiligen Nutzungsanteil gewichtet werden, Der Einfachheit halber wird darauf verzichtet, das Maß für die Nutzung der Technologie zu bezeichnen. Vgl. Abschnitt 2.4 für die Unterscheidung zwischen Zahl der Anwender, Anteil am Output bzw. Anteil am Kapitalstock. Hier kommen vor allem die Anteile der neuen Technologie am Output bzw. am Kapitalstock des Sektors oder der Volkswirtschaft in Betracht.

mit ihrer zunehmenden Verbreitung (mit abnehmenden Grenzerträgen) zu.[101] Für die Wachstumsrate der aggregierten Arbeitsproduktivität ergibt sich nach Umformung und Differentiation nach der Zeit folgende Gleichung:

$$(5.11) \qquad \hat{y} = \left[\frac{\beta_t}{1-\beta_t D_t}\right]\frac{dD_t}{t} + \left[\frac{(1-\beta_t)\theta_t}{1-\beta_t D_t}\right]\frac{dD_t}{t},$$

wobei $\beta_t \equiv 1 - \frac{y^o}{y_t^n} = 1 - \alpha D_t^{-\theta}$ und $\theta \equiv \frac{\partial y_t^n}{\partial D_t}\frac{D_t}{y_t^n}$ gilt.

Gemäß Gleichung (5.11) läßt sich der Effekt der Diffusion auf die Produktivitätsentwicklung in zwei Teile aufgliedern. Der erste Term der rechten Gleichungshälfte beschreibt den *direkten* Einfluß der Diffusion, der sich allein daraus ergibt, daß der Anteil der neuen, effizienteren Technologie im Laufe der Zeit stetig ansteigt. Dieser Effekt tritt auch dann auf, wenn die neue Technologie im Verlauf ihrer Diffusion keinen inkrementellen Verbesserungen unterliegt. Der zweite Term hingegen beschreibt den *indirekten* Effekt der Diffusion aus den inkrementellen Verbesserungen und der dadurch im Ausbreitungsverlauf ansteigenden Arbeitsproduktivität der neuen Technologie.

Wie stark sich die Diffusion auf die Arbeitsproduktivität auswirkt, ist allein von den Werten der Parameter α (= y_o/y_0^n, Produktivitätsverhältnis der beiden Technologien zu Beginn des Diffusionsprozesses in *t = 0*) , λ (Diffusionsgeschwindigkeit) und θ (Elastizität des Produktivitätszuwachses der neuen Technologie in bezug auf das Diffusionsausmaß) abhängig. Wird der Produktivitäts- und Diffusionsverlauf für die Werte α = *0,332*, λ = *0,110* und θ = *0,20* simuliert, ergeben sich die in *Abbildung 5.2* dargestellten Kurven. Der Diffusionszeitraum entspricht gemäß den Annahmen über die Entwicklung von GPT und den historischen Erfahrungen mit der Ausbreitung des elektrischen Antriebs etwa 80 Jah-

---

[101] Daher gilt: $y_t^o = y_0^o$ für alle t

und $y_t^n = y^n(D_t)\theta$ mit $\partial^1/\partial D > 0$ und $\partial^2/\partial D^2 < 0$.

Darüber hinaus ist zu jedem Zeitpunkt die neue Technologie effizienter als die alte: $y_t^n > y_0$ für alle t.

Insbesondere die Annahme der konstanten Arbeitsproduktivität der alten Technologie ist kritisch. In Abschnitt 3.1.4 wurde schon auf den *sailing ship* Effekt hingewiesen, nachdem sich alte Technologien dann zu ihrer Vollkommenheit entwickeln, wenn sie einer neuen Konkurrenztechnologie ausgesetzt werden. Das von der Diffusion abhängige Produktivitätswachstum der neuen Technologie läßt sich als endogene Verbesserungsfunktion mit abnehmenden Grenzerträgen beschreiben und mit dem klassischen Konzept des *learning by doing* von Arrow (1962) in Verbindung bringen, wenn der Diffusionsgrad als Index für die gewonnenen Erfahrungen interpretiert wird (vgl. David 1991, S. 339).

ren. Die erste, etwas geringere Wachstumsrate der Arbeitsproduktivität ergibt sich bei der Annahme ausschließlicher *direkter* Diffusionseffekte, d.h. die neue Technologie unterliegt keinen Lerneffekten. Sie erreicht ihr Maximum bei 2,6%. Die zweite, höhere Wachstumsrate enthält neben den direkten Diffusionseffekten auch die indirekten Diffusionseffekte, d.h. die endogenen inkrementellen Effizienz- und Produktivitätssteigerungen der neuen Technologie aufgrund der zunehmenden Ausbreitung. Ihr Maximum liegt bei etwa 3%.

Abbildung 5.2: Simulationen für die Wachstumsraten der aggregierten Arbeitsproduktivität während der Diffusion einer GPT

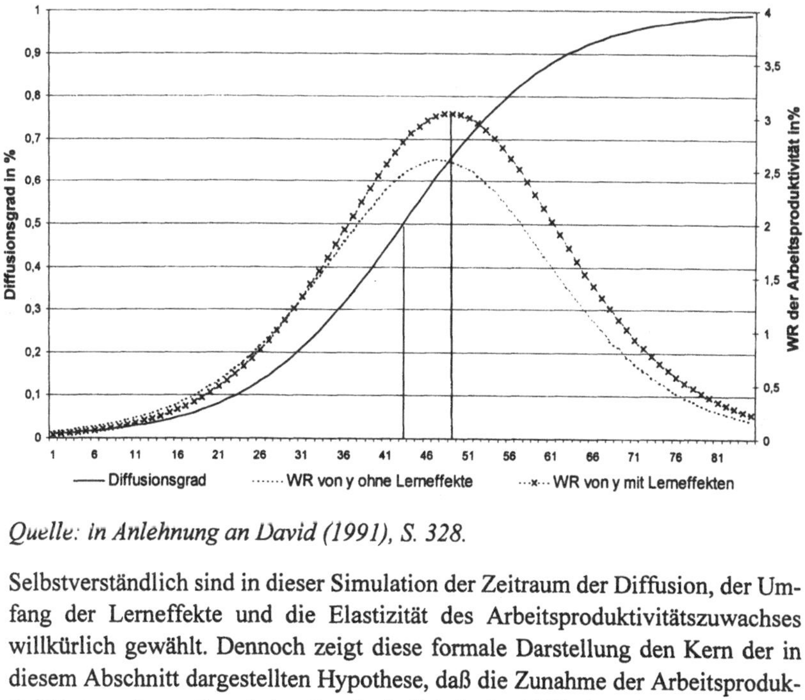

Quelle: in Anlehnung an David (1991), S. 328.

Selbstverständlich sind in dieser Simulation der Zeitraum der Diffusion, der Umfang der Lerneffekte und die Elastizität des Arbeitsproduktivitätszuwachses willkürlich gewählt. Dennoch zeigt diese formale Darstellung den Kern der in diesem Abschnitt dargestellten Hypothese, daß die Zunahme der Arbeitsproduktivität vom Ausmaß und der Geschwindigkeit der Diffusion der zugrunde liegenden Innovation abhängt. Unabhängig von den gewählten Parametern ist es eine der zentralen Konsequenzen des Modells, daß das Maximum des Arbeitsproduktivitätszuwachses erst auftritt, wenn der Ausbreitungsgrad etwa 65 – 70% erreicht hat. Daß diese mathematische Übung lediglich als *mögliches* stilisiertes Faktum angesehen werden sollte, betont David (2000, S. 21):

> „For one thing, statistical coincidences in economic performance are more likely than not to be just matters of coincidence, rather

> than indications that the underlying causal mechanisms really are identical. It is true that one can show, merely as a matter of algebra, that only after the 50 per cent mark in diffusion of a cost-saving technology will the latter have its maximum impact upon the rate of total factor productivity growth. It is then pertinent to notice that in the case of U.S. factory electrification a surge of multifactor productivity growth occurred throughout the manufacturing sector during the 1920's, coincident with the attainment of the 50+ percent stage in that diffusion process. This observation is useful primarily to underscore the point that the biggest productivity payoffs should not be expected to come at the beginning phase of the regime transition, even though it is then that the pace of the new technology's diffusion is likely to be fastest."

Diese Verzögerung im Wachstum der Produktivität ist die wichtigste Konsequenz aus der Verknüpfung der Diffusion von neuen (*General Purpose*) Technologien mit der Entwicklung der Arbeitsproduktivität.[102]

Für die Effekte einer höheren Arbeitsproduktivität im Rahmen der Freisetzungs- und Kompensationsdebatte gilt dies ebenfalls. In Abschnitt 2.6 wurde gezeigt, daß Freisetzung nicht automatisch zu technologisch bedingter Arbeitslosigkeit führt. Die Berücksichtigung der Diffusion im Rahmen des Produktivitätsparadoxons hat hingegen gezeigt, daß der zunehmende Einsatz neuer Technologien nicht unmittelbar, sondern erst zeitlich verzögert zu Produktivitätseffekten führt. Die Freisetzungseffekte sind daher ebenfalls zeitlich verzögert und treten über mehrere Zeitperioden verteilt auf. Die wirtschaftspolitische Implikation aus dieser Sichtweise ist eindeutig. Auch wenn die Argumentation der verzögerten Freisetzungswirkung des technischen Fortschritts in keiner Weise die Gefahr der technologischen Arbeitslosigkeit leugnet, so spricht sie gegen jede pauschalierte oder voreingenommene Reaktion auf neue Technologien. Weder ist *immer* die Förderung einer möglichst schnellen Diffusion gerechtfertigt, noch lassen sich durch die Verlangsamung oder Behinderung der Diffusion negative Folgen neuer Technologien *in jedem Fall* verhindern.

[102] Allerdings bezieht sich genau hierauf die Kritik Gordons (2000), der den IKT aufgrund des Preisverfalls eine besonders schnelle Diffusion unterstellt. Daher seien Verzögerungen in der Reaktion des Produktivitätswachstums aufgrund der Diffusion der IKT als *General Purpose Engine* nicht zu erwarten. Dem läßt sich entgegnen, daß neben dem Preis der Innovation viele andere Hindernisse existieren können, die die Diffusion verzögern. Allem voran lassen sich hier mangelnde Kenntnisse, Erwartungen, Unsicherheit und Netzwerkeffekte sowie die weiteren Diffusionsdeterminanten der mikroökonomischen Diffusionstheorien (Abschnitt 3.3) anführen.

5.2.2.2 Neo-schumpeterianische Diffusionsmodelle für *General Purpose Technologies*

Die Diffusion von GPT spielt in neo-schumpeterianischen Diffusionsmodellen, wie sie in der Neuen Wachstumstheorie zu finden sind, eine wichtige Rolle.[103] Sie berücksichtigen zum Teil explizit die Effekte der neuen GPT und ihrer Auswirkung auf die Beschäftigung.[104] Zwar existiert in den Modellen keine direkte Beziehung zwischen der Entwicklung der Arbeitsproduktivität und der Freisetzung, so daß sich die Frage stellt, ob die Einordnung der neo-schumpeterianischen Wachstumsmodelle in den Zusammenhang Freisetzung, Produktivität, Diffusion sinnvoll ist. Jedoch verursacht der Übergang von einer GPT zur anderen Anpassungsprobleme und Arbeitslosigkeit, wenn in den Modellen von der Vollbeschäftigungsannahme abstrahiert wird. Daher bietet sich die Verortung der Modelle hier, im zentralen Kapitel über die mögliche Verursachung von Arbeitslosigkeit aufgrund der zunehmenden Diffusion einer neuen Technologie, an. Darüber hinaus sind sie in der Lage, der Hypothese der verzögerten Produktivitätswirkungen, wie sie im vorangegangenen Abschnitt vorgestellt wurde, eine formale wachstumstheoretische Fundierung zu verleihen. Im Gegensatz zur gesamtwirtschaftlichen Analyse von Paul A. David sind die neo-schumpeterianischen Modelle Multisektormodelle, da sie zwischen einem Endproduktsektor und einem F&E-Sektor unterscheiden, sowie in einigen Ansätzen zusätzlich einen Sektor etablieren, in dem zur GPT komplementäre Zwischenprodukte hergestellt werden.

In allen Ansätzen steht die Komplementarität der *General Purpose Technology* mit organisatorischen sowie mit Prozeß- und Produktinnovationen im Vordergrund. Timothy F. Bresnahan und Manuel Trajtenberg (1995) entwickeln ein Modell, in dem ein Sektor die GPT bereitstellt, die in den Anwendungssektoren in Endprodukte inkorporiert wird. Die Übernahme der GPT in den Anwendungssektoren bedarf komplementärer Innovationen, die eine eigenständige innovative Aktivität darstellen.[105] Im Zentrum ihrer Analyse stehen Verbesserungen und Weiterentwicklungen der GPT und ihre Implikationen für die technologische Entwicklung in den Anwendungssektoren. Steigende Skalenerträge entstehen in

103 Einen Überblick über die schumpeterianisch geprägte Richtung der Neuen Wachstumstheorie geben Aghion/Howitt (1998b).

104 So z.B. in Aghion/Howitt (1998a).

105 Vgl. Bresnahan/Trajtenberg (1995), S. 88. Als einfaches Beispiel nennen sie die GPT „Halbleiter“, die in den Anwendungssektoren „Hörgeräte“, „Radio, TV“, „Computer“, „Automobile“ etc. nach und nach Eingang gefunden hat. In Helpman/Trajtenberg (1998a, S. 111-119) findet sich eine ausführliche Darstellung der Übernahme der Halbleitertechnologie durch frühe Sektoren und Nachzügler.

einem solchen Rahmen einmal aufgrund *vertikaler* Externalitäten, da sich die Anreize zu innovativen Weiterentwicklungen der GPT sowie der komplementären Produkte in den Anwendungssektoren gegenseitig bedingen.[106] Zum zweiten existieren *horizontale* Externalitäten. Mit steigender Zahl der Anwendungssektoren und damit der komplementären Produkte erhöht sich die Nachfrage nach der GPT und damit auch das Investitionsvolumen in die GPT und ihrer Weiterentwicklung.

Mehr noch als Timothy F. Bresnahan und Manuel Trajtenberg (1995) lenken Elhanan Helpman und Manuel Trajtenberg (1998b) in ihrem dreisektoralen Modell das Augenmerk auf die zentrale Rolle der komplementären Innovationen von *General Purpose Technologies*. Zu jedem Zeitpunkt wird lediglich eine unveränderliche GPT genutzt, die in vorherbestimmten Zeiträumen durch eine exogen entstandene Nachfolgetechnologie abgelöst wird.[107] Die GPT wird im Endproduktsektor zusammen mit komplementären Zwischenprodukten zur Herstellung der Endprodukte eingesetzt. Im F&E-Sektor werden ausschließlich die komplementären Zwischenprodukte entwickelt, die im dritten Sektor hergestellt werden. Es wird immer nur an Zwischenprodukten für die aktuelle, neueste GPT geforscht, auch wenn sie (noch) nicht eingesetzt wird. Ob und wann eine neue GPT die alte ablösen kann, hängt von einer kritischen Zahl komplementärer Innovationen im Vergleich zur Anzahl der Komplementärprodukte der alten GPT ab, die erst erreicht werden muß, um den Wechsel vom bestehenden technologischen System zum nächsten im Endproduktsektor zu ermöglichen.[108] In einem solchen Szenario ist die volkswirtschaftliche Entwicklung regelmäßigen Zyklen unterworfen, die vom Erscheinen einer neuen GPT abhängig sind. Jeder Zyklus läßt sich in zwei Phasen unterteilen:[109]

---

[106] Je größer die technologischen Eigenschaften der GPT sind, desto größer ist der Anreiz in den Anwendungssektoren, das technologische Niveau der komplementären Produkte zu erhöhen. Umgekehrt gilt dasselbe, daß also mit technischem Fortschritt in den Anwendungssektoren der Anreiz zur Weiterentwicklung der GPT steigt (vgl. Bresnahan/Trajtenberg 1995, S. 92). Solche konventionellen *learning by doing*-Konzepte sind jedoch in der Lage, den feedback-Mechanismus zu verstärken. Die ökonomische Relevanz dieses Zusammenhangs wird am Beispiel der sich gegenseitig antreibenden Entwicklung von leistungsfähigeren Mikroprozessoren und umfangreicherer komplementärer Software besonders deutlich. David (2000), S. 75 zitiert in diesem Zusammenhang einen Manager von Microsoft mit den Worten „... software is a gas to fill the container ... After all, if we hadn't brought down your processor to its knees, why else would you get a new one?" Obwohl als Scherz ausgesprochen, zeigt es doch, daß die Entwicklung der Software an der maximalen Auslastung der Rechenleistung des Mikroprozessors orientiert ist.

[107] Vgl. Helpman/Trajtenberg (1998b), S. 61.

[108] Vgl. Helpman/Trajtenberg (1998b), S. 59.

[109] Vgl. Helpman/Trajtenberg (1998b), S. 60.

1. Die erste Phase beginnt in t_0 mit dem exogenen Auftreten einer neuen GPT. Im F&E-Sektor werden alle Innovationsarbeiten für Komplementärgüter der alten GPT abgebrochen. Die Ressourcen dieses Sektors werden in die Entwicklung von Komplementärprodukten für die neue GPT geleitet. Es werden zusätzliche Arbeitskräfte vom Endproduktsektor herangezogen. Während dieser Phase wird im Endproduktsektor weiterhin mit der alten GPT produziert, die solange anhält, bis genügend viele Komponenten für die neue GPT entwickelt worden sind und ein Wechsel zum neuen Regime zustande kommt (dieser Wechsel kennzeichnet den Übergang zu Phase 2). In der ersten Phase erhält der F&E-Sektor keinen Gewinn, da die Unternehmen in diesem Sektor lediglich F&E-Ausgaben haben, ohne die Komponenten an den Endnachfragesektor liefern zu können und daraus Erlöse zu erzielen. Diese Phase ist daher von sinkendem Produktionsvolumen sowie einem Rückgang der totalen Faktorproduktivität (TFP) gekennzeichnet.[110] Deshalb wird die erste Phase des Zyklus als *time to sow* bezeichnet.
2. In der zweiten Phase wird im Endproduktsektor nun mit der neuen GPT und den zugehörigen Komplementärgütern produziert, die in ausreichender Anzahl vorliegen. Mit zunehmender Zahl der Komponenten steigt das Produktionsvolumen und die Produktivität. Es ist nun *time to reap*. Aufgrund des technologischen Fortschritts sowohl in den GPT (exogen) als auch in den Komplementärinnovationen bewegt sich die Volkswirtschaft trotz der zyklischen Entwicklung auf einem langfristig ansteigenden Wachstumspfad.

Eine wichtige Eigenschaft des Modells ist die Erkenntnis, daß die komplementären Innovationen eine kritische Rolle spielen. Nicht mit dem Auftreten der GPT, sondern erst mit den zugehörigen Komponenten wird zunehmendes Wirtschafts- und Produktivitätswachstum realisiert. Damit wird die Hypothese der verzögerten Produktivitätszunahme als Erklärung des Produktivitätsparadoxons unterstützt.[111]

In einer Weiterentwicklung dieses Basismodells erlauben Elhanan Helpman und Manuel Trajtenberg (1998a) die Existenz einer Vielzahl verschiedener Endnachfragesektoren bzw. einzelner Endprodukte, die sich in ihrer Produktivität unterscheiden. Dadurch wird es möglich, den Diffusionsprozeß einer neuen GPT zu analysieren, da die Endnachfragesektoren nun zu unterschiedlichen Zeitpunkten, d.h. bei unterschiedlicher Zahl von Komplementärinnovationen, auf das neue GPT-Regime wechseln. Die Übernahme der neuen GPT wird nun, im Gegensatz

[110] Vgl. Helpman/Trajtenberg (1998b), S. 71.
[111] Vgl. Helpman/Trajtenberg (1998b), S. 72.

zum dreisektoralen Modell, nicht mehr allein durch die Zahl der Komponenten bestimmt, sondern durch folgende Parameter:[112]

1. Produktivitätsvorteil der neuen GPT gegenüber der alten (Technologieparameter).
2. Zahl der Komponenten der alten GPT (historischer Kapitalstockparameter).
3. Anteil der Sektoren an der Endnachfrage (Nachfrageparameter).
4. Kosten für die Entwicklung sektorspezifischer Komponenten (F&E-Parameter).

Die erste Variable wurde im Basismodell implizit und die zweite explizit formuliert. Lassen sich die Sektoren gemäß der dritten und vierten Determinante in eine exogen gegebene Reihenfolge bringen, werden sie im Zeitablauf nacheinander die GPT übernehmen, wenn mit zunehmender Zahl der Komponenten die sektoralen Schwellenwerte, die sich als Anzahl der Komponenten der neuen GPT definieren lassen, überschritten werden. Augenfällig ist die Identität des Modellaufbaus mit dem der mikroökonomischen *Probit*-Ansätze, in denen ebenfalls im Zeitablauf die Zahl der Übernehmer ansteigt, wenn die Veränderung der Schlüsselvariablen die Schwellenwerte immer mehr potentieller Anwender erreicht.[113] Auch in einem solchen Szenario werden mit dem Auftreten einer neuen GPT in einer ersten Phase sowohl Outputwachstum als auch Produktivitätsanstiege stark abnehmen, da die ersten Komplementärprodukte für die früh übernehmenden Sektoren entwickelt werden. Erst nachdem eine kritische Masse Sektoren zum neuen technologischen Regime gewechselt sind, werden in der zweiten Phase Output und Produktivitätswachstum zunehmen. Ähnlich der Argumentation von Paul A. David nimmt mit zunehmender Diffusion einer GPT das Produktivitätswachstum zunächst nicht zu. Erst nach einem bestimmten Diffusionsgrad, der kritischen Masse, ist eine solche gesamtwirtschaftliche Entwicklung zu erwarten. Darüber hinaus zeigt sich eine frappierende Ähnlichkeit mit der Traversenanalyse, wie sie von John R. Hicks und Adolph Lowe entwickelt wurde. Sowohl im neo-schumpeterianischen Ansatz als auch in der Traversenanalyse steht der zeit- und kostenintensive Übergang von einem Gleichgewichtspfad zum nächsten, z.B. nach einem Innovationsstoß, im Vordergrund.[114]

[112] Vgl. Helpman/Trajtenberg (1998a), S. 86.

[113] Vgl. Abschnitt 3.2.1.

[114] Vgl. Abschnitt 5.4.1 für die Diskussion der Traversenanalyse. Allerdings betonen die neo-schumpeterianischen Ansätze vor allem Komplementaritäten, Externalitäten und den Systemcharakter der GPT, während in der Traversenanalyse vor allem die Relevanz der Ersparnis und (Brutto-) Investitionen aufgrund der vertikalen bzw. sektoralen Integration der Produktionsprozesse im Vordergrund stehen. Insgesamt läßt sich eine stärkere Ähnlichkeit des neo-schumpeterianischen Diffusionsmodells mit dem sektoral disaggregierten neuklas-

Darüber hinaus läßt sich eine weitere wichtige Determinante für die zunächst negative und erst verzögert positive Reaktion von Wachstum und Produktivität auf das Auftreten einer neuen GPT anführen.[115] Philippe Aghion und Peter Howitt (1998a) untersuchen die Einflüsse technologischer *spill over*-Effekte.[116] Die Ursache für diese Art des „sozialen Lernens“[117] liegt darin, daß Unternehmen typischerweise nicht aufgrund eigener Entdeckungen den Umgang mit einer neuen GPT erlernen, sondern oft von den Erfahrungen anderer Unternehmen profitieren, insbesondere wenn sich die Problemstellungen der Unternehmen ähneln. Die Übernahme einer GPT und ihrer komplementären Innovationen wird durch „Schablonen“ erleichtert, die aus den Erkenntnissen anderer gewonnen werden. Der Auftritt einer neuen GPT verursacht zunächst fast keine Änderung der realwirtschaftlichen Entwicklungen, weil niemand das neue technologische Potential zu nutzen weiß.[118]

---

sischen Stufenmodell von Adolph Lowe (1976) erkennen als mit dem vertikal vollintegrierten neoösterreichischen Ansatz von John R. Hicks (1973). Ein temporärer Rückgang des Produktionswachstums läßt sich sowohl in der Zwei-Phasen-Analyse des technischen Fortschritts im Bresnahan/Trajten-berg-Modell als auch im Vier-Phasen-Schema des technischen Fortschritts im Lowe-Modell finden. Allerdings bleibt die interessante Tatsache festzuhalten, daß Bresnahan und Trajtenberg technischen Fortschritt der GPT, also im Kapitalgütersektor modellieren. Lowe (1976, S. 256) hingegen unterscheidet scharf zwischen technischem Fortschritt im Konsumgütersektor und solchem im Kapitalgütersektor (vgl. Abschnitt 5.4.1.2).

115 Aghion/Howitt (1998a, S. 129) stellen sich die Frage „...if the exploitation of a new GPT is spread out over a period of many decades, why should it not result in simply a slow enhancement in aggregate productivity as one industry after another learns to use the new technology?“

116 Darüber hinaus sind auch andere Variablen vorstellbar, insbesondere Unsicherheit und Erwartungen (über die zukünftige Entwicklung und Leistungsfähigkeit der neuesten GPT, aber auch über die Zeitintervalle bis zum Auftreten weiterer GPT). Vgl. zu diesem Problemkreis der technologischen Erwartungen Abschnitt 3.3. Auch spieltheoretische Argumente, durch Abwarten das Riskio der Übernahme zu senken und die darin verursachte Gefahr, *first mover advantages* zu verlieren, lassen sich zu dieser Liste hinzufügen (vgl. Schreyer 2000, S. 31). Für eine Übersicht über die spieltheoretischen Aspekte der Technologiediffusion siehe Abschnitt 3.1.3. Schließlich spielen im Zusammenhang mit komplementären Technologien Fragen des asynchronen Lernens eine wichtige Rolle. Der Einsatz einer bekannten neuen GPT oder einer Komplementärtechnologie wird danach häufig verzögert, da die weiteren Komponenten nicht den notwendigen Ausreifungsgrad besitzen (vgl. Jovanovic/Stolyarov 1997).

117 Aghion/Howitt (1998a), S. 129.

118 Die Autoren schließen aus diesem Sachverhalt nicht nur auf einen verzögerten Aufschwung, sondern auch auf eine verzögert eintretende Rezession.

5.2.2.3 Arbeitslosigkeit aufgrund der Diffusion einer GPT

Der neo-schumpeterianische Ansatz erlaubt die direkte Modellierung von Arbeitslosigkeit im Zuge des technischen Fortschritts. Im Gegensatz zu den traditionellen neoklassischen Wachstumsmodellen mit ihrer Vollbeschäftigungsannahme wird davon ausgegangen, daß Innovationen auf der einen Seite aufgrund höherer Arbeitsproduktivität, aber auch aufgrund der Obsoleszenz von Fähigkeiten der Arbeiter sowie aufgrund der Konkursrate Arbeitsplätze vernichten. Auf der anderen Seite werden, vornehmlich in neuen Sektoren, neue Arbeitsplätze geschaffen.[119] Ausgangspunkt für die neo-schumpeterianische Analyse der technologischen Arbeitslosigkeit von Philippe Aghion und Peter Howitt (1998b) ist ein Kapitaljahrgangsmodell, in dem der technische Fortschritt in Maschinen inkorporiert ist.[120] Wird von einem *putty clay* oder *clay clay* Fall ausgegangen, in dem die Faktorproportionen *ex post* nicht veränderbar sind, werden im Zuge des technischen Fortschritts alte Maschinen obsolet und scheiden aus dem Produktionsprozeß aus.[121] In der neoklassischen Modellwelt finden die zunächst freigesetzten Arbeitskräfte an neuen Maschinen, die die neueste Technik inkorporieren, einen neuen Arbeitsplatz; es herrscht unter den typischen neoklassischen Annahmen wie z.B. unendlich schnelle Anpassung Vollbeschäftigung. Das gleiche Ergebnis erzielt der neo-schumpeterianische Ansatz, wenn keine Friktionen auf dem Arbeitsmarkt angenommen werden.

Wird jedoch davon ausgegangen, daß es zeitaufwendig und kostspielig ist, einen neuen Arbeitsplatz zu suchen, resultiert daraus eine langfristige Arbeitslosenquote im *steady state* Gleichgewicht.[122] Ein Teil der Arbeitskräfte ist im Prozeß des Arbeitsplatzwechsels und deshalb arbeitslos. Ein direkter Freisetzungseffekt entsteht aus dem Zusammenhang, daß bei steigender Rate des technischen Fortschritts die ökonomische Lebensdauer der Maschinen sinkt und daher die Zahl der freigesetzten Arbeitskräfte hoch ist. Zusätzlich sinkt die Amortisationsperiode für Investitionen in neue Maschinen, so daß die Schaffung neuer Arbeitsplätze an neuen Maschinen sinkt. Dieser indirekte Freisetzungseffekt erhöht die gleichgewichtige Arbeitslosenrate weiter. Bei *ex post* limitationalen Produktionsverhältnissen steigt mit zunehmendem Wachstum daher die Arbeitslosigkeit.[123] Die direkten und indirekten Freisetzungseffekte determinieren die Freisetzungsrate. Sie kann (über-) kompensiert werden, falls unter dem Regime der *ex post* substitutionalen Produktionsmethoden auch existierende Maschinen vom technischen Fortschritt profitieren. Dies erhöht den

[119] Vgl. Aghion/Howitt (1998b), S. 123.
[120] Die Autoren gehen von Fabriken (*plants*) aus, in denen die Arbeitskräfte beschäftigt sind.
[121] Vgl. Abschnitt 4.1.1.
[122] Vgl. Aghion/Howitt (1994) und Pissarides (2000).
[123] Vgl. Aghion/Howitt (1998b), S. 127.

technischen Fortschritt profitieren. Dies erhöht den Anreiz für mehr Investitionen in neue Maschinen und damit die Schaffung von mehr Arbeitsplätzen. Dieser Kompensationseffekt wird als Kapitalisierungseffekt bezeichnet. Er wirkt um so stärker, je mehr komplementäre Produkte zur Herstellung von Gütern und Dienstleistungen erforderlich sind.[124] Letztlich identifizieren die Modelle eine gleichgewichtige Arbeitslosenrate aufgrund von *mismatch* Problemen auf dem Arbeitsmarkt[125], die durch eine Freisetzungs- und einer Kompensationsfunktion beschrieben werden kann.

Der Zusammenhang zwischen der Kompensationsrate und der langfristigen Arbeitslosenrate dient als Ausgangspunkt für die Überlegung, wie die Diffusion einer neuen GPT auf die gleichgewichtige Arbeitslosenrate wirken könnte. Wird der *Vintage*-Gedanke auf die Innovation und Diffusion einer GPT und ihrer komplementären Technologien übertragen, entstehen Beschäftigungseffekte immer dann, wenn die GPT in den Produktionsprozeß Eingang findet. Wie die Analyse der GPT ergeben hat, erfolgt dies unter Umständen erst lange Zeit, nachdem die GPT bekannt geworden ist. Die aus dem neo-schumpeterianischen Modell entwickelte gleichgewichtige Arbeitslosenrate ist um so größer, je höher die Rate des technischen Fortschritts der GPT ist. Dies betrifft zum einen die fortlaufenden Verbesserungen einer GPT sowie im Modell von Timothy F. Bresnahan und Manuel Trajtenberg aufgrund der vertikalen Externalitäten die Komplementärinnovationen der GPT, zum anderen aber auch die Rate und Geschwindigkeit, mit der neue GPT auftreten. In beiden Fällen sinkt die ökonomische Lebensdauer des Kapitals, das das gegenwärtige technologische Regime inkorporiert. Demgegenüber ist die Arbeitslosigkeit um so geringer, je mehr Komplementärprodukte zu einer gegebenen GPT entwickelt werden. In den Modellen von Elhanan Helpman und Manuel Trajtenberg sowie Philippe Aghion und Peter Howitt ist die Höhe der Arbeitslosenrate demnach von der Zahl der Komplementärprodukte und der Anzahl der Anwendungssektoren abhängig. Mit ihrer Zahl steigt der Kapitalstock, der die neueste Technologie inkorporiert und die Zahl der damit verknüpften Arbeitsplätze.

- Es läßt sich somit festhalten, daß die Gefahr einer technologischen Arbeitslosigkeit aufgrund des Arbeitsplatzwechsels bei technischem Fortschritt langfristig mit dem Durchdringungsgrad einer GPT abnimmt, da der Kapitalstock mit der neuesten GPT und somit auch die Zahl der Arbeitsplätze zunimmt. Während des Übergangs von der alten auf eine neue GPT, d.h. in der Phase der rezessiven Entwicklung des Sozialprodukts, ist es jedoch möglich, daß

[124] Vgl. Aghion/Howitt (1998b), S. 129.

[125] Vgl. Pianta/Vivarelli (2000), S. 6.

die langfristige gleichgewichtige Such- und *mismatch*-Arbeitslosigkeit, die wie oben skizziert unter anderem von der Rate des technischen Fortschritts abhängt, die Rezession verschärft.[126] Denn der Strukturwandel mit der Zerstörung von Arbeitsplätzen in den Sektoren der alten GPT ist in dieser Periode besonders hoch.

5.2.3 Zusammenfassung

Auch wenn in der Literatur häufig davon ausgegangen wird, daß die Freisetzungseffekte des technischen Fortschritts im allgemeinen anerkannt werden, ist die ebenso häufig getroffene Unterscheidung zwischen den *direkten* Freisetzungseffekten und den *indirekten* Kompensationseffekten kritisch zu werten. Es wird in diesem Zusammenhang unterstellt, die Freisetzungseffekte des technischen Fortschritts wirken via Produktivitätssteigerungen direkt und zeitnah. Dieser Abschnitt hat hingegen gezeigt, daß sie ebenso indirekt, sekundär und zeitlich entkoppelt vom Auftritt neuer Innovationen auftreten können, wie es für viele Kompensationsmechanismen gilt. Die Analyse der Produktivitätswirkungen im Rahmen der Beschäftigungsschwelle und des Verdoorn-Zusammenhangs hat verdeutlicht, daß Freisetzung aufgrund steigender Produktivitätswachstumsraten nur im Zusammenspiel und im Verhältnis zur Veränderung der Produktionsveränderungsraten eine Konsequenz des technischen Fortschritts sein kann. Darüber hinaus hat sich gezeigt, daß die Produktivitätsanstiege des technischen Fortschritts oft dann auftreten, wenn die Innovation sich schon eine geraume Zeit ausbreitet. Dies gilt insbesondere für Basis-, *General Purpose* oder radikale Innovationen, denen erhebliche Produktivitäts- und Wachstumsimpulse für die gesamte Volkswirtschaft zugerechnet werden. Solche Innovationen bedürfen zudem der Entwicklung geeigneter komplementärer Technologien und Produktionsweisen, was die Produktivitäts- und eventuellen Freisetzungswirkungen weiter verzögern kann.

Die vielfach vorherrschende These, die Freisetzungswirkungen seien selbsterklärend und müssten daher in Abhandlungen über die Freisetzungs- und Kompensationsdebatte nicht näher diskutiert werden, wird damit widerlegt. Ebenso wie es keine eindeutige, immer wirksame, endogene Kompensation gibt, existiert keine automatisierte, zeitnahe und zwingende „direkte" Freisetzung.[127]

---

[126] Vgl. für dieses letzte Argument Aghion/Howitt (1998a), S. 141f.

[127] So haben jüngst Spiezia/Vivarelli (2000, S. 12) in einem Überblick über die Freisetzungs- und Kompensationsdebatte, wie viele Autoren vor ihnen, zwischen den direkten Freisetzungs- und indirekten Kompensationsmechanismen unterschieden. Vor dem Hintergrund dieser Arbeit stellt dies eine unzulässige Verkürzung der Zusammenhänge dar.

Dem diesen Abschnitt einleitenden Zitat von Kähler, der Streit über Freisetzung und Kompensation werde nur über die Bedingungen der Kompensation geführt, muß daher widersprochen werden. *Er muß auch über die Bedingungen der Freisetzung geführt werden.* Diese Einsicht ist das Ergebnis der Untersuchung der Freisetzung von Arbeitskräften aus Sicht der Diffusionstheorie.

Im Nachfolgenden muß nun geklärt werden, welche (endogenen) Kompensationsmechanismen der Freisetzung entgegenstehen und so die Realisierung von technologischer Arbeitslosigkeit verhindern. Auch hier steht neben der Darstellung der Argumente, wie sie in der bisherigen Literatur zu finden sind, die kritische Bewertung aus Sicht der Diffusionstheorie im Vordergrund. Der Schwerpunkt der Kompensationsargumente liegt hierbei auf den Produktinnovationen und auf den Prozeßinnovationen (Maschinenherstellung). Das Kaufkraftkompensationsargument wird im Rahmen des Strukturwandelmodells von Pasinetti (1993) dargestellt und aus Sicht der Diffusionstheorie kritisiert. Die kurze Diskussion der Frage der zunehmenden Exportnachfrage aufgrund der steigenden Wettbewerbsfähigkeit bei einer hohen Rate des technischen Fortschritts sowie die Untersuchung der These der Faktorsubstitution schließen das Kapitel ab.

5.3 Additive Produktinnovationen

5.3.1 Die traditionelle Darstellung

Aus der grundlegenden Unterscheidung zwischen Produkt- und Prozeßinnovationen entsteht der Kompensationsmechanismus der additiven Produktinnovationen. In der Literatur gilt seine beschäftigungsfördernde Wirkung, ebenso wie der arbeitsparende und produktivitätssteigernde Freisetzungscharakter von Prozeßinnovationen, als „unbestritten"[128] und „intuitively obvious."[129] Danach besteht der Kompensationseffekt aus der endnachfrageerweiternden Wirkung der Produktinnovationen. Mit dem Güternachfrageanstieg wird ein beschäftigungsfördernder Charakter verbunden.[130] Dies gilt insbesondere dann, wenn mit Pro-

[128] Hagemann (1985), S. 300.

[129] Katsoulacos (1984), S. 84. Schon für Lederer (1938, S. 35) waren Produktinnovationen der Schlüssel zur Eröffnung neuer Märkte, zur Schaffung neuer Produktionskapazitäten und daher zum Abbau technologisch verursachter Arbeitslosigkeit (vgl. Hagemann 2000, S. 35).

[130] Implizit beinhaltet eine solche Argumentation die Ablehnung der These, daß die Nachfrage nach Gütern *nicht* die Nachfrage nach Arbeit sei, die John Stuart Mill in seinem vierten Lehrsatz aufgestellt hat. Die damit angesprochene Kontroverse wird in Abschnitt 5.5.1 bei der Darstellung des Kaufkraftkompensationstheorems tiefer diskutiert.

duktinnovationen die Schaffung neuer Produktmärkte verbunden ist oder gar gänzlich neue Industrie- und Branchenzweige entstehen.[131] *Ex definitione*, so lautet die Hoffnung, ziehe die Bildung neuer Industrien positive Beschäftigungseffekte nach sich.[132] Daher scheint die Kompensation via neuer Produkte für Vivarelli (1995):

> „[...] to be the most powerful counterbalancing factor of technological unemployment caused by process innovations [...]."

Es bestehen jedoch einige Einschränkungen der positiven Beschäftigungseffekte von Produktinnovationen. Insbesondere drei Kritikpunkte werden in diesem Zusammenhang häufig genannt:

1. Produktinnovationen sind sorgfältig von Prozeßinnovationen abzugrenzen und zu definieren. Nicht für jede in der Ökonomik verwendete Abgrenzung gilt die Aussage, daß Produktinnovationen beschäftigungsfördernd sind.
2. Es muß zusätzlich definiert werden, wie Produktinnovationen von Verbesserungen und Weiterentwicklungen bestehender Produkte abzugrenzen und zu trennen sind.
3. Die positiven Beschäftigungseffekte werden in aller Regel additiven Produktinnovationen zugeschrieben, die die existierende Produktpalette nicht einschränken.[133]

Der erste Problemkreis führt zurück zu den konzeptionellen Grundlagen im *zweiten Kapitel*.[134] Dort wurde ein erster Überblick über die Abgrenzung von Produkt- und Prozeßinnovationen gegeben. Es hat sich gezeigt, daß mindestens drei Abgrenzungsvarianten existieren:

1. Es lassen sich an erster Stelle solche Innovationen identifizieren, die von privaten Haushalten nachgefragt werden. In einer derartigen Definition von Produktinnovationen als Konsumgüter werden sie nicht von Unternehmen im Produktionsprozeß eingesetzt. Solche Produktinnovationen sind daher nicht in der Lage sekundäre produktivitätssteigernde, arbeitsparende Effekte auszulösen.
2. Es ist aber auch möglich, Produktinnovationen anhand des herstellenden Unternehmens abzugrenzen. Danach sind Produktinnovationen alle Neuerungen,

[131] Die Abgrenzung der Produktinnovationen nach Schumpeter (1934, S. 100) in der Form der „Herstellung eines neuen, d.h. dem Konsumentenkreise noch nicht vertrauten Gutes oder einer neuen Qualität eines Gutes" verbindet sich mit der Erschließung neuer Absatzmärkte als der dritten Schumpeterschen Klassifikation des technischen Fortschritts. Vgl. Abschnitt 2.2.

[132] Vgl. Roereke (1990), S. 225.

[133] Vgl. Hagemann (1985), S. 300.

[134] Vgl. dort Abschnitt 2.2.

wenn sie das produzierende Unternehmen verlassen. Nur Innovationen, die innerhalb des Unternehmens verbleiben und dort eingesetzt bzw. nachgefragt werden, sind als Prozeßinnovationen anzusehen.

3. Die dritte Unterscheidung orientiert sich an einer sektoralen Definition von Produktinnovationen. Nach dieser Lesart sind Güter analog zur unternehmensorientierten Abgrenzung als Prozeßinnovationen definiert, wenn sie im gleichen Sektor eingesetzt werden, in dem sie produziert wurden. Werden sie jedoch an andere Sektoren geliefert, sind sie als Produktinnovationen zu werten.[135]

Eine Beschäftigungskompensation aufgrund einer möglichen Ausweitung der Endnachfrage ist uneingeschränkt nur Produktinnovationen gemäß der ersten Definition zuzuschreiben. Hingegen ist es überaus problematisch, im Zusammenhang mit den letzten beiden Klassifikationen von einer beschäftigungskompensatorischen Wirkung von Produktinnovationen zu sprechen, wenn sie als arbeitsparende Produktionstechnik in den Produktionsprozeß einfließen. Denn genau zum Zweck der effizienteren Produktion mit dem Ziel der Kosteneinsparung werden Produktinnovationen von Unternehmen erworben. Unstrittig erhöhen solchermaßen definierte Produktinnovationen die gesamtwirtschaftliche Nachfrage in Form einer höheren Investitionsnachfrage. Dieser Aspekt ist kompensatorisch wirksam. Zur gleichen Zeit sind sie als neue Produktionstechnik auch produktivitätssteigernd und in diesem Zusammenhang beschäftigungsfreisetzend wirksam. Da beide Effekte in ein und derselben Maschine zusammentreffen, läßt sich der kompensatorische Effekt solcher Produktinnovationen nicht mehr eindeutig von der freisetzenden Wirkung trennen.

Es zeigt sich, daß nur solche Produktinnovationen in der Lage sind, die Freisetzung von Beschäftigten uneingeschränkt und ohne sekundäre Freisetzungseffekte zu kompensieren, die an private Haushalte fließen. Nach der ersten Definition werden nur solche Konsumgüter als Produktinnovation bezeichnet. Gemäß der zweiten und dritten Abgrenzung sind die Konsumgüter nur eine Teilmenge der Produktinnovationen.

Die Definition von Produktinnovationen gemäß des zweiten und dritten Konzepts ist für das Kompensationsargument der additiven Produktinnovationen demnach völlig ungeeignet.[136] Eine möglichst exakte Trennung der Kompensa-

[135] Insbesondere in den Theorien zum sektoralen Strukturwandel wird häufig auf die sektorale Abgrenzung von Produkt- und Prozeßinnovationen zurückgegriffen.

[136] Anderer Meinung sind z.B. Vivarelli (1995, S. 69), der nicht exakt zwischen Produkt- und Prozeßinnovationen trennt, und Edquist/Hommen/McKelvey (2001), S. 15. Simonet-

tionsmechanismen erfordert daher die Anwendung des ersten Abgrenzungskonzepts, nach dem ausschließlich neue Produkte der Konsumnachfrage privater Haushalte als Produktinnovationen zu betrachten sind. Hingegen liegt die endnachfragesteigernde Wirkung solcher Innovationen, die als Maschinen und Kapitalgüter zwischen Unternehmen und/oder Sektoren ausgetauscht werden, im Anstieg der Investitionsnachfrage. Dieser Effekt stellt jedoch einen eigenen, selbständigen Kompensationsmechanismus in Form des Maschinenherstellungsarguments dar.[137]

Schließlich gebietet ein weiterer Aspekt eine methodisch einwandfreie Trennung zwischen Produkt- und Prozeßinnovationen. Viele Innovationen sind gleichzeitig sowohl Konsumgut als auch Kapitalgut. So ist z.B. ein Personal Computer, der von einem privaten Haushalt erworben wird, eine Produktinnovation. Der gleiche Computer ist jedoch eine Prozeßinnovation, wenn er von einem Unternehmen eingesetzt wird. Diese Problematik ist eine nicht zu unterschätzende Quelle der Unschärfe und betrifft eine Vielzahl von Gütern. Daher sollte sie nicht durch eine unpräzise Abgrenzung von Prozeß- und Produktinnovation weiter verschärft werden.

Zur korrekten Definition einer Produktinnovation trägt auch der zweite oben genannte Problemkreis bei. Produktinnovationen sind nicht nur gegenüber neuen Produktionsprozessen abzugrenzen, sondern auch gegenüber inkrementellen Verbesserungen existierender Produktgruppen.[138] Katsoulacos (1984) unterscheidet das Auftreten zusätzlicher, additiver Produktinnovationen als *horizontale* Differenzierung und die Verbesserung eines bereits existierenden Produktes als *vertikale* Differenzierung, während die OECD (1996a) zwischen einem *technologisch neuen* Produkt und einem *technologisch verbesserten* Produkt differenziert. Letztlich läßt sich diese Abgrenzung auf die Unterscheidung zwischen radikalen bzw. signifikanten und inkrementellen Innovationen beschränken.[139] Positive Beschäftigungs- und Kompensationseffekte sind vor allem von neuen Produkten zu erwarten. Es läßt sich jedoch auch formal nachweisen, daß inkre-

---

ti/Taylor/Vivarelli (2000), S. 29 hingegen definieren Produktinnovationen in gleicher Weise wie in dieser Arbeit als neue Konsumgüter.

[137] Vgl. Abschnitt 2.3 weiter unten.

[138] Vgl. Edquist/Hommen/McKelvey (2001), S. 13. Auch in den neo-schumpeterianischen Ansätzen der Neuen Wachstumstheorie spielt diese Unterscheidung, allerdings ohne den direkten Zusammenhang mit der Beschäftigung, eine Rolle. Vgl. Aghion/Howitt (1998), S. 53 und 74.

[139] Vgl. Europäische Kommission (1993). Vgl. zu dieser Diskussion auch Abschnitt 2.3.

mentelle Produktverbesserungen ebenfalls positive Beschäftigungseffekte auslösen können.[140]

Damit ist der dritte Punkt der obigen Aufzählung angesprochen. Positive Beschäftigungseffekte sind davon abhängig, daß die Endnachfrage ausgeweitet wird. Dies ist nur dann der Fall, wenn durch neue Produkte nicht ebenso viel Nachfrage verdrängt wird, wie ausgedehnt wurde. Die Produkte müssen daher additiven Charakter besitzen. Liegt zwischen dem neuen Produkt und einem alten eine substitutive Beziehung vor, verringert sich die Ausdehnung der Endnachfrage und damit die positiven Beschäftigungseffekte mit zunehmendem Grad der Substitutionalität. Im Extremfall, wenn das neue und das bereits existierende Produkt vollkommene Substitute sind, ergibt sich kein positiver Beschäftigungseffekt. Beispiele für solche substitutionalen Produkte sind z.B. die Ablösung des Schwarzweißfernsehapparates durch die Farbfernsehtechnik.[141] Eine dritte Möglichkeit sind komplementäre Produktinnovationen in dem Sinne, daß durch ihre Einführung der Konsum anderer Produkte erhöht wird.[142] Damit wird der Bereich der Netzwerkexternalitäten berührt. Dort ist das Phänomen als Software-Hardware-Paradigma bekannt, nachdem ein Anstieg von Zahl und Qualität komplementärer Produkte den Nutzen und damit Konsum des gesamten Systems bzw. einer Systemkomponente erhöht.[143] Da die Netzwerkexternalitäten ausführlich im Kapitel der mikroökonomischen Diffusionstheorien diskutiert

[140] Vgl. Katsoulacos (1984). Als ein historisches Beispiel läßt sich die Entwicklung des Automobils anführen, deren Variante von 1900 nichts mit der aus dem Jahre 2000 gemein hat. Trotz des allmählichen Übergangs zur Informations- und Wissensgesellschaft (vgl. OECD 1981 und Melzig-Thiel 2000) hat die Automobilindustrie, zumindest in Deutschland, für Konjunktur und Beschäftigung noch immer eine besondere Bedeutung.

[141] Vgl. Hagemann (1985), S. 300. Allerdings läßt sich auch argumentieren, daß trotz vollkommener Substitutionalität zumindest temporär positive Beschäftigungseffekte zu erwarten sind, wenn aufgrund des höheren Konsumnutzens des neuen Produkts (z.B. Farbe statt schwarz-weißer Darstellung des Fernsehbildes) ein Teil der Haushalte das Substitut *früher* kaufen als sie das alte Gut ersetzt hätten (z.B. am Ende der technischen Lebensdauer). Die Folge ist eine *Beschleunigung* der Konsumnachfrage, die durchaus positive Beschäftigungswirkungen entfalten kann. Der gleiche Effekt läßt sich auch bei Produktverbesserungen feststellen, wie die schnelle Abfolge der PC- oder Mobiltelefongenerationen zeigt. Dem kann aber entgegengehalten werden, daß Nachfrage in die Zukunft verlagert wird, wenn der technische Fortschritt zum rapiden Preisverfall oder zu schnellen Qualitätsverbesserungen führt.

[142] Vgl. Röhreke (1990), S. 203, Stille/Bitzer (1998), S. 27 und Beeker (2001), S. 24.

[143] Das bekannte Beispiel des Computers, dessen Nutzen und damit dessen Konsumnachfrage von der Qualität und der Anzahl der verfügbaren Hardware und der darauf nutzbaren Software abhängt, gibt dem Phänomen seinen Namen. Der Computer an sich stellt dabei das Gesamtsystem dar, während die Software bzw. Hardware als einzelne Komponenten angesehen werden können.

werden[144], wird an dieser Stelle auf eine weitere Darstellung der Komplementarität von Produktinnovationen verzichtet.

Eine neoklassische formale Analyse der Beschäftigungseffekte von Produktinnovationen entwickelt Y. Katsoulacos (1984 und 1986). Das Modell basiert auf dem Konzept der monopolistischen Konkurrenz, bei dem *n* Unternehmen existieren, von denen jedes genau eines von *n* Gütern produziert (und daher Monopolist ist). Von den Konsumenten sind *(N-N')* Gewinnempfänger und *N'* Lohnempfänger, die gemäß einer CES-Nutzenfunktion entscheiden, ob sie ihre Arbeitskraft zur Verfügung stellen oder freiwillig arbeitslos bleiben. Entscheidungsgrundlage ist der mit dem Lohnsatz *w* realisierbare Konsumnutzen, der dem Arbeitsleid gegenüber gestellt wird. Resultat ist ein Mindestlohn, unterhalb dessen ein Arbeiter freiwillig arbeitslos bleibt. Er ist annahmegemäß für alle Arbeitnehmer gleichverteilt. Für die gegebene Zahl von *n* Produkten, die gemäß der Nutzenfunktion den Konsumnutzen bestimmen, existiert ein Gleichgewicht, in dem für einen bestimmten Lohnsatz *w* ein Nutzenniveau *U** existiert, für das der Anteil der freiwilligen arbeitslosen Lohnempfänger eindeutig bestimmt ist.[145] Im Falle einer Produktinnovation, d.h. für einen Anstieg der Produktzahl auf *n+1*, erhöht sich das Nutzenniveau *U**, und zusätzliche Arbeitskräfte bieten ihre Arbeit an.[146] Diesem beschäftigungssteigernden Effekt steht ein beschäftigungsmindernder Substitutionseffekt gegenüber. Er drückt aus, daß bei einer Substitutionsbeziehung der neuen Produkte zu den alten der Nutzenzuwachs nur gering (im Extremfall gar nicht) ansteigt.[147]

Neben diesen *direkten* Effekten aus additiven Produktinnovationen lassen sich weitere *indirekte* Effekte beschreiben, die zusätzliche beschäftigungsschaffende Wirkung entfalten können. Bedarf die Produktinnovation zu ihrer Herstellung neuer Produktionskapazitäten, ist von den dazu notwendigen Investitionen zusätzliche Endnachfrage zu erwarten.[148] Dieses Argument erhält dann besonderes Gewicht, wenn mit den neuen Produkten auch neue Branchen entstehen. Allerdings sind zwei Einschränkungen für eine derartige indirekte Wirkung anzumerken. Denn die zusätzliche Nachfrage nach Investitions- und Kapitalgütern für die Produktion der Produktinnovationen wird nur dann wirksam, wenn

---

[144] Vgl. Abschnitt 3.1.4.

[145] Vgl. Röreke (1990), S. 266.

[146] Das zusätzliche Beschäftigungsvolumen wird nachgefragt, da nun *n+1* Unternehmen produzieren.

[147] Katsoulacos nennt den Kompensationseffekt *welfare effect* und den Substitutionseffekt *displacement effect*.

[148] Vgl. Edquist/Hommen/McKelvey (2001), S. 47.

1. keine freien Kapazitäten vorhanden sind, die zur Herstellung von Produktinnovationen herangezogen werden können, oder aber wenn
2. sich die Produktion der Innovation nicht mit den existierenden Produktionsanlagen und Maschinen bewerkstelligen läßt.

Hinter dem zweiten Fall verbirgt sich die Problematik, daß für die Herstellung neuer Konsumgüter auch neue Produktionskapazitäten und Kapitalgüter in Form von neuen Maschinen, Gebäuden und Prozessen benötigt werden. Aber auch mit der zusätzlichen Investitionsgüternachfrage kann nicht mit einem uneingeschränkt positiven indirekten Beschäftigungseffekt gerechnet werden. Denn die für die Herstellung der Produktinnovationen zusätzlich benötigten Investitionsmittel werden in der Regel die neueste Technik repräsentieren. Mit den Produktinnovationen werden daher in diesem Fall gleichzeitig Prozeßinnovationen eingeführt, die arbeitsfreisetzend wirken, wenn sie die Produktivität erhöhen. Die positiven Beschäftigungseffekte aus der indirekten Zunahme der Investitionsnachfrage werden daher konterkariert und zum Teil kompensiert. Die kompensatorischen Beschäftigungseffekte aus der Herstellung von Kapitalgütern ist zentrales Thema des nächsten Unterkapitels zur Maschinenherstellung und wird dort ausführlich dargestellt.

5.3.2 Produktinnovationen im Rahmen der Strukturwandeltheorie Pasinettis

Einen formalen Rahmen zur Analyse von Produktinnovationen in klassischer bzw. postkeynesianischer Tradition bietet Luigi Pasinettis Theorie des sektoralen Strukturwandels, die er 1981 in seinem Werk *Structural Change and Economic Growth* entwickelt.[149] Grundlage und Ausgangspunkt ist ein horizontal disaggregiertes Modell, in dem *n-1* vertikal vollintegrierte Sektoren jeweils ein Konsumgut produzieren.[150] Der *n*-te Sektor bezeichnet den Haushaltssektor. Die vertikale Vollintegration bei Pasinetti entspricht der Vorstellung der Subsysteme bei Sraffa.[151] Jeder Sektor umfaßt alle zur Produktion des End- bzw. Konsumgutes notwendigen Inputfaktoren. Im Gegensatz zur Input-Output-Analyse existie-

[149] In einer weiteren Arbeit von 1993, *Structural Economic Dynamics*, präsentiert Pasinetti ein Strukturwandelmodell, das von Kapitalgütern abstrahiert. Im folgenden wird aber vor allem auf das 1981er Modell Pasinettis eingegangen. Das einfache Modell einer Arbeitsökonomie wird in Abschnitt 5.5.3.1 im Rahmen des Kaufkraftkompensationstheorems aufgegriffen. Vgl. darüber hinaus Knottenbauer (2000) für eine ausführliche Darstellung der Strukturwandeltheorie von Pasinetti.

[150] Im Vergleich zur neoösterreichischen Kapitaltheorie von Hicks (vgl. Abschnitt 5.4.2.1), bei dem die vertikale Disaggregation im Vordergrund steht, basiert Pasinettis Ansatz zusätzlich auf einer horizontalen Disaggregation.

[151] Vgl. Pasinetti (1981, S. 35ff) und Sraffa (1960, S. 89).

ren somit keine intersektoralen Vorleistungs- oder (Kapital-) Güterverflechtungen. Die einzelnen Sektoren sind daher völlig autark: Die zur Produktion des Konsumgutes (neben homogener Arbeit) notwendigen Kapitalgüter werden im eigenen Sektor mit Arbeit als einzigem Produktionsfaktor hergestellt. Die Kapitalgüter sind sektorspezifisch.[152]

Die sektorale Outputmenge X_i entspricht, in Anlehnung an das Keynes'sche Prinzip der effektiven Nachfrage, der sektoralen Güternachfrage, die sich aus dem jeweiligen Konsumkoeffizienten c_i und der Bevölkerungsmenge N zusammensetzt:

(5.12) $$X_i = c_i(t)\,N(t).$$

Die sektoralen Konsumkoeffizienten c_i sind zeitabhängig[153]:

(5.13) $$c_i(t) = c_i(0)\,e^{r_i(t)\,t}$$

wobei $c_i\ (0)$ den anfänglichen Koeffizienten darstellt und r_i die Veränderungsraten der Konsumkoeffizienten beschreibt. Sie sind wiederum abhängig von den Arbeitskoeffizienten und deren Veränderung im jeweiligen Sektor[154]. Begründen läßt sich ein solcher Zusammenhang mit einer allgemeinen Form des Engel'schen Gesetzes und der Bedürfnispyramide: Mit gegebenen Realeinkommenniveaus werden gegebene Mengen der verschiedenen Konsumgüter nachgefragt. Steigt das Realeinkommen, wird je nach Niveau des Einkommens die Nachfrage nach einigen Gütern steigen ($r_i(t) > 0$), nach anderen stagnieren (Sättigungsgrenze, $r_i(t) = 0$)), und nach einigen sinken (inferiore Güter, $r_i(t) < 0$)). Annahmegemäß steigt das Realeinkommen permanent an. Der Anstieg ist auf die Zunahme der (Arbeits-) Produktivität zurückzuführen, die durch Prozeßinnovationen ausgelöst und durch einen Rückgang der sektoralen Arbeitskoeffizienten ausgedrückt wird. Daher läßt sich $r_i(t)$ durch die sektoralen Arbeitskoeffizienten bestimmen. Die Konsumstruktur wird darüber hinaus durch das Erlernen von Konsummustern gesteuert.[155] Eine diffusionstheoretisch wichtige Perspektive der Kompensation durch Produktinnovationen eröffnet sich durch ein mögliches *time lag*, da die Konsumenten erst lernen müssen, die neuen Pro-

---

[152] Neben dieser Modellstruktur entwickelt Pasinetti eine weitere, etwas kompliziertere Version, in die Kapitalgüter durch Arbeit *und* dem sektorspezifischen Kapitalgut hergestellt werden (vgl. Knottenbauer 2002). Davon wird im folgenden jedoch abstrahiert.

[153] Vgl. Pasinetti (1981), S. 83.

[154] Vgl. Pasinetti (1983), S. 82

[155] Vgl. Knottenbauer (2000), S. 188ff.

dukte nachzufragen. In ähnlicher Weise (ohne den Bezug auf Pasinetti, sondern auf Stigliz 1977) argumentiert die *Jobs Study* der OECD[156]:

> „Consumer learning involves both the process of moving from low to high income commodities and the absorption of radically new products".

Darüber hinaus werden K_i Kapitalgüter für die Produktion der Konsumgüter benötigt, deren Menge sich nach dem Ausmaß der Ersatz- und Erweiterungsinvestitionen richtet.[157]

(5.14) $$K_i = a_i^n(t)\,N(t) + \frac{1}{T_i}X_i(t),$$

wobei a_i^n den Nettoinvestitionskoeffizienten beschreibt und (multipliziert mit der Bevölkerungszahl) die Erweiterungsinvestitionen ergibt und T_i die durchschnittliche Lebensdauer der (Fix-) Kapitalgüter angibt.[158] Das Mengensystem des Modells wird ergänzt um eine gesamtwirtschaftliche Vollbeschäftigungsbedingung, nach der die Summe der sektoralen Arbeitsnachfrage mit dem Arbeitsangebot bzw. –potential übereinstimmen muß:

(5.15) $$\sum_{i=1}^{n-1} l_i(t)\,X_i(t) = Q(t).$$

Die sektorale Arbeitsnachfrage bestimmt sich nach der produzierten Konsumgütermenge sowie nach dem jeweiligen Arbeitskoeffizienten.[159] Das Arbeitsangebot wird von der Bevölkerungszahl N, der Erwerbsquote μ als Quotient der Erwerbspersonen und der Bevölkerungszahl sowie der Zahl der geleisteten Arbeitsstunden v (pro Erwerbsperson pro Jahr) bestimmt.[160] Die Variablen N, c_i,

---

[156] OECD (1994), S. 129

[157] Vgl. Pasinetti (1981), S. 36.

[158] Die Kapitalgüter werden demnach linear abschrieben, so daß jedes Jahr jener Anteil der Maschinen ersetzt werden muß, der dem Kehrwert der Lebensdauer entspricht. Der Nettoinvestitionskoeffizient wird zunächst exogen vorgegeben und weiter unten endogenisiert. Er ist vergleichbar dem variablen Kapitalkoeffizienten der üblichen neoklassischen oder postkeynesianischen Wachstumsmodelle, der aber in Pasinettis Modell nicht auftaucht (und implizit gleich eins gesetzt und konstant ist), da der Kapitalstock in *Produktionskapazitätseinheiten* gemessen wird und daher einer Mengeneinheit des Kapitalgutes, bei Vollbeschäftigung des Kapitalstocks, einer Konsumgütereinheit entspricht (vgl. Pasinetti 1981, S. 47): $K_i(t) = X_i(t)$.

[159] Vgl. Gleichungen (5.24) und (5.25) für eine formale Darstellung der sektoralen Arbeitsnachfrage, die im Gleichgewicht der sektoralen Arbeitsmenge entspricht.

[160] Formal läßt sich Q wie folgt darstellen: $Q(t) = N(Tt)\,\mu(t)\,v(t)$.

l_i, a_i, T_i, μ und ν sind exogen gegeben, so daß das Mengenmodell geschlossen ist.

Das Preissystem des Modells läßt sich unter Heranziehung der Variablen p_i als Preis für die Konsumgüter und k_i als Preis für die Kapitalgüter sowie w als einheitlichen Lohnsatz und π_i für die sektoralen Profitraten bestimmen. Für die sektoralen Kapitalgüter- und Konsumgüterpreise gilt jeweils:[161]

$$(5.16) \qquad k_i(t) = l_i^k(t)\, w(t) \text{ und}$$

$$(5.17) \qquad p_i(t) = l_i(t)\, w(t) + \left[\frac{1}{T_i} + \pi_i(t)\right] l_i^k(t)\, w(t),$$

wobei nun l_i^k den kapitalgutspezifischen und l_i den konsumgutspezifischen Arbeitskoeffizienten bezeichnet. Die gesamtwirtschaftliche Gleichgewichtsbedingung ergibt sich aus der Übereinstimmung der Konsum- und Investitionsnachfrage mit dem Volkseinkommen, das aus der Lohn- und Profitsumme besteht:

$$(5.18) \qquad \sum_{i=1}^{n-1} X_i(t)\, p_i(t) + K_i(t)\, k_i(t) = Q(t)\, w(t) + \sum_{i=1}^{n-1} \pi_i(t)\, k_i(t)\, X_i(t).$$

Das Preissystem besitzt einen Freiheitsgrad, der durch die exogene Vorgabe der sektoralen Profitraten geschlossen wird. Ökonomisch sinnvolle, von null verschiedene Gleichgewichtslösungen aus Preis- und Mengensystem ergeben sich durch folgende Gleichung, in der die aggregierte Güternachfrage dem –angebot entspricht sowie alle Faktoren und Produktionskapazitäten vollbeschäftigt sind:[162]

$$(5.19) \qquad \sum_{i=1}^{n-1} \frac{1}{T_i} l_i^k(t)\, c_i(t) + \sum_{i=1}^{n-1} l_i(t)\, c_i(t) + \sum_{i=1}^{n-1} l_i^k(t)\, a_i^n(t) = \mu(t)\, \nu(t).$$

Die Gleichgewichtsgleichung wird durch zwei ökonomische Gleichgewichtsbedingungen gesteuert.[163] Zum einem bedarf es der Vollauslastung der sektoralen Produktionskapazitäten. Sie müssen sich den sektoralen Produktionsmengen, die sich gemäß der effektiven Nachfrage verändern, anpassen. Sie lassen sich als

[161] Die Preisgleichungen lassen sich herleiten, indem die Erlöse (Preis multipliziert mit der Menge) den Produktionskosten in Form einer Gleichgewichtsbedingung gegenübergestellt werden. Im Fall der Kapitalgüter sind dies ausschließlich Arbeitskosten als einziger Input und im Fall der Konsumgüter sind dies Arbeitskosten, Profitsummen und Abschreibung. Vgl. Pasinetti (1981), S. 33 und 40f. sowie Knottenbauer (2002).

[162] Vgl. Knottenbauer (2000), S. 232.

[163] Vgl. Pasinetti (1981), S. 41, Fn. 8.

Serie sektoraler Kapitalakkumulationsbedingungen beschreiben, in der die Entwicklung der Kapitalgütermenge sowie des Investitionsvolumens von der Entwicklung der Konsumgütermenge abhängt. Da die Kapitalgüter als Produktionskapazitätseinheiten gemessen werden und daher eine Kapitalguteinheit einer Konsumguteinheit entspricht, gilt dies auch für die Veränderungsraten in der Zeit. Eine Investitionseinheit entspricht somit einer zusätzlichen Konsumguteinheit. Darüber hinaus ist die Konsumgutnachfrage vom Konsumkoeffizienten c_i und seiner Veränderungsrate r_i sowie der Bevölkerungszahl abhängig, die annahmegemäß mit einer konstanten Rate g wächst. Nun läßt sich die sektorale Vollauslastungsbedingung als Endogenisierung der sektoralen Nettoinvestitionskoeffizienten bestimmen:[164]

(5.20) $a_i^n(t) = [r_i(t) + g]c_i(t)$ mit $c_i(t) = c_i(0)e^{r_i(t)t}$.

In der zweiten Gleichgewichtsbedingung wird die Vollbeschäftigung und die vollständige Verausgabung des Volkseinkommens sichergestellt. Sie ergibt sich, wenn die obige Gleichung der Akkumulationsbedingungen (5.20) in die Gleichgewichtslösung (5.19) eingesetzt wird. Darüber hinaus werden erstmals Prozeß- und Produktinnovationen berücksichtigt. Sektoraler technischer Fortschritt in Form von Prozeßinnovationen führt zu einem Anstieg der Arbeitsproduktivität, der sich in einem Rückgang der Arbeitskoeffizienten ausdrückt, die wie folgt definiert sind:[165]

(5.21) $l_i(t) = l_i(0)e^{-s_i t}$ für den Arbeitskoeffizienten der Konsumgutproduktion und

(5.22) $l_i^k(t) = l_i^k(0)e^{-s_i^k t}$ für den Arbeitskoeffizienten der Kapitalgutproduktion.

Die Rate des technischen Fortschritts in Form von Prozeßinnovationen, d.h. die Veränderungsraten der Arbeitskoeffizienten s_i bzw. s_i^k sind exogen gegeben und konstant.

Produktinnovationen in Form neuer Konsumgüter erhöhen die Zahl der Sektoren; daher ist n von der Zeit abhängig. Werden die Gleichungen für die Arbeitskoeffizienten (5.21) und (5.22) sowie für den Nettoinvestitionskoeffizienten

[164] Vgl. Pasinetti (1981), S. 52.
[165] Vgl. Pasinetti (1981), S. 67.

(5.20) in die Gleichgewichtslösung (5.19) eingesetzt und umgeformt, ergibt sich:[166]

$$(5.23)\quad \sum_{i=1}^{n(t)-1} c_i(0)\, l_i(0)\, e^{[r_i(t)-s_i]t} + \sum_{i=1}^{n(t)-1} \left[r_i(t) + g + \frac{1}{T_i} \right] c_i(0)\, l_i^k(0)\, e^{[r_i(t)-s_i^k]t} = \mu(t)\, v(t)$$

Die einführenden Gleichungen (5.12) und (5.13), die die Konsumgüter- und Kapitalgütermengen bestimmen, lassen sich präzisieren als:

$$(5.24)\quad X_i(t) = c_i(0)\, N(0)\, e^{[r_i(t)+g]t}$$

$$(5.25)\quad K_i(t) = \left[r_i(t) + g + \frac{1}{T_i} \right] c_i(0)\, N(0)\, e^{[r_i(t)+g]t}$$

Die sektorale Beschäftigung in der Konsumgüterproduktion bzw. der Kapitalgüterproduktion läßt sich ebenfalls bestimmen und ist von den zentralen Raten $[r_i(t) + g - s_i]$ und $[r_i(t) + g - s_i^k]$ abhängig.[167] Damit lauten die Gleichungen für die sektoralen Beschäftigungsmengen:

$$(5.26)\quad A_i(t) = l_i(0)\, c_i(0)\, N(0)\, e^{[r_i(t)+g-s_i]t} \quad \text{bzw.}$$

$$(5.27)\quad A_i^k(t) = l_i^k(0) \left[r_i(t) + g + \frac{1}{T_i} \right] c_i(0)\, N(0)\, e^{[r_i(t)+g-s_i]t}.$$

Gesamtwirtschaftliche Vollbeschäftigung wird nur dann realisiert, wenn der Beschäftigungsrückgang in jenen Sektoren mit $[r_i(t) + g < s_i]$ bzw. $[r_i(t) + g < s_i^k]$, in denen der Produktionsanstieg kleiner ist als der Produktivitätsanstieg, durch einen gleich großen Beschäftigungszuwachs in Sektoren mit $[r_i(t) + g > s_i]$ bzw. $[r_i(t) + g > s_i^k]$ kompensiert wird.[168]

Die Strukturwandeltheorie von Pasinetti läßt sich in der hier vorgestellten Form auch als mehrsektorale Erweiterung der Freisetzungshypothese begreifen, in der konstanter, sektoraler technischer Fortschritt in Form von Prozeßinnovationen Arbeitskräfte freisetzen. Ob daraus tatsächlich Arbeitslosigkeit entsteht, ist von

---

[166] Vgl. Knottenbauer (2000), S. 236f.

[167] Vgl. Pasinetti 1981, S. 94f.

[168] Vgl. Knottenbauer (2002). Die Raten $[r_i(t) + g - s_i]$ bzw. $[r_i(t) + g - s_i^k]$ lassen sich als sektorale Produktions-Produktivitäts-Scheren begreifen. Vgl. Abschnitt 5.2.1 für eine ausführliche Diskussion der Beschäftigungsschwelle.

zwei weiteren Faktoren abhängig. Erstens führt die Freisetzung aufgrund der Produktivitätssteigerungen in einem Sektor nur dann zu Arbeitslosigkeit in diesem Sektor, wenn sie nicht durch den sektoralen Produktionsanstieg kompensiert wird. Zweitens existiert trotz sektoraler Freisetzung gesamtwirtschaftlich technologische Arbeitslosigkeit nur dann, wenn sie intersektoral nicht kompensiert wird.[169]

Es ist aber durchaus vorstellbar, daß die sinkenden Arbeitskoeffizienten sowie die sektorale Produktionsentwicklung dazu führt, daß gesamtwirtschaftlich im Aggregat die Produktionsmenge mit einer geringeren Arbeitsmenge hergestellt werden kann. Diese Freisetzung nennt Pasinetti *technologische Arbeitslosigkeit.*[170] In einem derartigen Fall tendiert die Gleichgewichtsbedingung (5.20) zur Untererfüllung, und die Folge ist eine Freisetzung von Arbeitskräften in allen Sektoren.[171]

In diesem Abschnitt interessieren insbesondere die Kompensationsmöglichkeiten solchermaßen freigesetzter Arbeitskräfte. Im sektoralen Modell von Pasinetti eröffnet sich die Wiederbeschäftigung vor allem aufgrund von Produktinnovationen. Da in jedem Sektor nur ein Konsumgut hergestellt wird, erhöht sich in Folge von Produktinnovationen die Zahl der Sektoren.[172] Wie schon in der einführenden Darstellung dieses Kompensationsmechanismus dargelegt, führt allerdings nur dann eine Produktinnovation zur Ausdehnung der Beschäftigung, wenn sie nicht einen anderen Sektor verdrängt. Auch hier gilt also die Einschränkung, daß nur additive Produktinnovationen kompensatorisch wirken. Pasinetti geht allerdings davon aus, daß Produktinnovationen nicht selbstverständlich und ihr Ausmaß (d.h. ihr Substitutionalitätsgrad) ungewiß sei.[173] Diese Argumentation ist allerdings unverständlich, da *a priori* keine Trennung zwischen den exogen gegebenen, mit konstanter Rate „sicher" auftretenden Produktivitätssteigerungen (Prozeßinnovationen) und den unregelmäßig „unsicheren" Produktinnovationen möglich ist. Diese Einteilung scheint Pasinetti jedoch vorzunehmen. Allenfalls ist die Überlegung angebracht, ob Prozeßinnovationen in

---

[169] Dieser zweite Aspekt weist mit einer kleinen Erweiterung eine überraschende Ähnlichkeit mit dem neo-schumpeterianischen Konzept der technologischen Arbeitslosigkeit auf. Wird nämlich angenommen, der intersektorale Arbeitswechsel sei mit Such- und Qualifikationsaufwand verbunden, entsteht die gleiche *mismatch*-Arbeitslosigkeit aufgrund des technischen Fortschritts wie im Modell von Aghion/Howitt (1998b). Vgl. Abschnitt 5.2.2.3.

[170] Vgl. Pasinetti (1981), S. 231.

[171] Vgl. Pasinetti (1981), S. 90 und Pasinetti (1993), S. 53f.

[172] Hier zeigt sich, daß Pasinetti die gesamtwirtschaftliche Abgrenzung von Produkt- und Prozeßinnovationen aus *Tabelle 2.1* übernimmt: Produktinnovationen sind ausschließlich Konsumgüter.

[173] Vgl. Pasinetti (1981), S. 89.

den meisten Fällen inkrementell auftreten und zu stetigen Veränderungen der Produktivität (und damit der Arbeitskoeffizienten in Pasinettis Modell) führen und Produktinnovationen im allgemeinen drastisch bzw. radikal sind. Eine derartige Klassifizierung wäre mit Pasinettis Überlegungen vereinbar. Es existieren aber keine empirischen Hinweise auf eine solche Verteilung der graduellen und drastischen Verbesserungen auf Prozeß- und Produktinnovationen. Es wird in diesem Modell jedoch deutlich, daß die vollständige endogene, quasiautomatische Kompensation freigesetzter Arbeitskräfte durch Produktinnovationen keineswegs zwingend ist. Es existiert kein Automatismus, der genau die erforderliche Zahl neuer Sektoren hervorbringt, die für einen Vollbeschäftigungsgleichgewichtspfad notwendig wäre.[174] Vielmehr ist eine vollständige Kompensation eher zufällig.

Das sektorale Modell von Pasinetti ist darüber hinaus in der Lage, die indirekten Beschäftigungswirkungen der Produktinnovationen aufzuzeigen. Denn für die Etablierung eines neuen Sektors, d.h. eines neuen Konsumgutes, ist auch der Aufbau entsprechender Produktionskapazitäten und Kapitalgüter notwendig. Dies kann, wie oben schon angemerkt, zusätzlich kompensatorisch wirken. Allerdings wird die Diskussion der Traversenanalyse, insbesondere das neoösterreichische Modell von Hicks (1973) zeigen, daß unter Umständen gerade der Aufbau (in den Worten von Hicks: die Konstruktion) von neuen Kapitalgütern zu einer temporären technologischen Arbeitslosigkeit führen kann.[175]

Es zeigt sich, daß das Kompensationsargument der additiven Produktinnovationen zwar erhebliche Relevanz besitzt, daß es aber sowohl theoretisch-methodisch als auch empirisch-operational nur schwer bestimmbar ist.[176] Zusätzlich zu den traditionellen Darstellungen des Kompensationsmechanismus und seiner Kritiken sowie der Modellierung innerhalb der Strukturwandeltheorie von Pasinetti ergeben sich einige besondere Einwände, wenn der Zusammenhang aus Sicht der Diffusionstheorie untersucht wird. Im nächsten Abschnitt wird dieser Aspekt vorgestellt.

5.3.3 Die diffusionstheoretische Kritik

Die Darstellung des Kompensationsmechanismus aus additiven Produktinnovationen, insbesondere der traditionelle Diskurs in Abschnitt 5.3.1 stützt sich in weiten Teilen auf eine komparativ-statische Analyse. Es werden zwei langfristi-

---

[174] Vgl. Pasinetti (1981), S. 89. Insgesamt ist Pasinettis Theorie von einer Tendenz zur Arbeitslosigkeit und Unterauslastung des Kapitalstocks geprägt.

[175] Vgl. Abschnitt 5.4.2.1.

[176] Vgl. Stoneman (1983), S. 170 und Vivarelli (1995), S. 36.

ge Gleichgewichtssituationen miteinander verglichen, die sich auf die Gleichgewichte vor und nach dem *Auftreten einer Innovation* beziehen. Schon die Dreiteilung von Invention, Innovation und Diffusion zeigt, daß im strengen methodologischen Sinn mit dem Auftreten einer Innovation, d.h. der erstmaligen wirtschaftlichen Anwendung einer Invention, keine ökonomisch signifikanten Effekte auftreten können – also auch keine Beschäftigungseffekte.[177] In einer korrekten Sprachweise werden im komparativ-statischen Modell zwei (langfristige) Gleichgewichte vor und nach der *vollständigen Diffusion* einer Produktinnovation verglichen. Es hat sich jedoch gezeigt, daß die Diffusion einen langen Zeitraum von mehreren Jahrzehnten einnehmen kann.[178] Werden derartig lange Diffusionsintervalle berücksichtigt, ergeben sich für die *steady state* Analyse der additiven Produktinnovationen besondere Schlußfolgerungen, die über jene Probleme der *de facto* zeitlosen langfristigen *Golden Age*-Analyse hinausgehen, die zu Beginn dieses Kapitels beschrieben wurden.

Wird nämlich die Übergangsperiode zwischen den beiden Gleichgewichten analysiert, fällt es schwer, additive und substitutive Produkte strikt zu trennen. Während es für viele Produkte recht einfach erscheint, ihren substitutionalen oder komplementären Charakter eindeutig zu bestimmen, ist dies für andere Produktinnovationen nur *ex post* möglich. So ist es z.B. offensichtlich, daß Schwarzweiß- und Farbfernsehgeräte in einer substitutionalen Beziehung zueinander stehen. Auch die CD und die Vinylplatte als Tonträger sind in ihrer substitutionalen Beziehung eindeutig identifizierbar. Das Mobiltelefon hingegen wird im gegenwärtigen Diffusionsprozeß in den meisten Fällen zusätzlich zum traditionellen Festnetzanschluß eingesetzt, so daß demnach eine Innovation mit überaus großen positiven Beschäftigungseffekten vorliegen müßte. Es ist dennoch nicht auszuschließen, daß Mobiltelefone in Zukunft den traditionellen Festnetzanschluß verdrängen.[179] Drei Besonderheiten fallen bei der näheren Betrachtung dieser beiden Beispiele auf:

1. Eindeutig substitutional sind offensichtlich solche Konsumgüter, die *ex post* betrachtet einen eindeutigen Anstieg des Konsumentennutzens gegenüber

---

[177] Vgl. zu dieser Argumentation auch die Einleitung in *Kapitel 1*.

[178] Selbstverständlich lassen sich auch Beispiele für eine schnelle, schlagartige Verbreitung von Produktinnovationen finden, wie z.B. die Diffusion von CD-Spielern in den 80er Jahren.

[179] Anzeichen für eine solche Entwicklung ist z.B. der Genion-Tarif von Viag Interkom, bei dem das Mobiltelefon zu Hause wie ein schnurloses Festnetztelefon funktioniert (zu den Festnetztarifen), während es außerhalb der *home zone* als übliches Mobiltelefon genutzt wird (zu Mobilnetztarifen). Darüber hinaus existieren z.B. in Finnland mittlerweile mehr Handy- als Festnetzanschlüsse.

dem verdrängten Produkt implizieren (bessere Fernseh- bzw. Musikqualität oder einfachere Handhabung).

2. Bei geeigneter Definition des Produkts läßt sich die Substitutionalität auf Verbesserungen des gleichen Produktes reduzieren. Im ersten Fallbeispiel läßt sich die Farbfernsehtechnik auch als Qualitätsverbesserung des Produkts Fernsehgerät auffassen[180], während im zweiten Beispiel mit der *Compact Disc* eine verbesserte Variante der Musikkonservierung vorliegt. Hier zeigt sich deutlich, wie schwierig die Abgrenzung von Produktinnovationen und –verbesserungen vorzunehmen ist. Im Modell von Pasinetti entsteht durch die Verbesserung eines bestehenden Konsumgutes, im Gegensatz zur Entwicklung eines neuen Gutes, kein neuer Sektor. Damit ist die Frage der Substitutionalität im Bezug auf die Beschäftigungswirkungen auch von der Abgrenzung von Produktinnovationen und –verbesserungen abhängig.
3. Schließlich scheint sich die Frage der Substitutionalität dann recht eindeutig beantworten zu lassen, wenn eine schnelle Diffusion der Produktinnovation vorliegt. Denn je schneller sich das neue Konsumgut gegenüber dem alten durchsetzt, d.h. je schneller sich das neue Produkt ausbreitet und in gleichem Maße das alte verdrängt, um so offensichtlicher ist die substitutive Beziehung.[181]

Der letzte Gesichtspunkt besitzt besondere Relevanz für die Würdigung der Kompensation aus neuen Produkten aus Sicht der Diffusionstheorie. Im Umkehrschluß läßt sich daraus ableiten, daß sich bei langsamer Diffusion von Produktinnovationen die Komplementarität oder Substitutionalität zu existierenden Produkten nicht eindeutig bestimmen lassen. Das Beispiel des Mobiltelefons verdeutlicht diesen Sachverhalt. Löst es aufgrund seiner substitutionalen Beziehung den Festnetzanschluß ab, sind gemäß der traditionellen Argumentation langfristig kaum Beschäftigungseffekte zu erwarten. Im Extremfall würde die Produktinnovation keine positiven Beschäftigungswirkungen entfalten. Jedoch läßt sich dies nur für eine *steady state* Analyse behaupten, in der zwei langfristige Gleichgewichte verglichen werden. Im Diffusionsprozeß ist es durchaus möglich, daß neue Produkte positive Beschäftigungseffekte aufgrund einer beobachtbaren Additivität *während* der Diffusion entfalten, auch wenn sie *nach* der vollständigen Ausbreitung ein substitutives Konsumgut vollständig verdrängt haben. Allerdings sind die positiven Beschäftigungseffekte in diesem Fall

[180] Vgl. OECD (1994), S. 129.

[181] Allerdings bleibt zu diesem Punkt einschränkend anzumerken, daß die schnelle Diffusion eines substitutiven Konsumgutes die Lebensdauer der existierenden Produkte einschränken kann, wenn die Haushalte die Konsumgüter früher als geplant durch das neue Substitut ersetzen. Temporär positive Beschäftigungseffekte sind dann durchaus möglich.

nur temporär. Sie bestehen nur solange, wie beide Produkte nebeneinander existieren.

Es zeigt sich daher, daß für eine kurz- und mittelfristigen Analyse, die nicht einem langfristigen *steady state* Gleichgewichtsbegriff verhaftet ist, die Frage nach der Komplementarität oder Substitutionalität irreführend ist. Es ist zwar richtig, daß über die Beschäftigungseffekte von neuen Produkten die Frage entscheidet, ob ein neues Produkt zusätzlich zu existierenden Produkten oder an ihrer Stelle konsumiert wird. Aus Sicht der Diffusionstheorie wird der Fragestellung jedoch wesentlich besser entsprochen, wenn zwischen schnell und langsam diffundierenden Produktinnovationen unterschieden wird. Die Möglichkeit positiver Beschäftigungseffekte bietet ein langsam diffundierendes Substitut zumindest temporär während des Ausbreitungsprozesses. In *Tabelle 5.2* wird die traditionelle Sichtweise der Beschäftigungseffekte additiver und substitutiver Produktinnovationen der Abgrenzung schnell und langsam diffundierender Produktinnovationen, wie sie in dieser Arbeit zugrunde gelegt werden, gegenübergestellt. Positive Beschäftigungseffekte sind mit „+“, keine Beschäftigungseffekte mit „0“ bezeichnet.

Tabelle 5.2: Temporäre Beschäftigungseffekte von Produktinnovationen

<table>
<tr><td></td><td colspan="4">Produktinnovationen</td></tr>
<tr><td rowspan="2">traditionelle Abgrenzung</td><td colspan="2">additiv</td><td colspan="2">substitutiv</td></tr>
<tr><td colspan="2">+</td><td colspan="2">0</td></tr>
<tr><td rowspan="3">Abgrenzung aus Sicht der Diffusionstheorie</td><td colspan="2">langsam diffundierend</td><td colspan="2">schnell diffundierend</td></tr>
<tr><td>additiv</td><td>substitutiv</td><td>additiv</td><td>substitutiv</td></tr>
<tr><td>+</td><td>+</td><td>+</td><td>0</td></tr>
</table>

Quelle: eigene Darstellung.

Demnach gilt die traditionelle Abgrenzung uneingeschränkt nur im *steady state*. Im Anpassungs- und Übergangsprozeß wirken substitutive Produktinnovationen auch dann zumindest temporär additiv, wenn sie nur langsam diffundieren sowie ihre Substitute nicht sofort und in gleichem Maße wie ihre Diffusion verdrängen. Daher ist zu erwarten, daß auch sie temporär positive Beschäftigungseffekte auslösen können. Aus diesen Überlegungen läßt sich die Schlußfolgerung ziehen, daß für die Analyse von Produktinnovationen die mittlere Frist des Übergangs zwischen zwei Gleichgewichten das geeignete Analyseinstrumentarium darstellt. Im Rahmen des Maschinenherstellungsarguments wird dieser Zeitraum mit dem Begriff der *Traverse* umschrieben.[182]

5.3.4 Zusammenfassung

Dem Kompensationsmechanismus der additiven Produktinnovationen kommt in der ökonomischen Realität eine besondere Bedeutung zu. Produktinnovationen besitzen einen unmittelbaren positiven Beschäftigungseffekt, da sie nach der in dieser Arbeit gewählten Definition die Konsumnachfrage erhöhen können. Dieser direkte Beschäftigungseffekt wird unter Umständen durch einen weiteren indirekten Effekt unterstützt, wenn für die Herstellung der neuen Produkte Investitionen in Produktionskapazitäten getätigt werden müssen.

Einige Kritikpunkte lassen sich an diesem Kompensationsargument jedoch anbringen. Neben der überaus schwierigen theoretischen und empirisch-operationalen Definition von Produkt- und Prozeßinnovationen ist die Abgrenzung von tatsächlich neuen Produkten von Verbesserungen existierender Produkte entscheidend für den Kompensationsmechanismus. Der indirekte positive Beschäftigungseffekt ist davon abhängig, inwieweit neue Konsumgüter zusätzlicher Produktionskapazitäten bedürfen.

Der gewichtigste Einwand gegen das Kompensationsargument der Produktinnovationen bezieht sich auf die Frage, in welchem Ausmaß durch den Konsum von Innovationen die Nachfrage nach existierenden Produkten eingeschränkt wird. Im Extremfall wird bei Vorliegen einer vollkommenen Substitutionalität die aggregierte Konsumnachfrage nicht ausgedehnt, so daß keine positiven Beschäftigungseffekte zu erwarten sind. Besitzen die Produktinnovationen jedoch additiven, komplementären Charakter, ist es durchaus möglich, aufgrund des Anstiegs der Konsumnachfrage positive Beschäftigungswirkungen zu erzielen. Aus Sicht der Diffusionstheorie ist es jedoch nicht einfach, den Grad der Substitutionalität von Produktinnovationen zu identifizieren. Insbesondere ist es möglich, daß sich der Substitutionalitätsgrad im Diffusionsverlauf verändert. Substitutive Innovationen können demnach während ihres Diffusionsprozesses durchaus additiv wirken, auch wenn sie später, nach ihrer Diffusion andere Produkte substituieren und verdrängen. Während der Diffusionsphase sind also auch substitutive Produktinnovationen unter Umständen in der Lage, aufgrund ihrer vorübergehend additiven Wirkung temporär positive Beschäftigungseffekte auszulösen.

[182] Vgl. den folgenden Abschnitt 5.4 sowie die einleitenden Überlegungen zu Beginn dieses Kapitels.

Da die Diffusionszeiträume von Innovationen variieren und von einigen wenigen Jahren bis zu mehreren Jahrzehnten reichen können, sind solche temporären Kompensationseffekte, die auch von substitutiven Produktinnovationen ausgelöst werden, durchaus bedeutsam. Aus Sicht der Diffusionstheorie wird daher die Unterscheidung von additiven und substitutiven Innovationen dem Kompensationsargument nicht gerecht. Vielmehr bietet es sich an, zwischen langsam und schnell diffundierenden Produktinnovationen zu differenzieren. Schnell diffundierende substitutive Innovationen sind nur sehr kurze Zeit in der Lage, additiven Charakter zu entfalten. Langsam diffundierende Konsumgüter und –dienstleistungen hingegen können über längere Zeit additiv und beschäftigungsfördernd bzw. –kompensierend wirken, auch wenn sie letztendlich substitutiven Charakter besitzen.

5.4 Die Maschinenherstellung

5.4.1 Die traditionelle Auseinandersetzung

Unter den Kompensationsargumenten nimmt die Hypothese der Wiederbeschäftigung freigesetzter Arbeitskräfte aufgrund der zum Einsatz von Prozeßinnovationen notwendigen Maschinenherstellung eine besondere Stellung ein. Dies liegt vor allem daran, daß sich die Formulierung dieses Kompensationsmechanismus bis zum Beginn des 19. Jahrhunderts zurückverfolgen läßt. Im Jahre 1819 deutete Jean Baptiste Say in der vierten Auflage seines Buches *Traité d'Economie Politique* diese Wirkungskette des technischen Fortschritts an.[183] Auch McCulloch verweist in einem Artikel aus dem Jahr 1821 auf die Argumentation.[184] Darüber hinaus wird es bis heute sowohl in der theoretischen als auch in wirtschaftspolitischen Literatur kontrovers diskutiert.[185] Im Zentrum steht die Hypothese, daß die überwiegende Mehrzahl der Prozeßinnovationen als gebundener technischer Fortschritt auftritt. Dies bedeutet, daß die Innovationen

[183] Vgl. Mettelsiefen (1981), S. 45, Hagemann (1985), S. 303 und Hagemann (1995a), S. 39.

[184] Vgl. Mettelsiefen (1981), S. 51, Jeck/Kurz (1983), S. 111 und Hagemann (1985), S. 303. Auch für Adam Smith (1776), der die erste systematische Diskussion des Maschinerieproblems darlegte, war die Kapitalakkumulation die *conditio sine qua non* der Produktions- und Beschäftigungssteigerung. Dieser Zusammenhang war einer der Gründe für die grundsätzlich optimistische Sichtweise von Adam Smith für die quantitativen (nicht aber für die qualitativen) Beschäftigungseffekte des technischen Fortschritts (vgl. Hagemann 1990a, S. 154 und 160).

[185] Vgl. Kromphardt (1977) und seine Auseinandersetzung mit der Argumentation des Sachverständigenrates in seinem Jahresgutachten 1976/77, Zf. 298 sowie Mettelsiefen (1981), Hagemann (1985 und 1995a), Vivarelli (1995) und Spicza/Vivarelli (2000) für die Debatte in der jüngeren Zeit.

in Kapitalgütern bzw. Maschinen inkorporiert sind. Zur Einführung in den Produktionsprozeß bedarf es daher der Anschaffung der neuen Kapitalgüter.[186] Damit also der technische Fortschritt angewendet werden kann, müssen die neuen Maschinen, die ihn repräsentieren, hergestellt werden.

Die Wirkungskette wird in ihrem Kern nicht bestritten.[187] Vielmehr wenden die Kritiker ein, daß die Kompensation mittels der Maschinenherstellung allenfalls teilweise gelinge, daß ein Denkfehler bezüglich der Abfolge von Herstellung und Einsatz neuer Maschinen und daß schließlich ein Fristigkeitsproblem von Herstellung und Einsatz vorliege.[188] Diese drei Einwände sollen im folgenden kurz dargestellt werden.

Der erste Kritikpunkt beschäftigt sich mit der Frage, inwieweit die Herstellung solcher Maschinen und Kapitalgüter, deren Einsatz im Produktionsprozeß arbeitsproduktivitätssteigernd und arbeitsfreisetzend wirkt, kompensatorisch wirken kann. Karl Marx verwies als einer der ersten darauf, daß eine vollständige Kompensation der durch die Maschinennutzung freigesetzten Arbeitskräfte in der Herstellung der Maschinen gesamtwirtschaftlich nicht möglich sei, da in einem solchen Fall kein technischer Fortschritt vorliegt.[189] Denn, so Marx (1968, S. 466) in seinem „absoluten Gesetz",

> „[d]ie zur Produktion der Arbeitsmittel selbst [...] erheischte Arbeitszunahme muß kleiner sein als die durch Anwendung der Maschinerie bewirkte Arbeitsabnahme. Das Maschinenprodukt wäre sonst ebenso teuer oder teurer als das Handprodukt."[190]

Ganz ähnlich argumentiert auch Neisser (1942, S. 58):

> „From this viewpoint, a labor-saving device is a method of production which permits production of the same output with less labor than before [...]. This definition provides also an answer to the naïve question whether the displaced laborers would not be reabsorbed in the production of the labor-saving device itself. [...] reabsorption of all displaced laborers is impossible, since otherwise the

[186] Vgl. auch die *Vintage*-Ansätze in Abschnitt 4.1, denen ebenfalls das Prinzip des in Kapitalgüter gebundenen technischen Fortschritts zugrunde liegt.

[187] Vgl. Hagemann (1995a), S. 39.

[188] Vgl. Mettelsiefen (1981), S. 163-165 sowie Hagemann (1983), S. 303-305.

[189] Vgl. Hagemann (1985), S. 303f. Auch Ricardo, der im so berühmten neu eingefügten 31. Kapitel *On Machinery*, der dritten Auflage seiner *Principles*, auf die Möglichkeit temporärer technologischer Arbeitslosigkeit hinwies, war von der langfristigen Vorteilhaftigkeit von Prozeßinnovationen aufgrund der nachfolgend höherer Investitionstätigkeit überzeugt (vgl. Hagemann 1995b, S. 200).

[190] Zitiert nach Mettelsiefen (1981), S. 85.

unit costs of output would not be smaller than before, and no incentive to introduce the new device would exist."

Zwar muß diese harsche Kritik abgeschwächt werden, da sie, wie im Zitat von Neisser explizit deutlich wird, sich nur auf arbeitsparenden technischen Fortschritt bezieht und kapitalsparenden technischen Fortschritt ausblendet.[191] Darüber hinaus hat sich gezeigt, daß die Kostenminimierung als zentraler Anreiz für Prozeßinnovationen durchaus nicht immer mit einer Reduktion der eingesetzten Arbeitsmenge verbunden ist.[192] Vielmehr bestimmt sich die kostenminimierende Produktionstechnik auch nach der Einkommensverteilung, d.h. nach Lohnsatz und Profitrate.[193] Gleichwohl ist der Einwurf von Marx berechtigt, zeigt er doch auf, daß die Maschinenherstellung keine automatische und zwingende (aber unter Umständen mögliche) vollständige Kompensation der Freisetzung von Arbeitskräften darstellt.

Der zweite Einwand bezieht sich auf die zeitliche Abfolge von Herstellung und Nutzung der Maschinen. Es ist offensichtlich, daß die Herstellung der Maschinen im historischen Zeitablauf chronologisch *vor* ihrer Nutzung steht. Danach ist es gar nicht möglich, daß die freigesetzten Arbeitskräfte an der Herstellung jener Maschinen wiederbeschäftigt werden, durch welche sie ihren Arbeitsplatz verlieren werden.[194] Damit wird die Berücksichtigung der historischen Zeit in der Analyse der Wirkungen des technischen Fortschritts angemahnt. Denn nur in der Denkstruktur der logischen Zeit, wie sie häufig von (neo-) klassischen Ansätzen verwendet wird, ist das Maschinenherstellungsargument unkritisch.[195] Hier ergibt sich nun ein erster Ansatz, das Maschinenherstellungsargument aus Sicht der Diffusionstheorie etwas differenzierter zu betrachten. Sicherlich ist der Einwand eines „Denkfehlers“[196] berechtigt. Dennoch ist die Kritik nicht vollständig zu Ende gedacht. Die Diffusionstheorie verdeutlicht, daß sich die Anwendung einer neuen Technologie nur langsam ausbreitet. Die stilisierten Fakten zeigen, daß im historischen Zeitablauf zunächst nur wenige Unternehmen die Innovation einsetzen. Die Zahl der Anwender steigt nur allmählich an, um sich ebenso langsam der Sättigungsgrenze zu nähern.[197] Daraus folgt, daß es aufgrund der langsamen Zunahme des Maschineneinsatzes auch nur zu einer im

191 Vgl. Mettelsiefen (1981), S. 85.
192 Vgl. Kurz (1984), S. 224 und Hagemann (1985), S. 304.
193 Vgl. Jeck/Kurz (1983), S. 134. Siehe hierzu auch die Klassifizierung des technischen Fortschritts in der Traversenanalyse von Hicks im folgenden Abschnitt.
194 Vgl. Lederer (1981), S. 148.
195 Vgl. auch Mettelsiefen (1981), S. 164. Zur Problematik des historischen vs. logischen Zeitbegriffs in der Ökonomik siehe auch Abschnitt 2.5.
196 Lederer (1981), S. 148.
197 Vgl. Abschnitt 2.5.

Zeitablauf verteilten Herstellung der Maschinen und einer langsamen, im Zeitablauf verzögerten Freisetzung der Arbeitskräfte kommt. In der dynamischen Sichtweise der Diffusionstheorie ist es also durchaus möglich, daß Herstellung und Freisetzung in der historischen Zeit *parallel* verlaufen. Das Argument Lederers gilt letztlich nur in der einzelwirtschaftlichen Sichtweise. Denn die einzelne Maschine, deren Einsatz eine Arbeitskraft freisetzt, kann weiterhin nicht von der gleichen Arbeitskraft vorab hergestellt werden. Im Aggregat hingegen verliert der Einwand seine Überzeugungskraft, wenn er im Sinne der Diffusionstheorie weiterverfolgt und vervollständigt wird.

Der dritte Kritikpunkt am Maschinenherstellungsargument zielt auf die unterschiedlichen Fristen von Maschinenherstellung und -nutzung ab. Danach bedarf die Konstruktion bzw. Herstellung einer neuen Maschine – einer Prozeßinnovation – eines relativ kurzen Zeitraums. Im allgemeinen wird hierfür eine Periode, z.B. ein Jahr oder ein Monat herangezogen. Für die Nutzung der Maschine als langlebiges Gebrauchsgut wird demgegenüber ein sehr viel längere Zeitraum im Vergleich zu ihrer Herstellung zur Verfügung stehen. Die Kompensation der Freisetzung in Form einer Mehrbeschäftigung während der Konstruktions- und Herstellungsphase ist auf weniger Perioden – meist nur eine Periode – beschränkt als die Nutzungsphase, in der die Freisetzung wirksam wird.[198] Damit ist die vollständige Kompensation oder gar Überkompensation der Freisetzung nur kurzfristig möglich, nämlich nur im Zeitintervall der Herstellung, d.h. solange die Investitionstätigkeit aufgrund der Maschinenherstellung erhöht ist. Der Investitionsanstieg ist aber nicht dauerhaft, sondern kurzfristig und sinkt nach der Diffusion der neuen Kapitalgüter auf das ursprüngliche Niveau. Damit werden die Freisetzungseffekte aus der Nutzung der neuen Maschinen abermals akut.[199] Die Annahme eines derartigen *one shot game* ist zulässig, wenn eine einzelne Prozeßinnovation und ihre Beschäftigungswirkungen analysiert werden. Die Analyse des einmaligen technischen Fortschritts läßt sich auf eine Abfolge von Prozeßinnovationen ausdehnen: Wird angenommen, daß die in einer neuen Maschine inkorporierte Prozeßinnovation Arbeitskräfte freisetzt, die in der Konstruktion und Herstellung einer nachfolgenden neuen Maschine eingesetzt werden, die aufgrund des fortschreitenden technischen Fortschritts effizienter ist als die vorhergehende, dann folgt, daß durch den Einsatz der neuen Maschinen mehr Arbeitskräfte freigesetzt werden als durch ihre Herstellung beschäftigt werden. Eine vollständige Kompensation durch die Maschinenherstellung wird nur dann erreicht, wenn die Kapitalakkumulation stetig zunimmt. Nur mit ständig steigendem Investitionsvolumen läßt sich ein dynamisches

[198] Vgl. Hagemann (1985), S. 304.
[199] Vgl. Hagemann (1985), S. 304.

Gleichgewicht zwischen Freisetzung und Wiederbeschäftigung herstellen.[200] Resultat ist das von Neisser (1942, S. 70) thematisierte offene Wettrennen:[201]

> „[...] a race between displacement of labor through technological progress and reabsorption of labor through accumulation."

Auch hier zeigt sich, daß die Berücksichtigung dynamischer Perspektiven und die Kritik an der statisch-komparativen Analyse berechtigte Einwände hervorbringen. Gleichzeitig wird aber auch deutlich, daß aus Sicht der Diffusionstheorie die Dynamik nicht vollständig erkannt wird. Es ist zu beachten, daß die Ausbreitung von Prozeßinnovationen nur langsam voranschreitet. Häufig sind lange Diffusionszeiträume zu beobachten, die mehrere Jahrzehnte andauern können.[202] Vielfach reicht die Diffusion an die (ökonomische) Lebensdauer solcher Kapitalgüter heran oder übertrifft sie.[203] In einem solchen Fall tritt aber das Phänomen auf, daß die ersten Ersatzinvestitionen dann getätigt werden, wenn die letzten Anwender die Prozeßinnovation übernehmen. Das Wettrennen zwischen technischem Fortschritt (Freisetzung) und Kapitalakkumulation (Kompensation) wird dadurch entscheidend gebremst.[204] Werden die Ergebnisse der Diffusionstheorie in das Maschinenherstellungsargument integriert, dann verlängert sich die Frist der Maschinenherstellung. Die vereinfachte Annahme, die Herstellung sei auf eine Periode, die Nutzung jedoch auf sehr viele Perioden verteilt, läßt sich im Lichte der Diffusionstheorie nicht mehr aufrecht erhalten. Wenn sich die Herstellung aufgrund der zeitverzögerten Diffusion auf mehrere Perioden ausdehnt, und unter Umständen so lange dauert wie die Nutzung oder gar länger, verringert sich entsprechend die zu veranschlagende Rate der Kapitalakkumula-

---

[200] Vgl. Lederer (1981), S. 149, der aus diesem Sachverhalt den Zwang zu einem progressiven Anstieg der Investitionen und ein sich beschleunigendes Tempo der Akkumulation ableitet, das alsbald alle Grenzen sprengt.

[201] Vgl. Hagemann (1985), S 305.

[202] Für die Ausbreitung von *General Purpose Technologies* wie dem Generator wird ein Zeitraum von 60-80 Jahren veranschlagt (vgl. Abschnitt 5.2.2.1). Aber auch die Diffusion von weniger radikalen Prozeßinnovationen dauert zwischen 20 und 25 Jahren, wie z.B. die Ablösung der Dampf- durch die dieselelektrische Lokomotive in Nordamerika. In den letzten Jahrzehnten scheint sich die durchschnittliche Diffusionsperiode historisch beschleunigt zu haben (vgl. z.B. Mansfield 1986, S. 318). Dies läßt sich auf die zunehmende Ausbreitung der Informations- und Kommunikationstechnologien zurückführen. Gleichzeitig ist aber auch beobachtbar, daß gerade im Bereich der Informations- und Kommunikationstechnologien die Rate des technischen Fortschritts so hoch ist, daß sich mit der höheren Diffusionsgeschwindigkeit die ökonomische Lebensdauer der Investitionen erheblich verkürzt.

[203] Dies wird insbesondere dann plausibel, wenn inkrementelle Verbesserungen auftreten, die die Lebensdauer der frühen Versionen zusätzlich verkürzen.

[204] Dennoch bleibt Neissers Anmerkung (1942, S. 70), die beiden Determinanten des Rennens seien weitgehend unabhängige Faktoren, weiterhin gültig. Vgl. dazu auch Hagemann (1999), S. 121.

tion, die für eine vollständige Wiederbeschäftigung freigesetzter Arbeitskräfte notwendig ist.[205] Dem Maschinenherstellungsargument könnte daher eine sehr viel stärkere Bedeutung zukommen, als von vielen Autoren angenommen wird.[206]

Mit der Traversenanalyse existiert ein Theoriegebäude, das explizit die Dynamisierung der Beschäftigungsfolgen des technischen Fortschritts und die zeit- und kostenintensiven Anpassung des Realkapitalstocks berücksichtigt.[207] Insbesondere für das Maschinenherstellungsargument ist diese Sichtweise besonders relevant, wie die oben geführte Kritik an den traditionellen Argumenten und Einwänden gezeigt hat. Da die Traversenanalyse die aus Sicht der Diffusionstheorie unangemessenen Zeitrahmen der kurzen Frist der Statik und der langen Frist des *steady state* vermeidet, bietet es sich daher an, diese im nachfolgenden Abschnitt zu erörtern.

5.4.2 Die traversenanalytische Darstellung der Maschinenherstellung und –nutzung

Einer der zentralen Kritikpunkte, die aus Sicht der Diffusionstheorie an die Freisetzungs- und Kompensationsdebatte zu richten sind, bezieht sich auf die mangelnde Berücksichtigung dynamischer Aspekte im Übergang zwischen den Gleichgewichtsloki, der durch den Einsatz einer neuen Innovation ausgelöst wird. In der Diffusionstheorie wird die zeitintensive Ausbreitung der Nutzung bzw. Anwendung der Innovation gekennzeichnet, beschrieben und analysiert. Ihr Gegenstück findet die Diffusionstheorie in der Traversenanalyse, die den durch eine Innovation verursachten Übergangsprozeß von einem *steady state* zu einem anderen untersucht.[208] Beiden Ansätzen ist daher die Betonung von *Zeit* und *Kosten* für den Anpassungsprozeß bei exogenem Auftreten von Innovatio-

---

[205] Auch wenn aus dieser Argumentation nicht die zwingende, automatische und vollständige Kompensation via Maschinenherstellung abgeleitet werden kann, widerlegt sie zumindest Lederers Ansicht über die Notwendigkeit der *progressiven* Zunahme der Investitionen, wenn Herstellung und Nutzung eine ähnlich lange Zeitdauer aufweisen.

[206] So resümiert z.B. Vivarelli (1995, S. 29) aufgrund der oben dargestellten drei Einwände gegen das Maschinenherstellungsargument: „In some circumstances, this compensation does not occur at all, or it works only partially“. Dieser Feststellung muß entschieden widersprochen werden.

[207] Vgl. Hagemann (1995b), S. 204. Ricardos Zahlenbeispiel *On Machinery* (1921, Kap. 31) läßt sich als ein Vorläufer der Traversenanalyse ansehen (vgl. Hagemann 1995b, S. 201).

[208] Vgl. Hagemann (1983), S. 248 und Scazzieri (1990), S. 5f.

nen gemeinsam.[209] Die Traverse wird von Hicks (1973, S. 81) wie folgt definiert:[210]

> "That is why I propose to consider the problem as one of 'Traverse'. We begin with an economy which is in a steady state, under an 'old' technique; then, at time 0, there is an 'invention', the introduction of what, in some respects at least, is a new technology. Among the new techniques which thus become available, there is one which, at the initial rate of wages, is the most profitable; so, for processes started at time 0 (or immediately after time 0) is adopted. The new technique is adopted for new processes, but the old processes are continued, so long as it is profitable for them to be continued. However, in the course of the adjustment which follows, the rate of wages may change. [...] This is the kind of sequencing, involving changes in wages and interest, in production and in employment, which we have to work out."

Abgesehen von der mißverständlichen Verwendung des Begriffs der Inventionen statt des Begriffs der Innovation zeigt sich eine überraschende Ähnlichkeit der Traversenanalyse zur Diffusionstheorie.[211] In beiden Ansätzen werden Innovationen dann übernommen, wenn sie profitabel erscheinen, und alte Produktionsmethoden solange beibehalten wie sie profitabel sind.[212] Sowohl für die Tra-

---

[209] In der Diffusionstheorie wird diese Betonung insbesondere in den mikroökonomischen Modellen berücksichtigt. Im epidemischen Ansatz wird die zeitintensive Informationsausbreitung herangezogen, während in den *Probit*-Modellen einzelwirtschaftliche Kosten-Nutzen-Analysen zu unterschiedlichen Investitions- und Übernahmeentscheidungen und –zeitpunkten führen. Strategisches Verhalten sowie Netzwerkexternalitäten sind ebenfalls mirkroökonomische Ursachen für die Zeitintensität der Anpassung. In makroökonomischen Modellen sind es vor allem die Kapitaljahrgangsmodelle und die Traversenanalyse, die die Rolle der gesamtwirtschaftlichen Realkapitalbildung und Investitionstätigkeit für die zeitkonsumierende Anpassung betonen.

[210] Schon in seinem Buch *Capital and Growth* definiert Hicks (1965, S. 265) die Traverse allgemein als den ungleichgewichtigen Prozeß im Übergang von einem Gleichgewichtspfad auf einen anderen. Er gilt daher als derjenige, der als erster eine formale Definition einer Traverse vorlegte (vgl. Gehrke/Hagemann 1996, S. 140).

[211] Eine Invention stellt lediglich die Idee bzw. das Potential für technischen Fortschritt dar. Die Einführung der Idee bzw. des technischen Fortschritts stellt eine Innovation dar, d.h. die erstmalige Anwendung der Invention. Vgl. Abschnitt 2.1.

[212] Vgl. vor allem den *Probit*- und spieltheoretischen Ansatz (siehe Abschnitte 3.1.2 und 3.1.3) für die Frage der einzelwirtschaftlichen Profitabilität der Innovationsübernahme bzw. der Beibehaltung der alten Produktionstechnik. Aber auch in den Kapitaljahrgangsmodellen (siehe Abschnitt 4.1) sowie den Ansätzen der evolutorischen Ökonomik zur Technologiediffusion (siehe Abschnitt 3.1.5 für ein mikroökonomisch orientiertes evolutorisches Modell und Abschnitt 4.3 für ein makroökonomisches Diffusionsmodell der Evolutorik) existieren mehrere, unterschiedlich alte und effiziente Produktionsmethoden und

versenanalyse als auch für die Quintessenz der Diffusionstheorien gilt daher die Aussage:

> „The take-up of a new technology is a *time-intensive process*; it is historical and no longer logical time in the sense of Joan Robinson which matters."[213]

Darüber hinaus deutet sich aber auch eine Differenz zur mikroökonomischen Diffusionstheorie an: In der von Hicks gewählten Definition wird die Innovation zum Zeitpunkt ihres Auftretens bzw. kurz danach übernommen, während laufende Produktionsprozesse ohne Innovation weitergeführt werden. In der Diffusionstheorie wird jedoch betont, daß die Übernahme an sich ein zeitintensiver Prozeß ist, der sich über einen ähnlich langen Zeitraum wie die Herstellung der neuen Kapitalgüter hinziehen kann.

Im folgenden werden zunächst die beiden Pionierarbeiten zur Traversenanalyse von John Hicks (1973), der in seinem Werk *Capital and Time* auf die Grundzüge der österreichischen Kapitaltheorie zurückgreift, und Adolph Lowe (1976), der in *The Path of Economic Growth* die Grundposition der Klassiker vertritt, erläutert und anschließend vor dem Hintergrund der Diffusionstheorie kritisch analysiert.

5.4.2.1 Das neoösterreichische Modell von John Hicks

Ausgangspunkt der Hicksschen Analyse der Traverse ist die in der österreichischen Kapitaltheorie verwendete Berücksichtigung der *zeitlichen* Struktur des Produktionsprozesses, wie sie insbesondere von Böhm-Bawerk (1921) entwikkelt wurde.[214] Die Produktion wird in diesem Modell als linearer Prozeß aufgefaßt, in dem mit Hilfe von Arbeit als dem einzigen originären Produktionsfaktor Konsumgüter hergestellt werden. Kapital wird als abgeleiteter Produktionsfaktor begriffen, der aus vorgetaner Arbeit entsteht und in Form von Zwischenprodukten in die Herstellung der Konsumgüter eingeht und daher zu einer Verlängerung des Produktionsweges führt.[215] Zwar führt das Einschlagen solcher Produktionsumwege zu effizienteren Produktionsmethoden, es bedarf dazu jedoch eines „Opfers an Zeit"[216], da zum Zweck der Herstellung der Kapitalgüter (Zwischen-

Kapitalstöcke, die in ihrer Gesamtheit eine durchschnittliche aggregierte Arbeitsproduktivität implizieren.

[213] Hagemann (1995b), S. 202, eigene Hervorhebung.

[214] Vgl. Hagemann (1983), S. 250.

[215] Vgl. Mettelsiefen (1981), S. 234.

[216] Böhm-Bawerk (1921), S. 120.

produkte) ein Verzicht an Konsumgütern, d.h. ein Verzicht auf ihre Herstellung, notwendig ist. Der heutige Konsumverzicht ermöglicht die Herstellung der Zwischenprodukte und damit in der Zukunft einen höheren Konsum.[217] Insbesondere die zeitliche Struktur des Produktionsprozesses, die eine solche Kapitaltheorie impliziert, findet sich in der Traversenanalyse von Hicks wieder. Danach ist der Produktionsprozeß vollständig vertikal integriert.[218] Er umfaßt alle Produktionsstufen bis zum Endprodukt. Investitionsgüter, die während des Produktionsprozesses zur Herstellung des Konsumgutes genutzt werden, verbleiben vollständig in der Produktionssphäre. Die Fixkapitalgüter sind damit unsichtbar.[219] Jeder Produktionsprozeß läßt sich als Produktionstechnik auffassen, die jeweils ein charakteristisches Zeitprofil des Input- und Outputstroms aufweist. Die Lebenszeit bzw. das Zeitprofil der im Produktionsprozeß verwendeten (Fix-) Kapitalgüter lassen sich aufteilen in die Konstruktionsphase, in der nur Inputs, jedoch keine Outputs realisiert werden, und die Nutzungsphase mit variierendem Input und Output, in der die Konsumgüter hergestellt werden.[220]

Für die weitere Analyse wird eine Vereinfachung in Form des *Standardfalls* bzw. des einfachen Profils zugrunde gelegt, wie er in *Tabelle 5.3* dargestellt ist. Danach wird die Konstruktionsphase auf eine einzige Periode P_0 festgelegt, in der mit einem Arbeitsinput a_0 eine Maschine hergestellt und kein Konsumgüteroutput erzielt wird. In der *n*-periodigen Nutzungsphase wird unter Einsatz der

---

[217] In der österreichischen Kapitaltheorie dient die Idee des Produktionsumweges zusammen mit der Annahme der Zeitpräferenz (d.h. einer höheren Wertschätzung des Gegenwartskonsums gegenüber dem Zukunftskonsum) sowie dem Konzept der durchschnittlichen Produktionsperiode zur Bestimmung des Kapitalzinses. Hicks verzichtet jedoch auf das Konzept der Produktionsperiode und die daraus folgende Bestimmung des Zinssatzes (vgl. Hicks 1973, S. 9). Dies liegt unter anderem daran, daß Hicks im Gegensatz zu Böhm-Bawerk (1921) oder Hayek (1931) weder von einem *point input – point output* Fall, in dem der in einer Periode eingebrachte Input einige Perioden später wiederum innerhalb einer einzigen Periode in Output umgewandelt wird, noch von einem *flow input – point output* Fall ausgeht, sondern ein *flow input –flow output* Szenario zugrunde legt, in dem ein Strom von Inputs über mehrere Perioden hinweg in einen Strom von Outputs, ebenfalls über mehrere Perioden hinweg, verwandelt wird (vgl. Hicks 1973, S. 8 und 15). Darüber hinaus berücksichtigt er ganz im Gegensatz zu Böhm-Bawerk und Hayek als den herausragenden Vertretern der österreichischen Kapitaltheorie das Fixkapital (Maschinen, Gebäude etc.) als zentralen Bestandteil des Produktionsprozesses (vgl. Hicks 1973, S. 8 und Hagemann/Kurz 1976, S. 680f.). Ob deswegen der Hicksschen Traversenanalyse die Bezeichnung *neoösterreichisch* abgesprochen werden kann (vgl. z.B. Faber 1975, S. 594), soll hier indes nicht weiter diskutiert werden.

[218] Vgl. Hagemann (1983), S. 251.

[219] Vgl. Hagemann (1983), S. 251.

[220] Vgl. Hicks (1973), S. 15. In der Nutzungsphase sinken die Arbeitsinputs nach der Konstruktion der Fixkapitalgüter auf ihr „normales Niveau“, während der Output auf sein „normales Niveau“ ansteigt.

Maschine und a_l Einheiten Arbeit eine Einheit des Konsumgutes pro Periode erstellt. Alle zur Verfügung stehenden Produktionsprozesse besitzen die gleiche Konstruktions- und Nutzungsdauer (eine bzw. *n* Perioden). Sie unterscheiden sich lediglich in ihren Inputkoeffizienten *a*. Die Analyse vereinfacht sich durch dieses Vorgehen erheblich, da die Problematik des *reswitching* der Techniken sowie der *truncation*, d.h. das vorzeitige Beenden des Produktionsprozesses aus Rentabilitätsgründen ausgeschlossen werden.[221]

Tabelle 5.3: Der Produktionsprozeß im einfachen Profil der Hicks'schen Traversenanalyse

Perioden	P_0 *Konstruktionsphase*	P_l - P_n *Nutzungsphase*
Input	a_0	a_l
Output	0	1

Quelle: in Anlehnung an Hicks (1973), S. 41 und 82.

Eine neue Produktionstechnik kommt grundsätzlich nur dann zum Einsatz, wenn sie profitabler ist als die alte Produktionstechnik.[222] Als Entscheidungskriterium für den Technikwechsel dient ein Index der Effizienzverbesserung *I(r)*. Es läßt sich nachweisen, daß bei Gültigkeit des einfachen Profils der Index folgende Form annimmt:[223]

$$(5.28) \qquad I(r) = \frac{w}{w^*} = \frac{a_1^* + a_0^* r_n}{a_1 + a_0 r_n}$$

Der Suffix bezeichnet die alte Produktionstechnik, *w* ist der Lohnsatz, und r_n repräsentiert die Bruttoprofitrate, die sich aus Zinssatz *r* und Abschreibungsrate *d* zusammensetzt. Da der Index der Effizienzverbesserung *I(r)* bei gegebener positiver Bruttoprofitrate r_n von den Relationen der Arbeitsinputkoeffizienten abhängt, lassen sich zwei Relationen ableiten, die als Indices zur Klassifikation

[221] Vgl. Hagemann (1983), S. 253. Jede Maschine und damit jeder Produktionsprozeß produziert mit den oben genannten Annahmen *n* Einheiten des Konsumgutes (ein Konsumgut pro Nutzungsperiode) bei im Zeitablauf unveränderlichem Arbeitsinput. Wurde aufgrund seiner Rentabilität ein Produktionsprozeß gestartet, ist immer die Nutzungsdauer von *n* Perioden optimal, unabhängig von der Lohnhöhe bzw. ihrer intertemporalen Veränderung. Vgl. zur Problematik des *reswichting* und der *truncation* Hagemann/Kurz (1976) und Hagemann/Pfister (1978).

[222] Vgl. Hagemann (1995b), S. 207.

[223] Vgl. Hagemann (1983), S. 254 und Hagemann (1995b), S. 207.

des technischen Fortschritts herangezogen werden können und wie folgt definiert sind:[224]

(5.29) $h = \frac{a_0^*}{a_0}$ als Index der Arbeitskostenersparnis in der Konstruktionsphase,

(5.30) $H = \frac{a_1^*}{a_1}$ als Index der Arbeitskostenersparnis in der Nutzungsphase.

Die Variable *I(r)* liegt immer zwischen diesen beiden Größen. Sie ist auch von den Verteilungsparametern (Reallohnrate, Profitrate) abhängig, während die Parameter *h* und *H* ausschließlich technisch bestimmt sind. Das Verhältnis der beiden Relationen *h* und *H* führt zur Hicksschen Unterscheidung von drei verschiedenen Arten des technischen Fortschritts:[225]

1. Für $h = H$ liegt eine *neutrale* Innovation vor. Ihre Arbeitskostenersparnis in der Konstruktionsphase entspricht genau jener in der Nutzungsphase. Die zeitliche Struktur des Arbeitseinsatzes ist invariant. Die Einführung einer neutralen Innovation ist daher unter Beschäftigungsgesichtspunkten unproblematisch.[226]

2. Falls $H > h$, liegt eine *vorwärtsgeneigte* Innovation vor, da die Arbeitskostenersparnis in der Nutzungsphase größer ist als jene in der Konstruktionsphase. Es lassen sich zwei Unterfälle unterscheiden:
   2.1 Die Innovation ist *schwach vorwärtsgeneigt*, wenn $H > h > 1$. Sowohl in der Nutzungsphase als auch in der Konstruktionsphase werden Arbeitskosten eingespart. Die Arbeitsersparnis in der Nutzungsphase ist jedoch größer als die Ersparnis in der Konstruktionsphase.
   2.2 Die Innovation ist *stark vorwärtsgeneigt*, wenn $H > 1 > h$. Sie erfordert in der Konstruktionsphase einen Mehraufwand an Arbeit. Erst in der Nutzungsphase wird eine Arbeitskostenersparnis erzielt.

3. Im Fall $h > H$ sind Innovationen *rückwärtsgeneigt*. Die Arbeitskostenersparnis in der Konstruktionsphase ist größer als jene in der Nutzungsphase. Auch hier sind zwei Unterfälle zu differenzieren:
   3.1 Die Innovation ist *schwach rückwärtsgeneigt*, wenn $h > H > 1$. Sowohl in der Konstruktions- als auch in der Nutzungsphase wird eine Arbeits-

[224] Vgl. Hicks (1973), S. 85.
[225] Vgl. Hicks (1973), S. 85ff, Faber (1975), S. 581ff, Hagemann
[226] Vgl. Mettelsiefen/Barens (1987), S. 97.

kosteneinsparung realisiert. Sie ist jedoch in der Konstruktionsphase größer als in der Nutzungsphase.

3.2 Die Innovation ist *stark rückwärtsgeneigt*, falls $h > 1 > H$. Zwar ermöglicht die Innovation eine Senkung der Arbeitskosten in der Konstruktionsphase, sie führt aber zu einem erhöhten Arbeitseinsatz in der Nutzungsphase. Die Ersparnis in der Konstruktionsphase muß demnach den Mehraufwand in der Nutzungsphase überkompensieren, damit eine derartige Innovation eingeführt wird.

Die Hickssche Klassifizierung des technischen Fortschritts orientiert sich ganz am Verhältnis der Arbeitsersparnis in der Konstruktions- und Nutzungsphase. Die Technikwahl ist nur im Fall neutraler Innovationen verteilungsunabhängig. Bei nicht-neutralen Innovationen ist der Index der Effizienzsteigerungen verteilungsabhängig, d.h. Lohnsatz und Profitrate beeinflussen die Technikwahl.[227] Die Klassifizierung der Innovationen ermöglicht es, die Traverse als Übergang von einem Gleichgewicht zu einem anderen zu analysieren, wenn es aufgrund einer Innovation zu einem Technikwechsel kommt. Hicks unterscheidet hierbei zwei grundsätzliche Traverseformen:

1. In der *Fixlohn*-Traverse ist der Reallohnsatz exogen vorgegeben.[228] Das Preissystem des neoösterreichischen Modells wird dadurch geschlossen. Das Bindeglied zum Mengensystem und dessen Veränderungen bzw. Anpassung wird durch die Sparfunktion hergestellt, der damit eine besondere Bedeutung zukommt.[229] Hicks (1973, S. 90) geht in seiner *Q-assumption* davon aus, daß während der Traverse der Konsum aus Profiten durch einen Technikwechsel nicht verändert wird. Dies bedeutet, daß alle zusätzlichen Profite aus der Übernahme eines effizienteren Produktionsprozesses gespart und damit reinvestiert werden.[230] Die Sparquote aus *zusätzlichen Profiten* ist gleich eins.

---

[227] Es zeigt sich, daß schwach vorwärts- und schwach rückwärtsgeneigte Innovationen bezüglich der Technikwahl unproblematisch sind. Bei stark vorwärts- und stark rückwärtsgeneigten Innovationen hingegen spielt die Höhe der Profitrate eine entscheidende Rolle. Vgl. Hagemann (1983), S. 256f.

[228] Hintergrund dieser Annahme ist keine Lohnrigiditätsannahme, sondern die Betrachtung des Industriesektors einer Volkswirtschaft im Industrialisierungsprozeß. Der Agrarsektor als Subsistenzsektor liefert in einer solchen Entwicklungsstufe Arbeitskräfte bzw. absorbiert die im Industriesektor freigesetzten Arbeitskräfte. Dies impliziert zum einen, daß das Arbeitsangebot als vollkommen elastisch angenommen werden kann, und daß der Reallohnsatz des Industriesektors durch die (niedrige) Produktivität im Landwirtschaftssektor bestimmt wird. Vgl. Hagemann (1995b), S. 208.

[229] Vgl. Faber (1975), S. 584 und Hagemann (1983), S. 258.

[230] Vgl. Hagemann (1995b), S. 210, der darauf hinweist, daß ein solches Sparverhalten das günstigste für die erfolgreiche Kompensation freigesetzter Arbeitskräfte darstellt.

2. In der *Vollbeschäftigungstraverse* hingegen ist die Wachstumsrate der Arbeitsbevölkerung exogen gegeben und schließt das Mengensystem des Modells. Der Reallohnsatz ist flexibel. Das Preissystem und seine Veränderungen sind wiederum ebenfalls durch die Sparfunktion mit dem Mengensystem gekoppelt.[231]

Für die Analyse der Freisetzung und Kompensation von Arbeitskräften ist die *Fixlohn*-Traverse relevant. Daher soll im folgenden ausschließlich auf sie näher eingegangen werden. Ausgangspunkt der Analyse ist eine Volkswirtschaft im *steady state* Gleichgewicht, die bei exogen gegebenem Lohnsatz mit der profitabelsten bekannten Technik produziert.[232] Das Arbeitsangebot ist annahmegemäß vollkommen elastisch. Die Ökonomie befindet sich in *full performance*.[233] Dies bedeutet, daß neben dem Arbeitsangebot auch der Kapitalstock vollbeschäftigt ist.[234] Die Startrate neuer Produktionsprozesse ist maximal, und die ökonomische Aktivität ist in der *full performance* durch die Sparrate begrenzt.[235] Die Startrate der Prozesse, die nach der Konstruktionsphase in der Konsumgüterherstellung den Output sowie während der Konstruktions- und Nutzungsphase die Beschäftigung determiniert, läßt sich als *Diffusionspfad* interpretieren.[236] Alle Produktionsprozesse besitzen das einfache Profil. Zum Zeitpunkt t_0 wird durch einen exogenen Innovationsstoß das Gleichgewicht gestört. Eine neue Technik, die ebenfalls das einfache Profil aufweist, ist profitabler als die bisher bekannten Produktionsprozesse. Dies hat zur Folge, daß alle neuen Prozesse, die nach t_0 gestartet werden, die neue Technik verwenden. Die bereits gestarteten Produktionsprozesse hingegen werden bis zur (technischen wie ökonomischen) Obsoleszenz weitergeführt.[237] Der bisherige *steady state* Pfad dient als Referenzpfad für die Wirkungen des Innovationsstoßes auf die Startrate neuer Produktionsprozesse, die Höhe des Konsumgüteroutputs und das Beschäftigungsvolumen.[238]

---

231 Das Sparverhalten determiniert in diesem zweiten Fall die Profitrate, den Lohnsatz und die optimale Produktionstechnik. Vgl. Hagemann (1983), S. 258.

232 Im Modellaufbau von Hicks bedeutet dies, daß laufend mit gleichbleibender Rate neue Produktionsprozesse als *flow*-Größe mit der gleichen, profitablen Technik gestartet werden.

233 Vgl. Hicks (1973), S. 47ff.

234 Vgl. Hagemann (1983), S. 259. Zugleich beschreibt dieser Zustand die Identität von Spar- und Investitionsvolumen.

235 Vgl. Hicks (1973), S. 52

236 Vgl. Stoneman (1983), S. 187.

237 Die Bedingung des einfachen Profils führt dazu, daß Produktionsprozesse nicht vorzeitig abgebrochen werden. Vgl. zu dieser *truncation*-Problematik Hagemann/Kurz (1976) und Hagemann/Pfister (1978).

238 Vgl. Hicks (1970), S. 268f. und Hicks (1985), S. 151.

Unter Beibehaltung der Klassifizierung des technischen Fortschritts sowie der Unterteilung der Produktionstechniken bzw. –prozesse in die einperiodige Konstruktionsphase und die *n*-periodige Nutzungsphase im einfachen Profil lassen sich nun drei Zeitintervalle der *Fixlohn*-Traverse identifizieren, die nach dem Innovationsschub in t_0 sequentiell aufeinanderfolgen:[239]

1. In der *Vorbereitungsphase* werden die zur neuen Technik gehörenden Maschinen hergestellt. Diese Phase umfaßt lediglich die Periode P_1, da annahmegemäß im einfachen Profil die Herstellung einer Maschine eine Periode dauert. In dieser Zeit läßt sich mit der neuen Produktionstechnik noch kein Output erzielen. Die Konsumgüterproduktion erfolgt daher ausschließlich unter Verwendung der alten Maschine. Der Output in dieser Phase entspricht somit dem des bisherigen *steady state*-Pfades. Da annahmegemäß nach der *Q-assumption* der absolute Konsum aus Profiten konstant bleibt, die Löhne exogen gegeben sind und mithin die Lohnsumme ebenfalls unverändert ist, bleibt auch das Beschäftigungsvolumen in der Vorbereitungsphase konstant.[240]
2. Die *frühe Phase* umfaßt die Perioden P_2 bis P_n. Sie ist dadurch gekennzeichnet, daß nun sowohl Produktionsprozesse mit alten Techniken (soweit sie noch nicht vollständig abgeschrieben sind) als auch die neue Technik in der Konsumgüterherstellung Verwendung finden. Der alte *steady-state*-Wachstumspfad wird aufgrund der Nutzung der neuen Kapitalgüter verlassen. Wie sich Beschäftigungs- und Outputvolumen gegenüber dem Referenzpfad entwickeln, läßt sich ohne nähere Betrachtung der Art des technischen Fortschritts nicht bestimmen.[241] Die frühe Phase bedarf daher nach der Darstellung der dritten Phase einer genaueren Untersuchung.
3. In der *späten Phase*, die mit der Periode P_{n+1} beginnt, sind sämtliche Maschinen des alten Produktionsprozesses abgeschrieben und aus der Produktion ausgeschieden, da ihre (technische wie ökonomische) Lebensdauer *n* Perioden beträgt. Der gesamte Konsumgüterausstoß wird in dieser Phase mit den neuen Kapitalgütern erstellt. Es kann jedoch nicht davon ausgegangen werden, daß damit bereits der neue *steady state*-Pfad erreicht ist. Denn ab der Periode P_{n+2} werden die ersten Reinvestitionen und Ersatzbeschaffungen der neuen Kapitalgüter notwendig, da die Lebensdauer auch der neuen Maschinen *n* Perioden beträgt.[242] Dieser Aspekt der ersten Reinvestitionen *vor* Beendigung des Diffusionsprozesses ist unter diffusionstheoretischen Gesichts-

---

[239] Vgl. Hicks (1973), S. 902ff.
[240] Vgl. Mettelsiefen/Barens (1987), S. 100.
[241] Vgl. Hagemann (1983), S. 259.
[242] Vgl. Hagemann (1983), S. 260.

punkten überaus interessant. Leider ist Hicks an den Konsequenzen der späten Phase wenig interessiert, da er sie lediglich unter den Konvergenzaspekten an den neuen *steady state*-Pfad betrachtet und von neuerlichen Störungen durch exogene Innovationsschübe vor der vollständigen asymptotischen Annäherung an den Gleichgewichtspfad ausgeht.[243] Bevor jedoch die *Fixlohn*-Traverse aus diffusionstheoretischer Sicht diskutiert wird, bietet es sich zunächst an, die Analyse um die möglichen Beschäftigungseffekte zu vervollständigen.

Die Betrachtung der Beschäftigungseffekte einer Innovation muß mit der frühen Phase beginnen, die im Mittelpunkt der Hicksschen Analyse steht. Entscheidende Bedeutung kommt der oben beschriebenen Annahme über das Sparverhalten zu, daß die zusätzlichen Gewinne aus der Nutzung der neuen, profitableren Produktionstechnik gespart und reinvestiert werden. Während der gesamten frühen Phase ist daher ein fortlaufender Anstieg der Bruttoinvestitionen, allerdings mit abnehmender Rate, festzustellen.[244] Es läßt sich aus der Entwicklung der Bruttoinvestitionen jedoch nicht direkt auf die Veränderung der Beschäftigung schließen. Denn das Beschäftigungsvolumen wird neben den Bruttoinvestitionen auch maßgeblich von der Art des technischen Fortschritts determiniert. Um diesen Einfluß zu erfassen, läßt sich die Gesamtbeschäftigung in der frühen Phase in drei Komponenten zerlegen:[245]

1. Beschäftigungsvolumen in der Konstruktion neuer Maschinen,
2. Beschäftigungsvolumen in der Konsumgüterherstellung mit neuen Maschinen und
3. Beschäftigungsvolumen in der Konsumgüterherstellung mit alten Maschinen.

Naturgemäß verändert sich die Zahl der Arbeitskräfte in der Konsumgüterherstellung im alten Produktionsprozeß nicht, da dieser mit dem Referenzpfad des alten *steady state* übereinstimmt. Daher entscheidet das Ausmaß der Arbeitskräfteeinsparung in der Konstruktions- und Nutzungsphase über den

[243] Vgl. Hagemann (1995b), S. 208, der diese Ansicht aus methodischer Sichtweise zurecht kritisiert. An gleicher Stelle wird die Auffassung Zamagnis (1984, S. 148) zitiert, der, die These Hicks stützend, darauf hinweist, daß sich die Rate des technischen Fortschritts beschleunigt und daher die Konvergenzproblematik an Relevanz verloren habe. Dem läßt sich gegenüber stellen, daß sich gleichzeitig auch die Diffusionsgeschwindigkeit erhöht hat (vgl. z.B. Mansfield 1986, S. 318). Auch wenn keine Aussage über die Relation der Veränderung der beiden Raten gemacht werden kann, ist der alleinige Hinweis auf die Rate des technischen Fortschritts bei Vernachlässigung der Diffusionsrate unzulässig. Im übrigen werden beide Aspekte in der Traversenanalyse des einfachen Profils ausgeblendet, da nur ein einzelner Innovationsstoß untersucht wird und von der normierten einperiodigen Konstruktions- und *n*-periodigen Nutzungsphase ausgegangen wird.

[244] Vgl. Hicks (1973), S. 93 und 192 sowie Hagemann (1983), S. 261.

[245] Vgl. Hagemann (1983), S. 261.

kräfteeinsparung in der Konstruktions- und Nutzungsphase über den Gesamtumfang des Arbeitseinsatzes. Die Schlüsselrolle fällt hierbei der Variablen h (Index der Arbeitseinsparung in der Konstruktionsphase) zu.[246] Wiederum werden drei Fälle unterschieden:

Der Fall $h = 1$ bedeutet, daß die Konstruktion der neuen Maschinen ebenso viele Arbeitskräfte in Anspruch nimmt wie die Entwicklung der alten Kapitalgüter. In der Konstruktionsabteilung tritt daher keine Änderung der Beschäftigung verglichen mit der alten Produktionstechnik ein. In der Vorbereitungsphase P_1 verändert sich annahmegemäß der Output nicht. Es werden jedoch auch keine zusätzlichen Profite und damit Ersparnisse gebildet, so daß die Startrate neuer Prozesse unverändert ist. Da aber nur solche Techniken Eingang in die Produktion finden, die profitabler als die alte Technik sind, gilt $H > 1$, d.h. in der Nutzungsphase der neuen Maschinen werden Arbeitskräfte freigesetzt. Dies geschieht zum ersten Male zu Beginn der frühen Phase in Periode P_2. Die Nutzung der neuen Maschinen führt zu einem höheren Gewinn als auf dem Referenzpfad, der annahmegemäß vollständig in die Herstellung neuer Maschinen reinvestiert wird. Die Startrate neuer Prozesse steigt damit an, das Konstruktionsvolumen neuer Maschinen erhöht sich. Die in der Konsumgüterherstellung freigesetzten Arbeitskräfte werden daher in der Periode P_2 vollständig in die Konstruktionsabteilung verlagert. Ab der Folgeperiode P_3 steigt wegen der zusätzlich hergestellten neuen Maschinen, die nun in der Konsumgüterherstellung eingesetzt werden, sowohl die Startrate weiter an, aber auch der Konsumgüteroutput und das Beschäftigungsvolumen erhöhen sich von nun an.[247] Der aus diesen Überlegungen resultierende Wachstumspfad wird in *Abbildung 5.3* als W_1 graphisch dargestellt. Es zeigt sich, daß im Fall $h = 1$ die Kompensation der Arbeitskräftefreisetzung aufgrund des Einsatzes effizienterer Produktionstechniken vollständig gelingt. Die Kompensation ist deshalb unproblematisch, da diejenigen Arbeitskräfte, die mit dem ersten Einsatz der neuen Maschinen in P_2 freigesetzt werden, in derselben Periode in der Konstruktionsabteilung wiederbeschäftigt werden, weil die durch die Freisetzung zusätzlich entstehenden Profite ausschließlich zur Konstruktion neuer Maschinen verwendet werden.[248] In den nachfolgenden Perioden wachsen Startrate, Output und Beschäftigung gegenüber dem Referenzpfad an. Diese Sichtweise der Maschinenherstellung und der daraus möglichen Kompensation entspricht genau der Vorstellung der Diffusionstheorie, daß, ab

---

[246] Vgl. Hicks (1973), S. 91.

[247] Vgl. Hicks (1973), S. 93.

[248] Es wird deutlich, wie relevant die spezifische Annahme über das Sparverhalten ist. Auch in diesem kompensationstheoretisch günstigen Fall ist eine vollständige Kompensation ausgeschlossen, wenn Teile der zusätzlichen Gewinne konsumiert oder gar gehortet werden.

der Periode P_2, *während* des Einsatzes neuer Kapitalgüter weitere neue Maschinen hergestellt werden. Schon an dieser Stelle wird deutlich, daß die Traversenanalyse das im vorangegangenen Abschnitt genannte pauschale Argument der intertemporal vorgelagerten Konstruktion und der nachfolgenden Nutzung sowie der unterschiedlichen Fristigkeiten nicht stützt.

Abbildung 5.3: Die Fixlohntraversen unterschiedlicher Innovationstypen in der neoösterreichischen Traversenanalyse

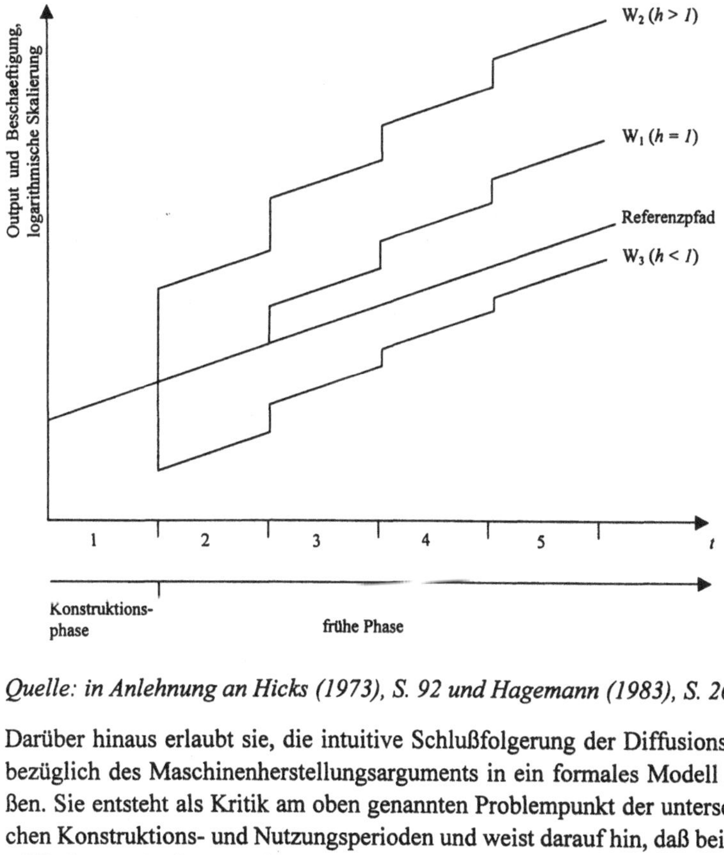

Quelle: in Anlehnung an Hicks (1973), S. 92 und Hagemann (1983), S. 261.

Darüber hinaus erlaubt sie, die intuitive Schlußfolgerung der Diffusionstheorie bezüglich des Maschinenherstellungsarguments in ein formales Modell zu gießen. Sie entsteht als Kritik am oben genannten Problempunkt der unterschiedlichen Konstruktions- und Nutzungsperioden und weist darauf hin, daß bei langen Diffusionsverläufen Maschinen *während und parallel* zu ihrer Nutzung hergestellt werden. Dies wird aufgrund der Dynamik und zeitlichen Struktur der Traverse möglich, die sich zwischen der kurzen Frist mit zeit- und kostenloser Anpassung und der (*de facto*) zeitlosen *steady state*-Analyse bewegt.[249] Es muß aber noch geklärt werden, ob auch für Innovationen mit einem Arbeitskostenersparnisindex in der Konstruktionsphase h ungleich eins die Kompensation ebenso unproblematisch verläuft.

Die Konstellation $h > 1$ impliziert, daß bereits in der Konstruktionsphase der neuen Maschinen weniger Arbeitskräfte benötigt werden als auf dem Referenzpfad. Es wäre jedoch falsch anzunehmen, daß dadurch in der Periode P_1 technologische Arbeitslosigkeit drohen könnte. Denn die Kostenersparnis in der Vorbereitungsphase führt schon in dieser Periode zu steigenden Gewinnen, die gespart und reinvestiert werden. In P_1 steigt daher bereits die Startrate neuer Produktionsprozesse an. Dies führt im Vergleich zum Fall $h = 1$ dazu, daß schon eine Periode früher, nämlich in P_2 sowohl Output als auch Beschäftigung ansteigen,[250] wie in *Abbildung 5.3* der Pfad W_2 verdeutlicht. Unter kompensationstheoretischen Gesichtspunkten ist dies der günstigste Fall,[251] da mit dem ersten Einsatz der neuen Maschinen die dadurch ausgelöste Freisetzung (wegen $H > 1$) nicht nur kompensiert, sondern überkompensiert wird. Der Grund hierfür ist in der Kostenersparnis während der Vorbereitungs- bzw. Konstruktionsphase zu suchen, die zusätzliche Gewinne und erhöhte Bruttoinvestitionen auslöst.

Unter Kompensationsgesichtspunkten kritisch ist der Fall $h < 1$. Da gleichzeitig gilt, daß $H > 1$ ist, liegt eine stark vorwärtsgeneigte Innovation vor ($h < 1 < H$). In der Konstruktionsphase ist zunächst ein Mehraufwand an Arbeit notwendig, bevor in der Nutzungsphase die Arbeitskostenersparnis realisiert werden kann. In der Vorbereitungs- bzw. Konstruktionsphase wird bei unverändertem Arbeitseinsatz nur eine geringere Zahl von Maschinen der neuen Technik gegenüber dem Referenzpfad hergestellt. Die Startrate muß demnach sinken. Ein erhöhter Einsatz von Arbeitskräften in der Konstruktionsabteilung ist nicht möglich, da weder Arbeiter aus der Konsumgüterproduktion abgezogen werden können (in der Periode P_1 wird ausschließlich mit der alten Technik produziert), noch zusätzliche Ersparnisse bzw. Investitionen zur Verfügung stehen. Allerdings bleiben die Produktionsmenge und das Beschäftigungsvolumen in der Vorbereitungsphase P_1 zunächst konstant. Zu Beginn der frühen Phase in der Periode P_2 zeigt sich, daß weniger neue Maschinen zur Konsumgüterproduktion bereit stehen als bisher. Als Folge des Rückgangs der Startrate in der Vorperiode

[249] Vgl. Hagemann (1983), S. 247.
[250] Vgl. Hagemann (1983), S. 262.
[251] Vgl. Hicks (1973), S. 94. Allerdings gilt diese Aussage nicht mehr für $H < 1$ (erhöhter Arbeitseinsatz in der Nutzungsphase), da die Gewinne und somit die Bruttoinvestitionsrate sinken. Diese Konstellation entspricht der Klassifikation der stark rückwärtsgeneigten Innovation ($h > 1 >$ H). Vgl. Hagemann (1983), S. 262 Fn. 1).

müssen nun sowohl Output als auch Beschäftigung unter den Referenzpfad sinken.[252] Zudem realisieren die neuen Maschinen eine Arbeitskosteneinsparung ($H > 1$) aufgrund ihrer höheren Produktivität, was zu einer zusätzlichen Freisetzung von Arbeitskräften in der Konsumgüterherstellung führt. Zwar führt die Kosteneinsparung zu zusätzlichen Profiten und damit via Ersparnisbildung zu einem Anstieg der Bruttoinvestitionsrate, der eine erhöhte Startrate mit zunehmender Maschinenkonstruktion in dieser Periode P_2 impliziert. Allerdings kann die daraus resultierende Verlagerung von Arbeitskräften aus der Konsumgüterproduktion in die Maschinenkonstruktion die Freisetzung nur zum Teil kompensieren. Es entsteht *technologische Arbeitslosigkeit.* In den Folgeperioden steigen aufgrund des arbeitseinsparenden Charakters der neuen Maschinen in der Nutzungsphase sukzessive die Gewinne, die Bruttoinvestitionen sowie der Output. Die technologische Arbeitslosigkeit ist also nur temporär und wird schrittweise abgebaut. Produktion und Beschäftigung übertreffen schließlich den Referenzpfad in späteren Perioden.[253] In *Abbildung 5.3* ist die Traverse der stark vorwärtsgeneigten Innovation als W_3 eingezeichnet.

Die Formulierung der temporären technologischen Arbeitslosigkeit bei stark vorwärtsgeneigten Innovationen weist eine große Ähnlichkeit mit der Analyse des Maschinerieproblems von Ricardo auf.[254] Allerdings verbleibt die Möglichkeit, daß ein neuer Innovationsstoß auftritt, *bevor* der Wachstumspfad den Referenzpfad erreicht hat, also noch während technologische Arbeitslosigkeit existiert. Ist die neue Technik ebenfalls stark vorwärtsgeneigt, verschärft sich damit auch unter Umständen die Arbeitslosigkeit, die ihren temporären Charakter verlieren könnte. Zwar würde in der Vorbereitungsphase der neuen Innovation ein beschäftigungserweiternder Effekt in der Konstruktionsabteilung eintreten, der aber eine vollständige Kompensation der von der ersten Innovation ausgelösten Freisetzung nicht zwingend garantiert. Mittelfristig dominiert zusätzlich der freisetzende, arbeitsparende Charakter der zweiten Innovation.[255] In einem solchen Szenario ermöglicht nur die exponentiell zunehmende Konstruktion neuer Maschinen die vollständige Kompensation der Arbeitsfreisetzung aus technischem Fortschritt. Damit beschreibt dieser Fall das Neissersche offene Wettrennen zwischen Kapitalakkumulation bzw. Bruttoinvestitionen und technischem Fortschritt.[256] Ebenso wie in der Diffusionstheorie existiert also auch in der Traversenanalyse die Möglichkeit der permanenten technologischen Arbeitslosig-

[252] Vgl. Hicks (1973), S. 94.
[253] Vgl. Hagemann (1983), S. 263. Für eine ausführliche Analyse der Anpassungsgeschwindigkeit bei stark vorwärtsgeneigten Innovationen siehe Kraus/Wirth (1997), S. 10ff..
[254] Vgl. Hicks (1973), S. 98f., Hagemann (1983), S. 263 und Hagemann (1995), S. 210.
[255] Vgl. zu diesem Gedankengang Mettelsiefen/Barens (1987), S. 103.
[256] Vgl. Abschnitt 5.4.1.

keit. Allerdings wird in beiden Ansätzen diese Möglichkeit als äußert unwahrscheinlich eingeschätzt, da der Kompensation ein größeres Gewicht eingeräumt wird als in der traditionellen Kritik des Maschinenherstellungsarguments. Der temporäre Charakter der technologischen Arbeitslosigkeit ist für Hicks, ebenso wie für Ricardo, wahrscheinlich. In der neoösterreichischen Traversenanalyse wird jedoch strikt zwischen unterschiedlichen Innovationsformen getrennt. Aufgrund dieser differenzierten Betrachtung lassen sich folgende zusammenfassende Schlüsse ziehen:

- Neutrale und rückwärtsgeneigte Innovationen ermöglichen die vollständige Kompensation der Arbeitsfreisetzung durch neue Maschinen während ihre Konstruktion.
- Nur stark vorwärtsgeneigte Innovationen führen zum Phänomen der technologischen Arbeitslosigkeit im Sinne des Maschinenherstellungsarguments. Ebenso wie Ricardo erachtet Hicks die Arbeitslosigkeit als temporär. Allerdings besteht die Möglichkeit, daß die technologische Arbeitslosigkeit permanent sein kann, wenn sich der technische Fortschritt in der Form vollzieht, daß stark vorwärtsgeneigte Innovationen in einer derartigen Rate aufeinander abfolgen, daß die Unterbeschäftigung nicht vollständig abgebaut wird, bevor der nächste Innovationsstoß auftritt.

Die bis hierhin vorgestellte neoösterreichische Traversenanalyse beruht auf der zentralen, vereinfachenden Annahme des einfachen Profils aller Innovationen, d.h. die Techniken besitzen dieselbe Konstruktions- und Nutzungsdauer. Damit werden wichtige Diffusionsaspekte des technischen Fortschritts ausgeblendet. Wie die diffusionstheoretische Kritik an der traditionellen Maschinenherstellungsdebatte gezeigt hat, ist die Frage der Kompensation vom Verhältnis der Nutzungsdauer zur Konstruktionsphase entscheidend, denn Freisetzung und Kompensation verlaufen immer dann parallel, wenn die erste Ersatzinvestition der frühen Anwender zeitlich mit der ersten Übernahme der Nachzügler zusammenfällt. Zwar erkennt Hicks, daß die Frage der variablen Nutzungsdauer von hohem Interesse ist, verweist aber ihre Beantwortung in den Bereich der späten Phase, über die innerhalb der neoösterreichischen Traversenanalyse nur wenige Aussagen gemacht werden können.[257] Um so interessanter ist die Frage, in welcher Weise sich in der frühen Phase eine Variation der Konstruktionsphase auswirkt. Hicks (1973, S. 126) charakterisiert eine solche Variation:

> „For changes in the construction period are changes in the waiting period – in the period which must elapse before *any* final output is forthcoming."

[257] Vgl. Hicks (1973), S. 125f.

Es fällt die große Ähnlichkeit zum Produktivitätsparadoxon und seiner Erklärung durch die verzögerten Produktivitätswirkungen von Basisinnovationen sofort ins Auge.[258] Hier wie dort wird die Hypothese aufgestellt, daß Innovationen erst nach einer gewissen Zeitspanne, die *„waiting period"* bei Hicks bzw. das *„diffusion lag"* bei David ökonomisch signifikante Effekte entwickeln. Bisher war in der Hicksschen Analyse die Zeitspanne der Konstruktion auf eine Periode normiert. Das eigentliche Diffusionsphänomen wurde damit nur am Rande gestreift und aus der Diskussion ausgeblendet. Mit der Variabilität der Konstruktionsphase, die auch als Diffusionszeitraum interpretiert werden kann, ändert sich dies. Zwei Fälle, die Verkürzung sowie die Verlängerung der Konstruktionsphase, lassen sich unterscheiden:

1. Zunächst wird davon ausgegangen, daß sich die Konstruktionsphase der neuen Maschinen gegenüber jener der alten Kapitalgüter um einen Monat verkürzt.[259] In der *Fixlohn*-Traverse verursacht dies in jenem Monat, in dem die Maschinen zum ersten Mal zum Einsatz kommen, eine Überproduktion in der Volkswirtschaft.[260] Die Diffusion der neuen Maschinen beschleunigt sich bei einer Verkürzung der Konstruktionsperiode, und zwar in einer zyklischen Art und Weise. Die Ursache ist darin zu suchen, daß die verkürzte Konstruktionsphase der neuen Maschinen wie eine zusätzliche profitable Effizienzsteigerung der neuen Technik über die Arbeitskosteneinsparung in der Nutzungsphase hinaus wirkt.[261]

2. Die Verlängerung der Konstruktionsphase neuer Maschinen gegenüber dem alten Produktionsprozeß bedeutet zunächst einen Mehraufwand, der durch Ersparnisse während späterer Nutzungsphasen überkompensiert werden muß. Hicks untersucht das Beispiel einer um einen Monat verlängerten Konstruktionsphase. Die Wirkung entspricht der einer stark vorwärtsgeneigten Innovation. Während letztere jedoch zu einer allmählichen Entwicklung führt (vgl. *Abbildung 5.3*), resultieren aus der Verlängerung der Konstruktionsphase erratische Schwankungen von Startrate und Output. Auf der *Fixlohn*-Traverse besteht in jenem Monat, in dem die verzögert konstruierten Maschinen in den Produktionsprozeß eingeführt werden, die Gefahr, daß nicht

[258] Vgl. zur Darstellung des Produktivitätsparadoxons und seiner Erklärung durch die zeitintensive Diffusion neuer Technologien Abschnitt 5.2.2.1.

[259] Hicks untersucht ein Szenario, in dem die Konstruktionsphase der alten Maschinen ein Jahr und einen Monat beträgt, die der neuen Maschinen jedoch lediglich ein Jahr. Vgl. Hicks (1973), S. 126.

[260] Vgl. Hicks (1973), S. 132, der die Situation wie folgt beschreibt: "[...] there will have to be a violent upward fluctuation in the rate of starts in that January; the jerk will be repeated in successive Januaries, without dying away [...]".

[261] Vgl. Hicks. (1973), S. 132f.

alle Löhne vollständig bezahlt werden können.[262] Output und Beschäftigung sinken, da bei gegebenen Fixlöhnen nicht genügend Bruttoinvestitionen vorliegen, um alle Arbeitskräfte in der Konstruktionsabteilung zu beschäftigen.[263] Darüber hinaus muß der Konsum aus Profiten entgegen der zugrunde gelegten Sparhypothese zurückgehen, wenn nicht bereits gestartete Prozesse abgebrochen werden sollen.

Das Traversenproblem kompliziert sich bei variablen Konstruktionsphasen erheblich.[264] Bei sehr großen Veränderungen der Konstruktionsphase ist die Aufrechterhaltung von Vollbeschäftigung kaum möglich. Im Umkehrschluß bedeutet dies, daß drastisch veränderte Diffusionsraten von Innovationen zu Störungen in der Übernahme der neuen Technik und damit der Produktion führen können, unabhängig davon, ob eine besonders schnelle oder langsame Diffusion vorliegt. Das Beispiel zeigt, daß technologische Arbeitslosigkeit bei besonders schneller oder aber besonders langsamer Diffusion auftreten kann. Die neoösterreichische Traversenanalyse weist darüber hinaus auch darauf hin, daß die Frage nach der optimalen Diffusionsgeschwindigkeit nicht einfach beantwortet werden kann. Weder schützt eine schnelle Diffusion neuer Technologien vor technologischer Arbeitslosigkeit, noch kann eine langsame Ausbreitung von Innovationen generell technologische Arbeitslosigkeit verhindern.[265] Häufig wird das erste Argument von Kompensationsoptimisten angeführt, während die zweite Behauptung im Lager der Freisetzungspessimisten zu finden ist. Beide Thesen haben jedoch keine Allgemeingültigkeit, wenn das Maschinenherstellungsargument als Basis der Kompensation herangezogen wird.

Die Traversenanalyse neoösterreichischer Prägung läßt keinen Hinweis darauf zu, welche Faktoren die Dauer der Diffusionsrate sowie der Konstruktionsphase und frühen Phase, in der alte und neue Techniken parallel genutzt werden, bestimmen. Es wird lediglich vorausgesetzt, daß eine erfolgreiche Innovation, die Eingang in den Produktionsprozeß findet, profitabler sein muß als die alte. Die Frage der Profitabilität der Innovation steht neben weiteren Eigenschaften der Technik auch in der (mikroökonomischen) Diffusionstheorie im Zentrum der Betrachtung. Im Gegensatz zu der überwiegenden Mehrzahl der Diffusionsmodelle verfügt die Hickssche Traversenanalyse über eine systematische Be-

---

[262] Da die Fixlohn-Traverse eine lohnfondstheoretische Konstruktion darstellt (vgl. Stoneman 1983, S. 188), steht im kritischen Monat kein ausreichender Lohnfonds zur Verfügung.

[263] Vgl. Stoneman (1983), S. 188.

[264] Vgl. Hagemann (1983), S. 270.

[265] Diese Erkenntnis war schon das Ergebnis der Analyse der Freisetzungsproblematik und des Produktivitätsparadoxons anhand der Diffusion von *General Purpose Technologies*. Vgl. Abschnitt 5.2.2.1.

rücksichtigung des Technologieangebots, da die neuen Kapitalgüter unter Einsatz von Arbeit und damit (Lohn-) Kosten hergestellt werden müssen.[266] Darüber hinaus identifizieren die Diffusionstheorien eine Vielzahl weiterer Determinanten, die auf die Diffusions- und Konstruktionsdauer Einfluß nehmen.[267] In den epidemischen Ansätzen stellt insbesondere die Informationsausbreitung ein retardierendes Element dar. Mit der theoretisch zwar einfachen, in der Empirie jedoch häufig genutzten Annahme, Informationen werden überwiegend durch privaten Kontakt zwischen den potentiellen Anwendern weitergegeben, ergeben sich logistische Diffusionskurven. Darüber hinaus lassen sich externe Informationsquellen berücksichtigen. Im epidemischen Standardmodell wird die Zahl der Anwender als Proxy für die unbekannte bzw. unsichere Profitabilität herangezogen. Die von der Zahl der Anwender abhängige Diffusionskurve ist eine Funktion in der Zeit. Die Diffusionsdauer hängt von der Art und vom Umfang der Informationsübertragung sowie vom Grad der Unsicherheit hinsichtlich der Eigenschaften der Innovation ab.

In den *Probit-Ansätzen* hingegen spielen differierende Eigenschaften der Unternehmen, z.B. die Unternehmensgröße, eine wichtige Rolle bei der Erklärung unterschiedlicher Übernahmezeitpunkte. So wird im Modell von David (1969) eine Prozeßinnovation mit höheren Fixkosten und geringeren variablen Kosten gegenüber der alten Produktionsmethode bei einem Anstieg der Lohnkosten im Zeitablauf von immer kleineren Unternehmen angewandt, da aufgrund der steigenden Differenz zwischen fixen und variablen Kosten die Innovation auch bei kleinerer Produktionsgröße profitabel ist. Auch Erwartungen lassen sich in diesem Diffusionsmodell berücksichtigen. In makroökonomischen Modellen, die häufig entweder von einem repräsentativen Unternehmen ausgehen oder aber, wie in der Hicksschen Traversenanalyse, eine Konstruktionsabteilung und einen Konsumgütersektor modellieren, lassen sich solche Unterschiede zwischen einzelnen Unternehmen jedoch nicht mehr erkennen.

Eine weitere, für die zeitintensive Diffusion relevante Determinante stellt das strategische Verhalten der Akteure dar, das insbesondere in spieltheoretischen Diffusionsmodellen dargestellt wird. Danach ist die Übernahme der Technologie auf der einen Seite durch potentielle Extraprofite gekennzeichnet, die zu Lasten der Konkurrenten möglich sind, wenn bei früher Übernahme Kostenvorteile erzielt werden können. Auf der anderen Seite sinken durch Lerneffekte die Installationskosten sowie die Unsicherheit über die Innovation, wenn abgewartet wird

266 Vgl. zur Profitabilität des Technologieangebots in den mikroökonomischen Diffusionsmodellen Abschnitt 3.2.

267 Vgl. Kapitel 3 und 4 für einen umfassenden Überblick über die Diffusionstheorien.

und die Experimentierkosten auf die Pionierunternehmen abgewälzt werden. Die Folge ist auch hier die zeitintensive Ausbreitung der Innovation.

Während in der neoösterreichischen Traversenanalyse nur substitutionale Produktionsprozesse analysiert werden, beeinflussen darüber hinaus Netzwerkexternalitäten und die Komplementarität von Prozessen und Produkten die Diffusion maßgeblich. Das Konzept der kritischen Masse, mit dem sich die Phänomene der Netzwerkexternalitäten erklären lassen, führt dazu, daß sich bis zum Erreichen der kritischen Masse Innovationen nur sehr langsam ausbreiten, jedoch explosionsartig diffundieren, wenn sie den relevanten Schwellenwert überschritten haben. Solche Diffusionsverläufe sind insbesondere dann zu erwarten, wenn der Nutzen der Innovation von der Zahl der Anwender abhängt (z.B. beim Telefonnetz) oder wenn die Innovation entscheidend von der Zahl, der Qualität oder dem Preis komplementärer Produkte abhängt, wie es z.B. im Hardware-Software-Paradigma zum Ausdruck kommt. Danach bestimmt sich der Nutzen der Hardware (z.B. des Personal Computers) nach der Zahl der kompatiblen Software (z.B. Betriebssystem und Anwendungssoftware wie Tabellenkalkulation oder Textverarbeitung). Das Angebot an Komplementärprodukten ist aber wiederum davon abhängig, wie häufig die Hardware genutzt wird. Die Diffusionsgeschwindigkeit ist daher von einem kumulativen Prozeß gesteuert, der von der Anwenderzahl auf der einen Seite und der Zahl der Softwareprodukte auf der anderen Seite bestimmt wird.

Darüber hinaus spielen in fast allen (mikroökonomischen) Ansätzen zur Technologieausbreitung Lerneffekte eine wichtige Rolle, die sich in der Analyse von Hicks nicht berücksichtigen lassen. Insbesondere F&E-Anstrengungen, aber auch *spill over*-Effekte, *learning by doing* und *learning by using* sind geeignet, die Unsicherheit über die neue Technik zu reduzieren. Vor allem im Ungleichgewicht, dessen Untersuchung als Übergang zwischen zwei *steady state* Gleichgewichten das Ziel der Traversenanalyse darstellt, ist die Unsicherheit der zukünftigen Entwicklung besonders eklatant[268] und hat großen Einfluß auf die Diffusionsgeschwindigkeit von Innovationen.

Schließlich ist gerade im Ungleichgewicht und der daraus resultierenden Unsicherheit die Frage nach der Erwartungsbildung relevant. Hicks unterstellt für die Traversenanalyse statische Erwartungen bezüglich der Lohn- und Preisentwicklung.[269] Damit sind jedoch lediglich die Preiserwartungen abgedeckt.[270] Die Dif-

[268] Vgl. Burmeister (1974), S. 433.
[269] Vgl. Hicks (1973), S. 56.
[270] Auch die Annahme statischer Preiserwartungen in der Hicksschen Traversenanalyse ist kritisiert worden (vgl. z.B. Lachmann 1989, S. 268, 271ff.), da Erwartungen divergieren

fusionstheorie hat aufgezeigt, daß darüber hinaus auch technologische Erwartungen die Ausbreitungsgeschwindigkeit beeinflussen.[271] Insbesondere die Erwartung einer hohen Rate des zukünftigen technischen Fortschritts kann dazu führen, daß eine Innovation trotz ihrer Profitabilität nicht oder nur sehr langsam übernommen wird. In der Traversenanalyse von Hicks würde dies bedeuten, daß aufgrund der Erwartung eines weiteren Innovationsstoßes kurz nach dem Erscheinen einer Innovation die letztere nur in geringem Umfang eingesetzt würde.[272]

Der Abschnitt über die neoösterreichische Traversenanalyse soll mit einem kurzen Überblick über ein Beispiel für die Berechnung von Beschäftigungswirkungen der Computerdiffusion auf Basis dieses Ansatzes abgeschlossen werden. Stoneman (1976) hat hierzu die (neo-) österreichische Kapitaltheorie mit dem tatsächlichen Diffusionspfad der Computernutzung in Großbritannien zwischen 1952 und 1976 verknüpft.[273] Folgende spezifizierende Annahmen werden getroffen: Die Konstruktion eines Computers beträgt zwei Jahre. Nach einem weiteren Jahr der Installationsphase verfügt er über eine siebenjährige Nutzungsphase. Darüber hinaus soll es sich um eine stark vorwärtsgeneigte Innovation handeln, die im ersten Jahr der Konstruktionsphase einen Arbeitsmehrbedarf von 25 Mannjahren und im zweiten Jahr ihrer Konstruktion von 23 Mannjahren aufweist. In der Installationsphase tritt weder eine Arbeitsersparnis noch ein Mehraufwand auf. In der Nutzungsphase hingegen führt die Anwendung des Computers zu einer jährlichen Einsparung von je 27 Mannjahren. Aus diesen Annahmen läßt sich für einen Computer folgendes Zeitprofil erstellen (*Tabelle 5.4*):

Tabelle 5.4: Zeitprofil eines Computers in der Hicks'schen Traversenanalyse

Periode	*1*	*2*	*3*	*4*	*5*	*6*	*7*	*8*	*9*	*10*
Jahr	*-2*	*-1*	*0*	*1*	*2*	*3*	*4*	*5*	*6*	*7*
Änderung des Arbeitsinputs	+25	+23	0	-27	-27	-27	-27	-27	-27	-27

Quelle: in Anlehnung an Stoneman (1983), S. 189.

und sich nicht durch die Annahme konvergenter statischer Erwartungen repräsentieren lassen.

271 Vgl. Stoneman (2001), S. 52, Rosenberg (1976), S. 524 Schumpeter (1993), S. 161, Balcer/Lippman (1984) sowie die Zusammenfassung des Kapitels 3 in Abschnitt 3.3.

272 Selbstverständlich ist dies mit den Hicksschen Annahme über Erwartungen und Sparverhalten nicht abzubilden.

273 Vgl. Mettelsiefen/Barens (1987), S. 104.

Während des Diffusionsprozesses lassen sich die Beschäftigungseffekte der Maschinenherstellung und -nutzung gemäß des zugrunde gelegten Zeitprofils berechnen, indem davon ausgegangen wird, daß der Output der Volkswirtschaft (in der Konsumgüterherstellung) vom Einsatz der neuen Computertechnik unberührt bleibt. Auf der einen Seite läßt sich argumentieren, daß diese Annahme unrealistisch und restriktiv ist, da weitere nachfrageerweiternde Kompensationsmechanismen ausgeblendet werden.[274] Andererseits wird es dadurch möglich, ausschließlich die Kompensation aus der Maschinenherstellung zu verfolgen, deren Ausmaß während der Diffusion in diesem Abschnitt zur Debatte steht. Ausgangspunkt für die Ermittlung des jährlichen Arbeitsmehraufwands bzw. der Arbeitseinsparung pro Jahr ist die Entwicklung des Computerbestandes in England zwischen 1952 und 1970. Sie ist in den Spalten (1), (2) und (3) in *Tabelle 5.5* wiedergegeben, wobei Spalte (1) den Bestand an Computern zum Jahresende ausweist, Spalte (2) den Nettozuwachs an Computern beschreibt und Spalte (3) den Bruttozuwachs darstellt, der sich aus dem Nettozuwachs und den Ersatzinvestitionen zusammensetzt. Daraus läßt sich in einem zweiten Schritt die Entwicklung der Arbeitsmehraufwendungen bzw. –einsparungen für die einzelnen Jahre in den Spalten (4) und (5) berechnen.[275]

Gemäß der neoösterreichischen Prämisse sind die Bruttoinvestitionen aus Spalte (3) zur Berechnung der Beschäftigungsveränderungen relevant.[276] Schließlich wird es dadurch möglich, in Spalte (6) den Saldo zu ziehen, der die Veränderung der Gesamtbeschäftigung während der Diffusion von Computern beschreibt, die allein auf deren Herstellung und die anschließende Nutzung zurückzuführen ist. Der stark vorwärtsgeneigte Charakter, der dem Computer in diesem empirischen Beispiel zugrunde gelegt wurde, sowie die relativ zügige Diffusion der Computertechnik, deren Ausbreitung in den 1950er und 1960er Jahren jedoch in keiner Weise mit der Diffusion von Informations- und Kommunikationstechnologien

---

274 Vgl. Stoneman (1983), S. 191 und Mettelsiefen/Barens (1987), S. 106.

275 Gemäß des Zeitprofils bedarf die Einführung von 12 Computern im Jahr 1954 schon im Jahr 1952 als der Konstruktionsperiode –2 den Arbeitsmehraufwand von 300 Mannjahren (vgl. Spalte (4) in *Tabelle 5.5*). Im Jahr 1953 benötigen diese Computer je 23 Mannjahre Arbeitsmehraufwand (Konstruktionsperiode –1), also insgesamt einen Arbeitsmehraufwand von 276 Mannjahren. Hierzu kommt der Arbeitsmehraufwand aus der Konstruktionsperiode –2 der für das Jahr 1955 geplanten 11 neuen Computer (zusammen 275 Mannjahre). Insgesamt besteht daher für 1953 ein gesamter Arbeitsmehraufwand von 554 Mannjahren. Nach dem gleichen Muster ist die gesamte Tabelle erstellt.

276 Diese Einsicht deckt sich auch mit den Ergebnissen der Kapitaljahrgangsmodelle, die ebenfalls die Entwicklung der Bruttoinvestitionen in den Vordergrund stellen. Vgl. Abschnitt 4.1.

der letzten beiden Jahrzehnten zu vergleichen ist, führt zu einer beachtlichen Beschäftigungsexpansion in der Computerbranche.[277]

Tabelle 5.5: Traverse, Diffusions- und Beschäftigungspfad

Jahr	Computerbestand			Beschäftigungsveränderung (Mannjahre)		
	Bestand zum Jahresende (1)	Netto-zuwachs (2)	Brutto-zuwachs (3)	Nettoarbeits-mehrbedarf (Herstellung) (4)	Nettoarbeits-ersparnis (Nutzung) (5)	Saldo (6)
1952				300	0	300
1953				551	0	551
1954	12	12	12	678	0	678
1955	23	11	11	1566	324	1242
1956	40	17	17	2931	621	2310
1957	87	47	47	3177	1080	2097
1958	161	74	74	35074	2349	1158
1959	220	59	59	5103	4347	756
1960	306	86	86	8450	5940	2510
1961	417	111	125	12379	7884	4495
1962	620	203	223	16495	10719	5776
1963	875	225	290	21139	15795	5344
1964	982	107	393	26757	15903	10854
1965	1424	442	484	3950	25380	11570
1966	1956	532	625	49019	35937	13082
1967	2595	639	903	57540	45684	11856
1968	3522	927	1130	66801	64584	2217
1969	4319	797	1262	69353	85539	-13186
1970	5470	1151	1151	69557	106893	-37336

Quelle: Stoneman (1983), S. 190.

Sie überkompensiert in hohem Maße die Arbeitseinsparungseffekte durch die Computeranwendung. Erst in den letzten beiden Jahren der Zeitreihe dominieren die Freisetzungseffekte, was in diesem Beispiel auf den Rückgang der Diffusionsrate zurückzuführen ist.[278] Die Traversenanalyse bietet ein deutlich optimistischeres Bild der Kompensation, und zeigt darüber hinaus auch die zeitliche Struktur der Nettoeinsparung, -mehraufwendungen und des Saldos, als eine komparativ-statische Analyse. Wenn man zwei Ökonomien vergleicht, wobei die eine ohne Computereinsatz produziert (z.B. England 1952) und die andere nach vollständiger Diffusion ausschließlich mit Computern produziert (z.B. England 1970 unter der Hypothese, der Computer sei vollständig diffundiert), entspricht dies einem derartigen komparativ-statischen Ansatz. Stoneman (1976)

[277] Vgl. Mettelsiefen/Barens (1987), S. 106.
[278] Vgl. Stoneman (1983), S. 191.

berechnet den Beschäftigungseffekt in diesem Szenario. Zunächst schätzt er den Computerbestand im England des Jahres 1970, wenn die Technik zu diesem Zeitpunkt vollständig diffundiert wäre.[279] Mittels Ersatzinvestitionen müßten dann jedes Jahr ein Achtel des Bestandes wiederbeschafft werden. Dazu bedarf es 60.852 Mannjahre, denen jedoch 239.604 eingesparte Mannjahre gegenüberstehen. Mithin errechnet die komparativ-statische Analyse eine hypothetische Nettofreisetzung von 178.752 Mannjahren durch die Nutzung von Computern im Produktionsprozeß.[280] Wie der Vergleich mit der dynamischen Berechnung mit Hilfe der Traversenanalyse zeigt, resultiert die hypothetische Freisetzung hauptsächlich aus dem Mangel der komparativ-statischen Analyse, daß die Freisetzung einzelner Zeitperioden nicht mit dem Beschäftigungszuwachs derselben Periode saldiert werden kann.[281] Es sei abschließend noch einmal angemerkt, daß sowohl die Traversenanalyse als auch die komparativ-statische Analyse in diesem Beispiel ausschließlich die Kompensation nach dem Maschinenherstellungsargument herleitet. Weitere Kompensationseffekte könnten daher die saldierten Beschäftigungswirkungen erheblich verbessern.

5.4.2.2 Das neuklassische Modell Adolph Lowes

Der vorangegangene Abschnitt hat gezeigt, daß die Hickssche Traversenanalyse, die in der Tradition der österreichischen Kapitaltheorie steht, überaus wichtige Einblicke in die dynamischen Übergangsprozesse im Hinblick auf Investitions-, Output- und Beschäftigungsvolumina ermöglicht, die durch den technischen Wandel ausgelöst werden. Es läßt sich jedoch ein wichtiger methodischer Einwand anbringen, der die Modellierung der Produktionsstruktur betrifft. Hicks wählt einen *vertikal integrierten* Produktionsprozeß in der Tradition der österreichischen Kapitaltheorie, in dem die Fixkapitalgüter nicht explizit analysierbar sind.[282] Aufgrund des unidirektionalen Charakters des Produktionsprozesses[283], an deren Beginn Arbeit als einzig originärer Produktionsfaktor und an deren Ende das Konsumgut steht, sind die für die Traverse sowie die kosten- und zeitin-

[279] Vgl. Stoneman (1983), S. 189.

[280] Vgl. Mettelsiefen/Barens (1987), S. 105.

[281] Stoneman (1983, S. 191) kommt daher zu dem Schluß, daß „an analysis of the transition path can yield results so different form comparative statics analysis. Even though computerisation could lead to labour saving comparing computerised with non-computerised economies, this does not mean that those labour savings will be realised immediately, of that during the transition stage that there will be a net reduction in labour demand."

[282] Vgl. Hagemann (1983), S. 249. Im Gegensatz zu den Vertretern der österreichischen Kapitaltheorie berücksichtigt die neoösterreichische Version von Hicks explizit Fixkapitalgüter, vernachlässigt aber die variablen Kapitalgüter (vgl. Hicks 1973, S. 8 und Hagemann/Kurz 1976, S. 680f.).

[283] Vgl. Sraffa (1990), S. 93.

tensiven Anpassungsprozesse relevanten Fixkapitalgüter nicht sichtbar.[284] Die sich daraus ergebende besondere Problematik faßt Adolph Lowe, der zweite herausragende Pionier der Traversenanalyse, zusammen:

> "In accord with the Austrian concept of the 'structure of production', developed by v. Boehm-Bawerk and popularized by L. v. Mises and F.A. v. Hayek, these presentations concentrate exclusively on the linear 'downflows' through which natural resources are transformed into finished goods. As a rule they fail to recognize the need for a special equipment-good sector. The production or reproduction of equipment is seen as a stage problem for the consumer-good sector, which is equivalent to treating fixed capital as if it were working capital."[285]

Die Konsequenz einer solchen Betrachtung ist die Abkehr von einem linearen, vertikal vollintegrierten Produktionsprozeß und die Hinwendung zu einer horizontal-zirkulären Produktionsstruktur, die Lowe in den Mittelpunkt seiner Traversenanalyse stellt. Sie läßt sich bis auf die Arbeiten von Marx (1969) sowie die frühen kreislauftheoretischen Überlegungen Quesnays (1759) zurückführen.[286] Lowes Ansatz ist in weiten Teilen geprägt von den Werken der „Kieler Schule", zu deren führenden Vertretern er zählt.[287] Ausgangspunkt ist ein horizontal bzw. sektoral disaggregiertes Modell, in dem sich in drei Sektoren die Produktion primärer Kapitalgüter (Sektor 1), sekundärer Kapitalgüter (Sektor 2) sowie der Konsumgüter (Sektor 3) vollzieht.[288] Allerdings entwickelt Lowe kein rein zirkuläres System, sondern erweitert es um eine vertikale Stufenkomponente, so daß sich jeder Sektor in jeweils vier Produktionsstufen disaggregieren

[284] Allerdings lassen sie sich durch einen „Kunstgriff", der Sraffa-von Neumann-Zerlegung, wieder sichtbar machen. Vgl. Hagemann/Kurz (1976). S. 682.

[285] Adolph Lowe (1976, S. 33)

[286] Vgl. Hagemann (1990b), S. 146 und 148 sowie Hagemann/Jeck (1981), S. 100.

[287] Die Forschung am Institut für Weltwirtschaft in den Jahren 1926 bis 1933, geprägt von Adolph Lowe (damals Adolf Löwe), Gerhard Colm, Hans Neisser, Fritz Burchardt, Alfred Kähler, Wassilj Leontief und Jacob Marschak, konzentrierte sich auf die kreislauftheoretisch fundierte Analyse von Konjunktur, Strukturwandel, Wachstum und Beschäftigung. Im Zentrum der Betrachtung stand jeweils die Realkapitalstruktur und –akkumulation in der Tradition der klassischen Politischen Ökonomie. Daher wird Lowes Traversenanalyse auch als *neuklassisch* bezeichnet (vgl. Hagemann 1983, S. 249 sowie Hagemann 1992, S. 236).

[288] Vgl. Hagemann/Jeck (1981), S. 101ff, die eine ausführliche Darstellung der produktionstheoretischen Struktur präsentieren, sowie Hagemann (1995b), S. 145 und S. 152f. Die Sektoren 1 und 2 lassen sich auch zu einem untergliederten Fixkapitalgütersektor zusammenfassen und als 1a und 1b bezeichnen, wie es Lowe (1976, S. 31) praktiziert hat.

läßt.[289] Der Sektor 1 fertigt Primärkapitalgüter, die sowohl in die eigene Produktion als auch in die Produktion der Sekundärkapitalgüter des zweiten Sektors eingehen. Er ist damit als einziger Sektor in der Lage, unter Verwendung von Arbeit und Ressourcen sich selbst zu reproduzieren. Diese Besonderheit räumt dem Sektor 1 eine Schlüsselstellung ein.[290] Darüber hinaus ist er der einzige Sektor, dessen Güter direkt oder indirekt in den Produktionsprozeß aller Sektoren bzw. Güter eingehen.[291] Sektor 2 produziert mit den Primärkapitalgütern und Arbeit als Input die Sekundärkapitalgüter, die wiederum als Input (zusammen mit Arbeit) für die Konsumgüterproduktion des Sektors 3 dienen. Dessen Konsumgüteroutput stellt aber auch die Unterhaltsmittel für die Reproduktion der Kapitalgüter dar. In einer geschlossenen Volkswirtschaft wird damit der zirkuläre Charakter der gesamtwirtschaftlichen Produktion beschrieben. Die Produktionsprozesse sind limitational, so daß alle Inputs nur in fixen Proportionen zueinander eingesetzt werden können (Fixkoeffizientenmodell).

Lowe demonstriert dieses Schema der industriellen Produktion am Beispiel der sektoralen, horizontalen und vertikalen Güterströme der Kleidungsherstellung und der dazu notwendigen Maschinenherstellung primärer und sekundärer Art.[292] Das Schema ist in *Abbildung 5.4* dargestellt. Im Konsumgütersektor 3 werden die natürlichen Ressourcen der Baumwolle in vertikaler Richtung über Garn und Tuch zum Endprodukt Kleidung transformiert. Hierzu werden auf jeder vertikalen Stufe Kapitalgüter des Sektors 2 wie Entkörnungsmaschinen, Spindeln, Webstühle oder Nähmaschinen benötigt, die in horizontaler Richtung als Fixkapitalgüterinput in den Sektor 3 gelangen.

---

289 Vgl. Mettelsiefen/Barens (1987), S. 85. Lowes Modell weicht demnach nicht vollständig von der Hicksschen Modellierung ab und weist „durchaus einen österreichischen Beigeschmack" (Hagemann 1996, S. 135) auf. Die Sektoren sind jedoch keinesfalls vollständig vertikal integriert, wie z.B. bei Hicks oder Pasinetti (vgl. Abschnitt 5.3.2), da die Sektoren, mit Ausnahme des Sektors 1, nicht alle Inputs umfassen, die zur Produktion des jeweiligen sektoralen Endprodukts notwendig sind. Auf der ersten Stufe der Produktion wird in jedem Sektor neben Arbeit und natürlichen Ressourcen auch Fixkapital eingesetzt.

290 Vgl. Hagemann (1990b, S. 152.

291 Die Fixkapitalgüter des Sektors 1 gehen direkt in die Produktion der Fixkapitalgüter des Sektors 2 ein. Indirekt sind sie an der Produktion der Konsumgüter in Sektor 3 beteiligt, da sie für die Fixkapitalproduktion für den Konsumgütersektor benötigt werden. Nach der Terminologie Sraffas läßt sich Sektor 1 daher als „Basissektor" bzw. „Basissystem" bezeichnen. Vgl. Hagemann/Jeck (1981), S. 102.

292 Vgl. Lowe (1976), S. 32.

Abbildung 5.4: Lowes dreisektorales Schema der industriellen Produktion

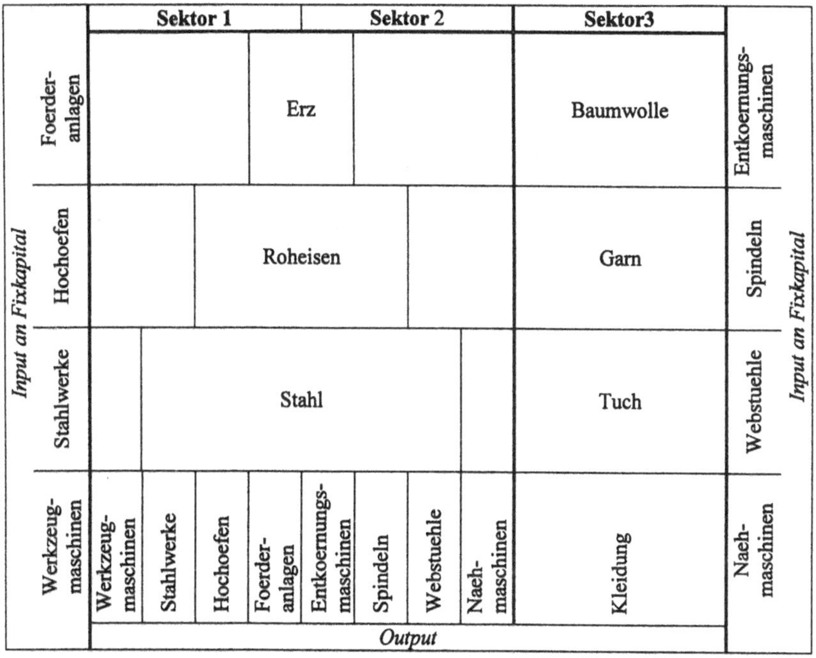

Quelle: in Anlehnung an Lowe (1976), S. 32.

In den Sektoren 1 und 2 wiederum existiert ebenfalls ein vertikaler Strom, bei dem aus der natürlichen Ressource Erz über die Zwischenprodukte Roheisen und Stahl Fixkapitalgüter hergestellt werden. Der Sektor 2 produziert als Output die Fixkapitalinputs für den Sektor 3 (Entkörnungsmaschinen, Spindeln, Webstühle und Nähmaschinen), während im Sektor 1 jene Fixkapitalgüter hergestellt werden, die zur Herstellung der Fixkapitalgüter des Sektors 2 benötigt werden, z.B. Werkzeugmaschinen, Stahlwerke, Hochöfen und Förderanlagen. Sie gehen jedoch auch in die eigene Produktion des Sektors 1 als Input ein und begründen die besondere Stellung des Sektors 1.Eine formale Darstellung der Produktionsstruktur als Abstraktion von Lowes Schema der industriellen Produktion liefert *Tabelle 5.6.* Die Variable *F* bezeichnet die (Fix-) Kapitalgüter, *L* den Arbeitsinput und *O* die Outputeinheiten im jeweiligen Sektor.

Tabelle 5.6: Die formale Produktionsstruktur im Lowe-Modell

	Primär-kapitalinput	Sekundär-kapitalinput	Arbeits-input	Output	Output-einheit
Sektor 1	F_{11}	*0*	L_1	*Primärkapital*	O_1
Sektor 2	F_{12}	*0*	L_2	*Sekundärkapital*	O_2
Sektor 3	*0*	F_{23}	L_3	*Konsumgut*	O_3

Quelle: in Anlehnung an Hagemann/Jeck (1981), S. 103.

Werden die sektoralen Inputs durch die Outputs dividiert, läßt sich das Produktionssystem durch folgende Technologiematrix **A** und den Arbeitskoeffizientenvektor **l** beschreiben:

$$(5.31) \qquad \mathbf{A} = \begin{bmatrix} \mathbf{a}_{11} & 0 & 0 \\ \mathbf{a}_{12} & 0 & 0 \\ 0 & \mathbf{a}_{23} & 0 \end{bmatrix}; \quad \mathbf{l} = \begin{bmatrix} \mathbf{l}_1 \\ \mathbf{l}_2 \\ \mathbf{l}_3 \end{bmatrix} \quad \text{mit} \quad \mathbf{a}_{ij} = \frac{\mathbf{F}_{ij}}{\mathbf{O}_i} \quad \text{und} \quad \mathbf{l}_i = \frac{\mathbf{L}_i}{\mathbf{O}_i}$$

Der entscheidende Vorteil einer derartigen dreisektoralen Modellierung der Produktionsstruktur liegt darin, die Flexibilität bzw. Starrheit der Produktion aufzuzeigen:[293]

- Eine besondere Rigidität entsteht aufgrund der intersektoralen Differenzierung der Kapitalgüter. Diese sind als Inputfaktoren der Sektoren 1 und 2 einerseits sowie des Sektors 3 andererseits nicht gegenseitig beliebig substituierbar.
- Die Flexibilität des Systems entsteht aufgrund der Austauschbarkeit der Kapitalgüter zwischen Sektor 1 und 2.

Eine Ökonomie, die durch ein solches Produktionssystem gekennzeichnet ist, befindet sich immer dann in einem dynamischen, konkurrenzwirtschaftlichen Gleichgewicht, wenn im Mengensystem die sektoral nachgefragten Inputs den angebotenen, d.h. produzierten sektoralen Outputmengen entsprechen. Bezeichnen die Variable *d* die Abschreibungsrate (bzw. die Rate der Ersatzinvestitionen) und die Variable *g* die Wachstumsrate (bzw. die Rate der Erweiterungsinvestitionen), ergibt sich folgendes Mengengleichungssystem:[294]

---

293 Vgl. Hagemann (1990b), S. 153.

294 Vgl. Lowe (1976), S. 40, Nell (1976), S. 294 sowie Hagemann (1992), S. 239.

$$
(5.32) \qquad
\begin{aligned}
a_{11}(d+g)F_1 + a_{12}(d+g)F_2 \qquad\qquad &= F_1 \\
a_{23}\, O_3 &= F_2 \\
l_1(d+g)F_1 + l_2(d+g)F_2 + \; l_3\, O_3 &= L
\end{aligned}
$$

Im Gleichgewicht gilt die Vollbeschäftigung der Produktionsfaktoren sowie die Identität von Spar- und Investitionsvolumen. Das Preissystem wird, ebenso wie in der Hicksschen Traversenanalyse, über die Sparfunktion mit dem Mengensystem verbunden.[295] Lowe unterstellt eine superklassische Sparhypothese, nach der Profiteinkommen vollständig gespart und Arbeitseinkommen vollständig konsumiert werden.[296] Damit läßt sich das Preissystem darstellen, in dem die erlösten Stückpreise der (uniformen) Profitrate *r*, den Abschreibungen *d* sowie den Lohnkosten (mit *w* als Lohnsatz) entsprechen:[297]

$$
(5.33) \qquad
\begin{aligned}
p_1(d+r)F_{11} + L_1 w &= p_1 O_1 \\
p_1(d+r)F_{12} + L_2 w &= p_2 O_2 \\
p_2(d+r)F_{23} + L_3 w &= p_3 O_3
\end{aligned}
$$

Die Variablen p_i bezeichnen die relativen Preise. Der verbleibende Freiheitsgrad des
Preis-/Mengensystems, der aus dem Vorliegen von jeweils drei Gleichungen bei vier Variablen resultiert, wird durch die exogene Vorgabe der natürlichen Wachstumsrate geschlossen. Sie setzt sich zusammen aus der Wachstumsrate der Arbeitsbevölkerung und der Rate des technischen Fortschritts.[298]

Die Spezifizierung des Produktionssystems und seines dynamischen Gleichgewichts ermöglicht nun das eigentliche Erklärungsziel Lowes, die Traversenanalyse. Sie gliedert sich in zwei Schritte, der Strukturanalyse und der Motor- bzw. Kräfteanalyse (*force analysis*).[299] In der Strukturanalyse werden die Entwicklungen der zentralen Variablen wie Inputs und Output, Beschäftigung, Einkommen, Ersparnis und Investitionen etc. untersucht, die für den Übergang von einem *steady state* Gleichgewicht zu einem anderen vorliegen müssen. Diese Verlaufspfade bilden die Grundlage für die *force analysis*, deren Erklärungsziel die Verhaltensweisen und Beweggründe der Individuen sind, die für die Reali-

---

295 Vgl. Hagemann (1992), S. 241.
296 Vgl. Lowe (1976), S. 70 und Hagemann (1996), S. 140.
297 Vgl. Lowe (1976), S. 40, Nell (1976), S. 294 sowie Hagemann (1992), S. 239.
298 Vgl. Hagemann (1994), S. 47 und Hagemann (1983), S. 274. Das System wird damit über die Mengengleichungen geschlossen. Denkbar wäre auch die Schließung des Preissystems durch die exogene Vorgabe der Löhne (in einer Subsistenzlohntheorie) oder eine exogene Vorgabe der Profitrate, wie z.B. bei Sraffa (1960, S. 33). Vgl. Hagemann (1992, S. 239).
299 Vgl. Lowe (1976), S. 17.

sierung des Anpassungspfades vorhanden sein müssen. Insbesondere in der durch dezentrale Entscheidungen geprägten Marktwirtschaft ist die Übereinstimmung der tatsächlichen Preis- und Mengenerwartungen mit den für den ermittelten Anpassungspfad notwendigen Erwartungen äußerst unwahrscheinlich.[300]

In der Traversenanalyse von Lowe lassen sich nun, analog zum Hicksschen Modell, die Auswirkungen einer einmalig auftretenden exogenen Prozeßinnovation untersuchen.[301] Vor allem interessiert Lowe die Analyse nicht-neutraler, faktorfreisetzender Innovationen, die einmalig bzw. diskontinuierlich auftreten.[302] Zunächst stellt Lowe eine eigene, neue Klassifizierung des technischen Fortschritts vor, da die übliche Unterscheidung in kapitalsparend und arbeitsparend aus seiner Sicht ungenügend ist.[303] Lowe verwendet zur Präzisierung das Begriffspaar „arbeit- bzw. kapitalersetzend" und „arbeit- bzw. kapitalanziehend", die er auf die direkte Wirkung des technischen Fortschritts bezieht.[304] Für die eindeutige Klassifizierung des nichtneutralen technischen Fortschritts ist es notwendig, neben der Veränderung des Kapitalkoeffizienten auch die Veränderung der Kapitalintensität und der Arbeitsproduktivität zu berücksichtigen.[305] Es lassen sich dann sechs verschiedene Typen des nichtneutralen technischen Fortschritts unterscheiden, wie *Tabelle 5.7* verdeutlicht.

---

[300] Vgl. Hagemann (1983), S. 276.

[301] Lowe analysiert zusätzlich die Auswirkungen einer Veränderung des Arbeitsangebots (Teil II des *Path of Economic Growth*) und der natürlichen Ressourcen (Teil III). Naturgemäß interessiert in dieser Arbeit ausschließlich die Frage nach dem technischen Fortschritt (Teil IV der Arbeit Lowes).

[302] Neutrale Innovationen "[...] are supposed to affect *all* structural components of the system *simultaneously* and to be *currently* absorbed in their entirety" (Lowe 1976, S. 245, Hervorhebung im Orignial).

[303] Dies gilt zum einen wegen der Vielzahl möglicher Kombinationen von Arbeit und Kapital und zum anderen wegen der notwendigen Trennung zwischen der direkten, ursprünglichen sektoralen Wirkung sowie den indirekten, gesamtwirtschaftlichen Effekten. Vgl. Lowe (1976), S. 246, der zur letzteren Problematik anmerkt: „Nor it is ever made clear [in der Unterscheidung zwischen kapitalsparendem und arbeitsparendem technischen Fortschritt] whether the proposition concerns the *initial impact* on the innovating firm, industry, or sector or the *terminal* capital-output ratio for the system at large, after the initially 'saved' factor has been brought back into utilization" (Hervorhebung im Original). Vgl. darüber hinaus Hagemann (1983), S. 276, der darauf hinweist, daß die übliche Klassifizierung der Wirkungen des technischen Fortschritts in engem Zusammenhang mit der quotalen Einkommensverteilung steht, die Lowe in seiner Untersuchung ausblendet.

[304] Vgl. Lowe (1976), S. 247: "[...] we shall speak of *vector-displacement (-attraction) whenever introduction of a nonneutral innovation reduces (raises) that input quantity of labor and/or capital that is technologically required to produce the original output quantity for a firm, industry, or sector*" (Hervorhebung im Original).

[305] Vgl. Lowe (1976), S. 248.

Tabelle 5.7: Klassifizierung des technischen Fortschritts nach Lowe

Innovationstypen	Wirkung der Innovationen auf		
	Kapital-koeffizient $v=\frac{K}{O}$	Kapitalintensität $k=\frac{F}{L}$	Arbeits-produktivität $y=\frac{O}{L}$
1. rein arbeitersetzend	0	+	+
2. rein kapitalersetzend	-	-	0
3. arbeit- und kapitalersetzend	-	+	+
4. arbeit- und kapitalersetzend	-	-	+
5. arbeitersetzend, kapitalanziehend	+	+	+
6. kapitalersetzend, arbeitsanziehend	-	-	-

Quelle: Lowe (1976), S. 248.

Von den sechs Kategorien sind die beiden ersten von größtem Interesse, da sich die Ergebnisse ihrer Analyse auf die weiteren vier Fälle übertragen lassen.[306] Im Vordergrund steht hierbei die Anpassung bzw. die Traverse an ein neues dynamisches Gleichgewicht, das durch das Auftreten einer nichtneutralen Innovation gestört wird und die Frage nach der Kompensation der freigesetzten Arbeitskräfte während der Traverse. Weder die Freisetzung noch die Möglichkeit zur Kompensation an sich ist fraglich, sondern lediglich der endogene Mechanismus, der die Kompensation in einer angemessen kurzen Frist ermöglicht. Lowe (1976, S. 250) merkt hierzu an:

> "This question is neither whether, as a rule, nonneutral innovations initially create unemployment (they do) nor whether, given sufficient time, compensation is possible (it certainly is). The question is whether a free market is endowed with a *systematic mechanism that assures compensation within the Marshallian short period*, thus precluding any secondary distortions that could upset dynamic equilibrium." [Hervorhebung im Original]

Wie der vorangegangene Abschnitt über die Frage der Freisetzung gezeigt hat, ist die Freisetzung an sich keineswegs so selbstverständlich, wie Lowe annimmt. Die zeitintensive Diffusion insbesondere von Basisinnovationen führt unter Umständen zu lange verzögerten Produktivitäts- und damit Freisetzungseffekten.[307]

---

[306] Vgl. Lowe (1976), S. 249.

[307] Vgl. Abschnitt 5.2.2. Dies gilt um so mehr, da sich Lowe in seiner Traversenanalyse auf die gleichen „diskontinuierlichen großen Innovationen" (Hagemann 1983, S. 279) bezieht, wie die Auseinandersetzung um das Produktivitätsparadoxon und der Diffusion von *General Purpose Technologies*.

Die Freisetzung eines Faktors wird im Loweschen Traversenmodell durch die beiden folgenden Maßgrößen ausgedrückt:

$$(5.34) \qquad \delta_{L_i} = \frac{L_{i_0} - L_{i_1}}{L_{i_0}} \qquad \text{und} \qquad \delta_{f_i} = \frac{f_{i_0} - f_{i_1}}{f_{i_0}},$$

wobei L_{i0} den Arbeitseinsatz im Sektor *i* vor Einführung der Innovation und L_{i1} jenen nach dem technischen Fortschritt bezeichnen sowie *f* mit den gleichen Indizes den jeweiligen Fixkapitaleinsatz darstellt. Die Variable δ läßt sich für $\delta < 0$ als Freisetzungsrate und für $\delta > 0$ als Anziehungsrate bezeichnen.[308]

Die Konzentration auf die beiden Fälle des rein arbeitersetzenden und rein kapitalersetzenden technischen Fortschritts eröffnet zusammen mit der Annahme der sektorspezifischen Innovationen in einem dreisektoralen Modell sechs Möglichkeiten der Verortung des technischen Fortschritts, wie sie in *Tabelle 5.8* dargestellt sind.[309] Die jeweils rein kapitalsparende bzw. arbeitsparende Innovation kann in jedem der drei Sektoren auftreten.

Tabelle 5.8: Verortung des technischen Fortschritts nach Lowe

Form der Innovation	Ort der Innovation Sektor 1 Primärkapitalgüter	 Sektor 2 Sekundärkapitalgüter	 Sektor 3 Konsumgüter
rein arbeitersetzend	*(1)*	*(2)*	*(3)*
rein kapitalersetzend	*(4)*	*(5)*	*(6)*

Quelle: in Anlehnung an Mettelsiefen/Barens (1987), S. 88.

Am einfachsten gelingt die Analyse des anfänglichen Effekts einer Innovation und der nachfolgenden, für die Kompensation notwendigen strukturellen Anpassungen für den Fall (3), in dem eine arbeitersetzende Innovation im Konsumgütersektor auftritt.[310] Ein Teil der Unternehmen im Sektor 3 sind dadurch in der Lage, den gleichbleibenden Konsumgüteroutput bei unverändertem gegebenem Kapitalstock mit geringerem Arbeitseinsatz zu erzeugen.[311] Daraus resultiert ei-

[308] Die Fälle drei und vier in *Tabelle 5.7* (arbeits- und kapitalersetzende Innovationen) unterscheiden sich lediglich durch die Größenverhältnisse der beiden Freisetzungsraten. Im Fall drei gilt $\delta_L > \delta_f$, während für Fall vier $\delta_L < \delta_f$ ist.

[309] Vgl. Lowe (1976), S. 256-265.

[310] Vgl. Lowe (1976), S. 256.

[311] Vgl. Lowe (1976), S. 256. Die Konstanz des Kapitalstocks bezieht sich auf seine Messung in Lohneinheiten. Der Effizienzgewinn wird ausgelöst durch eine effizientere Organisation des gegebenen physischen Kapitalstocks oder durch einen neuen Kapitalstock, der errichtet wurde, bevor der alte vollständig abgeschrieben war (vgl. Lowe 1976, S. 256).

ne Freisetzung von Arbeitskräften in den innovierenden Unternehmen.[312] In der Strukturanalyse werden konstante Konsumgüterpreise unterstellt.[313] Darüber hinaus läßt sich der Konsumgütersektor in zwei Subsysteme aufteilen, von denen der eine die innovierenden Unternehmen umfaßt und der andere die traditionell produzierenden Unternehmen. Wegen des Fixkoeffizientencharakters des Modells bedarf es für die Wiederbeschäftigung der freigesetzten Arbeitskräfte der Realkapitalbildung. Eine Teilkompensation ist dadurch möglich, daß ein Teil der Freigesetzten im Kapitalgütersektor zur Herstellung der zusätzlichen Maschinen (und der später erforderlichen Ersatzinvestitionen) im Kapitalgütersektor wiederbeschäftigt wird. Die Aufteilung des Konsumgütersektors in die zwei Subsysteme ist daher auf die Kapitalgütersektoren und damit die gesamte Ökonomie auszudehnen.[314] Die vollständige Kompensation kann aber nur dann gelingen, wenn auch im Konsumgütersektor freigesetzte Arbeitskräfte an zusätzlichen Maschinen wiederbeschäftigt werden. Ein neues Gleichgewicht ist nur dann möglich, wenn in allen Sektoren zusätzliches Realkapital via Nettoinvestitionen gebildet wird und die Freigesetzten sektoral umproportioniert werden.[315] Dabei bleibt die Kapitalintensität im Subsystem 2 sowie den kapitalgüterproduzierenden Unternehmen des Subsystem 1 konstant. Nur in den innovierenden Unternehmen des Konsumgütersektors steigt sie an. Die Entwicklung der sektoralen Realkapitalbestände ergibt sich demnach aus dem Produkt der sektoralen Kapitalintensitäten mit der neuen sektoralen Beschäftigtenzahl. Das Tempo der Kompensation ist an den Zeitbedarf für die Realkapitalbildung gebunden, so daß sie nur allmählich voranschreiten kann.[316] Die Traverse bei technischem Fortschritt im Konsumgütersektor weist eine starke Analogie zur Traverse bei einer einmaligen exogenen Erhöhung des Arbeitsangebots auf.[317]

In der Motoranalyse ergeben sich einige Unterschiede zur Strukturanalyse, da hier das Postulat der Konstanz der Konsumgüterpreise aufgehoben wird. Die

---

[312] Vgl. Lowe (1976), S. 257.

[313] Vgl. Hagemann (1983), S. 281, der darauf hinweist, daß eine derartige Annahme überaus spezifisch ist. Es ist durchaus möglich, daß die innovierenden Unternehmen die Outputpreise senken, um den Absatz zu erhöhen. Bei sinkenden Konsumgüterpreisen bewegt sich die Kompensation in die Gefilde der Kaufkraftkompensation, die aber an dieser Stelle in der Strukturanalyse ausgeblendet bleibt und in Abschnitt 5.5 gesondert behandelt wird.

[314] Vgl. Lowe (1976), S. 257. Subsystem 1 enthält demnach alle innovierenden Unternehmen des Konsumgütersektors sowie jene Unternehmen der Kapitalgütersektoren, die die direkten und indirekten Kapitalinputs für die innovierenden Unternehmen des Sektors 3 herstellen. Alle anderen Unternehmen gehören dem zweiten Subsystem an.

[315] Vgl. Lowe (1976), S. 257 und S. 258 sowie Hagemann (1983), S. 283.

[316] Vgl. Mettelsiefen/Barens (1987), S. 89.

[317] Vgl. Hagemann (1983), S. 284 sowie Hagemann (1992), S. 251, der eine ausführliche Darstellung dieser Traverse vornimmt (S. 243-247).

Effekte der technologisch bedingten Kostensenkungen aufgrund der effizienteren Produktionsmöglichkeit auf Preise, Profite, Konsum und Investitionstätigkeit führen zu drei Alternativen, die auch als aufeinanderfolgende Phasen der Traverse interpretiert werden können.[318]

1. Die anfängliche Konstanz des Konsumgüteroutputs und seines Preises, wie sie die Strukturanalyse unterstellt, führt zu einem Extraprofit bzw. Pioniergewinn der innovierenden Unternehmen, da sie kostengünstiger produzieren als die nichtinnovierenden Unternehmen. Nur bei einer vollständig investiven Verwendung der zusätzlichen Gewinne – wie es die von Lowe gewählte superklassische Sparhypothese unterstellt – ist eine Anpassung an ein neues Vollbeschäftigungsgleichgewicht mit einem graduellen Abbau der Arbeitslosigkeit möglich. Dies gilt jedoch nicht, wenn die Gewinne gehortet oder konsumiert werden statt gespart. Darüber hinaus dürfen für die vollständige Kompensation die Pioniergewinne nicht in weitere Kapitalgüter mit entsprechenden Effizienzsteigerungen investiert werden.
2. In der zweiten Phase ist die Konstanz des Outputs und der Preise nicht aufrecht zu erhalten. Aufgrund des temporären Monopols der Pionierfirmen werden sie ihren Absatz auf die gewinnmaximale Menge, bei der die Grenzerlöse den nun niedrigeren Grenzkosten entsprechen, ausdehnen. Der Preis des Konsumgutes sinkt entsprechend. Die Ausdehnung geht zu Lasten nichtinnovierender Unternehmen im Konsumgütersektor, deren Produktion und Beschäftigung sinkt. Das Problem der technologischen Arbeitslosigkeit wird vom ersten Subsystem in das zweite verlagert. Zwei Aspekte sind in diesem Zusammenhang wichtig. Zum einen bedarf es für das Szenario der Outputsteigerung der innovierenden Unternehmen bei Preissenkung einer Nachfrageelastizität, die größer als eins ist. Zum anderen ist die Absatzsteigerung der innovierenden Unternehmen an die Bildung von (Sekundär-) Kapital gebunden. Da aber der Produktionsrückgang der nicht innovierenden Konsumgüterproduzenten Sekundärkapital freisetzt, erleichtert dies den Anpassungsprozeß.
3. Aufgrund der Konkurrenzsituation zwischen den innovierenden und nicht innovierenden Unternehmen im Konsumgutsektor reduziert sich das temporäre Monopol der Pionierunternehmen. Die „generalization of technological change“ (Lowe 1976, S. 262) ist nichts anderes als die Diffusion der Innovation über den gesamten Konsumgütersektor. Die Konsumgüterpreise sinken auf das Niveau der durchschnittlichen Produktionskosten. Bei Vorliegen einer entsprechend hohen Preiselastizität der Nachfrage ist eine kompensierende Outputsteigerung im gesamten Konsumgütersektor möglich, die allerdings

[318] Vgl. Hagemann (1983), S. 284 und Mettelsiefen/Barens (1987), S. 89.

wieder an die entsprechende Bildung sekundärer Realkapitalgüter gebunden ist.

Sowohl die Strukturanalyse als auch die drei Phasen der Motoranalyse betonen die überaus hohe Relevanz der Realkapitalbildung und die damit verbundene zeitintensive Anpassung. Die Kompensation verläuft in diesem Fall graduell.[319] Das Aufzeigen dieser Zusammenhänge in der Traverse nach einem exogenen Innovationsstoß ist eine der Meriten der Traversenanalyse Lowes.

Doch neben diesem „*bottel neck*"[320] zeigt die Phase drei einen zweiten Engpaß auf, der entscheidenden Einfluß auf die Kompensationsgeschwindigkeit hat. Die Diffusion der Innovation ist nicht allein von der Realkapitalbildung abhängig, sondern, wie die Diskussion der Diffusionsmodelle in *Kapitel 3* und *4* gezeigt hat, insbesondere auch von den diffusionsspezifischen Variablen.[321] Im epidemischen Modell ist es die langsam voranschreitende Informationsausbreitung (über die Eigenschaften der Innovation), die die Ausbreitung der Innovation verlangsamt. Aber auch die unterschiedlichen Eigenschaften der Konsumgüterproduzenten (bezüglich ihrer Größe, Kostenstruktur, Erwartungen etc.), die in den *Probit*-Ansätzen für die zeitintensive Ausbreitung verantwortlich gemacht werden, sind geeignet, die Diffusion so stark zu verlangsamen, daß die Kompensation während der Traverse verzögert wird. Insbesondere während der zweiten Phase der Monopolbildung im Konsumgütersektor sind die spieltheoretischen Diffusionsaspekte nicht zu vernachlässigen, nach denen die Ausbreitung aufgrund des strategischen Verhaltens der Akteure erheblich verzögert wird. Auch die externen und internen Lerneffekte, die innovierende Unternehmen zur Beherrschung der neuen Produktionstechnik durchlaufen müssen, tragen zur Erklärung einer möglicherweise zeitintensiven Diffusion in der dritten Phase der Traverse bei. Netzwerkexternalitäten, Komplementaritäten der neuen sekundären Kapitalgüter sowie die daraus resultierenden kritischen Massen sind weitere Einflußgrößen, die in der Traversenanalyse unberücksichtigt bleiben. Sie tragen dennoch dazu bei, daß die Zeitspanne der Diffusion die der Realkapitalbildung übertrifft.

Hinsichtlich der Erwartungsbildung basiert Lowes Dynamik auf der Annahme von „*appropriate expectations*".[322] Für die Diffusion entscheidend sind zum ei-

[319] Vgl. Lowe (1976), S. 262f.
[320] Hagemann/Gehrke (1996), S. 158.
[321] Vgl. hierzu auch die Ausführungen zur diffusionstheoretischen Betrachtung des neoösterreichischen Traversenmodells im vorangegangenen Abschnitt.
[322] Lowe (1976), S. 261, die Erwartungen beziehen sich auf die Preiserwartungen der Unternehmen (vgl. Lowe 1976, S. 67-69). Die zentrale Bedeutung der Preiserwartungen bei einer exogenen Erhöhung des Arbeitsangebotes, deren Traverse ganz ähnlich zum hier dis-

nen die Preiserwartungen. Im Gegensatz zur Analyse von Lowe beziehen sie sich sowohl auf die Installations- bzw. Investitionskosten als auch auf die Produktionskosten (-ersparnis) der Innovation. Von den Investitionskosten abstrahiert Lowe völlig. Erwarten die Unternehmer aber, daß mit zunehmenden Lerneffekten die Installationskosten sinken, kommt es unter Umständen zu einer verzögerten Diffusion, wenn die potentiellen Anwender abwarten, um die Kosten der Übernahme zu senken oder die Unsicherheit abzubauen.[323] Zum anderen kennt die Diffusionstheorie technologische Erwartungen, die sich auf die weitere Entwicklung nachfolgender Innovationen beziehen.[324] In einem solchen Fall ist es durchaus möglich, daß sich die Übernahme der Innovation stark verzögert oder überhaupt nicht vollständig vollzogen wird, und zwar trotz des in der dritten Phase der Traverse wirkenden Konkurrenzdrucks, weil in naher Zukunft eine weitere Innovation erwartet wird und die aktuelle Verbesserung auf diese Weise übersprungen werden kann.[325]

Aus Sicht der Diffusionstheorie wird die möglichst schnelle Kompensation freigesetzter Arbeitskräfte aufgrund von Prozeßinnovationen im Konsumgütersektor durch zwei Engpässe behindert: Zum einen existiert die zeitintensive Herstellung von Fixkapitalgütern, wie sie in der Analyse von Lowe herausgearbeitet wird und in allen drei Phasen der Traverse zur Geltung kommt. Zum anderen wirkt aber auch die zeitintensive Diffusion der Innovation in der letzten Phase der Traverse. Wenn die Ausbreitung das retardierende Element der Kompensation darstellt, dann lautet bei Lowe – anders als in der Hicksschen Traversenanalyse – die wirtschaftspolitische Implikation, daß eine schnelle Diffusion die Phase der technologischen Arbeitslosigkeit verkürzen kann.

Ähnlich gestaltet sich die Situation, wenn im Fall (2) der *Tabelle 5.8* rein arbeitersetzende Prozeßinnovationen im Sekundärkapitalgütersektor auftreten. Als einziger, aber entscheidender Unterschied entstehen Sekundäreffekte des technischen Fortschritts im Konsumgütersektor, der den (gesamten) Output des zwei-

kutierten Fall des technischen Fortschritts im Konsumgütersektor ist, beschreibt Hagemann (1992, S. 245): „[...] we can see the *significance of a functioning price mechanism* which is anything but a mechanical tool. Which signals should cause investors to expand capacity in sector 1 at a time when a decreasing consumption demand is the precondition for liberation of capacity in sector 2?" (Hervorhebung im Original).

[323] Vgl. Abschnitt 3.1.3.3

[324] Lowe (1976, S. 260) erkennt die Möglichkeit fortlaufender Innovationen im Konsumgütersektor, mißt ihr aber keine große Bedeutung zu: „If we were to assume a steady sequence of labor-displacing innovations in the consumer-good sector (not a very realistic assumption) [...]".

[325] Vor allem Schumpeter (1993, S. 161), Rosenberg (1976, S. 524) und Balcer/Lippman (1984) haben diese Überlegung entwickelt. Vgl. auch Abschnitt 3.3.

ten Sektors als Input benötigt.[326] Diese Effekte lassen sich anhand des Rückgriffs auf die dreiphasige Traverse analysieren. Die Innovation führt zunächst zu einer Freisetzung von Arbeitskräften und der Bildung von Pioniergewinnen in den innovierenden Unternehmen des Sektors 2. Outputmenge und Preis des Kapitalgutes bleiben während dieser ersten Phase konstant. Werden die Extraprofite investiert, läßt sich in der zweiten Phase die Kapitalgüterproduktion der innovierenden Unternehmen des Sektors 2 bei sinkenden Absatzpreisen in dem Maße ausdehnen, wie das notwendige zusätzliche Realkapital gebildet wird. Über den weiteren Verlauf der Kompensation und das Ausmaß sekundärer Effekte im Konsumgütersektor entscheidet die Nachfrageelastizität nach Konsumgütern.[327] Führt sie zu einer konstanten Nachfrage der Konsumgutproduzenten nach sekundären Kapitalgütern des Sektors 2, tritt im sekundären Kapitalgutsektor ein Verdrängungswettbewerb ein, der zu einer indirekten Arbeitsfreisetzung in den nichtinnovierenden Unternehmen des Sektors führt. Es ist aber auch denkbar, daß aufgrund der steigenden Nachfrage nach Konsumgütern (bei entsprechender Preissenkung aufgrund der Kostenersparnis beim Kapitalinput ihrer Herstellung) die Nachfrage nach sekundären Kapitalgütern wegen ihrer Preissenkung durch die Konsumgutproduzenten ansteigt. Im Verlauf der dritten Phase führt die Diffusion der Innovation im Sektor 2 zum neuen Gleichgewicht, in dem die Konsumgüterpreise entsprechend der Preissenkung für das sekundäre Kapitalgut gesunken sind. Am Postulat der Realkapitalbildung ändert sich durch den Sekundäreffekt nichts.[328]

Tritt der arbeitersetzende technische Fortschritt im Primärkapitalgütersektor 1 auf (Fall (1) der *Tabelle 5.8*), ist die Besonderheit des Sektors als Basissektor zu berücksichtigen.[329] Sein Output geht nicht nur als Input in Sektor 2, sondern auch an ihn selbst. Der Sekundäreffekt breitet sich daher im gesamten Sektor und nicht nur im Subsystem 1 aus. Da die Primärkapitalgüter effizienter hergestellt werden können und spätestens in Phase 2 der Traverse ihre Preise sinken, lassen sich auch die Sekundärkapitalgüter und schließlich die Konsumgüter kostengünstiger herstellen. Der Sekundäreffekt breitet sich über alle drei Sektoren aus. Dennoch bedarf es auch hier der Realkapitalbildung, um die durch die In-

326 Vgl. Lowe (1976), S. 263.

327 Vgl. Lowe (1976), S. 265, Hagemann (1983), S. 285 und Mettelsiefen (1987), S. 90. Auch die Nachfrage nach Kapitalgütern ist letztlich von der Endnachfrage determiniert.

328 Für eine erfolgreiche Kompensation gilt, daß nicht nur die Pioniergewinne, sondern auch die durch Preissenkungen ermöglichten Konsumentenrenten gespart und investiert werden müssen: „The technological profits have been transformed into additional purchasing power on the part of the buyers of the cheapened output, and compensation is conditional on the temporary saving and investing of consumers' gains." (Lowe 1976), S. 264.

329 Vgl. Lowe (1976), S. 264.

novation freigesetzten Arbeitskräfte vollständig zu kompensieren und über die drei Sektoren umzuproportionieren.

Schließlich ist noch kurz auf den rein kapitalersetzenden technischen Fortschritt einzugehen. Tritt er im Konsumgütersektor auf (Fall 6), kommt es zunächst zu einer Freisetzung von Maschinen, die verschrottet werden und daher aus dem Produktionsprozeß ausscheiden.[330] Zwei Sekundäreffekte führen aber dazu, daß kapitalersetzende Innovationen zum Paradoxon führen, daß indirekt Arbeitskräfte freigesetzt werden und ein Kompensationsproblem entsteht.[331] Zum einen kommt es analog zur Phase 2 der Traverse bei rein arbeitersetzendem technischen Fortschritt im Konsumgütersektor zur Ausdehnung der Produktion bei den Pionierunternehmen zu Lasten der nichtinnovierenden Unternehmen, die nicht nur Maschinen, sondern auch Arbeitskräfte freisetzen. Darüber hinaus ist zu beachten, daß Kapital im Gegensatz zu Arbeit nicht nur ein Input im Konsumgütersektor darstellt, sondern gleichzeitig Output der beiden Kapitalgütersektoren ist. Kapitalersetzende Innovationen führen folglich zu einer Outputreduktion in Sektor 1 und 2 mit entsprechender sekundärer Freisetzung von Arbeitskräften, ohne daß dort technischer Fortschritt aufgetreten wäre.[332] Ein grundlegender Unterschied in der Kompensation zum rein arbeitersetzenden technischen Fortschritt ist aber darin zu verzeichnen, daß für die Kompensation der freigesetzten Arbeitskräfte nicht zwingend zusätzliches Realkapital gebildet werden muß, da freigesetzte Maschinen in den Kapitalgütersektoren zur Verfügung stehen. Das Problem der Realkapitalbildung als *conditio sine qua non* wird dadurch entscheidend entschärft.[333] Nicht aber entschärft ist der zweite Engpaß für eine schnelle Kompensation der Arbeitsfreisetzung in Form der zeitintensiven Diffusion. Die oben aufgeführten Möglichkeiten der Verlangsamung des Kompensationsprozesses bleiben daher auch für die indirekte Arbeitsfreisetzung bei rein kapitalsparendem technischen Fortschritt vollständig gültig. Für die Fälle (4)

---

[330] Vgl. Hagemann (1983), S. 266. Allerdings besteht das Problem der „capital transmutation", wie Lowe (1976), S. 266 es nennt. Eine Innovation, auch eine kapitalersetzende, setzt im Regelfall die Anschaffung neuer Maschinen voraus. Eine Transmutation des gesamten Kapitalstocks in einer Periode ist daher unmöglich. Die laufende Abschreibung des bestehenden Kapitalstocks ermöglicht hingegen die graduelle Veränderung der alten Maschinen in neue. Damit beschreibt Lowe die klassische zeitintensive Diffusion einer neuen Technologie, wie sie auch in der Jahrgangskapitaltheorie (vgl. Abschnitt 4.1) hergeleitet wird.

[331] Vgl. Lowe (1976), S. 266f. und Mettelsiefen/Barens (1987), S. 91.

[332] Vgl. Hagemann (1983), S. 287.

[333] Für Lowe (1976, S. 270) ist es der Regelfall, daß bei kapitalfreisetzenden Innovationen im Konsumgütersektor die freigesetzten Arbeitskräfte vollständig an den freigesetzten Maschinen wiederbeschäftigt werden können, so daß keine Nettoinvestitionen zur Kompensation notwendig sind. Die Kompensation der indirekt bzw. sekundär freigesetzten Arbeitskräfte erfolgt entlang der oben gezeichneten Traversen.

und (5) ist zu konstatieren, daß sich die Sekundäreffekte im Falle der rein kapitalersetzenden Innovationen im Sektor 2 (Fall (5)) auf den Sektor 1 beschränken und die indirekte Freisetzung dementsprechend geringer ausfällt. Bei rein kapitalersetzenden Innovationen im Sektor 1 entfallen sie gänzlich.

5.4.3 Exkurs: Die Maschinenherstellung in der Input-Output-Analyse

Wird der zirkuläre Charakter der Traversenanalyse von Lowe, der in der Darstellung „technologischer Beschäftigungseffekte im Kontext von Lieferanten- und Abnehmerbeziehungen"[334] zum Ausdruck kommt, konsequent weiterentwickelt, führt dies unweigerlich zur Input-Output-Analyse, in der die horizontalen Verflechtungen sektoraler Produktionsprozesse und Güterströme untersucht werden.[335] Daher werden in diesem Abschnitt die Freisetzungs- und Kompensationswirkungen, vor allem aufgrund der Maschinenherstellung, im Rahmen der Input-Output-Analyse vorgestellt. Dies bietet sich auch deshalb an, weil die Input-Output-Analyse ein Instrument ist, mit der die sektorale Ausbreitung des technischen Fortschritts betrachtet wird. Dieser Aspekt wird in Abschnitt 4.2 ausführlich diskutiert. Dort werden auch die Grundlagen der Input-Output-Analyse sowie die Konzepte zur Erfassung des technischen Fortschritts erörtert.

Bevor jedoch im übernächsten Abschnitt auf die Untersuchung der Beschäftigungswirkungen des technischen Fortschritts in der modernen Input-Output-Analyse eingegangen wird, untersucht der folgende Abschnitt die Arbeit von Alfred Kähler (1933), einem Vorläufer der Input-Output-Analyse, der nicht nur aus inhaltlichen und methodischen Gründen seinen Platz in diesem Abschnitt findet, sondern auch aus theoriegeschichtlichen Aspekten, da er wie Adolph Lowe ein maßgeblicher Vertreter der „Kieler Schule" ist.

5.4.3.1 Die Maschinenherstellung in Kählers „Gesamtumschlagsschemata"

Alfred Kähler formulierte seine Gedanken zur Freisetzungs- und Kompensationsdebatte in seiner Dissertation *Die Theorie der Arbeiterfreisetzung durch die Maschine* im Jahre 1933.[336] Ebenso wie Hicks und Lowe in ihrer Traversenanalyse begreift auch Kähler die Kompensationsproblematik als zeit- und kostenintensiven Übergangsprozeß, der entschei-

[334] Mettelsiefen/Barens (1987), S. 92.

[335] Vgl. Abschnitt 4.2 für die Darstellung des technischen Fortschritts in Input-Output-Analysen.

[336] Betreut wurde diese Arbeit von Adolph Lowe.

dend von der (Real-) Kapitalakkumulation abhängt. Er ist, wie alle Vertreter der „Kieler Schule“, in hohem Maße von der Freisetzungs- und Kompensationsdebatte der klassischen Politischen Ökonomie geprägt, insbesondere von Ricardo und Marx. Darüber hinaus bildet der österreichische kapitaltheoretische Ansatz von Böhm-Bawerk ein wichtiges Fundament.[337] Kähler entwickelt ein „Gesamtumschlagsschema“ als Analyseinstrument, das sowohl die Umschlagsvorgänge (d.h. die Lieferverflechtungen) als auch den (Fix-) Kapitalstock enthält und linear-limitationale Produktionsprozesse sowie konstante Skalenerträge aufweist.[338] Es läßt sich als geschlossenes Input-Ouput-Modell Leontiefscher Prägung auffassen, in der die intersektoralen Verflechtungen zwischen acht Sektoren mittels Inputkoeffizienten, einem Endnachfragevektor sowie einem Arbeitsinputvektor dargestellt sind.[339] Sektoraler technischer Fortschritt führt demnach zu einer Senkung der Produktionskosten.[340] Sie lassen sich als direkte Faktoreinsparung im betreffenden Sektor begreifen und als eine Reduktion des entsprechenden Inputkoeffizienten darstellen. Anhand der vier Variablen Kapitalbestandsmenge, Kapitalumschlagsmenge, Kapitalumschlagszeit und Arbeitsmenge klassifiziert Kähler 27 Arten des technischen Fortschritts.[341] Wird die Klassifikation auf die Variablen Kapitalbestand und Arbeitsmenge reduziert, erhält man eine stark an Lowe (1976) erinnernde Einteilung.[342] Insbesondere drei Formen des technischen Fortschritts sind indes interessant und werden, auch von Kähler, genauer betrachtet:

- arbeitsparender, kapitalerfordernder technischer Fortschritt,
- arbeit- und kapitalsparender technischer Fortschritt und
- direkt arbeitsparender technischer Fortschritt.

Für den ersten Fall einer arbeitsparenden, kapitalerfordernden Innovation in einem Sektor ist eine Kompensation im gleichen Sektor nur dann möglich, wenn entsprechend des gesunkenen Arbeitsinputs die Nachfrage nach dem sektoralen Output in dem Maße steigt, daß alle freigesetzten Arbeitskräfte wiederbeschäftigt werden können. In anderen Sektoren wird die Freisetzung dann kompensiert, wenn die Endnachfrage steigt. Dafür ist aber eine Umproportionierung der Arbeitskräfte auf alle anderen Sektoren gemäß ihrer Inputkoeffizienten erforder-

[337] Vgl. Kähler (1933), S. 57 und Mettelsiefen (1983), S. 205f.
[338] Vgl. Kähler (1933), S. 81 und Mettelsiefen (1983), S. 216.
[339] Vgl. Hagemann/Kalmbach (1983), S. 24 und Mettelsiefen (1983), S. 212
[340] Vgl. Kähler (1933), S. 97.
[341] Für eine tabellarische Übersicht über die verschiedenen Formen des technischen Fortschritts vgl. Kähler (1933), S. 104.
[342] Vgl. Mettelsiefen, S. 218. In Tabelle 5.7 ist die Lowesche Klassifikation des technischen Fortschritts abgebildet.

lich.[343] Im zweiten Fall des arbeit- und kapitalsparenden technischen Fortschritts in einem Sektor bedarf es der Bildung von Realkapital in anderen Sektoren, wenn dort die Kompensation der Freisetzung stattfindet.[344] Unproblematisch ist ein derartiges Szenario nur dann, wenn der zusätzliche Kapitalbedarf für die Kompensation (berechnet als Produkt aus der Zahl der freigesetzten Arbeiter mit der sektoralen Kapitalintensität der kompensierenden Sektoren) geringer (oder gleich) groß ist als die Kapitaleinsparung im innovierenden Sektor durch den ursprünglichen Innovationsstoß. Dazu bedarf es der Restriktion, daß die Kapitaleinsparung ebenso groß ist wie die Arbeitseinsparung des technischen Fortschritts und darüber hinaus die Kapitalintensitäten im freisetzenden Sektor mit der der kompensierenden Sektoren übereinstimmen.[345]

Der dritte Fall des arbeitsparenden technischen Fortschritts nimmt in Kählers Gesamtumschlagsschema eine zentrale Stellung ein und dient der „eigentlichen systematischen Abhandlung der Freisetzungs- und Kompensationsprozesse."[346] Ausgangspunkt ist eine kapitalintensivierende Innovation, die zugleich eine produktionssteigernde Wirkung aufweist.[347] Die Freisetzungs- und Kompensationsprozesse sind zeitintensiv und lassen sich in vier Phasen aufteilen.[348] In der ersten Phase nach der Einführung der Innovation setzt die Arbeitsfreisetzung ein, wobei sich zwischen der direkten Freisetzung durch den Anstieg der Kapitalintensität im innovierenden Sektor und der indirekten Freisetzung in den nichtinnovierenden, aufgrund ihrer nun höheren Kapitalintensität schrumpfenden Sektoren unterscheiden läßt. In der zweiten Phase kommt es zur Kompensation der Freisetzung durch zunehmende Kapitalakkumulation.[349] Da annahmegemäß nur Extraprofite aus der Übernahme von Innovationen zur zusätzlichen Kapitalak-

---

[343] Vgl. Kähler (1933), S. 91. Die Umproportionierung erinnert stark an den gleichen Vorgang in Lowes dreisektoralem Modell während der Traverse aufgrund technischen Fortschritts (vgl. Abschnitt 5.4.2.2). Die Kompensation im ersten Fall des technischen Fortschritts in der Analyse Kählers orientiert sich stark an der kreislauftheoretischen Argumentation des Kaufkraftkompensationstheorems (vgl. Mettelsiefen 1983, S. 223). Eine Kompensation aufgrund der Maschinenherstellung (und dieses Argument steht in diesem Abschnitt im Vordergrund) findet nicht statt.

[344] Vgl. Kähler (1933), S. 99.

[345] Vgl. Mettelsiefen/Barens (1987), S. 111.

[346] Kähler (1933), S. 109.

[347] Für die Freisetzung spielt der Produktivitätsanstieg für Kähler keine Rolle, da das Ausmaß der Freisetzung allein vom Anstieg der Kapitalintensität abhängt (vgl. Kähler 1933, S. 117).

[348] Hier zeigt sich, daß Kähler nicht nur eine Vorläuferversion der Input-Output-Analyse entwickelt hat, sondern auch eine erste, einfache Form der Traversenanalyse liefert (vgl. Mettelsiefen 1983, S. 233).

[349] Kähler unterstellt hier eine proportionale Kapitalakkumulation aller Sektoren entsprechend der durchschnittlichen Kapitalintensität. Vgl. Mettelsiefen (1983), S. 238.

kumulation zur Verfügung stehen, bedarf es für die vollständige Kompensation sehr langer Zeiträume. In der vierten Phase schließlich geht die Volkswirtschaft in ein neues stationäres Gleichgewicht über, in dem sich die Inputkoeffizienten aller Sektoren den neuen technischen Gegebenheiten anpassen. Ebenso wie in der Traversenanalyse deutlich geworden ist, bedarf es auch im Vorläufer der Input-Output-Modelle der zeit- und kostenintensiven Bildung von Realkapital zur Kompensation der primären und sekundären Freisetzungseffekte des technischen Fortschritts, zumindest dann, wenn nicht der Spezialfall des proportional arbeit- und kapitalsparenden technischen Fortschritts bei intersektoral identischen Kapitalintensitäten vorliegt.

5.4.3.2 Die Maschinenherstellung in der modernen Input-Output-Analyse

Für die Quantifizierung der Beschäftigungswirkungen in Input-Output-Modellen wird das in Abschnitt 4.2.1.1 vorgestellte statische offene Mengenmodell um die Beschäftigung erweitert. Für heterogene Arbeit wird die mit Gleichung (4.26) identische Gleichung (5.35) mit einer Matrix **L** kombiniert, wenn in jedem der *n* Sektoren jeweils unterschiedliche Qualifikationen eingesetzt werden bzw. mit dem Vektor **l** (als Diagonalmatrix der Arbeitskoeffizienten) multipliziert, wenn homogene Arbeit zugrunde gelegt wird. Ergebnis ist der gesamtwirtschaftliche Arbeitsbedarf **e**:

$$(5.35) \qquad \mathbf{e} = \mathbf{L}(\mathbf{I} - \mathbf{A})^{-1}\mathbf{y} \quad \text{bzw.} \quad \mathbf{e} = \mathbf{l}(\mathbf{I} - \mathbf{A})^{-1}\mathbf{y}$$

Zum zweiten läßt sich das offene Mengenmodell dynamisieren, in dem eine Matrix **K** die Kapitalinputs in jedem Sektor sowie den Kapazitätseffekt der Investitionen (durch Zeitindexierung aller Größen) erfaßt. Bei Aufteilung der Matrix **K** in eine Erweiterungsinvestitionskomponente **B** und eine Ersatzinvestitionskomponente **R** ergibt sich folgendes dynamisches Mengenmodell:[350]

$$(5.36) \qquad \mathbf{x}_t = \mathbf{A}_t\mathbf{x}_t + \mathbf{R}_t\mathbf{x}_t + \mathbf{B}_{t+1}(\mathbf{x}_{t+1} - \mathbf{x}_t) + \mathbf{y}_t$$

Zwei Einsatzfelder für die Input-Output-Analyse bieten sich für die Analyse der Beschäftigungswirkungen des technischen Fortschritts an.[351]

[350] Vgl. Mettelsiefen/Barens (1987), S. 114 und Edler *et al* (1989), S. 326. Der Endnachfragevektor **y** enthält nun nur noch die Konsumgüternachfrage. Eine ausführliche Herleitung des dynamischen Modells liefern Leontief/Duchin (1986), Appendix A.

[351] Vgl. Mettelsiefen/Barens (1987), S. 114ff.

- Die hypothetische Freisetzungsberechnung, wie sie in Abschnitt 5.2.1 vorgestellt wurde, läßt sich mit Hilfe der Input-Output-Analyse sektoral disaggregieren. Neben dem zusätzlichen Erkenntnisgewinn, daß die Freisetzung von technischem Fortschritt nicht im Sektor auftreten muß, in dem er eingesetzt wurde[352], ergeben sich zusätzliche Probleme. So geben die Koeffizienten empirisch ermittelter Input-Output-Tabellen keineswegs die *best practice*-Technologie wieder, sondern allenfalls den sektoralen Durchschnitt der eingesetzten Produktionstechniken.[353] Darüber hinaus hat sich oben in Abschnitt 5.2.1 gezeigt, daß die Gleichsetzung der Inputkoeffizienten und deren Veränderung mit technischem Fortschritt fragwürdig und mit erheblichen Problemen verbunden ist. Die Zerlegung der Veränderung der Beschäftigung, wie sie in zwei Input-Output-Tabellen zu unterschiedlichen Zeitpunkten festgestellt wird, in ihre einzelnen Komponenten (Nachfrage-, Arbeitszeitkomponente, Veränderung der Input-Koeffizienten sowie der Arbeitskoeffizienten), unterliegt der gleichen Kritik wie die Komponentenzerlegung des technischen Fortschritts, namentlich die Behandlung des *Joint*-Effektes.[354] Die Quantifizierung einzelner Kompensationsmechanismen über die hypothetische Freisetzungsberechnung hinaus ist in Input-Ouput-Modellen zwar theoretisch möglich, die Schwierigkeiten ergeben sich jedoch aus der Endogenisierung der einzelnen Größen wie privater Konsum, Investitionen, Exporte etc. in der Praxis.[355] Es gilt daher immer noch die Aussage Kalmbachs:

> „Als eigentliches Problem bleibt damit die empirische Umsetzung eines solchen Ansatzes."[356]

- An dieser Kritik knüpft die zweite Einsatzmöglichkeit der Input-Output-Modelle an, bei der mit ökonometrischen Prognosen und Simulationen der zukünftigen Nachfrage-, Investitions-, Beschäftigungs-, und Diffusionsentwicklungen sowie der Veränderung der Arbeits- und/oder der Inputkoeffizienten gearbeitet wird. Entwickelt und erstmals angewendet wurde dieser Ansatz von Wassily Leontief und Faye Dutchin (1986), die eine empirische Input-Output-Tabelle der Vereinigten Staaten als Ausgangspunkt mit der Projektion verschiedener Entwicklungspfade der künftigen zunehmenden Automation, d.h. mit der zunehmenden Ausbreitung der Informations- und

---

352 Diese Erkenntnis wurde schon von Marx (1968) formuliert. Vgl. Kalmbach (1986), S. 5.

353 Vgl. Kalmbach (1986), S. 8. Das Diffusionsmodell von Iwai (1984) zeigt eindrücklich, warum die durchschnittliche Produktionstechnik erheblich von der *best practice* Technik abweicht. Vgl. Abschnitt 3.1.5.2.

354 Vgl. Abschnitt 4.2.1.2.

355 Die für das Maschinenherstellungsargument wichtigen Investitionen lassen sich, wie oben gezeigt, durch eine Dynamisierung des statischen Modells endogenisieren.

356 Kalmbach (1986), S. 20

Kommunikationstechnologien, verbinden. Prognosen werden in diesem Modell bis zum Jahre 2000 gestellt. Hierzu werden drei Szenarien mit einem Referenzpfad bzw. -szenario verglichen, der keinen weiteren technischen Fortschritt unterstellt.[357] Die Szenarien unterscheiden sich im wesentlichen im Hinblick auf die Rate des technischen Fortschritts sowie auf die Diffusionsgeschwindigkeit der Innovationen.[358] Auf diese Weise wird versucht, auf Basis der existierenden Vorleistungs- und Güterstromverflechtung der U.S.-amerikanischen Volkswirtschaft die zukünftigen Beschäftigungswirkungen der Informations- und Kommunikationstechnologien, im Sprachgebrauch der frühen 1980er Jahre als „Automation" bezeichnet, abzuschätzen. Auf der Basis eines ähnlichen dynamischen Input-Output-Modells wurden im Rahmen der Metastudie *Arbeitsmarktwirkungen moderner Technologien* die Beschäftigungswirkungen des zunehmenden Einsatzes von Industrierobotern analysiert.[359] Ein Vorteil dieser Studie ist der Versuch der relativ exakten Bestimmung des Diffusionsverlaufs der untersuchten Prozeßinnovation.

Der Vorteil der dynamischen Input-Output-Analyse liegt in ihrer Fähigkeit, die sektoralen Verflechtungen, die Güter- und Kapitalströme sowie die Kapital- und Arbeitskoeffizienten einer Volkswirtschaft nachzuzeichnen. Diese Modellierung ermöglicht eine umfassende Analyse und Bewertung von Beschäftigungseffekten in *allen* Sektoren, die durch Innovationen verursacht werden. Als Nachteil erweisen sich hingegen die Schwierigkeiten, für Prognosen die zukünftige Entwicklung des technischen Fortschritts und der Diffusionsgeschwindigkeit von Innovationen zu erfassen. Verschiedene Szenarien sollen Korridore abgrenzen, innerhalb derer die wahrscheinliche Entwicklung verläuft.[360] Mit Hilfe der Evaluierung jener Determinanten, die in der Diffusionstheorie als verantwortlich für die Diffusionsgeschwindigkeit identifiziert werden, lassen sich solche Korridore präzisieren.[361] Darüber hinaus hat die Hypothese der sektoralen Ausbreitung des technischen Fortschritts von Christian deBresson (1991) gezeigt, daß sich Innovationen auf prognostizierbaren intersektoralen Diffusionswegen ausbreiten.[362] Danach werden von den Unternehmen und Haushalten in den verschiedenen Sektoren unterschiedliche Anforderungen an die Innovationen gestellt. So ist es

[357] Vgl. Leontief/Duchin (1986), S. 7ff.

[358] Vgl. Leontief/Duchin (1986), S. 10.

[359] Vgl. Edler *et al.* (1989) und Edler (1989). Eine ähnliche Studie zu den Beschäftigungswirkungen programmgesteuerter Arbeitsmittel im Rahmen der Input-Output-Analyse liegt von Kalmbach/Kurz (1992) vor.

[360] Vgl. Kalmbach/Kurz (1992), S. 40.

[361] Vgl. *Kapitel 3 und 4* sowie insbesondere die zusammenfassende Würdigung der mikroökonomisch orientierten Diffusionstheorie in Abschnitt 3.3.

[362] Vgl. Abschnitt 4.2.3 für eine detaillierte Darstellung dieser intersektoralen Diffusionshypothese.

wahrscheinlich, daß Innovationen im Demonstrationssektor (Grundlagenforschung, Militär etc.) zum ersten Mal angewendet werden, da dort ausschließlich die *technische Machbarkeit* gezeigt werden soll. Für den Werkzeugmaschinensektor muß die Neuerung darüber hinaus *technisch effizient* und den bisherigen Produktionstechniken überlegen sein. Im Maschinenbausektor wird die Innovation hingegen nur dann übernommen, wenn ihre *langfristige ökonomische Überlegenheit* garantiert ist, auch wenn kurzfristig die Übernahme nicht profitabel erscheint. Die Unternehmen des Verarbeitenden Gewerbes beurteilen häufig die *ökonomische Effizienz*, indem sie die variablen und fixen Kosten der Neuerung den variablen Kosten gegenüberstellen. Schließlich ist häufig die *Kompatibilität* der Innovation mit den etablierten Technologien entscheidend für die Übernahme. Dies gilt insbesondere für die Sektoren Energie, Transport und Kommunikation. Für die Konsumgüterindustrie ist die Innovation dann profitabel, wenn sie nicht nur langfristig, sondern auch *kurzfristig* den existierenden Technologien *ökonomisch überlegen* ist. Wird unterstellt, daß Innovationen im Zeitablauf inkrementellen Verbesserungen unterliegen, sind wahrscheinliche Diffusionswege entlang der aufgezählten Sektoren zu erwarten, da die Innovation aufgrund ihrer Verbesserung nach und nach die Anforderungen der Sektoren erfüllt. In den ersten Sektoren, in denen die Innovation Eingang findet, überwiegen technische Aspekte bezüglich der Eigenschaft der Neuerung. In den nachfolgenden Sektoren rückt immer mehr die ökonomische Vorteilhaftigkeit als Übernahmekriterium in den Vordergrund. Diese Hypothese ist hilfreich, um die möglichen Veränderungen aufgrund des technischen Fortschritts in Input-Output-Tabellen abzuschätzen, indem die Szenarien nicht nur um die Diffusionsgeschwindigkeit, sondern auch um die sektorale Ausbreitung der Innovation erweitert werden.

5.4.4 Zusammenfassung

Das Maschinenherstellungsargument basiert auf der Notwendigkeit, Realkapital in Form neuer Maschinen zu bilden, wenn kapitalgebundene Prozeßinnovationen eingeführt werden. Auch wenn die Maschinen aufgrund ihrer höheren Produktivität und Effektivität Arbeitskräfte freisetzen, müssen sie doch unter Einsatz von Arbeit hergestellt werden. Diese Überlegung eröffnet einen Kompensationsmechanismus, der schon in der klassischen Politischen Ökonomie erkannt wurde. Kritiker dieser These, daß durch die Herstellung solcher Maschinen, die Arbeitskräfte freisetzen, eine (evtl. sogar vollständige) Kompensation möglich sei, wenden ein, daß erstens eine vollständige Kompensation nicht möglich sei, da ansonsten die Innovation aufgrund mangelnder Arbeitseinsparung insgesamt gar nicht eingeführt würde, daß zweitens die Kompensation *vor* der Freisetzung liege, wenn der historische Zeitablauf betrachtet wird, und daß drittens schließlich die Herstellung einige wenige Perioden, die Nutzung aber viele Zeitperioden anhält. Daher sei eine Kompensation nur bei zunehmender Wachstumsrate der Kapitalakkumulation möglich.

Aus Sicht der Diffusionstheorie zeigt sich aber, daß die Ausbreitung ein gradueller Vorgang ist, der lange Zeiträume umfassen kann. Eine in historischer Zeit *parallele* Nutzung und Herstellung von Prozeßinnovationen ist daher durchaus vorstellbar. Gestützt wird diese Sichtweise durch die Traversenanalyse, deren explizites Erkenntnisziel es ist, nach einer Prozeßinnovation den zeit- und kostenintensiven Übergang von einem Gleichgewicht zum nächsten zu beschreiben. Die Traversenanalyse bestätigt den diffusionstheoretischen Einwand, daß Herstellung und Nutzung von Maschinen parallel verlaufen können. Die aus der Freisetzung resultierende technologische Arbeitslosigkeit ist im allgemeinen temporär und wird durch die Bildung von Realkapital sukzessive abgebaut. Darüber hinaus hat sich im neoösterreichischen Traversenmodell gezeigt, daß die Kompensation auch von der Dauer der Konstruktionsphase, die erheblichen Einfluß auf die Diffusionsgeschwindigkeit der Innovation besitzt, abhängt. Die Verkürzung der Konstruktionsphase führt zu einer starken erratischen Schwankung des Outputs, während die Verlängerung der Konstruktionsphase unter Umständen sekundäre Arbeitslosigkeit induziert. Auch in der neuklassischen Traversenanalyse zeigt sich ein zentraler Einfluß der Diffusionsgeschwindigkeit. Wird das Modell aus diffusionstheoretischer Sicht betrachtet, hängt der graduelle Abbau der temporären technologischen Arbeitslosigkeit nicht mehr allein von der zeitintensiven Realkapitalakkumulation ab, sondern unter Umständen auch von der zeitintensiven Ausbreitung (Diffusion) der Prozeßinnovation.

Der Maschinenherstellung als endogenem Kompensationsmechanismus kommt eine wichtige Bedeutung zu, wenn die Diffusion der Prozeßinnovation berücksichtigt wird. Das Maschinenherstellungsargument ist daher aus diffusionstheoretischer Sicht erheblich positiver zu bewerten, als dies in Studien zu den Beschäftigungswirkungen von Innovationen getan wird, die die Ausbreitungsmechanismen nicht berücksichtigen.[363]

---

[363] Vgl. z.B. Vivarelli (1995). Das in Abschnitt 5.4.2.1 zitierte Zahlenbeispiel von Stoneman (1983) zeigt eindrücklich die Diskrepanz zwischen der komparativ-statischen Analyse der Freisetzungs- und Kompensationsproblematik und der Untersuchung im Rahmen einer dynamischen Traversenanalyse.

5.5 Das Kaufkraftkompensationsargument

5.5.1 Grundlagen

Technischer Fortschritt ist durchaus in der Lage aufgrund seiner direkten effizienz- und produktivitätssteigernden Wirkung Arbeitskräfte freizusetzen. Dieser Effekt kann aber nach dem Kaufkraftkompensationsargument lediglich temporär sein. Denn der indirekte Mechanismus der Kaufkraftkompensation führt zur Wiederbeschäftigung der Arbeitskräfte in der Produktion jener Nachfragemenge, die aufgrund der Preissenkung in der Folge des technischen Fortschritts zusätzlich wirksam wird.

Die Argumentation des „klassischen Kompensationsprinzips"[364], daß freigesetzten Arbeitskräften im Zuge des technischen Fortschritts aufgrund einer quasi-automatischen Kompensation wiederbeschäftigt werden können, geht zurück auf Jean Baptiste Say (1819).[365] Das berühmte *Say'sche Gesetz* ist die Grundlage des Kaufkraftkompensationsarguments. Das Gesetz besagt, daß eine allgemeine Überproduktion (*General Glut*) unmöglich sei. Vielmehr tendiere eine Volkswirtschaft langfristig bei jedem Produktionsniveau zu einem Gleichgewicht zwischen gesamtwirtschaftlichem Angebot und gesamtwirtschaftlicher Nachfrage.[366] Ausgangspunkt der Überlegung ist die Tatsache, daß in einer Tauschwirtschaft Produkte erzeugt werden, um andere Produkte zu erwerben: Produkte werden mit Produkten bezahlt. Dies gilt auch in einer Geldwirtschaft, in der Geld ausschließlich zu Transaktionszwecken gehalten wird.[367]

---

364 Hagemann (1995a), S. 40.

365 Auch das Maschinenherstellungsargument läßt sich auf Say zurückführen (vgl. Abschnitt 5.4.1). Allerdings formulierte Say die Kompensation per Maschinenherstellung erst in der vierten Auflage seiner *Traité d'Economie Politique* aus dem Jahre 1819. Die kaufkrafttheoretische Argumentation in Form des *loi des débouchés* (Gesetz der Absatzwege bzw. *law of markets*, vgl. Schumpeter 1954, S. 615) findet sich hingegen schon in der ersten Auflage, die 1803 erschien, allerdings nur auf etwa vier Seiten. In den folgende Auflagen nahm seine Darstellung, auch aufgrund der kontroversen Diskussion in jener Zeit, immer mehr an Umfang zu.

366 Im Umkehrschluß erlaubt eine derartige Interpretation des Say'schen Gesetzes als Gleichgewichtsbedingung, daß sowohl eine *kurzfristige* als auch eine *partielle* Überproduktion sehr wohl möglich ist. Vgl. Sowell (1987), S. 250. Es deutet sich hier schon an, daß auch bei Gültigkeit des Say'schen Gesetzes Arbeitslosigkeit, zumindest temporär, auch technologische Ursachen haben kann. Dies gilt, neben der Vielzahl an Interpretationen, auch für Says eigene Ausführungen. Vgl. für einen Überblick Baumol (1977).

367 Vgl. Blaug (1985), S. 150. In einer Geldwirtschaft mit Wertaufbewahrungsfunktion allerdings läßt sich die Aussage mehr nicht aufrechterhalten.

Bei vollständiger Konkurrenz setzt im Falle eines Ungleichgewichts ein selbstregulierender Mechanismus ein mit der Tendenz zum Gleichgewicht bei Vollbeschäftigung aller Produktionsfaktoren.[368] Auch bei technischem Fortschritt, der aufgrund seiner produktivitätssteigernden Wirkung zunächst erlaubt, mit gegebenen Faktorinputs ein größeres Angebot zu produzieren als gesamtwirtschaftliche Nachfrage vorhanden ist, oder aber die gegebene Produktion mit weniger Inputs, d.h. kostengünstiger als bisher, herzustellen,[369] greift nach dem Kaufkraftkompensationsargument der endogene Mechanismus für das Erreichen eines neuen Gleichgewichts: Ein Güterangebotsüberhang muß bei vollkommener Konkurrenz die Senkung der Güterpreise nach sich ziehen. Ebenso führen Kostensenkungen der Produktion bei vollständiger Konkurrenz zwingend zu Preissenkungen. Dies gilt nicht nur für das gesamtwirtschaftliche Aggregat, sondern auch für den Sektor bzw. die Branche, in der die Prozeßinnovation zum Einsatz kommt.[370] Im Maße der Preissenkung steigt die Kaufkraft der gegebenen Kassenbestände bzw. Geldeinkommen jener Wirtschaftssubjekte an, die die verbilligten Güter nachfragen.[371] Der Einsatz von technischem Fortschritt auf dem Gütermarkt führt über die Verbilligung des Güterangebots (bzw. eines Teils des Angebots) letztlich zu einem Anstieg der Realkasse. Da die Wirtschaftssubjekte ihre individuelle Realkasse reduzieren möchten, zieht die gestiegene Kaufkraft eine steigende Nachfrage nach Gütern nach sich, entweder nach jenen Waren oder Dienstleistungen, die sich im Zuge des technischen Fortschritts verbilligt haben, oder nach den Gütern anderer Sektoren. Der Anpassungsprozeß von sinkenden Preisen und steigender Nachfrage hält solange an, bis der Angebotsüberschuß auf dem Geldmarkt eliminiert ist.[372]

Wie oben schon angedeutet wurde, muß die Kompensation nicht unbedingt in jenem Sektor stattfinden, in dem der technische Fortschritt auftritt. In Abhängigkeit von der Einkommenselastizität der Nachfrage η_{yi} nach den sich verbilligenden Gütern *i* lassen sich drei Fälle unterscheiden:[373]

---

368 Vgl. Mettelsiefen (1981), S. 43.
369 Vgl. für diese Definition des technischen Fortschritts Walter (1977), S. 569.
370 Vgl. Baumol (1977), S. 154.
371 Vgl. Hagemann (1985), S. 301.
372 Der skizzierte Anpassungsprozeß geht auf Patinkin (1965) und Lange (1942) zurück. Say selbst hat ihn in dieser Weise nicht explizit ausgearbeitet. Es gilt jedoch die Aussage von Blaug (1985, S. 160): „The theorem was never rigorously stated by the classical economists but it was asserted again and again by Hume, Ricardo, John Stuart Mill and many others [...] who may be said to have grasped the essence of the argument, including the essence of the assumptions that are required to make it true." Eine der zentralen Annahmen, die Blaug anspricht, ist der Ausschluß der Wertaufbewahrungsfunktion des Geldes bzw. des Spekulationsmotivs der Geldhaltung.
373 Vgl. Hagemann (1985), S. 301.

1. Für $\eta_{Yi} = 1$ erfolgt die Wiederbeschäftigung der freigesetzten Arbeitskräfte vollständig im Sektor, in dem die Prozeßinnovation angewendet wird. Die Nachfrage im innovierenden Sektor steigt proportional zur Preissenkung der Güter.
2. Für $\eta_{Yi} < 1$ hingegen steigt die Nachfrage innerhalb des innovierenden Sektors unterproportional zur Preissenkung. Die verbleibende Kaufkraft verteilt sich in diesem Fall auf andere Sektoren, deren Produktion und damit die Beschäftigungsmenge ansteigt. Die Kompensation der Freisetzung findet in Sektoren statt, die unter Umständen vom technischen Fortschritt unberührt bleiben.
3. Für $\eta_{Yi} > 1$ schließlich erhöht sich die Nachfrage im innovierenden Sektor überproportional zur Preissenkung. Die Folge ist eine Überkompensation der Freisetzung in diesem Sektor, da der Teil der Nachfrage, der über die proportionale Erhöhung hinausgeht, aus anderen Sektoren umgelenkt und abgezogen wird. Dies bedeutet, daß auch Arbeitskräfte aus anderen Sektoren im innovierenden Sektor eingesetzt werden.

Das Kaufkraftkompensationsargument ist der Kritik von verschiedenen Seiten ausgesetzt, so ist z.B. die Vernachlässigung der Produktionsstruktur sowie der notwendigen Kapitalakkumulation zur Kompensation und die Heterogenität des Kapitalstocks bemängelt worden.[374] Darauf wird weiter unten noch näher eingegangen. Doch auch in einer reinen Arbeitsökonomie ohne Kapitalgüter läßt sich zeigen, daß der grundlegende Einwand von John Stuart Mill in seinem vierten Lehrsatz, nach dem die Nachfrage nach Gütern nicht gleichzusetzen ist mit der Nachfrage nach Arbeit, Gültigkeit besitzt und die intersektorale Kompensation erheblich erschwert. Dieser Nachweis wird im folgenden Abschnitt mit Hilfe des einfachen Strukturwandelmodells von Luigi Pasinetti geführt.

5.5.2 Kaufkraftkompensation im einfachen Strukturwandelmodell von Pasinetti

Die intersektorale Trennung von Freisetzung und Kompensation und der dadurch ausgelöste Strukturwandel basieren in hohem Maße auf der impliziten Annahme homogener Arbeit und völliger Flexibilität der Produktion.[375] Das Kaufkraftkompensationstheorem läßt sich in Pasinettis mehrsektoralem, d.h. horizontal disaggregiertem Modell darstellen.[376] Unter Ausblendung des Kapital-

[374] Vgl. Hagemann (1985), S. 302.
[375] Vgl. Mettesiefen (1981), S. 44 und Hagemann (1985), S. 301f.
[376] Vgl. Abschnitt 5.2.3 für einen Überblick über das Modell und die Implikationen für Produktinnovationen.

inputs und der vertikalen Integration der Sektoren liegt ein einfaches Modell des sektoralen Strukturwandels als reine Arbeitsökonomie vor.[377] Die Vernachlässigung jeglicher kapitaltheoretischer Implikationen entspricht jedoch dem kreislauftheoretischen Charakter des Kaufkraftkompensationstheorems mit seiner einseitigen Betonung des Zirkulationsprozesses.[378] Darüber hinaus beruht das Modell von Pasinetti auf dem Keynes'schen Prinzip der Effektiven Nachfrage.[379] Das Modell ist mit dem Say'schen Gesetz und dem Kaufkraftkompensationstheorem vereinbar, wenn die Modellgleichungen nicht als Verhaltensgleichungen, sondern als Gleichgewichtsbedingungen interpretiert werden.[380] Gleichung (5.12) aus Abschnitt 5.2.3, die nochmals als (5.37) wiedergegeben wird, wird daher wie folgt interpretiert: Im Gleichgewicht entspricht das sektorale Konsumgutangebot der nachgefragten Menge.

$$(5.37) \qquad X_i(t) = c_i(t)\,N(t).$$

Vollbeschäftigung ist dann erreicht, wenn die Summe der sektoralen Arbeitsnachfrage mit dem Arbeitsangebot übereinstimmt, wie schon in Gleichung (5.15) dargestellt wurde:[381]

$$(5.38) \qquad \sum_{i=1}^{n-1} l_i(t)\,X_i(t) = Q(t)$$

Wird (5.37) in (5.38) eingesetzt und um die Bevölkerungszahl *N* gekürzt, ergibt sich als Gleichung der sinnvollen Lösungen im Mengenmodell:[382]

$$(5.39) \qquad \sum_{i=1}^{n-1} l_i(t)\,c_i(t) = \mu(t)\,v(t)$$

---

[377] Sein einfaches Modell des Strukturwandels stellte Pasinetti 1993 in seinem Werk *Structural Economic Dynamics* ausführlich vor, während er die komplexe Version mit der Berücksichtigung der Kapitalgüter 1981 in der Veröffentlichung *Structural Change and Economic Growth* dargelegt hat. Vgl. für eine detaillierte Diskussion der verschiedenen Modellstrukturen bei Pasinetti Knottenbauer (2000).

[378] Vgl. Hagemann (1985), S. 301f.

[379] Vgl. Knottenbauer (2000), S. 213.

[380] Vgl. Harris (1982, S. 41, zitiert in Knottenbauer 2000, S. 213), der über das komplexe Modell Pasinettis mit Kapitalgütern, dessen Methodik durchaus auf das einfache Modell übertragbar ist, urteilt: „The fact is that everything which happens in this model is an aspect of the general requirement of full employment ***equilibrium***. The equilibrium conditions are the centrepiece and the main point of the story". Hervorhebung im Original.

[381] Das Arbeitsangebot *Q* ergibt sich aus Bevölkerungszahl *N*, Erwerbsquote μ und Zahl der Arbeitsstunden *v*. Die Arbeitsnachfrage bestimmt sich nach Output und sektoralem Arbeitskoeffizienten l_i.

[382] Vgl. Knottenbauer (2002).

Die Preise der sektoralen Konsumgüter lassen sich durch Gleichung (5.40) beschreiben:

$$(5.40) \qquad p_i(t) = l_i(t)\, w(t)$$

Gemäß der klassischen Arbeitswertlehre bestimmen die Arbeitskosten den Güterpreis. Zugleich spiegelt Gleichung (5.40) die zentrale Aussage des Kaufkraftkompensationstheorems wider, daß bei technischem Fortschritt – der Arbeitskoeffizient $l_i(t)$ sinkt – die Produktionskosten abnehmen und, bei vollständiger Konkurrenz, der Güterpreis sinkt. Die aggregierte Übereinstimmung von Volkseinkommen und gesamtwirtschaftlicher Nachfrage bedeutet in diesem Modell ohne Ersparnis, daß das gesamte Lohneinkommen – es existieren keine Gewinneinkommen – konsumiert wird. Damit muß für eine gleichgewichtige Entwicklung, wie im Kaufkraftkompensationstheorem, mit sinkendem Preis in einem Sektor gesamtwirtschaftlich die Güternachfrage steigen:[383]

$$(5.41) \qquad \sum_{i=1}^{n-1} p_i(t)\, c_i(t) = w(t)\, \mu(t)\, v(t)$$

Die beiden Bedingungen (5.41) – vollständige Konsumtion des Volkseinkommens – sowie (5.38) – Vollbeschäftigung des Produktionsfaktors Arbeit – lassen sich in der zentralen Gleichgewichtsbedingung (5.39) zusammenfassen. Sowohl der sektorale Arbeitskoeffizient als auch der sektorale Konsumkoeffizient werden im Zeitablauf determiniert von den jeweiligen Veränderungsraten s_i bzw. r_i, so daß sich Gleichung (5.39) umschreiben läßt in:[384]

$$(5.42) \qquad \sum_{i=1}^{n-1} l_i(0)\, e^{-s_i t}\, c_i(0)\, e^{r_i t} = \mu(t)\, v(t)$$

Die Fortschrittsraten der Arbeitskoeffizienten s_i beschreiben den technischen Fortschritt in Form von Prozeßinnovationen. Sie sind in Pasinettis Modell exogen gegeben und konstant. Die Veränderungsraten der jeweiligen Konsumkoeffizienten r_i sind für Pasinetti von der Entwicklung des Pro-Kopf-Realeinkommens abhängig.[385] Sie inkorporieren unter anderem auch die Einkommenselastizitäten der Nachfrage η_{yi} aus dem Kaufkraftkompensationstheorem und sind in Pasinettis einfachem Modell von 1993 exogen vorgegeben, konstant und sektoral verschieden. Pasinetti modelliert damit die disproportionale Entwicklung der Konsumnachfrage bei impliziter Annahme eines stetigen An-

383 Vgl. Pasinetti (1993), S. 50.
384 Vgl. Abschnitt 5.2.3.
385 Vgl. Pasinetti (1981), S. 83.

stiegs des Pro-Kopf-Realeinkommens.[386] Die einführende Gleichung (5.37) läßt sich somit als Gleichgewichtspfad interpretieren, auf dem sich die sektoralen Gütermengen aus einer Skalenkomponente g als die Wachstumsrate der Bevölkerung N und aus einer Strukturkomponente r_i als disproportionale Veränderung der Konsumkoeffizienten ergeben:[387]

$$(5.43) \qquad X_i = c_i(0)\, N(0)\, e^{(r_i+g)t}$$

Die Entwicklung der Beschäftigung (in Arbeitsstunden) ergibt sich auf dem Gleichgewichtspfad:

$$(5.44) \qquad A_i(t) = l_i(0)\, e^{-s_i t}\; c_i(0)\, N(0)\, e^{(r_i+g)t}$$

Mit diesem einfachen Strukturwandelmodell von Pasinetti läßt sich das Kaufkraftkompensationstheorem abbilden. Da nur ein einmaliger Innovationsstoß in *einem* Sektor und die intersektoralen Kompensationsmechanismen aufgrund des Erhalts der gesamtwirtschaftlichen Kaufkraft analysiert werden sollen, werden folgende Modifikationen vorgenommen:

1. Das Bevölkerungswachstum g ist null. Die Bevölkerung N ist damit exogen gegeben und konstant.
2. Wie in Pasinettis Modell produzieren die Sektoren mit unterschiedlichen Produktionstechniken. Um die Wirkung einer sektoralen Innovation besser analysieren zu können, wird explizit der Sektor j betrachtet, in dem zum Zeitpunkt $t = 0$ technischer Fortschritt auftritt. Alle anderen Sektoren $i \neq j$ werden über ihren durchschnittlichen Arbeitskoeffizienten erfaßt, der während des technischen Fortschritts in Sektor j konstant bleiben soll. Für die weitere Untersuchung ist die folgende Unterscheidung wichtig:
   a. Der Arbeitskoeffizient l_j im Sektor j ist nach der Innovation in $t = 1$ größer als der durchschnittliche Arbeitskoeffizient aller anderen Sektoren $l_{i \neq j}$.
   b. Der Arbeitskoeffizient im innovierenden Sektor l_j ist nach dem technischen Fortschritt kleiner als der durchschnittliche Arbeitskoeffizient der restlichen Sektoren $l_{i \neq j}$.
3. Die Konsumkoeffizienten sind in allen Sektoren identisch. Im Unterschied zu Pasinetti sind sie nun nicht über die exogen gegebenen Veränderungsraten r_i abhängig, sondern werden von der Einkommenselastizität der Nachfrage ge-

[386] Damit zeichnet Pasinetti die Idee des verallgemeinerten Engelschen Gesetztes nach, nach dem die Nachfrage bei steigendem Einkommen sinken ($r_i < 0$), stagnieren ($r_i = 0$) oder steigen ($r_i > 0$) kann. Vgl. auch Knottenbauer (2000), S. 187f.

[387] Vgl. Knottenbauer (2000), S. 219.

steuert, die exogen gegeben, für alle Sektoren $i \neq j$ konstant und gleich eins sein soll:

$$\eta_{Yi} = \frac{\partial X_i}{\partial Y} \frac{Y}{X_i}$$

Für den Sektor j ist die Einkommenselastizität ebenfalls gegeben, jedoch variabel, um die drei Fälle der Kompensation darstellen zu können. Damit läßt sich die Argumentationsweise des Kaufkraftkompensationstheorems abbilden.

Im so definierten Gleichgewichtsszenario soll nun eine Prozeßinnovation im Sektor j auftreten. Der Arbeitskoeffizient l_j sinkt, alle anderen Arbeitskoeffizienten bleiben hingegen konstant. Gemäß Gleichung (5.40) – und der Say'schen Gleichgewichtsbedingung bei vollkommener Konkurrenz – sinkt auch der Preis des Gutes j entsprechend. Damit steigen die Kaufkraft und das reale Volkseinkommen an. Die Einkommenselastizität der Güter $i \neq j$ ist gleich eins, so daß sich deren Nachfragestruktur nicht autonom verändert. Gemäß der Unterscheidung der Fälle (a) und (b) sowie der drei möglichen Formen der Einkommenselastizität η_{Yj} gleich, größer oder kleiner eins ergeben sich insgesamt sechs verschiedene mögliche Kompensationsszenarien. Zunächst wird der Fall (a) zugrunde gelegt, d.h. es wird unterstellt, daß der Arbeitskoeffizient l_i kleiner ist als der durchschnittliche Arbeitskoeffizient aller anderen Sektoren $l_{i \neq j}$. Für die drei Fälle der Einkommenselastizität im Sektor j ergeben sich folgende Ergebnisse:

1. Für $\eta_{Yj} = 1$ stimmt die Analyse mit der obigen Darstellung des Kaufkraftkompensationstheorems überein. Da die Nachfrage nach dem Gut j im gleichen Maße wie das Realeinkommen aufgrund der Preissenkung steigt, werden genau so viele Güter zusätzlich in Sektor j nachgefragt, daß die freigesetzte Arbeit vollständig kompensiert werden kann. Dies liegt daran, daß die Freisetzung und Kompensation innerhalb des gleichen Sektors geschieht. Die zusätzliche Güterproduktion, die die Freigesetzten kompensiert, wird mit dem gleichen Arbeitskoeffizienten hergestellt, der ursprünglich zur Freisetzung geführt hat. In *Tabelle 5.9* wird dieser Fall eins verdeutlicht. Dort sind die Einkommenselastizitäten (Spalte 1) sowie die daraus resultierenden Änderungen der sektoralen Konsumnachfrage (Spalte 2), der Produktionsmenge (Spalte 3) und Arbeitsmenge (Spalte 4) des Sektors j und die Änderung der Arbeitskoeffizienten, Produktions- und Arbeitsmengen in den Sektoren $i \neq j$ (Spalten 5, 6 und 7) dargestellt. Der Arbeitseinsatz ändert sich

weder im Sektor *j* noch in allen anderen Sektoren und damit in der gesamten Ökonomie (Spalte 8).

2. Für $\eta_{Yj} > 1$ kann nun das Resultat des Kaufkraftkompensationstheorems aus Abschnitt 5.5.3.2 nicht mehr aufrecht erhalten werden. Gemäß dieser Argumentation erhöht sich die Nachfrage in Sektor *j* überproportional zum Realeinkommensanstieg aus der Preissenkung. Daher muß in den anderen Sektoren die Nachfrage entsprechend sinken; die Verlagerung von Nachfrage und die Veränderung der intersektoralen Nachfragestruktur ist die Folge. Die Güternachfragemenge, die von den Sektoren $i \neq j$ in den Sektor *j* verlagert wird, setzt eine Arbeitsmenge frei, die von dem für die Sektoren $i \neq j$ weiterhin geltenden höheren Arbeitskoeffizienten bestimmt wird. Die gleiche Gütermenge wird in Sektor *j* zusätzlich produziert. Die hierzu notwendige zusätzliche Arbeitsmenge führt zur Kompensation der Freisetzung. Sie kann aber offensichtlich *nicht* vollständig gelingen, da im Sektor *i* ein niedrigerer Arbeitskoeffizient als in den restlichen Sektoren gilt. Dies bedeutet, daß die in Sektor *i* verlagerte Gütermenge in diesem Sektor mit weniger Arbeitskräften als in den Sektoren $i \neq j$ hergestellt werden kann. Eine vollständige Kompensation erweist sich bei einer Einkommenselastizität größer als eins als unmöglich. Die Kaufkraftkompensation kann nur teilweise gelingen. Die Folge ist technologische Arbeitslosigkeit, wie aus *Tabelle 5.9* deutlich wird.

3. Für $\eta_{Yj} < 1$ muß die ursprüngliche Argumentation des Kaufkraftkompensationstheorems ebenfalls zurückgewiesen werden. Die Nachfrage in Sektor *j* steigt nur unterproportional zum Realeinkommensanstieg aufgrund der Preissenkung. Die zusätzliche Kaufkraft aus dem Anstieg des Realeinkommens wird auf die übrigen Sektoren verteilt. Unter der vereinfachenden Annahme, daß die zusätzliche Nachfrage auf die restlichen Sektoren nach dem gleichen Faktor aufgeteilt ist, der für die Berechnung des durchschnittlichen Arbeitskoeffizienten herangezogen wird, ergibt sich folgendes Bild: Die Gütermenge, die in den restlichen Sektoren zusätzlich produziert werden muß, erfordert mehr Arbeitskräfte, als durch den Einsatz der Innovation in Sektor *j* freigesetzt wurden, denn es gilt $l_j > l_{i \neq j}$. Daraus folgt eine Überkompensation der Freisetzung mit der gesamtwirtschaftlichen Zunahme der Arbeitsnachfrage. Wird, wie im Modell von Pasinetti, ein gegebenes Arbeitsangebot angenommen, kann auch in diesem Fall die Kompensation in einem neuen Gleichgewicht nicht gelingen. Ein neues Gleichgewicht bei Vollbeschäftigung der Arbeitskräfte ist entgegen der Hypothese des Kaufkraftkompensationstheorems nicht automatisch möglich.

Analog, jedoch spiegelverkehrt sind die Fälle 4, 5 und 6 zu konstruieren, wenn gemäß der Annahme (b) der neue Arbeitskoeffizient im Sektor *j* größer ist als der Durchschnitt der restlichen Sektoren. Dies bedeutet, daß Sektor *j* trotz Innovation eine geringere Arbeitsproduktivität als die restliche Ökonomie (im Durchschnitt) aufweist.

4. Fall 4 entspricht exakt dem ersten Fall (siehe *Tabelle 5.9*). Es zeigt sich, daß die Kompensation innerhalb des innovierenden Sektors, die bei einer Einkommenselastizität der Nachfrage in diesem Sektor gleich eins zustande kommt, die einzige Möglichkeit für eine vollständige Kompensation bietet.

5. Es gilt $\eta_{yj} > 1$, daher steigt die Nachfrage nach dem Gut *j* überproportional zum Preisrückgang aufgrund des technischen Fortschritts an. Die Gütermenge, die daher aus den übrigen Sektoren in den innovierenden Sektor abgezogen wird, setzt dort Arbeitskräfte frei. Da aber trotz der Innovation Sektor *j* einen höheren Arbeitskoeffizienten als der Durchschnitt der restlichen Ökonomie besitzt, benötigt die Produktion der zusätzlichen Gütermenge mehr Arbeitskräfte als in den anderen Sektoren freigesetzt wurde. Es kommt zur Überkompensation und einer höheren Arbeitsnachfrage als bei gegebenem Arbeitsangebot zur Verfügung steht (siehe Spalte 8 in *Tabelle 5.9*).

Tabelle 5.9: Die Kaufkraftkompensation gemäß der Nachfrageelastizität in Pasinettis einfachem Strukturwandelmodell

	Sektor *j*				Sektoren $i \neq j$			Σ
Fall	η_{yj} (1)	Δc_j (2)	ΔX_j (3)	ΔA_j (4)	$\Delta l_{i\neq j}$ (5)	$\Sigma\Delta X_{i\neq j}$ (6)	$\Sigma\Delta A_{i\neq j}$ (7)	$\Sigma\Delta A$ (8)
(a): in $t = 1$ gilt $l_j < l_{i\neq j}$								
1.	$\eta_{yj} = 1$	**$> 0 = \|\Delta p_j\|$**	> 0	$= 0$	$= 0$	$= 0$	$= 0$	**$= 0$**
2.	$\eta_{yj} > 1$	**$> 0 > \|\Delta p_j\|$**	> 0	> 0	$= 0$	< 0	< 0	**< 0**
3.	$\eta_{yj} < 1$	**$> 0 < \|\Delta p_j\|$**	> 0	< 0	$= 0$	> 0	> 0	**> 0**
(b): in $t = 1$ gilt $l_j > l_{i\neq j}$								
4.	$\eta_{yj} = 1$	**$> 0 = \|\Delta p_j\|$**	> 0	$= 0$	$= 0$	$= 0$	$= 0$	**$= 0$**
5.	$\eta_{yj} > 1$	**$> 0 > \|\Delta p_j\|$**	> 0	> 0	$= 0$	< 0	< 0	**> 0**
6.	$\eta_{yj} < 1$	**$> 0 < \|\Delta p_j\|$**	> 0	< 0	$= 0$	> 0	> 0	**< 0**

Quelle: eigene Darstellung.

6. Bei einer Einkommenselastizität von $\eta_{yj} < 1$ führt der technische Fortschritt zu technologischer Arbeitslosigkeit, da die Nachfrage nach Gut *j* nur unterproportional zum Preisrückgang steigt. Kaufkraft und Nachfrage werden auf andere Sektoren verlagert. Da aber wegen des höheren Arbeitskoeffizienten in Sektor *j* mehr Arbeitskräfte freigesetzt werden als zur Produktion der zusätzlichen Güter in den Sektoren $i \neq j$ benötigt werden, erfolgt lediglich eine Teilkompensation, wie in Spalte 8 der *Tabelle 5.9* ersichtlich wird.

Die Analyse des Kaufkraftkompensationstheorems im Rahmen des einfachen Strukturwandelmodells von Pasinetti bestätigt damit eindrücklich die eingangs erwähnte Kritik von John Stuart Mill (1848, S. 79) an diesem Kompensationsargument:

> „Demand for commodities is not demand for labour.“

Der Nachweis dieses Einwands gelingt in einer reinen Arbeitsökonomie ohne den Rückgriff auf die Kapitalakkumulation, in der der Nachfrageaspekt und die Zirkulationsprozesse in gleichem Maße im Vordergrund stehen wie in der üblichen Darstellung des Kompensationsprozesses.[388] Lediglich die Berücksichtigung der sektoralen Arbeitskoeffizienten zeigt, daß die vollständige Kompensation der Freisetzung durch die steigende Kaufkraft in einem neuen Gleichgewicht zufällig ist. Wird, wie Pasinetti in seiner Entwicklung des einfachen Modells, darüber hinaus die strukturkonstante Einkommenselastizität der Sektoren $i \neq j$, die für die Darlegung des Kaufkraftkompensationstheorems gleich eins gesetzt war, aufgegeben und als exogen, aber zeitveränderlich und disproportional angenommen, erschwert sich die gleichgewichtige vollständige Kompensation zusätzlich.

Technischer Fortschritt erhöht damit unmittelbar lediglich das *Produktionspotential* nicht aber zwingend die *Gesamtkaufkraft*.[389] Die Umverteilung aufgrund des technischen Fortschritts verhindert, so der berechtigte Einwand von Mill, die Entstehung sekundärer Arbeitslosigkeit, kann aber die primäre technologische Arbeitslosigkeit nicht vollständig verhindern.[390] Die Erkenntnis der Diskussion um die Maschinenherstellung hat zudem gezeigt, daß die in der bisherigen Diskussion um die Unzerstörbarkeit der gesamtwirtschaftlichen Kaufkraft vernachlässigte Problematik der notwendigen Kapitalakkumulation die Kompensationschancen weiter verringern. In Pasinettis Modell läßt sich dies in der komplexen Version von 1981 nachvollziehen.[391] Die sektoralen Kapitalgüter der vertikal vollintegrierten Sektoren sind zur Produktion der Konsumgüter notwendig. Neben der Relevanz der Kapazitätsanpassung zeigt sich aufgrund der von Pasinetti angenommenen sektoralen Nettoinvestitionskoeffizienten und ihrer endogen

---

[388] Es zeigt sich, daß Pasinetti (1993, S. 14) mit seiner Einschätzung, das minimale (einfache) Modell besitze gegenüber dem komplexen eine größere Flexibilität und ein höheres Verallgemeinerungspotential, in der Umsetzung der kreislauftheoretischen Argumentation des Kaufkraftkompensationstheorems auf eindrückliche Weise bestätigt wird. Die Kritik Schefolds (1994, S. 1937), das einfache Modell sei ein Rückzug aus den Schwierigkeiten der Kapitaltheorie zeigt sich hier als Vorteil, wurde der angesprochene Rückzug doch letztlich von Say in seiner ersten Formulierung des Kaufkraftkompensationstheorems eingeleitet.

[389] Vgl. Hagemann (1985), S. 302.

[390] Vgl. Mettelsiefen (1981), S. 76.

[391] Vgl. Abschnitt 5.3.2.

verursachten Veränderungen in der Zeit, daß die Realisierungschancen für einen gleichgewichtigen Vollbeschäftigungspfad, der eine vollständige gesamtwirtschaftliche Kompensation der durch eine sektorale Prozeßinnovation freigesetzten Arbeitskräfte garantiert, eher gering sind. Damit entspricht das Resümee aus der Umformulierung des Modells dem Pessimismus Pasinettis, der eine Tendenz zur Untererfüllung der Gleichgewichtsbedingungen im komplexen Modell erkennt, durch die Arbeitslosigkeit, Unterkonsumtion sowie Unterauslastung der Produktionskapazitäten systemimmanent sind.[392] In seinem Modell existiert kein Automatismus, der die für die Kompensation der Freisetzung erforderlichen sektoralen Nachfrageveränderungen erzeugt:[393]

> „[...] that the structural dynamics of the economic system inevitably tend to generate [...] *technological unemployment*. At the same time, the very same structural dynamics produce counter-balancing movements [...] *but not automatically*." [Hervorhebung im Original]

Dieser Einschätzung muß als Kritik am Kaufkraftkompensationsargument uneingeschränkt zugestimmt werden.

Die gesamte Auseinandersetzung mit der Frage, ob die Kaufkraftsteigerung im Zuge des technischen Fortschritts die Freisetzung kompensieren kann, wurde bisher vor dem Hintergrund der vollständigen Konkurrenz geführt, die für die vollständige Weitergabe der Kostensenkungen im Zuge von Prozeßinnovationen in Preissenkungen sorgt. Die Reduktion von Produktionskosten erhöht aber unter Umständen die Gewinne der (Pionier-) Unternehmen, wenn und soweit sie nicht zu Preissenkungen führt. Werden die Gewinne konsumtiv verwendet, gelten die Ausführungen der Realeinkommenssteigerung gleichermaßen. Die investive Verwendung der Extraprofite erleichtert hingegen im allgemeinen die Kompensation, da sie der notwendigen Kapitalakkumulation dient.[394] Werden allerdings durch die zusätzlichen Investitionen weitere Prozeßinnovationen eingeführt (Rationalisierungs- statt Erweiterungsinvestitionen) oder wird eine stark vorwärtsgeneigte Innovation in der Klassifizierung des technischen Fortschritts im Sinne von Hicks umgesetzt, führt auch die investive Verwendung der Gewinne zu sekundärer (temporärer) Arbeitslosigkeit.[395]

Das Kaufkraftkompensationstheorem entzieht sich aufgrund der einseitigen Betonung der kreislauftheoretischen Überlegungen und Nachfrageaspekte weitge-

---

[392] Vgl. Hagemann (1995a), S. 46.
[393] Vgl. Pasinetti (1981), S. 90.
[394] Vgl. z.B. die neoösterreichische Traversenanalyse in Abschnitt 5.4.2.1.
[395] Vgl. Hagemann (1985), S. 303.

hend einer kritischen Würdigung aus Sicht der Diffusionstheorie. Sowohl in der Darstellung des Theorems gemäß der Say'schen Argumentationslinie als auch in der Formalisierung der These im einfachen Strukturwandelmodell von Pasinetti führt der sektorale Einsatz neuer Techniken in dem Maße zu Preissenkungen und dem Anstieg des Realeinkommens, wie sich die Innovation im Sektor ausbreitet. Wird daher der sektorale Arbeitskoeffizient als sektoraler Durchschnitt der angewandten Produktionstechniken interpretiert, führt eine graduelle, zeitintensive Ausbreitung zu einem langsam sinkenden Arbeitskoeffizienten.[396] Dementsprechend langsam sinkt der Preis des Gutes. Die Kaufkraft entwickelt sich in einem derartigen Szenario gemäß der sektoralen Diffusion der Prozeßinnovation.

Wird jedoch, wie in der Kritik am Kaufkraftkompensationstheorem, auf die für die Kompensation notwendige Kapitalakkumulation verwiesen, erhält die diffusionstheoretische Sichtweise des Investitionsprozesses ihre Relevanz. In erster Linie läßt sich auf jene Implikationen verweisen, die aus der Berücksichtigung der Diffusion für die Maschinenherstellung im Abschnitt 5.4 entwickelt wurden. Neben diesen makroökonomischen Einwänden sind die aus mikroökonomischer Sicht relevanten Determinanten zu nennen, die die Kapitalakkumulation und damit die Kompensation verzögern.[397]

5.6 Weitere Kompensationsmechanismen

Im folgenden werden die zwei weiteren in der Einleitung zu diesem Kapitel aufgezählten Kompensationsmechanismen angesprochen. Da sie aus Sicht der Diffusionstheorie eine geringere Bedeutung als die Produkt- und Prozeßinnovationen besitzen, werden sie in diesem Abschnitt zusammengefaßt.[398] Im einzelnen wird anschließend die Kompensation aus steigenden Exporten dargestellt, die aufgrund der zunehmenden Wettbewerbsfähigkeit entstehen, wenn technischer Fortschritt im Inland und nicht bzw. nicht in gleichem Ausmaß im Ausland realisiert wird. Schließlich wird die neoklassisch orientierte Faktorsubstitutionsthese diskutiert und aus Sicht der Diffusionstheorie kritisiert.

---

[396] Grundlage für eine solche Interpretation der Diffusion sind vor allem die Kapitaljahrgangsmodelle (siehe Abschnitt 4.1 sowie das mikroökonomische evolutorische Diffusionsmodell von Iwai (1984) in Abschnitt 3.1.5).

[397] Die einzelnen Determinanten werden an dieser Stelle nicht noch einmal von neuem aufgezählt. Vgl. hierzu die Zusammenfassung von *Kapitel 3*.

[398] Dies bedeutet nicht, daß ihnen in der Realität empirische Bedeutung abgesprochen werden soll.

5.6.1 Steigende Exporte aufgrund zunehmender Wettbewerbsfähigkeit

5.6.1.1 Grundlagen

Das Argument, technischer Fortschritt erhöhe die internationale Wettbewerbsfähigkeit und führe daher zu steigenden Exporten, deren Produktion die Freisetzung kompensiere, ist genau genommen kein eigenständiger bzw. originärer Kompensationsmechanismus. Vielmehr vermengt es Elemente der Maschinenherstellung, der Produktinnovationen sowie der Kaufkraftkompensation und hebt sie auf die Ebene der internationalen Verflechtung und der Außenwirtschaft.[399] Darüber hinaus wird die Problematik um technischen Fortschritt und Beschäftigung mit der Debatte um die Globalisierung und ihre Folgen verknüpft.[400] Die drei oben dargestellten Kompensationsmechanismen werden darüber hinaus um die Frage nach der regionalen bzw. nationalen Differenzierung erweitert.

Auch die Kompensationsthese aus steigenden Exporten läßt sich bis zu den Klassikern der Politischen Ökonomie zurückführen. So findet sich bei Malthus die Aussage:

> „But it is known that facilities of production have the strongest tendency to open markets, both at home *and abroad.*“ [eigene Hervorhebung][401]

Ricardo unterscheidet im Kapitel *On Machinery* seiner *Principles* klar zwischen den Konsequenzen der Maschinenherstellung im In- oder Ausland sowie den Wirkungen auf die Kaufkraft bzw. die *terms of trade*:

> „[...]; for, while a capital is employed in this country, it must create a demand for some labour; machinery cannot be worked out without the assistance of men, it cannot be made but with the contribution of their labour. By investing part of a capital in improved machinery, there will be a diminution in the progressive demand for labour; by exporting it to another country, the demand will be wholly annihilated.
>
> The prices of commodities, too, are regulated by their cost of production. By employing improved machinery, the cost of production of commodities is reduced, and, consequently, you can afford to sell them in foreign markets at cheaper price. If, however, you

---

[399] Vgl. OECD (1994), S. 131 und OECD (1996b), S. 75f.

[400] Vgl. Lehner/Nordhause-Janz (1998), S. 59.

[401] Malthus (1986), S. 20, zitiert in Wagner (1983), S. 340.

> were to reject the use of machinery, while all other countries encouraged it, you would be obliged to export your money, in exchange for foreign goods, till you sunk the natural prices of your goods to the prices of other countries. In making your exchanges with those countries, you might give a commodity which costs two days labour, here, for a commodity which costs one, abroad, and this disadvantageous exchange would be the consequence of your own act, for the commodity which you export, and which cost you two days labour, would have cost you only one if you had not rejected the use of machinery, the services of which your neighbours had more wisely appropriated to themselves."[402]

Es zeigt sich, daß sich für eine offene Volkswirtschaft die Ver- bzw. Behinderung des technischen Fortschritts zur Sicherung der Beschäftigung verbietet. Den binnenwirtschaftlichen Bedenken, bei Forcierung des technischen Wandels führen die Produktivitätsfortschritte und Freisetzungen von Arbeitskräften zu technologischer Arbeitslosigkeit, stehen Beschäftigungsverlusten aus dem Rückgang der internationalen Wettbewerbsfähigkeit gegenüber, wenn der technische Fortschritt nicht im Inland, sondern im Ausland umgesetzt wird.[403] Sie muß nicht allein auf die Preiswettbewerbsfähigkeit beschränkt sein, sondern kann sich durchaus auch auf die Qualitätswettbewerbsfähigkeit der angebotenen Produkte und Dienstleistungen eines Landes erstrecken.[404]

Allerdings läßt sich anhand dieser Argumentation keinesfalls im Umkehrschluß folgern, daß die forcierte Umsetzung des technischen Fortschritts im eigenen Land zwingend zu Exportsteigerungen und Kompensation technologischer Arbeitslosigkeit führen wird.[405] Denn viele Länder werden versuchen, die Vorteile des technischen Fortschritts im internationalen Wettbewerb für sich zu nutzen.[406] Zwar ist es unbestritten, daß technischer Fortschritt langfristig auch auf der weltwirtschaftlichen Ebene kein Nullsummenspiel darstellt, sondern insgesamt positive Effekte auslöst.[407] Da diese jedoch keinesfalls gleichverteilt sind, lassen sich keine generellen Aussagen darüber ableiten, in welchen Regionen bzw. Volkswirtschaften die positiven Effekte entstehen, sowie ob und in welchem Maße Volkswirtschaften mit negativen (Beschäftigungs-) Folgen zu

---

[402] Ricardo (1821), S. 396f.

[403] Vgl. Hagemann (1985), S. 305f. und OECD (1994), S. 131.

[404] Vgl. Hagemann (1985), S. 306. Ein Preiswettbewerb wird ausgelöst, wenn Prozeßinnovationen die Produktionskosten senken. Insbesondere bei Produktinnovationen tritt technischer Fortschritt aber auch als signifikante (Qualtitäts-) Verbesserungen existierender Produktlinien und nicht nur als völlig neues Produkt auf. Vgl. dazu auch Abschnitt 5.3

[405] Vgl. Kalmbach (1979), S. 483.

[406] Vgl. zu diesem Aspekt eines „technologischen Merkantilismus" Hagemann (1985), S. 308.

[407] Vgl. OECD (1982) und Hagemann (1985), S. 308.

kämpfen haben.[408] Gemäß der Produktlebenszyklushypothese besitzen Hochlohn- und Hochtechnologieländer nur in der ersten Phase eines Produktlebenszyklus komparative Vorteile, während in den späteren Phasen der ausgereiften Massenproduktion ein Preiswettbewerb durch Niedriglohnländer ausgelöst wird. In einer solchen dynamischen Welt sind die Hochlohn-/Hochtechnologieländer gezwungen, mit ständig neuen Innovationen ihre komparativen Vorteile zu wahren.[409] Dadurch werden *a priori* getroffene Aussagen über die internationale Verteilung von positiven wie negativen Beschäftigungseffekte weiter erschwert.

Das Kaufkraftkompensationstheorem hat oben gezeigt, daß die Beschäftigungseffekte nicht zwingend in jenen Sektoren zu erwarten sind, in denen neue Produktionstechniken eingesetzt werden. In analoger Weise gilt diese Schlußfolgerung auch auf der internationalen Ebene. Allerdings ist die internationale Verteilung positiver oder negativer Beschäftigungseffekte nicht (allein) von der Einkommenselastizität der Nachfrage abhängig. Vielmehr spielt im Rennen der Volkswirtschaft um den technischen Fortschritt die internationale Wettbewerbsfähigkeit eine zentrale Rolle. In Verbindung mit der Globalisierung wird in Deutschland diese Debatte häufig mit der Kontroverse um die Standortvorteile bzw. –nachteile verknüpft.[410]

---

[408] David (1982; S. 152f.) beschreibt diesen Sachverhalt treffend, die Aktualität des zitierten Beispiels bleibt auch heute, 20 Jahre später, erhalten: „The logic of the analysis of compensation effects offers nothing to guarantee that all the employment generating repercussions of the introduction of a labour-saving innovation will compensate the region or nation in which the job displacements have occured. Design engineers and machinists may be put to work in Cincinnati, Ohio, building dedicated industrial robot systems that will displace workers (at some subsequent date) from the paint-spraying departments of automobile plants in the environs of Detroit, Michigan. But we soon would begin to think differently about this, were Ohio and Michigan two different countries [...] Actually, in contrast to the American patterns of specialisation in robot production, major automobile makers in West Germany, France und Japan have been extensively engaged in building robots for their own use. Yet, watching Toyota and Volkswagen increase their hold upon both the automobile and the numerically controlled machine tool markets cannot be much compensation for workers in Britain's Industrial midlands. And what of the effects upon the Turkish labour market, not to mention the balance of payments, if Volkswagen-built robots displace many immigrant workers from semi-skilled automobile assembly jobs in West Germany? It may seem awkward, and unnecessarily divisive on this occasion to name names and places. But these or similar realities eventually will have to be faced. Unless we bear them in mind, we cannot begin to think constructively about the international dimensions of the coming microelectronic revolution."

[409] Vgl. Hagemann (1983), S. 306 sowie Hagemann (1997), S. 55f. für die Folgen des internationalen Preiswettbewerbs auf die Beschäftigung.

[410] Vgl. für einen Überblick über die Standortdebatte z.B. Klodt *et al.* (1994) sowie Holwegler/Trautwein (2000). Die daraus folgende Diskussion läßt sich im Rahmen dieser Arbeit allerdings nicht abschließend behandeln.

Es zeigt sich, daß im internationalen Kontext die Problematik des Technikeinsatzes um die regionale Dimension erweitert wird. Damit wird die Untersuchung der Kompensationseffekte wegen der zusätzlichen Determinante komplizierter. Werden jedoch die einzelnen Wirkungszusammenhänge im internationalen Kontext strukturiert und identifiziert, zeigt sich, daß eine Vielzahl der Argumentationsweisen, Einwände und Kritikpunkte schon in der Diskussion der drei oben vorgestellten Kompensationsmechanismen angeklungen sind. Insbesondere drei Wirkungsketten lassen sich in der Diskussion um die Beschäftigungseffekte im Rahmen der internationalen Wettbewerbsfähigkeit hervorheben:[411]

1. Der Druck von Niedriglohnländern führt dazu, daß Produktivitätsfortschritte nicht zum Anstieg der binnenländischen Kaufkraft in Form höherer Löhne führen, wie es in der Kaufkraftkompensationshypothese beschrieben wurde. Vielmehr müssen die Preise der inländischen Güter gesenkt werden. Die daraus resultierende Verschlechterung der *terms of trade* führt zu einer relativen Verteuerung der Importe, die einen Teil des binnenländischen Kaufkraftanstiegs kompensiert. Wie stark die Absorption der inländischen Kaufkraftkompensation in einer offenen Volkswirtschaft sein wird, hängt unter anderem von der Importquote bzw. –elastizität ab.

2. Die Einkommenselastizität auf dem Weltmarkt spielt ebenso wie in der Analyse geschlossener Volkswirtschaften eine entscheidende Rolle. Insbesondere jene Volkswirtschaften, die sich auf Güter mit hoher Einkommenselastizität auf dem Weltmarkt spezialisiert haben, werden von technischem Fortschritt profitieren, da ihre Güter bei Preissenkungen aufgrund des technischen Fortschritts überproportional stark nachgefragt werden. Sie sind in der Lage, bei Prozeßinnovationen über die Produktionskostensenkung und die damit mögliche Preisreduktion einen überdurchschnittlichen Anstieg der Exporte zu verzeichnen. Daraus resultieren positive Beschäftigungseffekte, die die Freisetzungswirkungen des technischen Fortschritts (über-) kompensieren können. Allerdings bleibt zu beachten, daß ein derartiges Szenario konterkariert werden kann durch die oben beschriebenen Verschlechterungen der *terms of trade*.

   Hingegen ist es möglich, daß andere Volkswirtschaften unter Umständen Beschäftigungsverluste erleiden. Diese Gefahr existiert insbesondere dann, wenn eine Volkswirtschaft durch eine hohe Importelastizität und durch eine Exportspezialisierung in stagnierenden Märkten (geringe Einkommenselastizität der Exporte) gekennzeichnet ist. Es zeigt sich, daß die regionale Vertei-

[411] Vgl. OECD (1994), S. 131.

lung der in ihrer Summe durchaus positiven Beschäftigungseffekte des internationalen technischen Fortschritts derart ungleich verteilt sein kann, so daß einzelne Volkswirtschaften mit negativen Effekten zu kämpfen haben.

Zusätzlich muß der Einwand an der Kaufkraftkompensationsthese aus der Darstellung im Strukturwandelmodell von Luigi Pasinetti auch im internationalen Kontext beachtet werden.[412] Danach führt ein Anstieg der Arbeitsproduktivität in einem Land nur dann zu einer weltwirtschaftlich vollständigen Kompensation aufgrund des Erhalts der globalen Kaufkraft, wenn die Kompensation in einer Volkswirtschaft erfolgt, die mit der gleichen (durchschnittlichen) Arbeitsproduktivität produziert wie das Land des technischen Fortschritts (nach der Prozeßinnovation).[413] Ist dies nicht der Fall, ist zu befürchten, daß aufgrund der Einkommenselastizitäten die Nachfrage in solchen Ländern steigt, die aufgrund ihrer höheren Arbeitsproduktivität weniger zusätzliche Arbeitskräfte benötigen als in der Volkswirtschaft des technischen Fortschritts freigesetzt wurden. In einem derartigen Szenario ist es durchaus möglich, daß technischer Fortschritt entgegen der oben zitierten weitverbreiteten Ansicht bezüglich der Beschäftigung kein Positivsummenspiel darstellt, sondern im Gegenteil weltwirtschaftlich negative Beschäftigungseffekte auslösen kann.

3. Steigende Exportnachfrage aus dem Ausland wird nicht allein aufgrund von Preis- und/oder Qualitätseffekten im Rahmen der Kaufkraftkompensation ausgelöst. Auch die Maschinenherstellung für die Realisation des technischen Fortschritts im Ausland ist in der Lage, das Exportvolumen signifikant anzuheben. Allerdings ist das Maschinenherstellungsargument im internationalen Kontext zu erweitern um die Frage der internationalen Wettbewerbsfähigkeit. Mehr noch als für die Diskussion der Kaufkraftkompensation auf weltwirtschaftlicher Ebene ist hier neben der Preis- und Qualitätswettbewerbsfähigkeit auf die technologische Wettbewerbsfähigkeit von Volkswirtschaften abzustellen. Denn die neuen Maschinen für die Umsetzung des technischen Fortschritts im Ausland lassen sich nur dann im Inland herstellen

---

412 Vgl. hierzu Abschnitt 5.5.2.

413 Ist die Arbeitsproduktivität in jenen Ländern, die eine Exportsteigerung aufgrund des technischen Fortschritts in einem anderen Land erfahren, im Durchschnitt geringer als im Land der Innovation wird im weltwirtschaftlichen Aggregat mehr Beschäftigung kompensiert als freigesetzt, weil für die Befriedigung der gleichbleibenden Nachfrage insgesamt mehr Arbeitskräfte benötigt werden.

und exportieren, wenn das Inland das entsprechende technologische Potential dazu besitzt.[414]

Insbesondere der letzte Punkt berührt die Frage der (internationalen) Diffusion von Technologien. Die traditionelle Debatte um die Frage der Kompensation von Freisetzungseffekten des technischen Fortschritts aufgrund der internationalen Wettbewerbsfähigkeit geht im allgemeinen auf dieses Phänomen nicht ein. Die grundlegende Einsicht der Diffusionstheorie, daß technischer Fortschritt erst mit der erfolgreichen Diffusion und der damit einhergehenden zunehmenden Verbreitung und Anwendung ökonomische Signifikanz erhält, gilt auch für die Weltwirtschaft. Auf diesen Aspekt soll im folgenden kurz eingegangen werden.

5.6.1.2 Diffusionstheoretische Aspekte

Die Frage der internationalen Diffusion neuer Technologien relativiert und konkretisiert die Argumentation der traditionellen Debatte, daß technologischer Fortschritt im eigenen Land zu fördern sei wegen der aus dem Anstieg der Exporte resultierenden positiven Beschäftigungseffekte. Denn lediglich die letzte Stufe des technischen Wandels, die schnelle Diffusion in der eigenen Volkswirtschaft, kann solche Effekte hervorrufen. Die Innovation neuer Produkte und Prozesse an sich kann hingegen noch keine ökonomisch signifikanten Effekte auslösen. Es zeigt sich, daß grundsätzlich zwischen zwei Aspekten der internationalen Diffusion von Innovationen zu unterscheiden ist. Auf der einen Seite stellt sich die Frage der binnenwirtschaftlichen Ausbreitung und ihrer Geschwindigkeit relativ zur Diffusion im Ausland. Auf der anderen Seite ist die Ausbreitung von Innovationen zwischen zwei oder mehreren Volkswirtschaften zu analysieren. Dies ist der Fall, wenn Innovationen von einer Volkswirtschaft, die dort schon vollständig oder doch mit einem erheblichen Vorsprung diffundiert sind, von anderen Ländern übernommen bzw. imitiert werden. Zwar sind beide Aspekte der internationalen Diffusion eng miteinander verwoben, sie implizieren jedoch unterschiedliche Sichtweisen der Technologiediffusion.

Gemäß der ersten Sichtweise läßt sich das traditionelle außenwirtschaftliche Kompensationsargument präzisieren. Letztendlich lassen sich die oben beschriebenen Beschäftigungseffekte nur dann erzielen, wenn eine Innovation im Inland schneller übernommen wird als im Ausland. Die binnenwirtschaftliche Diffusionsgeschwindigkeit muß daher größer sein als in anderen Ländern. Nicht

---

[414] Vgl. Schumacher *et al.* (1995), S. 28f. für eine Definition der technologischen Wettbewerbsfähigkeit im weiteren Sinne als Nicht-Preis-Wettbewerbsfähigkeit sowie im engeren Sinne (S. 25f) als internationale Wettbewerbsfähigkeit bei technologieintensiven Produkten und Prozessen.

die Fähigkeit zur Innovation, wie im allgemeinen die Rate des technischen Fortschritts interpretiert wird, sondern die Fähigkeit zur schnellen Diffusion ist für die Realisation positiver Kompensationseffekte im internationalen Rennen um den technologischen Fortschritt die entscheidende Determinante. Diese recht unscheinbare Differenzierung hat weitreichende Folgen für die richtige Interpretation des Argumentes. Das historische Beispiel des Videorekorders hilft, dies zu verdeutlichen. Die Technologie des Videorekorders ist sowohl eine europäische (Philips) als auch eine amerikanische Innovation (Betamax und VHS). Es waren jedoch japanische Unternehmen, die die Innovation erfolgreich imitierten und sowohl das technisch unterlegene System Betamax (Sony) als auch VHS (JVC) zur Marktreife entwickelten.[415] Zwar hatten offensichtlich die europäische und die amerikanische Volkswirtschaft die Fähigkeit, eine Produktinnovation erfolgreich zu entwickeln. Die Fähigkeit der erfolgreichen Vermarktung, Imitation und Diffusion der Innovation muß in diesem Fall jedoch japanischen Unternehmen zugesprochen werden. Das Beispiel zeigt, daß die Innovationsfähigkeit nicht zwingend identisch mit der Diffusions- bzw. Imitationsfähigkeit sein muß. Pfadabhängigkeiten, positive wie negative Externalitäten, Lerneffekte, historische Spezialisierung im internationalen Handel, Faktor- und Rohstoffausstattung eines Landes, Marktstrukturen, technologische Komplementaritäten, Rate der Kapitalakkumulation usw. lassen sich als Determinanten auffassen, die zu unterschiedlichen „nationalen Technologieniveaus"[416] führen, im Sinne der in Kapitel 4.2.2 angeführten nationalen Innovationssysteme. Unterschiedliche historisch gewachsene Technologieniveaus, die den kumulativen Charakter der technologischen Wettbewerbsfähigkeit unterstreichen[417], implizieren nicht nur differierende Innovations- sondern auch unterschiedliche Diffusionsfähigkeiten.

Positive Beschäftigungseffekte aus steigender internationaler Wettbewerbsfähigkeit sind nur dann zu erwarten, wenn sich eine potentielle Fähigkeit zur schnellen Diffusion und Umsetzung von Innovationen nutzen läßt. Ob die neue Technologie selbst erfunden (innoviert) oder imitiert worden ist, spielt letztendlich nur eine untergeordnete Rolle.

Der zweite Aspekt der internationalen Technologiediffusion befaßt sich mit der Frage der Übertragung von Technologien von einem Land auf das andere. Im Kontext der Beschäftigungseffekte können hieraus unter Umständen indirekte, sekundäre Beschäftigungseffekte für jenes Land entstehen, das sich durch schnelle Diffusion im Vergleich zum Rest der Welt einen Teil der primären po-

---

[415] Vgl. zu einem ausführlichen Überblick über das Beispiel Liebowitz/Margolis (1995a).
[416] Vgl. Dosi/Pavitt/Soete (1990), S. 110.
[417] Vgl. Schumacher *et al.* (1994), S. 26.

sitiven Beschäftigungseffekte aufgrund des Exportanstiegs via steigende internationale (technologische) Wettbewerbsfähigkeit sichern konnte. Die Nachzügler, die eine Innovation langsamer übernehmen, eignen sich die neue Technologie über neue Maschinen an, die mit hoher Wahrscheinlichkeit nicht selbst entwikkelt, sondern von den Pioniervolkswirtschaften übernommen werden. Im allgemeinen können die frühen Imitatoren weitere positive Beschäftigungseffekte dadurch realisieren, daß sie aufgrund ihres technologischen Vorsprungs die Maschinenherstellung für die Nachzügler produzieren. Entweder über den Handel mit solchen Gütern oder über Direktinvestitionen werden die Technologien übertragen. Bezüglich der Beschäftigungseffekte von Innovationen auf weltwirtschaftlicher Ebene wird dadurch unter Umständen ein kumulativer Prozeß ausgelöst, der in einer *the-winner-takes-it-all* Situation endet. Solch divergierende Prozesse führen zu einer Ungleichverteilung der regionalen Beschäftigungseffekte und unterstützen die Sichtweise, daß zwar technischer Fortschritt weltwirtschaftlich im Aggregat ein Positivsummenspiel darstellt, daß die positiven Beschäftigungswirkungen jedoch nur in einigen wenigen Regionen realisiert werden können, während andere Länder unter Umständen negative Beschäftigungseffekte erfahren. Sie lassen sich jedoch nur indirekt und mittelbar als Freisetzung bzw. technologische Arbeitslosigkeit identifizieren und charakterisieren, da sie der außenwirtschaftlichen Beziehungen zwischen den Volkswirtschaften bedürfen, um ihre Wirkung zu entfalten. Daher werden sie häufig als Folge des Handels, der Wechselkurse, oder allgemeiner als Konsequenz der zunehmenden Globalisierung wahrgenommen.

5.6.2 Die Faktorsubstitutionsthese

Die Faktorsubstitutionsthese ist Ausfluß der marginalistischen Sichtweise der ökonomischen Funktionsmechanismen in der Neoklassik. Daraus folgt ein ausgesprochener Kompensationsoptimismus.[418] Er gründet sich vor allem auf drei Kernannahmen der Neoklassik.[419] Zum ersten wird die volkswirtschaftliche Produktion in rein technischem Sinn verstanden. Zum zweiten werden Güter- und Faktorpreise gemäß des Marginalprinzips erklärt, ganz im Gegensatz zur Arbeitswertlehre der Klassik. Drittens liegt weiten Teilen der Neoklassik ein statisches Tauschmodell zugrunde, in dem sich ein Allokations- und Preisgleichge-

---

[418] Die sich an die marginalistische Revolution im ausgehenden 19. Jahrhundert anschließenden Jahrzehnte bezeichnet Mettelsiefen als „Jahrzehnte des Vergessens“ (1981, S. 103) klassischer Einsichten zur Problematik der Kompensation.

[419] Vgl. Mettelsiefen (1981), S. 103f.

wicht entsprechend der relativen Knappheit der Güter und Inputfaktoren einstellt.[420] In einer solchen Welt sind Faktorpreise

> „Knappheitsindizes bzw. optimale Allokatoren [...], [die] im Zusammenspiel mit ausreichend technischen Substitutionsmöglichkeiten in der Produktion [gewährleisten], daß es immer Faktoreinsatzkombinationen und damit verbundene Faktorpreisrelationen gibt, die einen vollen Einsatz aller Faktoren gewährleisten."[421]

Mit der Annahme der beliebigen Verformbarkeit des Kapitals, der vollständigen Substituierbarkeit der Produktionsfaktoren und der Faktorpreisentlohnung gemäß der Grenzproduktivität muß es zwingend zu einer zeitlosen, quasi-automatischen Kompensation freigesetzter Arbeitskräfte kommen.[422] Im anderen Extrem des strukturkonstanten *steady state* in der langen Frist, dem „land of the margin"[423] kann es ebenfalls nicht zur technologisch bedingten Arbeitslosigkeit kommen. Wenn die produktionstechnische Substituierbarkeit der Produktionsfaktoren gegeben ist, bleiben neben der friktionellen Arbeitslosigkeit lediglich institutionelle Hindernisse für Vollbeschäftigung. Daher kommt zu Beginn des letzten Jahrhunderts Pigou zur Schlußfolgerung, daß „unemployment is wholly caused by maladjustment between wage-rates and demand"[424] – eine kompensationsoptimistische Auffassung, die auch Wicksell in einer Auseinandersetzung mit der Argumentation Ricardos teilt.[425] Technologische Arbeitslosigkeit wird zu einer Variante der Mindestlohnarbeitslosigkeit und ist durch zu hohe Reallöhne verursacht.[426]

Tritt in einer solchen Modellwelt technischer Fortschritt auf, ist Vollbeschäftigung garantiert. Es kommt unter den oben genannten Annahmen der vollkommenen Substitutionalität der Produktionsfaktoren sowie der unendlich schnellen Mengen- und Preisanpassung zu einer mechanistischen quasi-automatischen

---

420 Vgl. Hagemann/Kalmbach (1983), S. 9.
421 Hagemann (1985), S. 309.
422 Vgl. Hagemann (1983), S. 247. Zusätzlich bedarf es der Unterstellung, daß die Anpassungsprozesse im ökonomischen Modell schneller ablaufen als sich der Datenkranz ändert, der damit als konstant angenommen werden kann bzw. die Anpassungsreaktionen der Akteure und Variablen als unendlich schnell unterstellt werden können.
423 Solow (1956), zitiert in Hagemann/Kalmbach (1983), S. 12.
424 Pigou (1913), S. 51.
425 Wicksell (1913), S. 195-207. In der neueren Zeit finden sich die gleichen Argumentationsmuster bei Giersch (1983) oder dem Sachverständigenrat, (z.B. 1997 Tz. 368, 1998 Tz. 423ff und 1999 Tz. 332ff)
426 Vgl. Hagemann (1985), S. 209. Siehe Abschnitt 2.7 zu den Auswirkungen (nach unten) starrer Reallöhne in der kurzen Frist (Kapitalintensivierung), der mittleren Frist (Kapitalmangel- bzw. klassische Arbeitslosigkeit zweiten Grades) und in der langen Frist (technologische bzw. klassische Arbeitslosigkeit dritten Grades).

Reduktion der Reallöhne und einer dadurch ausgelösten Mehr (d.h. Voll-) Beschäftigung von Arbeit, da die Grenzproduktivität des Faktors Arbeit sinkt. Allerdings gesteht Wicksell ein, daß die Einführung von Innovationen unter Umständen kurzfristig Arbeitskräfte freisetzen kann. In einer derartigen Situation der Arbeitslosigkeit sinkt die relative Knappheit des Faktors Arbeit. Im Zuge dieser Entwicklung sinkt der Lohnsatz, so daß alle freigesetzten Arbeitskräfte in den Produktionsprozeß wiedereingegliedert werden können, da im Maße der Lohnsenkung Kapital durch Arbeit substituiert wird.[427] Überaus deutlich wird anhand dieser Wirkungskette die neoklassische Sichtweise, nach der es für die Aufrechterhaltung der Vollbeschäftigung keinerlei (zusätzlicher) Investitionstätigkeit und Kapitalakkumulation bedarf. Sowohl die Diskussion der Diffusionstheorie als auch der Freisetzung sowie der Kompensation via Maschinenherstellung hat eindrücklich gezeigt, daß gerade dem Investitionsprozeß eine entscheidende Rolle in der Dynamik des technischen Fortschritts und seiner Beschäftigungswirkungen zukommt. Die der Neoklassik inhärente Statik und Strukturkonstanz (*steady state*) ist daher letztlich ungeeignet, diesen Problemkreis adäquat abzubilden.[428]

Das zentrale Ergebnis der Diffusionstheorie, die zeitintensive, sigmoide Ausbreitung von Innovationen läßt sich in der neoklassischen Welt daher auch nur schwer abbilden. Zwar existieren neoklassische mikroökonomische Diffusionstheorien[429], die die stilisierten Fakten der Technologiediffusion darstellen. Jedoch müssen diese jeweils eine zentrale neoklassische Annahme aufgeben.[430] Weder in der kurzen Frist der zeit- und kostenlosen Anpassungsprozesse, noch in der langen Frist – der sich die Neoklassik typischerweise zuwendet – lassen sich die zeitintensiven, dynamischen, strukturverändernden Diffusionsprozesse adäquat abbilden. Evolutorische Ansätze und die Traversenanalyse sind daher den neoklassischen Ansätzen der Abbildung des technischen Fortschritts, seiner Diffusion und seiner Beschäftigungseffekte überlegen.

Aus diffusionstheoretischer Sicht bleibt letztlich nur eine Kritik der zentralen Annahmen der Neoklassik, die demnach nur wenig geeignet sind, mittelfristige dynamische Prozesse abzubilden. Insbesondere die Homogenität des Kapitals,

---

427 Vgl. Wicksell (1913), S. 199f.).

428 Insbesondere die Traversenanalyse (Abschnitt 5.4.2) bestätigt dieses Ergebnis.

429 Vgl. Abschnitte 3.1.2 und 3.1.2.

430 So z.B. im *Probit*-Ansatz die Annahme der Homogenität der Wirtschaftssubjekte und des repräsentativen Unternehmens.

seine Verformbarkeit und die vollkommene Substitutionalität vieler neoklassischer (Vulgär-) Modelle schließen die Diffusionsdynamik *a priori* aus.[431]

5.7 Zusammenfassung

In den vorangegangenen Abschnitten sind die wichtigsten endogenen Kompensationsmechanismen, die in der Literatur diskutiert werden, zusammen mit der Freisetzungsdynamik des technischen Fortschritts in diesem Kapitel vorgestellt und einer gründlichen und kritischen Analyse im Rahmen der im dritten und vierten Kapitel diskutierten Technologiediffusion unterzogen worden.

Es hat sich gezeigt, daß die im überwiegenden Teil der Literatur als wenig kritisch gewertete und allgemein akzeptierte Freisetzung der Arbeitskräfte im Zuge des technischen Fortschritts durchaus auch von der Diffusionsgeschwindigkeit und vom Grad der Ausbreitung abhängt. Dies wird insbesondere dann deutlich, wenn vor dem Hintergrund der Debatte um das Produktivitätsparadoxon die Frage um die Produktivitätswirkungen von *General Purpose Technologies* wie des Elektroantriebs oder der Informations- und Kommunikationstechnologien analysiert wird. Es dauert mitunter Jahrzehnte, bis die zu einer solchen Basistechnologie gehörenden Komplementärtechnologien, alle effizient nutzbaren Anwendungsbereiche sowie die zum produktivitätssteigernden Einsatz notwendigen Produktions- und Organisationsformen etabliert sind.

Darüber hinaus sind auch die Kompensationsmechanismen in unterschiedlicher Weise von der Ausbreitungsgeschwindigkeit der Innovationen abhängig. Dies zeigt sich zum einen an den Produktinnovationen. Während im allgemeinen davon ausgegangen wird, daß additive Innovationen zu zusätzlicher Nachfrage, Produktion und damit zur Kompensation der Freisetzung führen und daß substitutive Innovationen lediglich bestehende Produkte verdrängen ohne nachfrageerweiternde Effekte auszulösen, konnte in dieser Arbeit gezeigt werden, daß vielmehr langsam diffundierende Produktinnovationen während ihrer Ausbreitung Kompensationseffekte auslösen können. Dies gilt auch dann, wenn sie nach ihrer Diffusion (im neuen langfristigen Gleichgewicht) substitutiven Charakter besitzen. Schnell diffundierenden Produktinnovationen hingegen lassen sich beschäftigungskompensierende Wirkungen nur dann zuschreiben, wenn sie additiv im traditionellen Sinne sind.

---

[431] Die *Vintage*-Ansätze mit ihrer Annahme des verkörperten technischen Fortschritts bilden ein Beispiel für die Ausnahmen. Siehe Abschnitt 4.2.2.

Auch die Maschinenherstellung als eines der wichtigsten Kompensationsmechanismen erfährt durch die Diffusionstheorie eine eigene Deutung. In diesem Zusammenhang wird häufig argumentiert, daß die arbeitsintensive Herstellung einer Maschine zeitlich *vor* ihrer Nutzung liegt und deutlich weniger Perioden dauert als die arbeitsparende Nutzung, so daß keine Kompensation möglich ist. Diese Argumentation läßt sich im Licht der Diffusionstheorie nicht aufrecht erhalten. Vielmehr zeigt sich, daß Nutzung und Herstellung von Prozeßinnovationen in historischer Zeit parallel verlaufen können, so daß auch Freisetzungs- und Kompensationseffekte zeitlich simultan auftreten. Gestützt wird diese These durch die Traversenanalyse, die verdeutlicht, daß im zeit- und kostenintensiven Übergang vom alten Gleichgewicht zu einem neuen aufgrund einer Innovation technologische Arbeitslosigkeit temporär ist und durch die Bildung von Realkapital sukzessive abgebaut wird. Darüber hinaus ist die Kompensation im neoösterreichischen Traversenmodell von der Dauer der Konstruktionsphase abhängig. Diese Variable ist gleichzeitig eine wichtige Determinante der Diffusionsgeschwindigkeit der Innovation.

Das Argument der Kaufkraftkompensation hingegen entzieht sich in dem Maße der kritischen Würdigung aus Sicht der Diffusionstheorie, wie sich aufgrund der Betonung kreislauftheoretischer Überlegungen die Kaufkraft gemäß des sektoralen Diffusionspfads der Prozeßinnovation entwickelt. Erst durch die für die Kompensation notwendige Kapitalakkumulation erhält die diffusionstheoretische Sichtweise auch im Kaufkraftkompensationsargument erneute Relevanz, analog zu den diffusionstheoretischen Implikationen im Maschinenherstellungsargument.

Das außenwirtschaftlich geprägte Kompensationsargument, daß durch technischen Fortschritt im Inland die internationale Wettbewerbsfähigkeit und damit die Exportnachfrage steigt, ist zu erweitern um die Erkenntnis der Diffusionstheorie, daß für ein derartiges Szenario eine schnellere Umsetzung, d.h. Diffusion, im Inland stattfinden muß als im Ausland. Nicht ausreichend bzw. nicht in erster Linie relevant hingegen ist die häufig diesem Wirkungsmechanismus zugrundegelegte Innovationsfähigkeit oder –häufigkeit einer Volkswirtschaft. Die Fähigkeit zur Innovation mag zwar derjenigen zur schnellen Übernahme bzw. Diffusion recht ähnlich sein, sie sind aber keinesfalls identisch, wie die Verfechter der Stärkung der internationalen Wettbewerbsfähigkeit häufig suggerieren. Darüber hinaus bleibt zu beachten, daß das für den ökonomischen Einsatz von Innovationen notwendige technische Wissen im allgemeinen durch den Handel mit Hochtechnologiegütern und durch den Kapitaltransfer via Direktinvestitionen übertragen wird. Ein durch die exportfördernde Strategie der technologischen Wettbewerbsfähigkeit ausgelöster Anstieg des Handels und Kapitalverflechtung trägt somit den Keim zur Erosion des Wettbewerbsvorteils in sich, auch wenn zunächst eine Verstärkung des internationalen Wettbewerbsvorteils und sekundäre positive Beschäftigungseffekte festzustellen sind.

Schließlich verbleibt die Faktorsubstitutionsthese, die sich einer diffusionstheoretischen Kritik entzieht. Die im Maße der Arbeitseinsparung im Zuge des technischen Fortschritts geforderten Reallohnsenkungen zur Kompensation der Freisetzung ermöglichen gemäß der Argumentationsstruktur auch dann grundsätzliche Vollbeschäftigung der Produktionsfaktoren, wenn sich die arbeitsparende Innovation nur langsam und in einer längeren Zeitperiode in einer Volkswirtschaft bzw. einem Sektor ausbreitet. Um über den in der Literatur häufig anzutreffenden abstrakten Verweis auf die Diffusionsgeschwindigkeit und -dauer in der Debatte der Freisetzungs- und Kompensationsdebatte hinaus Aussagen über die Bedeutung der Diffusion treffen zu können, ist die detaillierte Darstellung der Modelle, Ansätze sowie Ursachen und Variablen der Diffusion unabdingbare Voraussetzung.

6 Schlußbemerkung

Die im Rahmen der vorliegenden Arbeit durchgeführten Untersuchungen dienen der Beantwortung der Frage nach dem Beitrag der ökonomischen Theorie der Technologiediffusion zur Erklärung technologischer Arbeitslosigkeit. Schon immer haben alle Ökonomen, die sich mit der Debatte um die Freisetzungs- und Kompensationseffekte des technischen Fortschritts auseinandergesetzt haben, erkannt, daß die zeitliche Struktur des zunehmenden Einsatzes von Innovationen erheblichen Einfluß auf das Ausmaß direkter und indirekter Beschäftigungseffekte des technischen Fortschritts besitzt. Daher ist es gerechtfertigt, weitergehende Analysen dieses Zusammenhangs zu fordern, der durchaus als eine Mikrofundierung der makroökonomischen Debatte um technologische Arbeitslosigkeit aufgefaßt werden kann. Dieser Herausforderung widmet sich diese Arbeit.

Im dritten Kapitel der Arbeit wurden nach den notwendigen Begriffsdefinitionen sowie der Darstellung der konzeptionellen und methodologischen Grundlagen die mikroökonomischen Diffusionsmodelle vorgestellt. Diese relativ junge Richtung der Ökonomik, die sich etwa seit den 1950er Jahren entwickelte, faßt die beobachtbare zeitintensive Ausbreitung einzelner Innovationen, die häufig einer s-förmigen Diffusionskurve folgt, als ein Phänomen temporär unterschiedlicher individueller Übernahmezeitpunkte auf. Verschiedene Aspekte der Investitionsentscheidung wurden vorgestellt mit dem Ziel, die Determinanten der Technologiediffusion zu identifizieren. Denn nur dann, wenn die Variablen der zeitintensiven Ausbreitung von Innovationen bekannt sind, lassen sich verläßliche Aussagen über die ökonomischen Wirkungen der Innovationen, insbesondere im Hinblick auf die Beschäftigung, im Zeitablauf ableiten.

Im epidemischen Modell wurde die Relevanz von Informationen über die Innovation und deren Verbreitung, denen auch die zunehmende Anwendung der Innovation folgt, herausgehoben. Demnach sind neben den Informationen über die Existenz insbesondere jene über die techno-ökonomischen Eigenschaften der Innovation, ihre künftigen Einsatzmöglichkeiten, ihre Profitabilität sowie ihre Installationskosten eine der entscheidenden Determinanten der Technologieübernahme. Allerdings sind die epidemischen Ansätze nicht in der Lage, aus der expliziten Formalisierung der Übernahmeentscheidung den Diffusionsverlauf abzuleiten. Insofern unterliegen sie dem Manko, keine entscheidungslogische Fundierung der Technologiediffusion heranzuziehen, sondern die Ausbreitung der Innovation als mechanisches Spiegelbild der Informationsverbreitung zu behandeln.

Die *Probit*-Modelle als eine von zwei Kategorien neoklassischer Modelle, die sich mit der mikroökonomischen Analyse der Technologiediffusion auseinandersetzen, wurden explizit entwickelt, um unter anderem diesen Malus der epidemischen Modelle zu heilen. Sie gehen von vollkommen rationalen Unternehmen aus, die einer Übernahme- und Investitionsentscheidung in eine neue Produktionsmethode gegenüberstehen. Intertemporal differierende Übernahmezeitpunkte existieren in einem derartigen Szenario aufgrund der unterschiedlichen Ausprägung ansonsten identischer Unternehmen bezüglich einer Schlüsselvariable, wie z.B. der Unternehmensgröße in Davids Grundmodell. Die für jedes Unternehmen unterschiedliche Produktionsmenge, die im Zeitablauf konstant gehalten wird, führt dazu, daß eine Innovation, die höhere fixe (Anschaffungs- bzw. Kapital-) Kosten und eine Ersparnis variabler (Arbeits-) Kosten mit sich bringt, nur für solche Unternehmen gewinnsteigernd einsetzbar ist, die einen genau definierbaren Schwellenwert bezüglich der Unternehmens- und Produktionsgröße überschreiten. Für alle anderen Unternehmen verursacht die Übernahme der Innovation zusätzliche Kosten. Wird angenommen, daß die Lohnkosten im Zeitablauf (exogen) steigen, sinkt der Schwellenwert der Unternehmensgröße, ab der eine in der Anschaffung kostenintensivere, aber arbeitssparende Innovation in der Zeit profitabel ist. Nach diesem Prinzip sind alle *Probit*-Modelle aufgebaut.

Die zweite Kategorie neoklassischer Diffusionsmodelle bilden die spieltheoretischen Ansätze, die ausgehend von der (*ex ante*) existierenden Identität (im Gegensatz zum *Probit*-Ansatz) sowie der vollkommenen Rationalität der Unternehmen (im Gegensatz zum epidemischen Ansatz) die zeitintensive Diffusion und die unterschiedlichen Übernahmezeitpunkte der Innovation ableiten. Ursache hierfür sind die strategischen Verhaltensweisen der Unternehmen, die im spieltheoretischen Grundmodell von Reinganum entweder Extraprofite aufgrund der frühen Übernahme oder aber sinkende Übernahmekosten aufgrund der späten Übernahme der Innovation erzielen können. Daraus folgt die zeitintensive Diffusion der Prozeßinnovation.

Unterliegen die Innovationen hingegen Netzwerkexternalitäten wie z.B. der Großteil der Informations- und Kommunikationstechnologien, dann bestimmt sich der Diffusionsprozeß gemäß der Attraktivität der Technologie, der Komplementärtechnologien bzw. des gesamten Technologiesystems. Der Nutzen des einzelnen Anwenders ist um so größer,

- je mehr Anwender die Innovation bereits nutzen bzw. in Zukunft erwartet werden (direkte Netzwerkexternalität) oder
- je mehr Komplementärprodukte (z.B. Software zur Computerhardware) vorhanden sind, die wiederum von der Zahl der Nutzer abhängt, oder schließlich

- je mehr Lerneffekte auftreten (z.B. *learning by using*), die ebenfalls von der Zahl der Nutzer abhängig sind.

In einem derartigen kumulativen Prozeß existieren kritische Massen, deren Überschreitung zu positiven *feedback* Mechanismen und zu einem möglichen *lock in* in ein Technologiemonopol führt. Es ist zu erwarten, daß der Diffusionsverlauf aufgrund von Netzwerkexternalitäten zunächst flacher verläuft als bei konventionellen Innovationen, daß jedoch nach Erreichen der kritischen Masse die Diffusionsgeschwindigkeit sprunghaft ansteigt und die Diffusionskurve daher in diesem Bereich wesentlich steiler ist als der traditionelle Diffusionspfad.

Neben den modellspezifischen Determinanten der Technologiediffusion wie Informationsfluß bzw. –mangel und Unsicherheit, differierende Anwender von Innovationen, strategische Verhaltensweisen, Netzwerkeffekte, Pfadabhängigkeiten und Technologiemonopole zeigt sich darüber hinaus die besondere Bedeutung der Erwartungen, die sich in allen Ansätzen widerspiegelt. Die Erwartung bei unsicherer Entwicklung ist ein konstituierendes Merkmal dynamischer Entwicklungen, wie sie der technische Fortschritt bzw. die Technologiediffusion *per se* darstellen. Die mikroökonomischen Diffusionsdeterminanten steuern die Ausbreitung von Innovationen und damit die daraus folgenden Beschäftigungseffekte. Sie lassen sich daher als die Mikrofundierung der Frage nach technologischer Arbeitslosigkeit interpretieren.

Neben den mikroökonomisch geprägten Variablen der Übernahmeentscheidung einzelner Innovationen durch Individuen, seien es Unternehmen im Hinblick auf Prozeßinnovationen oder Haushalte in Bezug auf Produktinnovationen, hat sich im vierten Kapitel gezeigt, daß auch makroökonomische Rahmenbedingungen entscheidend auf die Technologiediffusion einwirken. Vor allem das (Brutto-) Investitionsniveau ist eine entscheidende Determinante des den Diffusionsverlaufs, seiner Geschwindigkeit und der Reichweite der Ausbreitung. Wie die *Vintage*-Ansätze aufzeigen, bestimmt das (Brutto-) Investitionsniveau den durchschnittlichen Modernitätsgrad des gesamtwirtschaftlichen oder sektoralen Kapitalstocks. Dieser *technology gap* zur *best practice* Technologie läßt sich durchaus als Diffusions- und Durchdringungsgrad der besten Technik interpretieren. Aber auch der intersektoralen Ausbreitung neuer Technologien kommt eine besondere Bedeutung zu. Im Rahmen der Nationalen Innovationssysteme lassen sich typische nationale Technologiegebersektoren identifizieren, die als Ursprung für viele Innovationen in anderen Bereichen, den Technologienehmern, dienen. Mittels Technologieverflechtungsmatrizen lassen sich derartige Technologieströme darstellen. Dieser Aspekt läßt sich zu einer eigenständigen Theorie der sektoralen Technologiediffusion weiterentwickeln, in der Innovationen typischerweise bestimmte, wahrscheinliche intersektorale Diffusionswege einschlagen, nachdem sie in eng abgrenzbaren sogenannten Eintrittssektoren den Weg in die ökonomische Nutzung gefunden haben. Während ihrer Ausbreitung über die Sektoren einer Volkswirtschaft entwickeln sich Innovationen aufgrund von Lerneffekten ständig weiter und werden aufgrund dieser (Weiter-) Entwicklungen in einer laufend steigenden Zahl von Sektoren eingesetzt.

Die mikro- und makroökonomischen Diffusionsmodelle haben gezeigt, daß die empirisch beobachtbare zeitintensive Ausbreitung neuer Technologien verschiedenste Ursachen besitzt. Die Kenntnis der Determinanten der Technologiediffusion dient zum einen der Erklärung historisch beobachtbarer Diffusionsverläufe und läßt sich zum anderen zur Prognose der Diffusionsgeschwindigkeit künftiger Innovationen heranziehen. Darüber hinaus ist sie unerläßlich für die Würdigung der Bedeutung der Technologiediffusion für die Beschäftigungswirkungen des technischen Fortschritts.

In der Kontroverse um die gegenläufigen Beschäftigungseffekte des technischen Fortschritts wird häufig darauf verwiesen, daß die Freisetzungswirkungen aufgrund der Produktivitätsfortschritte unstrittig seien, und lediglich die Frage der (endogenen) Kompensation der Freisetzung Gegenstand eines Gelehrtenstreits sei. In der vorliegenden Arbeit konnte hingegen nachgewiesen werden, daß auch und gerade die Freisetzung von Beschäftigten keineswegs immer und zwingend direkt und unmittelbar dem technischen Fortschritt folgt. Aus der Debatte um das Produktivitäts- bzw. Solowparadoxon und seiner Erklärung wird deutlich, daß die Produktivitätswirkungen – und nur sie sind in der Lage Freisetzungseffekte herbeizuführen – zum Teil erst nach Jahrzehnten der ersten ökonomischen Anwendung (Innovation) auftreten, wenn der Ausbreitungsgrad mehr als die Hälfte des möglichen Sättigungsgrads erreicht hat. Dies gilt insbesondere für *General Purpose* Technologien, die aufgrund der Vielzahl von Komplementärbeziehungen erst zu weiteren Innovationen, zu Lerneffekten und organisatorischen sowie institutionellen Anpassungen führen. Häufig ist die Diffusionsgeschwindigkeit in diesem fortgeschrittenen Diffusionsabschnitt am größten und die Diffusionskurve am steilsten. Die Länge des Zeitraums zwischen der Innovation und den maximalen Arbeitsproduktivitätswachstumsraten hängt entscheidend von den Eigenschaften der Technologie (z.B. den Netzwerkexternalitäten der Informations- und Kommunikationstechnologien), den Erwartungen und der Homogenität der Anwender sowie dem Grad der Unsicherheit bezüglich der Innovation und der weiteren techno-ökonomischen Entwicklung ab. Aber auch das aggregierte Investitionsvolumen nimmt entscheidenden Einfluß darauf, wie groß der *diffusion lag* zwischen der Innovation und den maximalen Produktivitäts- und Freisetzungswirkungen sein wird.

Die wichtigsten Kompensationsmechanismen lassen sich in fünf Wirkungsketten subsumieren, die im zweiten Teil des Kapitels fünf aus Sicht der Diffusionstheorie diskutiert wurden. Wird die Hypothese der Faktorsubstitution akzeptiert, daß bei Freisetzung von Arbeitskräften im Zuge des technischen Fortschritts bei hinreichend großer Flexibilität der Faktorpreise immer eine Lohn-/Zinsrelation existiert, die Vollbeschäftigung aller Produktionsfaktoren gewährleistet, dann gilt dies auch, wenn die Freisetzungswirkungen aufgrund der zeitintensiven Diffusion erst verzögert auftreten. Daher läßt sich schlußfolgern, daß sich die neoklassische These der Faktorsubstitution einer diffusionstheoretischen Kritik entzieht.

Die Argumentation, daß technologischer Fortschritt die internationale Wettbewerbsfähigkeit stärkt und über zunehmende Exporte zur Kompensation der Freisetzung beiträgt, ist aus diffusionstheoretischer Sicht an restriktive Bedingungen geknüpft. Zum einen bedarf das Inland eines *Diffusionsvorsprungs* und keines *Innovationsvorsprungs*, wie in der Literatur häufig argumentiert wird, da nicht die Innovation, sondern nur die schnelle Diffusion die technologische Wettbewerbsfähigkeit positiv beeinflusst. Zum anderen steigen lediglich die Exporte für Produkte mit einer hohen Einkommens- und/oder Preiselastizität im Ausland. Trotz der Bemühungen um eine schnelle binnenwirtschaftliche Ausbreitung ist es möglich, daß das Inland zu den Fortschrittsverlierern zählt, wenn es auf Produkte in stagnierenden Weltmärkten mit niedriger Einkommenselastizität spezialisiert ist und weitere Freisetzungseffekte statt Kompensation hinzunehmen hat. Dies gilt auch dann, wenn im weltwirtschaftlichen Aggregat ein Positivsummenspiel vorliegt. Darüber hinaus ist es möglich und wahrscheinlich, daß sich kumulative Prozesse entwickeln, in denen die Technologieführer nicht nur Exportanstiege aufgrund von Preis- und Einkommenselastizitäten erfahren, sondern zusätzliche Nachfrage nach Maschinen verzeichnen, die die neue Technologie inkorporieren, wenn in den verspäteten Ländern die Diffusion der Innovation voranschreitet. Auch über Direktinvestitionen, von denen die Ursprungsländer in besonderem Maße profitieren, findet die internationale Technologiediffusion statt. Die Technologieübertragung trägt allerdings selbst den Keim zur Erosion der internationalen Wettbewerbsfähigkeit in sich, da sich internationale Technologielücke schließt.

Das Kaufkraftkompensationstheorem besagt ohne diffusionstheoretischen Hintergrund, daß vor allem die Einkommenselastizität darüber entscheidet, in welchen Sektoren die Kompensation der Freisetzung erfolgt. Unter Einbeziehung der Diffusionstheorie ist darüber hinaus auch die Frage relevant, welcher durchschnittliche Arbeitskoeffizient in jenen Sektoren herrscht, in die die aus der Preissenkung/Realeinkommenssteigerung zusätzlich entstandene Nachfrage fließt. In der Diffusionstheorie wird damit die Frage nach der Modernität bzw. dem Diffusionsgrad neuer Produktionstechniken angesprochen. Sind jene Sektoren, die das Ziel der Nachfrage aus der Kaufkraftkompensation darstellen, nur wenig mit modernen Produktionsmethoden durchdrungen und besitzen mithin eine geringe durchschnittliche Arbeitsproduktivität, ist eine (Über-) Kompensation der Freisetzung möglich, da zur Produktion der nachgefragten Güter mehr Arbeitskräfte benötigt werden als im Sektor der Innovation ursprünglich freigesetzt wurde. Dies kann jedoch nicht bzw. nur teilweise gelingen, wenn die Sektoren mit zusätzlicher Nachfrage modern ausgestattet sind und eine überdurchschnittliche Arbeitsproduktivität besitzen. Formal läßt sich dieser Einwand gegen das Kaufkraftkompensationsargument mit Hilfe des einfachen Strukturwandelmodells von Pasinetti nachweisen. Die Frage der intersektoralen Diffusion von Innovationen wiederum läßt sich mit Hilfe der Theorie der sektoralen Ausbreitung neuer Technologien beantworten.

Die Diskussion des Arguments der additiven Produktinnovationen hat gezeigt, daß aus diffusionstheoretischer Sicht eher von schnell bzw. langsam diffundierenden Innovationen gesprochen werden sollte statt von der traditionellen Differenzierung in additive und substitutive Innovationen. Es hat sich gezeigt, daß auch substitutive Innovationen, die im neuen Gleichgewicht keine zusätzliche Nachfrage geschaffen und lediglich bestehende Produkte verdrängt haben, während ihrer Diffusion durchaus beschäftigungskompensierende Wirkungen entfalten können, da sie, wenn sie hinreichend langsam diffundieren, während dieses Zeitraums additiv wirken können. Die „klassische" Darstellung der Produktinnovationen im Rahmen der Beschäftigungswirkungen des technischen Fortschritts, die in dieser Arbeit anhand des Strukturwandelmodells von Pasinetti formalisiert wurde, muß daher erheblich revidiert werden.

Schließlich verbleibt das Maschinenherstellungsargument als einem der zentralen Kompensationsmechanismen. Der häufig vorgebrachte Einwand, die Maschinenherstellung (Kompensation) liege zeitlich *vor* dem Einsatz (Freisetzung) und sei im Gegensatz zur Nutzungsphase nur einige wenige Perioden existent, muß aus Sicht der Diffusionstheorie verworfen werden. Wird die Diffusion als zeitintensiver Prozeß aufgefaßt, ist es naheliegend anzunehmen, daß Freisetzung und Kompensation respektive Herstellung und Nutzung durchaus parallel auftreten können. Dies ist insbesondere für lange Diffusionszeiträume wahrscheinlich, in denen häufig die ersten Ersatzinvestitionen der Pioniere vor den letzten Erstinvestitionen der Nachzügler liegen. Die ökonomische Lebensdauer der Innovation ist in derartigen Fällen kürzer als der Diffusionszeitraum. Ein Beispiel für die Plausibilität dieser Überlegung liefern die Informations- und Kommunikationstechnologien, bei denen die hohe Rate des technischen Fortschritts zu überaus geringen Lebensdauern der Innovationen führt. Gestützt wird diese diffusionstheoretische Sichtweise durch die Traversenanalyse, die zu gleichartigen Ergebnissen führt. Auch innerhalb dieses Ansatzes, der die Effekte im Übergang zwischen zwei Gleichgewichtssituationen untersucht und daher für die Analyse des technischen Wandels prädestiniert ist, zeigt sich die Möglichkeit einer parallelen beschäftigungskompensierenden Herstellung bzw. Konstruktion von Maschinen und ihrem beschäftigungsfreisetzenden Einsatz.

Die Ergebnisse der Untersuchungen in der vorliegenden Arbeit lassen sich abschließend anhand der Produktions-Produktivitäts-Schere zusammenfassen[432], nach der sich in einem vereinfachten Zusammenhang die Wachstumsrate der Produktion als Summe der Wachstumsraten der Produktivität und der Beschäftigungsmenge darstellen läßt:

$$(6.1) \qquad \hat{Y} = \hat{y} + \hat{L}$$

Die Beschäftigungsschwelle ist dann gegeben, wenn die Wachstumsrate der Arbeitsproduktivität derjenigen der Produktion entspricht. Beide Wachstumsraten werden vom technischen Fortschritt entscheidend beeinflußt. Für beide Raten nimmt die Technologiediffusion jedoch ebenso eine besondere Rolle ein. Wie gezeigt werden konnte, existiert unter Umständen eine signifikante zeitliche Verzögerung zwischen einer Innovation und ihrer produktivitätssteigernden und beschäftigungsfreisetzenden Wirkung. Die im allgemeinen angenommene direkte und unmittelbare Produktivitätswirkung des technischen Fortschritts muß daher im gleichem Maße wie die Kompensation als indirekter und mittelbarer Effekt aufgefaßt werden. Aber auch die Kompensation der Freisetzung aufgrund des Anstiegs der Produktion bzw. der (Effektiven) Nachfrage ist erheblich von der Diffusionsgeschwindigkeit der Innovation abhängig. Sowohl der private Konsum (Produktinnovationen, Kaufkraftkompensation), als auch die Investitionsnachfrage (Maschinenherstellung, z.T. Kaufkraftkompensation) sowie die Exportnachfrage (steigende internationale Wettbewerbsfähigkeit, Kaufkraftkompensation) werden entscheidend vom Diffusionsverlauf geprägt und wirken daher auf die Wachstumsrate der Produktion nach Maßgabe der zunehmenden Ausbreitung von neuen Technologien. Dies gilt sowohl hinsichtlich der zeitlichen Verteilung der Effekte als auch bezüglich des Ausmaßes der Kompensation. Damit ist darüber hinaus jede pauschale Beantwortung nach der optimalen Diffusionsgeschwindigkeit von Innovationen ausgeschlossen. Weder ist die Argumentation der Kompensationsoptimisten allgemeingültig, daß eine schnelle Diffusion neuer Technologien vor technologischer Arbeitslosigkeit schützt, noch

[432] Vgl. für eine ausführliche Darstellung Abschnitt 5.2.1.

kann eine langsame oder verzögerte Ausbreitung von Innovationen generell technologische Arbeitslosigkeit verhindern, wie Kompensationspessimisten oft behaupten.

Mehr noch als bei der Verknüpfung der Freisetzungs- und Kompensationsdebatte mit dem Begriff bzw. dem ökonomischen Vorgang der *Innovation* sind die Freisetzungs- und Kompensationsmechanismen von den einzel- und gesamtwirtschaftlichen Investitions- und Technologieübernahmeentscheidungen abhängig, wenn auf den Begriff und den ökonomischen Vorgang der *Diffusion* abgestellt wird. Die automatische Freisetzung und die quasi-automatischen Kompensationsmechanismen des technischen Fortschritts *per se* verwandeln sich in abhängige Variablen, die von den Erwartungen der Individuen, den techno-ökonomischen Eigenschaften der Innovation, den Netzwerkeffekten, dem gesamtwirtschaftlichen (Brutto-) Investitionsniveau und der intersektoralen Ausbreitung der Innovation gesteuert werden, um einige der wichtigsten der in dieser Untersuchung herausgearbeiteten Diffusionsdeterminanten zu nennen. Die Analyse der Freisetzungs- und Kompensationsdebatte vor dem Hintergrund der Diffusionstheorie eröffnet somit eine Möglichkeit zur Endogenisierung der Beschäftigungseffekte des technischen Fortschritts und die Formalisierung der Freisetzungs- und Kompensationsdynamiken, wie z.B. die indirekten Freisetzungseffekte von *General Purpose Technologies* im Diffusionsmodell von David, das Argument der additiven bzw. schnell diffundierenden Produktinnovationen sowie die Kaufkraftkompensationshypothese im Strukturwandelmodell von Pasinetti und das Maschinenherstellungsargument in der Traversenanalyse.

Es wird damit deutlich, daß die Berücksichtigung der Technologiediffusion die lang anhaltende Debatte um die Freisetzungs- und Kompensationseffekte des technischen Fortschritts in fruchtbarer Weise bereichert. Das Verständnis der mikro-, aber auch makroökonomischen Determinanten der Technologiediffusion führt zu einer erheblich besseren Einsicht in die intertemporale Verteilung und die relative Bedeutung der Freisetzungs- und Kompensationsmechanismen, die dem technischen Fortschritt an sich und einzelnen Innovationen im besondern zugerechnet werden.

Literatur

Aghion, P. und Howitt, P. (1994): Growth and Unemployment. *Review of Economic Studies*, Bd. 61, S. 477-494.

Aghion, P. und Howitt, P. (1998a): On the Macroeconomic Effects of Major Technological Change. In: Helpman, E. (Hrsg.): *General Purpose Technologies and Economic Growth*. Cambridge/Mass. *et al.*, S. 121-144.

Aghion, P. und Howitt, P. (1998b): *Endogenous Growth Theory*. Cambridge/Mass. und London.

Antonelli, C.; Petit, P. und Tahar, G. (1992): *The Economics of Industrial Modernization*. London.

Archibugi, D.; Evangelista, R. und Simonetti, R. (1994): On the Definition and Measurement of Product and Process Innovations. In: Shinoya, Y. und Perlman, M. (Hrsg.): *Innovation in Technology, Industry, and Institutions. Studies in Schumpeterian Perspectives*. Ann Arbor, S. 7-24.

Archibugi, D.; Howells, J. und Michie, J. (1999): Innovation Systems and Policy in a Global Economy. In: Archibugi, D.; Howells, J. und Michie, J. (Hrsg.): *Innovation Policy in a Global Economy*. Cambridge, S. 1-16.

Arrow, K.J. (1962): The Economic Implications of Learning by Doing. *Review of Economic Studies*, Bd. 29, S. 155-173.

Arthur, W.B. (1988): Competing Technologies: An Overview. In: Dosi, G. *et al.* (Hrsg.): *Technical Change and Economic Theory*. London, S. 590-607.

Arthur, W.B. (1989): Competing Technologies, Increasing Returns, and Lock-in by Historical Events. *Economic Journal*, Bd. 99, S. 116-131.

Arthur, W.B. (1990): Positive Feedbacks in the Economy. *Scientific American*, Februar, S. 80-85 (wiederabgedruckt in: Arthur, W. B.: *Increasing Returns and Path Dependence in the Economy*. Ann Arbour, S. 1-12; dt. Übersetzung in: *Spektrum der Wissenschaft*, April 1990, S. 122-129).

Arthur, W.B. (1994): *Increasing Returns and Path Dependency in the Economy*. Ann Arbour.

Arthur, W.B. und Lane, D.A. (1993): Information Contagion. *Structural Change and Economic Dynamics*, Bd. 4, S. 81-104.

Ayres, R.U. und Ezekoye, I. (1991): Competition and Complementarity in Diffusion. *Technological Forecasting and Social Changes*, Bd. 39, S. 145-158.

Bain, A.D. (1964): *The Growth of Television Ownership in the United Kingdom since the War. A lognormal Model.* Cambridge.

Balcer, Y. und Lippman, S. (1984): Technological Expecations and Adoption of Improved Technologies. *Journal of Economic Theory*, Bd. 34, S. 292-318.

Bass, F.M. (1969): A New Product Growth Model for Consumer Durables. *Management Science*, Bd. 15, S. 215-227.

Bassanini, A.P. und Dosi, G. (1998): *Competing Technologies, International Diffusion and the Rate of Convergence to a Stable Market Structure*. IIASA Interim Report IR-98-012, International Institute for Applied System Analysis, Laxenburg.

Baumol, W.J. (1977): Say's (at Least) Eight Laws, or What Say and James Mill May Really Have Meant. *Economica*, Bd. 44, S. 145-162.

Beath, J.; Katsoulacos, Y. und Ulph, D. (1995): Game-Theoretic Approaches to the Modelling of Technological Change. In: Stoneman, P. (Hrsg.): *Handbook of the Economics of Inovation and Technical Change*. Oxford, S. 132-180.

Beeker, D. (2001): *Technischer Fortschritt und Beschäftigung: eine Bestandsaufnahme*. Köln.

Bhattacharya, K.C.; Catterjee, K. und Samuelson, L. (1986): Sequential Research and the Adoption of Innovations. *Oxford Economic Papers*, Bd. 38 Suppl., S. 219-243.

Blankart, C.B. und Knieps, G. (1994): Kommunikationsgüter ökonomisch betrachtet. *Homo Oeconomicus*, Bd. 11, S. 449-463.

Blattner, N. (1982): Technischer Fortschritt und Beschäftigung. *Wirtschaftsdienst*, Bd. 1982/XII, S. 601-605.

Blaug, M. (1963): A Survey of the Theory of Process-Innovations. *Economica*, Bd. 30, S. 13-32.

Blaug, M. (1985): *Economic Theory in Retrospect*. 4. Aufl., Cambridge.

Böhm-Bawerk, E.v. (1921): *Kapital und Kapitalzins. Zweite Abteilung: Positive Theorie des Kapitals*. 4. Aufl., Jena.

Braun, C. (1996): *Multiple Gleichgewichte, Hysterese und Evolution. Pfadabhängige Methoden der ökonomischen Analyse.* Diskussionsbeiträge aus dem Institut für Volkswirtschaftslehre Nr. 121/1996, Universität Hohenheim, Stuttgart.

Breitung, J.; Haslinger, F. und Heinemann, M. (1993): Ist die empirische Makroökonomie eine wissenschaftliche Illusion? In: Vogt, W. *et al.* (Hrsg.): *Die ökonomische Wissenschaft und ihr Betrieb.* Jahrbuch Ökonomie und Gesellschaft Nr. 10, Frankfurt/New York.

Bresnahan, T. und Trajtenberg, M. (1992): *General Purpose Technologies: „Engines of Growth"?* NBER Working Paper No. 4148, Cambridge/Mass.

Bresnahan, T. und Trajtenberg, M. (1995): General Purpose Technologies: „Engines of Growth"? *Journal of Econometrics*, Bd. 65, S. 83-108.

Brodbeck, K.-H. (1989): *Diffusion multipler Techniken in Systemen evolutionären Wachstums.* Münchner wirtschaftswissenschaftliche Beiträge Nr. 89-10, Ludwig-Maximilians-Universität, München.

Brozen, Y. (1951): Invention, Innovation, and Diffusion. *American Economic Review*, Bd. 41, S. 239-257.

Brynjolfsson, E. und Kahin, B. (Hrsg) (2000): *Understanding the Digital Economy.* Cambridge/Mass.

Burmeister, E. (1974): Synthesizing the Neo-Austrian and Alternative Approaches to Capital Theory: A Survey. *Journal of Economic Literature*, Bd. 12, S. 413-456.

Buscher, H. *et al.* (2000): *Wachstum, Beschäftigung und Arbeitslosigkeit.* Baden-Baden (Schriftenreihe des ZEW Band 48).

Buttler, G. und Hof, B. (1977): *Bevölkerung und Arbeitsmarkt bis zum Jahr 2000.* Köln.

Cabe, R. (1991): Equilibrium Diffusion of Technological Change through Multiple Processes. *Technological Forecasting and Social Change*, Bd. 39, S. 265-290.

Choi, J.P. (1994): Irreversible Choice of Uncertain Technologies with Network Externalities. *Rand Journal of Economics*, Bd. 25, S. 382-401.

Chou, C. und Shy, O. (1990): Network Effects without Network Externalities. *International Journal of Industrial Organization*, Bd. 8, S. 259-270.

Church, J. und Gandal, N. (1993): Complementary Network Externalities and Technological Adoption. *International Journal of Industrial Organization*, Bd. 11, S. 239-260.

Clark, J.A. (1980): A Model of Embodied Technical Change and Employment. *Technological Forecasting and Social Change*, Bd. 16, S. 79-88.

Coombs, R. und Saviotti, P. und Walsch, V. (1987): *Economics and Technological Change*. Basingstoke.

Cowan, R. (1990): Nuclear Power Reactors – A Study in Technological Lock-In. *Journal of Economic History*, Bd. 50, S. 451-567.

Cowan, R. (1991): Tortoises and Hares: Choice among Technologies of Unknown Merit. *Economic Journal*, Bd. 101, S. 801-814.

David, P.A. (1969): *A Contribution to the Theory of Diffusion*. Memorandum No. 71, Research Center of Economic Growth, Stanford University.

David, P.A. (1982): Comments on Stoneman, P., Blattner, N. and Pastre, O. In: OECD (Hrsg.): *Micro-electronics, Robotics and Jobs*. Paris, S. 146-157.

David, P.A. (1985): Clio and the Economics of QWERTY. *American Economic Review*, Bd. 75, S. 332-337.

David, P.A. (1986): Technology Diffusion, Public Policy, and Industrial Competitiveness. In: Landau, R. und Rosenberg, N. (Hrsg.): *The Positive Sum Strategy. Harnessing Technology for Economic Growth*. Washington, D.C., S. 373-391.

David, P.A. (1989): *Computer and Dynamo: The Modern Productivity Paradox in a Not-Too-Distant Mirror*. Center for Economic Policy Research, No. 172, Stanford University.

David, P.A. (1990a): The Dynamo and the Computer. A Historical Perspective of the Modern Productivity Paradox. *Amerian Economic Review, Papers and Proceedings*, Bd. 80, S. 355-361.

David, P.A. (1990b): General-Purpose Engines, Investment and Productivity Growth: From the Dynamo Revolution to the Computer Revolution. In: Deiaco, E.; Hörnell, E. und Vickery, G. (Hrsg.): *Technology and Investment. Crucial Issues for the 1990s*. London, S. 141-154.

David, P.A. (1991): Computer and Dynamo. The Modern Productivity Paradox in a Not-Too-Distant Mirror. In: OECD (Hrsg.): *Technology and Productivity. The Challenge for Economic Policy*. Paris, S. 315-337.

David, P.A. (2000): Understanding Digital Technology's Evolution and the Path of Measured Productivity Growth: Present and Future in the Mirror of the Past. In: Brynjolfsson, E. und Kahin, B. (Hrsg): *Understanding the Digital Economy*. Cambridge/Mass., S. 49-95.

David, P.A. (2001): Productivity Growth Prospects and the New Economy in Historical Perspective. *EBI Papers*, Bd. 6, S. 41-61.

David, P.A. und Bunn, J.A. (1988): The Economics of Gateway Technologies and Network Evolution. *Information Economics and Policy*, Bd. 3, S. 165-202.

David, P.A. und Greenstein, S. (1990): The Economics of Compatibility Standards: An Introduction to Recent Research. *Economics of Innovation and Technology*, Bd. 1, S. 1-41.

David, P.A. und Wright, G. (1999): *General Purpose Technologies and Surges in Productivity: Historical Reflections on the Future of the ICT Revolution*. Discussion Papers in Economic and Social History, No. 31, University of Oxford, Oxford.

Davies, S. (1979): *The Diffusion of Process Innovations*. Cambridge *et al.*

deBresson, C. (1991): Technological Innovation and Long Wave Theory: Two Pieces of the Puzzle. *Journal of Evolutionary Economics*. Bd. 1, S. 241-272.

deBresson, C. (1995): Predicting the Most Likely Diffusion Sequence of a New Technology through the Economy: The Case of Superconductivity. *Research Policy*, Bd. 24, S. 685-705.

Denison, E.F. (1964): The Unimportance of the Embodiment Question. *American Economic Review*, Bd. 54, S. 90-94.

Döbke, J. (2001): *The "Employment Intensity" of Growth in Europe*. Kiel Working Paper No. 1021, Kieler Institut für Weltwirtschaft, Kiel.

Domar, E.D. (1946): Capital Expansion, Rate of Growth, and Employment. *Econometrica*, Bd. 14, S. 137-147.

Dornbusch, R., Fischer, S. und Startz, R. (2001): *Macroeconomics*. 8. Aufl., Boston *et al.*

Dosi, G. (1982): Technological Paradigms and Technological Trajectories. *Research Policy*, Bd. 11, S. 147-162.

Dosi, G. (1984a): Technological Paradigms and Technological Trajectories. In: Freeman, C. (Hrsg.): *Long Waves in the World Economy*, London, S. 78-101.

Dosi, G. (1984b): *Technical Change and Industrial Transformation. The Theory and an Application to the Semiconductor Industry*. London.

Dosi, G. (1988): Sources, Procedures, and Microeconomic Effects of Innovation. *Journal of Economic Literature*. Bd. XXVI, S. 1120-1171.

Dosi, G. (1991): The Research on Innovation Diffusion: An Assessment. In: Nakicenovic, N. und Grübler, A. (Hrsg.): *Diffusion, Technologies and Social Behaviour*. Berlin, S. 179-208.

Dosi, G. (1999): Some Notes on National Systems of Innovation and Production, and their Implications for Economic Analysis. In: Archibugi, D.; Howells, J. und Michie, J. (Hrsg.): *Innovation Policy in a Global Economy*. Cambridge, S. 35-48.

Dosi, G. und Metcalfe, J.S. (1991): On Some Notions of Irreversiblity in Economics. In: Saviotti, P.P. und Metcalfe, J.S. (Hrsg.): *Evolutionary Theories of Economic and Technological Change*. Chur, S. 133-159.

Dosi, G. und Nelson, R.R. (1994): An Introduction to Evolutionary Theories in Economics. *Journal of Evolutionary Economics*, Bd. 4, S. 153-172.

Dosi, G.; Pavitt, K. und Soete, L. (1990): *The Economics of Technical Change and International Trade*. Hemel Hempstead.

Duijn van, J.J. (1983): *The Long Waves of Economic Life*. London.

Dybvig, P.H. und Spatt, C.S. (1983): Adoption Externalities as Public Goods. *Journal of Public Economics*, Bd. 20, S. 231-247.

Edler, D. (1989): Beschäftigungswirkungen des Einsatzes von Industrierobotern bis zum Jahre 1995 – Modellrechnung auf der Basis eines dynamischen Input-Output-Ansatzes. In: Meyer-Krahmer, F. (Hrsg.): *Sektorale und gesamtwirtschaftliche Beschäftigungswirkungen moderner Technologien*. Berlin, New York, S. 111-163.

Edler, D. *et al.* (1989): Intersektorale Auswirkungen des Einsatzes von Industrierobotern und CNC-Werkzeugmaschinen: Eine empirisch gestützte Input-Output-Analyse. In: Schettkat, R. und Wagner, M. (Hrsg.): *Technologischer Wandel und Beschäftigung: Fakten, Analysen, Trends*. Berlin, New York, S. 319-342.

Edquist, C.; Hommen, L. und McKelvey, M. (1997): *Innovations and Employment in a Systems of Innovation Perspective*. ISRN Thema T Working Paper No. 177, University of Linköping. Linköping.

Edquist, C.; Hommen, L. und McKelvey, M. (2001): *Innovation and Employment. Product vs. Process Innovation*. Cheltenham, Northampton.

Erber, G. (1994): *Verdoorn's Law or Okun's Law? Employment and Growth Experiences in OECD Countries, 1960-1993*. DIW-Diskussionspapier Nr. 98, Berlin.

Erber, G. und Hagemann, H. (2001a): Netzwerkökonomie. In: Zimmermann, K.F. (Hrsg.): *Neue Entwicklungen in der Wirtschaftswissenschaft. Bedeutung und mögliche Konsequenzen für die Wirtschaftspolitik und wirtschaftswissenschaftliche Beratung*. Endbericht des gleichnamigen Forschungsprojekts für das Bundesministerium für Finanzen, Berlin, S. 275-317.

Erber, G. und Hagemann, H. (2001b): Wachstum, Strukturwandel und Beschäftigung. In: Zimmermann, K.F. (Hrsg.): *Neue Entwicklungen in der Wirtschaftswissenschaft. Bedeutung und mögliche Konsequenzen für die Wirtschaftspolitik und wirtschaftswissenschaftliche Beratung*. Endbericht des gleichnamigen Forschungsprojekts für das Bundesministerium für Finanzen, Berlin, S. 319-367.

Erber, G. und Hagemann, H. (2002): New Economy in der Krise? *Wirtschaftsdienst*, Bd. 2002/I, S. 23-32.

Erber, G.; Hagemann, H. und Seiter, S. (1998): *Zukunftsperspektiven Deutschlands im internationalen Wettbewerb. Industriepolitische Implikationen der neuen Wachstumstheorie*. Berlin, Heidelberg.

Erber, G.; Hagemann, H. und Seiter, S. (1999): *Wachstums- und beschäftigungspolitische Implikationen des Informations- und Kommunikationssektors*, Abschlußbericht des gleichnamigen von der Hans-Böckler-Stiftung geförderten Projekts, Stuttgart, Berlin.

Erber, G.; Hagemann, H.; Seiter, S. und Schreyer, M. (2001): Produktivitätswachstum in der „New Economy". Übergangsphänomen oder Strukturbruch? In: Arne Heise (Hrsg.): *USA – Modellfall der New Economy?* Marburg, S. 199-263.

Europäische Kommission (1993): *E.C. Harmonized Innovation Surveys 1992/93: Final questionnaire*. Brüssel.

Evers, I. (1974): *Input-Output-Projektionen*. Meisenheim am Glan.

Faber, M. (1975): Mehrergiebigkeit und Hicks' neuer Begriff des technischen Wandels. *Kyklos*, Bd. 28, S. 574-596.

Fantapié Altobelli, F. (1991): *Die Diffusion neuer Kommunikationstechniken in der Bundes-republik Deutschland.* Heidelberg.

Farrel, J. und Saloner, G. (1985): Standardization, Compatibility, and Innovation. *Rand Journal of Economics*, Bd. 16, S. 70-83.

Farrell, J. und Saloner, G. (1986a): Installed Base and Compatibility: Innovation, Product Preannouncements, and Predation. *American Economic Journal*, Bd. 76, S. 940-955.

Farrell, J. und Saloner, G. (1986b): Standardization and Variety. *Economics Letters*, Bd. 20, S. 71-74.

Farrell, J. und Saloner, G. (1987): Competition, Compatibility and Standards: The Economics of Horses, Penguins and Lemmings. In: Gabel, H.L. (Hrsg.): *Product Standardization and Competitive Strategy*. Amsterdam *et al.*

Feder, G. (1982): Adoption of Interrelated Agricultural Innovation: Complementarity and the Impacts of Risk, Scale, and Credit. *American Journal of Agricultural Economics*, Bd. 64, S. 94-101.

Feder, G. und O'Mara, G.T. (1982): On Information and Innovation Diffusion: A Bayesian Approach. *American Journal of Agricultural Economics*, Bd. 64, S. 145-147.

Feder, G.; Just, R.E. und Zilberman, D. (1985): Adoption of Agricultural Innovations in Developing Countries: A Survey. *Economic Development and Cultural Change*, Bd. 33, S. 255-298.

Fisher, R.A. (1958): *The Genetic Theory of Natural Selection*. 2. Aufl., Dover, New York [1. Aufl. 1930, Oxford].

Fleck, J. (1988): *Innofusion or Diffusation? The Nature of Technological Development in Robotics*. ERCS Programme on Information and Communication Technologies (PICT), Working Paper series, University of Edinburgh.

Freeman, C. (1984): Prometheus Unbound. *Futures*, Bd. 16, S. 494-507.

Freeman, C. (1987): *Technology Policy and Economic Performance*. 2. Aufl., London.

Freeman, C. (1988): Diffusion: The Spread of New Technology to Firms, Sectors, and Nations. In: Heertje, A. (Hrsg.): *Innovation, Technology and Finance*. New York, S. 38-70.

Freeman, C. (1994): The Economics of Technical Change. *Cambridge Journal of Economics*, Bd. 18, S. 463-514.

Freeman, C. (1998): Lange Wellen und Arbeitslosigkeit. In: Thomas, H. und Nefiodow, L.A. (Hrsg.): *Kondratieffs Zyklen der Wirtschaft. An der Schwelle neuer Vollbeschäftigung?* Herford, S. 121-153.

Freeman, C. (2001): A Hard Landing for the "New Economy"? Information Technology and the United States National System of Innovation. *Structural Change and Economic Dynamics*, Bd. 12, S. 115-139.

Freeman, C. und Perez, C. (1988): Structural Crisis of Adjustment. In: Dosi, G.; Freeman, C.; Nelson, R.R.; Silverberg, G. und Soete, L. (Hrsg.): *Technical Change and Economic Theory*. London.

Freeman, C. und Soete, L. (1985): *Information Technology and Employment: An Assessment*. Science Policy Research Unit, Unversity of Sussex.

Freeman, C. und Soete, L. (1990): Fast Structural Change and Slow Productivity Change. *Structural Change and Economic Dynamics*, Bd. 1, S. 225-242.

Freeman, C. und Soete, L. (1997): *The Economics of Industrial Innovation*. London.

Freeman, C.; Clark, J. und Soete, L. (1982): *Unemployment and Technical Innovation: A Study of Long Waves in Economic Development*. London.

Fudenberg, D. und Tirole, J. (1985): Preemption and Rent Equalization in the Adoption of New Technology. *Review of Economic Studies*, Bd. 52, S. 383-40.

Gandal, N. (1995): Competing Compatibility Standards and Network Externalities in the PC Software Market. *Review of Economics and Statistics*, Bd. 77, S. 599-608.

Gehrke, C. und Hagemann, H. (1996): Efficient Traverses and Bottlenecks: A Structural Approach. In: Landesmann, M. und Scazzieri, R. (Hrsg.): *Production and Economic Dynamics*. Cambridge, S. 140-166.

Gerstenberger, W. (1991): Neue Technologien und Beschäftigung: Zum Stellenwert von Technologieverflechtungsmatrizen. In: Oppenländer, K.H. (Hrsg.): *Beschäftigungsfolgen moderner Technologien*. Berlin /New York, S. 99-109.

Giersch, H. (1983): Arbeit, Lohn und Produktivität. *Weltwirtschaftliches Archiv*, Bd. 119, S. 1-18.

Gold, B. (1981): Technological Diffusion in Industry: Research Needs and Shortcomings. *Journal of Industrial Economics*, Bd. 29, S. 247-269.

Gold, B.; Peirce, W.S. und Rosegger, G. (1975): Diffusion of Major Technological Innovations. In: Gold, B. (Hrsg.): *Technological Change: Economics, Management and Environment*. Oxford *et al.*

Gomulka, S. (1990): *The Theory of Change and Economic Growth*. London, New York.

Gordon, R.J. (2000): Does the "New Economy" measure up to the Great Innovations of the Past? *Journal of Economic Perspectives*, Bd. 14, S. 49-74.

Gort, M. und Klepper, S. (1982): Time Paths in the Diffusion of Product Innovations. *Economic Journal*, Bd. 92, S. 630-653.

Gowdy, J.M. (1985): Evolutionary Theory and Economic Theory: Some Methodological Issues. *Review of Social Economy*, Bd. 43, S. 316-324.

Griliches, Z. (1957): Hybrid Corn: An Exploration in the Economics of Technical Change. *Econometrica*, Bd. 25, Nr. 4, S. 501-523.

Grübler, A. (1991): Diffusion: Long-Term Patterns and Discontinuities. In: Nakicenovic, N. und Grübler, A. (Hrsg.): *Diffusion of Technologies and Social Behavior*. Berlin *et al.*, S. 451-482.

Hagemann, H. (1983): Wachstumsgleichgewicht, Traverse und technologische Unterbeschäftigung. In: Hagemann, H. und Kalmbach, P. (Hrsg.): *Techni-*

scher Fortschritt und Arbeitslosigkeit. Frankfurt/M., New York, S. 246-295.

Hagemann, H. (1985): Freisetzungs- und Kompensationseffekte neuer Technologien. In: Buttler, F. *et al.* (Hrsg.): *Staat und Beschäftigung: Angebots- und Nachfragepolitik in Theorie und Praxis.* Beiträge zur Arbeitsmarkt- und Berufsforschung, Bd. 88, Nürnberg, S. 291-335.

Hagemann, H. (1990a): Akkumulation, neue Technologien und Beschäftigung: Zu den quantitativen und qualitatitven Beschäftigungswirkungen des technischen Fortschritts bei Adam Smith. In: Kurz, H.D. (Hrsg.): *Adam Smith 1723-1790 – Ein Werk und seine Wirkungsgeschichte.* Marburg, S. 153-174.

Hagemann, H. (1990b): The Structural Theory of Economic Growth. In: Baranzini, M. und Scazzieri, R. (Hrsg.): *The Economic Theory of Structure and Change.* Cambridge, S. 144-171.

Hagemann, H. (1992): Traverse Analysis in a Post-Classical Model. In: Halevi, J.; Laibman, D. und Nell, E.J. (Hrsg.): *Beyond the Steady State. A Revival of Growth Theory.* London, S. 235-263.

Hagemann, H. (1994): The Economy in Traverse: Growth, Technology and Structural Change. *Economie Appliquée*, Bd. 46, S 37-56.

Hagemann, H. (1995a): Technological Unemployment. In: Arestis, P. und Marshall, M. (Hrsg.): *The Political Economy of Full Employment. Conservatism, Corporatism and Institutional Change.* Aldershot, S. 36-53.

Hagemann, H. (1995b): Employment and Machinery. In: Hagemann, H. und Hamouda, O. (Hrsg.): *The Legacy of Hicks.* London, S. 200-224.

Hagemann, H. (1996): Von der Konjunktur- zur Wachstumstheorie: Kontinuität und Evolution im Forschungsprogramm Adolf Löwes. In: Rieter, H. (Hrsg.): *Studien zur Entwicklung der ökonomischen Theorie.* (Schriften des Vereins für Socialpolitik, Bd. 115/XV) Berlin, S. 123-156.

Hagemann, H. (1997): Die gesamtwirtschaftlichen Beschäftigungswirkungen von Lohnsenkungen. In: Sadowski, D. und Schneider, M. (Hrsg.): *Vorschläge zu einer neuen Lohnpolitik.* Frankfurt, New York, S. 47-69.

Hagemann, H. (1999): The Analysis of Wages and Unemployment Revisited: Keynes and Econonomic 'Activists' of Pre-Hitler Germany. In: Pasinetti,

L. und Schefold, B. (Hrsg.): *The Impact of Keynes on Economics in the 20th Century*. Cheltenham, S. 117-130.

Hagemann, H. (2000): Emil Lederer (1882-1939): Economical and Sociological Analyst and Critic of Capitalist Development. In: Koslowski, P. (Hrsg.): *The Theory of Capitalism in the German Economic Tradition*. Berlin *et al.*, S. 26-51.

Hagemann, H. und Jeck, A. (1981): Wachstum und Einkommensverteilung. Strukturanalyse auf der Basis eines dreisektoralen Modells vom Lowe-Feldman-Dobb-Typ. In: Mückl, W.J. und Ott, A.E. (Hrsg.): *Wirtschaftstheorie und Wirtschaftspolitik. Gedenkschrift für Erich Preiser*. Passau, S. 99-124.

Hagemann, H. und Kalmbach, P. (1983): Technischer Fortschritt und Arbeitslosigkeit: Einführung. In: Hagemann, H. und Kalmbach, P. (Hrsg.): *Technischer Fortschritt und Arbeitslosigkeit*. Frankfurt/M., New York, S. 7-37.

Hagemann, H. und Kalmbach, P. (1985): Neue Technologien, Beschäftigung und Arbeitsmarkt. *Diskurs*, Bd. 10: Arbeit und Technik, Bremen, S. 69-109.

Hagemann, H. und Kurz, H.-D. (1976): The Return of the Same Truncation Period and Reswitching of Techniques in Neo-Austrian and More General Models. *Kyklos*, Bd. 29, S. 678-708.

Hagemann, H. und Pfister, J. (1978): Zur Relevanz des Truncation-Theorems in partialanalytischer und totalanalytischer Sicht. *Jahrbücher für Nationalökonomie und Statistik*, Bd. 193, S. 359-379.

Hagemann, H. und Seiter, S. (1999a): Okun's Law. In: O'Hara, P.A. (Hrsg.): *Encyclopedia of Political Economy*. London, New York, S. 819-821.

Hagemann, H. und Seiter, S. (1999b): Verdoorn's Law. In: O'Hara, P.A. (Hrsg.): *Encyclopedia of Political Economy*. London, New York, S. 1228-1231.

Hagemann, H.; Schreyer, M. und Seiter, S. (2001): Produktivität und Wachstum – Lernen von den USA? *Wirtschaft und Gesellschaft*, 27 Jg., Heft 3, S. 277-314.

Hahn, F.H. und Matthews, R.C.O. (1964): The Theory of Economic Growth: A Survey. *Economic Journal*, Bd. 74, S. 779-902.

Håkanson, S. (1974): Special Presses in Paper-Making. In: Nasbeth, L. und Ray, G.F. (Hrsg.): *The Diffusion of New Industrial Processes. An International Study*. Cambridge, S. 58-104.

Hall, P. (1994): *Innovation, Economics and Evolution*. Herfordshire.

Harris, D.J. (1982): Structural Change and Economic Growth – A Review Article. *Contributions to Policital Economy*, Bd. 1, S. 25-45.

Harrod, R.F. (1939): An Essay in Dynamic Theory. Economic Journal, Bd. 49. S. 14-33.

Harsanyi, J.C. (1967): Games with Incomplete Information played by "Bayesian" Players, I-III. Part I: The Basic Model. *Management Science*, Bd. 14, S. 159-182.

Harsanyi, J.C. (1968a): Games with Incomplete Information played by "Bayesian" Players, I-III. Part II: Bayesian Equilibrium Points. *Management Science*, Bd. 14, S. 320-334.

Harsanyi, J.C. (1968b): Games with Incomplete Information played by "Bayesian" Players, I-III. Part III: The Basic Probability Distribution of the Game. *Management Science*, Bd. 14, S. 486-502.

Hartung, J. *et al.* (1995): *Statistik: Lehr- und Handbuch der angewandten Statistik*. 10. Aufl., München, Wien.

Hayek, F.A. von (1931): *Prices and Production*. London.

Helmstädter, E. (1994): Zeit in der Ökonomie und wie geht die Ökonomik damit um? In: Biervert, B. und Held, M. (Hrsg.): *Zeit in der Ökonomik. Perspektiven für die Theoriebildung*. Frankfurt, New York, S. 33-47.

Helmstädter, E. (1998a): Diffusionsgeschwindigkeit von innovativen Produkten und Verfahren. In: Kommission für Zukunftsfragen der Freistaaten Bayern und Sachsen (Hrsg.): *Erwerbstätigkeit und Arbeitslosigkeit in Deutschland. Entwicklung, Ursachen und Maßnahmen*. Anlageband, Bd. 2: Einfluß des technischen Fortschritts auf die Beschäftigung sowie Wirkungen der Arbeitsmarkt- und Beschäftigungspolitik, S. 7-56.

Helmstädter, E. (1998b): Technologische Arbeitslosigkeit heute? In: Hesse, H. und Wetzel, P. (Hrsg.): *Wirtschaftspolitik zwischen gesellschaftlichen Ansprüchen und ökonomischen Grenzen*. Göttingen.

Helmstädter, E. *et al.* (1983): *Die Input-Output-Analyse als Instrument der Strukturforschung*. Tübingen.

Helpman, E. (1998) (Hrsg.): *General Purpose Technologies and Economic Growth*. Cambridge/Mass. *et al.*

Helpman, E. und Trajtenberg, M. (1996): *Diffusion of General Purpose Technologies*. NBER Working Paper No. 5773, Cambridge/Mass.

Helpman, E. und Trajtenberg, M. (1998a): Diffusion of General Purpose Technologies. In: Helpman, E. (Hrsg.): *General Purpose Technologies and Economic Growth*. Cambridge/Mass. *et al.*, S. 85-120.

Helpman, E. und Trajtenberg, M. (1998b): A Time to Sow and a Time to Reap: Growth Based on General Purpose Technologies. In: Helpman, E. (Hrsg.): *General Purpose Technologies and Economic Growth*. Cambridge/Mass. *et al.*, S. 55-83.

Hicks, J.R. (1965): *Capital and Growth*. Oxford.

Hicks, J.R. (1970): A Neo-Austrian Growth Theory. *Economic Journal*, Bd. 90, S. 257-281.

Hicks, J.R. (1973): *Capital and Time. A Neo-Austrian Theory*. Oxford.

Hicks, J.R. (1985): *Methods of Dynamic Economics*. Oxford.

Hirshleifer, J. (1966): Comment on Nelson, R.R. and Phelps, E.S. *American Economic Review, Papers and Proceedings*, Bd. 56, S. 81-82.

Hof, B. (1991): Die Beschäftigungsschwelle. *Wirtschaftswissenschaftliches Studium*, Heft 6, S. 281-286.

Hof, B. (1994): Beschäftigungsschwelle und Wachstum – was besagt die Empirie? *Ifo-Studien*, Bd. 40, S. 127-144.

Holub, H.-W. und Schnabl, H. (1994): *Input-Output-Rechnung: Input-Output-Analyse*. München, Wien.

Holwegler, B. und Trautwein, H.-M. (2000): Nettokapitalexport = Arbeitsplatzexport? Beschäftigungswirkungen von Direktinvestitionen am Beispiel der Metall- und Elektroindustrie im Raum Stuttgart. In: Walter, H.; Hegner, S. und Schechler, J.S. (Hrsg.): *Wachstum, Strukturwandel, Wettbewerb*. Stuttgart.

Howitt, P. (1996): On Some Problems in Measuring Knowledge-Based Growth. In: Howitt, P. (Hrsg.): *The Implications of Knowledge-Based Growth for Micro-Economic Policies*. (wiederabgedruckt und zitiert in Neef, D. (Hrsg.): *The Knowledge Economy*. 1998, Boston *et al.*, S. 97-117).

Hurst, C. und Uppenberg, K. (2001): Wonders will never cease: Prospects for a New Economy in Europe. *EBI Papers*, Bd. 6, S. 9-40.

Ifo-Institut für Wirtschaftsforschung (1981): *Analyse der strukturellen Entwicklung der deutschen Wirtschaft; Strukturberichterstattung 1980: Methodenband*. München, Berlin.

Ireland, N.J. und Stoneman, P. (1985): Order Effects, Perfect Foresight and Intertemporal Price Discrimination. *Recherches Economiques de Louvain*, Bd. 51, S. 7-20.

Ireland, N.J. und Stoneman, P. (1986): Technological Diffusion, Expectations and Welfare. *Oxford Economic Papers*, Bd. 38, S. 283-304.

Iwai, K. (1984a): Schumpeterian Dynamics. An Evolutionary Model of Innovation and Imitation. *Journal of Economic Behaviour and Organization*, Bd. 5, S. 159-190.

Iwai, K. (1984b): Schumpeterian Dynamics, Part II. Technological Progress, Firm Growth and "Economic Selection". *Journal of Economic Behaviour and Organization*, Bd. 5, S. 321-351.

Iwai, K. (2000): A Contribution to the Evolutionary Theory of Innovation, Imitation and Growth. *Journal of Economic Behaviour and Organization*, Bd. 43, S. 167-198.

Jeck, A. und Kurz, H.D. (1983): David Ricardo: Ansichten zur Maschinerie. In: Hagemann, H. und Kalmbach, P. (Hrsg.): *Technischer Fortschritt und Arbeitslosigkeit*. Frankfurt, New York, S. 38-116.

Jensen, R. (1982): Adoption and Diffusion of an Innovation of Uncertain Profitability. *Journal of Economic Theory*, Bd. 27, S. 182-193.

Jensen, R. (1983): Innovation Adoption and Diffusion when there are Competing Technologies. *Journal of Economic Theory*, Bd. 29, S. 161-171.

Jensen, R. (1988): Information Cost and Innovation Adoption Policies. *Management Science*, Bd. 34, S. 230-239.

Johansen, L. (1959): Substitution versus Fixed Production Coefficients in the Theory of Economic Growth: A Synthesis. *Econometrica*, Bd. 27, S. 157-176.

Jorgenson, D.W. und Stiroh, K.J. (1995): Computers and Growth. *Economics of Innovation and New Technology*, Bd. 3, S. 295-316.

Jorgenson, D.W. und Stiroh, K.J. (2000): Raising the Speed Limit: U.S. Economic Growth in the Information Age. *Brookings Papers on Economic Acivity*, S. 125-235

Jovanovic, B. und Lach, S. (1989): Entry, Exit, and Diffusion with Learning by Doing. *American Economic Review*, Bd. 79, S. 690-699.

Jovanovic, B. und Rousseau, L. (2002): *Moore's Law and Learning-By-Doing.* NBER Working Paper No. 8762, Cambridge/Mass.

Jovanovic, B. und Stolyarov, D. (1997): *Learning, Complementarities and Asynchronous Use of Technology*. NBER Working Paper No. 5870. Cambridge, Mass.

Kähler, A. (1933): *Die Theorie der Arbeiterfreisetzung durch die Maschine. Eine gesamtwirtschaftliche Abhandlung des modernen Technisierungsprozesses*. Greifswald.

Kaiser, M. und Münzenmaier, W. (1995): Technologische Verflechtungsstrukturen in Baden-Württemberg – Möglichkeiten und Grenzen eines Einbaus von F&E-Informationen in regionale Input-Output-Tabellen. In: Schnabl, H. (Hrsg): *Technologieverflechtung und Strukturwandel*. Tübingen, S. 69-89.

Kaldor, N. (1957): A Model of Economic Growth. *Economic Journal*, Bd. 67, S. 591-624.

Kaldor, N. (1966): *Causes of the Slow Rate of Economic Growth in the United Kingdom*. Inaugural Lecture at the University of Cambridge, Cambridge (wiederabgedruckt und zitiert in: Targetti, E. und Thirlwall, A.P. (Hrsg.) (1989): *The Essential Kaldor*. London, S. 282-310).

Kaldor, N. (1967): *Strategic Factors in Economic Development*. Ithaca.

Kaldor, N. und Mirrlees, J.A. (1962): A New Model of Economic Growth. *Review of Economic Studies*, Bd. 29, S. 174-192.

Kalmbach, P. (1972): *Wachstum und Verteilung in postkeynesianischer und neoklassischer Sicht.* Berlin.

Kalmbach, P. (1979): Technologiepolitik als Strukturpolitik. In: Simmert D.B. (Hrsg.): *Wirtschaftspolitik-Kontroversen.* Köln, S. 466-483.

Kalmbach, P. (1983): Die Berechnung der Freisetzung und Einsparung von Arbeitskräften: Einige Überlegungen anläßlich der ex-post-Betrachtung einer Prognose. In: Hagemann, H. und Kalmbach, P. (Hrsg.): *Technischer Fortschritt und Arbeitslosigkeit.* Frankfurt, New York, S. 296-311.

Kalmbach, P. (1986): *Beschäftigungseffekte des technologischen Wandels - Ansatzpunkte ihrer Quantifizierung im Rahmen der Input-Output-Analyse.* Arbeitspapier Nr. 2 der Forschungsgruppe "Technologischer Wandel und Beschäftigung", Universität Bremen.

Kalmbach, P. (1991): Input-Output-Modelle zur Untersuchung der Beschäftigungseffekte neuer Technologien: Möglichkeiten und Grenzen. In: Oppenländer, K.H. (Hrsg.): *Beschäftigungsfolgen moderner Technologien.* Berlin, New York, S. 86-98.

Kalmbach, P. und Kurz, H.D. (1990): Diffusion programmgesteuerter Arbeitsmittel und Beschäftigung: Eine dynamische Input-Output-Studie für die Bundesrepublik Deutschland. *Wirtschaft und Gesellschaft*, Bd. 16, S. 79-100.

Kalmbach, P. und Kurz, H.D. (1992): *Chips und Jobs. Zu den Beschäftigungswirkungen des Einsatzes programmgesteuerter Arbeitsmittel.* Marburg.

Karshenas, M. und Stoneman, P. (1993): Rank, Stock, Order and Epidemic Effects in the Diffusion of New Process Technologies: An Empirical Model. *Rand Journal of Economics*, Bd. 24, S. 503-528.

Karshenas, M. und Stoneman, P. (1995): Technological Diffusion. In: Stoneman, H. (Hrsg.): *Handbook of the Economics of Innovation and Technological Change.* Oxford, S. 265-297.

Katsoulacos, Y.S. (1984): Product Innovation and Employment. *European Economic Review*, Bd. 26, S. 83-108.

Katsoulacos, Y.S. (1986): *The Employment Effect of Technical Change. A Theoretical Study of New Technology and the Labour Market.* Brighton.

Katz, M.L. und Shapiro, C. (1985): Network Externalities, Competition, and Compatibility. *American Economic Review*, Bd. 75, S. 424-440.

Katz, M.L. und Shapiro, C. (1986): Technology Adoption in the Presence of Network Externalities. *Journal of Political Economy*, Bd. 94, S. 822-841.

Katz, M.L. und Shapiro, C. (1992): Product Introduction with Network Externalities. *Journal of Industrial Economics*, Bd. 40, S. 55-83.

Katz, M.L. und Shapiro, C. (1994): Systems Competition and Network Effects. *Journal of Economic Perspectives*, Bd. 8, S. 93-115.

Klauder, W. (1986): Technischer Fortschritt und Beschäftigung. Zum Zusammenhang von Technik, Strukturwandel, Wachstum und Beschäftigung. *Mitteilungen aus der Arbeitsmarkt- und Berufsforschung*, Bd. 19, S. 1-19.

Klauder, W. (1988): Technischer Fortschritt und Beschäftigung. *Wirtschaftswissenschaftliches Studium (WiSt)*, Heft 3, S. 113-20.

Klauder, W. (1990): Zur Entwicklung von Produktivität und Beschäftigungsschwelle. *Mitteilungen aus der Arbeitsmarkt und Berufsforschung*, Bd. 23, S. 86-99.

Kline, S.J. und Rosenberg, N. (1986): An Overview of Innovation. In: Landau, R. und Rosenberg, N. (Hrsg.): *The Positive Sum Strategy. Harnessing Technology for Economic Growth*. Washington, D.C., S. 275-305.

Klodt, H. (1985): Kapitalgebundener technischer Fortschritt: ein Überblick. *Weltwirtschaftliches Archiv*, Bd. 121, S. 151-170.

Klodt, H. *et al.* (Hrsg.): *Standort Deutschland: Strukturelle Herausforderung im neuen Europa*. Tübingen.

Knight, F.H. (1921): *Risk, Uncertainty and Profit*. Chicago, Reprint 1971.

Knottenbauer, K. (2000): *Theorien des sektoralen Strukturwandels*. Diss., Marburg.

Knottenbauer, K. (2002): Sektoraler Strukturwandel und Wachstum: Die Theorie von Luigi Pasinetti. In: Hagemann, H. und Seiter, S (Hrsg.): *Neuere Entwicklungen in der Wachstumstheorie und –politik*. Marburg.

Kraus, M. und Wirth, S. (1997): *Einige Anmerkungen zur Anpassungsgeschwindigkeit in Hicks' neoösterreichischer Traversenanalyse*. Diskussionsbeiträge aus dem Institut für Volkswirtschaftslehre, Nr. 149, Universität Hohenheim, Stuttgart.

Kromphardt, J. (1977): Investitionen und Beschäftigung. Eine Kritik an den diesbezüglichen Ausführungen des Sachverständigenrats. *Finanzarchiv*, Bd. 36 (NF), S. 294-311.

Kromphardt, J. (1998): *Lohnbildung und Beschäftigung*. Schriftenreihe des Promotionsschwerpunkts Makroökonomische Diagnosen und Therapien der Arbeitslosigkeit, Nr. 6/1998. Universität Hohenheim, Stuttgart.

Kromphardt, J. (1999): Abweichende Meinung im Jahresgutachten 1999/2000: "Wirtschaftspolitik unter Reformdruck" des SVR, Tz. 366-373, Stuttgart.

Kromphardt, J. und Teschner, M. (1986): Neuere Entwicklungen der Innovationstheorie. *Vierteljahreshefte zur Wirtschaftsforschung*, 55. Jg., S. 235-247.

Kuhlo, K.C. (1965): Begriffe und Berechnungen der Freisetzung. *Ifo-Studien*, 11. Jg., S. 45-108.

Kurz, H.-D. (1984): Ricardo and Lowe on Machinery. *Eastern Economic Journal*, Bd. X, S. 211-229.

Lachmann, L.M. (1989): Sir John Hicks as a Neo-Austrian. In: Wood, J.C. und Woods, R.N. (Hrsg.): *Sir John R. Hicks. Critical Assessments*. Bd. III, London, New York, S. 240-257.

Lange, O. (1942): Say's Law: A Restatement and Criticism. In: Lange, O. *et al.* (Hrsg): *Studies in Mathematical Economics*. Chicago, S. 49-68.

Lansing, R.M. (1975): On Technical Progress and the Speed of Adjustment. *Economica*, Bd. 44, S. 394-400.

Lederer, L. (1981): *Technischer Fortschritt und Arbeitslosigkeit. Eine Untersuchung der Hindernisse des ökonomischen Wachstums*. Frankfurt. Nachdruck der 1938 erschienenen 2. Auflage, Genf. 1. Auflage 1931, Tübingen.

Lekvall, P. und Wahlbin, C. (1973): A Study of Some Assumptions underlying Innovation Diffusion Functions. *Swedish Journal of Economics*, Bd. 75, S. 362-377.

Leoncini, R.; Maggioni, M.A. und Montresor, S. (1996): Intersectoral Innovation Flows and National Technological Systems: Network Analysis for Comparing Italy and Germany. *Research Policy*, Bd. 25, S. 415-430.

Leontief, W. (1982): Werkzeuge, Maschinen, Computer, Roboter. Die Folgen für Arbeitsplätze und Einkommensverteilung. *Spektrum der Wissenschaft*, Heft 11, S. 146-156.

Leontief, W. und Duchin, F. (1986): *The Future Impact of Automation on Workers*. Oxford, New York.

Liebowitz, S.J. und Margolis, S.E. (1990): The Fable of the Keys. *Journal of Law and Economics*, Bd. 33, S. 1-25.

Liebowitz, S.J. und Margolis, S.E. (1994): Network Externalities: An uncommon Tragedy. *Journal of Economic Perspectives*, Bd. 8, S. 133-150.

Liebowitz, S.J. und Margolis, S.E. (1995a): Path-Dependence, Lock-In, and History. *Journal of Law, Economics and Organization*, Bd. 11, S. 205-226.

Liebowitz, S.J. und Margolis, S.E. (1995b): Are Network Externalities a New Source of Market Failure? *Research in Law and Economics*, Bd. 17, S. 1-22.

Lindner, R.; Fischer, A. und Pardey, P. (1979): The Time to Adoption. *Economics Letters*, Bd. 2, S. 187-190.

Lipsey, R.G. ; Bekar, C. und Carlaw, K. (1998a): What Requires Explanation? In: Helpman, E. (Hrsg.): *General Purpose Technologies and Economic Growth*. Cambridge/Mass. *et al.*, S. 15-54.

Lipsey, R.G.; Bekar, C. und Carlaw, K. (1998b): The Consequences of Changes in GPT's. In: Helpman, E. (Hrsg.): *General Purpose Technologies and Economic Growth*. Cambridge/Mass. *et al.*, S. 193-218.

Löbbe, K. (1998): Sectoral Employment Elasticities in Germany. In: Addison, J.T. und Welfens, P. (Hrsg): *Labor Markets and Social Security*. Heidelberg, S. 91-121.

Los, B. (1995): *Towards Dynamic Input-Output Models Integrating Economic and Technological Linkages*. Paper prepared for the First European Summer School in Structural Change and Economic Dynamics. Selwyn College, Cambridge, 8. – 14. Juli 1995.

Lowe, A. (1976): *The Path of Economic Growth*. Cambridge.

Lundvall, B.-Å. (1992) (Hrsg.): *National Systems of Innovation: Toward a Theory of Innovation and Interactive Learning*. London.

Mahajan, V. und Peterson, P.A. (1985): *Models for Innovation Diffusion*. Beverly Hills *et al.*

Mahajan, V.; Muller, E. und Bass, F.M (1990): New Product Diffusion Models in Marketing: A Review and Directions for Research. *Journal of Marketing*, Bd. 54, S. 1-26 (Wiederabgedruckt in: Nakicenovic, N. und Grübler, A. (Hrsg.): Diffusion of Technologies and Social Behavior. Berlin *et al.*, 1991,S. 125-177).

Mahler, A. und Stoetzer, M.-W. (1995): Einführung: Die Diffusion von Innovationen in der Telekommunikation. In: Stoetzer, M.-W. und Mahler, A. (Hrsg.): *Die Diffusion von Innovationen in der Telekommunikation*. Berlin *et al.*, S. 1-24.

Malthus, Th.R. (1836): *Principles of Political Economy*. London, Reprint: Clifton 1974.

Mansfield, E. (1961): Technical Change and the Rate of Imitation. *Econometrica*, Bd. 29, S. 741-766.

Mansfield, E. (1963a): The Speed of Response of Firms to New Techniques. *Quarterly Journal of Economics*, Bd. LXXVII, S. 291-311.

Mansfield, E. (1963b): Intrafirm Rates of Diffusion of an Innovation. *Review of Economics and Statistics*, Bd. 45, S. 348-359.

Mansfield, E. (1963c): Size of Firm, Market Structure, and Innovation. *Journal of Political Economy*, Bd. 71, S. 556-576.

Mansfield, E. (1968a): *The Economics of Technological Change*. New York.

Mansfield, E. (1968b): *Industrial Research and Technological Innovation. An Econometric Analysis*. New York.

Mansfield, E. (1973): Determinants of the Speed of Application of New Technology. In: Williams, B.R. (Hrsg.): *Science and Technology in Economic Growth*. New York, S. 197-226.

Mansfield, E. (1986): Microeconomics of Technological Innovation. In: Landau, R. und Rosenberg, N. (Hrsg.): *The Positive Sum Strategy. Harnessing Technology for Economic Growth*. Washington, D.C., S. 307-325.

Mansfield, E. und Hensley, C. (1960): The Logistic Process: Tables of the Stochastic Epide-mic Curve and Applications. *Journal of the Royal Statistical Society*, Bd. 22 B, S. 332-337.

Marengo, L. und Sterlacchini, A. (1990): Intersectoral Technology Flows. Methodological Aspects and Empirical Applications. *Metroeconomica*, Bd. 41, S. 19-39.

Marx, K. (1968): *Das Kapital. Kritik der politischen Ökonomie*. Bd. 1, Berlin.

Marx, K. (1969): *Das Kapital. Kritik der politischen Ökonomie*. Bd. 2, Berlin.

Massell, B.F. (1962): Investment, Innovation, and Growth. *Econometrica*, Bd. 30, S. 239-252.

McCardle, K. (1985): Information Acquisition and the Adoption of New Technology. *Management Science*, Bd. 31, S. 1372-1389.

McCulloch, J.R. (1821): The Opinions of Messrs. Say, Sismondi, and Malthus, on the Effects of Machinery and Accumulation. Stated and Examined. *Edinburgh Review*, März, S. 102-123.

Meijers, H. (1994): *On the Diffusion of Technologies in a Vintage-Framework*. Diss., Maastricht.

Melzig-Thiel, B. (2000): *Arbeit in der Informationsgesellschaft*. Diss, Frankfurt *et al.*

Mensch, G. (1975): *Das technologische Patt – Innovationen überwinden die Depression*. Frankfurt.

Metcalfe, J.S. (1981): Impulse and Diffusion in the Study of Technical Change. In: *Futures*, Bd. 13, S. 347-359 (wiederabgedruckt in: Freeman, C. (Hrsg.): *Long Waves in the World Economy*, London, S. 102-114.

Metcalfe, J.S. (1988): The Diffusion of Innovation: An Interpretative Suvery. In: Dosi, G. *et al.* (Hrsg.): *Technical Change and Economic Theory*. London, S. 560-589.

Metcalfe, J.S. (1990): On Diffusion, Investment and the Progress of Technological Change. In: Deiaco, E.; Hörnell, E. und Vickery, G. (Hrsg.): *Technology and Investment. Crucial Issues for the 1990s*. London, S. 17-38.

Metcalfe, J.S. (1994): Competition, Fisher's Principle and Increasing Returns in the Selection Process. *Journal of Evolutionary Economics*, Bd. 4, S. 327-346.

Metcalfe, J.S. (1998): *Evolutionary Economics and Creative Destruction*. London, New York.

Mettelsiefen, B. (1981): *Technischer Wandel und Beschäftigung: Rekonstruktion der Freisetzungs- und Kompensationsdebatten.* Frankfurt/M., New York.

Mettelsiefen, B. (1983): Der Beitrag der 'Kieler Schule' zur Freisetzungs- und Kompensationstheorie. In: Hagemann, H. und Kalmbach, P. (Hrsg.): *Technischer Fortschritt und Arbeitslosigkeit.* Frankfurt/M., New York, S. 204-244.

Mettelsiefen, B. und Barens, I. (1987): *Direkte und indirekte Beschäftigungswirkungen technologischer Innovationen.* Beiträge zur Arbeitsmarkt- und Berufsforschung, Bd. 112, Nürnberg.

Meyer-Krahmer, F. (1984): Recent Results in Measuring Innovation Output. *Research Policy*, Bd. 13, S. 175-182.

Meyer-Krahmer, F. (1999): Innovation als Beitrag zur Lösung von Beschäftigungsproblemen? *Mitteilungen zur Arbeitsmarkt- und Berufsforschung*, Bd. 32, S. 402-415.

Meyer-Krahmer, F. und Wessels, H. (1989): Intersektorale Verflechtung von Technologiegebern und Technologienehmern. Eine empirische Analyse für die Bundesrepublik Deutschland. *Jahrbücher für Nationalökonomie und Statistik*, Bd. 206, S. 563-582.

Mill, J.St. (1848): *Principles of Political Economy. With Some of Their Applications to Social Philosophy.* London, Reprint 1976, Fairfield.

Mokyr, J. (1990): *The Lever of Riches. Technological Creativity and Economic Progress.* Oxford.

Muysken, J. und van Zon, A.H. (1987): Employment and Unemployment in the Netherlands, 1960-1984: A Putty-Clay Approach. *Recherches Economique de Louvain*, Bd. 53, S. 101-133.

Nasbeth, L. und Ray, G.F. (1974) (Hrsg.): *The Diffusion of New Industrial Processes. An International Study.* Cambridge.

Neisser, H.P. (1942): "Permanent" Technological Unemployment. *American Economic Review*, Bd. 32, S. 50-71.

Nell, E. (1976): Appendix: An Alternative Presentation of Lowe's Basic Model. In: Lowe, A.: *The Path of Economic Growth.* Cambridge, S. 289-325.

Nelson, R.R. (1995): Recent Evolutionary Theorizing about Economic Change. *Journal of Economic Literature*, Bd. XXXIII, S. 48-90.

Nelson, R.R. und Phelps, E.S. (1966): Investment in Humans, Technological Diffusion, and Economic Growth. *American Economic Review, Papers and Proceedings*, Bd. 56, S. 69-75.

Nelson, R.R. und Winter, S.G. (1974): Neoclassical vs. Evolutionary Theories of Economic Growth: Critique and Prospectus. *Economic Journal*, Bd. 84, S. 886-905.

Nelson, R.R. und Winter, S.G. (1982): *An Evolutionary Theory of Economic Change*. Cambridge.

OECD [Organisation for Economic Co-operation and Development] (1981): *Information Acitivities, Electronics and Telecommunication Technologies: Impact on Employment, Growth and Trade*. Bd. 1, Paris.

OECD (1982): *Micro-electronics, Robotics and Jobs*. Paris.

OECD (1992): *Technology and the Economy. The Key Relationships*. Paris.

OECD (1994): *The OECD Jobs Study. Evidence and Explanations. Part I: Labour Market Trends and Underlying Forces of Change*. Paris.

OECD (1996a): *Oslo Manual*. 2. Aufl., Paris.

OECD (1996b): *The OECD Jobs Strategy. Technology, Productivity and Job Creation. Vol. 2: Analytical Report*. Paris.

Oliner, S.D. und Sichel, D.E. (1994): Computers and Output Growth Revisited: How Big is the Puzzle? *Brookings Papers on Economic Activity*, Bd. 2, S. 273-317.

Oliner, S.D. und Sichel, D.E. (2000): The Resurgence of Growth in the Late 1990s: Is Information Technology the Story? *Journal of Economic Perspectives*, Bd. 14, S. 3-22.

Pasinetti, L.L. (1973): The Notion of Vertical Integration in Economic Analysis. *Metroeconomica*, Bd. XXV, S. 1-29.

Pasinetti, L.L. (1981): *Structural Change and Economic Growth – A Theoretical Essay on the Dynamics of the Wealth of Nations*. Cambridge.

Pasinetti, L.L. (1993): *Structural Economic Dynamics – A Theory of the Economic Consequences of Human Learning*. Cambridge.

Patel, P. und Soete, L. (1987): *The Contribution of Science and Technology to Economic Growth: A Critical Reappraisal of the evidence.* OECD working papers DSTI (SPR/87.18), Paris.

Patinkin, D. (1965): *Money, Interest and Prices.* 2. Aufl., New York.

Pavitt, K. (1984): Sectoral Patterns of Technical Change: Towards a Taxonomy and a Theory. *Research Policy*, Bd. 13, S. 343-373.

Penzkofer, H.; Schmalholz, H. und Scholz, L. (1989): *Innovation, Wachstum und Beschäftigung: einzelwirtschaftliche, sektorale und intersektorale Innovationsaktivitäten und ihre Auswirkungen auf die deutsche Wirtschaft in den achtziger Jahren.* Arbeitsmarktwirkungen moderner Technologien. Bd. 3, Berlin, New York.

Perez, C. (1983): Structural Change and the Assimilation of New Technologies in the Economic and Social System. *Futures*, Bd. 15, S. 357-375.

Petit, P. (1994): Employment and Technological Change. In: Stoneman, P. (Hrsg.): *Handbook of the Economics of Innovation and Technological Change.* Oxford, S. 366-408.

Phelps, E.S. (1962): The New View of Investment: A Neoclassical Analysis. *Quarterly Journal of Economics*, Bd. 76, S. 548-567.

Phelps, E.S. (1963): Substitution, Fixed Proportions, Growth and Distribution. *International Economic Review*, Bd. 4, S. 265-288.

Pianta, M. und Vivarelli, M. (2000): Introduction: Economic Structure, Technology and Employment. In: Vivarelli, M. und Pianta, M. (Hrsg.): *The Employment Impact of Innovation. Evidence and Policy.* London, New York, S. 1-11.

Pigou, A.C. (1913): *Theory of Unemployment.* Cambridge.

Pissarides, C.A. (2000): *Equilibrium Unemployment Theory.* 2. Aufl., Cambridge, Mass.

Preißl, B. (1995): Strategic Use of Communication Technology – Diffusion Processes in Networks and Environments. *Information Econonomics and Policy*, Bd. 7, S. 75-99.

Pusse, L. (1975): Zur Analyse und Prognose der Arbeitsproduktivität auf produktionstheoretischer Basis. *Mitteilungen aus der Arbeitsmarkt und Berufsforschung*, Bd. 3, S. 231-242.

Pusse, L. (1990): Überlegungen zur formalen und empirischen Bestimmung der Beschäftigungsschwelle. *Mitteilungen aus der Arbeitsmarkt und Berufsforschung*, Bd. 23, S. 100-105.

Pusse, L. (1998): Wachstum fördern, Beschäftigungsschwelle senken. In: IAB-Agenda '98: *Wissenschaftliche Befunde und Empfehlungen zur Arbeitsmarkt- und Beschäftigungspolitik.* Nürnberg, S. 49-55 (IAB-Werkstattbericht Nr. 10/1998).

Pyka, A. (1999): *Der kollektive Innovationsprozeß. Eine theoretische Analyse informeller Netzwerke und absorptiver Fähigkeiten.* Berlin.

Quesnay, F. (1759): *Tableau économique.* 3. Aufl., Paris.

Quirmbach, H. (1986): The Diffusion of New Technology and the Market for an Innovation. *Rand Journal of Economics*, Bd. 17, S. 33-47.

Radke, M.-P. (2001): *Law and Economics of Microsoft vs. U.S. Department of Justice: New Paradigm for Antitrust in Network Markets or Inefficient Lock-in of Antitrust Policy?* Schriftenreihe des Promotionsschwerpunkts Globalisierung und Beschäftigung Nr. 16/2001, Universität Hohenheim, Stuttgart.

Ray, G.F. (1974): Introduction. In: Nasbeth, L. und Ray, G.F. (Hrsg.): *The Diffusion of New Industrial Processes. An International Study.* Cambridge, S. 1-15.

Ray, G.F. (1989): Full Circle: The Diffusion of Technology. *Research Policy*, Bd. 18, S. 1-18.

Reati, A. (1995): *Radical Innovations and Long Waves in Pasinetti's Model of Structural Change: Output and Employment.* Economic Papers No. 109, European Commission, Brüssel.

Reati, A. (1998): A Long-Wave Pattern for Output and Employment in Pasinetti's Model of Structural Change. *Economie Appliquée*, Bd. LI, S. 29-77.

Reinganum, J.F. (1981a): On the Diffusion of New Technology: A Game Theoretic Approach. *Review of Economic Studies*, Bd. 48, S. 395-405.

Reinganum, J.F. (1981b): Market Structure and the Diffusion of New Technology. *Bell Journal of Economics*, Bd. 12, S. 618-624.

Reinganum, J.F. (1983): Technology Adoption under Imperfect Information. *Bell Journal of Economics*, Bd. 14, S. 57-69.

Reinganum, J.F. (1989): The Timing of Innovation: Research, Development, and Diffusion. In: Schmalensee, R. und Willig, R.D. (Hrsg.): *Handbook of Industrial Organisation*. Bd. 1, Amsterdam *et al.*, S. 849-908.

Ricardo, D. (1821): *On the Principles of Political Economy and Taxation*. 3. Aufl., hrsg. von Sraffa, P.: *The Works and Correspondence of David Ricardo*. Bd. 1, 3.Aufl., Cambridge, 1973.

Richter, J. (1985): Technologieveränderungen und ihre Determinanten. *Wirtschaftspolitische Blätter*, Bd. 32, S. 301-313.

Richter, J. (1991): *Aktualisierung und Prognose technischer Koeffizienten in gesamtwirtschaftlichen Input-Output-Modellen*. Heidelberg.

Richter, J. (1995): Technologie in Input-Output Tabellen – Abbildung von Produktionsverhältnissen oder statistische Artefakte? In: Schnabl, H. (Hrsg.): *Technologieverflechtung und Strukturwandel*. Tübingen, S. 179-184.

Robinson, J. (1972): *Die Akkumulation des Kapitals*. 3. Aufl., Frankfurt/M. *et al.* (engl. Orginialausgabe: *The Accumulation of Capital*, 3. Aufl. London *et al.*).

Rogers, E.M (1995a): *Diffusion of Innovations*. 4. Aufl., New York *et al.*

Rogers, E.M. (1995b): Diffusion of Innovations: Modifications of a Model for Telecommunications. In: Stoetzer, M.-W. und Mahler, A. (Hrsg.): *Die Diffusion von Innovationen in der Telekommunikation*. Berlin *et al.*, S. 25-38.

Rohlfs, J. (1974): A Theory of Interdependent Demand for a Communications Service. *Bell Journal of Economics and Management Science*, Bd. 5, S. 16-37.

Röhreke, H. (1990): *Beschäftigungswirkungen von Prozeß- und Produktinnovationen*. Freiburg.

Romeo, A.A. (1977): The Rate of Imitation of Capital-Embodied Process Innovation. *Econo-mica*, Bd. 44, S. 63-69.

Romer, P.M. (1990): Capital, Labour and Productivity. *Brookings Papers on Economic Activity*, S. 337-367

Rose, K. (1995): *Grundlagen der Wachstumstheorie*. 6. Auflage, Göttingen.

Rosenberg, N. (1972): Factors Affecting the Diffusion of Technology. *Explorations in Economic History*, Bd. 9, S. 2-33.

Rosenberg, N. (1976): On Technological Expectations. *Economic Journal*, Bd. 86, S. 523-535.

Rosenberg, N. (1982): *Inside the Black Box: Technology and Economics*. Cambridge.

Rothschild, K.W. (1981): Einführung in die Ungleichgewichtstheorie. Berlin.

Salter, W.E.G. (1966): *Productivity and Technical Change*. 2. Aufl., Cambridge, 1. Aufl.: 1960.

Sarkar, J. (1998): Technological Diffusion: Alternative Theories and Historical Evidence. *Journal of Economic Surveys*, Bd. 12, Nr. 2, S. 131-176.

Sato, K. (1966): On the Adjustment Time in Neo-Classical Growth Models. *Review of Economic Studies*, Bd. 33, S. 263-268.

Sato, R. (1963): Fiscal Policy in a Neo-Classical Growth Model: An Analysis of Time Required for Equilibrium Adjustment. *Review of Economic Studies*, Bd. XXX, S. 16-23 (zitiert und wiederabgedruckt in deutscher Übersetzung: Fiskalpolitik in einem neoklassischen Wachstumsmodell: eine Untersuchung der Zeitdauer des Anpassungsprozesses. In: König, H. (Hrsg.) (1968): *Wachstum und Entwicklung der Wirtschaft*. Köln und Berlin, S. 175-184.

Saviotti, P.P. und Metcalfe, J.S. (1991): Present Development and Trends in Evolutionary Economics. In: Saviotti, P.P. und Metcalfe, J.S. (Hrsg): *Evolutionary Theories of Economic and Technological Change*. Chur, S. 1-29.

Say, J.B. (1819): *Traitè d'Economie Politique*. 4. Aufl., Paris (1. Aufl. 1803).

Scazzieri, R. (1990): *Classical Traverse Analysis*. Mailand.

Schaden, B. *et al.* (2000): *Neue Informations- und Kommunikationstechnologien, Tertiarisierung und Globalisierung: Strukturberichterstattung 1996-1998*. Schriftenreihe des ifo Instituts für Wirtschaftsforschung Nr. 149, Berlin.

Schalk, H.J. (1991): Zur Entkoppelungsthese von Wachstum und Beschäftigung: Eine empirische Untersuchung mit Okuns's Law für die Bundesrepublik Deutschland. *RWI-Mitteilungen*, Jg. 42, S. 205-213.

Schalk, H.J. und Untiedt, G. (2000): *Wachstum und Arbeitslosigkeit. Empirische Befunde und wirtschaftspolitische Optionen für die Bundesrepublik*

Deutschland. Endbericht des Gutachtens im Auftrag der Friedrich-Ebert-Stiftung, GEFRA Gesellschaft für ökonomische Regionalanalysen, Münster.

Schalk, H.J.; Lüschow, J. und Untiedt, G. (1997): Wachstum und Arbeitslosigkeit – Gibt es noch einen Zusammenhang? *Ifo-Schnelldienst*, Bd. 17-18/97, S. 3-14.

Schefold, B. (1994): Buchbesprechung von "Structural Economic Dynamics" von L.L. Pasinetti. *Journal of Economic Literature*, Bd. 32, S. 1936-1937.

Scherer, F.A. (1982a): Inter-Industry Technology Flows and Productivity Growth. *Review of Economics and Statistics*, Bd. 64, S. 627-634.

Scherer, F.A. (1982b): Inter-Industry Technology Flows in the United States. *Research Policy*, Bd. 11, S. 227-245.

Schnabl, H. (2000): *Strukturevolution: Innovation, Technologieverflechtung und sektoraler Strukturwandel*. München, Wien.

Schnabl. H. (1995): Technologieverflechtung der Bundesrepublik – ein Subsystemansatz. In: Schnabl. H. (Hrsg.): *Technologieverflechtung und Strukturwandel*. Tübingen, S. 49-67.

Schnur, P. (1990): Investitionstätigkeit und Produktivitätsentwicklung. *Mitteilungen aus der Arbeitsmarkt- und Berufsforschung*, Bd. 23, S. 106-110.

Scholz, L. (1990): From the Innovation Survey to the Innovation-Flow Matrix: A New Approach for Measuring Technical Progress and the Impact on Growth and Employment. In: Matzner, E. und Wagner, M. (Hrsg.): *The Employment Impact of New Technology*. Aldershot, S. 203-214.

Scholz, L. und Penzkofer, H. (1995): Innovationsverflechtung und strategische Technologiepolitik – Ansatzpunkte für einen internationalen Vergleich. In: Schnabl. H. (Hrsg.): *Technologieverflechtung und Strukturwandel*. Tübingen, S. 1-22.

Schreyer, M. (2000): *Wachstum und Beschäftigung vor dem Hintergrund des Solowschen Produktivitätsparadoxons*. Schriftenreihe des Promotionsschwerpunkts Globalisierung und Beschäftigung Nr. 14/2001, Universität Hohenheim, Stuttgart.

Schumann, D. *et al.* (1994): *Technologische Wettbewerbsfähigkeit der Bundesrepublik Deutschland: theoretische und empirische Aspekte einer international vergleichenden Analyse*. Berlin.

Schumpeter, J.A. (1934): *Theorie der wirtschaftlichen Entwicklung: eine Untersuchung über Unternehmergewinn, Kapital, Kredit, Zins und Konjunkturzyklus*. 4. Aufl. (zitiert in der 9. Aufl., unveränderter Nachdruck der 4. Aufl., Berlin, 1997).

Schumpeter, J.A. (1954): *History of Economic Analysis*. London, New York.

Schumpeter, J.A. (1942): *Kapitalismus, Sozialismus und Demokratie*. 7. Aufl, Tübingen, 1993.

Seiter, S. (1997): *Der Beitrag Nicholas Kaldors zur Neuen Wachstumstheorie. Eine ver-gleichende Studie vor dem Hintergrund der Debatte über den Verdoorn-Zusammenhang*. Diss., Frankfurt *et al.*

Senger, J. (1974): *Technischer Fortschritt in Input-Output-Modellen*. Berlin.

Setterfield, M. (1995): Historical Time and Economic Theory. *Review of Political Economy*, Bd. 17, S. 1-27.

Shapiro, C. und Varian H.R. (1999): *Information Rules. A Strategic Guide to the Network Economy*. Boston.

Siebke, J. und Thieme, J.H. (1999): Einkommen, Beschäftigung und Preisniveau. In: Bender, D. et al. (Hrsg.): *Vahlens Kompendium der Wirtschaftstheorie und Wirtschaftspolitik*. Bd. 1, 7. Aufl., S. 95-186.

Silverberg, G. (1987): Technical Progress, Capital Accumulation, and Effective Demand: A Self-Organization Model. In: Batten, D., Casti, J. und Johansson, B. (Hrsg.): *Economic Evolution and Structural Adjustment*. Lecture Notes in Economics and Mathematical Systems 293, Berlin *et al.*

Silverberg, G. (1990): Adoption and Diffusion of Technology as a Collective Evolutionary Process. In: Freeman, C. und Soete, L. (Hrsg.): *New Explorations in the Economics of Technical Change*. New York, London, S. 176-192.

Silverberg, G. (1991): Dynamic Vintage Models with Neo-Keynesian Features. In: OECD (Hrsg.): *Technology and Productivity. The Challenge for Economic Policy*. Paris, S. 493-507.

Silverberg, G.; Dosi, G. und Orsenigo, L. (1988): Innovation, Diversity and Diffusion: A Self-Organisation Model. *Economic Journal*, Bd. 98, S. 1032-1054.

Simon, H.A. (1978): Rationality as Process and as Product of Thought. *American Economic Review*, Bd. 68, S. 1-16.

Simonetti, R.; Taylor, K. und Vivarelli, M. (2000): Modelling the Employment Impact of Innovation. Do Compensation Mechanisms Work? In: Vivarelli, M. und Pianta, M. (Hrsg.): *The Employment Impact of Innovation. Evidence and Policy*. London, New York, S. 26-43.

Smith, A. (1776): *An Inquiry into the Nature and Causes of the Wealth of Nations*. Hrsg. und aus dem Englischen übertragen von H.C. Recktenwald unter dem Titel *Der Wohlstand der Nationen. Eine Untersuchung seiner Natur und seiner Ursachen*, 9. Aufl., 1999, München.

Smith, V. (1961): *Investment and Production*. Cambridge.

Soete, L. (1987): Employment, Unemployment and Technical Change: A Review of the Economic Debate. In: Freeman, C. und Soete, L. (Hrsg.): *Technical Change and Full Employment*. Oxford, S. 22-35.

Soete, L. und Arundel, A. (1993): *An Integrated Approach to European Innovation and Technology Diffusion Policy*. Publication No. Eur 15090 EN of the Commission of the European Communities. Brüssel, Luxemburg.

Soete, L. und Turner, R. (1984): Technology Diffusion and the Rate of Technical Change. In: *Economic Journal*, Bd. 94, S. 612-623.

Solow, R.M. (1956): A Contribution to the Theory of Economic Growth. *Quarterly Journal of Economics*, Bd. 70, S. 65-94.

Solow, R.M. (1957): Technical Change and the Aggregate Production Function. *Review of Economics and Statistics*, Bd. 29, S. 312-320.

Solow, R.M. (1960): Investment and Technical Progress. In: Arrow, K., Karlin, S. und Suppes, P. (Hrsg.): *Mathematical Methods in the Social Sciences*. Stanford.

Solow, R.M. (1962): Substitution and Fixed Proportions in the Theory of Capital. *Review of Economic Studies*, Bd. 29, S. 207-218.

Solow, R.M. (1987): We'd Better Watch Out. *New York Times Book Review*, July 12, S. 36.

Solow, R.M., Tobin, J., von Weizsäcker, C.C. und Yaari, M.E. (1966): Neoclassical Growth with Fixed Factor Proportions. *Review of Economic Studies*, Bd. 33, S. 79-115.

Sowell, T. (1987): Say's Law. In: Eatwell, J. *et al.* (Hrsg.): *The New Palgrave. A Dictionary of Economics*. Bd. 4, London, S. 249-251.

Spahn, H.-P. (1999): *Makroökonomie: theoretische Grundlagen und stabilitätspolitische Strategien*. 2. Aufl., Berlin *et al.*

Spiezia, V. und Vivarelli, M. (2000): The Analysis of Technological Change and Employment. In: Vivarelli, M. und Pianta, M. (Hrsg.): *The Employment Impact of Innovation. Evidence and Policy*. London, New York, S. 12-25.

Sraffa, P. (1960): *Production of Commodities by Means of Commodities*. Cambridge.

Steuart, J. (1767): *An Inquiry into the Principles of Political Oeconomy*. Hrsg. von Skinner, A.S., Edinburgh, London, 1966.

Stigliz, J.E. (1977): Learning to Learn, Localized Learning and Technological Progress. In: Dasgupta, P. und Stoneman, P. (Hrsg.): *Economic Policy and Technological Performance*, Cambridge, S. 125-153.

Stille, F. und Bitzer, J. (1998): Beschäftigungswirkungen von Innovationen: Analysen zu einem komplizierten Verhältnis. In: Lehner, F. *et al.* (Hrsg.): *Beschäftigung durch Innovation. Eine Literaturstudie*. München, Mering, S. 15-58.

Stiroh, K. (1999): Is there a New Economy? *Challenge*, Bd. 45, S. 82-101.

Stoneman, P. (1976): *Technological Diffusion and the Computer Revolution*. Cambridge.

Stoneman, P. (1977): Embodiment of Technological Change and the Speed of Adjustment. *Economica*, Bd. 44, S. 421-422.

Stoneman, P. (1981): Intra-Firm Diffusion, Bayesian Learning and Profitability. *Economic Journal*, Bd. 91, S. 375-388.

Stoneman, P. (1983): *The Economic Analysis of Technological Change*. Oxford.

Stoneman, P. (1986): Technological Diffusion: The Viewpoint of Economic Theory. *Ricerche Economiche*, Bd. 4, S. 585-606 (wiederabgedruckt und zitiert in: Mathias, P. und Davies, J.A. (Hrsg.) (1991): *Innovation and Technology in Europe*. Oxford, S. 162-184).

Stoneman, P. (1987): *The Economic Analysis of Technology Policy*. Oxford.

Stoneman, P. (1991): Copying Capabilities and Intertemporal Competition between Joint Input Technologies: CD vs. DAT. *Economics of Innovation and New Technology*, Bd. 1, S. 233-241.

Stoneman, P. (1991): Technological Diffusion: The Viewpoint of Economic Theory. In: Mathias, P. und Davies, J.A. (Hrsg.): *Innovation and Technology in Europe*. Oxford, S. 162-184.

Stoneman, P. (2001): *The Economics of Technological Diffusion*. Oxford.

Stoneman, P. und Battisti, G. (1997): Intra-Firm Diffusion of Technologies: The neglected part of Technology Transfer. *International Journal of Industrial Engineering*, Bd. 4, S. 270-282.

Stoneman, P. und Ireland, N.J (1983): The Role of Supply Factors in the Diffusion of New Process Technology. *Economic Journal*, Bd. 93, Supplement, S. 65-77.

Stoneman, P. und Kwon, M.-J. (1994): The Diffusion of Multiple Process Technologies. *Economic Journal*, Bd. 104, S. 420-431.

Stoneman, P. und Ochoro, W. (1980): A Mean-Variance Approach to the Theory of Intrafirm Diffusion. In: Puu, T. und Wibe, S. (Hrsg.): *The Economics of Technological Progress*. London, 1980, S. 22-39.

Stoneman, P. und Toivanen, O. (1997): The Diffusion of Multiple Technologies: An Empirical Study. *Economic Innovation and New Technologies*, Bd. 5, S. 1-17.

Straßberger, F. (1995): Technischer Wandel und wirtschaftliches Wachstum: Einige jüngere Entwicklungen, empirische Ergebnisse und wirtschaftspolitische Konsequenzen. *Vierteljahreshefte zur Wirtschaftsforschung*, 64. Jg., S. 200-220.

Straßberger, F. und Stäglin, R. (1995): Zur Ermittlung von Technologiegeber- und Technologienehmerverflechtungen für die Bundesrepublik Deutschland. In: Schnabl, H. (Hrsg.): *Technologieverflechtung und Strukturwandel*. Tübingen, S. 23-48.

SVR [Sachverständigenrat für die Begutachtung der gesamtwirtschaftlichen Entwicklung]: *Diverse Jahresgutachten*. Stuttgart.

Swan, T. (1956): Economic Growth and Capital Accumulation. *Economic Record*, Bd. 32, S. 334-361.

Terborgh, G. (1949): *Dynamic Equipment Policy*. New York.

Thirtle, C.G. und Ruttan, V.W. (1987): *The Role of Demand and Supply in the Generation and Diffusion of Technical Change*. Chur et al.

Thum, M. (1995): *Netzwerkeffekte, Standardisierung und staatlicher Regulierungsbedarf*. Diss., Tübingen.

Tisdell, C. (1996): *Bounded Rationality and Economic Evolution*. Cheltenham.

Tonks, I. (1983): Bayesian Learning and the Optimal Investment Decision of the Firm. *Economic Journal, Conference Papers Supplement*, Bd. 93, S. 87-98.

Tonks, I. (1984): A Bayesian Approach to the Production of Information with a Linear Utility Function. *Review of Economic Studies*, Bd. 51, S. 521-527.

Tonks, I. (1986): The Demand for Information and the Diffusion of a New Product. *International Journal of Industrial Organization*, Bd. 4, S. 397-408.

Tsur, Y.; Sternberg, M. und Hochman, E. (1990): Dynamic Modelling of Innovation Process Adoption with Risk Aversion and Learning. *Oxford Economic Papers*, Bd. 42, S. 336-355.

Uhlmann, H. und Huber, G. (1971): *Technischer Wandel und struktureller Wandel in der wachsenden Wirtschaft*. Zweiter Band des Forschungsprojekts des Rationalisierungskuratoriums der Deutschen Wirtschaft (RKW) e.V. „Wirtschaftliche und soziale Aspekte des technischen Wandels in der Bundesrepublik Deutschland", Frankfurt/Main.

Uhlmann, L. (1978): Freisetzung: ein Denkmodell wurde Wirklichkeit. *ifo-Schnelldienst*, Bd. 31, Nr. 36, S. 3-8.

Uhlmann, L. (1987): Freisetzungsberechnungen. Rückblickende Überlegungen und eine neue Prognose. *ifo-Studien*, Bd. 24, Nr. 33, S. 195-222.

Verdoorn, P.J. (1949): Fattori che regolano lo sviluppo della produttività del lavoro. *L'Industria*, S. 45-53.

Verdoorn, P.J. (1993): On the Factors Determining the Growth of Labour Productivity. In: Pasinetti, L.L. (Hrsg.): *Italian Economic Papers*. Bd. II, Oxford, S. 59-69 (englische Übersetzung von Verdoorn, P.J. (1949): Fattori che regolano lo sviluppo della produttività del lavoro. L'Industria, Bd. 1, S. 45-53 durch A.P. Thirlwall).

Wagner, J. (1983): Technischer Wandel, Weltmarkt und Beschäftigung. Zur Bedeutung internationaler ökonomischer Verflechtungen für die Beziehungen zwischen technischem Fortschritt und Beschäftigungsentwicklung in der Bundesrepublik Deutschland. In: Hagemann, H. und Kalmbach, P. (Hrsg): *Technischer Fortschritt und Arbeitslosigkeit*. Frankfurt, New York, S. 340-364.

Walter, H. (1969): *Der technische Fortschritt in der neueren ökonomischen Theorie. Versuch einer Systematik*. Berlin.

Walter, H. (1977): Technischer Fortschritt I: in der Volkswirtschaft. In: *Handwörterbuch der Wirtschaftswissenschaften*, Bd. 7, Stuttgart *et al.*, S. 569-583.

Walter, H. (1983): *Wachstums- und Entwicklungstheorie*. Stuttgart/New York.

Weiber, R. (1995): Systemgüter und klassische Diffusionstheorie – Elemente einer Diffusionstheorie für kritische Masse-Systeme. In: Stoetzer, M.-W. und Mahler, A. (Hrsg.): *Die Diffusion von Innovationen in der Telekommunikation*. Berlin *et al.*, S. 39-70.

von Weizsäcker, C.C. (1966): *Zur ökonomischen Theorie des technischen Fortschritts*. Göttingen.

Welsch, J. (1983): Die "Produktions-Produktivitäts-Schere"-Argumente und Fakten für die Bundesrepublik Deutschland. *WSI-Mitteilungen*, S. 347-361.

Welsch, J. (1985): Auf dem Weg in eine technologische Arbeitslosigkeit? Technischer Fortschritt und Beschäftigung als Problem der achziger Jahre. *Wirtschaft und Gesellschaft*, Bd. 11, S. 207-229.

Wicksell, K. (1913): *Vorlesungen über Nationalökonomie auf Grundlage des Marginalprinzipes*. Bd. 1, Jena.

Witt, U. (1995): Evolutorische Ökonomik – Umrisse eines neuen Forschungsprogramms. In: Seifert, E.K. und Priddat, B.P. (Hrsg.): *Neuorientierungen in der ökonomischen Theorie*. Marburg, S. 153-179.

Witt, U. (1997): *"Lock-In" vs. "Critical Masses" – Industrial Change under Network Externalities*. Papers on Economics & Evolution, Nr. 9701, Max-Planck-Institut zur Erforschung von Wirtschaftssystemen, Jena.

Zamagi, S. (1984): Ricardo and Hayek Effects in a Fixwage Model of Traverse. In: Collard, D.A. *et al.* (Hrsg.): *Economic Theory and Hicksian Themes*. Oxford, S. 135-151.

Symbolverzeichnis (ausgewählte Symbole)

Kapitel 2

B	Bevölkerungszahl
E	Erwerbstätige
L	Beschäftigungsmenge
N^*	$= Y'''_{nt}$ = Zahl der potentiellen Anwender einer Innovation, Sättigungsgrenze
N_t	$= X'''_{nt}$ = Zahl der Anwender einer Innovation
P	Erwerbspersonen
X'''_{nt}	$= N_t$ = Mit der neuen Technik produzierende Unternehmen zum Zeitpunkt t
X''_{nt}	Mit der neuen Technik versehener Kapitalstock zum Zeitpunkt t
X'_{nt}	Mit der neuen Technik hergestellter Output zum Zeitpunkt t
Y'''_{nt}	$= N^*$ = Gesamtzahl der potentiellen Anwender einer Innovation zum Zeitpunkt t
Y''_{nt}	Gesamtkapitalbestand des Unternehmens i, des Sektors j oder der Volkswirtschaft k zum Zeitpunkt t
Y'_{nt}	Gesamtoutput des Unternehmens i, des Sektors j oder der Volkswirtschaft k zum Zeitpunkt t
Z'''_{nt}	Z_{nt} gemessen an der Anzahl der Unternehmen
Z''_{nt}	Z_{nt} gemessen am Kapitalstock
Z'_{nt}	Z_{nt} gemessen am Output
Z_{nt}	mit $n = i, j, k$, Anteil der neuen Technik am Gesamtbestand aller angewandten Techniken innerhalb eines Unternehmens i, eines Sektors j oder einer Volkswirtschaft k zum Zeitpunkt t
e	Erwerbsquote
h	Arbeitsstunden

p Partizipationsrate

y Arbeitsproduktivität

Kapitel 3

Epidemisches Modell

I Zur Installation einer Innovation notwendiges Investitionsvolumen

N^* Zahl der potentiellen Anwender einer Innovation, Sättigungsgrenze

a Exogene Konstante

g Kontaktrate potentieller Anwender mit externen Informationsquellen

k Kontaktrate potentieller Anwender mit internen Informationsquellen

m_t Zahl der Unternehmen zum Zeitpunkt t, die eine Innovation anwenden

α Integrationskonstante

β Infektions- bzw. Wachstumsrate, Diffusionsgeschwindigkeit im epidemischen Diffusionsmodell

λ Anteil der Übernehmer einer Innovation an den Nichtanwendern

π Profitabilität der Übernahme einer Innovation

Probit-Ansatz

C Anschaffungskosten

E^* Maximal erwarteter Ertrag einer Innovation

E^a Erwarteter Ertrag aus der Übernahme der Innovation

ER_{it} Erwartete Tilgungsperiode einer Innovation des Unternehmens i zum Zeitpunkt t

E^w Erwarteter Ertrag aus weiterem Abwarten

L_S Arbeitseinsparung pro Outputeinheit bei Übernahme einer arbeitssparenden Prozeßinnovation

N^*	Zahl der potentiellen Anwender einer Innovation, Sättigungsgrenze
R	Kalkulatorischer Zinssatz, Ertrag
R^*_{it}	Maximale akzeptable Tilgungsperiode für Unternehmen *i* zum Zeitpunkt *t*
S_{it}	Größe des Unternehmens *i* zum Zeitpunkt *t*
S_{krit}	Kritische Unternehmensgröße
X^*	Schwellenwert im *Probit*-Modell von David (1969)
Z_i	Zufallsvariable
g	Anfängliche Erwartung der Profitabilität einer Innovation
h	Veränderungsrate der Erwartung einer profitablen Innovation
m_t	Zahl der Unternehmen zum Zeitpunkt *t*, die eine Innovation anwenden
p	Erwartung einer profitablen Innovation
q	Akutelle Erwartung bezüglich der Profitabilität einer Innovation
r	Profitrate
w	Lohnsatz
z^*_i	Schwellenwert der Variablen z_i
z_i	Unternehmensmerkmal des Unternehmen *i* im *Probit*-Ansatz
δ	Lerneffekte
ε	Diskontrate
θ	Wahrscheinlichkeit
ω	Faktorpreisrelation w/CR

Spieltheoretischer Ansatz

V	Nutzenfunktion
g	Gewinnfunktion
k	Skalenvariable

c	Forschungskosten
y	Arbeitsproduktivität
π	Profitabilität der Übernahme einer Innovation
μ	Mittelwert
σ^2	Varianz
Φ	Reaktion eines Unternehmens auf das Verhalten der Konkurrenz

Modelle mit konkurrierenden Technologien, Netzwerkexternalitäten und Pfadabhängigkeit

R	Technologieanwender des Typs R
S	Technologieanwender des Typs S
U	Ertrag aus der Übernahme einer Technologie
a_r	Basisnutzen der Technologie A für die Anwender des Typs R
a_s	Basisnutzen der Technologie A für die Anwender des Typs S
b_r	Basisnutzen der Technologie B für die Anwender des Typs R
b_s	Basisnutzen der Technologie B für die Anwender des Typs S
r	Koeffizient des Nutzenzuwachses bei Netzwerkexternalitäten für Anwender des Typs R
s	Koeffizient des Nutzenzuwachses bei Netzwerkexternalitäten für Anwender des Typs R

Evolutorisches Diffusionsmodell

A	Konstanter Anpassungsfaktor
E^*	gewichteter sektoraler bzw. gesamtwirtschaftlicher Durchschnitt von E_i
E_i	(Relative) Leistungsfähigkeit bzw. Wettbewerbsfähigkeit des Unternehmens i
K	Kapitalstock

M	Zahl der Unternehmen, die am Produktionsprozeß beteiligt sind
c	Stückkosten
f_i	Marktanteil des Unternehmens i
$k_t(c_i)$	Produktionskapazität der Produktionstechnik i mit den Stückkosten c_i
P	Preis
$s_t(c_i)$	Anteil des Produktionsprozesses i mit den Stückkosten c_i am gesamten Kapitalstock
μ	Effizienzparameter
γ	positive Konstante

Angebotsseitiges epidemisches Modell

B	Diffusionskoeffizient
C	Sättigungsgrad
Z	Anfangsbestand der Produktion des neuen Kapitalgutes (x_0)
d	Abschreibungsrate
$gd(t)$	Wachstumsrate der Nachfrage
$gs(t)$	Wachstumsrate des Innovationsangebots
l	Kapitalintensität
$m(p)$	gleichgewichtige Nachfrage
p	Preis
r	Profitrate
v	Kapitalkoeffizient
w	Lohnsatz
$x(t)$	Produktionsniveau
$y(t)$	tatsächliche Nachfrage
μ	Verschuldungsgrad

π Anteil des Gewinns der Innovationsanbieter, der in Erweiterungsinvestitionen fließt

Angebotsseitiger Probit-Ansatz

C Kostenfunktion

N Zahl der potentiellen Anwender der Innovation

X^* Kritische Unternehmensgröße

h Konstante

p Preis

q Kumulierter Output der Anbieter der neuen Technologie

w Gesamtheit der Inputfaktoren im innovierenden Sektor, abgesehen von der Innovation

x Zahl der Unternehmen, die die Innovation anwenden

Kapitel 4

Vintage-Ansätze

A Arbeit

$I(v)$ Maschinen des Kapitaljahrgangs v

$J(t)$ Äquivalentes, effizienzgewogenes Kapital

K Kapitalstock

P Preis

Q Kapitalkosten

Y Output

a Arbeitsbesatz A/K

k Kapitalintensität K/A

kn_τ^i Wissensstand über die Technik i zum Zeitpunkt τ

m Älteste eingesetzte Produktionstechnik

r Zinssatz, Realrendite

u Arbeitskoeffizient A/Y

v Kapitaljahrgang

w Lohnsatz

x Kapitalkoeffizient K/Y

$x^{c\,i}_{\tau,t}$ Relative Produktionskapazität der Technik i, die in Periode τ installiert wurde

y Arbeitsproduktivität Y/A

π^i_τ Erwartete Profitabilität der Technik i zum Zeitpunkt τ

Investitions-Diffusions-Modell

D^w Gewünschter Diffusionsgrad

I Investitionen

K_a Alter Kapitalstock

K_m Neuer Kapitalstock

K^w Gewünschter Kapitalstock

c Investitionskosten

m_t Wahrscheinlichkeit, daß bei Investitionen in die neue Technik investiert wird

$k^w{}_t$ Gewünschte Wachstumsrate der Produktionskapazität

δ Abschreibungsrate

μ Anpassungsgeschwindigkeit

Input-Output-Analyse und Technologieverflechtungsmatrizen

D_{ij}^{d} Inländische Übertragung des in Gütern gebundenen technischen Wissens von Sektor i an Sektor j

$Dinv_{ij}^{d}$ Inländische Übertragung des in Investitionsgütern gebundenen technischen Wissens von Sektor i an Sektor j

D_{ij}^{m} Übertragung des in Gütern gebundenen technischen Wissens vom Auslandssektor i an Sektor j

$Dinv_{ij}^{m}$ Übertragung des in Investitionsgütern gebundenen technischen Wissens von Auslandsektor i an Sektor j

FEA_{it} F&E-Aufwendungen des Sektors i in der Periode t

FEK_{it} F&E-Kapitalstock des Sektors i in der Periode t

FEK^{T}_{j} Zugerechneter Kapitalstock des Sektors j

X_i sektorale Bruttoproduktionsmenge des Sektors i

X_{ij} Kapitallieferungen des Sektors i an den Sektor j

Y_i Endnachfrage nach Gütern des Sektors i

inv_{ij}^{d} Inländische Investitionsgüterlieferungen des Sektors i an Sektor j

x_{ij}^{d} Inländische Vorleistungslieferungen des Sektors i an Sektor j

inv_{ij}^{m} Investitionsgüterlieferungen des Auslandssektors i an Sektor j

x_{ij}^{m} Vorleistungslieferungen des Auslandssektors i an Sektor j

a_{ij} Importanteil des Landes k im Sektor i

o_{ij} Outputkoeffizienten

(I-A) Technologiematrix

$\mathbf{(I-A)^{-1}}$ Leontief-Inverse

A Matrix der Kapitalkoeffizienten

$\mathbf{D^{d}}$ Diagonalmatrix der inländischen F&E-Kapitalkoeffizienten

$\mathbf{D^{m}}$ Diagonalmatrix der F&E-Kapitalkoeffizienten mit dem Ausland

$\mathbf{I}$	Einheitsmatrix
$\mathbf{a}_{ij}$	Inputkoeffizient
$\mathbf{x}$	Spaltenvektor der sektoralen Bruttoproduktionsmenge
$\mathbf{y}$	Spaltenvektor der Endnachfrage
δ	Abschreibungsrate

Makroökonomisches evolutorisches Diffusionsmodell

A	Konstanter Anpassungsfaktor
B	Konstanter Faktor
C	Konstanter Faktor
CP_i	Kumuliertes Produktionsvolumen des Unternehmens *i*
D	Konstanter Faktor
E^*	gewichteter sektoraler bzw. gesamtwirtschaftlicher Durchschnitt von E_i
E_i	(Relative) Leistungsfähigkeit bzw. Wettbewerbsfähigkeit des Unternehmens *i*
G	Lerngeschwindigkeit
G_i	Bruttoinvestitionsvolumen des Unternehmens *i*
H	Proportionale Konstante des Kapitalstocks
K_i	Kapitalstock des Unternehmens *i*
K_i	Kapitalstock des Unternehmens *i*
$K_i(t,t')$	Kapitaljahrgänge *t'*, die ein Unternehmen *i* zum Zeitpunkt *t* einsetzt
N_i	Nettoinvestitionsvolumen des Unternehmens *i*
O_i	Outputkapazität des Unternehmens *i*
P	Preis
P_{ci}	*Mark up*-Preis des Unternehmens *i*
P_i	Laufendes Produktionsvolumen des Unternehmens *i*

S_i Volumen der Kapitalverschrottung des Unternehmens *i*

$T_{di}(t)$ Ausmusterungszeitpunkt für Maschinen des Jahrgangs *i*

X_i Antizipationsbonus des Unternehmens *i*, Erwartungen der künftigen Produktivitätsentwicklung einer neuen Technologie

b_i Vom Unternehmen *i* gewünschte Amortisationsdauer

$c(t)$ Stückkosten zum laufenden Zeitpunkt *t*

$c(T_{di}(t))$ Stückkosten der Produktion mit Maschinen des Jahrgangs *i* zum Ausmusterungszeitpunkt T_{di}

dd_i Lieferverzug des Unternehmens *i*

f_i Marktanteil des Unternehmens *i*

r_i Vom Unternehmen *i* gewünschte Steigerungsrate seines Produktionsvolumens

s Internes Fähigkeitsniveau, kodifizierte Kenntnisse

s_i Individuelles Fähigkeitsniveau des Unternehmens *i*

s_p Öffentlich verfügbare(s) Kenntnisse bzw. Fähigkeitsniveau

$u(t')$ Arbeitskoeffizient des Kapitaljahrgangs *t'*

u_i Durchschnittlicher Arbeitskoeffizient eines Unternehmens *i*

z_0 Gewünschter Auslastungsgrad

z_i Auslastungsgrad des Unternehmens *i*

Kapitel 5

Beschäftigungsschwelle, Verdoorn-Zusammenhang

L Beschäftigungsmenge

Y Produktionsmenge

H Arbeitsstundenzahl

E Erwerbstätige

P Erwerbspersonen

N	Bevölkerung
p	Partizipationsrate
e	Erwerbsquote
k	Kapitalintensität
v	Kapitalkoeffizient
h	Arbeitszeit je Erwerbstätigen
y	Arbeitsproduktivität
y_H	Stundenproduktivität
y_E	Erwerbstätigenproduktivität

Strukturwandelmodelle von Pasinetti

A_i	Sektorale Beschäftigungsmenge
K_i	Sektoraler Kapitalstock
N	Bevölkerung
$Q(t)$	Arbeitsangebot
T_i	Durchschnittliche Lebensdauer der Kapitalgüter
X_i	Sektorale Outputmenge
a_i^n	Sektoraler Nettoinvestitionskoeffizient
c_i	Sektoraler Konsumkoeffizient
g	Wachstumsrate der Bevölkerung
k_i	Preis der Kapitalgüter
l_i	Kapitalgutspezifischer Arbeitskoeffizient
l_i^k	Konsumgutspezifischer Arbeitskoeffizient
n	Zahl der Sektoren
p_i	Preis der Konsumgüter

r_i Veränderungsrate des sektoralen Pro-Kopf-Konsumnachfrage

s_i Kapitalgutspezifische Steigerungsrate der Arbeitsproduktivität

s_i^k Konsumgutspezifische Steigerungsrate der Arbeitsproduktivität

w Lohnsatz

μ Erwerbsquote

π_i Sektorale Profitrate

υ Arbeitsstunden je Erwerbstätigen

neoösterreichische Traversenanalyse

H Index der Arbeitskostenersparnis in der Nutzungsphase

I_r Index der Effizienzverbesserung

a Arbeitsinputkoeffizient

d Abschreibungsrate

h Index der Arbeitskostenersparnis in der Konstruktionsphase

r Zinssatz

r_n Bruttoprofitrate

w Lohnsatz

neuklassische Traversenanalyse

$\mathbf{A}$ Technologiematrix

$\mathbf{F}_i$ Sektorale (Fix-) Kapitalgüter

$\mathbf{L}_i$ Sektoraler Arbeitsinput

$\mathbf{O}_i$ Sektorale Outputmenge

$\mathbf{l}$ Arbeitskoeffizientenvektor

$\mathbf{a}_{ij}$ Inputkoeffizient

d	Abschreibungsrate
g	Wachstumsrate
r	Profitrate
w	Lohnsatz
p	Preis
f	Sektoraler Fixkapitaleinsatz
δ	Freisetzungs- bzw. Anziehungsrate

HOHENHEIMER VOLKSWIRTSCHAFTLICHE SCHRIFTEN

Band 1 Walter Deffaa: Anonymisierte Befragungen mit zufallsverschlüsselten Antworten. Die Randomized-Response-Technik (RRT). Methodische Grundlagen, Modelle und Anwendungen. 1982.

Band 2 Thomas Michael Baum: Staatsverschuldung und Stabilisierungspolitik in der Demokratie. Zur neoinstitutionalistischen Kritik der keynesianischen Fiskalpolitik. 1982.

Band 3 Klaus Schröter: Die wettbewerbspolitische Behandlung der leitungsgebundenen Energiewirtschaft. Dargestellt am Beispiel der Fernwärmewirtschaft der Bundesrepublik Deutschland. 1986.

Band 4 Hugo Mann: Theorie und Politik der Steuerreform in der Demokratie. 1987.

Band 5 Max Christoph Wewel: Intervallarithmetische Dependenzanalyse in der Ökonometrie. Ein konjekturaler Ansatz. 1987.

Band 6 Heinrich Pascher: Die U.S.-amerikanische Deregulation Policy im Luftverkehrs- und Bankenbereich. 1987.

Band 7 Harald Lob: Die Entwicklung der französischen Wettbewerbspolitik bis zur Verordnung Nr. 86-1243 vom 01. Dezember 1986. Eine exemplarische Untersuchung der Erfassung der Behinderungsstrategie auf der Grundlage des Konzepts eines wirksamen Wettbewerbs. 1988.

Band 8 Ulrich Kirschner: Die Erfassung der Nachfragemacht von Handelsunternehmen. Eine Analyse der ökonomischen Beurteilungskriterien und der wettbewerbsrechtlichen Instrumente im Bereich der Verhaltenskontrolle.1988.

Band 9 Friedhelm Herb: Marktwirtschaftliche Innovationspolitik. 1988.

Band 10 Claus Schnabel: Zur ökonomischen Analyse der Gewerkschaften in der Bundesrepublik Deutschland. Theoretische und empirische Untersuchungen von Mitgliederentwicklung, Verhalten und Einfluß auf wirtschaftliche Größen. 1989.

Band 11 Jan B. Rittaler: Industrial Concentration and the Chicago School of Antitrust Analysis. A Critical Evaluation on the Basis of Effective Competition. 1989.

Band 12 Thomas Märtz: Interessengruppen und Gruppeninteressen in der Demokratie. Zur Theorie des Rent-Seeking. 1990.

Band 13 Andreas Maurer: Statistische Verfahren zur Ermittlung von oligopolistischen Strukturen. 1990.

Band 14 Peter Mendler: Zur ökonomischen und politisch-institutionellen Analyse öffentlicher Kredithilfen. 1992.

Band 15 Heinrich J. Engelke: Die Interpretation der Rundfunkfreiheit des Grundgesetzes: Eine Analyse aus ökonomischer Sicht. 1992.

Band 16 Thomas Fischer: Staat, Recht und Verfassung im Denken von Walter Eucken. Zu den staats- und rechtstheoretischen Grundlagen einer wirtschaftsordnungspolitischen Konzeption. 1993.

Band 17 Stefan Elßer: Innovationswettbewerb. Determinanten und Unternehmensverhalten. 1993.

Band 18 Reinhard Scharff: Regionalpolitik und regionale Entwicklungspotentiale. Eine kritische Analyse. 1993.

Band 19 Karin Beckmann: Probleme der Regionalpolitik im Zuge der Vollendung des Europäischen Binnenmarktes. Eine ökonomische Analyse. 1995.

Band 20 Bernd Nolte: Engpaßfaktoren der Innovation und Innovationsinfrastruktur. Eine theoretische und empirische Analyse für ländliche Wirtschaftsräume in Baden-Württemberg. 1996.

Band 21 Klaus-Rainer Brintzinger: Die Nationalökonomie an den Universitäten Freiburg, Heidelberg und Tübingen 1918 - 1945. Eine institutionenhistorische, vergleichende Studie der wirtschaftswissenschaftlichen Fakultäten und Abteilungen südwestdeutscher Universitäten. 1996.

Band 22 Steffen Binder: Die Idee der Konsumentensouveränität in der Wettbewerbstheorie. Teleokratische vs. nomokratische Auffassung. 1996.

Band 23 Alexander Burger: Deregulierungspotentiale in der Gesetzlichen Rentenversicherung. Reformnotwendigkeiten versus Reformmöglichkeiten. 1996.

Band 24 Burkhard Scherer: Regionale Entwicklungspolitik. Konzeption einer dezentralisierten und integrierten Regionalpolitik. 1997.

Band 25 Frauke Wolf: Lorenzkurvendisparität. Neuere Entwicklungen, Erweiterungen und Anwendungen. 1997.

Band 26 Hans Pitlik: Politische Ökonomie des Föderalismus. Föderative Kompetenzverteilung im Lichte der konstitutionellen Ökonomik. 1997.

Band 27 Stephan Seiter: Der Beitrag Nicholas Kaldors zur Neuen Wachstumstheorie. Eine vergleichende Studie vor dem Hintergrund der Debatte über den Verdoorn-Zusammenhang. 1997.

Band 28 André Schmidt: Ordnungspolitische Perspektiven der europäischen Integration im Spannungsfeld von Wettbewerbs- und Industriepolitik. 1998.

Band 29 Bernd Blessin: Innovations- und Umweltmanagement in kleinen und mittleren Unternehmen. Eine theoretische und empirische Analyse. 1998.

Band 30 Oliver Letzgus: Die Ökonomie internationalen Umweltschutzes. 1999.

Band 31 Claudia Hafner: Systemwettbewerb versus Harmonisierung in Europa. Am Beispiel des Arbeitsmarktes. 1999.

Band 32 Jürgen Kulle: Ökonomie der Musikindustrie. Eine Analyse der körperlichen und unkörperlichen Musikverwertung mit Hilfe von Tonträgern und Netzen. 1998.

Band 33 Michael Ganske: Intertemporale Aspekte von Staatsverschuldung und Außenhandel. 1999.

Band 34 Margit Ströbele: Die Deregulierungswirkungen der europäischen Integration. Das Beispiel der Sondermärkte. 1999.

Band 35 Marion Benesch: Devisenmarktinterventionen in Theorie und Praxis. Eine umfassende Analyse ihrer Zielsetzungen, Wirkungsweisen und wirtschaftspolitischen Bedeutung. 1999.

Band 36 Torsten Gruber: Unterschiedliche geldpolitische Transmissionsmechanismen und Stabilitätskulturen als mögliche Ursachen geldpolitischer Spannungen in der Europäischen Währungsunion. 2000.

Band 37 Bertram Melzig-Thiel: Arbeit in der Informationsgesellschaft. Chancen und Risiken neuer Informations- und Kommunikationstechnologien für die Beschäftigung. 2000.

Band 38 Annette Fritz: Die Entsorgungswirtschaft im Spannungsfeld zwischen Abfallpolitik und Kartellrecht. Eine industrieökonomische Branchenstudie. 2001.

Band 39 Harald Strotmann: Arbeitsplatzdynamik in der baden-württembergischen Industrie. Eine Analyse mit amtlichen Betriebspaneldaten. 2002

Band 40 Dietrich Benner: Qualitätsungewißheit bei Gütern mit Vertrauenseigenschaften. Entwicklung und Anwendung eines entscheidungstheoretisch fundierten Analyserahmens. 2002.

Band 41 Jürgen M. Schechler: Sozialkapital und Netzwerkökonomik. 2002.

Band 42 Kay-Uwe May: Haushaltskonsolidierung durch Ausgabekürzungen. Restriktionen und Strategien. 2002.

Band 43 Peter Kühnl: Der Wechselkurs als Zwischenziel der Geldpolitik im Aufholprozess. Die monetärkeynesianische Entwicklungsstrategie der Berliner Schule vor dem Hintergrund der makroökonomischen Entwicklung ausgewählter Länder Mittel- und Osteuropas. 2003.

Band 44 Steffen Wirth: Nichtparametrische Analyse von Bildungsertragsraten. Neuere Entwicklungen und Anwendungen. 2003.

Band 45 Bernhard Holwegler: Innovation, Diffusion und Beschäftigung. Die ökonomische Theorie der Technologiediffusion und ihr Beitrag zur Erklärung technologischer Arbeitslosigkeit. 2003.

Lydia Kocar

Globale Ökonomie und nationale Politik

Die Forschungs- und Technologiepolitik der EU

Frankfurt/M., Berlin, Bern, Bruxelles, New York, Oxford, Wien, 2003.
275 S., zahlr. Abb. u. Tab.
Arbeit - Technik - Organisation - Soziales.
Herausgegeben von Wiking Ehlert und György Széll. Bd. 18
ISBN 3-631-50797-6 · br. € 45.50*

Die Autorin analysiert die Interdependenzen der Ökonomien, die Aufgaben und Potentiale des Staates und die Rolle von politischen Regulierungen auf supranationaler Ebene. Einerseits geht es ihr um das Verhältnis von Ökonomie und Politik, andererseits um das Verhältnis der nationalen zur supranationalen Politik. Dieser Fragestellung geht sie historisch anhand der europäischen Entwicklung nach und bezieht sowohl empirische Sachverhalte als auch deren theoretische Reflexion ein. Damit gelangt sie zu den Voraussetzungen der Diskussion um das Verhältnis von Politik und Ökonomie in der aktuellen Globalisierungsdebatte. Die aus dieser Diskussion gewonnenen Erkenntnisse diskutiert sie am Beispiel der europäischen Forschungs- und Technologiepolitik und bringt sie mit sozialwissenschaftlichen Steuerungstheorien in Zusammenhang.

Aus dem Inhalt: Historische Voraussetzungen der Bildung von Nationalstaaten und Nationaler Ökonomien · Zum Verhältnis von nationaler Politik und internationaler Produktion in der Gegenwart · Sozialwissenschaftliche Steuerungstheorien moderner Gesellschaften · Die Forschungs- und Technologiepolitik der EU · Zum Verhältnis von Politik und Ökonomie im europäischen Kontext

FSC
www.fsc.org
MIX
Papier | Fördert gute Waldnutzung
FSC® C083411

Kolibri 360 GmbH
Ferdinand-Jühlke-Straße 7
99095 Erfurt, Deutschland
produktsicherheit@kolibri360.de

Druck:
CPI Druckdienstleistungen GmbH
im Auftrag der
Kolibri 360 GmbH
Ferdinand-Jühlke-Str. 7
99095 Erfurt